本书研究与出版获

北京市教委科研计划重点社科项目——加快节能减排，建设"绿色北京"的政策机制研究项目（编号 SZ201010005002）；教育部人文社会科学研究项目——城市生活固体废弃物资源化管理研究规划基金项目（编号 10YJA630068）；华夏英才基金等资助。

华夏英才基金學術文庫

黄海峰（Haifeng Huang）
周国梅（Guomei Zhou） 等 编著

中国经济转型之路

21世纪的绿色变革

The Road of China's Economic Transition
21st Century Green Revolution

科学出版社
北京

内 容 简 介

本书吸收了国内外关于经济转型研究的最新成果，对中国经济转型理论进行了深入细致地研究，力求解读并高度概括经济转型的学术流派、逻辑演变、基本模式和运行机制，为解决中国经济转型问题提供相关理论基础。本书结合中国"十二五"发展战略，紧扣"生态文明"的主题，从宏观、中观和微观层面研究中国经济转型；从加快转变经济发展方式、培育经济发展新动力、实现经济持续健康发展等方面入手，从理论、战略、实践、保障和展望五大板块对国家层面、区域层面和企业层面的经济转型进行深入探讨，分析绿色发展、低碳发展和循环发展的经济转型模式，提出构建经济转型的法制体系和社会保障体系。本书突出经济转型的新观念和新思维，进一步推进全社会从"逐利"经济向"幸福"经济的转型，从"排他"经济向"包容"经济的转型，从"棕色"经济向"绿色"经济的转型。

本书资料全面、翔实，具有创新性、国际性、学术性和实践性，可供从事经济理论、企业管理工作的人士和高等院校师生阅读参考。

图书在版编目(CIP)数据

中国经济转型之路：21世纪的绿色变革 / 黄海峰等编著．—北京：科学出版社，2013

ISBN 978-7-03-038837-7

Ⅰ.①中… Ⅱ.①黄… ②周… Ⅲ.①中国经济–转型经济–研究 Ⅳ.①F12

中国版本图书馆 CIP 数据核字（2013）第 241779 号

责任编辑：李 敏 林 剑／责任校对：张凤琴
责任印制：徐晓晨／封面设计：陈 敬

科 学 出 版 社 出版
北京东黄城根北街 16 号
邮政编码：100717
http://www.sciencep.com

北京建宏印刷有限公司 印刷
科学出版社发行 各地新华书店经销

*

2014 年 9 月第 一 版　开本：787×1092　1/16
2017 年 2 月第三次印刷　印张：28 1/2
字数：682 000

定价：198.00 元
（如有印装质量问题，我社负责调换）

《中国经济转型之路——21世纪的绿色变革》
写作组专家组成员

主笔

黄海峰	北京大学
周国梅	环境保护部中国-东盟环境保护合作中心

写作组成员（按姓氏拼音排序）

阿诺德·图克（Arnold Tukker，荷兰）	挪威大学
艾小青	北京工业大学
白　泉	国家发展和改革委员会能源研究所
岑　维	北京大学
陈效逑	北京大学
陈洪捷	北京大学
陈新平	财政部财政科学研究所
陈　彦	中欧社会论坛
常纪文	北京市安全生产监督管理局
邓国平	四川省通江县政协
杜文棠	中国社会科学院
党国英	中国社会科学院
冯兴元	中国社会科学院
格哈德·斯塔尔（Gerhard Stahl，德国）	欧盟地区委员会
高农农	北京工业大学/北京交通大学
葛　林	北京工业大学
郭晓鸣	四川省社会科学院
韩文科	国家发展和改革委员会能源研究所
蒋建军	北京工业大学
贾文涛	国土资源部土地整理中心项目处
贾宝兰	国际生态发展联盟
江玉林	交通运输部科学研究院城市交通研究中心
孔　英（加拿大）	北京大学
兰　赛	北京大学
李京文	中国工程院/北京工业大学
李奇亮	北京工业大学
李　霞	环境保护部中国-东盟环境保护合作中心

李晓春	北京工业大学
李剑玲	北京联合大学
刘俊婉	北京工业大学
刘曼红（Mannie Liu，美国）	中国人民大学
刘　蜜	北京大学
陆南泉	中国社会科学院
罗红波	中国社会科学院
马　力	国务院参事室
马洪立	国际生态发展联盟
皮埃尔·卡蓝默（Pierre Calame，法国）	欧洲梅耶人类进步基金会
史清琪	国家发展和改革委员会产业发展研究所
时　杰	中国社会科学院
孙立峰	中华人民共和国铁道部
孙　义	北京工业大学
唐　军	北京工业大学
田　远	财政部财政科学研究所
涂志勇	北京大学
王国华	北京工业大学
王　江	北京工业大学
王　虹	北京工业大学
王　雯	法国多菲纳-巴黎第九大学
王玉玫	中央财经大学
王昕宇	北京工业大学
魏伯乐（Ernst Ulrich von Weizsaecker，德国）	欧洲环境政策研究所
魏福德	四川省通江县政协
魏小军（加拿大）	加拿大麦克文商学院
吴　笛	北京大学
谢光亚	北京工业大学
辛　兵	中国科学技术协会
熊　园	中国工商银行
杨海珍	中国科学院
杨　坚	北京大学
赵宝煦	北京大学
赵君才	国际生态发展联盟
张象枢	中国人民大学
张建平	国家发展和改革委员会对外经济研究所
张宪霖	北京中如技术有限公司
张　荆	北京工业大学
诸大建	同济大学

谨将此书献给

中国经济学家陈翰笙先生
中国社会学家费孝通先生
德国历史学家费路先生
中国政治学家赵宝煦先生
中国经济学家史清琪女士

陈翰笙（1897.02.05～2004.03.13）：中国著名经济学家、社会学家、历史学家，中国社会科学院世界历史研究所名誉所长。曾获得德国柏林大学博士学位（后改名为德国柏林洪堡大学）。1924年秋受蔡元培邀请回国，成为当时北大最年轻、最受学生欢迎的教授之一。在历史学家杜文棠教授的引荐下，2002年，黄海峰教授拜访了陈老，介绍了由时任北京工业大学校长左铁镛院士和德国柏林洪堡大学校长于尔根·米勒克（Jüergen Mlynek）支持下成立的德国柏林洪堡大学中国校友会，陈老欣然同意担任创会名誉会长，极大促进了中国与洪堡大学的学术交流。

费孝通（1910.11.02～2005.04.24）：中国著名社会学家、人类学家，中国社会学和人类学的奠基人之一，1938年获伦敦大学研究院哲学博士学位。回国后，费孝通继续在农村开展社会调查，就中国乡镇企业的发展及其在改革和国民经济中的地位提出了许多精辟的见解。2003年受黄海峰教授之邀，费孝通先生欣然为坐落在北京工业大学的中国经济转型研究中心题名。国内外科学家、青年学生在北京工业大学中国经济转型研究中心所提供的学术平台中发挥了聪明才智，极大地推动了"经济转型"学术理论和社会实践的工作。

费　路（Roland Felber，1935.09.20～2001.05.05）：德国著名汉学家、历史学家，德国柏林洪堡大学教授。长期研究中国近现代史，发表了大量极有见地的高水平学术论文，尤其对康有为、梁启超、孙中山的研究具有深远的影响。中国学者杜文棠教授认为，中德双方都会在日后的岁月中日益强烈地感受到他的去世是一个多么大的损失。费路先生热爱中国，视中国为第二故乡，关注中国的经济改革。他所倡导的实证研究方法对本书的影响很大，在费路教授和德国科隆大学著名经济学家古德曼（Gernot Gutmann）教授的指导下，黄海峰完成了关于经济转型的博士论文，获得德国柏林洪堡大学哲学博士学位，奠定了从事经济转型的研究基础。

赵宝煦（1922.11.18～2012.2.21）：中国著名政治学家、当代中国政治学主要奠基人之一。曾担任北京大学亚太研究院学术委员会主任、北京大学中国国情研究中心名誉主任、中国政治学会顾问、中国经济转型研究中心学术委员和国际生态发展联盟顾问。赵老运用政治学原理和研究方法研究中国的政治、社会发展模式等问题。黄海峰教授在德国攻读博士期间，有幸获得赵宝煦先生的学术指导并推荐前往夏威夷大学中国研究中心从事研究工作，赵老亲自为本专著申请华夏英才基金的资助，题写了"谱绿色发展之曲，圆绿色创想之梦，展绿色财富之途"的绿色发展理念，对写作提出了修改意见，其儒雅谦和的大师风范极大鼓励了一大批当代青年学者的进取精神。

史清琪（1938.05.25~2012.09.16）：中国经济学家。曾担任国家发展和改革委员会产业经济与技术经济研究所所长、中国女企业家协会常务副会长、国际生态发展联盟顾问和世界绿色论坛执行主席。她主持完成的世界银行项目"中国煤炭、电力输送系统研究"获第23届美国国际管理科学弗朗兹·艾德曼奖。史清琪教授作为中国"女娲补天"式的绿色经济学家，积极参与了本专著的部分章节撰写工作，她创立了中国信息化推进联盟理事会绿色经济专业委员会，率先在国内外女企业家中倡导绿色行动，极大提升了中国的国际影响力。

改革的核心是制度创新（代序）

成思危

成思危　第九届、第十届全国人大常委会副委员长

中国30多年来改革开放的成绩是巨大的，没有改革开放，就没有中国今天的经济实力和国际地位。回顾30多年改革的历程，可以看到层出不穷的制度创新推动了中国的快速发展，因此可以认为，制度创新是改革的核心。制度创新经常成为影响改革进一步发展，甚至转变发展路径的主要因素。

尽管"制度"一词近年来被普遍使用，但对其实质的理解却往往因人而异。人们通常认为制度是要求共同遵守的、按一定程序办事的规程或行动准则。学术界则通常认为制度是在一定的历史条件下形成的政治、经济、文化等各方面的体系。20世纪初开始在美国兴起的制度经济学派就着重研究制度，并分析制度因素在社会经济发展中的作用。他们认为经济体系的组织与控制问题，要比资源配置、收入分配以及收入、产量和物价等水平更为重要。他们强调社会、历史、政治、心理、文化等因素在社会经济生活中所起的巨大作用，主张采用制度分析和结构分析的方法。

我曾运用复杂科学的方法分析制度问题，制度应当包括体制和机制两个方面。体制是指系统在某一时间点处的状态和结构，机制则是指系统演化的过程和动因。体制和机制两者又是相互依存的，体制是演化的出发点和结果，机制则是演化的路径。由于系统中各个成员之间的相互作用以及系统与外部环境之间的相互作用，就会在系统内部产生一种自组织作用，形成系统的层次结构和功能结构，并推动系统向一定的方向演化。由于系统是动态的，处于不停地演化之中，因此单靠权力分析、利益集团分析、规范分析等静态结构分析方法来研究它是不够的。正如著名的制度经济学家道格拉斯·C. 诺斯（Douglass C. North）一针见血地所指出的，"我们生活在一个经济变迁的动态世界中，但我们的理论却是静态的"。

制度可以经由强制性制度变迁产生，也可以通过诱致性制度变迁而演化。按照复杂性科学的观点，对经济的运行而言，既定的制度规则能稳定交易主体的预期。在既定的制度框架下，交易主体之间都知道对方会按照什么规则来行动，因为大家都相信对方是理性的。如果确实如此，那这一制度就是适当而稳定的。如果在既定制度框架下，交易主体难以发挥作用，难以将商业机会变为现实，那就说明这一制度需要加以改变。正是通过这样一个制度环境与市场主体之间的相互影响和作用，造成自组织作用和他组织作用的结合，推动着经济的发展和演化。

中国改革开放的四个特点

第一个特点是自上而下。30多年来的改革主要是在中国共产党的坚强领导下进行的制度创新。例如，改革初期实行家庭联产承包责任制，大大解放了农村的生产力；

社会主义市场经济体制的提出，彻底改变了中国经济的发展道路；国有企业的改革增强了工业的实力；资本市场的建立提供了投融资的平台；非公有制经济的发展，给中国的经济发展增添了活力；积极引进外资的政策不仅补充了中国建设资金的不足，还提升了中国技术和管理的水平，等等。这些制度创新都起了很大的作用。进入新世纪之后，中国政府提出了以人为本、全面协调可持续的科学发展观，在中国经济实力大幅提升的前提下，要更加注意社会公平，着力改善农村和城市中弱势群体的生存环境。中国政府正在推进公共服务的制度创新，加大教育和科技的改革力度，加强社会保障和社会管理的制度建设。这些都是重要的制度创新。

第二个特点是量力而行。中国的改革并没有像苏联和东欧国家那样采取激进的办法，而是根据中国的国情，根据群众可以承受的程度，以及社会经济的发展程度，量力而行，一步一步地推进。正因为这样，所以在改革的同时维持了经济的快速发展和社会的基本稳定，这一点是很不容易的。

第三个特点是循序渐进。在改革初期确实没有经验，要摸着石头过河。当然摸着石头过河也有它不足的地方，就是一脚深一脚浅，有时甚至还有可能会摔一跤。但是总的看来，因为目标明确是过河，只要能过河，那么开始时摸着石头也是必要的。当然在改革取得了成绩和经验之后，也会找到更好的办法。回顾这30多年的改革进程，从农村的联产承包责任制开始，政府和市场之间关系逐渐地变化，开始从有计划的商品经济，然后逐步地过渡到社会主义市场经济。

第四个特点是路径依赖。就是说改革像下象棋一样，你走第一步的时候，就会影响到你今后的几步。所以你一步如果走得不合适，那可能以后的几步就都会受到影响。而且你要退回来的话，像下象棋悔棋那样，你付出的代价就会更大。大家可能还记得，2001年10月，当时政府推出一个按市价减持国有股的政策，我们认为这个政策从动机看来还是好的，但是按市价减持这一点就遭到了公众的质疑。因为当时国有股是不能流通的，而流通股的股价是被投资者炒上去的，如果按市价减持国有股，必然会引起很大的反弹。尽管政府不久就取消了这一政策，但以此为导火线，还是导致了连续几年的熊市。这就说明改革过程确实是很复杂的，是路径依赖带来的，采取的每一步措施对以后的改革都会有很大的影响。因此在改革措施出台前，一定要谋定而后动，要经过深思熟虑才能去推行，同时最好是通过试点来摸索经验，现在看来政府已经渐渐注意到这一点了。

我认为中国改革过程的四个特点成就了中国改革取得的成功，是值得我们记取的。

深化改革需要处理好的四个关系

现在中国的改革可以说已进入了深化和攻坚的阶段，有许多矛盾需要认真处理。我认为主要有以下四个关系或矛盾需要认真处理。

第一是法治和人治的关系。尽管政府倡导依法治国的方略，但是要解决这个问题可能还需要做长期的努力。依法治国方略的提出可以说是从理论上解决了党大还是法大的问题，就是说执政党的主张要通过法定的程序变成国家的意志，一旦变成国家意志以后，任何党派、任何个人都必须遵守。但是在实际的执行过程中，我现在还是发现在法治和人治之间存在着矛盾和问题。众所周知，腐败问题是严重影响中国发展的一个问题，尽管这些年来中央采取了标本兼治的办法，处理了不少腐败分子，取得了阶段性的成果，但是要彻底根治腐败还必须靠法治。现在有一些现象是值得我深思的，我在人大工作很有体会。例如有一些外商和一些非公经济人士向我反映情况，最后总是叮嘱我千万别跟地方领导说。我说你反映情况的目的不就是希望我帮你解决问题吗？为什么不要我跟地方领导说呢？他们说你要说了我在那里就没法待了，我给你反映这些问题，是希望你们立法，但你千万别说。例如，有一位企业家到某地把一个濒临倒闭的企业挽救过来，由亏损户变为赢利大户，这时地方政府一看有利益了，就采取强制手段将这个企业家扫地出门，仅仅归还他原始的投资，连利息都没给他。我几乎每天都接触到这类问题，看起来都是中国法治还不健全的问题。最近我还从网上看到有位记者写了一篇批评某地方政府的稿件，当地政府竟动用了公安人员来抓他。我想这些问题都说明还需要进一步推进法治，尽量减少人治。

依法治国的核心是依宪治国。宪法是中国的根本大法，这些年来宪法经过多次修改，不断完善。特别是最近一次修改，写进了保护私有财产、保护人权等内容，应该说是基本完备了。但是在执行的过程中，很多人并没有把宪法当作根本大法来看待，这也是非常严重的问题。违宪可以说是最大的违法，但是中国现在还未能真正树立宪法的权威。需要进一步根据宪法来审查各个部门和各个地方推出的法规，不符合宪法的一定要撤销。我还说过依法治国的首要是依法行政或者说是依法治官，因为政府官员和人民群众相比处于强势，所以政府官员能不能依法是非常关键的。中央一再强调要依法行政，也就是要依法治官，只有依法治官治好了，才能够真正依法治国。此外，依法治国要靠全民的力量和觉悟，单靠监督部门的监督是不够的。还要依靠群众监督、民主监督，包括政协监督、民主党派监督、人民群众来信来访的监督，还有新闻媒体舆论的监督等。我特别关注的是新闻媒体的监督作用，我曾经在两岸四地新闻研讨会上讲过，媒体的作用应当是"振聋发聩，弃旧图新，抑恶扬善，务实求真"。国内的媒体离这个要求可能还有一段距离。当然可能有各种各样的原因，但是媒体的监督作用确实是非常重要的。

第二是公平和效率的关系。处理好公平和效率的关系始终是政治学中一个永恒的课题。我认为小平同志提出民间的社会主义市场经济实际上是把公平和效率结合起来了。就是说一方面要用市场经济的手段去追求经济发展的效益和效果，因此要大胆地学习国外各种资本主义市场经济在几百年来发展过程中所形成的好的经验和做法、好的组织方式和管理方式，并结合中国国情加以运用。因此，中国有了风险投资（venture capital，VC）、股份制公司、资本市场、期货，等等。但是另一方面，要坚持和完善社会主义制度，保障社会的公平和正义，特别是保障弱势群体的合法权益。如果只讲效率不讲公平，贫富差距越拉越大，社会不稳定，就难以保证效率；但是如果只讲公平不讲效率，就难以满足人民群众日益增长的物质和文化需求。当然在过去可能效率讲得多一点，现在我认为大家都比较注重讲公平，但是我还是要说，千万注意不要用一种倾向掩盖另一种倾向，公平和效率两方面的关系是应该处理好的。例如一个企业如果只讲公平，想不断提高工人的工资，但是如果这个企业的劳动生产率上不去，就没有可能去提高工人的工资。最后如果企业关门，那效率和公平就都没有了。

第三是政府和市场的关系。政府这只看得见的手和市场这只看不见的手,应该密切结合起来,而不是相互较劲。我讲过,政府的宏观调控不能违反市场经济的三个基本规律,一是不能违反价值规律,如果价格过分脱离了价值,采取限价或者补贴的方法都只能是权宜之计,并没有真正解决问题。限价的结果可能就会减弱生产者的积极性,造成市场的供求关系的扭曲。而补贴的结果就可能给有些人提供钻空子的机会。最近,国家对成品油的补贴就造成了这个问题,不少香港的汽车都开到深圳来空车加油,不但油箱加满油,还要把油桶都加满;外国的航空公司都要在中国加满了油再飞走。二是不能违反供求规律。供应和需求始终是市场中非常重要的因素,但是以前的做法是多了就用刀子砍,少了用鞭子赶。但是当用刀砍或鞭子赶的时候,市场情况可能已经发生了变化。所以大家应该相信市场的信号,不要用自己主观的判断来代替市场的信号。中国的电力就曾经发生过这个问题,有一段时期有关部门认为电力建设多了,因而限制电力的发展,结果造成了一些地方的工厂在夏天停3天开4天,老百姓家里的空调也因缺电而不能用,只好到人防工程中去避暑。三是不能违反竞争规律。以前老是用"防止重复建设"来限制市场的新进入者,实际这个提法是不对的。没有新的市场进入者,没有新的竞争者,市场是不可能进步的。所以后来的提法改成了"防止低水平的重复建设",这个提法就科学了。因为老的进入者对新的进入者总是有一种抗拒心理,就像挤公共汽车一样,当你没挤上去的时候,你就对车上的人说还能挤,一旦挤上以后,就对后面的人说上不来了,别挤了,等下一辆吧。政府不应保护垄断,限制竞争,而是应该鼓励竞争。只有通过竞争才能够实现技术的进步,最后才会使消费者得到更大的实惠。

第四是集权和分权的关系。这也是政治学中一个重大的课题,我国在集权和分权方面都经过了一些改革,基本克服了"一统就死,一放就乱"的弊端。我认为在这个问题上,一方面中央要有一定的力量和权威,但是另一方面也要给地方一定的自主权。很多问题的产生,都是由于在集权和分权的处理上引导了地方政府的行为。地方政府之所以追求国内生产总值(GDP),当然追求政绩是一个原因,但追求财政收入也是一个原因。由于财政收入是分灶吃饭,我听说在有的市里即使一个房地产商在某个区注册了一个房地产公司,但要在另一个区开发房地产时还要在那个区注册一个房地产公司,以便增加那个区的税收。我认为在处理集权和分权的关系中要考虑到,当过分集中权力时,也会把矛盾过分集中;当过分集中财力时,也会把负担过分集中。在这个问题上要有巧妙的处理方法。

30多年在人类历史的长河中不过是弹指一挥间,改革100年、200年以后什么样子大家都很难想象。但是在这弹指一挥间中,我国的专家学者作出的贡献不可磨灭,希望专家学者一定要按照中央的精神,不断地推进改革开放,为我国进一步深化改革,扩大开放,作出更大的贡献。

反思60年 迎接新挑战（代序）

吴敬琏　国务院发展研究中心研究员

当今中国社会经济转型需要注意以下几点：

第一，转型理论不能成为一个框

不搞懂经济发展的理论，而是像吃快餐一样只抓结论，不讨论理论分析的过程，不讨论历史发展脉络，就不可能明白科学发展观的具体内容。保证中国稳定持续发展的关键，是实现经济发展方式的转型。这一点已有很多论述。令人欣喜的是，以乡镇企业为基础的苏南地区，早已开始探索转型。

各个地方的资源禀赋状况不一样，产业发展基础不一样，历史文化背景不一样，转型的基本路径也就不一样，各有特色，所以要研究经济转型的理论。

现在全国都在学习、践行科学发展观，都在进行经济发展方式的转型。但转型现在从理论变成了政策结论，进而变成一个政治口号；甚至变成一个框架，什么东西都往里面装。到底要转变什么，反倒变得模糊起来。可谓数典忘祖、引喻失义。有一种说法是，转变要从投资、外需转向内需、消费方面。这当然是对的。还有其他各种各样的提法。但这些提法之间是什么关系？中心环节在哪里？从何下手呢？又不清楚了。

中国曾经两次调整过国民经济。关于经济发展方式的转型，原来的提法是经济增长方式转型，始于20世纪六七十年代，直到"十五"计划时仍坚持这个提法。但"十五"计划实施过程中，政府在资源配置中退出的趋势逆转了，比如开始对国有土地资源的配置，获取了几十万亿的土地转让价差。各级政府用手中的资源去营造高速度的GDP增长。

中国的经济总量翻两番的任务完成了，但原本提出的经济建设要转到以效益提高为基础，这个基础、前提却完不成。转型有这样的苏联误区和历史教训。有人认为转型很难，因为国民消费的比率太低、储蓄率太高。实际上这样的问题西方国家在19世纪时同样遭遇。这是因为投资率太高，资本收入在整个社会中的比重因此很高，直接影响到了消费率。东亚国家经历的危机即说明这一点。中国政府有些举措刺激消费，比如取消农业税、家电下乡、各类补贴。但如果生产结构没有改变，这样做的实际效果将是抑制消费。政府这样做，钱从哪来？那就加税，而加税的结果实际是抑制消费。

因此，不搞懂经济发展的理论，而是像吃快餐一样只抓结论，不讨论理论分析的过程，不讨论历史发展脉络，就不可能明白科学发展观的具体内容。关于转型的规划已不是过去那种规划，不是把政府计划换个名字，而是要有新的理论内容。

第二，转型规划的体制障碍

电价、地价等生产要素价格偏低，相当于鼓励用粗放型的方法来增加GDP。各地方对于转变经济增长模式，招数相同，结构雷同。其实，每一个地方应该根据自身资源禀赋和产业基础，从世界发展的走向，确定自身的转型方式。

比如广东的基础是加工制造业、外向型经济，其转型应该以制造业为重点，有条件在某些产业上率先实现转型。广东的制造业转型有两个方向：一个是依据施振荣提出的微笑曲线，从代工向研发和销售的进行转变；另一个是根据当前世界技术和产业发展的规律，在发展产业链方面寻求新的突破。

现在，转型初步已经上了轨道，就要考虑更长远的问题，那就是人力资本的投资问题。此外，政府怎么改善？政府在经济转型中的工作，就是政府职能转变。苏南几个城市就体现了这样的特点，政府在经济转型的过程中，跟市场化改革紧密结合在一起。但是在全国的范围来看，政府职能转变的问题还是比较大的。以往的教训是，每次谈及转变，总是由政府来定规划、定重点，然后政府来组织项目，组织人力、物力，定项目、定目标，然后技术攻关，再由国有企业来进行产业的转化。这样的结果导致很难掌握全部信息，使得政府组织研究、攻关的效率很差。

中国在改革开放之初，科学、技术远远落在外国人后面，但是经过三十多年改革开放，情况已经大为改观，中国现在的科学和技术人员数量世界第一，研究和开发经费世界第二，仅次于美国而超过了日本。有相当一部分技术发明接近世界前沿水平，但是相关的产业化却是步履维艰，没有发展起来。

目前，市场主体面临四大体制性障碍：①政府配置资源的权力太大；②把GDP增长作为政绩好坏的主要考评标准；③财政体制不管从收入方面还是支出方面，都要求各地政府官员要把GDP搞上去，把量搞上去，使得地方政府官员想尽办法增大经济总量，而不要考虑效率；④资源型生产要素的价格太低，鼓励了地方政府依赖粗放型的模式来增加GDP。

第三，政府仍是转型领导者

中国政府要求各地进行经济发展方式的转型，政府在担负领导者的作用时，要总结历来的经验教训，政府要有所为，有所不为。

政府的基本职能是提供公共产品。政府现在就有一个职能普遍没有发挥，就是规划和协调。这个规划不是指制定指标，也不是指制订计划，而是提供综合性、长远期的信息供业界参考。每个企业掌握的信息往往是短期的、局部的，而现在的产业变得分工非常复杂，互相之间的关系很密切。

公共产品和私用品中间有一个中间地带，不同的情况之下这个中间地带可能还会有所变化。在中国，可能政府做得更多一点。但是，有一些应该由企业、市场来做，政府越俎代庖，效果肯定是不好的。这并不等于说政府就无所作为；政府应该有作为，但是政府要做它应该做的事情。政府应该作为而实际上不作为，缺点也非常明显。比如不能提供良好的法治环境，不能提供基本的社会保障，无法保持宏观经济稳定。现在，政府在组织经济方面，有四个方面不值得提倡：第一是指定技术路线。日本政府在信息产业方面的此种教训非常深刻；第二是设立了过多的行政许可和市场准入。行政许可和变相的行政许可，可谓五花八门，有的叫审核制，有的叫备案制。市场经济的原则本应是非禁止进入，即没有法律明文禁止的都可自由进入，实际上市场准入方面的障碍未打破。第三是运用行政权力垄断市场，与民争利；第四是在一些机构中存在着"肥水不流外人田"的现象。

第四，转型无止境

中国还面临着改造教育体系的问题。西蒙·史密斯·库兹涅茨（Simon Smith Kuznets）和罗伯特·默顿·索洛（Robert Merton Solow）在谈西方国家转型时，都非常强调教育体系在中世纪后期的逐渐形成，以及所谓科学共同体的形成。中国的教育、科研体系，最大的问题也是去行政化探索。总之，革自己的命确实是比较困难的，有很多人是不愿意革自己的命的。但是，如果由此推论说革自己的命是不可能的，那是在放弃改革。转型是一个无止境的事情，现在面临的是进一步转型的问题。

中国经济转型的评价（序一）

赵宝煦

赵宝煦　北京大学中国国情研究中心名誉主任

中国构建和谐社会，谋求和平崛起，不是一个权宜之策，而是中国经济转型的发展战略。改革开放30多年来，为了实现这一发展目标，中国经济创造出巨大的活力，呈现出以下几个方面特点：

第一，改革创造了经济奇迹

2010年，中国GDP总量接近40万亿元，约合6.04万亿美元，超过日本，跃居世界第二位；中国进出口贸易总额达到29728亿美元，比2009年增长34.7%；中国实际使用外商直接投资金额1057亿美元，同比增长17.4%。截至2010年年底，中国国家外汇储备已经达到28473亿美元，是全球外汇储备最多的国家。由此可见，中国的经济增长促进了世界经济的增长，已成为拉动世界经济增长的重要引擎。

第二，改革减少了贫困人口

改革开放30多年，中国绝对贫困人口减少了2.35亿人。联合国2003年减贫统计显示，世界大部分减贫人数是中国做到的。改革开放至今，中国不仅创造了30年年均GDP增长率超过9%、综合国力和人民生活水平显著提高的"经济奇迹"，而且创造出一条被称为"渐进式"的经济转型道路。

第三，改革导致了制度创新

分权式经济管理体制的建立激发了各地发展地方经济的巨大积极性，改革打破了僵化的计划经济体制束缚，确立了社会主义市场经济体制，激发了中国巨大的经济活力，激发了企业自主创新和普通劳动者强烈的致富欲望，并把这一致富欲望转变为改革的巨大动力。

经济转型是一个复杂、长期的过程。正确认识和把握经济转型的复杂性和长期性特征，坚持以结构调整为主线，是制定可持续发展战略的依据和前提。在中国经济发展中，长期积累的结构性矛盾和粗放型经济增长方式还没有根本改变，能源、资源、环境和技术的瓶颈制约等问题日益突出，成为制约中国经济可持续发展关键性因素。中国不能仅满足于技术引进、设备引进，而要提高原始创新、集成创新和引进消化吸收再创新的能力，把增强自主创新能力作为科学技术发展的战略重点和转变经济发展方式的中心环节，坚定不移地走新型工业化道路，为中国在新一轮的世界产业发展和经济竞争中抢占有利位置奠定坚实的技术和物质基础。

中国构建和谐社会是一个逐渐向前发展的过程，不可能一次构建成功。中国追求的和谐社会目标，将会随着科技的发展与认识的深化而不断发展。原有的矛盾解决了，原有的目标达到了，在社会继续向前发展的时候，又会产生新的矛盾，人们又会提出更高一级的目标。因此，构建和谐社会是一个逐渐发展的过程。中国目前无论是科技、教育还是企业发育，较之改革开放前都有了突飞猛进的发展。改革开放带来了中国经济的快速增长，但是其经济却呈现出"高投入、高消耗、高污染、低产出、低质量、低效益"的粗放型增长的特征，继而造成资源配置的扭曲，加剧了资源的有限性与可持续发展、经济发展与环境保护的矛盾。虽然中国目前赢得了"世界工厂"的"美誉"，"中国制造"的商品以"广种薄收"的微利营销方式占领较多的国际市场份额，美国《财富》杂志此前评选出的世界企业500强中，中国内地能上榜的企业多数属于电信、石油、银行等国家垄断性行业，但是在国际上叫得响的中国著名品牌则凤毛麟角。因此中国出口的都是资源型产品和劳动密集型产品，这是涉及中国经济转型的重要课题。出于构建和谐社会的需要，应该从"粗放型"经济增长模式向"集约型"经济发展模式全面转型，走中国特色的自主创新道路。

德国柏林洪堡大学黄海峰博士牵头组织国内外专家共同编著的《中国经济转型之路——21世纪的绿色变革》一书是2010年黄海峰教授主编的《中国经济创造之路》的姊妹篇，将"中国经济转型"的真正内涵体现在经济发展模式、金融、社保、法律制度等方面的转型，从一个单纯地追求GDP的概念向追求经济社会可持续发展模式转型。中国要根本上实现经济发展方式的转型，需要在国家层面、区域层面、企业层面三个层次实现转型，采取绿色发展、低碳发展、循环发展三种经济发展模式。目前，中国无论是在发展主题、目标、任务、模式等方面都与以前有着很大的不同，必须始终坚持以经济建设为中心的发展战略。既要科学把握发展规律，又要准确判断发展的阶段性特征；既要清醒正视发展面临的新问题、新矛盾，又要正确认识又快又好发展的基本要求；既要勇于创新，又要把握适度原则；既不滞后于发展阶段，又不超越国情。

《中国经济转型之路——21世纪的绿色变革》以经济转型为主线，以基础理论的分析为基础，架构"中国经济转型"战略理论；结合国外先进的发展经验和中国经济转型的实践，对中国经济转型期存在的问题进行深思。该专著依据国际政治学、制度经济学、战略管理学、转型理论、可持续发展和区域发展基本理论，力求对中国经济转型中催生的创造性思想、模式和路径进行一次全面的总结。该书作者选择以制约中国经济可持续发展的消耗方式及增长方式作为突破口，试图通过对绿色经济、低碳发展和循环经济等发展模式的探讨，从国家、区域、产业、企业等经济转型的重点领域入手找出中国经济转型的本质，为中国经济转型提供具有针对性和可操作性的建议。毫无疑问，该书的推出不仅对中国现阶段的政府改革与决策具有重要影响，而且对中国经济的长远发展具有积极意义，有助于推动建立资源节约型、环境友好型和谐社会建设。

以科技进步实现工业转型升级（序二）

李京文　中国工程院院士、中国社会科学院学部委员

目前中国正处于工业化快速发展阶段，工业仍在中国经济发展中发挥着重要作用，工业转型升级是中国转变经济发展方式的重要内容。目前中国的经济总量位居世界前列，内需对经济发展的带动作用将会越来越大，从过度依赖外贸和投资拉动中国经济增长向以内需带动中国经济增长将是中国经济转型的重要内容。

通过科技进步实现中国工业转型升级

中国制造业发展过于依赖资本、劳动、土地和能源资源等生产要素的大量投入，科技进步对经济增长的贡献还较低。在工业与信息化领域，原始创新能力严重不足，科研与开发、基础设施和经费投入水平较低，企业自主设计能力不足，投资渠道和机制不健全，投入分布不尽合理，尤其是共性技术研发与支撑能力严重不足，基础性、公益性技术研发十分薄弱，再加上人才教育与培训体系远远不能满足实践的需求，这些问题严重制约着工业产业的创新发展与升级。

中国经济已进入工业化中期的后半阶段，工业和经济总规模已经位居世界第二位，但人均收入低，地区、城乡发展不均衡，居民收入差距不断扩大，虽然拥有巨大的生产能力，但创新能力不足，生产方式粗放，缺少关键技术和共性技术，迫切需要转变经济发展方式，实现工业和整个国民经济的转型升级。为了实现转型升级，除了坚持改革开放方针、继续完善体制机制外，关键是要加快技术创新，增强自主创新能力。

科技进步是财富的源泉，任何社会的经济发展和社会进步都有赖于全要素生产率的不断提高。在"十二五"期间，工业与信息化领域要依靠改革开放和科技进步实现转型升级，要把推进"两化"深度融合作为转型升级的关键环节；在推进区域产业协调发展总体战略和促进产业有序转移等任务外，对东中西等各区域应该厘清重点发展和限制发展的产业。

通过改革分配制度推动经济转型

分配是社会再生产的重要环节之一。中国已建立起以按劳分配为主体，多种分配方式并存的分配制度。通过把市场竞争机制引入分配领域，克服了计划经济体制下分配市场上的平均主义倾向，极大地解放了生产力，调动了劳动人民的劳动积极性。但

由于改革不彻底、调控不到位等因素的影响，随着中国经济社会的发展，收入分配差距不断扩大。

从经济学来考量，一个国家的经济发展，大体可分四个阶段。第一是要素驱动阶段；第二是投资驱动阶段；第三是创新驱动阶段；第四是消费驱动的阶段。目前，中国正处于第二阶段，应尽快转入创新驱动的发展阶段。创新首先取决于知识存量及其增长率，知识存量的增长又依赖于人力资本投资。而中国在人力资本投资上还存在很大的短板，而且由于长期以来过分追求GDP，国民收入分配中用于积累的份额过大，压低了消费的比例，在更深的层次上表现为教育和卫生改革乃至投资一直存在许多问题，主要表现在以下几个方面：第一，绝大多数劳动者的收入增长过慢，甚至不足以支付正常的教育和医疗费用；第二，由于收入差距导致了贫富悬殊；第三，居民拥有财产过于悬殊，中国的贫富差距远大于美国，成为全球两极分化最严重的国家之一；第四，城乡居民、不同行业和不同层次人员之间的收入差距问题突出。

2010年，中国的GDP总量已超越日本，稳居世界第二，中国人均GDP超过4000美元，已跻身中等收入国家行列。从国际经验来看，这个阶段既拥有继续发展的有利条件，也处于发展转型的关键时期。中国转变经济发展方式关键在提高自主创新能力，自主创新能力也应该包括管理能力以及作为实践先导的理论创新能力。中国市场经济的健康发展需要中国特色的经济学和管理学创新。近年来关于中国式管理的学术探讨，就是一种从现实需要出发的管理学创新，与此同时，经济学理论创新也一直伴随着改革开放的进程。

中国现阶段收入分配差距拉大，是由多种原因造成的。收入分配理论滞后于现实及制度安排上的缺陷是造成这个问题的直接原因之一。在一次分配中劳动报酬偏低，没有建立劳动报酬的正常增长机制；在二次分配中，没有以制度形式明确各级财政用于社会保障以及转移支付的支出比例；三次分配规模小，慈善捐赠有待健全机制，调节功能有限。要尽快提高员工的直接劳动报酬，在二次分配中合理确定用于社会保障以及转移支付的支出比例，进一步完善社会保障体系，要不断强化三次分配的规模和机制。

科学出版社出版的《中国经济转型之路——21世纪的绿色变革》专著，由黄海峰教授担任主笔，在中央统战部的学术基金资助下，环境保护部、国际生态发展联盟、中国科学院、中国社会科学院、北京大学、北京工业大学等学术机构的专家团队，汇集了最新的学术研究成果。作为老一辈的科学工作者，我非常高兴看到黄海峰同志在科学研究的道路上又取得了一个新的成果，衷心祝愿该专著的面世为进一步推动中国的经济转型做出贡献。

中国经济转型的路径选择(序三)

格哈德·斯塔尔(Gerhard Stahl)　欧盟地区委员会秘书长

我们生活在同一个相互依存的世界,同享空气、水以及有限的资源,也分享着知识社会中跨越国界的崭新科技和资讯。

中国的复兴和经济增长对整个亚洲是一个福音,因为它改善了千百万人的生活,也为全人类的进步做出了贡献。同时,中国经济发展也影响了资源的价格,改变了世界大部分地区的经济平衡,由此所产生的政治、经济和地位变化,需要用规避风险和避免冲突的方式方法加以分析。

人类未来的发展面临着全球性的挑战,而如何应对挑战则需要人类共同寻找答案,任何国家在这个过程中都无法独善其身。此外,建立一个和谐和持续发展的社会需要整体的方案,并平衡处理不同的社会、经济和环境的利益冲突。此外,制定政策必须有多层次的管理措施,以便它能够有效动员全社会的参与。

2008年美国金融危机的爆发说明,基于短期金融和市场利益的经济模式是不可行的。人们需要转变先前所认为的市场通过价格可以自我调节的信念,并转而用新的经济模式将其替代。这个新的经济模式要规避照搬苏联极端的计划经济模式。因此,市场作为有效的导向工具必须在发挥作用的同时力争避免市场失灵,为了社会的长远利益,必需实施环境保护和知识创新、培育健康的全球商品市场,保持经济的稳定性。

此外,应该设计一套法律框架和激励机制,使大家一起参与全球的共同市场,促进国际货币基金组织、世界银行、世界贸易组织(WTO)和联合国等国际机构的协同发展与共同行动。同时,为了加大中国、印度等发展中国家在世界舞台的话语权,在国际组织内部实行改革,通过政府间的双边或多边合作达成共识。

中欧合作对未来世界经济发展和全球治理具有重大意义。目前,欧盟已经成为中国最大的贸易伙伴,中国也成了仅次于美国的欧盟第二大贸易伙伴。与中国所处的发展阶段不同,2%~3%的经济年增长率就是欧盟所希望的稳健的经济发展态势,而中国经济则需要8%~9%的快速发展。不要将GDP增长率作为唯一的评价指标,考核经济增长的质量才是重要的。

目前,中国和欧盟都确立了中长期合作发展战略,中国"十二五"规划确定了以政府引导和市场推动为手段,强调采取环境保护和节能优先的措施来保证经济社会可持续发展。2010年6月7日欧盟委员会批准了"欧洲2020——智能、可持续及包容性增长战略"。其核心是追求国家劳动市场改革、欧洲一体的能源政策和一个雄心勃勃的工业发展规划。

"欧洲2020战略"提出了到2020年应该实现的5大量化目标：①使20岁至64岁的劳动人口就业率从现在的69%提高到75%，提高妇女、年长者的就业率，更好地吸纳移民加入欧盟的劳动力市场。②增加研发投入，把研发经费在欧盟GDP中所占比例由目前的1.9%提高到3%，特别要提高私营部门的研发投入，创建一项能够反映创新和研发集中度的新指标。③将温室气体排放量在1990年的基础上削减20%，将可再生能源在欧盟能源消耗总量中所占比例提高到20%，将能效提高20%。④将未能完成基础教育的学生人数比例从现在的15%降至10%以下，使年龄在30岁至34岁年轻人获得高等教育文凭的比例从目前的31%提高至40%。⑤根据各国的贫困标准，将欧盟生活在贫困线以下的贫困人口减少25%，也就是把面临贫困威胁的人数减少2000万人。这些发展目标和政策措施的实施必须基于国家之间的合作，欧盟是中国加入WTO的坚定支持者，中国同欧盟双方的合作是建立在长期发展基础上的，双方遵守国际谈判规则，反对霸权主义。

作为中国最大的贸易伙伴，欧盟在与中国建立良好关系的35年间，通过确保公平竞争的原则，在各类经济活动中持续发展和维护双边共同利益。欧盟和中国之间不断通过定期的首脑会议进行双边了解，在政治、贸易、科学以及民间活动中加强交流。中国是一个发展中国家，经历了这些年的快速发展，逐渐成为了世界第二大经济实体；欧盟也在这些年从最初的6个成员国发展到现在的拥有27个成员国的欧洲联盟。

欧盟和中国需要解决的主要问题就是实现可持续发展，转变经济发展方式，同时在储蓄和消费、金融创新和监管、经济发展和环境保护、区域和全球市场的方面保持协调发展。只有在环境保护、经济发展、社会建设和文化建设之间获得平衡，才能建设可持续的和谐社会。

世界舞台上的强权政治必须被多边规则和全球之间的合作对话所取代，为了实现这一目标，需要进一步挖掘美国、欧盟和中国经济发展的巨大合作潜力。中国经济未来的巨大发展必然基于扩大内需、增加中国公民的购买力、提高人民币在国际市场上的币值以及减少中国经济发展对出口的依赖。无论是出口国家或者是进口国家都不能避免地向更可持续的经济发展模式和形态转变，地球无法再承受一个像美国那样依赖大量能源消耗为基础的发达国家，西方发达国家必须调整生活方式，而发展中国家也不能选择非可持续的发展模式。

在过去100年间，全球大气平均温度上升了0.74℃。相应的，人们已达成共识，认为超常规的经济活动加剧了气候变化，正严重威胁着人类自身的生存和发展。预计到本世纪末全球平均温度将会上升1.6~6.4℃，未来温室气体排放量会增加创造短期温度升高记录的可能性。自1950年以来自然灾害增加了3倍，这正是全球变暖导致了自然灾害频繁发生的证据。

虽然我们无法阻止或逆转气候变化，但已有很多可以缓解的措施与方法。气候变化是全球性的问题，虽然世界不同的地方面对的风险是不一样的（某些在非洲和亚洲的发展中国家面临的风险更大些），但是气候变化问题必须站在全球的视角才能得以解决。现实足以证明气候变化并不仅仅是一个生态问题，它更多的是涉及经济问题。预计到 2050 年，气候变化问题造成的损失将占到全球每年 GDP 的 20%。而经济发展对环境的负面影响也在中国出现：2005 年，中国二氧化硫排放量将是 2549 万吨，居世界第一位，中国的酸雨区面积也占总土地面积的 30%。

综上所述，经济向可持续发展的转型是发展的核心。为求得长远的发展，中国和欧盟要为世界经济做出贡献。全球性问题需要中国、欧盟和美国采取一致行动共同来解决，为了全球经济的健康发展，需要逐步完善多边合作的世界体系。以黄海峰教授为代表的中国经济学家牵头撰写有关经济转型专著，对世界了解中国经济有着重要作用。期望中欧之间加强学术交流与合作，以促进全球的经济社会可持续发展。

写给一本中国经济学专著的序言（序四）

皮埃尔·卡蓝默（Pierre Calame）　　欧洲梅耶人类进步基金会主席

自从1978年中国对外开放以来，邓小平所倡导的改革措施在20世纪八十年代中期初见成效，市场经济也因此得到了发展。在同一历史时期，时任世界环境与发展委员会主席的布伦特兰（Bruntland）夫人牵头撰写了集体报告《我们共同的未来》，并在其中首次提到了"可持续发展"的概念；在这份报告问世10年之前，罗马俱乐部的米都斯（Meadows）撰写了报告《增长的极限》，并提出西方世界的社会发展模式与地球有限资源之间存在矛盾。

中国的经济改革问题与西方世界社会发展可持续问题的讨论，发生在同一个时期，这可能是一个历史的巧合。西方国家的发展模式开始被以中国为代表的新兴经济体国家所了解，西方追求增长的发展模式与地球资源的有限储量之间存在着不可调和的矛盾。

在发展过程中，中国经济发展也呈现出巨大的矛盾。一方面，从公平角度讲，中国有权要求按照西方的模式发展，特别是按照西方国家一样对自然资源和化石燃料享有使用权；但另一方面，从保持长远发展的角度讲，这种发展需求只会加速人类和地球生物圈之间的不平衡，对整个世界和中国本身都会带来损害。

由于可耕种的土地面积有限，中国政府果断地做出实施人口计划生育的决定，从而快速进入了人口转型期——从工业化前的高出生率和高死亡率的人口发展模式向后工业化时代人口基数稳定但老龄化严重的人口发展模式转变。这就是为什么我们经常在中国听到："我们一定要在衰老之前致富，哪怕只是为了在老龄化社会中享有生活保障。"

但是，出现了发展的第二个困境，达到西方世界的富裕程度也存在着环境恶化的风险，按照西方的发展模式，中国有可能在达到西方生活标准之前就出现严重的环境灾难。

在文艺复兴时代，西方国家凭借其胆大无畏和对先进技术的掌握开始征服世界。当西班牙和葡萄牙瓜分拉美，并在亚洲扩张之时，法国国王弗朗索瓦一世意识到自己国家在这场扩张运动中的落后，于是他说道："难道是亚当在遗书中将我们排除在瓜分世界的行列之外？"在今天来看，这一幽默且生动的表述完全适用于中国政府——它有权向最古老的工业化发达国家发问：为何它们在维持自己生活水准的同时却以拯救地球的名义剥夺了中国人、印度人或者非洲人按照西方同样的方式进行社会发展的权利。

事实上，当今的整个世界都陆续进入了一个巨大的转型时期，其规模堪与新石器革命时代相媲美。新石器时代，当狩猎的人们熟悉了如何从某些生态系统中获益，他们便开始依赖于这些生态系统，这一转变使得世界人口爆炸性增长。

从对自然资源管理的角度而言，工业革命的社会发展模式类似于石器时代的狩猎采集模式。工业体系从建立之初便不断消耗资源，意味着对煤炭、石油、水电资源和矿产的无节制开采，意味着海洋捕捞和废物排放。同新石器时代一样，这种原始的发展模式不可持续，应该由可持续发展模式所替代，简言之，即"园艺地球"模式。

面对全球转型的趋势，新兴发展中国家可以根据各国文化和自身背景选择适当的发展模式。

首先，有两种与发展道路相关的思维模式。其一，遵循马克思主义文化的思维模式，普遍接受社会的发展总是由若干相同阶段构成，这些阶段的经过可或快或慢，但不能跨越阶段发展。这种历史决定论将导致新兴国家遵循预定顺序中的每个阶段发展。为了保持产业的附加值水平不断上升，中国的发展将从"世界工厂"阶段开始，通过增加流水线生产来提升产值，并在随后演变进入与设计和研发相关的较高层次的阶段，同时将之前的生产活动转移到非洲或者亚洲其他还处在更低社会发展阶段的地区；其二，遵循"后发优势"思维模式，发展中国家可以避免其他国家在经济发展过程中的错误，直接从最先进的技术中受益。第一种思维模式，中国始终在追赶发达国家并探索发展模式过程中作为追随者；第二种思维模式，中国将开始探索新的发展模式，以应对21世纪的各种挑战。

其次，探讨发展模型普适性的思维模式。受自由主义经济学家和美国思想家的影响，有些人认为只存在一种发达的工业化社会模型，而企业、市场经济和议会民主制度共存于这种普适而不可逾越的模型中。尤其是20世纪80年代末苏联解体后，此普适性模式已经发展到非常狂妄的地步，被一些人称为"历史终结"的模式——每个国家的社会发展都必将逐渐向这一普适模型靠拢并以此为终极目标。

但是事实上，在此普适模型之外，还存在另一个以各国和地区不同的发展路线为基础的社会发展模型。每个国家都应该根据本国的文化、社会、特别是地理背景，探索适合自己的发展路线和发展模式。但即使在这种情况下，发展模式的探索也不应是封闭的，即不应该完全依赖自身的资源禀赋。换言之，社会发展模式的探索应当从整个世界的发展经验中受益，吸纳所有的文化的精髓，因为每个民族的文化本身就是不断变迁的过程，不应该简单复制外来发展模型。这种文化融合的案例常见于世界的公司管理工作中，例如在20世纪八九十年代，日本经济的兴起促使整个世界开始关注日本式的公司管理方式以及日本政府和企业间的关系特征。西方世界直到近些年才承认中国高速的发展模式与美国式模式相去甚远，其发展模式远非简单的"加入市场经济"。

纵观世界社会发展史，有两个不同的思维模式。其一，认为人类具有一成不变的发展阶段，新兴发展国家有权利拥有最先进的技术，移动电话和互联网技术在中国的发展便是证明；其二，认为人类面临的经济转型需要总结每个民族的经验，应当集合所有不同文化背景的优势，推动转型的共同探索。

由此可见，中国必须在一个全球化的体系中积极探索一种新的经济体制。如仔细斟酌

"探索"一词的含义，不难发现，尽管全球都提倡可持续发展，但是人类并没有真正着手进行必要的变革。我们只是停留在对经济思想和生活方式的调整，但这些调整远不足以应对21世纪地球环境面临恶化的挑战。当化石燃料和不可再生资源消费加大时，也就是人类"生态足迹"不断扩大。在许多能源利用率较高的国家，人类活动对生态的不良影响，直接威胁到代际公平。

这种现象既体现在大国或者大公司的领导人身上，也体现在普通公民身上。作为公民，通常持有极其矛盾的态度。一方面越来越多的人对21世纪所面临的挑战，诸如环境问题、气候变化和基因等问题表达出关切；另一方面作为消费者时，常常会更加关注产品（商品）的性价比，为寻找最便宜的产品而忽略或根本不考虑产品的实际生产状况与生态环境风险。这种矛盾心态也呈现在地方领导人的经济政策上，他们既担忧气候变化，又不惜牺牲环境和生态代价来振兴经济。

目前，越来越多的国家相继关注社会的可持续发展，也采取了很多相关的措施。在绿色经济的激励下促进经济可持续增长，避免恶性攫取地球的资源。无论在欧洲、美国还是中国，很多人都意识到，在生态危机和环境保护的背景下，新的增长契机只能通过用高效益、低能耗的环境友好生产技术替代低效益、高耗能的生产技术来实现。同样，"低碳发展"在近些年备受关注。当我们从易被误导的指标（例如人均GDP）转而关注国民的实际需求时，可以看到有相关的解决方案，使人类的发展在不牺牲福祉的基础上减少资源消耗、温室气体排放，诸如鼓励使用风能、水能、太阳能等可再生能源，在住房、交通和工业领域大幅度提高能源效率（energy-efficiency）。在关注绿色经济和低碳发展中，我们还应当持续关注被称为"封闭式"循环生产的体系，例如对生产活动所产生的垃圾进行分类。这种考虑再使用、再循环的过程称之为循环经济。

当今，在中国和欧洲的经济发展过程中，开始涌现出"社会企业"。它与其他追求利益最大化为目标的公司不同，社会企业以社会需求为导向，为社会带来所需要的产品和服务。这类社会企业，作为第三形态的产业，介于公益机构与利益为导向的企业之间，也是一种经济民主的形式，或许是对现有发展模式进行修正的创新方法。其实，在经济运行过程中，也存在着改善市场经济过激行为的措施。从消费者角度来看，"公平贸易"运动的发展促使消费者，不仅单纯考虑产品的价格和质量，而且也关注产品生产的条件对环境的影响。企业也不断意识到社会责任和环境责任，虽然企业的首要目标仍然是为其股东创造价值，但也要应该考虑企业行为对社会和环境产生的影响。

总之，企业生产者和消费者，在生产及消费活动中，都要考虑其行为给社会所带来的影响。而近年来，这类"社会责任"运动在欧洲占据越来越重要的位置，而这有助于人们在生态成本和经济效益的博弈中做出选择，有助于纠正纯市场经济的野蛮行径。无论从消费者角度还是企业角度来看，尽管这些措施在开始时都是自愿采取的，但这并不妨碍它们被纳入新的公共或者私人规定中。同样，要求对企业的社会和环境责任进行评估，产生了新的规定，如发表社会和环境年报。

国际标准化组织（ISO）标准作为企业科学管理的准则，由公司和公共机构自愿决定是否采用 ISO 的标准。在欧洲，至少公司参与公共项目竞标之前，必须达到一个或者多个 ISO 标准。ISO 标准的本意在于创建中立的技术性标准，从而确保各工业部件之间的兼容性，但其标准涵盖的范围逐年扩大。2004 年，ISO14001 标准涵盖了公司管理的所有环保标准。旨在涵盖企业所有的社会责任事宜的 ISO26000 仍在酝酿讨论中。总之，人类社会在探索过程中，尚缺乏一个全局的理论框架和制度改革，后者可以确保全体人类福祉，确保环境保护和代际公平。

我试图勾勒出这一整体框架，提出一些见解作为本专著的序言。

首先，我们重新采用经济学一词的原始拼写"oeconomie"，这一拼写在 18 世纪时被现代词"économie"所取代。为何我们要如此做？恰恰是因为现代经济学已经忘记它的起源和根本目的，而这一根本目的正包含在"oeconomie"的词源中："oeconomie"是从"oïkos"和"nomos"这两个古希腊词中派生而来，它们分别意味着"家庭和共同家园"以及"法律"。严格意义上来讲，经济学是"妥善管理家庭的所有规则"。然而，现在我们的家庭是整个地球。从新石器时代直到工业革命，人类群体一直面临这一古老的经济学问题：人类社会根植于一块有限的土地，并且土地日后的肥力决定了人类的延续。著名植物学家卡尔·冯·林奈曾经说过"准备自然之物为我们所用，是一门利用所有自然物品的艺术"，这就很好诠释了这一经济管理学问题。

伴随着工业革命的到来，"economie"取代了"oeconomie"，导致人类成为狩猎采集者，不断汲取自以为是无限的地球资源，却不考虑对生态系统的维护。此时对"oeconomie"思想的重新提及则提醒我们，整个世界都应该反思，人类应该重新成为地球的园丁。

因此，提出上述的内涵，从涉及的法律和规则而言，"oeconomie"属于管理学范畴。它旨在建立责任人和制度管理体系，并制定规则来组织生产、分配和使用商品服务，在科学技术力和人类创造力的基础上实现人类的福祉。同时，在这一过程中保护生物多样性，确保代际公平以及大家参与社会活动的公平性。

显而易见，与大学经济学教科书中的定义不同。首先，如何依据生产和使用属性区分不同的商品和服务？大学中教授的经济学将商品划分为市场化产品和公共产品，但如果我们从"oeconomie"的角度思索，这种对商品与服务的区分则过于简单，限制了我们对于其他区分方法的思索。

其实，为了区分不同的商品和服务，制定出适应每个产品的分类规则，我们应该将其集中在"共享性测试"。当我们试图分享一个商品或一项服务时，会对商品和服务本身产生什么后果？依据这个测试可以界定了四类物品：①分享时被损坏的物品，例如生态系统；②数量有限并在分享时被分割的物品，例如水、土地、化石燃料等自然资源；③数量无限（由于人类能够制造）但在分享时被分割的物品，例如人类对技术的掌握而带来的工业产品和服务；④作为最有趣的一类物品，则是在分享时能成倍增加的效应，例如知识和经验。

即使不涉及具体内容，我们也可以轻易理解，市场经济仅适用于上述的第三类商品和服务，对其他三种类型很难适用。因此我们必须建立一个具有全新内涵的规则。

第二个例子与企业的变化和发展有关。大型企业是现代世界的经济支柱，它们能够将基本的科学知识和技术与客户的需求对接，对营销渠道具有控制力和筹集资金的能力。换言之，大型跨国公司是现代经济的支柱。但是问题是，除去上文中提及的在社会和环境责任方面的努力，这类大型公司能否继续应对21世纪的挑战？我个人并不这么乐观，只有建立可持续供应链，才能构建新的制度管理体系和世界贸易规则。

第三个例子是关于生产水平和交换水平之间的关联。在第二次世界大战后，大多数经济学家认为未来将是一个统一的世界市场，关税和其他非关税障碍在世界贸易中将逐渐被淘汰。世界市场的整合无疑使人们认为，地区性的生产和交换仿佛是远古时代的遗迹，会逐渐让步于世界市场统一。然而事实证明，与其他管理领域一样，在生产和交换领域，即"oeconomie"范畴，未来的发展将是从小的地方经济到整个世界范围内。

正如我们所看到的，全球的经济转型将是一项共同探索的历程，这对于人类的生存与延续至关重要。毫无疑问，由黄海峰教授负责编著的这部专著将是中国学术界在这方面探索的里程碑。

前　言

黄海峰（签名）

德国柏林洪堡大学博士

　　20世纪的工业化革命带来了生活便利，但是这一光荣历程已经载入史册，因为许多国家存在着贫富差距以及资源短缺，使人类对原有的经济发展方式产生了质疑。甘地曾经说过："我不是一位经济学家，但看到越来越少的人正控制着有限资源，我越来越担心"。早在几十年前，罗马俱乐部发布的《增长的极限》（*The Limits to Growth*）认为产业革命以来，经济增长模式给地球和人类自身带来了毁灭性的灾难。如何采取有效的手段消除经济中的贫富差距，减少经济发展而带来的生态破坏和环境风险，解决经济发展与资源短缺的巨大矛盾，这就迫使人类开始关注全球生态退化等一系列与人类自身发展相关的问题，这也是研究经济转型的主要目的。结合中国的经济发展，如何转变经济发展方式，以解决经济发展的压力与生态安全的可持续发展等难题，建设生态文明和实现"中国梦"，就是当今中国经济学工作者的历史重任。

一、重建世界经济的发展轨道

　　解决上述问题的关键在于人们需要对原有的经济发展方式进行彻底的反思。令人感到遗憾的是，过去几十年，以GDP总量作为衡量标准的价值取向导致自然资源的过度开采以及全球范围内的贫富差距，这直接导致了代际不公正现象的出现，同时对当代人的生活也造成了严重威胁，而"先污染后治理"的发展模式已被公认为一种不可持续的经济发展战略。

　　转变经济发展方式要求人们从追求数量的高污染、高排放、高消耗向追求经济发展质量、注重环境保护与改善、追求人与自然和谐的经济发展方式转型。2008年10月，联合国环境规划署提出了全球绿色新政的概念，国际人士开始呼吁以公正、包容、可持续的经济发展方式面向未来，为构建并提升国家绿色竞争力提供全新的平台。

二、探讨中国经济的发展道路

　　本专著围绕经济转型专题，汇集众家学术观点，力图展现中国经济改革，探讨未来转型之路。美国诗人缪丽尔·鲁凯泽（Muriel Rukeyser）说过：宇宙是由故事而非原子构成(The Universe is made of stories, not atoms)。同样,"中国经济转型"作为当今世界经济体系中的重大事件,也是由无数激动人心的故事构成。南开大学环境与社会发展研究中心主任朱坦认为:中国经济转型之路就是"极大地调动了亿万人民群众的积极性和创造性,成功地实现了从高度集中的计划经济体制到充满活力的社会主义市场经济体制、从封闭半封闭到全方位开放的伟大历史转折;实现了从生产力到生产关系、从经济基础到上层建筑都发生了意义深远的历史性重大变化"。这一切都是源于解放思想、实事求是正确路线的指引,是打破"两个凡是""计划经济"等禁区,坚持走中国特色社会主义道路,充分体现解放思想、破除迷信、实事求是、改革创新的结果。特别是以科学发展观为指导,扎实搞好"五个统筹"、积极构建资源节约型和环境友好型社会、着力推进人与自然和谐等创新成就,突出体现了中国人民敢于面对客观现实、敢于求真务实的伟大时代精神。这非凡的30多年,培育和造就了几代新人。这伟大的时代精神,鼓舞、指导和提高了我们在不同岗位坚持以时代精神要求自己、思考问题和处理问题的能力。可以说,中国经济转型之路就是改革、创新、求真、务实之路。中国作为世界上最大的发展中国家,选择了与大多数发展中国家不同的经济改革道路,使得"中国道路"备受世人关注。中国政治学家俞可平认为中国道路"实质上就是中国作为一个发展中国家在全球化背景下实现社会现代化的一种战略选择,成功的关键在于能否将自身优势与全球化趋势有机结合,而'中国道路'对于'全球价值'的贡献,在于为其他发展中国家走向现代化提供了范例,同时也丰富了人类对社会发展规律和选择发展道路的认识,促进了全球化时代人类文明的多样性发展。越来越多的学者意识到,如果能清楚地论述中国经济转型的路径,必将对中国乃至世界经济理论作出重大贡献"。

三、研究经济转型的基本理论

长期以来,各国经济学家和社会学家都十分重视经济转型。中国的改革开放给社会、经济和政治带来了一系列变迁。具体而言,中国的经济转型主要表现在经济体制、经济结构和经济发展方式的转型,其中包括从计划经济向市场经济的转型,从农业性乡村社会向工业性城镇社会的转型,从"封闭半封闭"社会向"开放"社会的转型,从"逐利"经济向"幸福"经济的转型,从"排他"经济向"包容"经济的转型,以及从"棕色"经济向"绿色"经济的转型。从历史角度分析,由传统社会向现代社会转化过程中的转型并不是社会主义的特有现象,而是一个国家现代化过程的必经阶段。中国不仅在历史背景、文化背景、经济背景、政治背景和资源背景等方面具有特殊性,而且经济社会结构转型和经济体制改革密切地联系在一起,使当今中国的社会经济转型表现出鲜明的时代特点。从现实角度分析,中国整个经济社会的转型仍处于一个过渡阶段,其实质乃是对当代中国现代化的继续追求。中国的经济转型不仅是一个漫长的历史过程,而且是一项十分庞杂的系统工程,社会经济各个层面的转型成功与否将成为决定国家经济能否持续发展的关键。

经济转型是指一个国家或地区的经济结构、经济制度或经济发展方式在一定时期内发生的根本性变化。转型是人类社会中长期存在的普遍现象，任何国家在一个开放的体系中都面临经济转型的问题。实行市场经济体制的国家其经济制度的安排也并非十全十美，始终存在着经济制度、经济结构和发展方式的转型。经济转型问题已经在世界范围内得到广泛而深入的探讨，也是中国面临的最为迫切需要解决的问题。

西方理论界对经济转型的研究通常借用的理论工具主要是新古典经济理论和传统的产权理论。这些理论主要把西方经济制度作为对象进行研究，它相信界定清楚的私有产权制度安排是最佳的经济制度安排。正是基于这一结论，迅速的私有化在这些理论中被认为是计划经济向市场经济转型的首要步骤。但是，当今经济转型的复杂性证实了以上的理论不足以解释当今社会特别是在社会主义国家中所发生的经济转型，于是有些经济学家从制度经济学角度着手研究经济转型，并对一些经济现象做出解释，对于发展中国家，经济转型往往具有鲜明的时代特点。

四、论证经济转型的中国特色

中国经济转型经历了"禁锢向开放、计划到市场、一元成多元、落后追先进"的过程，"家庭联产责任制""特区经济""商品经济""初级阶段论""价格双轨制""企业自主权""承包经营责任制""国退民进"等创造性的经济词汇不断出现，在不同阶段影响着中国经济转型的战略部署。

有四种经济改革模式从不同层面对改革政策和社会变革都有影响：①改良的苏联模式——学习后斯大林时期的计划经济模式，即在计划经济体制下给予国有企业更大的自主权。②东欧模式——学习匈牙利等东欧社会主义国家所采取的"市场社会主义"模式。③东亚模式——学习以日本、新加坡为首的东亚国家和地区采取的政府为主导的市场经济体制。④欧美模式——在自由市场经济体制中倡导经济体系的跃迁。

不同的经济发展模式理论对经济转型具有广泛的影响。著名中国学者资中筠曾在《20世纪的美国》一书中引述了美国分析家的观点，认为美国经济发展得力于四位经济学家的理论：①亚当·斯密（Adam Smith）的"看不见的手"，就是市场的自我调节、专业分工、政府作用的严格限制和自由贸易。②凯恩斯（John Maynard Keynes）的国家干预理论，主张采取积极财政政策，通过政府干预解决萧条和失业问题。③哈耶克（Friedrich August von Hayek）的"自由市场"理论，反对一切政府干预，反对社会主义。④熊彼得（Joseph Alois Schumpeter）的"企业家社会"，以思想和技术创新为经济的动力，也是真正的企业家精神。

长达一个世纪以来，美国的发展不断在自由放任和政府调节之间摆动，趋利避害，同时不断创新，从而产生美国经济的奇迹。而中国经济转型也得力于四位经济学家所代表的理论：①顾准的"市场价格"论，主张了自由浮动的市场价格调节社会主义经济，这为后来发展市场经济奠定了理论基础。②于光远的"按劳分配"论，导致了中国摆脱极"左"的思想束缚。③孙冶方的"扩大企业自主权"和薛暮桥的"商品经济"的观点，促进了中国经济体制的改革。④吴敬琏的"市场经济"观点，认为市场经济是现代经济中最有效的资源配置方式，强调了实施法治化市场经济的重要性。

中国经济改革的过程就是"经济转型"的历史。其实质就是要创造出适应社会调整、改革和生产力发展的力量，建立符合经济发展规律的经济制度，从根本上解放和发展生产力。中华全国工商联合会副主席王以铭认为："一个国家或者一个执政党的某项政策是否成功，通常可以用政策制定者的目标是否实现，政策是否得到人民群众的拥护以及政策是否推动社会进步等标准来衡量，如果用这些标准来衡量中国的改革开放政策从1978年到2008年的表现，中国的改革开放政策堪称世界近代史上最成功的一项政策。"

中国经济持续繁荣的事实充分证明，经济转型是决定当代中国命运的关键抉择，是实现中华民族伟大复兴的必由之路。中国改革开放30多年的历程，实现了发达国家上百年才完成的工业化、城市化的社会经济转型。中国农村贫困人口从两亿五千多万减少到两千多万，中国为人类文明进步做出了重大的贡献。中国改革开放30多年的亲身经历者和思想推动者——中国经济体制改革研究会会长高尚全认为："改革和发展始终是中国现代化进程中的两大主题。自十一届三中全会以来启动的改革开放，深刻地改变了中国发展的道路、模式和进程，改革开放使得中国发生了历史性的变化。30多年的改革开放，是中国历史上从来没有过的大改革、大开放。通过这个大改革、大开放，实现了三个伟大的转折，即从高度集中的计划经济体制向充满生机和活力的社会主义市场经济体制转变；从封闭半封闭的社会向全方位开放的社会转变；人民生活从温饱向基本小康社会转变。没有改革开放就不可能实现三个伟大转变，改革开放是当代中国命运的关键抉择。"经济学家辜胜阻认为中国30多年来改革开放道路最重要最成功的经验在于五个结合，"渐进性改革与激进性改革相结合，以渐进式改革为主；体制外改革与体制内改革相结合，体制外改革带动了体制内改革；增量改革与存量改革相结合，增量改革推进了存量改革；改革与开放相结合，改革开放相互促进，初期是以改革促开放，后期是以开放促改革；经济改革与政治改革相结合，经济体制改革大大提升了综合国力"。

中国经济转型之路，是创造可持续发展和增加国民财富的必经之路。它主要体现在民营经济快速崛起，"节能减排"和"绿色经济"将成为发展之势，其中商业银行必须适应其转型趋势，推进自身业务转型，按照"赤道原则"的标准，实施绿色信贷政策，创新碳金融产品，发挥信贷杠杆作用，推动产业结构调整，全力服务绿色经济。

中国经济转型在经济改革过程中不断发展变化主要源于以下基本的动力和压力。首先，对于动力而言，一是求开放；二是谋发展。从社会发展的角度看，中国坚持"对外开放"的务实政策促进了社会的整体转型。通过30多年的开放，中国已从一个落后的农业社会逐步向现代的商业社会转型，即从农业经济、工业经济、商业经济逐渐向生态经济转型。从经济发展的角度看，中国坚持"以经济发展为中心"的发展政策推动了经济的迅猛发展。中国企业抓住改革开放的机遇，加快了"走出去"的步伐，产品迅速进入国际市场，世界的产品已进入了"中国制造"时代，许多国家认为中国已成为对世界经济影响最为显著的发展中国家。但是，中国这种"高投入、高消耗、高排放"的粗放型发展模式和缺乏"国际技术、专利、标准和品牌"的出口生产方式，产品出口国外，把污染留给自己，不仅付出了生态环境退化的高昂代价，而且也对中国经济的可持续发展构成了严重伤害。其次，对于压力而言，即"高投入、高消耗、高排放"的粗放型发展模式，以及缺乏

"国际技术、专利、标准和品牌"的出口生产方式对中国经济可持续发展构成了巨大的挑战。

中国环境保护部副部长吴晓青认为:"经济高速发展造成了资源消耗、环境污染和生态破坏,环境问题已经是影响经济、社会可持续发展的重要因素。中国经济社会正处于资源、环境约束最为严重的时期,工业化、城市化、现代化进程尚未完成,发展经济、改善民生的任务依然艰巨。要化解经济快速发展对资源、能源消耗的高度依赖,跨越资源、能源的瓶颈约束,推动低碳发展是中国推进可持续发展的必由之路。"此外,中国之所以成为"世界工厂",在于企业的低成本战略,即用资源、环境和劳动力的"血本"换取发展,在全球制造业中,国内部分企业因产业技术水平低、创新活力不足和市场竞争力差而处于产业链的中低端。一旦出现原材料价格上涨、节能环保标准提高和劳动力成本上升,"世界工厂"就出现一系列的问题,势必直接影响到中国的经济安全。

五、确定经济转型的研究重点

本书中所提出的中国经济"转型论"观点,比较适合中国在世界上的定位。经济转型包括体制、模式、政策及相关转型环境要素(文化、科技、法律等)等方面的转型,它不仅是中国发展方式的转型,而且也是对世界经济可持续发展的贡献。

有学者这样描述中国经济的变化:从经济体制来看,中国经济正在从计划经济转向市场经济;从经济形态分析,正在从封闭型经济转向开放型经济;从经济类别判断,正在从自然经济、产品经济转向商品经济;从经济趋势分析,正在从短缺经济向过剩经济发展;从经济特征来看,正在从生产主导型转向流通主导型;从经济动力看,正在从供应约束型转向需求约束型;从经济驱动模式分析,正在从模仿型经济转向创新型经济;从经济层次解剖,正在从粗放型经济转向集约型经济;从经济管理模式判断,正在从政府主导型转向市场主导型;从经济质量分析,正在从速度增量型转向质量效益型经济。

笔者将中国经济转型的研究主要集中在两个方面:其一,经济体制转型。中国为世界提供了一个新型社会形态、社会制度的经济转型模式,成为经济充满活力的源泉。在经济制度方面,形成了公有制为主体、多种所有制共同发展的基本经济制度,努力形成各种所有制平等竞争、相互促进的新格局。在分配制度方面,形成了按劳分配为主体、多种分配方式并存的分配制度,健全劳动、资本、技术、管理等生产要素按贡献参与分配的制度。其二,发展方式转型。面对中国工业化所呈现出"高投入、高消耗、高污染、低产出、低质量、低效益"的现象,"转型论"凸显经济发展方式的转型,即摒弃原有经济发展过分依赖资源投入、出口需求、投资拉动的模式,逐步从经济增长中的经济建设转向经济发展中的经济文明,经济发展模式由数量驱动型逐渐转变为质量驱动型,杜绝盲目追求GDP、漠视环境成本的做法,通过资源节约、治污减排,将环境友好型和资源节约型的"两型社会"建设变成全社会的自觉行动。中国的"十一五"和"十二五"规划面对日趋强化的资源环境约束,先后提出了使单位GDP能耗降低20%的目标,认为必须增强危机意识,树立绿色、低碳发展理念,以节能减排为重点,健全激励与约束机制,加快构建资源节约、环境友好的生产方式和消费模式,增强可持续发展能力,提高生态文明水平。

中国提出了发展方式的转型重点，围绕积极应对全球气候变化、加强资源节约和管理、大力发展循环经济、加大环境保护力量、促进生态保护和修复、加强水利和防灾减灾体系建设六个方面，制定中国的绿色发展战略。这标志着中国进入"绿色发展时代"转型期。诚然，中国需要不断完善市场经济体制，从农村到城市、从沿海到内地、从国内市场到国际市场，需要不断借鉴世界先进文明成果，不断探索符合中国国情的经济转型之路。

此外，中国企业通过开拓新兴市场、淘汰落后产能、优化产品结构、创新管理技术，抢占产业制高点，大大提升了中国企业的核心竞争力，中国的商业模式、巨大市场和众多人才吸引了众多的国际合作者。正如国际战略创新专家安纽·古普塔（Anil K. Gupta）在《展望2020：中国创新之路》一文中所言："中国面临的独特机遇和挑战赋予了中国成为世界创新主宰者的潜质，在全球整合的经济条件下，许多重要的创新活动来自中国，中国在诸多重要领域面临机会与挑战，主要包括：能源、环境、基础建设、人口密度、老龄化、生物技术，以及移动设备等，中国应重点以此开展创新活动。"长期关心中国改革的德国著名经济学家、科隆大学的古德曼教授（Gernot Gutmann）认为，在经济转型中应该关注环境保护、通货膨胀、区域发展失衡的三大问题。如果中国能够成功地解决上述问题，中国经济腾飞将不断持续。总之，这部专著将研究重点集中在经济发展方式方面，至于经济转型涉及的体制问题，有待进一步探讨。

六、展望经济转型的未来前景

作为世界第二大经济体，中国的综合实力在近些年得到显著的提高，同时，中国面临的挑战也越来越多，人均GDP大体还排在世界90位左右，人口老龄化，发展不平衡、不协调、不可持续的问题突出。纵观全球，世界经济处于进一步转型调整之中，总体上呈复苏态势，但下行压力明显加大。这种深度转型调整，不仅有发展模式的转型调整，而且也有经济结构的转型调整，同时还有全球经济金融治理结构的转型调整。中国经济发展在世界经济舞台上转型的成效，将直接关系到中国未来发展的主动权。

其实，研究中国经济转型具有相当的复杂性。它不仅承接有洋务运动以来的历史创痕与创新思想，而且又要试图摆脱现有体制中的传统意识形态束缚。正因为中国经济转型提供了有史以来如此丰富、复杂而又独特的案例，足以向西方经济科学提出许多挑战性的问题，为世界经济的"绿色发展"提供具有借鉴价值的创新成果。

本专著涉及中国经济转型的成就与问题，是为了更好地展望未来。自古以来，"不谋万世者，不足谋一时；不谋全局者，不足谋一域"。正如中国欧盟协会副会长、中国人民大学副校长冯俊对于《中国经济创造之路》和《中国经济转型之路——21世纪的绿色变革》编委会工作曾给予了高度评价："一个民族最伟大的创造是思维的创造、理论的创造，中国的改革开放既是思维创造和理论创造的成果，又是思维和理论进一步创造的基础和动力。黄海峰教授组织编写的专著所描绘出过去30多年中国腾飞的奇迹和中国经济从'中国制造'转向'中国创造'的发展轨迹，揭示出'创造性'是一个民族发展和振兴的不竭动力；同时也告诉我们，一个国家的经济越发展越需要思维创造、理论创造，一个有希望的民族一定是不断进行思想和理论创造的民族。"

| 前　　言 |

　　总之，如果说未来学大师托夫勒（Alvin Toffler）在几十年前曾预测人类社会从农业化、工业化之后将进入信息化的"第三次浪潮"（The Third Wave），那么 21 世纪在经济领域所呈现的生态发展以及绿色发展、低碳发展、循环发展的转型，将成为引领经济社会可持续发展的"第四次浪潮"。经济转型势必成为经济学中最富有生机的学术领域之一，其意义十分深远。毫无疑问，本专著尝试围绕经济发展方式来探讨经济转型，其中也会引导人们思考全方位的社会转型，故今天对中国经济转型之路的探索如同春天的播种，任重而道远。引用中国一位伟大企业家、海尔首席执行官张瑞敏的名言，"只要找到了路，就不怕路远"。

目　　录

代序　成思危 i
代序　吴敬琏 v
序一　赵宝煦 ix
序二　李京文 xi
序三　格哈德·斯塔尔 xiii
序四　皮埃尔·卡蓝默 xvii
前言　黄海峰 xxiii

第一篇　理　论　篇

第1章　中国经济转型概论 3
  1.1　基本概念 3
  1.2　总体目标 12
  1.3　重要特点 13
  1.4　主要阶段 16
  1.5　小结 19

第2章　中国经济转型理论 20
  2.1　理论发展综述 20
  2.2　经济体制理论 28
  2.3　发展方式理论 32
  2.4　生态文明理论 42
  2.5　社会管理理论 50
  2.6　评价指标体系 53
  2.7　小结 62

第二篇　战　略　篇

第3章　国家层面转型战略 67
  3.1　国家转型重点战略 67
  3.2　财政政策转型战略 69

  3.3 绿色核算监督战略 ·· 74
  3.4 小结 ··· 78
第 4 章 区域层面转型战略 ··· 79
  4.1 区域经济转型现状 ·· 79
  4.2 区域转型战略定位 ·· 82
  4.3 城市经济转型战略 ·· 85
  4.4 农村经济转型战略 ·· 91
  4.5 城乡融合转型战略 ·· 100
  4.6 小结 ··· 111
第 5 章 产业层面转型战略 ··· 112
  5.1 产业转型的战略定位 ·· 112
  5.2 产业转型的战略体系 ·· 116
  5.3 文化产业的转型战略 ·· 119
  5.4 交通产业的转型战略 ·· 122
  5.5 金融产业的转型战略 ·· 128
  5.6 对外贸易的转型战略 ·· 148
  5.7 小结 ··· 157
第 6 章 企业层面转型战略 ··· 158
  6.1 转型战略的意义 ·· 158
  6.2 转型战略的动力 ·· 159
  6.3 转型战略的选择 ·· 160
  6.4 转型战略的实施 ·· 164
  6.5 小结 ··· 165

第三篇 实 践 篇

第 7 章 绿色发展模式 ·· 171
  7.1 模式概述 ·· 171
  7.2 国际经验 ·· 175
  7.3 发展现状 ·· 186
  7.4 政策建议 ·· 193
  7.5 小结 ··· 194
第 8 章 循环发展模式 ·· 195
  8.1 国际经验 ·· 195
  8.2 国内现状 ·· 200
  8.3 体系建设 ·· 206
  8.4 案例分析 ·· 215

| 8.5   对策建议 ··· 220
| 8.6   小结 ··· 221
| 第 9 章   低碳发展模式 ··· 222
| 9.1   国际经验 ··· 222
| 9.2   发展挑战 ··· 240
| 9.3   发展成本 ··· 250
| 9.4   主要措施 ··· 253
| 9.5   发展趋势 ··· 269
| 9.6   小结 ··· 271

第四篇　保　障　篇

| 第 10 章   社会法律体系建设 ··· 277
| 10.1   建设法治体系 ·· 277
| 10.2   实施环境法治 ·· 282
| 10.3   完善法治体系 ·· 287
| 10.4   小结 ··· 289
| 第 11 章   社会保障体系建设 ··· 290
| 11.1   体系概况 ··· 290
| 11.2   主要评价 ··· 291
| 11.3   改革阶段 ··· 292
| 11.4   基本构成 ··· 294
| 11.5   发展建议 ··· 299
| 11.6   小结 ··· 301
| 第 12 章   科技创新体系建设 ··· 302
| 12.1   体系概况 ··· 302
| 12.2   重点领域 ··· 316
| 12.3   发展建议 ··· 325
| 12.4   小结 ··· 328
| 第 13 章   金融安全体系建设 ··· 329
| 13.1   体系概况 ··· 329
| 13.2   美国体系 ··· 336
| 13.3   英国体系 ··· 340
| 13.4   中国体系 ··· 343
| 13.5   小结 ··· 348

第五篇 展 望 篇

第14章 转型展望 ··· 351
- 14.1 主要成就 ·· 351
- 14.2 基本问题 ·· 354
- 14.3 未来展望 ·· 359
- 14.4 小结 ··· 362

结束语 ··· 363
参考文献 ·· 367
核心词汇 ·· 385
后记 ·· 399

Contents

Foreword: Siwei Cheng i
Foreword: Jinglian Wu v
Foreword: Baoxu Zhao ix
Foreword: Jingwen Li xi
Foreword: Gerhard Stahl xiii
Foreword: Pierre Calame xvii
Preface: Haifeng Huang xxiii

Part I Economic Transition Theories

Chapter 1 Overview of China's Economic Transition 3
   1.1 Basic Concepts 3
   1.2 General Goals 12
   1.3 Key Characteristics 13
   1.4 Major Stages 16
   1.5 Summary 19

Chapter 2 Theories of China's Economic Transition 20
   2.1 Overview of Transition Theory 20
   2.2 Theory of Economic Systems 28
   2.3 Theory of Development Modes 32
   2.4 Theory of Ecological Civilization 42
   2.5 Theory of Social Management 50
   2.6 Evaluation Indices System 53
   2.7 Summary 62

Part II Economic Transition Strategies

Chapter 3 China's National Economic Transition Strategies 67
   3.1 Key National Strategies 67
   3.2 Transition Strategies of Fiscal Policies 69

| 3.3 | Strategies for Green Accounting | 74 |
| 3.4 | Summary | 78 |

Chapter 4　China's Regional Economic Transition 79
4.1	Status Quo of Regional Economic Transition	79
4.2	Positioning of Regional Economic Transition Strategies	82
4.3	Urban Economic Transition Strategies	85
4.4	Rural Economic Transition Strategies	91
4.5	Transition Strategies for Urban-Rural Harmonization	100
4.6	Summary	111

Chapter 5　China's Industrial Transition Strategies 112
5.1	Positioning of Industrial Transition Strategies	112
5.2	Strategic System for Industrial Transition	116
5.3	Transition Strategies for the Culture Industry	119
5.4	Transition Strategies for the Transport Industry	122
5.5	Transition Strategies for the Finance Industry	128
5.6	Transition Strategies for Foreign Trade	148
5.7	Summary	157

Chapter 6　China's Enterprise Transition Strategies 158
6.1	Significance of Enterprise Transition Strategies	158
6.2	Driving Force of Enterprise Transition Strategies	159
6.3	Selection of Enterprise Transition Strategies	160
6.4	Implementation of Enterprise Transition Strategies	164
6.5	Summary	165

Part III　Economic Transition Practices

Chapter 7　Pattern of Green Development 171
7.1	Overview of Green Development	171
7.2	International Experiences of Green Development	175
7.3	Status Quo of China's Green Economy	186
7.4	Policy Suggestions for China's Green Economic Development	193
7.5	Summary	194

Chapter 8　Pattern of Recycling Development 195
8.1	International Experiences of Recycling Development	195
8.2	Status Quo of Recycling Development in China	200
8.3	Systematic Construction of Recycling Development	206

8.4	Recycling Development Case Studies	215
8.5	Suggestions for Recycling Development	220
8.6	Summary	221

Chapter 9 The Pattern of Low-Carbon Development ··· 222

9.1	International Experiences Regarding Low-Carbon Development	222
9.2	Challenges of Low-Carbon Development	240
9.3	The Cost of Low-Carbon Development	250
9.4	Main Measures and Achievements of China's Low-Carbon Development	253
9.5	Future Trends Regarding China's Low-Carbon Development	269
9.6	Summary	271

Part IV Economic Transition Support Systems

Chapter 10 Construction of the Social Legal System ··· 277

10.1	Construction of China's Legal System	277
10.2	Implementation of the Environmental Constitutional State	282
10.3	Improvement of China's Social Legal System	287
10.4	Summary	289

Chapter 11 Construction of the Social Security System ··· 290

11.1	Overview of the Social Security System	290
11.2	Evaluating the Social Security System	291
11.3	Transitional Process of the Social Security System	292
11.4	Basic Structure of the Social Security System	294
11.5	Suggestions for the Improvement of the Social Security System	299
11.6	Summary	301

Chapter 12 Construction of the Scientific Innovation System ··· 302

12.1	Overview of the Scientific Innovation System	302
12.2	Key Fields of the Scientific Innovation System	316
12.3	Development Suggestions for the Scientific Innovation System	325
12.4	Summary	328

Chapter 13 Construction of the Financial Supervision System ··· 329

13.1	Overview of the Financial Supervision System	329
13.2	The American Financial Supervision System	336
13.3	The British Financial Supervision System	340
13.4	The Chinese Financial Supervision System	343
13.5	Summary	348

Part V Economic Transition Prospects

Chapter 14 Outlook on China's Economic Transition ············· 351
    14. 1 Main Achievements of China's Economic Transition ············ 351
    14. 2 Basic Problems Related to China's Economic Transition ········ 354
    14. 3 Future Outlook ·· 359
    14. 4 Summary ··· 362

Conclusion ·· 363
References ·· 367
Key Words ·· 385
Afterword ·· 399

图 目 录

图 2-1 1990~2010年经济转型研究论文数量的时间分布 ……………… 21
图 2-2 经济转型研究的词组共现网络 …………………………………… 22
图 2-3 经济转型研究的作者共被引网络 ………………………………… 24
图 2-4 Robert Costanza 的论文被引情况 ………………………………… 25
图 2-5 经济转型研究期刊共被引网络 …………………………………… 26
图 2-6 经济转型研究国家共现网络图谱 ………………………………… 27
图 2-7 低碳发展倒逼机制 ………………………………………………… 37
图 2-8 经济转型的九大要素示意图 ……………………………………… 38
图 2-9 循序渐进过程示意图 ……………………………………………… 41
图 2-10 渐进平行过程（理想状态）示意图 …………………………… 42
图 2-11 传统中国社会管理体制与创新型社会管理体制对比 ………… 53
图 2-12 经济转型程度的变化趋势 ……………………………………… 61
图 4-1 1950~2009年中国人口城镇化变动趋势 ………………………… 104
图 4-2 2000~2050年劳动年龄人口变动趋势 …………………………… 106
图 4-3 2005年城市、农村人口年龄结构变化 …………………………… 107
图 5-1 用"转型熵"判断产业转型时机 ………………………………… 113
图 5-2 产业聚集效果综合分析 …………………………………………… 114
图 5-3 波特价值链 ………………………………………………………… 117
图 5-4 文化产业的产业链模型图 ………………………………………… 121
图 5-5 文化产业价值链模型 ……………………………………………… 121
图 5-6 城市绿色交通发展的主要影响因素及关系图 …………………… 123
图 7-1 绿色经济对美国各地区经济的拉动作用 ………………………… 177
图 9-1 瑞典GDP和温室气体排放（1973~2008年） …………………… 227
图 9-2 瑞典能源消费总量（1970~2007年） …………………………… 228
图 9-3 中国东西部地区经济社会发展存在很大差距 …………………… 240
图 9-4 部分国家工业化过程中的人均二氧化碳排放（吨二氧化碳/人） … 242
图 9-5 部分国家的人均二氧化碳累积排放（1850~2005年） ………… 242
图 9-6 美国、中国、欧盟27国的温室气体排放 ………………………… 243
图 9-7 主要高耗能产品综合能耗下降指数图 …………………………… 258
图 9-8 千家企业节能目标完成情况 ……………………………………… 260

图 9-9	世界能源相关的二氧化碳减排构成	265
图 9-10	2010～2030年世界能源分类投资需求	265
图 11-1	中国社会保障体系基本构成	295
图 12-1	中国1993～2008年科技成果登记数和GDP	310
图 12-2	中国区域创新能力综合指标	311
图 12-3	企业与研究所的合并	312
图 12-4	企业新建内部研发机构	312
图 12-5	研究所的资产剥离	313
图 13-1	金融安全体系三个构成要素的职能关系图	330
图 13-2	金融安全体系流程图	335
图 13-3	美国金融监管体系	337
图 13-4	英国FSA监管框架图	340
图 13-5	银行业金融机构贷款情况	346

表 目 录

表号	标题	页码
表 1-1	经济转型概念演化	5
表 1-2	四种生产要素在不同人类文明时期受重视程度的比较	5
表 2-1	经济转型文献不同时间段研究热点频次分布	22
表 2-2	经济转型研究作者共被引频次和中心度	23
表 2-3	经济转型研究国家合作论文数量统计	27
表 2-4	基于人类发展和生态足迹的国家分类	47
表 2-5	文明演替进程中"三生"系统要素发展动态	49
表 2-6	经济转型评价指标体系	58
表 2-7	指标数据的标准化	59
表 2-8	指标权重	60
表 2-9	经济转型评价指标体系得分	60
表 3-1	财政政策对产业政策的引导工具	70
表 4-1	2020年前城镇人口增加方案	109
表 5-1	城市人口密度、出行方式、能源消耗和出行费用比较表	125
表 7-1	"十二五"规划中的主要目标	189
表 7-2	"十二五"规划中促进绿色发展的关键战略	190
表 9-1	瑞典主要的低碳政策工具	228
表 9-2	发达国家和发展中国家在"低碳发展"上的差异	241
表 9-3	2010年与2015年不同情景下二氧化碳排放量	252
表 9-4	二氧化碳减排量（GT）和增量成本（10亿美元）	252
表 9-5	"十一五"节能情况	257
表 9-6	2006~2010年各省（自治区、直辖市）单位GDP能耗下降率	257
表 9-7	主要高耗能产品单耗变化情况	258
表 12-1	部分国家高技术产业R&D经费占工业总产值比例统计	314

第一篇 理 论 篇

中国经济转型之路就是极大地调动亿万人民群众的积极性和创造性，成功地实现了从高度集中的计划经济体制到充满活力的社会主义市场经济体制，从封闭半封闭到全方位开放的伟大历史转折；实现了从生产力到生产关系，从经济基础到上层建筑都发生了意义深远的历史性重大变化。这一切，是源于党的解放思想、实事求是正确路线的指引，是打破"两个凡是""计划经济"等禁区，坚持走中国特色社会主义道路，充分体现解放思想、破除迷信、实事求是、改革创新的结果。特别是以科学发展观为指导，扎实搞好"五个统筹"、积极构建资源节约型和环境友好型社会、着力推进人与自然和谐等创新成就，突出体现了中国人民敢于面对客观现实、敢于求真务实的伟大时代精神。这非凡的30多年，培育和造就了几代新人。这伟大的时代精神，鼓舞、指导和提高了我们在不同岗位坚持以时代精神要求自己、思考问题和处理问题的能力。可以说，中国经济创造之路就是改革、创新、求真、务实之路。

——朱　坦　南开大学环境与社会发展研究中心主任、教授

中国历史上重大的改革开放活动有许多次。我以为这一次的改革开放活动意义最重大，影响最深远。因为在人类由农业文明时代转入工业文明时代的关键时期，我们没有把握住这个历史时刻，没有及时转变观念，更没有及时转变发展模式，以致一落后就是几百年。今天人类社会又到了由工业文明时代向生态文明时代（或环境文明时代）转变的关键时刻，我们紧紧地抓住了这个历史时刻，坚定不移地推行了改革开放。文明的演变总是与发展观念、发展模式的改变相辅相成的。中国在工业化的历史任务尚未彻底完成的情况下，又迎来了要开创生态化的要求。因此我们当前改革开放的任务不仅是要完成工业化，而是要"两步并成一步走"，这是先发工业化国家所未曾遇到过的问题。面对这个难题，我们唯一的出路就在于创新，从观念到行动。

——叶文虎　北京大学中国持续发展研究中心主任、教授

一个民族最伟大的创造是思维的创造、理论的创造，中国的改革开放既是思维创造和理论创造的成果，又是思维和理论进一步创造的基础和动力。该专著所描绘出过去30多年中国腾飞的奇迹和中国经济从"中国制造"转向"中国创造"的发展轨迹，揭示出"创造性"是一个民族发展和振兴的不竭动力；同时也告诉我们，一个国家的经济越发展越需要思维创造、理论创造，一个有希望的民族一定是不断进行思想和理论创造的民族。

——冯　俊　中国欧盟协会副会长、中国人民大学时任副校长

30多年前，邓小平吹响了"走自己的路"的号角，中国共产党带领中国人民开始了社会主义事业前无古人的改革开放征程。

30多年来，中国人民艰辛求索，始终把发展作为硬道理和第一要务，生产力得到极大发展，告别了短缺，迎来繁荣和富强，走出一条中国特色社会主义道路。

30多年后，沿着这条路，科学发展、构筑和谐，中国必将实现伟大的民族复兴。历史将证明，中国的改革开放事业为人类探索出一条社会主义新路。

——文　魁　首都经济贸易大学时任校长、北京市社会科学界联合会副主席

第1章 中国经济转型概论

过去的30多年，中国的经济发展取得了一系列成就。2010年，中国GDP已超过日本成为世界第二大经济体；2012年，中国的货物进出口总值超越美国，成为全球最大的货物贸易国[①]。中国的经济发展成就为世界各国研究经济转型问题提供了鲜活的案例，同时，中国经济也在严峻的环境约束下面临着可持续发展的挑战。本章在深入探讨经济转型的理论、经验和相关实践之前，首先对经济转型的概念、目标、特点及主要阶段等进行进一步的阐释。

1.1 基本概念

对"转型"及"经济转型"内涵的分析和认知是研究中国的经济转型（economic transition）的基础。

1.1.1 "转型"的内涵

"转型"（也称之为"转轨"）是转变的类型和状态，是事物从一种运动形式向另一种运动形式转变的过渡过程（刘祖云，2005）；"转型"作为一种存在方式的改变，表现在事物内部构成要素的变化以及该事物同外部环境的组合关系的排列变化（吴光炳，2008）。转型最初是应用在数学、医学和语言学等自然科学领域，而后延伸到社会学和经济学等领域。近几年，社会科学层面的"转型"成为了学术研究的热点，尤其是经济学领域。正如科尔奈（Kornai）认为，转型是一个大概念，不能仅仅简单归结为从计划经济到市场经济的转轨。转型并不仅包括经济的转型，还包括生活方式、文化的转型，政治、法律制度的转型等多个方面，因此必须多维度地考察转型（Kornai，1993）。

大部分国外学者着重从经济领域将"转型"理解为从计划经济向市场经济发生根本变化的过程（张良和戴扬，2006）。罗兰（Roland）认为，转型作为大规模制度变迁的过程，必须与其他领域相互关联（Roland，1994，2002）；萨克斯（Sachs）认为，"转轨是后社会主义国家的制度与全球资本主义制度趋同的过程"（Sachs and Woo，1996）。总之，"转型"包含狭义和广义。广义的"转型"应当包含社会生活的诸多领域，目前学术界从社会科学领域研究"转型"，将转型理解为政治、社会、经济、文化等全方位转型。从这个角度来说，"转型"是社会系统的一种自适应和自调整的演进过程，以实

---

① 这是继2009年中国成为世界第一大出口国和第二大进口国之后，中国对外贸易发展的又一个象征性拐点。

现人类社会的可持续发展和生活质量的提升。本书从可持续发展的视角，将转型确定为"绿色转型"。

1.1.2 "经济转型"的内涵

作为学术概念的"经济转型"最早由苏联理论家布哈林（Nikolai I. Bucharin）提出并使用（Bucharin，1992）；而将从计划经济向市场经济过渡的过程称为"经济转型"，则是20世纪80年代的事情（Sandschneider，1999）。

1.1.2.1 "经济转型"的演化

经过研究发现，在国内外文献涉及"经济转型"的英文中，有"transition""reform""replacement"和"transplacement"等表达法；德文文献中有"Transformation""Umgestaltung""Umformung"等表达法；中文则有"改革""转型""过渡""转轨"等表达方式（黄海峰，2000）。该专业性词汇的内涵随着不同经济改革阶段而有所变化。

（1）改革阶段

1978年，改革主要局限在对现有计划经济体制及政策的完善与改进，国外将这种改革称为"reform"。国内外对计划经济体制内的"经济转型"研究尚不成熟，并不触及"由计划经济向市场经济变化"的领域，而以计划经济体制自我完善为特点。

（2）转轨阶段

自从20世纪90年代，苏联及东欧主要社会主义国家开始了从计划经济体制向社会主义经济体制转变的进程，"转轨"和"转型"的提法逐渐出现在各种媒体并在学术研究资料中频繁出现。大部分国外学者使用"transition"而非"transformation"的表达法，前者作为一个方面的转型，后者则指市场机制配置的同步形成、政治决策的民主化和合法化，表现为社会转型达到成熟的阶段（Kloten，1991、Leipold，1991）。国内则将"transition"译为"转轨""转型"或"过渡"。其中"转轨"和"过渡"的使用频率更大，而从实质上来说，这三者表达的实质内容都是类似的。然而，这个阶段以西方学者相关理论为代表的"转轨经济学"主要指的是通过"休克疗法"（shock therapy）等进行彻底的经济体制转型，以"华盛顿共识"（Washington consensus）为基础的"激进"转型在苏联和东欧部分国家实行之后，中国学术界则开始摒弃对"过渡经济学"或"转轨经济学"的推崇，其"经济转型"的内涵侧重于中国特色，1992年中共中央明确地提出计划经济体制向市场经济转变。

（3）转型阶段

这一时期，邹至庄（邹至庄，2006）、吴敬琏（吴敬琏，2009）等经济学家对"经济转型"所代表的研究对象、思路等进行了重新界定。国内外学者都逐步将思维从单纯的体制转型转为强调社会经济系统的完善，并将此作为"经济转型"的主要内涵。近几年，学术界又将经济发展方式的转变作为"经济转型"的研究重点。

以上对"经济转型"概念演化的过程如表1-1所示。

表 1-1　经济转型概念演化

时期	提法	实质	是否涉及经济部门以外
1978~1992 年	改革经济学	计划经济体制自我完善	否
1992~2003 年	转轨经济学	计划经济体制向市场经济体制转变	否
2003~2011 年	转型经济学	注重以经济部门为主导的社会系统的自我完善	是
2012 年~至今	经济发展方式转变	注重经济的质量与效益	是

从各时期经济转型的背景及内涵而言，经济转型乃是经济发展过程的必然选择。

从"经济"自身的特点来说，经济学是以资源稀缺性为基础，研究资源的配置、效率及效用的社会科学。有中国学者认为，任何一种经济都需要四种类型的资源来维持其运转：以劳动、智力、文化和组织形式出现的人力资源；由现金、投资和货币手段构成的金融资源；包括基础设施、机器、工具和工厂在内的加工资源；由资源、生命系统和生态系统构成的自然资源（冯之浚，2011）。基于不同历史时期人类社会生产、消费及生活的特殊性，经济部门中四种要素的权重、稀缺性及其宏观组成结构也有所不同，而经济学研究的方向和重点也呈现出各自的特色。就人类的发展所经历的原始文明、农业文明、工业文明和生态文明的演替而言，它也以四种生产要素各具特色的组合形式为特点（表 1-2）。因此，人们能够从四种资源在人类社会中被赋予的重视程度，推演人类生态文明（ecological civilization）转变的可能性。毕竟，不论是农业文明、工业文明，还是生态文明都是人主动创造的产物，人类对资源的重视程度，间接反映了人类社会的发展意识。

表 1-2　四种生产要素在不同人类文明时期受重视程度的比较

生产要素 \ 文明类型	原始文明	农业文明	工业文明	生态文明
人力资源	弱	中	中	强
金融资源	无	弱	强	中
加工资源	弱	中	强	中
自然资源	弱	中	弱	强

18 世纪至 19 世纪的两次工业革命带来了劳动生产率的提高和人类物质生活的富足，而这一时期社会普遍的经济意识是短视的、物质的、逐利的和单一的。同时，相对人类的生产水平和产品总量而言，自然资源总量很大，而人力资源还未被普遍重视，因此加工资源和金融资源普遍受到重视，其间，与提升这两类要素相关的科技、体制、管理等领域发展迅速。

20 世纪 80 年代以后，人们越发认识到，经济部门在使人类物质生活极大丰富的同时，也给人类社会的可持续发展造成了一些不可逆的破坏。例如，工业文明普遍的经济意识使自然资源和人力资源要素没有受到足够的重视，从而使世界主要国家在满足了人民物质生活需求的同时，又面临着严峻的环境问题以及收入分配和社会公正等问题。而这些问题的产生和凸显，促使经济转型逐步受到人们的重视。

因此，人类对经济转型的认识和实践与其内在的物质及精神需求一致，使人们开始追逐精神需求和自我实现的满足感，而自然环境和社会环境与其追逐更高层次需求的冲突，使人们开始思考并实践改变现有经济系统；在此期间，人类更多地从短视的、物质的、逐利的和单一的经济意识向长远的、精神的、幸福的和复合的经济意识转变。最终，经济转型的内涵逐渐扩大，可持续发展观、社会系统发展观和以人为本的思想都成为重要的要素。

1.1.2.2 "经济转型"的定义

在以人类需求和外部环境为综合推动因素的经济转型过程中，经济转型是一个动态的、系统的、复杂的概念。人们从制度经济学角度着手进行研究，但迄今为止相关学者仍认为由于各个国家历史、文化和资源条件不同，很难对经济转型下一个普遍通用的定义，更难以搭建普遍有效的理论框架（吴光炳，2008）。但是，学者们对经济转型进行的理论研究从来没有间断过，其研究的结论有时与现实问题大相径庭。正如布林德所说，当经济学理论达到完善的时候反而对政策的影响甚少，当它处于众说纷纭的时候，对政策的影响最大（Blinder，1987）。

1. 经济转型的定义

经济转型是以实现社会、经济和环境可持续发展为目标的经济体制、经济结构和经济发展方式的转变。

就经济转型的核心而言，经济转型的第一个核心内容是"逐利"经济向"幸福"经济的转型；第二个核心内容是"排他"经济向"包容"经济的转型；第三个核心内容是"棕色"经济向绿色经济和生态经济的转型。

就经济转型的范畴而言，经济转型包含了经济体制、经济结构和经济发展方式的三个方面。其中，经济发展方式与经济结构之间有着密切的联系，经济体制改革是推动经济发展方式转变的根本保证（李晓西等，2010）。经济体制转型在经济转型概念出现的初期，一直是其内涵的主要内容。其目标选择的核心问题是如何处理计划与市场的关系。本章节则着重从经济发展方式转型角度对经济转型的内容进行表述。在新的社会环境和人类经济意识的演化下，经济发展方式转型成为中国经济转型在新时期的重要组成部分。可以说，经济体制决定了经济体的本质属性，而经济发展方式则是在这个本质属性平台的基础上创造社会财富、提升发展质量和建立经济秩序的机制的总和。经济发展方式转型的提出和研究，是经济体制转型发展到一定阶段的产物。

2. "经济增长"与"经济发展"

"经济增长"和"经济发展"概念的区分和辨析对进一步探究经济发展方式转型具有重要作用。

（1）经济增长

经济增长概念源于战后形成的西方新古典学派增长经济学，主要采用定性和定量相结合的方法来分析经济增长的因素和生产力的发展变化规律。马克思曾在分析社会资本的扩大再生产时，将经济增长划分为内涵和外延两种形式，集约型作为内涵式扩大再生产为主的经济增长方式。新古典学派增长经济学侧重于分析内涵式扩大再生产，其技术进步评价或综合要素生产率的分析即属于这一范畴。经济增长方式从粗放型到集约型的转换包含三个要素：首先，作为扩大再生产的一种形式，经济增长方式转换应保持一定的经济增长速度；其次，提高投入生产要素的使用效率；再次，产业结构作为经济增长的重要因素应不断优化。总之，经济增长方式的转换是速度、结构与效益的综合过程。世界各国在其工业化过程中，都经历了由粗放型到集约型的转换。一个国家的经济增长方式，取决于这个国家经济发展的成熟程度和对科技成果的吸收能力，这是不以人的意志为转移的客观规律，通过政策只能加快或延缓这个转换过程。因此，当前中国经济发展中出现的一些困难，不应简单归咎于粗放型经济增长方式，而应判断国民经济的素质和技术进步的作用，这是转换经济增长方式的必要前提。

(2) 经济发展

早在 20 世纪四五十年代以前，经济增长和经济发展一般被认为是同一个概念的两种表达形式；从 20 世纪 80 年代后开始，经济增长与经济发展被严格区分，其中经济增长因表示经济产出增加而用于发达经济体的分析，经济发展因表示经济结构的改变而被用于不发达或发展中经济体的分析。目前，经济总量增加和经济结构调整都已经成为世界大部分国家和区域的经济活动所同时面临的共同课题（国家发展和改革委员会学术委员会办公室，2009；陈卫峰，2010）。

当前，经济增长和经济发展的概念有机地联系在了一起，"转变经济发展方式"的说法不仅适用于中国，而且具有一定的普适性。一般而言，现代意义上的经济增长是指一国或地区产品和劳务总量的增加，其表现为经济规模的扩大和数量的增加（陈卫峰，2010）。而经济发展的概念，还存在着狭义和广义的两种解释：从狭义上说，经济发展即经济增长；从广义上说，经济发展可被认为是包括了经济增长并以其为前提和基础的，以国家经济部门主导社会综合领域的全面进步，并以资源生产率提升、人均实际福利增长等为衡量标准的社会、经济、环境等整体机能素质的演进和改善（金德尔伯格，1986；熊彼特，1990）。关于经济发展的概念，有几个要点值得注意：其一，在经济发展的描述指标中，学术界常通过"结构变化"和"指标变化"两个角度来分析经济发展。其中，"结构变化"包括生产结构、要素结构、产业结构、分配及消费结构等方面的变化；而"指标变化"则强调一些经济指标的变化，如基本必需品消费指标、收入分配均衡程度指标、公共服务满足度等。可以认为，两个指标从不同的角度描述了经济发展的测度方法，是不同侧面对经济发展程度的一种阐述（张卓元，1998）；其二，在经济发展与经济增长的联系上，二者在理论上至少具有传承性、替代性和包容性三种联系：从传承性来说，经济发展被认为是经济增长理论的发展，经济增长可以认为是基于中国国民经济发展所面临的一系列突出问题而进行的理论创新；从替代性来说，经济增长和经济发展内涵的历史演变告诉人们，增长和发展问题在全球各国同时存在，并存在可替代性；从包容性来说，经济发展在经济产出数量的基础上更强调质量的提高，从系统和综合的角度突出经济协调性、发展可持续性和经济成果共享性（国家发展和改革委员会学术委员会，2009）。综上所述，经济增长是经济发展的狭义内涵、初级阶段、简单形态、物质保障和实现过程，经济发展是经济增长的广义内涵。可以说，随着社会经济的发展，经济发展逐渐取代了经济增长，并成为一种更加符合当今社会经济发展所期待的经济演化意识形态。

基于上述对经济发展概念的讨论，显然"经济发展方式"就是实现经济发展的方法、手段和模式，其中不仅包含经济增长方式，而且包括经济结构、经济运行质量、经济效益、收入分配、环境保护、城市化程度、工业化水平以及现代化进程等诸多社会综合领域方面的进步内容。而"经济发展方式转型"，就是从传统的、旧的经济发展方式向现代的、新的发展方式转变，包括经济发展方式的转型，以及与经济部门相关的社会领域的绩效和福利的生成机制的转型。

1.1.3 "中国经济转型"的概念

"中国经济转型"是"经济转型"在中国的具体实践。中国通过"摸着石头过河"的渐进式改革，形成独具特色的转型之路，为了更好把握中国经济转型的概念，应该进一步了解中国经济转型的背景和内涵。

1.1.3.1 转型背景

1. 两大挑战

中国经济发展面临新的挑战，主要体现在国内环境和国际环境两方面。

1）在国内环境中，生产要素成本不断上升，主要是劳动要素和土地要素等；资源约束日趋强烈，为满足13亿人口大国生存需要，资源消耗在数量规模上超过历史上任何一个工业化国家，加之资源利用效率并不高，一些重要资源的对外依存度显著上升；生态环境治理任务更加繁重，工业化、城市化的快速推进产生大量的生产生活废弃物，粗放式发展导致土地荒漠化、草原退化面积明显扩大，水体污染事件频频发生等；发展不平衡加剧、收入差距扩大可能影响社会稳定，进而影响经济社会的可持续发展；金融体系的风险不容忽视，国内外金融市场之间联系的加深，使中国经济将面临比以往更多的金融风险的冲击。

2）在国际环境中，国际初级产品价格上涨将成为一种长期趋势，以石油、铁矿石和粮食为代表的初级产品国际市场价格不断上扬；全球化时代经济运行的风险有可能加大，中国的发展越来越多地受到国际经济乃至政治形势的影响，产业安全、经济安全将受到越来越严峻的考验；中国温室气体减排正面临着日益增大的国际压力；全球产业分工格局的重构将加大国内经济结构的升级压力；经济结构转型的压力很大，发展中国家在经济科技方面将面临来自发达国家的更大压力，发展中国家在低附加值产品领域的国际竞争也会日趋激烈。

2. 三大不足

1）对经济发展方式转型的认识不足。中国在发展经济的过程中，走的是一条以追求经济增长的高速度为目标的以外延式扩大再生产为主的道路，应当承认，这种增长方式在中国工业基础十分薄弱、经济实力相当弱小的特定历史条件下，是有其客观必然性和合理性的。然而，随着中国经济实力的加强和工业化进程的加快，经济增长方式也应加速转换。但是，因历史形成的发展经济的思维方式，却使中国对经济增长方式的转换长期重视不够。在相当长的时期内，在制定经济和社会发展计划时，没有突出把国民经济切实引向以内涵发展为主的轨道，总认为在中国依靠技术进步促进经济增长还是比较遥远的事。往往考虑总产值增长速度多，而对技术进步和经济增长方式转换没有提出具体要求，缺乏明确的信息导向和政策支持，现行的体制也不利于实现"速度高、技术进步快、效益好、投资少"的战略要求。

2）缺乏以企业为主体的经济运行机制。企业缺乏技术进步的动力、压力与实力，影响了生产要素的合理组合和资源的优化配置，加上价格、折旧的不合理和生产成本的不断提高，企业管理不善造成了大面积亏损。同时，整个社会盲目追求高速发展的倾向，带来了社会总需求远大于总供给，部分结构供给又大于结构需求的严重后果，这直接影响着经济增长质量的提高，进而影响着经济增长方式的转换。

3）国情制约了经济发展方式的转换。中国是一个农业大国，农村剩余劳动力多，就业压力大；人口素质有待提高，造成就业结构性矛盾，给产业结构升级带来一定的困难。同时，中国工业企业技术水平低，设备陈旧落后，这极大制约了产品质量的提高，阻碍着中国经济发展方式的转型。

3. 四个完善

中国凭借原有的人力低成本、资源高消耗、污染高排放、创汇重出口的经济发展方式根本不适应当今的经济社会发展需求，加快发展方式的转变迫在眉睫，应该从以下四个方面进一步完善转型的机制：

1）完善转型内涵，明确转型方向。由主要追求经济增长转变到以科学发展观统领的绿色经济发展上来。面对资源约束趋紧、环境污染严重、生态系统退化的严峻形势，中国经济转型的战略重点从经济建设、政治建设、文化建设、社会建设"四位一体"拓展为包括生态文明建设的"五位一体"，把生态文明建设放在突出地位，体现了尊重自然、顺应自然、保护自然的理念。

2）完善转型机制，优化经济结构。由以低成本的物质和劳动要素投入为主的增长方式向以知识和技术投入为主的增长方式转变，由高消耗、高排放、低附加值的产业结构向低消耗、低排放、高附加值的产业结构转变，由城乡分割的发展格局向城乡一体的发展格局转变，由区域非协调发展向区域协调发展转变，由内外经济失衡的格局向内外经济协调的格局转变。

3）完善调控体系，提高宏观调控水平和防范化解各类风险的能力，提高要素的使用和配置效率。

4) 完善保障体系，注重社会公平，包括权利公平、机会公平、规则公平，努力营造公平的社会环境，保证人民平等参与、平等发展的权利。

1.1.3.2 转型方式

有历史学家这样描述中国经济发展的过程，在中华人民共和国成立之后，有两个重要的标志：毛泽东领导的第一个30年（1949~1978年），是偏重"政治挂帅"的"红色发展"；邓小平领导第二个30年（1978~2009年），则是实施"经济改革"的"灰色发展"；进入21世纪的中国，将吸取前60年发展的经验与教训，将绿色发展、低碳发展和循环发展作为中国未来的战略定位。因此，第三个30年（2010~2050年），应该是提倡"转变经济发展方式"的"绿色发展"，不仅是"绿色新政"在中国的实践，而且也是经济转型在中国的开端，它将从经济体制转型、发展方式转型、保障体系建设三个方面在全世界产生积极、深远的影响。

（1）经济体制转型

中国经济正处在从计划经济体制向市场经济体制的转型过程中，不仅在农村而且在城市，市场和私有经济在人们生活中都日益起着重要的作用。正如前文所述，中国的经济转型并不是一开始就朝着市场经济的方向发展，它经历了一个不断修正的过程。中国经济转型的过程总体是渐进的，但在某个阶段同时具有渐进的性质，有人甚至将这种性质称之为"革命"。西方学者费正清将中国近代的政治变迁称为革命（Fairbank，1986），贝勒维克（Robert Benewick）和温格罗瓦（Paul Wingrove）也将经济改革称为革命（Benewick 和 Wingrove，1988），而古德曼（David Goodman）和赫伯（Beverley Hooper）认为这种革命具有与众不同的渐进性质，是一种静悄悄的革命（Goodman and Beverley，1994）。之后，哈丁将这种在经济改革时期的革命与中国早期的革命加以区别，命名为第二次经济革命，以区别于以前的政治性革命（Harding，1987）。对此，龚格把经济改革中的市场化经济转型具体称为第四次革命，认为它是继1911年孙中山的辛亥革命、1949年毛泽东式的政治革命以及1979年邓小平的经济改革之后，又一次新的革命（Gong，1994）。

围绕经济体制转型的目标模式，中国政府分别在1982年提出"计划经济为主、市场调节为辅"，在1984年提出"有计划的商品经济"，在1988年提出"计划与市场内统一的体制"，"国家调节市场，市场引导企业"，在1989年提出"计划经济与市场经济相结合"，在1992年党的"十四大"提出"社会主义市场经济体制"。可以说，中国延续了改革之初"摸着石头过河"的改革步调，不断在实践和理论之间进行探索和优化，使经济体制转型向市场经济的转变总体呈现出稳定的状态。然而，"市场化并不是经济转型的终极目标，由于体制转型与经济发展之间的累积因果关系是贯穿整个经济转型进程的主题，因而经济转型只有协调好体制转型与经济发展之间的关系、促进二者之间的良性互动，才能利实现经济转型，最终建立起好的市场经济"（张鹏，2010）。由此，中国经济转型的研究重点也从"体制转型"过渡到"经济发展方式转型"。

(2) 发展方式转型

中国共产党在"十七大"提出了"转变经济发展方式",作为经济转型的另一种表述,是基于中国的现实需要。从中国经济社会发展目标看,"十三大"提出了要从粗放经营为主逐步转到集约经营为主的轨道;"十四大"提出了努力提高科技进步在经济增长中的含量;"十五大"提出了完善分配结构和分配方式、调整和优化产业结构、不断改善人民生活作为经济发展重要内容;"十六大"上又明确提出全面建设小康社会,优化结构和提高效益,走新型工业化道路,经济社会全面发展;"十七大"明确提出了转变经济发展方式的概念。正是在这样的历史背景下,中国关于经济发展的研究也才全面展开(陈卫峰,2010;国家发展和改革委员会,2009)。中国经济结构的调整和转型是经济发展方式转型的主攻方向,目标是推动经济尽快走上内生增长、创新驱动的轨道。中国的经济发展方式转型,具体来说,即从资本、劳动密集型、政府驱动型、外需拉动型、投资驱动型、出口带动型、外延粗放型经济向技术密集型、市场导向型、内需驱动型、消费驱动型和内涵集约型经济转变。最重要的经济发展方式转型是调整优化产业结构、促进区域协调发展、积极稳妥推进城镇化、加强节能环保和生态建设与积极应对气候变化。

有学者将其归纳为,中国经济转型包括产业升级和劳动力素质提高两个同等重要的层面,其中,产业升级"要采取新技术、新工艺,节约资源,重视环境保护和环境治理,走低碳发展、绿色经济道路";劳动力素质提高"要符合产业升级、自主创新的要求"(厉以宁,2010)。

(3) 保障体系建设

如前所述,社会保障体系是中国经济转型的重要支撑。2012年6月28日,第66届联合国大会宣布,追求幸福是人的一项基本目标,幸福和福祉是全世界人类生活中的普遍目标和期望。中国社会倡导建设"美丽中国",乃是"幸福中国"的前提,而社会保障体系建设又是"美丽中国"的具体表现。只有建设好社会保障体系、金融安全体系、科学技术体系和法律法规体系等,才能构建良好的社会环境,使每个公民都能过上有尊严的生活,享受经济转型的丰富成果。

综上所述,如果将经济转型的研究范围集中在中国,不难发现,中国的经济转型是一个动态连续的渐进过程,它一方面给社会发展带来了巨大的帕累托改进作用;另一方面也保证了经济在转型过程中稳定的增长。中国在"十八大"的新时期中,将不遗余力推进经济的持续转型,其战略重点将是如何完成从计划经济转变为社会主义市场经济并逐步完善的经济体制转型,如何完成以从粗放型经济向集约型经济转变为特征的经济增长方式转型向以经济协调型、发展可持续型和经济成果共享型的经济发展方式转型的转变,如何完成从农业文明经过工业文明转变为生态文明的发展方式转型,如何在战略上根本解决经济发展与资源环境的约束以实现绿色发展。因此,对中国经济转型的研究侧重于以生态文明为目标、绿色经济为模式的转型方面。以下相关章节将对生态文明的目标、绿色经济模式与实践等进行相关阐释。

1.2 总体目标

人类社会的发展经历了原始文明、农业文明、工业文明，将迈向生态文明，这是人类社会文明发展的一般规律。目前西方发达国家都已经进入了工业文明的后期，而中国和其他发展中国家还处于向工业文明发展的过程中。然而，中国在向工业文明发展的历史进程与世界资源环境状况的恶化不期而遇。中国共产党的"十八大"报告首次把"美丽中国"作为未来生态文明建设的宏伟目标，生态文明建设作为总体战略定位而成为经济转型的主要目标之一，这彰显出中华民族对子孙、对世界负责的态度。经济转型的总体目标是以改善需求结构、优化产业结构、建设生态文明、促进区域协调发展、推进新型城镇化建设为重点，加快完善社会主义市场经济体制和加快转变经济发展方式。

具体来说，中国的经济转型包括以下5个目标。

（1）改善需求结构

在消费、投资和出口这三大需求中，要不断扩大绿色消费需求，牢牢把握扩大内需这一战略基点，扩大国内市场规模，形成扩大消费需求的长效机制，通过增加城乡居民收入特别是中低收入者收入，来提高居民的消费能力；要进一步优化投资结构，提高绿色投资效益，把以政府投资为主转变为政府和社会共同投资，把以城市投资为主转变为城乡共同投资；提高出口产品质量，打造绿色产品品牌，提高出口产品附加值。

（2）优化产业结构

要求处理好政府和市场的关系，实现三大产业之间及其内部关系的协调和升级。要继续加强第一产业，巩固第一产业的基础地位，提升第二产业，增强第二产业的核心竞争力，大力发展第三产业，让第三产业在国民经济中发挥更大的作用。要牢牢把握发展实体经济这一坚实基础，推动战略性新兴产业、先进制造业健康发展，加快传统产业转型升级，大力促进环保产业和现代服务业成长壮大；合理布局建设基础设施和基础产业；推进信息网络技术的广泛运用；提高大中型企业的核心竞争力，支持小微企业特别是科技型小微企业发展。

（3）建设生态文明

树立尊重自然、顺应自然、保护自然的生态文明理念，将生态文明建设放在突出地位，把生态文明建设融入经济建设、政治建设、文化建设、社会建设各方面和全过程，建设美丽中国，实现中华民族永续发展。同时，优化国土空间开发格局、全面促进资源节约、加大自然生态系统和环境保护力度、加强生态文明制度建设，使单位GDP能源消耗和二氧化碳排放大幅下降，主要污染物排放总量显著减少，生态环境质量明显改善。

（4）促进区域协调发展

优化区域经济结构，继续实施区域发展总体战略，各个区域之间要有合理的功能定位，充分发挥各地区的比较优势，要注意处理好东部、中部和西部的关系，经济特区要在体制创新和扩大开放方面做出新的探索，让每一个地区都能够从自身实际出发，实现共同发展。同时，克服盲目建设和重复建设，形成全国各地区之间既有分工又有协作的区域经济结构，促进区域经济协调发展。

（5）变传统的城镇化发展道路为新型的、以人为本的城镇化发展道路

大力发展农业现代化，保障粮食安全，提升工业生产效率，消除城镇内部的二元结构。同时，坚持以人为本，确保人成为城镇化的受益者，加大强农惠农富农政策力度，让广大农民平等参与现代化进程、共同分享现代化成果，使城乡发展的协调性不断增强，从整体上提高居民的生活品质，营造宜居环境，形成以工促农、以城带乡、工农互惠、城乡一体的新型工农、城乡关系，实现城乡共同繁荣。

1.3 重要特点

中国从计划经济到市场经济的经济转型，采取了一条代价少、风险小又能及时带来收益的渐近式道路，其经济成就主要在于注重了改革的成本。在苏联和东欧国家的经济转型中，转型目的是从计划经济向市场经济发展，其中伴随着社会制度从社会主义到资本主义的巨变。而中国的渐近式经济转型，目的是从穷到富。"摸着石头过河"作为转型的哲学思想使中国有机会总结其经验教训，在改革中不断创新，其求富的心态促使地方政府和企业成为政府经济改革政策的参与者，正是这种利益机制促使地方政府遵循经济发展的规则，对自身的机构进行改革，这样不仅保障了社会的稳定发展，而且避免了苏联、东欧国家因全面政治制度转型所带来的社会和经济风险。通过国际比较，中国的经济转型具有以下几个重要特点。

1.3.1 从生存型到发展型

参照国际分析方法，中国的经济发展大体划分为生存型和发展型。中国的转型从生存型阶段起步。在这个阶段，人们发展追求的主要目标之一是解决基本生存问题，故解决温饱成为主要目标；进入发展型阶段后，尽管经济发展水平还有待提高，但全社会大多数人的温饱问题已得到初步解决，发展的目标逐步聚焦于人的全面发展。在社会发展的新阶段，广大社会成员要求加快经济、社会与政治体制的全面创新，使之与发展型阶段的消费结构、经济结构和社会结构相适应。随着中国由生存型阶段进入发展型阶段，全社会的经济、社会需求结构开始战略调整。主要表现在三个方面：从生活必需品向耐用消费品的升级、从私人产品向公共产品的升级、从追求物的发展到追求人的发展的升级（迟福林，2010）。

中国转型发展面临的形势和任务与转型开放初期已有很大的不同。实现公平与正义、促进社会和谐发展、促进人的全面发展成为转型的重点。一方面，要重视人的公平发展；另一方面，要重视人的全面发展。从这个角度看，第一要改变的是城乡二元的社会福利制度结构，第二要尽快实现城乡基本公共服务均等化。

1.3.2 从市场型到全面型

中国过去30多年的渐进式转型,最大的成果就是在经济领域确立了市场化转型的目标(吕炜,2003)。中国在20世纪末已经告别了对旧有的计划经济体制。其依据主要有以下两点:①短缺现象的普遍消失;②市场化取向不可逆转。自1992年中国共产党在"十四大"上确定了以建立社会主义市场经济体制为转轨的最终目标以来,回归旧体制的政策倾向基本上受到理性遏制[1]。同时,转型强调了产权的重要性。允许更大程度上的经济自由,各种所有制的竞争,使非国有经济成为中国经济的重要力量。中国经济在加速工业化、城市化和市场化的过程中,逐步向国际经济一体化过渡,更加积极主动地参与世界经济一体化中来。中国经济的自由化、民营化、专业化和国际化的程度越来越高,这些都标志着市场化取向已经不可逆转。今后的重点无疑将集中于如何促进有效率的竞争环境的形成。

中国过去30年的转型,具有自上而下、广泛而持久的"发展是硬道理"的社会共识;具有"双轨制"等务实特色的市场化改革;具有多层次而稳定持续的对外开放,较深程度地介入国际分工体系,但是在根本上却存在着内外贸易不平衡、投资消费不平衡、产业结构不平衡、地区发展不平衡、收入分配不平衡等多种结构性问题。因此,实施转变经济发展方式,进行结构性改革就成为下一阶段转型的主线。

从增长阶段看发展方式转变,中国30多年改革开放的历史贡献,突出表现为长期快速的经济增长。以人类发展指数为例,中国从改革开放前略高于低人类发展水平的0.53,到2005年接近高人类发展水平的0.781,其中经济增长的贡献率高达52%以上。而加快经济发展方式转变是"十二五"时期的主线。正确而有效地推动这一转变,需要将其放在国际经验与中国自身工业化增长的历史进程背景下加以分析和理解(刘世锦,2010)。

观察和比较国际工业化的历史经验,以往较多地关注高速增长的发生,如"经济起飞"问题,而现在需要关注的是"经济回落"问题。在工业化进程中存在四种不同类型的增长回落。第一种是落入"中等收入陷阱"时发生的增速回落。典型的例子是拉美国家;第二种出现在"成功追赶型"之后的经济体,典型的有德国、日本、韩国和其他东亚新兴经济体。这些经济体的增长回落是在高速增长潜力基本释放完毕的情况下出现的;第三种是"成功追赶者"增长回落伴随着经济结构的大幅度变动。高速增长期的典型结构,是工业加速增长,比重相应提高,成为经济增长的主导力量。与此相对应,投资率保持在较高水平。当高速增长接近尾声,增速开始"下台阶"时,经济结构也出现剧烈变化。其趋势是工业比重趋稳并逐步下降,服务业取代工业成为经济增长的首要动力。容易引起误解的是,此时的"结构调整",并非由于服务业比过去增长更快、具有更高的生产率而取代了工业的领跑者位置,而是由于工业的增长放缓相对提升了服务业的地位。投资与消费

---

[1] 编者注:中国市场化改革也带来的一系列社会问题。在这种背景下,否定市场经济和自由主义的思潮从未停止,并且在中国社会有较大的影响力。

比例，也属于这种"相对变化"；第四种是随着增长速度下台阶，由高速增长转入中速增长，增长的动力机制也将发生实质性改变，由此引出了增长模式转型的问题。增长模式的转型是体制、战略和政策的系统转变，尤其是对那些曾经有效并取得巨大成功的体制、战略和政策来说，转起来更为不易。

中国已经经历了超过 30 年 10% 左右的高速增长，无疑是另一个"挤压式增长"的典型案例。研究中国经济增长回落，需要放在"挤压式增长"的全过程观察。采取三种不同但可相互印证的方法进行测算，结论是中国经济潜在增长率有很大可能性在 2015 年前后下一个台阶，分布是 2013～2017 年。增速下降的幅度大约为 30%，如由 10% 降低到 7% 左右[①]。当然，中国经济潜在增长率下台阶何时出现仍具有不确定性，但这个趋向看来是确定的。在这种背景下，借助对国际上"挤压式增长"后期增速回落的研究，可以深化对长期讨论的经济结构调整和发展方式转变问题的理解。

中国经济下一步面临的问题是，如果高增长不可持续，将会发生什么？在这种情景下，中国经济将会面临两方面的严重挑战。首先是高增长时期能够掩盖的矛盾和风险无法继续被掩盖了，正所谓"水落石出"。部分是由于规模扩张速率放缓所致，部分是增长预期改变后资产重新估值所致。如果说美国由于过度消费而引发了次贷危机（subprime crisis），那么，中国需要防备的是由于过度和不当投资引发的某种金融财政风险乃至危机。其次，增长速度下台阶不仅是速度本身的改变，背后是经济结构和增长动力的改变。寻找和培育新的增长动力是所有曾经经历这个阶段的经济体都要面对的问题，但中国在增长动力转换中遇到的问题将会与那些成功追赶型经济体有所不同。概括地说，中国在增长速度下台阶背景下的经济转型将会面对防控风险和增长动力转换两方面的挑战。

1.3.3 从单项推进到整体规划

与其他发展中国家比较，不难发现中国的增长模式具有不少独特的优点。例如，达成自上而下、广泛而持久的"发展是硬道理"的社会共识；推动具有"摸着石头过河""双轨制"等务实特色的深化改革；实施多层次而稳定持续的对外开放，较深程度地介入国际分工体系；以世界上最大规模人口为基础，建立虽不平衡但可互补的国内市场体系；在保持社会和政治稳定的条件下实现改革和发展的平衡推进等。中国市场经济体制的又一个显著特点是"地方竞争"。省与省之间、市与市之间、县与县之间，以至更低层面的政府之间，都进行着通过改进本地投资发展环境而争取外部资源、促进自身发展的竞争。值得研究的是，这种特点并非出自预先设计，而是在改革实践中通过适应性调整逐步形成，事后被观察和认识到的。1979 年 3 月，国务院财政经济委员会经济体制改革小组办公室提出了《关于经济管理体制改革总体设想的初步意见》。此后中国经济改革在农业之外的工业、第三产业、财政金融体制、经济特区等领域逐渐铺开。1984 年 10 月中国共产党在十二届三中全会上提出了"有计划的商品经济"的改革模式，标志着中国经济转型的推进和目标的

---

① 编者注：2012 年第二季度，中国 GDP 增速已回落至 7.6%。

转换。之后，中国启动了大规模城市经济体制改革，改革还在微观、宏观层面的科学、技术和教育发展等社会领域全面展开（吴敬琏，2008）。然而，随后一度进行的激进改革试验①和1988年"价格闯关"的挫折②迫使政府放弃了整体规划突破，回到放调结合、渐进推进的原有轨道。

1992年10月中国共产党在"十四大"上确定了"建立社会主义市场经济体制"的改革目标，为中国经济转型指明了方向。1993年中国共产党在十四届三中全会上通过《中共中央关于建立社会主义市场经济体制若干问题的决定》，提出了"整体推进、重点突破"的改革战略，确定了实现这一目标的具体步骤。但实际上，许多转型的具体措施，依然是在各个市场主体自我摸索取得效果后，才被政策制定者发现并予以肯定和推广的。例如，1999年湖南长沙友谊阿波罗公司尝试非国有资产进入国有企业以置换国有产权，同时，国有企业给予企业职工一次性工龄买断以置换企业职工的全民身份，为企业职工进入市场提供了机会。此举后被国有企业广泛推广（张文魁和袁东明，2008）。当然，也有些民间自发的措施迟迟得不到官方认可与规范，多次酿成举国争议的重大问题，如浙江等地的民间借贷现象。

综上所述，制度变迁与经济发展形成持久的摩擦，才是推动中国经济转型的原动力。经过20世纪90年代的"摩擦式转型"，中国基本上告别了旧有的计划经济体制。但是，20世纪末到21世纪初，虽然中国社会主义市场经济体制的基本框架已经确立，但规范的金融市场、法制体制、社会保障制度等重要架构并没有完全建成。2012年中国共产党在"十八大"对经济社会发展的目标和内涵进行了更广泛的扩展，中国经济转型由此进入整体规划阶段。

1.4 主要阶段

长期以来，提升民族的自身地位和寻求经济现代化的任务一直围绕着中国的政治舞台，其目标是摆脱对外部列强的依赖。在探索现代化的百年过程中，从早期"洋务运动"和辛亥革命，到后来毛泽东式政治革命和邓小平式经济革命，都存在着不同层次的经济转型。

中国经济转型的阶段划分，以中国经济改革的渐进主义为特征。中国学者吴敬琏从中

---

① 1985年8月，郭树清、楼继伟等草拟了综合配套改革方案，建议以价格为中心，财政、税收、工资等配套联动，一举实行体制突破，随着吴敬琏、周小川等有影响的经济学家加入，"价税财配套改革"方案逐步成为国家主流思路。1986年4月国务院成立了经济改革方案研究领导小组，拟定了以价、税、财、金、贸为重点的配套改革方案。但该方案在部委、地方协调中大大缩水，到1986年6月从最初设想的煤、电、油、运、钢的整体价格联动，逐步退到以钢材价格为突破口才迈出第一步。

② 1988年8月15日到17日，北戴河会议召开，批准了物价和工资改革方案，同时决定用最严厉手段压缩基本建设和集团购买力，为改革创造外部条件。8月19日，新闻公布中央政治局讨论并通过了《关于价格、工资改革初步方案》，一些省市随即开始掀起大规模的抢购风。随着抢购商品的恐慌风潮在全国越演越烈，8月27日晚，中央不得不暂停物价改革方案，治理环境、整顿秩序。8月30日，国务院正式发布通知，下半年不再出台新的调价措施，下一年的价格改革也是走小步。

国经济改革的渐进主义的角度，按照中国经济改革战略，曾把改革划分为两个大的阶段：1978~1991年的增量改革阶段和1992年以来的整体推进阶段（吴敬琏，1999）。也有学者从体制转轨与经济发展结合起来的角度把中国经济转型过程划分为四个阶段：改革探索和扩张供给阶段（1978~1991年）、社会主义市场经济体制框架建设和经济高速成长阶段（1992~1997年）、改革巩固攻坚和经济结构全面调整阶段（1998年~）、市场化体制的成熟完善和社会经济协调发展阶段（赵旻，2003）。国家发展和改革委员会宏观经济研究院课题组认为，中国改革以来的经济转型大致可分为三个阶段：自发启动时期（1978~1991年）、自觉推进时期（1992~2000年）、全面加速时期（2001年至今）（国家发展和改革委员会宏观经济研究院课题组，2004）。同时，还有学者根据中国经济转型所表现出来的层次性，认为中国经济转型可分为两个阶段，第一个阶段是20世纪80年代，经济转型是以放开搞活为主体，90年代后，中国进入到一个转型加速期，经济转型的中心任务是逐渐形成一种稳定的制度（洪银兴，2006）；也有学者认为，中国经济转型的目标是建立混合经济，他们把中国经济转型划分为三个阶段：准备阶段（从改革走向转型）、启动和正式推进阶段（共性与差异）、深化和完善阶段（走向成熟的市场经济）（景维民和孙景宇，2007，2008）。

上述关于中国经济转型阶段性的研究从不同侧面反映了中国经济转型的多元性，显而易见，中国经济转型阶段性的基础是中国经济改革的渐进主义。中国经济转型的阶段性主要表现为经济改革的阶段性目标和在目标锁定下实施的战略、措施、政策的阶段性演变，换言之，只要经济改革的目标转换，那么，经济改革的局部质变即宣告完成，并进入到下一个崭新阶段的量变过程。因此，渐进主义的中国经济改革既具有阶段性的显著特征，又具有向着某个最终目标前进的连续性的突出特点。

自1978年以来，中国的经济转型经历了三大阶段，每个阶段都呈现出不同的特点。

第一个阶段，从1978年到20世纪90年代初。从1978年以前的"以阶级斗争为纲"全面转入改革开放大力发展经济建设社会主义现代化，制定了探索经济社会发展的新模式：一是提出了既符合实际又有长远眼光的现代化建设三步走的战略构想，即"第一步，实现国民生产总值比1980年翻一番，解决人民的温饱问题；第二步，到本世纪末，使国民生产总值再增长一倍，人民生活达到小康水平；第三步，到下个世纪中叶，人均国民生产总值达到中等发达国家水平，人民生活比较富裕，基本实现现代化。"二是提出"走出一条速度比较实在、经济效益比较好、人民可以得到更多实惠的新路子"的经济社会发展指导思想，大力发展农业和消费品工业，使重工业密切为农业和消费品工业服务。三是全面推广家庭联产承包责任制，大大调动了亿万农民发展农业生产的积极性；大力支持乡镇企业和中小城镇发展带动了农村经济的繁荣。四是"两个大局"思想解决了区域发展问题，即内地要顾全沿海地区加快对外开放先发展起来再带动内地更好地发展的大局，沿海要服从沿海发展到一定的时候拿出更多力量来帮助内地发展的大局。五是大力改革国有企业，同时，允许、鼓励多种非国有经济形式的发展。六是把对外开放作为基本国策，在沿海地区创办经济特区，积极开展对外贸易，拓宽利用外资的领域，加快国内经济增长。

第二个阶段，从1992年到世纪之交。国家"九五"计划提出"两个根本性转变：推动经济体制从传统计划经济体制向社会主义市场经济体制转变,推动增长方式从粗放型向集约型转变。"形成"以经济体制改革推动增长方式转型"的重要思路:一是国有企业探索建立产权清晰、权责明确、政企分开、管理科学的现代企业制度,非国有经济成为国民经济发展的重要组成部分;二是现代市场体系和全国性的统一市场初步形成,商品价格由双轨制过渡到单轨制,证券市场从无到有、快速成长,市场自主择业成为就业主导方式,计划汇率和市场调剂汇率实现并轨,市场开始在资源配置中发挥基础性作用;三是现代宏观经济管理体制框架初步确立,以中央和地方分税制为基础的分级预算管理体制取代了财政包干制,建立了金融组织体系的基本架构,经济和法律手段在宏观调控中的重要性逐步增强。

  第三个阶段,进入新世纪以后。正式加入 WTO 后,对外开放进入新的历史阶段,国内经济体制与国际市场体制逐步接轨,开始了经济结构调整和升级:一是消费结构拉动产业结构升级的步伐加快,以满足新阶段住、行、电子通信、基础设施等需求为重点,能源、原材料和装备工业成为经济增长的重要拉动力量,产业中的技术含量和附加价值逐步提高,高新技术产品在出口中的比重大幅度上升;二是先后提出了振兴东北地区等老工业基地战略、促进中部地区崛起战略和推动形成主体功能区战略,与鼓励东部地区率先发展战略一起,使区域经济逐步转向"东中西良性互动,公共服务和人民生活水平差距趋向缩小"的协调发展之路;三是产权多元、管理规范的股份制逐步成为主导性的企业制度,国有资产新的管理体制初步形成,国有资产的流动以及与非国有资产的相互融合加强。全国性的统一市场体系逐步形成,政府强化了鼓励公平竞争、改善投资环境、加强公共服务等职能,同时在运用多种政策工具进行宏观调控促进经济平稳较快发展方面积累了重要的经验。四是参与国际经济合作和竞争的范围扩大,领域增加,层次和水平有所提高。

  此外,在 30 多年的经济改革中,从计划经济体制向市场经济体制转型的过程也可以划分为经济的自由化、市场化和民营化三个阶段。其一,在经济自由化的过程中,中国经历了一个从农村到城市的渐近改革过程,以"释放"为主的经济改革在农村取得了成功。在城市是以强调国有企业的自主经营权作为改革的目标,人们可以较为自由地选择职业,允许个体企业、私有企业和其他所有制形式的企业存在,给予外资和合资企业更优惠的待遇。这种经济自由化使得非国有企业迅速发展,非国有经济成为中国经济增长的重要力量。这种转型过程是让非国有企业发展,而不是直接针对国有企业的改革,从而减少了经济转型的阻力。其二,经济市场化的改革将国有企业推向了市场,与其他所有制企业展开竞争。面对国有企业的效益问题,中国并没有马上采取大规模的破产和私有化政策,这对于尚未有健全的社会安全保障制度和失业救急制度的社会而言,在面对存在大量失业人口的中国而言,这种渐近的方式,比较符合社会的现实情况,以便更大程度地争取普通民众对市场化改革的支持。其三,经济民营化强调了产权的重要性,这是由于允许了更大程度的经济自由,承认个人利益,实行分散化决策,引进各种激励机制,让各种所有制生存和竞争,促使了非国有经济成为中国经济的重要推动力量。

  综上所述,可以将经济转型的阶段划分为"经济调整""经济发展"和"经济文明"三个阶段(黄海峰等,2010)。在这个转型过程中,中国逐渐摒弃了传统计划经济的方式,显著改善了经济社会结构，提高了人民生活水平，促进了开放型经济体系的形成，增强了国家的综合实力。正是中国经济转型以改革为支柱，通过广阔的市场、廉价的劳动力、相对完整的工业体系、持续改善的基础设施等有利条件，形成了上述重要的特点。

1.5 小　　结

改革开放以来，中国经济取得了巨大的成就，但也消耗了大量自然资源，社会经济发展的环境约束力越发明显。为了缓解社会经济发展中的资源环境约束，实现经济社会的可持续发展，必须对中国能源消费现状提出总量控制目标，并统筹经济发展、产业结构和消费模式，走"生态文明"的绿色经济转型发展之路。本章对经济转型进行了概念研究和目标阐释，并重点介绍了"从生存型到发展型""从市场型到全面型""从单项突破到整体规划"三个经济转型的特点。中国经济转型的理论及实践无疑是世界经济转型研究的重要组成部分，目前，中国以"经济发展""环境保护"和"社会进步"为支撑点，以建设"美丽中国"为目标，明确了走"生态文明建设"之路的经济发展方式转型模式。

第 2 章　中国经济转型理论

在新一轮人类文明演替的进程中不断丰富和完善经济转型理论，将有助于体制转变中对经济发展方式转型的引领，逐步实现文明演替。从当前经济发展现状和经验来看，中国经济转型理论主要分为经济体制理论、发展方式理论、生态文明理论和社会管理理论四个主要板块。

2.1　理论发展综述

20 世纪 70 年代末开始的社会主义国家经济转型浪潮，在国际学术界引发了对转型问题的热烈讨论，各种经济转型理论不断涌现，就转型过程中产生的各种问题提出了各式各样的理论解释与政策建议。本节将运用知识可视化技术对经济转型的相关文献进行分析，通过绘制相应的知识图谱，更好地掌握该研究领域的发展脉络和演化进程。

2.1.1　研究数据与分析方法

本研究使用的数据来自美国信息科学研究所（Information Sciences Institute，ISI）开发的 Web of Science 数据库，选择其中的 SCIE（Science Citation Index-Expanded）数据库进行文献主题检索，检索表达式为"topic = economic transformation or topic = economic transition"，限定检索文献的时间段为 1990~2010 年，结果共检索到 2515 条论文（article）记录，每一条文献记录包括论文的题目、作者、机构、关键词、摘要和出版来源等信息。在对数据进行时间分段处理上，选择"time scaling"值为 3，即选择每三年为一个时间间隔，将 1990~2010 年的 21 年时间分成 7 个时间间隔。对数据进行时间分段处理主要考虑以下两个方面：一是可视化 Citespace 软件在设计和运行过程中采用了"分治策略"原理，将数据进行时间分段处理有利于软件的运行速度和准确度。二是采用数据分段处理有利于辨识学科演进的突出拐点和学科前沿的时态模式（侯剑华，2007）。其中，各年的文献数据分布情况如图 2-1 所示。经济转型相关科学文献的数量按时间呈现出逐年增长的态势。检索到的 2515 篇论文涉及多个研究领域，其中 70% 以上集中在环境科学（environmental sciences，91 篇）、环境研究（environmental studies，42 篇）、经济学（economics，40 篇）、生态学（ecology，36 篇）、能源和燃料（forestry energy & fuels，33 篇）、保健科学和服务（health care sciences & services，31 篇）、公共、环境和职业健康（public, environmental & occupational health，26 篇）、卫生政策与服务（health policy & services，21 篇）、工程、环境（engineering, environment，20 篇）、林业（forestry，20 篇）。

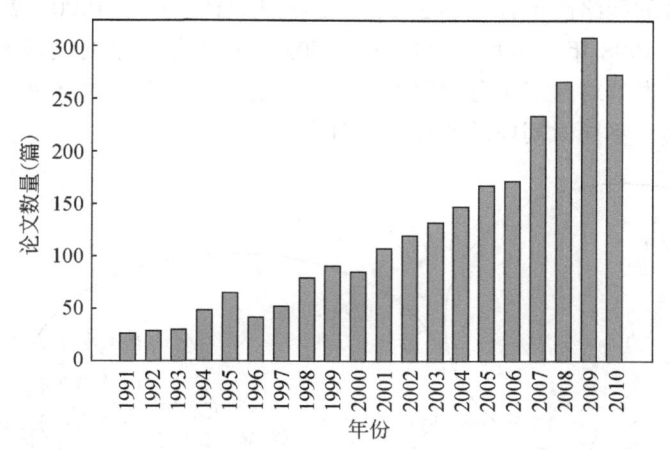

图 2-1　1991~2010 年经济转型研究论文数量的时间分布

随后，本节通过 Citespace 可视化分析软件①对 ISI 数据库检索到的经济转型文献用科学知识图谱分析手段进行共被引及共现分析。该分析手段通过对某学科领域在特定时间段内发表的学术论文或者专著的作者、题名、关键词、作者机构等信息进行共被引分析，并对共被引分析的结果应用主成分分析、聚类分析等多元分析手段得出学科领域内在特定时期内形成的以作者、文献、期刊、机构等为节点的图谱，具有相似特征的节点在图谱中聚成一类，从直观上展现给研究者此学科领域的发展情况（侯剑华，2008）。

2.1.2　演进历程及其热点分析

经济转型研究从 20 世纪 90 年代以后逐渐流行，并在近年成为国外学者和经济学家关注的热点问题。历经二十多年的变迁，经济转型的研究热点也在不断发生变迁，而 Citespace 软件则能够基于突显频率的词组来分析和再现研究的热点。

学术论文的关键词组是论文内容的提示符，是作者学术思想和学术观点的凝练，也是文献计量研究的重要指标。两个或更多关键词组在同一篇文献中同时出现称为词组共现。词组共现分析通过描述词组与词组之间的关联和结合，揭示某一领域学术研究内容的内在相关性和学科领域的微观结构。按照网络分析的术语，词组的共现形成了网络中的链接。该方法还经常用于展示学科的发展动态和发展趋势（谢彩霞，2005）。利用 Citespace 软件，在"nodes（主题词选项）"面板中选择"noun phrases（词组）"，设置"time scaling"的值为 3，据学科发展特点分析了 1990~2010 年的经济转型相关文献，进行"cluster（聚类）"分析，同时设置阈值分别为（2,2,15）、（2,2,15）、（2,2,15），"visualization"分时间段显示，运行

---

① Citespace 信息可视化软件是美国德雷克赛尔大学信息科学与技术学院的陈超美博士研究开发的用于信息可视化领域研究的软件工具。Citespace 软件主要的应用是探测和分析学科研究前沿随着时间的变化趋势以及研究前沿与其知识基础之间的关系，并且发现不同研究前沿之间的内部联系。它是一种适于多元、分时、动态的复杂网络分析的新一代信息可视化技术。

得到基于词组共现的网络图谱，见图 2-2。图 2-2 从总体反映了 1990~2010 年的文献聚类情况，其中 1996~1998 年、1999~2001 年、2002~2004 年三个时间段经济转型的研究主题相对比较集中。本节对这三个分年段的图进行了分析，发现大体上每一时间段文献的集中度都比较高，而且不同时间段的研究重心都存在差异。

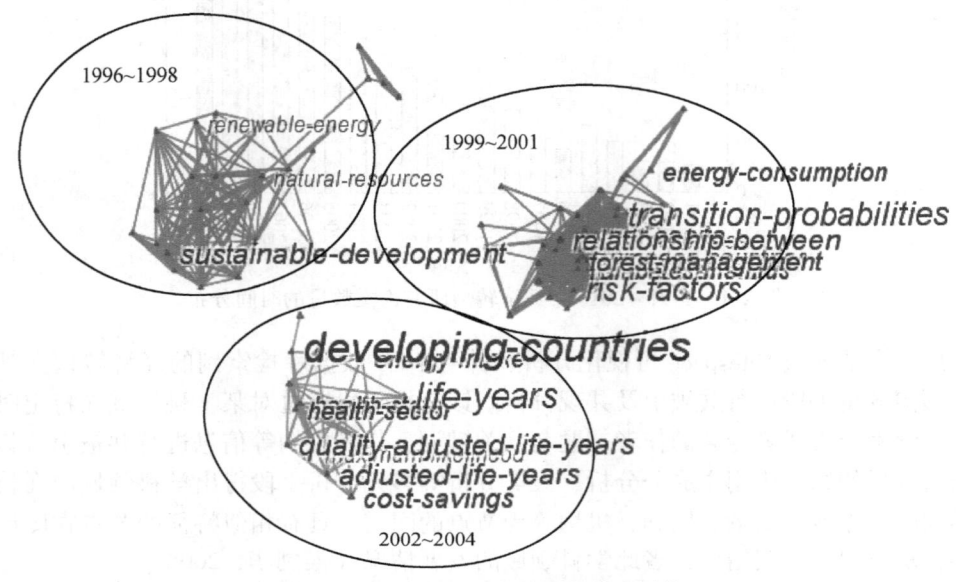

图 2-2　经济转型研究的词组共现网络

从表 2-1 可见，在所示的三个时间段中，1996~1998 年经济转型文献的节点数为 26 个，研究主题集中在可再生能源（renewable-energy）、自然资源（natural-resources）、能源效率（energy-efficiency）等，同时也涉及全球气候变化（global-climate-change）、经济形势（economic-situation）、经济利益（economic-benefits）等主题研究；1999~2001 年的文献节点数较前一阶段相比有所增多，为 42 个，研究热点也转移到了对风险因素（risk-factors）、森林管理（forest-management）、能源消费（energy-consumption）等主题的研究上，同时还考虑了水资源（water-resources）等研究内容；2002~2004 年的文献节点数为 14 个，较前两个阶段明显下降，研究主题也发生了变化，主要研究对象为发展中国家（developing-countries），考虑的重点问题是成本节约（cost-savings）等，但文献的关联度不太密切。

表 2-1　经济转型文献不同时间段研究热点频次分布

频次	1996~1998 年	频次	1999~2001 年	频次	2002~2004 年
6	renewable-energy	12	risk-factors	22	developing-countries
6	natural-resources	9	forest-management	16	life-years
6	energy-efficiency	8	energy-consumption	11	adjusted-life-years
5	latin-america	7	european-countries	11	quality-adjusted-life-years

续表

频次	1996~1998 年	频次	1999~2001 年	频次	2002~2004 年
5	health-services	6	water-resources	9	cost-savings
5	global-climate-change	5	landscape-change	8	energy-intake
5	economic-situation	5	growth-rate	7	health-sector
5	economic-benefits	5	middle-income	6	maximum-likelihood
4	state-owned	5	management-systems	5	first-line
4	greenhouse-gases	4	production-costs	5	hip-fracture
4	energy-demand	4	river-basin	4	time-dependent
4	economic-reforms	4	human-development	4	pearl-river
4	east-german	4	forest-ecosystems	2	sustainable-use

2.1.3 作者共被引知识图谱分析

对于大部分研究经济转型的学者而言，其学术成果推动了经济转型的研究，也成为推动整个社会进步的重要力量。

共被引的概念是指，如果两篇论文 A 和 B 同时被后来的一篇或多篇论文所引用，则认为文献 A 和文献 B 具有共引关系，同时引用 A 和 B 的论文数量为共引度。共引度越大，文献 A 和文献 B 之间的关系越密切，或者说文献 A 和文献 B 越相关（Small，2003）。同理，可以得到"作者共引关系"。

以下利用 Citespace 软件对 ISI 数据库检索到的 1990~2010 年的经济转型研究文献进行作者共被引分析。在软件的"term selection"（主题词选项）面板中选择"burst phrases"（凸现词）进行聚类。为了更加清晰地看到经济转型研究领域作者共被引的情况，在此选择 pathfinder 分析，同时设置阈值为（3,3,20）、（4,4,20）、（4,4,20），可以得到基于作者共被引的关键路径合并网络 Ⅱ{PF（Gt（D））}。其中共有节点 117 个，连线 132 条。基于作者共被引的关键路径网络是在聚类网络的基础上经过网络修剪和合并得到的，它有助于明确重点，理清作者之间的重要关系。

文献节点的中心度也称为中介中心性，它是衡量一个文献节点作为媒介能力的重要指标。节点的中心度越高，它在网络中所起到的连接作用就越重要。在知识图谱中，中心度等于或大于 0.1 的节点被称为关键节点，此类节点在图谱中以紫色光环围绕，光环的厚度与关键节点的媒介能力成正比。表 2-2 显示共被引网络中的作者共被引频次和中心度。

表 2-2　经济转型研究作者共被引频次和中心度

排名	被引频次	中心度	作者
1	180	0.28	*WORLD BANK
2	87	0	*FAO

续表

排名	被引频次	中心度	作者
3	76	0.05	*OECD
4	55	0.55	*UN
5	41	0.19	*IPCC
6	39	0.03	*IEA
7	38	0.53	COSTANZA R
8	35	0.03	*EUR COMM
9	32	0.19	*UNDP
10	27	0	LAMBIN EF

从图 2-3 中可以看出，处在图谱中心位置的最大节点是世界银行（World Bank，WB）组织。世界银行是向全世界发展中国家提供金融和技术援助的重要国际机构，其使命是以热情和专业精神实现持久减贫，通过提供资源、共享知识、建立能力以及培育公共和私营部门合作，帮助人们实现自助。世界银行为发展中国家的经济转型做出了很大的贡献，其在发布的"发展报告"中，例如 1996 年发表的《从计划到市场》和 1997 年发表的《经济转型中的政府作用》都对世界范围的转型问题给予了一定的研究和关注（靳涛，2005）。另外，2010 年 9 月，世界银行和中国政府共同主办的上海世博会第五场主题论坛——"经济转型与城乡互动"旨在剖析转型时代城市经济发展所面临的机遇和挑战，共同展望城市化时代里经济可持续发展的远景，以分享全球智慧，展望城市未来。

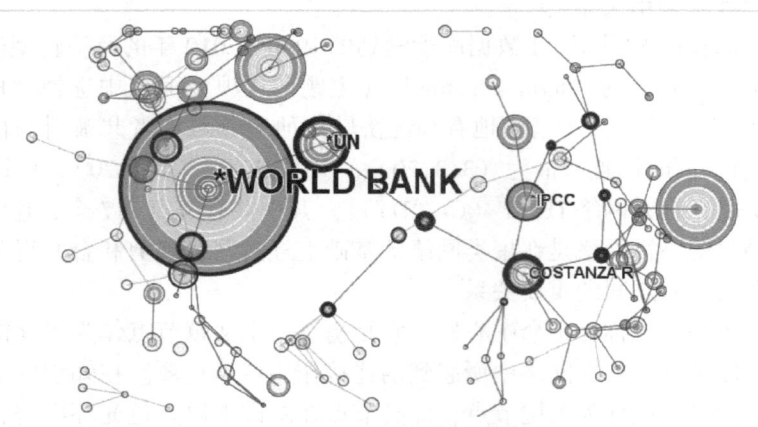

图 2-3 经济转型研究的作者共被引网络

联合国粮农组织（FAO）以中立的论坛运作形式为发达国家和发展中国家服务。在该论坛，所有国家均平等相处，共同磋商协议，讨论相关政策。粮农组织也是知识和信息的来源，它帮助发展中国家和转型国家实现农业、林业和渔业现代化，确保人人获得良好的营养供给。自 1945 年成立以来，粮农组织特别重视为全世界 70% 的贫困者和饥饿者居住的乡村地区提供与区域发展相关的扶助。

从图 2-3 中还可以看出，研究人员罗伯特·考斯坦扎（Robert Costanza）在经济转型研究领域中是非常突出的，他在作者共被引网络中的中心度是 0.53，这显示出他在该研究领域卓越的影响力。罗伯特·考斯坦扎出生于 1950 年，作为美国生态经济学家，担任佛蒙特大学冈德研究所主任和生态经济学教授。罗伯特·考斯坦扎的研究集中在人类与自然相结合的跨学科领域，关注在生态和经济系统之间的结合点，目的是探讨有关研究、政策和管理等问题。其研究包括景观水平的立体模拟模型；通过经济和生态系统分析能源和物质流；对生态系统服务、生物多样性、承载能力和自然资本进行评估；分析和纠正功能失调性激励制度等。

从图 2-4 可见罗伯特·考斯坦扎最近 20 年由 ISI 收录的研究成果被引用的情况。从中可以看出，1999 年以后，罗伯特·考斯坦扎的工作受到了广泛的关注，每年的被引频次均在 200 次以上，各类媒体还对他进行了 80 多次的采访和报道，例如《新闻周刊》《美国新闻与世界报道》《经济学家》《纽约时报》《科学》《自然》《国家地理》和美国公共广播电台等。

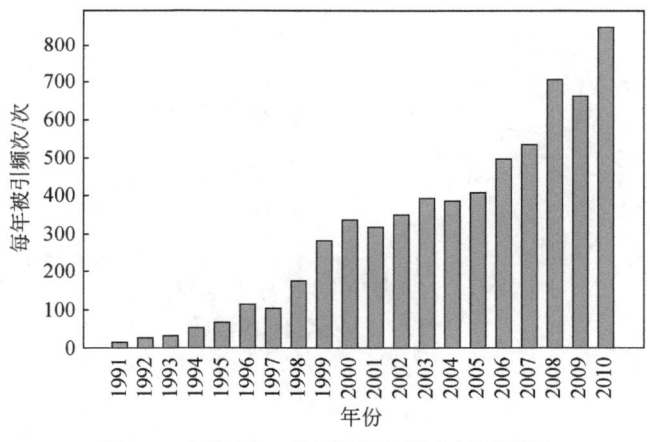

图 2-4　罗伯特·考斯坦扎的论文被引情况

1997 年罗伯特·考斯坦扎发表的学术论文《全球生态系统服务与自然资本的价值》（*The value of the world's ecosystem services and natural capital*）尤为引人注目。这篇论文发表在《自然》杂志上，在全世界深受关注的程度，不亚于一部有轰动效应的电影，在某些国家甚至被奉为生态经济学的"圣经"。该篇论文的主要观点是：生态系统服务及产生这些服务的自然资本的存量对于地球生命支持系统的功能至关重要。生态系统服务及自然资本直接和间接地为人类福利做出贡献，因而代表着地球总经济价值的一部分。就整个生物圈而言，生态系统服务价值（其中大多数被排除在现行市场体系之外）估计每年在 16 万亿～54 万亿美元，平均每年为 33 万亿美元。由于不确定性的特点，该价值应该被看作是最低估计值，而全球国民生产总值（GNP）大约为每年 18 万亿美元。这篇论文从刊出到目前为止引文数量一路飙升，总被引频次达到 1796 次，年均引文数量为 128.29，堪称该研究领域的典范。

2.1.4 期刊共被引网络分析

某学科的核心期刊是指发表该学科论文数量较多，文摘率、引文率、读者利用率相对较高，在本学科学术水平较高、影响力较大的那些期刊。一个学术领域的核心期刊既可揭示本学科文献数量在期刊中的分布规律，也能反映本学科文献质量与学术影响力的分布规律和本学科的热点与前沿（耿正萍，2008）。对经济转型领域的文献进行期刊分析能准确反映这一领域文献的分布情况，而对核心期刊的文献共引频次的分析则能反映出这一期刊所刊登的文献的利用率和含金量。了解本领域的文献分布状况和各期刊的文献利用情况，就能使研究者了解如何有效地把握本领域的前沿问题，从而为开展进一步的研究提供指导，提高研究时间的使用率（齐艳霞，2008）。为此，利用 Citespace 软件对经济转型方面的文献进行期刊共被引分析，得到经济转型研究领域期刊共被引网络，见图 2-5。

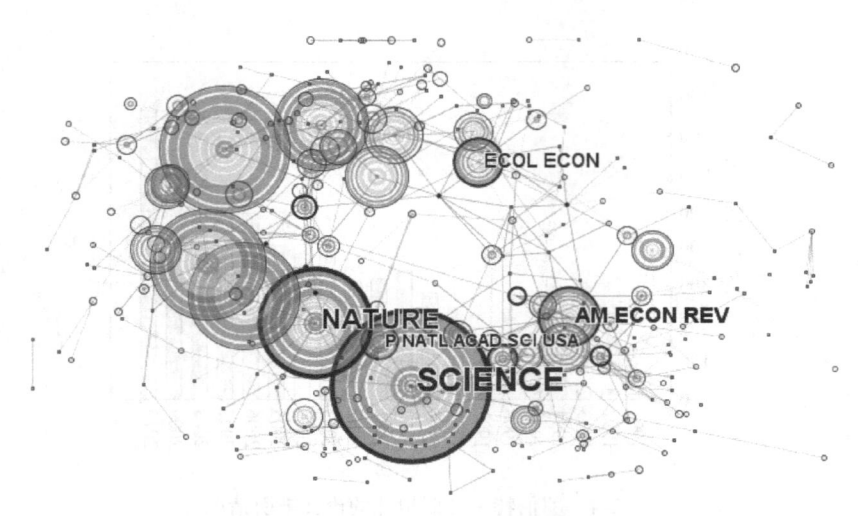

图 2-5　经济转型研究期刊共被引网络

从图 2-5 可看出，经济转型相关文献主要发表在以下几种期刊中：*Science*、*Nature*、*The American Economic Review*、*Ecological Economics*、*Econometrica*、*Proceedings of the National Academy of Sciences of the United States of America*、*World Development* 等。这些期刊是关于转型研究的重要阵地，了解这些期刊的研究内容可以把握经济转型相关主题的前沿研究成果。

2.1.5　国家共现知识图谱

在当今世界，经济转型研究虽然已在全球掀起波澜，但由于各个国家或地区在经济体制和转型能力等方面不同，研究成果的应用在各国或各地区之间存在着较大的差距。这种差异在一定程度上促进了国家或地区间的信息与知识共享，带动了跨国间的交流与合作，推动了全球经济的稳定与快速发展。而利用 Citespace 软件可对 ISI 数据库检索到的 1990～2010 年的经济转型文献数据进行国家、地区共现分析。

国家共现是指两个或更多国家名称在同一篇文献中同时出现。国家共现分析可揭示某一领域学术研究的合作强度和频度，揭示出该领域具有较高影响力的国家或地区。以三年为时间跨度单元，设置"time scaling"的值为 3，同时设置阈值分别为（2,2,15）、（2,2,15）、（2,2,15），可得到国家共现的网络图谱（图 2-6），其中包括节点 78 个、连线 82 条。

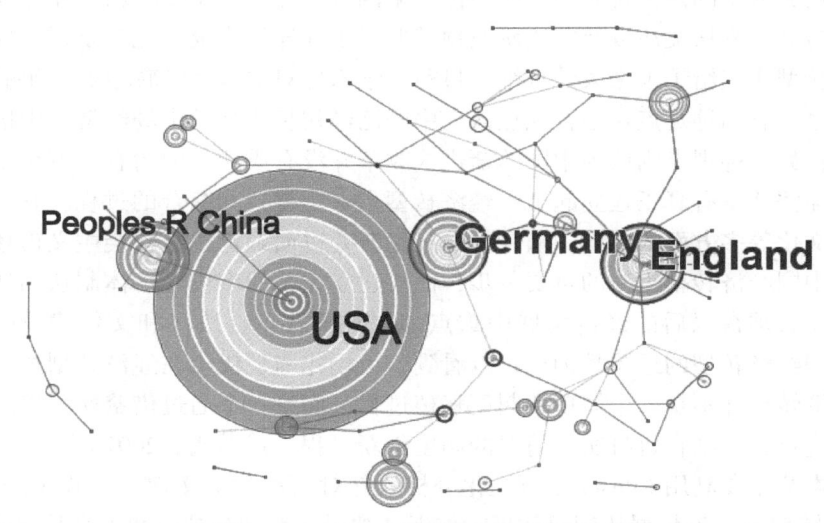

图 2-6　经济转型研究国家共现网络图谱

在网络知识图谱中（图 2-6）可以明显看出，美国在经济转型研究领域中处于核心区域位置，从表 2-3 中也可以看到，美国的合作论文数量为 662 篇，以绝对优势居于世界霸主地位。由此可见，在经济转型研究领域，美国的研究成果与贡献是十分显著的。值得注意的是，英国和德国的合作论文数量虽不及美国，但中心度都是 0.13，远远高于美国和其他国家，显示出两个国家与其他国家或地区合作的强度很高。

表 2-3　经济转型研究国家合作论文数量统计

排名	合作频次/次	中心度	地区
1	662	0	USA
2	214	0.13	England
3	206	0.13	Germany
4	187	0	Peoples R China
5	145	0	Canada
6	113	0.02	France

续表

排名	合作频次/次	中心度	地区
7	84	0.05	Netherlands
8	82	0.02	Australia
9	72	0.02	Sweden
10	65	0.07	Spain

在合作论文数量的国家排名中，中国位于第四位，论文数是187篇，充分显示出中国学者对经济转型的密切关注以及在该研究领域取得了优异的成绩。尤其是近几年来，中国学者对经济转型研究给予了很大的重视。目前，学术界对中国经济转型的结果做了不同的评价，其中主要有两种观点：一种观点认为中国已经初步建立了市场经济，中国的经济转型是成功的；另一种观点则认为中国的渐进式改革并没有成功，因为它只解决了一些外围问题，市场经济并没有真正建立起来。经济转型是一个复杂和综合的过程，它涉及一国政治、法律和文化等多方面的内容。从计划向市场转变进而确定建立社会主义市场经济体制的目标，是中国经济转型迈出的重要一步，而要建立完善的市场经济体制从而达到转型的终极目标，还必须在以后的经济发展中重点加强政治改革、法律和文化建设的力度。同时，通过各国经济转型的经验教训也可以看到，市场化与现代化在经济转型过程中是密不可分的，经济转型并不是一个简单的制度移植过程，而是一个通过借鉴西方发达国家市场经济体制的优点，并结合自身实际情况的制度创新过程（武芳梅，2007）。

总之，本节主要利用Citespace可视化分析软件对《科学引文索引》收录的1990年至2010年经济转型的文献数据从词组共现、作者共被引、期刊共被引和国家共现四个角度进行了统计分析，初步探讨了经济转型发展过程中的重要演进历程和前沿主流特征，分析了具有影响力的研究人员和机构、主流研究期刊以及有影响力的国家和地区，最后还对经济转型中的三大理论研究的主要观点进行了梳理。本研究仅仅利用Citespace软件通过词组共现进行了聚类分析和通过作者共引进行了"pathfinder"分析。关于经济转型领域前沿及其演化还有很多问题需要进一步研究。例如，本研究数据来源只选择单一的SCIE数据库造成数据来源的局限性等。期待其他研究者能继续扩大本研究的范围或使用其他方法来丰富这一研究结果。

2.2 经济体制理论

对经济体制转型而言，大部分学者的研究集中在计划经济向市场经济转型的过程，部分学者将中国和俄罗斯作为对象，认为前者属于"渐进式"方式，后者属于"休克式"方式。

2.2.1 理论背景

20世纪80年代末，包括苏联、东欧国家和中国在内的国家开始了从中央计划经济体制向现代市场经济体制的转型，这场重大变革吸引了全世界学者的目光，他们应用新古典经济学、新制度经济学、发展经济学、信息经济学、演化经济学和比较经济学等最前沿的理论成果从不同侧面对这一变革加以研究。在短短的十几年里，相关文献数量迅猛增长，在主流经济学中赢得了学术地位。其中关于俄罗斯激进模式与中国渐进模式的比较研究在一定时期占到了主导地位，以下是几个学派对此观点的不同看法：

约瑟夫·斯蒂格利茨[①]（Joseph Eugene Joe Stiglitz）在《改革向何处去——论十年转轨》一书中对中国与俄罗斯转型按"渐进"和"激进"的方式进行了比较研究，他认为俄罗斯"激进"失败的原因是对"市场经济最基本的概念理解错误"，同时对中国改革"渐进"的成绩给予肯定，但对"社会主义市场经济"的模式是否能最终成功表示怀疑，通常将他的观点归结为后凯恩斯学派（约瑟夫·斯蒂格利茨，2002）。

新自由学派代表人物杨小凯认为经济转型的核心是大规模的宪政制度的转变。经济学家林毅夫也提出了不同看法，认为宪政是人民认可和接受的游戏规则，但是想得到人民的认可和接受则需要一个缓慢的过程，其中受到文化因素的制约，这样转型就必然是一个长期的过程。因此，用激进改革并不能真正实现宪政转型，渐进的改革比激进的改革好（冒天启，2010）。

新政治经济学派代表人格泽戈尔茨·W. 科勒德克（Grzegorz W. Kolodko）在《从休克到治疗》的著作中，从另一个角度对"激进"和"渐进"的选择作了分析，他认为制度改革是经济发展的必要前提，认为在对中国和俄罗斯"转型"的比较研究中，不要太看重一时经济是增长还是衰退并对此进行褒贬（格泽戈尔茨·W. 科勒德克，2000）。

也有部分学者从另外一个角度将经济体制转型的理论研究，划分为华盛顿共识学派和演化-制度学派。其中，华盛顿共识学派的基础理论有：一般均衡理论、货币理论、比较经济体制、公共选择理论。它认为转型有价格自由化，私有化和稳定的宏观经济三大支柱，对转型持积极乐观的态度，认为一旦转型引进市场改革，就可立即取得成效，效率可立刻得到提高。因此，转型应是大爆炸式的、激进的、休克式的。大爆炸式的转型意味着所有的重大改革都应同时引进，不能有先后顺序。该学派代表人物为杰弗里·萨克斯（Jeffrey Sachs）。最具代表性的实践就是在波兰、捷克、苏联等国家推行的"休克疗法"，它包含三方面内容，即价格完全放开由市场决定；全面、大规模、快速地实现私有化；消除财政赤字，维持宏观经济的稳定。然而，在现实世界里，该学派在转型国家的实践中并没有达到预期的效果，反而出现了许多意料之外的挫折。

考虑到不同国家和地区所具备的各自不同的初始条件，以及不同的制度演化道路和方

[①] 斯蒂格利茨以信息经济学、新古典经济学理论进行了反思，他还对转型国家中的一些重要问题进行过探讨，对集权和分权、产权界定、私有化、公司治理结构、银行与法人控股、创新、寻租行为、分配关系、逆向选择、道德风险、信息不对称性、资本市场、金融政策、垄断与竞争、政府职能、市场失效、政府失效等都进行了相当广泛的比较研究。他将原社会主义国家的经济转型和世界经济一体化、金融国际化联系在一起，认为社会主义市场经济也有缺陷。

式，导致了演化—制度学派的兴起①。最著名的代表者有雅诺什·科尔奈（Janos Kornai）、热若尔·罗兰（Gerard Roland）、格泽戈尔兹·W. 科勒德克、约瑟夫·斯蒂格利茨等。多数的经济学者将中国和俄罗斯的转型区分为渐进式和激进式。其中，樊纲在《两种改革成本与两种改革方式》一书中，对渐进式改革和激进式改革这对概念进行了明确的界定。所谓渐进的改革方式，是指经济转轨采取稳健的、逐步的、分阶段的过渡方式，它有助于减少改革带来的社会成本，由于认为经济转轨是一个相对长期的过程，因而不能刻意追求速度。所谓激进的转轨方式，是指经济改革采取"休克疗法"，即经济体制从中央计划经济向市场经济过渡的方式，它更加注重经济转轨的终极目标，主张采取果敢而迅速的行动，快速完成由旧体制向新体制的转换。

总之，西方理论界对经济转型的研究通常借用的理论工具新古典经济理论和传统的产权理论，这些理论主要将经济制度作为对象研究，坚信界定清楚的产权制度，认为迅速的私有化是经济转型的首要步骤。但是，当经济转型的复杂性往往令经济学家不知所措，于是有必要从制度经济学角度研究经济转型（Douglass, 1988），研究苏联的社会转型也有助于人们对经济转型的研究。

2.2.2 实证研究

俄罗斯于1992年1月2日正式向市场经济转轨。在这期间，许多学者从各个角度对俄罗斯的经济转轨进行了研究，取得了大量的研究成果。俄罗斯是中央集权计划经济体制的发源地，因此该国的转轨任务最为艰巨，这里仅就若干重要问题提出看法。

1. 俄罗斯缘何选择"休克疗法"式激进转轨方式

其一，认为经济体制改革的前提应该将实行市场经济体制作为改革目标。苏联在历次经济体制改革中都未取得成功，如果从经济角度来看，最重要的共同性原因是没有将建立市场经济体制模式作为改革目标。俄罗斯独立执政后最后选择了激进的"休克疗法"。"休克疗法"的基本内容一般归结为自由化、稳定化与私有化。1992年初，俄罗斯政府之所以最后决定实行"休克疗法"式的激进改革，主要是希望以此来解决当时俄罗斯面临的依靠传统体制根本无法解决的严重社会经济问题。

其二，严峻的经济形势促使俄罗斯新执政者实行激进改革。截至1990年，苏联的社会总产值、国民收入和社会劳动生产率分别比上年下降2%、4%和3%。1991年，国家预算赤字比计划增加了5倍，占GDP的20%。经济状况的严重恶化，使市场供应变得十分尖锐，对如此紧张的社会经济局势实行渐进改革已不大可能。

其三，心理和政治压力促使苏联和东欧国家全体选择激进的市场化转型。在20世纪

---

① 演化—制度学派的理论基础来源有：(1) 新古典制度经济学，渐进式改革的初始条件论和渐进式改革的改革顺序论。(2) 经济学的演化理论，即尼尔森和温特以及哈耶克（Friedrich August von Hayek, 1899~1992）的演化博弈思想，把社会比作生物界的自然进化过程，认为社会的变迁必然是一个信息和知识存量累积性发展的过程。(3) 哲学上的怀疑论即哈耶克和卡尔·波普尔（Sir Karl Raimund Popper, 1902~1994）的批判理性主义。

90年代初，包括俄罗斯在内的所有转轨国家，从官方到普通居民都产生了一种"幻想与错觉"，似乎经济只要一向市场经济转轨，就可以很快缩短与发达国家的距离，这种想法成为俄罗斯加快改革步伐的催化剂。

其四，民主派希望向市场经济的转轨变得不可逆转。苏联解体之后，俄罗斯独立执政，民主派认为必须加速经济体制转轨进程，特别是要加快国有企业的私有化速度，以便从根本上摧垮以国有制为基础的计划经济体制，最后达到体制转轨不可逆转的目的。

其五，政治局势也是促使新执政者推行经济激进转轨的重要因素。在戈尔巴乔夫执政后期，苏联各政治派别不仅就经济改革的市场目标达成了共识，并且快速向市场经济转轨的主张也已占主导地位。因此，叶利钦、盖达尔执政后，从历史逻辑上来说，推行激进改革是顺理成章的事。

2. 俄罗斯出现严重经济转轨危机的原因

关于俄罗斯经济转轨过程中产生严重经济转轨危机的原因问题，有人仅仅归咎于"休克疗法"。叶利钦时期俄罗斯出现严重的经济转轨危机是各种因素作用的结果。

苏联时期留下了经济危机的因素。俄罗斯是苏联的继承国。俄罗斯经济继承了苏联经济，因此，两者有着十分密切的联系。在导致俄罗斯经济转轨危机的因素中，不少是苏联时期留下来的，在转轨过程中新旧体制的摩擦、矛盾与冲突比任何一个从计划经济体制向市场经济体制过渡的国家要尖锐和严重。

经济转转过程中出现的政策失误。放弃了国家对经济的调控，无区别的紧缩政策恶化了宏观经济环境，还危及企业的基本生存条件，软性预算控制措施与软弱无力的行政控制手段，是俄罗斯长期解决不了财政问题的重要原因。国企改革中的失误，对俄罗斯经济发展起着不可低估的负面作用。

3. 俄罗斯国有企业改革的评价

苏联时期的历次改革，有两个问题是不允许触及的，一是市场经济，二是国家所有制经济。苏联批判"市场社会主义"的一个重要原因是认为搞市场经济就会冲垮国有制经济。到叶利钦执政时，不论从发展经济角度还是从向市场经济转轨角度来看，转型已成为不可避免的事情了。俄罗斯国有企业所有制改革是通过私有化进行的。

其一，俄罗斯私有化的主要业绩表现在：

1）由于俄罗斯以较快速度实现了私有化，从而打破了国家对不动产与生产设备所有权的垄断，形成了私营、个体、集体、合资、股份制与国有经济多种经济成分并存和经营多元化的新格局，为多元市场经济奠定了基础。

2）在代表民主派执政的俄罗斯政府看来，较为顺利地实现了私有化的政治目标：一是铲除了社会主义的计划经济体制的经济基础，从而使经济朝向市场经济体制模式的转轨变得不可逆转；二是培育与形成了一个私有者阶层，成为新社会制度的社会基础和政治保证。

3）私有化企业经营中的决策自由度增大与开发新产品积极性有所提高，从而使企业生产经营活动有可能更符合市场的要求。

4）小私有化都取得了较为明显的效果：①由于商业、服务业、小型公交企业转换了所有制形式，提高了适应市场经济的能力，从而得到较快的发展。1994年在俄罗斯零售商品流转总额中，非国有成分已占80%以上。②活跃了消费市场，促进了流通领域的发展。③对调整苏联长期存在的不合理的经济结构产生了积极的影响，特别是在促进第三产业的发展方面的作用更大，如俄罗斯1991年服务业占GDP的24%，到1994年上升为50%。

其二，私有化的主要问题：

1）俄罗斯实行私有化主要考虑的是政治目的，在指导思想和方法等方面，都存在严重的失误。私有化为原领导人和投机者大量侵吞国有资产大开方便之门。在条件不具备的情况下，匆匆把国有企业推向市场，这些因素也是导致经济转轨国家在转轨初期产生经济危机的重要原因。

2）国有资产严重流失。这是经济转轨国家普遍存在的一个严重问题。如俄罗斯500家最大的私有化企业按现价至少值2000亿美元，而实际以72亿美元出售。又如莫斯科"吉尔"汽车制造厂资产总值为10亿美元，而仅以400万美元卖给一家私人财团。

3）国有大中型工业企业私有化后，经济效益没有提高或者变化不明显。

4）产生的社会问题甚多。主要为失业人数增加、经济犯罪日益严重，加速了社会的两极分化。

4. 叶利钦之后俄罗斯经济转轨趋势

普京执政以来，俄罗斯社会经济取得了重大进展，对其推行的政治、经济体制转轨的基本政策，不少人归结为实行了"可控的民主"与"可控的市场"。有人把"可控的民主"与"可控的市场"称为普京的发展道路即俄罗斯社会的发展道路。所谓"可控的民主"，是针对叶利钦时期的无政府主义造成社会无序而言的。如果这种状况不克服，就不可能使政局稳定，建立起必要的社会秩序，经济也不可能得到稳定发展。有人将"可控的市场"比喻成可调控的市场经济模式，也是针对叶利钦时期的无序市场经济。"可控的民主"和"可控的市场"仅是特殊历史时期的政策，若将它看作一种政治体制模式与经济体制模式，或俄罗斯社会的发展道路，尚需斟酌。

为了发展有竞争能力的市场，使经济朝着更加自由化的方向发展，普京在他提出的发展战略中，承诺实行自由主义的改革，主要包括：①大幅度降低税负，以刺激投资，增加国内需求；②创造条件发展中小型私营企业；③减少国有企业在经济中的比重；④推行行政体制改革，提高政府绩效；⑤形成独立的司法体制，以保障企业的权益，使其不受官僚摆布；⑥实行广泛的社会计划，集中力量解决住房、教育、医疗保健、提高养老金等。目前，俄罗斯的着力点是从资源型经济转向创新型经济。

2.3 发展方式理论

2.3.1 理论综述

经济发展与经济增长有着不同的内涵。经济增长是指在一个较长的时间跨度上，一个国家人均产出（或人均收入）水平的持续增加；经济发展是随着经济增长而出现的经济、社会、政治、生态等各种生产要素综合变化的动态过程，常指不发达国家摆脱落后和贫穷，实现现代化的过程（张文婷，2012）。比较而言，经济发展含义较广，更加关注社会福祉的全面提升。

经济发展方式与经济增长方式相比，更加关注物质、精神与道德等层面的发展。过去几十年，人类的经济发展方式以单纯强调经济增长为主，虽然经济增长是经济发展的重要前提，但传统的粗放型经济增长已对生态环境造成了严重的危害，极不利于人类社会的长期可持续发展（解振华，2004）。转变过去的经济发展方式，更多地加入发展理念，强调物质、精神与道德共同发展已迫在眉睫。概括起来，在研究如何转变经济发展方式的过程中，有以下几种相关理论值得重视。

（1）内生增长论

持此种观点最有影响的学者是美国经济学家保罗·罗宾·克鲁格曼[①]（Paul R. Krugman），他认为东亚经济发展模式作为投入驱动型的增长，有碍于经济增长效率的提高，从长期看是不可持续的。林毅夫也认为，中国经济增长过度依靠高投资、高物质资本的投入，造成了生产能力的过剩，经济发展的内生能力欠缺。因此，必须进行经济发展方式的转变（林毅夫，2007）。郑新立通过研究第一、第二、第三产业协同拉动转变的关系，提出中国的经济发展方式必须由过去过度地依赖物质资源的消耗转变为依靠技术进步、改善管理和提高劳动者素质（郑新立，2007）。因此，中国经济转型应该以技术创新为引擎，实现经济稳定的内生增长。

（2）经济失衡论

中国传统发展方式存在的不协调、不平衡和不可持续的问题日益突出，主要表现在内需、外需投资与消费之间的关系不协调、城乡区域发展不平衡、居民收入差距扩大、资源消耗和污染物排放高（张玉台，2010）。经济失衡论认为，中国经济目前所形成的高投资、低消费，高外贸、低内需的现状是经济内外失衡的表现，会导致中国经济发展的低效率徘徊，而经济的内外失衡又是经济发展方式落后造成的。为此，必须加快经济发展方式的转变（韩占兵，2012）。

（3）产业升级论

著名经济学家厉以宁认为，从发展中国家的情况看，人均GDP达到1000美元以后，产业结构必然会面临重大的调整，经济发展方式转变的重要内容就是进行产业结构的升级（厉以宁，2010）。产业升级论认为，随着经济实力的增强和社会财富的日益雄厚，中国经济发展方式应该由劳动密集型向资本密集型转变，进而向技术密集型的增长方式前进。其中，核心技术链与核心产业链的互促能使旧核心产业链升级为新核心产业链，从而使经济实现从低层次经济形态到高层次经济形态的演变，并进一步实现经济发展方式的转变。中国应以核心产业链拉动核心技术链作为二者互促的起步阶段，并在此过程中实现经济发展

[①] 克鲁格曼的主要研究领域包括国际贸易、国际金融、货币危机与汇率变化理论。他创建的新国际贸易理论，分析解释了收入增长和不完善竞争对国际贸易的影响。

方式的转变（韩江波，2009）。

（4）资源环境承载论

转变经济发展方式深刻反映了破解经济社会发展深层次矛盾的要求，它既包括经济效益提高、资源消耗降低的要求，又包括经济结构优化升级、生态环境持续改善和发展成果合理分配的内在要求。吴敬琏认为，中国目前以钢铁、石化、汽车、造船、装备制造等为代表的重化工业迅速发展，工业重型化趋势日益明显。而重化工业属于高消耗、高污染的行业，对于资源相对短缺、环境相对脆弱的区域，必须转变经济发展方式，以缓解资源环境的压力（韩占兵，2012）。

2.3.2 理论提出

早在1762年，亚当·斯密（Adam Smith）于格拉斯哥大学授课时就提出经济社会中财富、自由与道德观的密切联系。斯密于1759年出版的 *Theory of Moral Sentiments*（道德情操论）作为苏格兰启蒙运动的重要代表作使其风靡全球，在这部划时代的著作中，斯密从人类的情感和同情心出发，讨论了善恶、美丑、正义、责任等一系列概念，进而揭示出人类社会赖以维系、和谐发展的秘密，为市场经济的良性运行奠定了重要的理论基础（Adam Smith，1723~1790）。1998年诺贝尔经济学奖获得者阿玛蒂亚·森（Amartya Sen）被誉为当代经济学家的良心，继承亚当·斯密的思想遗产，提出了远高于狭隘发展观的"可行能力"经济理论，提出财富、收入、技术进步、社会现代化等只具有工具价值，追求人类福祉与发展才是最终目的。其重要理论贡献推动了联合国第一个《人类发展报告》的发表，对世界各国的发展理念产生了深远的影响（刘民权等，2006）。近年来，越来越多的学者开始在前人基础上将经济发展与道德综合起来，形成了经济道德、经济伦理、社会责任的概念。其中，经济道德被定义为在经济领域里制约人经济行为的准则，而生态经济道德作为进一步的延伸，不仅强调经济社会的发展和进步，而且强调人与自然关系的和谐发展（王泽应，2004）。

总之，经济发展中道德观念的逐步深化与人类对社会福祉的日益重视是推动经济发展方式转型的重要动力。正是受亚当·斯密、阿玛蒂亚·森等经济学家的道德理论、经济道德、生态经济道德等理论的启发，本书提出了经济发展方式转型的三要素论和九要素论。

2.3.3 三要素论

如果说投资、消费和出口是拉动经济增长的三个要素，那么绿色发展、循环发展和低碳发展则是转变经济发展方式的另外三个要素。资源浪费、环境污染和生态退化作为传统经济发展方式下所产生的问题，只有通过绿色发展、循环发展和低碳发展，才能真正转变经济发展方式。三要素论围绕人类生存、生活、生产和生态，研究改善生态环境、缓解资源短缺、应对气候变化，有助于构建生态文明发展战略，实现经济转型。本节将阐述三个要素的作用和彼此间的关联，并在"实践篇"中加以运用。

1. 三要素内涵

(1) 绿色发展

绿色发展与可持续发展一脉相承，是以市场为导向，以生态、环境、资源为要素，以产业经济为基础，以科技创新为支撑，以经济、社会、生态协调发展为目的，以维护人类生存环境，科学开发利用资源和协调人与自然关系为主要特征的一种新的经济发展方式。绿色发展的核心首先是将生态、环境、资源作为绿色经济系统运行的基本要素，充分体现生态、环境、资源的价值。其次是将实现经济效益、社会效益和生态效益的综合效益最大化作为根本目标。再次是将推动传统经济转型、构建经济全过程的生态化作为发展绿色经济的主要途径。最后是将绿色科技创新作为发展绿色经济的关键手段。绿色发展是建设生态文明的重要支撑。一方面，绿色发展要求促进微观经济领域的绿色化，通过淘汰落后产能和工艺，推动技术创新，促进绿色企业和绿色产业的发展；另一方面，绿色发展要求促进宏观经济领域的绿色化，通过积极推进经济结构调整，逐步减少资源消耗多、环境污染重的传统经济在国民经济中的比重，提高绿色经济的比重。

国内学术界一般认为绿色发展包括狭义和广义两个层面的内涵。狭义的绿色经济仅指环保产业，而它也有狭义和广义之分：狭义的环保产业仅包括污染控制与减排、污染清理及在废物处理方面的产品和服务；广义的环保产业除上述内容外，还包括涉及产品生命周期过程中的洁净技术与洁净产品、节能技术、资源综合利用、生态设计等与环境相关的服务。广义的绿色经济，除上述产业和领域外，还包括诸如绿色消费、绿色生产、绿色采购、绿色贸易、绿色金融、绿色税收、绿色会计和绿色审计等概念。

绿色发展有三个基本特征：绿色发展以促进经济活动的全面"绿色化"、"生态化"为重点内容；绿色发展以绿色投资为核心、以绿色产业为新的增长点；绿色发展强调可持续性。

总之，绿色发展建立在持续、健康、有效的基础上，作为自然资源和生态环境获得永续利用的经济模式，力求以最少的资源耗费得到最大的经济效益为目标，以全面提高人民生活福利水平为核心，保障人与自然、人与环境的和谐共存。绿色经济不是一套刻板的规则，而是一个决策框架，促使公共和私营部门在各项决策中都能将经济发展和环境可持续性充分融合，达到双赢。

(2) 循环发展

循环发展思想起源于环境保护运动，循环发展侧重于从物质循环的角度来理解经济活动，强调以环境无害化技术为手段，以提高生态效率为核心，强调资源的减量化、再利用和资源化，以环境友好方式利用经济资源和环境资源，将经济系统和谐地纳入到自然生态系统的物质循环过程中，通过经济活动的闭循环来实现经济活动的生态化。循环发展主要是解决好资源约束问题，它是以资源的高效利用和循环利用为目标，以"减量化、再利用、资源化"为原则，倡导的是一种建立在物质不断循环利用基础上的经济发展模式。由于中国的经济社会发展受到严重的自然资本制约，发展循环经济的目的，一是要替代以资源高消耗和污染高排放为特点的线型经济方式，实现"从摇篮到摇篮"的经济变革；二是要替代单纯地在经济过程的端点进行治理的资源环境管理模式,实现全过程的资源节约和环境保护。循环发展经济模式的绩效判断需要考虑作为投入的自然消耗和作为产出的发展效果的比值(即 $EI = Output/Input$),推动经济过程的绿色转型。

狭义的循环发展理论试图从经济体系的资源效率出发,以企业生产中减量化、再利用和资源化为原则,通过废物或废旧物资的循环再生利用来发展经济(黄海峰等,2007)。广义的循环经济理论以全过程的生命周期处理模式,建立"资源-产品-再生资源"的闭环反馈式循环过程,实现从"排除废物"到"净化废物"再到"利用废物"的过程,在很大程度上将减物质化和非物质化方式作为发展方向(黄海峰等,2007;迟远英,李京文,张少杰,2008)。

(3)低碳发展

低碳发展针对化石能源消耗、二氧化碳排放所造成的污染排放和气候变化,提出一种以低能耗、低排放为基础,对能源依赖度小、温室气体排放小的节能减排经济模式。它从碳排放的角度来研究经济活动,强调在人类经济活动中减少能源的消耗,减少二氧化碳的排放。低碳发展是低碳产业、低碳技术、低碳生活等一类经济形态的总称。基本特征是低能耗、低排放、低污染,基本要求是应对碳基能源对于气候变暖的影响,基本目的是实现经济社会的可持续发展。低碳发展实质在于提升能源的高效利用,推行区域的清洁发展,促进产品的低碳开发和维持全球的生态平衡。总之,低碳发展是从高碳能源时代向低碳能源时代演化的一种经济发展模式。它作为绿色发展的一部分,最早出现于2003年英国发表的能源白皮书《我们能源的未来:创建低碳发展》。所谓低碳发展,是低碳产业、低碳技术、低碳生活等经济形态的总称。低碳发展实质在于进一步开发低碳技术,优化能源结构,改善土地利用,扩大碳汇潜力,提高森林、耕地和草地对温室气体的吸收和减少排放等,从而提升能源的高效利用,推行区域的清洁发展,促进产品的低碳开发和,维持全球的生态平衡。

低碳发展将催生新一轮的科技革命,以低碳发展、生物经济等为主导的新能源、新技术将改变未来的世界经济版图。低碳发展将创造一个新的金融市场,在基于美元和高碳企业的国际金融市场元气大伤之后,基于低碳企业和碳排放交易的新的金融市场正蓬勃欲出。低碳发展将创造新的龙头产业,其发展蕴藏着巨大的商业机遇,将催生新的经济增长点。实际上,低碳发展是经济发展方式、能源消费方式和人类生活方式的一次新变革,它将全面改变建立在化石燃料基础之上的传统工业体系,转向生态文明的现代工业(图2-7)。

2. 三要素分析

绿色、循环、低碳之间存在着主导与从属、依存与独立的复杂关系。

第一,三要素具有的共同点:①背景相同:环境危机、能源危机产生后,在反思传统经济发展模式的基础上,相继出现的几种经济形态。②目标相同:三者的终极发展目标都是寻求可持续发展,都体现出生态系统、生命系统和社会系统能够持续地动态平衡与协调发展。③要求相同:在实践中,绿色经济、循环经济、低碳经济都要求以人为本,彻底转变"重物轻人"、片面追求总量和速度的观念,强调发展应包括环境保护、经济发展和社

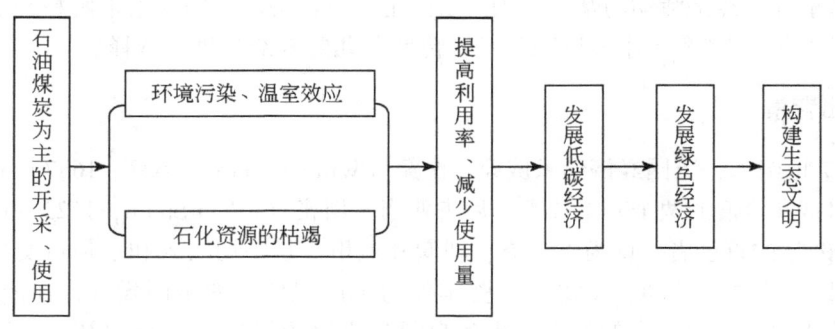

图 2-7 低碳发展倒逼机制

会进步三个方面。

第二，三要素具有的不同点：①出发点不同：绿色发展的出发点是环境保护，循环发展的出发点是资源循环利用，而低碳发展的出发点是碳减排。②理论基础不同：绿色发展、循环发展、低碳发展分别针对环境问题、资源问题和气候变化问题提出方案，相应的理论基础分别是环境经济学、产业生态学（或生态经济学）和能源经济学（或能源经济革命论）。③评价标准不同：对绿色发展的评价相对比较困难，可采用绿色GDP核算的方法，通过绿色GDP占整个GDP的比重来衡量绿色发展水平，而循环发展和低碳发展的指向具体、明确，可以分别采用计算生态效率和碳生产力（或碳强度）来评价发展水平。④方法论不同：绿色发展直接就环境问题溯源而探究经济社会方面的负外部性，可以看作是一种"自下而上"的思路。而循环发展和低碳发展采取点对点映射式的思路，从问题着眼、从源头着手来回答问题，是一种"自上而下"的解决方案。循环发展和低碳发展具有较强的针对性和可操作性，而绿色发展具有较强的包容性，凡是与环境保护和可持续发展相关联的经济形态和发展模式都可以纳入绿色发展的范畴。⑤实施主体不同：绿色发展强调人与自然的行为；低碳发展是企业与政府间的行为，强调企业等经济实体的执行能力；循环发展是国家间或经济体系间的行为，强调体系间的协同合作。

综上所述，当今生态文明建设要求绿色发展、循环发展、低碳发展，生态文明建设在本质上是要建立一种人与自然、消费与生产、物质与精神之间平衡协调的社会文明。绿色发展、循环发展、低碳发展是经济转型的推动力，不仅成为新的经济增长点，而且也会成为国际竞争的新焦点。正如著名生态经济学家张象枢所言，作为生态文明建设重要内容的绿色发展、循环发展和低碳发展与工业文明社会经济体的发展不同，要从转变思想入手，进而通过制度创新、科技创新开拓发展的道路；要摒弃先进社会经济体与后进社会经济体之间"弱肉强食"的关系，构建前者与后者之间"同舟共济"的新型关系；要从中国国情出发，探索中国特色的绿色发展、循环发展和低碳发展之路。

2.3.4 九要素论

经济转型三要素论从社会经济的可持续发展角度，将绿色发展、低碳发展和循环发展作为人类从事社会经济活动的基本准则。实际上，以经济转型的要素来阐释经济转型的驱动力，即有"九要素"。本小节试图对经济转型"九要素论"进行阐释。

1. 提出背景

早在 17 世纪末，英国经济学家威廉·配第（William Petty，1623~1687）就将土地和劳动看作财富和价值的两个基本要素。后来亚当·斯密（Adam Smith，1723~1790）作为"三元价值论"的首创者，认为"工资、利润和地租，是一切收入和一切可交换价值的三个根本源泉"。土地、劳动、（物质）资本作为生产三要素的不同投入，在经济系统中，依照供需的法则，达到一定的均衡，也各自得到应得的报酬。19 世纪初，法国经济学家简·巴蒂斯特·萨伊（Jean Baptiste Say，1767~1832）直接继承斯密的"三元价值论"，并作了进一步的发挥或说明。后来，阿尔弗雷德·马歇尔（Alfred Marshall，1842~1924）等学者提出劳动、土地、资本、管理四要素理论，随后有学者提出技术作为第五生产要素，从而将"生产四要素"提升到"生产五要素"。中国学者在此基础上，分别提出了劳动力、劳动资料、劳动对象、劳动环境、劳动空间和劳动时间的六要素理论以及劳动、土地、资本、管理、技术的五要素理论（徐斌和李燕芳，2006）。本节借鉴前人成果，结合经济转型三要素论，提出了九要素论（图 2-8），即土地、劳动、资本、管理、环境、文化、教育、信息与经济制度，其中，经济制度统筹协调其他八要素的发展，八要素之间也具有密不可分的联系。本节将分析除经济制度外八要素之间的相互关系以及经济制度的协调作用。

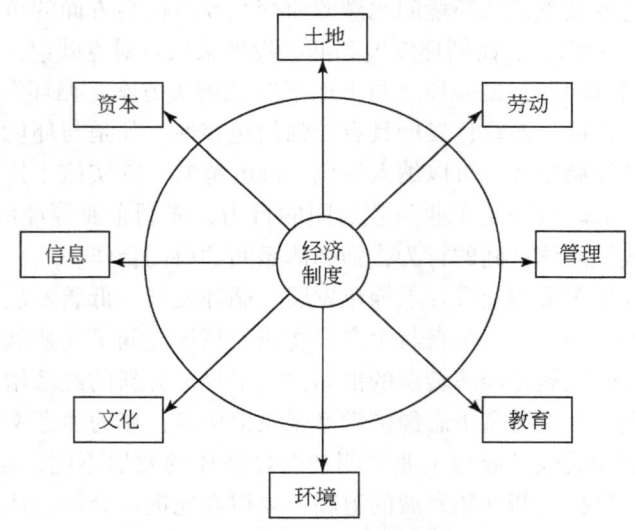

图 2-8　经济转型的九大要素示意图

2. 要素分析

（1）土地与环境

20 世纪 80 年代逐步形成了可持续发展的思想，把环境保护与人类的发展结合起来认识社会的发展，彻底否定了"高生产、高消费、高污染"的生产方式以及"先污染、后治理"的管理模式。可持续发展可定义为，在一定的资源环境基础上使当代人的经济福利不断改善的同时，能保证后代人所得到的经济福利不小于当代人所享受的经济福利，或是在一定资源环境基础上，取得尽可能大的当前收入，并能保证以后的收入不减少和持续增长。

中国经济发展高速增长的背后是资源的过度开发和土地的低效率使用，而中国的资源远远不足以支持这么快的经济发展速度。事实上，影响经济转型的诸要素如劳动、土地、资本、技术进步、人力资本以及知识因素，对经济增长的作用都不是单向的。它们既能增加物质财富，促进经济增长，又会产生负面效应，如浪费土地资源，破坏生态环境，将造成诸多的社会问题等。从土地与环境的关系而言，依赖土地资源来满足眼前的经济利益，必定会造成沉重代价。在追求 GDP 的指标同时，必须考虑经济增长中的成本因素，实现一种以人为本的低代价经济增长模式。中国学者提出了"两循环三增长"理论和经济低代价增长，前者强调自然资源的循环使用、循环替代和生态环境的循环净化，后者强调自然资源总量与环境容量扩大增长和人口适度的零增长。

综上所述，环境包括土地，土地是环境的重要组成部分。土地对经济增长的影响将继续被学者们研究，但环境对经济转型的影响将成为研究的重点之一。

（2）劳动与文化

劳动在创造社会财富促进经济发展的同时，也创造出丰富多彩的文化；文化反作用于现实的经济社会生活，为经济发展服务。文化来源于生活，来源于人们的劳动实践。在发展经济过程中，对于外向型经济，要注意文化对经济的影响，要深入研究不同地区的文化，加强不同文化间的沟通与交流，增强文化的认同性，减少跨文化冲突对经济发展的影响。

在不同的文化背景下，有不同的政治制度、法律体系、语言和价值观、风俗习惯和人力自然资源等条件。利用这些区位条件，化劣势为优势，能给从事跨国生产经营的企业创造丰富的市场机会。国际化的企业经常受到文化差异的困扰，主要表现在文化冲突造成企业内部的交易成本增加，加大市场经营的难度，因此研究跨文化管理，将有助于企业的跨国经营管理与合作。

跨国公司合并将成为经济全球化发展的必然趋势，它不仅能增强企业内部的竞争力，而且还能促进企业向国际市场和新兴领域拓展。中国已成为发展中国家最大的对外投资者。这也就意味着越来越多的中国经理将被派往国外分公司工作，公司派驻人员往往会出现"文化休克"现象。笔者曾对北京 50 家有海外分支机构的企业调查研究发现，企业在国际市场的失败 80%归于管理者对国际市场和文化的不了解。企业对跨文化管理的不重视，主要表现在跨文化管理能力的培养失败，造成金钱损失，时间和精力的浪费。因此，除了增强文化沟通、文化培训与文化整合之外，还要设立反馈系统，检验文化整合后的企业经营理念和管理模式是否高效。

劳动过程中形成了特定的文化，文化的健康发展提高劳动效率，促进经济的增长，丰富人民的生活，陶冶人们的情操。在经济发展过程中，不仅注意到劳动的直接经济效应，而且还要看到文化对经济发展的影响。

(3) 资本与教育

人力资本的渊源，可以追溯到资产阶级古典经济学家亚当·斯密和近代历史经济学家阿尔弗雷德·马歇尔。马歇尔在他的代表作《经济学原理》中提出，"所有资本中最有价值的是对人本身的投资。"

美国芝加哥大学西奥多·威廉·舒尔茨（Theodore W. Schultz, 1902~1998）教授被认为是教育经济学的创始人，他提出了人力资本理论并对经济发展动力做出了全新解释。他认为教育作为经济发展的源泉，对经济增长的作用，远比物质资本的增加重要得多，人们的教育水平、知识基础、技术能力和工作经验创造出难得的人力资本，这种资本一旦被企业充分利用，将会转变为生产力。

经济学家约瑟夫·斯蒂格利茨认为除了物质资本、人力资源和知识以外，另一种资本是社会和组织资本，变革的速度和模式取决于这种资本的形成，国力的增长也取决于这种社会和组织资本。哈佛大学社会教授罗伯特·普特南（Robert D. Putnam）进一步认为，社会资本指的是社会组织的特征，例如信任、规范和网络，它们能够通过推动协调的行动来提高社会的效率。

从人类经济发展史来看，不同的经济时代有不同主导生产力的要素。在生态文明时代，教育的重要性日益突出，优秀的国民素质教育不仅能够直接为经济发展方式的转变提供大量的人力资本、先进的科技成果，而且使人们在运行模式和运行机制转变过程中，发挥创造力，有力地推进经济发展方式的转变，提高经济转型的质量。

(4) 管理与信息

管理作为重要的生产要素，其有效的管理直接关系到社会与经济的效益。一个国家的宏观战略管理是否正确，直接关系到社会经济的可持续发展；一个企业的战略管理是否得当，也将决定企业的命运。

在工业文明阶段，调整经济结构，转变经济发展方式，推动技术进步和结构升级，都要求管理的转型。20世纪90年代美国提出信息时代重新创造公司，面对金融危机、资源短缺的困境，也相继提出了组织再造、结构再造、流程再造、运作能力再造、形象再造等。

信息技术为整合与集中提供了手段，有助于提高管理的绩效。在信息技术的支持下，业务活动可根据客户的要求进行集中管理。管理者的侧重点不再是"管"，而在于控制业务信息和提升业务活动的效率；管理者的重心转移到"理"，基于业务信息的全面掌握，梳理和优化业务活动，更好地为客户服务。通过整合能够实现企业内部资源的集中、统一和有效配置。借助信息技术手段，如"协同设计""协同制造"和"客户关系管理"等，企业能够跨越内部资源界限，实现对整个供应链资源的有效组织与管理。

在生态文明时代，信息技术可以成为减物质化和非物质化的平台，通过提升管理水平，减少不必要的资源浪费。

(5) 经济制度与各要素的联系

上面将除经济制度外的八要素分成四个组进行了分析，其实各要素之间都有彼此的联系。比如，文化是在一定的自然环境、社会环境、政治环境等环境下，在劳动过程中形成的，和教育的关系紧密；同时文化对管理产生很大的正负作用；文化能以信息的方式传递和交流；特定的文化产生特定的社会资本。八要素之间的相互联系、相互促进、相互制约，各要素在进行自我发展的同时，共同影响经济发展方式的改变。如何协调八大要素，使其能充分有效地发挥作用，共同促进经济转型的关键点在于经济制度。经济制度处在八大要素的交叉点，其目的在于协调经济转型过程中八大要素发展与转型的步伐。

经济制度是人们在生产、交换、分配、消费等经济活动中所遵循的促进人类经济交往便利化，增进相互信任，形成经济秩序，推动经济发展的规则体系（桂宇石和张扩振，2005）。在经济发展方式转型过程中，经济制度的转型尤为重要，合理的经济制度可以大大减少转型过程中的"不协调成本"。

科尔奈（J. Kornai）在1992年提出了体制转型中的不协调成本（incoherence cost）概念，定义转型过程中，由于转型的不同要素发展程度不一而导致的转型成本为不协调成本。不协调成本的概念可以灵活应用到多个领域，包括本研究所提出的九要素转型。

假设经济转型的初始状态是 X_0，根据九要素模型，转型需要源自九个要素的共同支持方可完成，其中，经济制度要素协调其余八要素的转型。故不妨设现行经济制度为 I，在 I 协调下其余八个要素为（X_{I1}，X_{I2}，X_{I3}，X_{I4}，X_{I5}，X_{I6}，X_{I7}，X_{I8}）。

要素的初始状态为 $X_{Ii}=0$，转型的最终状态为 $X_{Ii}=1$，当 X 处于 0 与 1 之间时表示该要素正在转型过程中。

设定总福利为 W，α 为收益系数，X_1 为初始状态，β 为不协调系数。构建福利公式如下：

$$W = \alpha X_1 - \beta [\sum_{i=1}^{n} \sum_{j=1}^{n} (X_{Ii} - X_{Ij})^2]$$

据此公式，为达到提升福利的目的，需要最小化要素之间的不协调成本。

依据樊纲等的研究，不协调成本来自两个基本问题，第一是瓶颈（bottle neck），即由于某个或某几个要素发展的落后制约了其他要素的发展，从而为整个经济转型提升了成本。第二个是超出（over shooting），即由于某个或某几个要素发展过于超前，难以与其他要素相协调而提升了整个经济转型的成本。

由此可知，如果制度引导其余八个要素"循序渐进"（sequencing）式发展，例如 X_2 转型需要在 X_1 转型结束后进行，或者说 X_2 转型的前提条件是 X_1 转型（见图2-9），由于八要素之间联系紧密，互为条件、互相影响、互相支持，无法确定某要素是另一要素的前提，则有很大可能产生不协调成本，即产生瓶颈或超出问题，削减社会福利，减缓转型进程。

$$X_{I1} \quad X_{I2} \quad X_{I3} \quad \cdots$$

图 2-9 循序渐进过程示意图

为解决该问题，需要使用"渐进平行过程"（partial parallel progression，PPP）（图 2-10），渐进平行过程即制度引导其余八要素尽可能早开始发展，无需进行优先排序，无需等待某一要素转型完毕后在进行下一个。同时，经济转型不是一蹴而就的，在一定时间段之内只能进行部分改革。图 2-10 展示了理想状态下的渐进平行过程，即八要素完全同步发展，每个元素都同时协调渐进式发展，以最小化不协调成本。实际上，现实生活中很难达到理想状态的渐进平行过程，需要尽可能的同步发展土地、劳动、资本、管理、环境、文化、教育、信息等要素，不可忽视任意一方。

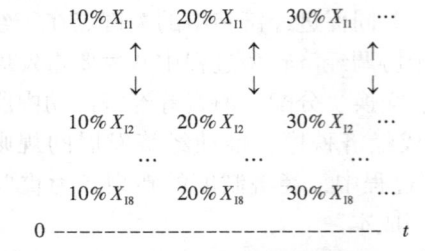

$$
\begin{array}{cccc}
10\%X_{11} & 20\%X_{11} & 30\%X_{11} & \cdots \\
\uparrow & \uparrow & \uparrow & \\
\downarrow & \downarrow & \downarrow & \\
10\%X_{12} & 20\%X_{12} & 30\%X_{12} & \cdots \\
\cdots & \cdots & \cdots & \\
10\%X_{18} & 20\%X_{18} & 30\%X_{18} & \\
0 & \text{------------------} & & t
\end{array}
$$

图 2-10　渐进平行过程（理想状态）示意图

如此看来，蕴含渐进平行思想的九要素论将环境、管理、文化、教育、信息与传统经济发展的三要素：土地、劳动与资本置于同一战略地位，为绿色发展、低碳发展和循环发展等成为经济发展方式的要素与指导原则奠定了理论基础。

因而，对于中国经济转型，本书所构建的九个要素需协调发展，既要避免瓶颈的出现，又不能允许过度超出，制度在其余八个要素之间制衡，瓶颈要重点发展和解决，超出可适量减缓，由此保证将转型带来的福利最大化。综上所述，经济转型的九大主要要素——土地、劳动、资本、管理、环境、文化、教育、信息与经济制度的提出具有一定的合理性，它基于对传统的要素理论创新，促进了对经济转型的进一步研究，为经济预测、经济政策的制定与实施提供了依据，同时也给政府机关协调经济发展过程中各部门利益关系提供参考，具有很强的现实意义。经济转型的九要素论有待进一步深入研究，通过探讨要素之间的内外部条件，发挥它的最大效用。

2.4　生态文明理论

随着资源与环境危机的加大和科技水平的提高，人类需要通过经济创造实现新一轮的文明更替。中国共产党在"十八大"报告中，提出要树立尊重自然、顺应自然、保护自然的生态文明理念，把生态文明建设放在突出地位，融入经济建设、政治建设、文化建设、社会建设各方面和全过程，努力建设美丽中国，实现中华民族永续发展。生态文明的实现需要以绿色转型为基础，通过工业文明向生态文明的演替，实现中国经济、社会、资源的可持续协调发展。

生态文明研究始于 20 世纪 70 年代西方的生态伦理学研究。1992 年联合国环境与发展大会通过的《21 世纪议程》，提出了全球性的可持续发展战略，其可持续发展思想和生态学、环境科学和其他科学的互相渗透，后来逐渐成为一个哲学、政治学、经济学等多学科的研究对象。目前，国内学者在谈生态文明时，主要把生态文明看作是继工业文明之后的新文明，是与原始文明、农业文明、工业文明前后相继的文明。但从中国实际出发，对生态文明内涵的科学把握，还要求与物质文明、精神文明、政治文明这"三大文明"联系起来考虑，深入了解它们之间的内在联系和文明演进的基本规律。

2.4.1 生态文明内涵

中国最先使用"生态文明"这个词的学者是刘宗超，他在《全球生态文明观》一文中指出："通过对传统工业文明剖析和反思的基础上提出确立全球生态文明观乃当务之急。人类与地球表层共存就是生态文明，威胁它生存的就是愚昧"（刘宗超，1993）。生态文明作为人类在适应自然、认识自然、利用自然、改造自然、保护自然的过程中所取得的全部成果的总和，不仅是对造成生态环境危机的工业文明的超越，而且是人类文明形态和文明发展理念、道路、模式的重大进步，同时也是对片面追求经济增长速度的发展观的纠正。

目前，学术界对生态文明内涵有不同的解释。一种是将生态文明简单地等同于资源节约、环境友好、生态保护等活动，而较少涉及社会领域（尤其是经济领域）本身的改革和转型；另一种是从文明更替的角度认识生态文明，认为生态文明的关键是通过经济社会模式变革从根源上避免资源环境问题的发生。

按照科学史家库恩（1962）的科学范式理论，对于传统工业文明的经济增长模式造成的资源环境问题，可以有两种不同的调整方式。一种是在不改变已有的工业文明经济模式的情况下对现有的经济进行修补式、应对式的反思和调整，例如在污染造成以后进行治理。从理论形态上说，在传统的新古典经济学基础上发展起来的处理资源环境的学说，如关注微观效率的资源经济学和环境经济学等，就属于这样一类具有补充型改进的理论，它们本质上是以服从和支持经济增长范式为前提的；另一种则是要求对传统工业文明的经济模式进行革命的变革式、预防式的反思和调整，例如通过变革生产模式和生活模式，使污染较少产生甚至不再产生。在理论形态上，是1972的《增长的极限》一书和后来崛起的生态经济学或稳态经济学，开始对工业文明的经济增长范式进行系统性的反思（梅多斯等，2006）。

对生态文明的思考有"深绿色"和"浅绿色"两个观点，只有"深绿色"的思考才是生态文明的真正内涵。"浅绿色"思想与"深绿色"思想在下述三个方面存在着重要差异：①在驱动机制上，"浅绿色"的反思，较多地关注资源环境问题的描述和渲染它们的严重影响，"深绿色"的反思，则重在探讨资源环境问题产生的经济社会原因。②在问题状态上，"浅绿色"的反思，常常游走在经济增长与环境退化的两极对立之间，甚至演变成为反发展的消极意识，而"深绿色"的反思，则要弘扬可持续发展的积极态度，并努力寻找如何实现环境与发展双赢的路径。③在对策反应上，"浅绿色"的反思，较多地从技术层面讨论问题，并聚焦在针对问题症状的治标性的控制对策，而"深绿色"的反思，则更多地提出针对问题本原的预防性解决方法，强调从技术到体制和文化的全方位透视和多学科研究。概言之，"浅绿色"的反思是就环境论环境，较少研究工业文明的经济增长模式有什么根本性的问题，结果是对传统工业文明的修补与改良，"深绿色"的反思则洞察到资源环境问题的存在于工业文明的发展模式之中，要求从发展机制上防止资源环境问题的发生，因此它更崇尚工业文明的创新与变革。看来，只有"深绿色"的思考才是生态文明的真谛，它对中国未来第三个30年的绿色发展具有方向性的意义：并不是一切标榜为"生态文明"的理念、学说、口号都是对中国未来的发展有益的。如果媒体界、理论界和决策层不能从"深绿色"的角度去引导社会改进传统的发展模式，而是停留在"浅绿色"的水平上去号召人们被动地应对资源环境问题，那么这样的生态文明难以转变中国未来的发展方式。

2.4.2 生态文明分类

生态文明可以划分为横向和纵向两个方面。

对于生态文明的横向界定，主要强调生态文明的前提和基础作用。认为生态文明与物质文明、精神文明、政治文明都是对环境社会系统的横向划分。生态文明作为人类文明的重要内容，与物质文明、精神文明、政治文明共同构成了当代人类社会文明发展的新框架。四种文明之间存在相互区别、相互包容，又相互作用的关系。

对于生态文明的纵向界定，主要提倡经济、社会、思想等要素的改变，认为生态文明是一种新的文明形态，它与工业文明所带来的各种消极影响有关，是对工业文明的积极扬弃，是迄今为止人类文明发展的最高形态。2009年，仲辉提出在变革的基础上，涉及与绿色发展相关的各个方面，诸如绿色经济、绿色增长、绿色GDP、绿色生产方式、绿色流通方式、绿色消费方式、绿色生活方式等及一系列经济发展方式的转变要素。申曙光最早将生态文明进行了纵向划分，认为人类社会的生态文明形态经历了狩猎与采集文明、农业文明与工业文明，生态文明必将取代工业文明。

此外，也有学者从文明更替角度进一步阐明了文明演化中的质变阶段，即新文明代替旧文明的根本性质变化的阶段，如由农业文明更替为工业文明和由工业文明更替为生态文明等。生态文明是在深刻反思工业文明飞速发展导致生态环境恶化、发展难以为继的沉痛教训基础上，形成的一种遵循自然、经济、社会、生态等整体运行规律，实现人与自然和谐、发展与环境双赢的人类文明发展新形态，是解决人类历史上人与自然关系的重要方式。生态经济学认为，生态文明的理论基础是自然资本论（natural capitalism）。传统工业革命的经济增长模式严重地依赖于人造资本（表现为机器、厂房、设施等运用自然资本制造的人造物品）的增长，并以严重地损害自然资本为结果。而新的自然资本论则认为，经过将近200多年的工业革命，人类社会的资源稀缺的情势已经发生了重大变化：以往，自然资本是富足的；今天，自然资本却是稀缺的。

2.4.3 生态文明法则

就生态文明法则而言，它应该体现出用较少的自然消耗获得较大的社会福利的一种现代文明形式。其中，自然消耗可以用生态足迹、能源消耗、二氧化碳排放等表示，而社会福利可以用客观指标如联合国的人类发展指数（由人均收入、人均预期寿命、人均教育水平等组成）或者主观指标如世界幸福网络测定的各个国家的主观满意指数等表示。下面对四个生态文明法则做些介绍。

（1）法则1

必须认识到人类的福利既需要来自经济系统的人造资本，又需要来自自然系统的自然资本，认识到生态系统与经济系统是包含与被包含的互补性关系，而不是独立、可替代的关系。传统工业文明的问题在于，认为自然系统是可以被人造系统替代的，而科学技术就是能够实现这种替代的伟大工具。只要这样的思维原则不改变，只要坚持认为科学技术能够解决自然资本的可替代性，那么生态文明建设根本就没有可能。

（2）法则2

必须认识到经济系统的物质规模增长是有限度的，而不是可以无限扩张的。认识到物质规模增长只是发展初期的特征（就像青年时代的长身体阶段那样），而社会福利发展才是发展的根本目的（就像人类一生的长素质阶段那样），到了一定阶段，增长是需要停止的而发展则是可以持续的。明白这一点，当人们进行经济决策时就会首先考虑自然资本供给的容量——例如中国城市化的最大土地供给能力是多少，中国工业化的最大能源消耗水平是多少，提高中国消费水平的最大水资源消耗规模是多少，等等，从而让经济社会发展目标与自然资本承载能力相适应，而不是相反。

（3）法则3

必须认识到在物质规模受到限制的情况下，要达到社会福利最大化就需要考虑非帕雷托效应的分配，即需要降低富人的非基本的过度的物质消耗，为穷人的基本需求提供发展空间。有了这个法则，人们就会关注生态公平在中国自然资本稀缺条件下的特殊意义。例如从世界来说，中国和发展中国家有理由在二氧化碳排放等自然资本分配问题上争取合理的发展权利；从国内来说，在不同发展水平的地区之间可通过生态补偿等手段进行合理的自然资本分配。

（4）法则4

必须认识到在物质规模受到限制的情况下，对效率的关注需要从传统的劳动生产率和资本生产率转移到自然生产率上来，认识到中国的优势在于用更多的劳动（可再生的资源）来替代更多的自然资本（不可再生的资源）。因此，中国的经济发展必须高度重视土地、能源、水、重要原材料等稀缺自然资本的资源生产率。因此，中国的税收改革需要在税收规模保持不增加的情况下，实行从对劳动课税到对自然消耗课税的结构性转变。

2.4.4　生态文明前提

对于中国经济转型而言，发展生态文明的理由是基于生态门槛（ecological threshold）和福利门槛，有效地配置自然资本已成为经济转型的重要前提。自然资本不仅包括传统的自然资源供给能力，还包括地球对于污染的吸收和降解能力，以及生态愉悦等生态系统为人类提供的服务。

与工业文明的增长范式受到生态门槛和福利门槛的两个约束相对照，生态文明的发展绩效可以用戴利在生态经济学中提到的公式即 EP=WB/EF=WB/EG×EG/EF 进行衡量。其中，EP（eco performance）表示生态文明的发展绩效，WB（wellbeing）表示人类获得的客观福利或者主观福利，EG（economic growth）表示由人造资本存量或 GDP 表现的经济增长，EF（eco-footprint）表示生产和消耗这些人造资本的生态足迹。于是得出这样的结论，实现生态文明要求有两个重要的脱钩：

1）经济增长与自然消耗的脱钩（EG/EF），即经济增长是减物质化的，这意味着资源节约型和环境友好型的生产与消费，前面所分析的生态门槛即自然资本对于经济增长的约束表明了这种脱钩的必要性。过去的 30 多年中国的经济增长举世瞩目；但是中国未来经济增长存在的突出问题就是资源环境生态问题，例如，过去几年中国的 GDP 只有世界的 4%~5%，但是中国消耗的资源与能源却占到了世界的 10%~40%。

2）生活质量（客观福利或者主观福利）与经济增长的脱钩（WB/EG），即要求在经济增长规模得到控制或人造资本存量稳定的情况下提高生活质量，前面所分析的福利门槛表明了这种脱钩的可能性。在生活质量与经济增长脱钩的情况下，一方面是用日益增加的资源消耗和环境影响来促进经济增长；另一方面是日益膨胀的经济增长并没有给人们的福利带来持续的增长。虽然改革开放 30 多年来，中国的经济增长取得了可观的成就，但是相对于经济增长的速度和规模，居民的生活质量和社会福利的增长却是缓慢的。换句话说，经济增长的成果很大程度上没有转化为人民的生活质量。

以上两个脱钩清楚地表明了中国未来 30 年以社会福利为目标的生态文明社会与以经济增长为目标的传统工业文明的基本区别。按照联合国 1990 年开始的人类发展指标（human development index）研究，一个国家好的发展，其人类发展（代表客观福利水平）的排位应该持续地高于或至少不低于经济增长的排位（阿马蒂亚·森，2002）。中国人均 GDP 的快速增长充分反映了改革开放以来中国经济的高速增长；但是，中国的 HDI 指数值却没有相应地向上发展。虽然改革开放以来中国人民的生活质量在持续提高，但是就经济增长的成果最有效地转化为社会福利而言还存在着很大的差距。如果不采用生态文明的方式，就难以相信这样的增长能够逾越生态门槛的约束，这样的经济增长能够超越福利门槛使人们的社会福利得到相应的增长。

其实，不同水平的国家和发展阶段对生态文明有着各自的要求。学术界认为人类社会经历了渔猎文明、农业文明、工业文明、生态文明四个阶段。如果将这种划分作为世界发展的总趋势，那么它也就适合于后工业化发达国家的社会转型，但用来针对较长一段时间仍然处于工业化发展阶段的中国而言，就过于简单化了。

不同国家发展生态文明可分为两种类型。一种是后工业化国家的生态文明，它们的任务是实现对已有现代化成果的生态化改造；另一种是像中国这样的发展中国家的生态文明，其任务是在生态文明的原则上实现发达国家已经实现的现代化。假设以人类发展水平超过 0.8 为实现发展的基本尺度，那么当今世界各国大致可分为以下三类（表2-4）：①高人类发展与高生态足迹国家。大多数实现了工业化的发达国家属于这种类型，例如，美国 1975~2003 年在增加人类发展指数（超过 0.9）的同时也增加了人均生态足迹（从人均 7 公顷增加到了 10 公顷左右）。②低人类发展与低生态足迹国家。大多数正在实现工业化的发展中国家包括中国、印度等属于这种类型。当前中国的人类发展指数还不到 0.8，人均生态足迹是 1.6 左右。③低人类发展与高生态足迹国家。这些国家虽然有高的生态足迹但没有换来高的人类发展，例如，巴西 1975~2003 年生态足迹已超过地球生态容量（1.8）但是人类发展仍然属于中低之列。而倡导生态文明，是要让所有国家都走上低生态足迹和高人类发展的发展道路，目前还没有一个国家达到这样的水平。

表 2-4　基于人类发展和生态足迹的国家分类

	高人类发展（0.8 及其以上）	低人类发展（低于 0.8）
高生态足迹（1.8 公顷以上）	发达国家的情况	巴西的情况
低生态足迹（低于 1.8 公顷）	生态文明的理想情况	中国的情况

相对于西方国家后工业化社会的生态文明，中国特色的生态文明是要把工业文明与生态文明结合起来，或者说是用生态文明的原则来改造传统意义上的工业文明，实质上是新型工业文明的问题，于是需要划清两种思想认识的界限。一方面，有人认为中国提出生态文明是否过早。如果中国强调生态导向的新型工业文明，那么生态文明的提出并不过早；另一方面，有人认为，衡量中国生态文明发展的指标与目标不能太高，否则会犯超越发展阶段的错误。但是，"环境无国境"，为了避免国际社会对中国经济增长带来的环境问题发出的种种指责，自身的生态文明建设宜早不宜迟。总之，中国未来的发展，不应沿袭传统的工业粗放发展的模式，而应在进入后工业化的生态文明建设中，探索出一条符合中国发展阶段的绿色转型之路。

2.4.5　生态文明目标

中国将"美丽中国"作为生态文明建设的主要目标，是因为在人口多、资源少、环境容量有限的国情下，中国的工业化、城镇化发展过程，应既照顾十三亿人口物质文化需求的增长，又避免重走发达国家高消耗高排放、先污染后治理的老路。目前，中国能源、钢铁、水泥消费量位居世界第一，石油、铁矿石等大宗矿产对外依存度均超过 50%，持续高强度的资源开发利用已造成了不少地区地表塌陷，水资源破坏，生态退化、二氧化硫、氮氧化物、烟尘、汞排放居高不下。如何满足当代中国人及子孙后代持续增长的消费需求，已经成为迫在眉睫的重大课题。建设"美丽中国"意味着中国不仅要建设成为一个经济上有竞争力的、能够屹立于世界民族之林的国家，而且要"给子孙后代留下天蓝、地绿、水净的美好家园""实现中华民族永续发展"。

2.4.6　生态文明理论

1. 国外学者的研究视角

从国外研究生态文明的主要视角中不难发现，西方学者所倡导的生态文明主要是由现象到本质的揭示过程，通过对传统经济社会的反思，聚焦在如下几个社会要素进行研究。

(1) 走向生态文明的经济

直到 20 世纪 70 年代，西方生态主义仍然没有一套系统的经济理论来支持他们的环境保护。1977 年赫尔曼·戴利①（Herman E Daly）发表了《稳态经济学》，重新将经济和物质世界联系起来。在《稳态经济学》之后的著作中，戴利反对传统经济理论将经济过程与能量和物质资源脱离开来，提出了古典经济学家所不熟悉的，但被新古典经济学家和主流经济学家完全排斥的概念：极限概念。西方学者在反思的基础上提出传统的工业文明是不可持续的，需要经济、社会的转型。在欧洲这种转型称为生态现代化，在美国称为生态社会范式、生态革命等。无论什么名称，传统的经济增长走向生态文明经济的主要原因是：第一，增长经济的假设（如持续的经济增长可解决所有问题，个人可通过物质的获得得到满足）是有问题的。第二，经济增长受自然资本的约束，经济增长超过了"生态门槛"。第三，如果要使市场配置包括自然资源在内的资源的效率提高，必须按照生态经济的要求真实地计算包括环境在内的成本和收益。

(2) 适合生态文明的政治

西方生态政治文明经过几十年理论与实践的发展，现在已经不只停留在环境的国家制度建设层面和市场层面，重点已转移到生态文明的民主化方面了。西方学者在反思工业文明的政治体系时指出，在经济增长占统治地位的情况下，政治体系一方面要保持经济增长来解决经济发展、就业、社会进步、提高民众生活水平等问题；另一方面还要解决民众日益增长的对环境问题的不满和诉求。而政策的制定一直被看做是利益集团之间的博弈，如果支持环境保护的团体缺失的话，政策就有更多倾向于利益集团的机会。以美国为主的生态政治文明很强调社区在范式转变中的作用，认为中央集权的政治经济是造成环境问题的原因之一。有学者提出环境退化的主要原因是大规模的政治经济机构与环境缺乏紧密的联系。现阶段欧洲的生态现代化也提出了类似的思想，认为生态文明的政治强调分权、地方自治和公民参与，认为分权和更多的灵活性有利于环保政策的贯彻执行，更适合地方政府的地区特点和经济社会环境，生态现代化要在所谓的公民社会才能实现。

(3) 面向生态文明的伦理

1966 年阿尔杜·利奥波德②（Aldo LeoPold）将伦理定义为"在生存斗争中，对行动自由的限制，反映在人类社会表现为法律、法规，用来规范人与人之间、人与社会组织如政府之间的关系"。可是却没有一种伦理处理人与土地及与生长在其上的动物、植物的关系。他被西方学者认为是较早提出生态伦理思想的学者之一。总之，生态伦理认为，将自然界仅仅看作生产资源的生产、生活方式的观念必须被抛弃，取而代之的观念应是经济增长不仅存在自然资本的极限，还存在道德的极限，它要求经济发展必须考虑人类的当代、后代及非人类的福祉。

---

① 赫尔曼·戴利：美国生态经济学家，环境经济学和可持续发展专家，国际生态经济学学会主要创始人。
② 阿尔杜·利奥波德：美国著名生态学家和环境保护主义的先驱，被誉为"美国新环境理论的创始者""生态伦理之父"。

2. 国内学者的研究视角

以叶文虎、张象枢为代表的国内学者从"三生共赢"准则与文明演替学说的角度研究了生态文明理论。作为生态文明的实践准则,"三生共赢""将人类社会的发展目标定位为生活、生产与生态的协调发展,具体来讲,就是生活提高、生产发展与生态改善。"

(1)"三生共赢"的准则和目标属性

"理论—准则—指标—模型"的顺序体现了学术研究领域研究层面的渐进性。"三生共赢"理念为可持续发展及生态文明学术研究领域提供了简明易懂和可描述的评价准则与实践目标,同时也为理论研究层面和实践操作层面研究提供了纽带和桥梁。

(2)"三生共赢"的生态文明属性

生态经济学与新古典经济学在理论前提和研究内容上存在着较大的差异(如对稀缺资源、有效配置及人类目标的定义不同),其根本区别在于是否认为"经济社会是生态环境的子系统"。生态经济学认为,经济社会是生态环境的子系统,并定义广义社会经济生产系统包括经济子系统、环境子系统和社会子系统。而"三生共赢"原则中"生产""生态"和"生活"分别代表了这三个系统的主要特征。此外,生态经济学的目标即是"三生共赢"的另一种表述。

(3)"三生共赢"的时间空间属性

区域经济通常在具有特殊性、综合性与相对完整性和特定经济发展任务的"经济地理区域"内研究经济发展问题,其主要研究对象是空间结构和产业结构框架内经济生产要素的空间分布与利用效率,以及区域系统的协调发展程度。"'三生共赢'是生产、生态和生活在空间和时间上的共赢",而空间层面的共赢即不同区域的"三生"系统是否产生了协调发展的正外部性并最终达到区域可持续发展。此外,"三生共赢"倡导基于区域禀赋来建设"因地制宜的乡村生态道路",否定"按照工业文明的模板思维,去追求一个可供复制、推广的最佳乡村方案"——这一提法与区域经济的区位综合要素理论基本一致。

简言之,作为生态文明理论的目标和准则,"三生共赢"促进了生态文明实践在具体区域的落实。此外,与经济目标相关的"利益相关者"要素、与生产空间相关的"城、乡、野关系"要素、与生产投入物质相关的"生产要素"则是"三生共赢"研究的重要对象。

(4)"三生"系统要素发展动态

借鉴叶文虎"十字交叉"思维方式(叶文虎,2009)和张象枢对城、乡、野环境社会系统的"三生"变化趋势的研究,得如下表格(表2-5)。

表2-5 文明演替进程中"三生"系统要素发展动态

	原始社会	农业文明	工业文明	生态文明
利益相关方功能变动	未出现政府、企业或公民社会组织	出现了政府及少量商业组织(作坊、车间),无公民社会组织。社会运作无意识的自发性强	政府和企业在社会经济发展中占主导和推动作用。公民社会组织出现	政府、企业和公众三方协调发展

续表

	原始社会	农业文明	工业文明	生态文明
城、乡、野关系变动	城乡野尚未分化；生物多样性完好	城乡分化格局初现；生物多样性问题发生	城乡对立加剧；生物多样性问题严重	城、乡、野三位一体协调发展
生产要素权重变动	主要依赖以体力劳动为特点的人力资源和非常有限的加工资源，对自然资源利用很少，不存在金融资源	主要依赖体力劳动和简单的加工资源，对自然资源利用增加，出现金融资源	主要依赖体力劳动、大机器大规模加工资源，对自然资源利用加剧，金融资源扩张	四类资源的协调利用
生态、生产和生活协调发展状况	生态良好；生产非常落后；生活水平很低	生态局部破坏；生产落后；生活水平低，阶级差异大	环境污染，生态破坏；生产增长较快；总体水平提高，但贫富分化严重	生态、生产、生活"三生"共赢

从原始社会到生态文明的历史演替是一个从无序到有序、从不可持续到可持续的过程。生态文明建设的最终目标就是使经济活动利益相关方、城乡野关系、生产要素间关系达到协调发展的状态，实现以"三生共赢"为标志的社会、经济和自然的可持续发展。

（5）基于城、乡、野一体化实现"三生"共赢的主要途径

首先，在环境社会各子系统之中建立连接城市、乡村与野外的网络。其次，疏通城、乡、野间生态、经济、社会、思想文化、政治网络中的信息流、物质流、能量流、资金流、人流等，特别是信息流，实现城、乡、野环境社会系统的整体联动。

解决上述问题的关键在于切实建设好服务型政府。政治文明建设是实现生态文明建设的保障条件。人类目前所面临的生态环境危机是由人类在特定制度框架下进行的社会活动引起的。有什么样的制度框架，就有什么样的物质生产和人口生产，也就有什么样的环境影响。因此，政治文明建设直接影响到生态文明建设的水平。目前，推进生态文明建设的政治障碍主要在于：一是政绩考核机制的扭曲，片面强调政绩考核的经济性。二是公众环境权益的受损，公众无法享受到足够良好的作为生存权之一的环境权。生态文明观念引领下的政治文明建设，就是要积极构建以政府为主体的干预机制、以企业为主体的市场机制和以公众为主体的社会机制的相互制衡，就是要构建以别无选择的强制性机制、权衡利弊的选择性机制和道德教化的引导性机制的相互协同（沈满洪，2010）。总之，各级政府应通过民主化决策、科学化的程序，集中群众意愿，凝练多方智慧，形成能兼顾各方利益、体现国家意志，促进城、乡、野的协调发展，建立生态、生产、生活"三生"共赢的政策体系并付诸实施。

2.5 社会管理理论

作为有效实现经济转型的重要保障，社会管理体制对各经济部门和社会其他功能领域

进行综合管理，强调其对经济转型体系的组织、协调、监督、控制和服务的功能，以达到体系环境和功能优化的效果。本节主要从社会管理系统、社会管理体制和社会管理体制的改革创新三个方面来阐释社会管理理论。

2.5.1 社会管理、社会管理体系与社会管理体制

社会管理是政府机构、社区和社会组织为维持社会系统有序运转，借助公众的参与和协助，使用法律规范、公共舆论及道德习俗等手段，对社会系统的组成部分、社会生活的不同领域和社会发展的各个环节进行组织、协调、监督和控制的过程或活动。社会管理的基本内容包括社会行为的规范、社会关系的调整、社会利益的协调、社会问题的解决、社会矛盾的化解、社会风险的防范、社会治安的维护等。社会管理的直接作用是为人与社会的发展创造既有秩序又有活力的良好环境，而它的最终目标应是社会稳定、和谐进步和人全面自由的发展。

从一般意义上说，社会管理体系是一个由组织机构、制度规则和支持资源三个子系统构成的体系。社会管理体制则是以其中的制度规则为核心结合组织结构和运作机制在内的体系。当前，计划经济体制下形成的价值系统、规则系统和组织系统依然在现行的社会管理体制中发挥作用，而市场经济体制已逐步取代计划经济体制，出现了民主意识增强、法制作用凸显、社会力量壮大等现实变化，这就使现行的社会管理创新滞后于经济管理创新。改革与创新社会管理体制，正是要变革现存社会管理体制中重监控轻服务的价值理念、重行政轻法律的规则、重国家轻社会的组织方式等核心体系，增强社会管理体制的活力和效力，以更加积极地回应并满足当今中国社会建设的现实需求——这正是社会管理体制改革与创新的重要作用所在。

2.5.2 社会管理体制改革与创新的社会背景

如前所述，社会发展与经济增长失衡、社会体制与经济体制失调构成了转型期中国社会进步的巨大障碍，在管理层面则表现为社会管理体制与经济管理体制的不相协调，社会矛盾、社会冲突的大量增加。因此，目前社会管理体制存在的问题凸显了改革与创新社会管理体制的紧迫性与必要性。

全国刑事犯罪群体性事件的数量逐年增加，类似"定州事件""石首事件""瓮安事件""孟连事件""陇南事件""通钢事件"等恶性群体性事件反映了社会矛盾的激化，反映了社会管理形势的严峻。

社会管理是对处于特定历史阶段、实践特定社会制度、具有特定生产力水平和生产关系方式的社会共同体的调控，那么社会管理体制必然具有因地而异、因时而变的特点。随着体制转轨和社会转型的全面推进以及市场化、工业化、城镇化、信息化、国际化进程的不断加快，中国已进入了社会矛盾凸显期，使得社会管理体制的改革与创新变得尤为关键。

从社会转型的角度看，1978年时劳动力在三次产业中的就业状况是第一产业占70.5%，第二产业占17.3%，第三产业占12.2%；2011年则为第一产业占34.8%，第二产业占29.5%，第三产业占35.7%。着眼城乡结构，1978年，中国的城镇人口有17245万人，2011年达到69079万人，平均每年增加1570万人。相应的，1978年中国的城市化率为17.92%，2011年达到51.27%，首次超过50%，平均每年提高1.01个百分点（国家统计局，2012）。中国已经初步实现了从农业社会向工业社会、从传统社会向现代社会的转型，面对县域规模扩大，城市人口的来源、就业方式、生活方式等要素的异质性加强等一系列新现象和新问题，以原有城关镇、居委会为代表的社会管理体制的变革势在必行。

从经济转型的角度看，经济市场化的推进衍生出了国企职工下岗转岗、私企外企劳资纠纷增加、城乡居民特别是大学生就业压力加大、阶层利益失调、区域发展失衡、群体性事件频发等负面现象。随着工业化和城镇化的推进，在土地征用、房屋拆迁中产生了大量矛盾，而数以亿计农民从农村流入城市，由于户籍管理、社会保障等方面的体制性障碍，进城农民及其子女在就业、上学、医疗、住房等方面面临许多困难。随着以互联网、手机等为代表的现代高新信息和通信技术的快速发展，信息化和国际化水平大幅提升，虚拟社会的违法犯罪现象日渐突出，群体性事件的信息化动员和国际化动员方式也显露出复杂的效应。相对于社会运转极端复杂化的态势，原有社会管理体制由于理念滞后、主体不明、力量单一等历史遗留问题，表现出实际效能的明显不足，亟待创新和改革。

2.5.3 社会管理体制改革与创新的基本步骤

显然，转型期中国的体制转轨和社会转型的全面推进以及市场化、工业化、城镇化、信息化、国际化进程的快速发展，已经对社会管理体制的改革和创新提出了紧迫要求。因此，改革和创新社会管理体制也就顺理成章地成为中共十六届四中全会后国家事务的一项重要任务，即《中共中央关于加强党的执政能力建设的决定》中提出的"深入研究社会管理规律，完善社会管理体系和政策法规，整合社会管理资源，建立健全党委领导、政府负责、社会协同、公众参与的社会管理格局"。同时，改革和创新社会管理体制也成为受到广大社会成员关注的一项体制建设任务。

在现阶段，推进社会管理体制的改革与创新可在以下两个层面展开。①在学理层面，需要细致梳理国内外社会管理思想的发展脉络特别是总结国内外社会管理实践的沿革转变，包括蕴含在福利国家、第三条道路、治理与善治等理论思想中的社会管理理念，由此出发从学理上阐明社会管理概念的内涵和外延，对社会管理的主体、目标、原则、方式、过程、手段、内容进行系统的组织和说明，进而建构具有一定特色的社会管理学说体系。②在实践层面，需要全面认识中国社会管理体制的既往进程和现实状况，深刻了解现实中国经济社会发展的关键问题和紧迫需求，借鉴世界各国社会管理的先进经验，科学地制定中国社会管理体制的改革路径，解决社会管理体制与经济管理体制不相协调、社会管理体制内部多个政府机构管理活动不相协调、政府主导社会管理活动与公众参与社会管理活动不相协调等突出问题。而就社会管理体制的整体改革与创新的具体步骤而言，以社会管理理念的改革与创新为主导，以社会管理统筹协调体制的改革与创新和社会矛盾发现化解体制的改革与创新为两大入手点，再分别从利益诉求与社会矛盾和冲突化解机制、风险预防与社会保障机制、社会问题的处理与矫正机制、弱势群体的救助与扶助机制、灾害与社会应急机制、流动人口与社会监控机制、网络表达与采集管理机制、社会治安与社区管理机制、社会组织与社会自我管理机制等多个具体侧面去探索社会管理体制改革与创新的方向和途径（王宁，2011）。可以寻求化解现实突出的社会矛盾、解决现实日益严重的社会问题的方式和手段，为和谐社会的建设和科学发展的推进做出积极的贡献。

传统的中国社会管理体制与创新型社会管理体制对比如图 2-11 所示。

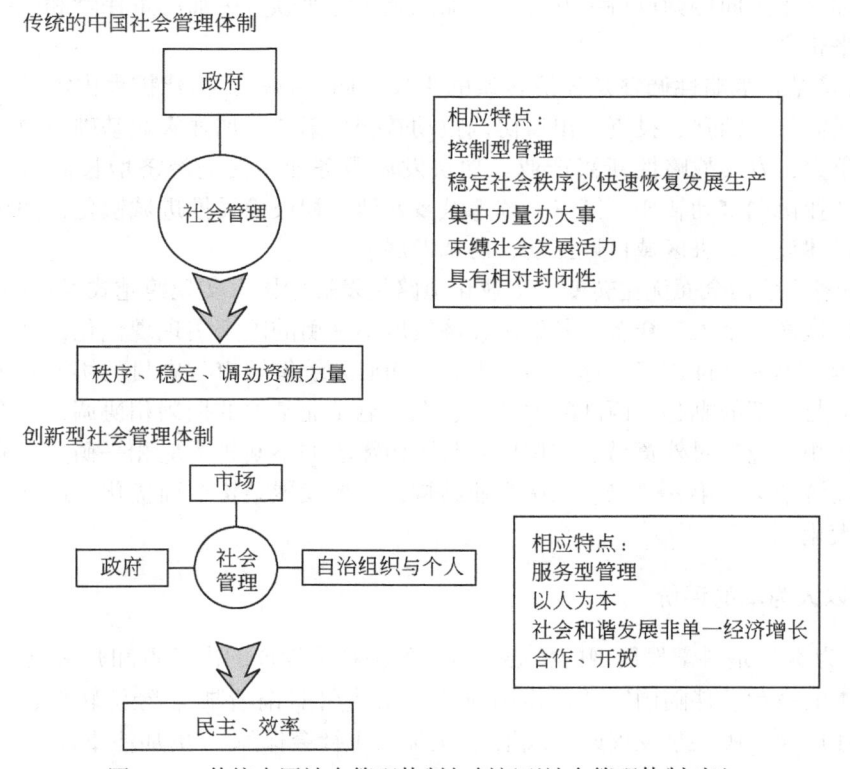

图 2-11 传统中国社会管理体制与创新型社会管理体制对比

2.6 评价指标体系

中国的"十二五"规划以加快转变经济发展方式为主线，而该思想是中国经济社会领域的一场深刻变革，必须贯穿经济社会发展的全过程和各领域。在具体实施经济转型战略，实施经济转型活动的同时，也需要针对具体的经济转型目标，建立经济转型的量化综合评价指标体系，以完善转型活动的工作方法，衡量转型活动的社会效用，最终为促进中国经济转型服务。

2.6.1　经济转型评价的指标

经济转型的内容可概括为以下四个方面。

1. 对经济发展的评价

中国人口众多，仍处于并将长期处于社会主义初级阶段，发展仍是解决中国所有问题的关键。在当代中国，坚持发展是硬道理的本质要求，就是坚持科学发展，更加注重以人为本，更加注重全面协调可持续发展，更加注重统筹兼顾，更加注重保障和改善民生，促进社会公平正义。

1）经济结构战略性调整是经济转型的主攻方向。第一，构建扩大内需长效机制，促进经济增长向依靠消费、投资、出口协调拉动转变。第二，加强农业基础地位，提升制造业核心竞争力，发展战略性新兴产业，加快发展服务业，促进经济增长向依靠第一、第二、第三产业协同带动转变。第三，统筹城乡发展，积极稳妥推进城镇化，加快推进社会主义新农村建设，促进区域良性互动、协调发展。

2）向经济结构全面优化转变。工业化道路是发展中国家实现跨越式发展的必然选择。但要在中国这样一个人口众多、各地区经济发展不平衡的国家实现现代化，就不能简单地套用一些国家单纯地推进工业化的增长方式，而必须统筹城市与农村的协调发展。东部的率先发展应与中部的崛起、西部的大开发、东北老工业基地的振兴相协调，制造业与服务业的发展应相适应，对外贸易全方位展开与国内需求的不断扩大应相平衡。只有这样，才能使社会经济结构，第一、二、三次产业结构，区域发展结构全面优化，最终使经济增长的效率最大化。

2. 对以人为本的评价

"以人为本"是科学发展观的核心，也是经济社会发展的出发点和归宿点，更是经济转型最根本的宗旨。伴随国家"民富国强"发展方针日渐清晰，经济转型也必须紧紧围绕民生，让广大人民共享发展改革成果，更加注重社会保障，更加注重社会服务，更加注重社会管理。

保障和改善民生是经济转型的根本出发点和落脚点。完善保障和改善民生的制度安排，把促进就业放在经济社会发展的优先地位，加快发展各项社会事业，推进基本公共服务均等化，加大收入分配调节力度，坚定不移地走共同富裕道路，使发展成果惠及全体人民。

在中国经过30多年的快速发展已经在一定程度上突破了发展的资本瓶颈的情况下，在经济发展的动力上应该实现向以人为本的转变。这主要包括：①突出人力资源在经济发展中的地位和作用，发挥知识和创造性劳动对创造价值的决定性作用。②明确发展的最终目的是增进全体人民的福祉，是为了实现好、维护好、发展好最广大人民群众的根本利益。

3. 对科技进步创新的评价

科技进步和创新是经济转型的重要支撑。深入实施科教兴国战略和人才强国战略，充分发挥科技是第一生产力和人才是第一资源作用，提高教育现代化水平，增强自主创新能力，壮大创新人才队伍，推动发展向主要依靠科技进步、劳动者素质提高、管理创新转变，加快建设创新型国家。

4. 对生态环境保护的评价

建设资源节约型、环境友好型社会是经济转型的重要着力点。中国只有走资源集约之路，才能突破经济发展方式转变的瓶颈制约。一是要在经济发展中减少能耗和二氧化碳排放，降低经济增长对能源和二氧化碳排放的依赖性。二是要在经济发展中节约土地资源和水资源，促进土地的集约利用和水资源的节约利用。

环境保护作为加快经济转型的重要抓手，是中国参与国际经济大循环，增强国际竞争力的现实需要。在应对国际金融危机的过程中，世界各国纷纷反思传统发展方式带来的弊端；发展绿色经济、低碳经济、循环经济，已成为全球经济发展不可逆转的大趋势。必须把绿色经济、低碳经济、循环经济作为发展方向，争取在未来的发展中占据制高点，赢得主动权。要实现这一目标，必须加快转变经济发展方式，由传统粗放型经济发展方式向绿色经济、低碳经济、循环经济转变。毫无疑问，这个转变的突破口就是环境问题，实现这个转变的重要抓手就是环境保护。

2.6.2 经济转型评价的目标

经济转型主要是经济发展方式的转型，通过对经济转型的评价，可以对中国经济发展状况、经济结构调整、人民生活水平提高、环境质量改善等方面进行量化测度，从静态方面分析中国各方面所处的阶段，从动态方面分析中国各方面发展变化的特征与趋势。

根据对经济转型评价内容的界定，可以具体地明确经济转型评价的目标，这些目标可以概括为：经济平稳较快发展；经济结构战略性调整取得重大进展；科技进步创新增强；城乡居民收入普遍较快增加；资源环境约束减弱。

各评价目标之间存在相互关联。经济平稳发展是基础，在经济发展中优化产业结构，增强科技创新，只有经济稳定增长，才有可能实现居民收入水平的提高，改善环境质量也才有保障。

2.6.3 评价指标体系的构建

经济转型主要指一个国家经济发展方式的转变，包括的内容较多，因此，对经济转型进行综合评价是一个复杂的问题。本章将依据一定的原则，采用定性分析的方法，建立经济转型综合评价指标体系，从总体上对经济转型的过程进行评价。

1. 综合评价指标体系建立的基本原则

综合评价（comprehensive evaluation）是通过选取一系列的评价指标，构成一个指标体系，来反映评价对象在某方面的状况。综合评价可以说是一个系统工程，因此在构建指标体系时必须遵循一定的原则，并使用科学的方法，以保证利用指标体系能够真实、准确地对评价对象做出合理的评价。

学者们关于评价体系的设置原则论述很多，笔者结合对评价体系研究的感受，就一些有针对性的原则论述如下。

（1）系统性与针对性相结合

经济转型是一个全方位的系统工程，不仅涉及经济领域，也关系到社会民生、资源集约、环境保护、科技研发等各个方面，因此，评价经济转型的指标体系也应具有系统性。同时，评价指标也要具有针对性，把握经济转型的特征、内涵和要求，能够反映经济转型的实际情况。

（2）规范性与创新性相结合

以中国现行的统计体系为基础，选择能够反映经济转型的既有指标，有利于确保数据的可获得性，从而得以构建总和评价数学模型，也使进行纵向和横向对比成为可能。同时，现行统计指标有其局限性，不能完全反映或准确反映经济发展方式的特点，因此，有必要根据经济转型的内涵，在现有统计体系以外提出有针对性的创新型指标，用以引导相关工作的开展，也为现行统计指标体系的完善提供参考。

（3）全面与主要相结合原则

经济转型是由经济运行质量、产业结构优化、科技进步创新、民生保障改善、节能减排实施等若干子系统组成的复杂系统，具有很强的系统整体性。作为一个有机整体，是各种要素综合作用的结果，评价体系要尽可能全面反映系统发展的各个方面。同时要考虑指标量化以及数据取得的难易程度和可靠性，选择某一方面或某一领域的主要指标和综合指标，注重主要性、实用性和可操作性。切忌只为求全而忽视了重点。

（4）定性与定量相结合原则

为了能综合、全面和正确地评价，设置指标体系时应尽可能采用定量指标。但是，在对经济转型评价过程中，由于涉及大量的社会、制度和环境因素的变量，这些变量中有许多难以量化，甚至不可能量化，但这些指标在整个经济转型评价指标体系中又不可或缺，因此，必须要用定性指标加以描述。在评价分析时，再将定性指标进行量化处理以近似值加以反映。

（5）静态与动态相结合原则

运用评价指标体系进行评价，常要作纵向（动态）、横向（静态）排序分析，对多个被评价对象进行横向比较，或对某一特定对象进行纵向评价，为了使评价结果具有可比性，所选定的评价指标项目在一定时期内要保持相对的稳定性，以达到评价结果的可比性。另外，从设置指标属性上看，既要有反映经济转型的静态评价指标，也要有反映经济转型变动过程的动态评价指标。

（6）理论与实际相结合原则

从评价指标设置内容看，体系中不要有哪些理论上可行，但实际中无法操作的指标。从指标评价方法看，指标体系中尽量不用那些单纯依靠数学模型解决问题的指标。事实上，过于复杂的数学模型往往在某种程度上反而会降低其实用性。追求建立一个完全精确的数学模型，其结果必然是使解题十分繁复，耗时耗力，大大降低了评价的有效性。

2. 综合评价指标体系的确定

选择合适的指标来描述评价对象，可真实、准确地反映评价对象的不同侧面。多指标综合评价指标选择的方法很多，概括起来可分为定性和定量两大类。

（1）定性分析确定指标——层次分析法

定性分析选取评价指标的方法就是运用系统思想，根据评价目的，对评价对象的结构进行深入的系统剖析，把评价对象分解成不同的侧面，在对每一个侧面的属性进行深入分析的基础上提出反映各个侧面的衡量指标，这些指标组合起来构成指标体系。

20世纪70年代兴起的层次分析法是定性分析选取评价指标的典型代表。层次分析法以其主观评价方法的便于操作，表现形式简单，容易被理解、接受等优势在学术界得到了广泛的推崇和应用。其基本思想是充分利用人脑能够将复杂问题逐步简化的特点，首先将一个复杂问题分解成几个大的方面，然后对每个方面进一步分解成更细小的方面，如此层次递进，直至分解成可以用数据直接描述的层次。

层次分析法的基本原理是排列组合，然后将各途径（或措施）排出优劣次序，作为最终决策的客观依据。具体的操作步骤为：层次分析法首先将决策的问题看成是受多种因素共同影响的大系统，这些相互关联、相互制约的因素可按照它们之间的隶属关系排成很多个从高到低的层次，这个过程被称为构造梯阶层次结构。然后请专家、学者、权威人士对各种因素重要性进行比较；再利用数学方法，对各个因素进行层层排序。最后对排序结果进行分析和辅助决策。

（2）定量分析选取指标

定量分析选取评价指标的方法就是根据指标间的数量关系，运用数学方法筛选出所需指标体系的方法。此方法一般包括三个基本步骤。

1）建立综合评价预选指标体系。在选取评价指标之前，明确评价对象的基本概念，在定性分析的基础上，选择那些与评价目的相关的指标，构成预选指标集。预选指标集是定量分析的基础，包括的面比较宽，涉及的指标比较多。定量分析就是对预选指标的数量特性进行分析，从而在预选指标中集中选择特性较好的指标构成综合评价指标体系。

2）对指标特性进行分析。这一步骤采用特定方法量化分析各个指标在多大程度上反映了评价对象的状态。常用的方法有隶属度分析、相关分析、主成分分析、因子分析、聚类分析等。这里以模糊隶属度分析为例，说明这一步骤的基本含义。模糊数学认为，社会经济生活中存在大量模糊现象，其概念的外延不清楚，无法用经典集合论来描述。某个元素对某个集合（概念）来说，不能说是否属于，只能说在多大程度上属于这个集合（概念）。元素属于某个集合的程度即隶属度。如果把评价对象视为一个模糊集合，把每个指标视为一个元素，如果能够计算出每个指标相对于评价对象的隶属度，则隶属度的大小在一定程度上指明了该指标刻画评价对象的程度。

3）确定阀值，筛选指标。根据第二步采用的方法确定一个阀值，保留阀值以上的指标，即可获得一个基本反映原指标集包含的信息量，但指标数量少于原指标集的指标体系。如步骤二例子中的模糊隶属度方法可确定一个临界值，将隶属度大于这一临界值的指标纳入指标体系。有时，采用一种方法得出的指标体系仍然过于庞大，这时，可采用另一种方法对指标体系继续进行筛选，直至获得满意的结果。

2.6.4 中国经济转型综合评价分析

经济转型的综合评价是一个十分复杂的问题，可分为宏观评价（国家层面）、中观评价（区域层面、产业层面）和微观（产业层面）评价三个层面。本小节以国家层面经济转型的综合评价为例，说明经济转型评价的步骤和方法。

在对国家层面经济转型进行综合评价时，可从五个方面（二级指标）入手：一是经济运行质量，主要体现 GDP 环比增速和资源产出率指标。二是经济结构优化，包括第三产业产值比重和第三产业就业人数比重。三是科技创新进步，包括研发经费支出占 GDP 的比重、高新技术产业产值占 GDP 的比重、科研活动人员占就业人口的比值。四是民生保障改善，包括社会保障支出占 GDP 的比重、通货膨胀率、失业率、恩格尔系数。五是生态环境保护，包括环保支出占 GDP 的比重、能源消费增速、单位产值能耗、二氧化碳排放量增速。具体的指标体系见表 2-6。

表 2-6 经济转型评价指标体系

一级指标	二级指标	三级指标	单位	
经济转型综合评价	经济运行质量	GDP 环比增速	%	X_1
		资源产出率	%	X_2
	经济结构优化	第三产业比重	%	X_3
		第三产业就业人数比重	%	X_4
	科技创新进步	研发经费支出占 GDP 比重	%	X_5
		高新技术产业产值占 GDP 的比重	%	X_6
		科研活动人员占就业人口的比重	%	X_7
	民生保障改善	社会保障支出占 GDP 比重	%	X_8
		通货膨胀率	%	X_9
		失业率	%	X_{10}
		恩格尔系数	%	X_{11}
	生态环境保护	环保污染治理投资占 GDP 的比重	%	X_{12}
		能源消费增速	%	X_{13}
		单位产值能耗	吨标准煤/万元	X_{14}
		二氧化碳排放增速	%	X_{15}

本评价体系的目标为对经济转型综合运作质量的评价，下分为三个层次，分别是准则层Ⅰ、准则层Ⅱ和指标层。准则层Ⅰ又分为五个方面，分别是经济运行质量评价、经济结构优化评价、科技创新进步评价、民生保障改善和生态环境保护评价。指标层共包含15个评价指标。

2.6.4.1 经济转型评价指标权重的确定

在经济转型评价指标体系建立之后，就要分析各项指标相对于总目标的重要程度，也就是给各准则层和指标层赋予权重。本研究采用熵权综合评价法对经济转型评价指标体系进行赋权。

首先对该指标评价矩阵进行标准化处理，处理结果见表2-7。

表2-7 指标数据的标准化

	1995年	1996年	1997年	1998年	1999年	2000年	2001年	2002年	2003年	2004年	2005年	2006年	2007年	2008年	2009年
X_1	0.505	0.365	0.256	0.033	0.000	0.124	0.104	0.223	0.368	0.377	0.564	0.773	1.000	0.308	0.228
X_2	0.217	0.273	0.186	0.291	0.291	0.295	0.485	0.029	0.000	0.000	0.641	0.620	1.000	0.997	0.997
X_3	0.009	0.000	0.132	0.327	0.463	0.590	0.726	0.821	0.799	0.719	0.731	0.771	0.861	0.855	1.000
X_4	0.000	0.129	0.172	0.204	0.226	0.290	0.312	0.408	0.483	0.623	0.704	0.797	0.813	0.902	1.000
X_5	0.005	0.000	0.067	0.075	0.167	0.295	0.338	0.443	0.499	0.584	0.668	0.724	0.731	0.796	1.000
X_6	0.000	0.012	0.065	0.133	0.191	0.296	0.351	0.458	0.662	0.839	0.934	1.000	0.966	0.902	0.868
X_7	0.000	0.109	0.085	0.039	0.065	0.189	0.136	0.157	0.170	0.237	0.360	0.475	0.627	0.783	1.000
X_8	0.000	0.033	0.110	0.254	0.562	0.656	0.797	1.000	0.878	0.873	0.894	0.885	0.892	0.949	0.979
X_9	0.000	0.476	0.773	0.968	1.000	0.903	0.886	0.968	0.859	0.714	0.827	0.843	0.665	0.605	0.962
X_{10}	1.000	0.929	0.857	0.857	0.857	0.857	0.500	0.214	0.000	0.071	0.071	0.143	0.214	0.071	0.000
X_{11}	0.000	0.091	0.245	0.378	0.559	0.748	0.832	0.867	0.909	0.867	0.937	1.000	0.965	0.853	0.951
X_{12}	0.000	0.060	0.144	0.191	0.263	0.347	0.607	0.805	0.968	0.893	0.944	0.945	0.873	0.883	1.000
X_{13}	0.453	0.499	0.816	1.000	0.867	0.472	0.625	0.496	0.042	0.000	0.273	0.319	0.406	0.432	0.418
X_{14}	0.000	0.163	0.325	0.462	0.556	0.599	0.668	0.706	0.691	0.707	0.757	0.816	0.924	0.994	1.000
X_{15}	0.445	0.520	0.818	1.000	0.683	0.637	0.666	0.518	0.000	0.077	0.314	0.335	0.419	0.464	0.376

最后，计算各个评价指标的熵权 w_i，如表2-8所示。

表 2-8 指标权重

一级指标	二级指标	二级指标权重 w_i	三级指标	三级指标权重 w_i
经济转型综合评价	经济运行质量	0.17288	GDP 环比增速	0.076819
			物质产出率	0.096062
	经济结构优化	0.11556	第三产业比重	0.054344
			第三产业就业人数比重	0.061217
	科技创新进步	0.28171	研发经费支出占 GDP 比重	0.084735
			高新技术产业产值占 GDP 的比重	0.084622
			科研活动人员占就业人口的比重	0.112354
	民生保障改善	0.23670	社会保障支出占 GDP 比重	0.055618
			通货膨胀率	0.022484
			失业率	0.115568
			恩格尔系数	0.043033
	生态环境保护	0.19314	环境污染治理投资总额占 GDP 比重	0.064036
			能源消费增速	0.049872
			单位产值能耗	0.035584
			二氧化碳排放增速	0.043652

2.6.4.2 中国经济转型的综合评价

1. 评价模型

综合评价指数 $E_j = \sum_{i=1}^{15} w_i x_{ij}^*$，其中，$w_i$ 为第 i 个指标的权重，x_{ij}^* 为标准化后的指标值。运用该公式计算 1995~2009 年的评价得分如表 2-9 所示，经济转型程度的变化趋势如图 2-12 所示。

表 2-9 经济转型评价指标体系得分

年份	得分	年份	得分	年份	得分
1995	0.2181	2000	0.4419	2005	0.5953
1996	0.2564	2001	0.4674	2006	0.6568
1997	0.3063	2002	0.4470	2007	0.7416
1998	0.3562	2003	0.4147	2008	0.6979
1999	0.3911	2004	0.4491	2009	0.7533

2. 评价结果分析

通过计算经济转型评价指标体系 1995~2009 年的综合评价得分，本章得到了如图 2-12

图 2-12 经济转型程度的变化趋势

所示的 1995～2009 年的经济转型程度的变化趋势。其总体趋势是经济转型越来越趋于明朗化，转型程度越来越高。

(1) 总体评价

1995～2001 年经济转型程度呈稳步上升状态，但是在 2001 年，经济转型程度却有所下降，2003 年的得分最低，之后经济转型程度飞速提高。2008 年，由于世界金融危机的影响，经济结构严重失衡，中国经济转型遇到瓶颈，所以模型综合评价的得分下降。

(2) 原因分析

"九五"（1996～2000 年）计划时期，中央明确提出要"实现经济增长方式从粗放型向集约型转变"。"十五"（2001～2005 年）计划又把经济结构调整和经济结构升级规定为五年经济发展的"主线"。"十一五"（2006～2010 年）规划更是把转变经济发展方式作为这一时期的战略重点，推出了经济结构调整、启动内需等政策。但从转变的效果来看，收效并不明显。原因在于：第一，与旧的经济发展方式相配套的体制基础还顽固地在起作用。第二，还没有能够建立起有利于创新和创业的经济和社会、文化、政治环境。

本章将变化趋势图分成两阶段（第一阶段：1995～2001 年；第二阶段：2001～2009 年）分别进行分析。

第一阶段：1995～2001 年。

"九五"（1996～2000 年）计划时期，中央明确提出要"实现经济增长方式从粗放型向集约型转变"。中国处于快速工业化时期，工业结构升级代替产业结构调整成为推进中国工业化进程的主要动力。

第二阶段：2001～2009 年。

"十五"时期出现的一些突出问题：投资和消费关系不协调；部分行业盲目扩张，产能过剩；经济增长方式转变缓慢，能源消耗过大，环境污染加剧；城乡、区域发展差距和部分社会成员之间收入差距继续扩大；社会事业发展仍然滞后，影响社会稳定的因素还较多，使得制约发展的瓶颈越来越凸显，社会转型程度停滞甚至下降。另外，2001 年，中国加入 WTO 后，中国经济正飞速地迈向国际化。在国际化竞争和较量的进程中，中国经济出现一种新观念、新技术和新体制相结合的经济转型模式。这种经济转型模式不仅是中国现代经济增长的主要动力，同时对经济转型来说也是挑战，经济转型进展缓慢，经济转型综合评价得分不高，有下降的趋势。

在2005~2009年的"十一五"规划实施期间，中国政府提出了要启动内需、发展服务业、节能减排、提高居民收入等目标。2005~2008年，经济转型进展飞速。

2008年，经济转型综合评价得分下降，这是由于金融危机的影响。政府为了"保增长"而淡化了"调结构"的政策，经济转型的结果收效甚微，经济结构失衡反而越来越严重。

（3）主要启示

在评价指标体系中，科技创新进步占到28%的比重。后金融危机时代，在调整结构方面，加快调整的紧迫性越来越强，难度也越来越大。要想最终走出危机、走向新的繁荣，国家不应该单纯依靠频繁的经济刺激，而必须依靠技术革命和产业结构调整，走出一条从"资源依赖"到"创新驱动"的道路。

因此，中国当前经济转型的实质就是用现代科技改造传统产业，发展高新技术产业，提高经济发展中的高科技含量。经济转型的重点是用现代技术改造传统产业，使之具有可持续发展能力。经济转型的主要任务是开发和应用先进技术、工艺和装备，在提高产品质量、扩大出口和控制污染等方面取得明显进展。转型的方向是发展高科技，用科技化带动产业化。因此，大力发展高科技企业，开发具有自主知识产权的高科技产品，提升高科技产品的市场份额和在国民经济中的比重，使高科技产业化成为经济转型的必然方向。

在评价指标体系中，民生保障改善占到23%的比重。2011年开始的"十二五"规划中，提出以扩大消费需求为重点，建立扩大消费需求的长效机制。政府强调要促进就业、鼓励创业，以此来增加城乡居民收入、稳定和提升城乡居民收入预期、扩大消费需求、促进经济增长；要求地方政府合理确定并及时调整最低工资标准，引导企业随着经济效益提高逐步增加工资总额和工资收入，建立企业职工工资正常增长机制和支付保障机制；还要适时提高低保标准和社会救助水平，拓宽社会保险覆盖范围，逐步提高社会保险给付待遇，扩大住房援助政策实施范围。但是短期内结构调整不会有大的起色，原有模式还将持续一段时间。

今后5~10年，中国将处在以发展方式转变为主线的第二次转型与改革的关键阶段。这一次转型与改革，具有很强的时代性特点，并将对中国后10年、20年、30年的经济社会发展产生重大影响。加快经济发展方式转变，实现可持续发展，既要着眼于扭转当前投资与消费失衡的局面，着力扩大内需；又要结合未来中国人口结构变化和由此引起的要素禀赋变化，及早做出长期安排。

此外，在经济转型作用于可持续发展的过程中，政府发挥着极其重要的作用。虽然社会基层是推进经济转型的中坚力量，但是离不开政府作用的发挥。政府在经济转型中发挥着调整生产关系、合理分配生产资源、引领科技进步的作用。政府作用发挥的优劣，决定了经济转型能否顺利进行、经济转型进展的快慢、经济能否顺利实现可持续发展。

2.7 小　　结

本章从国内外经济转型理论研究热点出发，用经济体制理论、发展方式理论、生态文明理论、社会管理理论来阐释中国经济转型理论。特别是，中国经济转型的发展方式理论通过"三要素""九要素"以及"三生共赢"理论，为中国经济转型从保障体系、发展模式和运作方式等方面提供了理论支撑，为经济转型"战略篇"奠定了基础。中国加速推进绿色发展、循环发展和低碳发展，既是参与国际合作与竞争的必然要求，也是争取国际话语权的需要。突破经济发展的资源环境瓶颈，保持经济持续、快速和健康发展，将成为未来中国经济转型的重要战略选择。

第二篇 战略篇

中国30多年的经济快速增长，在某种程度上可以说是一场拼资本、拼环境、拼资源的战争，一味追求GDP增长的后果就是自然资源遭受耗竭式"大开发"（张卫国，2010）。从经济结构看，中国所面临的问题也越来越严重。从需求结构看，内需不足、消费发展滞后、主要依靠投资和出口拉动经济增长的格局仍未改变。从产业结构看，第三产业发展滞后，在第三产业内部，传统服务业占有较大比重，现代服务业占第三产业增加值不到30%。从地区结构看，结构趋同问题突出，东中西部差距仍在扩大。从投资结构看，重基建、轻技改的问题没有明显改观。从城乡结构看，发展差距仍在拉大。此外，消费结构、分配结构、企业组织结构，也都不同程度地存在扭曲现象。针对这些问题，中国经济转型的战略定位应该从国家层面着手，通过创新驱动来推动经济的内生增长，战略重点将围绕"调整优化产业结构、促进区域协调发展、积极稳妥推进城镇化、加强节能环保和生态建设、积极应对气候变化"。本篇将以宏观角度、中观角度和微观角度，分别论述国家层面、区域层面、产业层面和企业层面的转型战略。

中国历史上重大的改革开放活动有许多次。我认为这一次的改革开放活动意义最重大，影响最深远。因为在人类从农业文明时代转入工业文明时代的关键时期，我们没有把握住这个历史时刻，没有及时转变观念，更没有及时转变发展模式，以致一落后就是几百年。今天人类社会又到了由工业文明时代向生态文明时代（或环境文明时代）转变的关键时刻，我们紧紧地抓住了这个历史时刻，坚定不移地推行了改革开放。文明的演变总是与发展观念、发展模式的改变相辅相成的。中国在工业化的历史任务尚未彻底完成的情况下，又迎来了要开创生态化的要求。因此，当前改革开放的任务不仅仅是要完成工业化，而是要"两步并成一步走"，这是先发工业化国家所未曾遇到过的问题。面对这个难题，中国唯一的出路就在于创新，从观念到行动。

——叶文虎　北京大学中国持续发展研究中心主任、教授

这30多年的发展给中国人民带来了巨大的进步，其中最显著的成果便是贫困人口的急剧减少和经济、社会、人权的进步。同时中国的发展也为稳定东亚和世界其他地区做出了贡献。中国在世界上发挥着领导作用，它在如气候变化和食品安全等富有挑战性的领域做出的贡献举足轻重。德国以及欧盟都非常欢迎中国更多地参与到这些事件中来，同时也欢迎中国参与到对抗世界危机的过程中来。诚然，中欧之间在意识形态和对一些国际法律、政策的解读方面可能会有一些分歧，但是通过对话机制下的密切接触，互相之间的理解也越来越深刻，双方已结为战略伙伴关系共同协作。

——施明贤博士（Michael Friedrich Wilhelm Schaefer）
德意志联邦共和国驻华大使馆时任大使

改革开放为建设创新型国家创造了前所未有的物质和技术基础，突出表现在人才、管理和市场创新、技术进步、企业成长和市场竞争压力等显著进步上。但中国企业竞争力主要是成本低这一比较优势，一批优秀企业，如联想、海尔等；而主要优势在市场和管理创新，一些技术创新型企业，如华为、中兴通信在中国是特例而不是通例。从实证分析结果看：①中国规模以上的工业企业中，93%的企业基本没有研发投入。②企业平均研发强度，国企高于民企、民企高于外企。③企业平均研发产出效率低，发明专利集中在少数技术性公司和垄断公司手里。④直接技术外溢效果较差，间接技术外溢效果较好。⑤企业研发投入主要集中于市场推广。⑥官产学研一体化有待改进。改进措施：一是应开放竞争；二是改善创新环境；三是鼓励国际合作和要素创造；四是推进官产学研的合理化和有效性。

——张燕生　国家发展与改革委员会对外经济研究所时任所长

第 3 章　国家层面转型战略

凡是一切大小战略都要从属于国家的总体战略。国家层面转型战略定位，就是实现经济建设、政治建设、文化建设、社会建设和生态文明建设五位一体的战略部署，实施加速发展的均衡战略、收入分配的公平战略、久安长治的疏导战略、公正执法的反腐战略、资源环境的补偿战略（叶文虎，2008）。其中市场化将是国际发展战略的大方向，在其转型战略中，为了实现"中国梦"，需要加快改革，才能为经济持续增长提供新的制度保障。

3.1　国家转型重点战略

国家层面的经济转型流派具体体现为两个共识和两种模式之争，两个共识即"华盛顿共识"（Washington consensus）和"北京共识"（Beijing consensus），两种模式分别是激进式转型模式和渐进式转型模式。这两个共识应用于经济转型的模式中就产生了激进式和渐进式两种国家层面转型战略模式。两种模式的根本不同点主要在于对待不确定性的态度上。从国家层面转型战略的角度说，应注意以下三大重点战略。

3.1.1　开放型战略

中国经济结构调整虽然取得了一定的成绩，但粗放的经济增长方式仍未有实质性的转变，经济发展与人口、资源、环境的矛盾日渐突出，经济结构不合理的问题十分严重。加快经济发展方式是中国经济领域的一场深刻变革，关系到改革开放和社会主义现代化建设全局。

随着经济全球化的深入发展，企业面临着"走出去""引进来"的新机遇，企业如何利用好国际国内两种资源、两个市场，关键在于核心技术引进和研发，降低生产和经营成本，提高核心竞争力。

建立开放型经济发展战略十分重要，这已成为各国参加国际合作与分工的前提（李华，2001）。在制定促进开放型经济体系的对策中，要注意以下几点：

1）扩大对外开放领域，拓展参与国际竞争与合作的空间，促进开放型经济的全面发展。要着力引进国外服务业的现代理念、先进的经营管理经验、技术手段和规范的现代市场运作方式，大力改造传统服务业，培育和发展新兴服务业，推动服务业提高服务水平和技术含量。

2）要创造条件，优化环境，扩大中西部地区的对外开放力度，促进中国对外开放的均衡发展。①优化开放结构，提高参与国际竞争与合作的效益，促进开放型经济的协调发展。②调整和优化贸易结构。一方面是调整出口结构,支持具有自主品牌和高附加值产品的出口,扩大服务产品和农产品出口,加大机电产品、装备制造业产品和高科技产品的出口;控制高耗能、高污染产品出口,促进加工贸易转型升级。另一方面要增加能源、原材料和先进技术装备、关键零部件的引进;对高端的生产性服务产品的引进,以及对科技创新成果的引进等。应当特别注意把外资工作的重点从单纯吸引境外资金为主转移到引进国外先进技术,引进现代化管理经验,引进熟悉的国际惯例、学有所长的优秀人才方面上来,以提高中国经营管理水平和国际竞争力。

3)提高开放质量,提升参与国际合作与竞争的效益,促进开放型经济的持续发展。改变贸易增长方式,立足以质取胜。创新利用外资方式,发挥外资在推动自主创新、产业升级、区域协调发展中的作用。优化对外开放环境,特别是创造和优化软环境,包括稳定的政策环境、公平竞争的市场环境、优越的人才环境和完善的法制环境等,提升外资利用水平与合作质量(曹启娥和曹令军,2009)。

3.1.2 标准化战略

标准化可以对生产活动进行有效规范,降低运行成本,实现规模效益。它可在科技与产业化之间搭建桥梁,为产业升级和结构优化提供技术支撑;可创造条件促进对外贸易和统一国内外市场,为国际竞争提供手段。因此,标准化对推动中国的科技创新,促进中国的经济现代化具有重要的地位与作用。然而,中国标准化的整体水平还比较落后,标准化体制仍在沿用计划经济时代的模式,许多领域尚未建立有效的标准化体系,这不仅不能适应市场经济发展的要求,而且严重制约了经济现代化的发展进程。因此,积极借鉴国外标准化建设的成功经验,加快中国标准化的改革与发展,建立中国新型标准化体系,已成为维护产业安全和国家利益,增强综合国力和提高国际地位,促进经济现代化的迫切需要。

其一,发展标准化经济的必要性。所谓标准化经济(standardized economy),就是以先进技术指标作为全面衡量产品、贸易、服务、管理的统一质量认证系统的现代产业经济。它是现代科技与发达市场经济融合的产物,体现了高度社会化和国际化的要求,可视为知识经济时代的一个特殊经济范畴,它对整个经济增长和经济结构提升起着越来越大的制导和推动作用。具体表现为:促进科技突飞猛进,带动经济高质量不断提升;对产品质量起着导向和保证作用;推动生态经济和环保产业的发展,保证人体健康和生产生活安全;从国际市场的竞争来看,标准化经济是进行技术垄断之矛和设置技术壁垒之盾,对国际贸易产生重大影响。

其二,标准化战略对策的实施。中国在高新技术产业未将创新、专利与标准形成互动链条,应尽快研究各种相关检测技术、防伪技术、保证产品质量的技术,及时把这些成果纳入标准,提高中国的标准水平。此外,加大对标准实施和监督的力度。从国内来说主要是发挥标准体系对科技经济的催化调控作用,以促进科技经济的健康发展。

3.1.3 知识型战略

知识经济已被世界各国重视，中国在经济转型时期也一定要注重知识型经济的重要地位，确立中国的知识型战略。所谓知识经济，是建立在知识与信息的生产、分配和使用之上的经济。在知识经济时代，知识成为最重要的生产要素。这种新的社会经济发展形态从本质上讲是一种可持续发展经济，其中信息产业是知识经济的基础，具有高附加值的高科技产业群是知识经济的核心。

（1）大力发展以信息产业为核心的高新技术产业群

建设现代化的支撑服务体系和高效运作的信息网络，培植一批在国内外有影响的现代化信息服务机构，建设一批具有广阔市场前景和强大牵引效应的高新技术产业群，使之逐步成为经济高速增长的"驱动器"。

（2）积极用高新技术改造传统产业

用高新技术对传统产业进行科技化、信息化改造，使传统产业得到更新，提高其信息化、知识化和技术化水平从而使产业技术层次在整体上上一个新台阶，使传统产业重新获得生命和发展，提高产业的国际竞争力，促进产业结构升级。

（3）用创新意识建立创新体系

加快培育新的科技力量，构建起包括技术创新、知识创新和知识传播、知识应用在内的完整创新体系和新的创新机制。增强中国知识创新和技术创新的能力，对于调整产业结构，提高中国国际竞争力具有重要的意义（齐艳玲，2000）。

3.2 财政政策转型战略

财政是国家经济治理的基础和重要支柱，科学的财税体制是优化资源配置、维护市场统一、促进社会公平、实现国家长治久安的制度保障。通过完善立法、明确事权、改革税制、稳定税负、透明预算、提高效率，建立现代财政制度，发挥中央和地方两个积极性。中国作为一个发展中国家，其经济发展面临的首要任务就是保证经济的可持续发展。经济发展的特点决定了财政政策作为转型的战略重点。制定国家层面的发展战略应围绕两条主线：由计划经济过渡到市场经济，逐步对地方政府分权，逐步给企业以经济自由；以对外开放促进对内改革。总之，国家层面的财政政策直接影响着产业结构的优化，也就间接影响着经济发展方式的转型。

3.2.1 "建设性"财政的形成

财政政策是经济政策最主要部分，为国家可持续发展奠定基础。其实质就是政府将其作为促进经济发展的间接控制手段，通过税收手段、支出手段或公债手段等，为经济运行最大限度地接近经济发展目标提供方式、方法。在强化政府作用的同时，强调财政在资源配置、收入分配和经济稳定这三个方面的基本职能。

产业政策的推行实际上是政府借助一定的政策工具对特定产业的发展加以干预的过程，主要是财政政策①。财政部门历来都有促进产业发展的政策，这些政策不仅指向某个产业或行业，甚至具体到某个产品、品种。例如，"粮食直补"和"农机补贴"属于财政的农业产业政策；"出口退税"属于财政的外贸产业政策；支持节能建筑研发的政策属于财政的建筑产业政策；促进企业技术创新属于财政的技术产业政策，等等。过去大家习惯于把这些政策统称为"财税政策"，其实这是就政策制定主体而言的。如果从政策作用的对象来看，财税政策的基本调整对象就是各个产业和企业，因此，这些都属于财政产业政策。由此可见，以财政推动产业发展的政策由来已久。

按照政府的干预方式划分，改革开放以来，中国推行产业政策所采用的手段可分为政府直接干预型和间接引导型两类，每一类又可分为支持型和限制型两种。因此，产业政策手段可分为以下四种类型：直接干预型支持手段；直接干预型限制手段；间接引导型支持手段；间接引导型限制手段。按照这类产业政策分类方法，可把财政政策的内容归结如表3-1所示。

表3-1 财政政策对产业政策的引导工具

直接干预型		间接干预型	
支持政策	限制政策	支持政策	限制政策
财政投资 财政补贴 政府采购	财政资金不允许进入	低税率 减免税 加速折旧 投资抵免 出口退税 再投资退税 减免进出口关税 对市场进入设置关税壁垒与非关税壁垒	高税率 征收附加费 进出口关税

3.2.2 财政政策的变革

改革开放以来，随着出口导向对外贸易发展战略的实施，尤其是2001年中国成为WTO正式成员以后，中国的对外贸易一直保持着强劲的增长势头，并成为了名副其实的对外贸易大国。而面对这一全新的国内外贸易及经济形势，中国的财政政策也发生了相应的变革。这里主要谈及国际金融危机后的财政政策转型。

---

① 对于一个发展中国家而言，财政政策对于调整产业结构有着决定性的作用，金融政策往往只起调节总量的作用。

随着产业发展的内外环境变化,中国工业化发展有了新的趋势。有学者在研究传统"荷兰病"的理论模型基础上,提出了"中国式荷兰病"(Chinese-style Dutch disease)的理论并从实证角度验证了"中国式荷兰病"的存在(龚秀国,2008)。与传统"荷兰病"源于大规模开发利用自然资源不同,"中国式荷兰病"则源于中国加入WTO后大规模开发利用自己最为丰富的劳动力资源,并在适度的财政政策、货币政策、汇率政策的配合下,使中国的外向型劳动力密集型产业在加入WTO后经历了前所未有的繁荣。但学者通过研究发现,即便在加入WTO后产业大发展时期,中国农业在激烈国际竞争和"资源转移效应"的双重挤压下仍出现了逐步萎缩以及创新能力和发展动力日益弱化的典型的"去工业化"现象。有关研究从实证角度探讨了"中国式荷兰病"对中国区域经济发展、中国城乡就业以及中国收入分配的影响,发现"人民币汇率升值效应"对中国区域经济协调发展具有十分明显的积极的作用,中国就业增长越来越严重地依赖于外向型劳动力密集型产业的持续繁荣,以及在"体制惰性效应"影响下中国收入分配问题日益恶化等。

在全球共同应对国际金融危机的大背景下,考证中国财政收支问题具有特别重要的政治经济意义,它既关系到中国经济增长方式的转变、经济增长质量的提高以及和谐社会的建设,也涉及中国国家信誉与国际经济地位。

进入2010年后,随着国际金融危机进入震荡阶段,全球经济处于带病复苏的状态。西方发达国家通过主权债务形成的需求已臻极限,在十年前带动中国工业化的产业政策和财政政策面临——人民币汇率与土地财政的挑战。汇率波动影响中国工业产品的需求,土地价格影响中国工业的供给——有去工业化的危险,即中国的工业化进程出现了民间投资萎缩、实体投资萎缩的"中国式荷兰病"症状。

在这样的发展环境下,中国经济发展模式必须转型,作为宏观经济调控和促进产业发展的主要手段——财政政策也必须做相应的调整。"公共财政"已成为中国政府财政制度改革的一个基本方向。就中长期看,财政政策如果想配合中国经济发展方式转型,逐步实现从"建设性财政"向"公共财政"转变,必须化解这两个重要的制约因素:对外的人民币汇率问题和对内的土地财政问题。只有化解这内外两个难题,积极稳妥地通过税制改革,调节收入分配,创造社会需求,对资本征税,对劳动减税,刺激和鼓励发展实体产业增长壮大,进一步推动实体经济供给,中国财政政策的转型才能带动产业政策走向正轨,实现中国经济发展模式转变,最终实现工业化和现代化。

1. 人民币汇率问题需要通过财政政策进行化解

目前,中国工业产能过分依赖国外市场的格局短期无法改变,换句话说,外贸和汇率决定了中国工业品的需求。因此,不难推论出中国的产业政策有效性严重依赖人民币汇率。

纸币作为国家信用,实质是国家财政实力和国家财政能力的综合表达。

汇率作为纸币的空间价值的表达方式(利率是纸币的时间价值的表达方式),一定会滞后于国家财政状况的变化。这种时间的滞后性,为金融投机提供了机会。

汇率的扭曲,必然使借助纸币表达价值的资产出现价格扭曲。资产价格一旦严重扭曲，就会吸引投机者蜂拥而至，大幅度的财富转移将不可避免。

汇率的剧烈波动，必然形成剧烈的通货膨胀或通货紧缩，而它们必然严重破坏实体经济的正常运行，并使产业政策的作用无法发挥。因此可以说，汇率问题一般都是源于财政问题，也必须通过财政政策调整解决。

金融危机之后，发达国家的社会动荡表面上是金融管理失控，但其本质仍然是财政问题。欧元问题，准确地说，是经典的财政问题。当政府财政能力不断弱化，本能地就会依赖货币政策解决问题。越是依赖货币政策解决问题，财政能力就会变得越加脆弱，于是，恶性循环，直到出现金融危机。

当中国汇率问题日益严重时，中国最紧迫的工作是巩固国家财政实力和强化国家财政能力。中国长期的汇率政策已经导致严重的资产泡沫。严重的资产泡沫必然导致社会生产成本的迅速攀升和社会生产效率的迅速下降。在这样的环境下，财政政策对产业政策的积极作用就会被化解殆尽。

2. 土地财政的风险有赖于通过财政政策改革化解

除了汇率问题，另一个影响中国工业化和财政政策实现转变的因素是土地财政问题。任何制造业都要使用土地，土地使用费构成了企业的成本，决定了工业品的供给弹性，高昂的地价不仅会极大提高企业成本，而且会使资本退出实体经济，造成"逆工业化"和"产业空心化"的问题。

这几年来，中国经济发达地区土地价格飙升。十年来，各地土地出让金收入增长迅速。2001年，全国土地出让收入占地方财政收入的比重只有16.6%，到2009年，该比例已上升为48.8%，这期间的有些年份该比例甚至一度超过50%。地方政府严重依赖土地出让金等相关收入，可称之为"土地财政"。

土地财政，从收入来源看，主要包含两大类：一是与土地有关的税收，如耕地占用税、房地产和建筑业的营业税、土地增值税等。目前，地方政府重点征收的是房地产税和建筑税，有些地方这两项税收甚至占地方总税收收入的34%。二是与土地有关的政府非税收收入，如土地租金、土地出让金、新增建设用地有偿使用费、耕地开垦费、新菜地建设基金等。目前，地方政府主要看重的是土地出让金，出让金占地方预算内收入的比重已达百分之四五十，少数地方甚至超过预算内收入。

以上两部分收入有内在的联系：政府出让土地并获得出让金这种非税收收入，企业（特别是房地产企业）得到土地后进行开发项目，又可增加政府的税收——房地产税和建筑税。对地方政府来说，这是个良性循环。

在这个循环中，源头是出让国有土地使用权。显然，要维持这个循环，就必须不断出让土地。而要不断出让土地，就要不断征收农民的集体土地。可见，土地财政是一种土地扩张与征占的机制。

与此相关，现实中还有"土地金融"问题：政府用征收和储存的土地，向银行抵押融资，这种做法在各地很普遍。目前，政府土地抵押的融资额，已远远高于土地财政的收入，这也是一种促使城市土地扩张、征占农民集体土地的机制。从整个社会的角度看，政府出让土地所获得的每一笔收入,都有一笔企业或个人的负债与之相对应。也就是说,政府以土地出让金搞建设,是以透支用地企业或个人的未来收益为前提的。

由此不难做出如下判断:所谓土地财政,实质上是一种依靠透支社会的未来收益,谋取眼前发展的方式。形象地说,就是"寅吃卯粮"。对发展产业而言,这种土地财政模式极为不利。

3. 财政政策改革的路径是通过改革税制带动产业政策走向正轨

由上述分析可以看出,近十年来,就财政政策而言,中国在财政收入问题上过度依赖创造价值的课税,而忽视资产增值的课税。中国在市场化过程中,正在经历迅速的资本化,国有财富的资本化本应提供巨大的财政收入,例如,土地使用权的资本化、自然资源的资本化、国有企业股权的资本化,这些资产的资本化创造了巨额的财富。然而,中国政府却没有在资本化过程中实现财政收入的巨额增长。更为严重的是,国家没有得到应得的财富,也没有有效地转化为国民福利,而是被动支持了大规模财富的转移。其中,一部分补贴了全世界,另一部分转化为特殊利益集团的原始资本积累,而投入实体产业发展的资金在减少。

从经济学的角度看,国有资源属于国民资产,转移国有资源等同于向国民收税。如果在国有资源资本化过程中,国民资产被剥夺的情况被视为特殊税收的话,政府相当于向国民课取了巨额特种资源税。如果这一判断成立,中国近年的实际税率可能远远不只所得税率35%,实质税率可能高达90%以上,中国可能是当今世界绝无仅有的高税收国家。最为严重的不是税收之重,而是这种税收没有进入国库,没有转移支付给国民。它们的主要部分在资本化过程中被巧妙地流失了。这才是中国经济结构失衡的原因。也可以说,这才是中国当今一切问题的真正原因所在。

中国财政收入问题当然不仅存在于土地、资源、国有股权资本化方面。负利率政策也可视为一种特殊税收;要素价格扭曲也可视为一种特殊税收;环境破坏也可视为一种特殊税收,它们直接在政策层面就被转移支付给特定人群了。

财政政策没有及时调整和转型,带来的严重问题会最终导致经济结构严重失衡。在形式上,最终表达为金融问题。中外的政府在公共财政政策失误之后,无一例外最终滥用金融政策。就本质而言,由于正规财政收入流失,政府就必须透支政府信用。在没有法币的古代只能加征税赋;在有法币的现代就是通货膨胀。可将之概括为"伤于财政,毁于金融"。要化解危机,财政政策必须实现转型:

第一,财政政策必须统一管理。必须将支离破碎分散于多个部委的公共财政政策统一管理;必须将公共财政政策置于法律约束之中;必须将公共财政政策的制定、执行、监督分离;必须将公共财政政策形成、执行、结果透明化;必须将涉及公共财政政策的金融政策(利率和汇率)、价格政策、环境政策纳入统一管理。

第二,改革财政收入结构。目前中国的税制是以1994年份税制为基础的,经过十几年的发展,现有税制已经不能适应新的经济环境,对产业发展的作用也越来越有限,因此,必须进行改革。可行的途径之一是通过降低资本收益率,提高劳动收益率,来平衡资产的溢价，鼓励创造企业价值，促进实体产业发展。

第三，改革财政支出结构。逐步增大国民公共服务支出，提供国民无差别生活、医疗、教育的基本保障，降低产业发展的成本。

建立"公共财政"的模式并不仅是财政部门自己的事情，而是要求以公共性明确界定政府职能，加快政府职能转换步伐。在市场经济体制下，政府活动的范围是市场缺位和市场失灵的领域，在运用财政政策手段调整产业结构时，应坚持公共财政的基本原则：凡是市场能处理好的，都交给市场去做；在市场机制有效的领域，对产业结构调整应坚持政策的诱导性，而非主体性。

要减少产业政策调节范围，将有限的人力精力投入到关键产业的研究上来；财政政策和资金重点支持西部大开发、东北老工业基地，以及基础产业、基础设施、教育、高科技、高新技术等具有"外部正效应"的产业；逐步退出对一般性竞争领域的资金投入和政策干涉。

要以税收优惠、财政贴息、快速折旧、投资相抵等间接调控手段为主，减少直接投资和干预；对待企业自主的经济决策行为，政府相关部门以备案制为主，减少审批制；产业政策要研究产业的长期发展趋势，提供长期的政策导向，而不宜采用相机抉择的做法；产业规划要以提供信息咨询，以引导产业结构调整为主，不宜强调强制执行。

3.3 绿色核算监督战略

随着传统经济模式的高速发展、人口数量的增加和物质消耗的提高，全球环境生产力难以为继，不能向人类提供无限的自然资源，环境承载力也无法消纳人类弃入的越来越多的废弃物。尤其是现代工业企业的迅猛发展，在追求自身利益最大化的同时，不考虑自然资源的优化利用和自然环境的承受能力，致使中国的生存环境日益恶化，空气污染日趋严重，自然灾害频繁，直接危及人民健康生存，针对传统的经济发展体系弊端，中国适时进行了经济转型，使中国绿色生产、绿色消费、循环经济、绿色核算监督应运而生。规划环评引发的"环保风暴"席卷大江南北，中国迎来了"绿色经济转型发展"的新时代。特别是国民经济"绿色GDP"核算，将环境污染及资源损耗、和对人体健康的影响，较为全面地计入现有的国民经济核算体系中。中国绿色经济转型发展呼唤微观绿色核算监督。

所谓绿色核算监督战略就是绿色会计和绿色审计（green audit）监督方法的总称，也就是针对传统的经济核算体系弊端，树立科学发展观，强化社会环保责任的绿色会计核算和绿色审计披露监督。以下对绿色核算监督战略做些介绍。

3.3.1 绿色会计审计概述

3.3.1.1 绿色会计审计概念

绿色会计，是现代社会全球经济可持续发展的必然产物，是将自然资源和环境状况纳入会计核算，以会计的特有核算方法，全面反映监督微观企业生产经营和环境之间的相互影响，正确核算企业资源损耗、环境污染、生态补偿及社会效益，并向利益相关人士提供企业资源环境全方位信息的新会计学科。它是在经济可持续发展的理论指导下，环境经济学与会计学相互交叉渗透而形成的一门全新的生态会计监督科学。

绿色审计是在经济可持续发展理论指导下，国际会计监管的必然产物，是针对传统会计核算失真而实行绿色会计核算监督公允性、真实性、合法性，全面认证的再监督；是进行现代公司治理，加大会计监管，实现社会可持续发展，如实披露企业资源、环境情况，核实企业绿色利润及环境经济责任鉴证的特殊审计监督。绿色审计是社会可持续发展的必然产物，是现代环境经济科学与审计实务交叉渗透而形成的一门审计监督实际应用学科。

3.3.1.2 绿色会计审计的产生

工业经济时代，传统的经济理论多以追求经济利益为主，评价指标主要为 GNP、GDP 和人均收入、人均产值等。于是，出现了大量开采资源→大规模生产→大量消费→大量产生废物的经济发展模式，并导致资源和环境危机，如此以往，社会经济将不能持续发展。在可持续发展观念和目标的影响下，经济理论发生了深刻变化，新的经济理论迅速发展，一改过去单一追求经济利益的方式，而转变为追求三个目标的平衡发展：①经济利益：GNP 增长和区域社会发展不因世代更替而衰减。②社会利益：经济效益与社会效益的平衡。③环境利益：经济发展与环境保护的动态平衡。

也就是说，企业不能为了追求经济效益而无偿和无节制地开发自然资源；同样，企业也不能以牺牲环境为代价追求经济效益。因为，资源和环境不仅是当代人，也是子孙后代共同赖以生存的条件和财富。

于是，在新的突出"三益"经济理论的指导下，应改变传统会计单一追求经济利益的成本核算办法。将环境自然资本计入成本，来综合评价企业效益和社会经济发展的代价和得失，加强对自然资源和环境的保护。这样，绿色会计（也称环境会计）理论适应社会发展的需要和现代经济理论的变迁而萌生发展。20 世纪 70 年代初，以 1971 年比蒙斯在《会计学月刊》发表的《控制污染的社会成本转换研究》和马林在该刊 1973 年第二期发表的《污染的会计问题》文章为代表，人们开始为了保护生态环境而研究生态环境的成本和价值，并开始关注能将生态变化会计信息包含在会计过程中的绿色会计的研究。

"绿色审计"（也称为环境审计）是在国际绿色会计之后的 20 世纪 90 年代初产生的。丹麦国会在 1995 年 6 月通过绿色会计法，使丹麦成为全球第一个推行绿色会计的国家。在此法案下，为监督 1200 家丹麦重污染企业，这些企业必须公布绿色会计报告。而为实行对其绿色会计核算的公允、真实性的再监督，绿色审计监督也就应运而生了，并引起联合国及有关国际组织的关注。

2000 年 8 月，在南非约翰内斯堡召开的联合国"世界首脑可持续发展高峰会议"重新认识了全球发展问题，不再将环境与发展看作对立的两面，而是将经济、社会和环境三大问题作为全球可持续发展的三个缺一不可、相互作用、相互支撑的有机整体，并将倡导实现社会可持续消费和可持续产生的方式、保护资源、消除贫困确立为实现全球可持续发展的三个首要目标。其中，十分重要的目标就是要根本改变社会不可持续的消费和生产方式，号召世界各国政府、企业界和广大消费者将环境资源的因素全面纳入经济生产、流通和消费领域，建立全新的经济绿色会计核算体系，包括建立新的资源评估体系、新的企业经济核算体系和绿色物流体系，推广和实施企业清洁生产、环境管理体系认证、产品生态标签认证和产品生命周期评估审计，可以说绿色会计核算和绿色审计监督是国际可持续发展社会的必然产物。国际众多跨国上市公司率先引领国际潮流，走进行绿色会计核算、实施环境披露、公告创绿色名牌之路，绩效显著，引人深思。

3.3.2 绿色核算监督思考

中国改革开放30多年的成果令世界瞩目。中国经济已超过日本位列第二，仅次于美国。中国"十二五"规划明确指出："面对日趋强化的资源环境约束，必须增强危机意识，树立绿色、低碳发展理念，以节能减排为重点，健全激励和约束机制，加快构建资源节约、环境友好的生产方式和消费模式，增强可持续发展能力。"这从政策层面明确提出以优化产业结构加快推动经济发展方式转变，着力发挥绿色核算监督在推动新兴产业发展、促进产业升级、优化产业结构、转变经济发展方式等方面的职能作用。

鉴于中国经济转型急需绿色核算监督保驾护航的发展形势，树立"科学发展观"强化绿色会计审计监督研究将成为今后中国经济转型发展的基础指导思想和出发点。中国经济转型绿色核算监督，是"以人为本"，注重经济增长的质量，突出核算中国经济增长的资源消耗和污染负荷，进行真实有效的第三者绿色审计监督。这必将加快中国绿色GDP及绿色会计核算的审计监督进程。在中国经济转型发展中实施绿色会计审计监督，将更好地监督国家企事业的资源存量与耗损、环境污染负荷与环境效益和对人体健康的有益贡献，较为全面地考核中国经济转型可持续发展的绩效。中国经济转型试行绿色核算监督，将资源损耗和环境污染计入现有的经济会计核算体系中，对提升中国CPA可持续发展的战略意识，促进国际绿色会计审计监督研究意义重大。中国经济转型的绿色核算监督研究亟待实施，特别是从环保企业的绿色审计监督角度看，不但包括资源（能源）耗损、污染负荷（环境损害）的绿色会计核算审计，还包括对社会环境或人体健康的有益贡献审计鉴证，意义深远。为此，遵循"循序渐进、边界起步、系统多赢、强制结合"四大原则，在中国实行绿色会计审计监督势在必行。

然而，目前中国绿色核算监督研究相对滞后，绿色会计审计监督理论研究仍处在初级阶段，绿色会计审计准则研究尚属空白。中国绿色会计审计监督，是交叉学科的前沿课题，在实践中，仅有的审计署极少数环境审计的案例也不成熟。中国绿色会计审计监督涉及面很宽泛，既包括宏观绿色GDP核算和绿色政绩鉴证审计，也包括微观企业绿色会计核算和环境效绩审计的完善问题。目前，宏观绿色GDP核算搁浅，催生的绿色会计审计监督研究，亟须审计署牵头，与环保、财会界的专家携手，树立科学发展观，强化绿色核算监督研究，才能开创中国经济转型绿色审计监督的新局面。

3.3.2.1 实施绿色核算监督研究建议

国家环保总局与国家统计局"绿色 GDP"2005 年数字暂缓公布和国家宏观绿色 GDP 核算搁浅，催生了微观绿色会计监督。关注微观企业层面的绿色会计核算，监督资源环境效绩评价披露的绿色审计监督研究是当务之急。鉴于绿色核算监督是环境科学与会计审计学交叉渗透而形成的一门全新的应用学科，亟须中国注册会计师与注册环评师携手研究才能早出成果。中国注册会计师树立科学发展观，强化社会责任，争做和谐社会可持续发展卫士，肩负历史重任，任重而道远！为此，建议国家审计署牵头与环境保护部和财政部联合协商，吸收热衷于绿色会计审计研究的注册会计师、注册环评师参加，尽快筹建"绿色核算监督"课题组。建议绿色会计准则课题组要在财政部立项，绿色审计准则课题组在审计署立项以取得经费支持早出成果。

（1）补充立法

为加强对中国绿色会计审计监督的补充立法工作，建议参照国际惯例，与时俱进，尽快解决对绿色会计审计补充立法问题，这是在中国实施绿色会计审计监督制度的根本保证。建议全国人大尽快实施"宪法、中国会计法、中国审计法、中国独立审计准则、证券法、环境评价法、循环经济法"的修改都应增加绿色会计、审计监督内容，明确绿色会计、审计再监督的具体实施办法和评价标准。为适应中国经济转型绿色会计审计监管的需要，改变中国上市公司环境披露审计再监督严重滞后的现状，建议国务院有关部门应率先组织力量，完善修改"证券法"，增加绿色会计核算披露及绿色审计监督内容；尽快制定对绿色证券（green securities，GS）上市公司项目审批及年审，必须经过有中国绿色审计资格的注册会计师审计，出具有环境信息披露内容的绿色审计监督报告等法规。

（2）创建"绿色会计事务所"

为全面落实国办发（2009）56 号文件精神，进一步拓宽注册会计师执业领域，强化注册会计师的社会责任，进行绿色审计监督培训势在必行。创建"绿色会计事务所"是适应中国"十二五"规划的绿色低碳经济要求，提升中国注册会计师事务所"绿化度"的必然选择，培训绿色审计人员的宣传教育工作是当务之急。为增强中国注册会计师的绿色审计监督意识，普及绿色核算审计知识，全面提高中国会计师事务所执业水平，建议在中注协成立"绿色审计培训教育"课题组，把加强中国绿色注册会计师培训、会计师事务所绿化列为重要课题实施，逐步实现对广大财会、审计人员的"绿化"培训持证上岗。建议先行制定出切实可行的"中国审计人员绿化培训方案"，号召把中国注册会计师事务所"绿化"问题列入工作重点。严格按中国注册会计师应具备全新的绿色经济理念、专业技术娴熟、公平公正、诚信尽职、秉公执法、严守秘密等要求，进行培训考核持证上岗。严格审核一批符合条件的会计师事务所，为绿色证券上市公司绿色审计所培训试点单位，为研究制定《中国注册绿色审计师管理办法》草案奠定基础，包括明确绿色证券上市公司必须进行绿色审计年检的有关规定，完善"绿色会计事务所"资格考核、认定、年检规定，以开创中国绿色审计监督的新局面。

3.4 小　　结

本章从国家层面战略转型入手，以财政政策转型为研究重点，对中国加入 WTO、国际金融危机等不同事件引发的财政政策变革进行了分析。随着环境压力不断增大，环境治理的成本越来越高，人们逐渐意识到环境成本也应纳入到经济核算中去，需要在国家层面建立和推广绿色会计与绿色审计制度。国家层面经济转型是区域层面经济转型的前提条件，而区域层面的转型也将体现宏观转型的中观效果并为微观层面的转型提供有力的平台和环境保障。因此，下一章将从中国经济转型的区域战略着手，进行相关的阐释。

第4章 区域层面转型战略

虽然主流的经济学理论肯定市场经济中具有一些除了运输流动费用之外对商品自由流动和促进经济发展具有重要贡献的因素存在，但是，区域经济的发展还具有除了市场动力之外一个更加重要的基础性支撑环节，即区域经济的历史"路径依赖"现象，这种依赖主要体现在政府力量和资源禀赋的限制作用两个方面。本章以中国区域经济现状入手，结合政治、市场和资源禀赋，分析发展现状、战略定位，围绕城市、农村和城乡融合三个领域，阐释区域层面的转型战略。

4.1 区域经济转型现状

4.1.1 发展现状

中国幅员辽阔，各地区自然条件、经济发展水平等差距很大，经济发展的二元特征明显，造就了中国区域发展模式的多样化。目前，中国部分地区经济的发展已经或接近从工业文明向生态文明转型的阶段，而有些地区仍未完成从农业文明向工业文明的转变。自2000年以后，中国区域层面的经济交往与合作日益频繁，尤其是基于个人就业、教育、业务合作目的的人口流动不断增强。同时，国家对区域经济发展的扶植政策也在一定程度上影响了各地区间人口的流动和文化的交流。目前，长江三角洲（简称长三角）地区、珠江三角洲（简称珠三角）地区、东北地区、环渤海地区作为中国经济发展中最重要的四个增长级对中国经济发展起着重要的作用；而西南地区作为中国经济的广大腹地，其发展对于中国经济发展的后劲和潜力的推动作用越发明显——这五个典型区域在区域经济系统中的经济创造尤其显著。

长三角地区指长江和钱塘江在入海处冲积成的三角洲，包括江苏省东南部、上海市和浙江省东北部，是长江中下游平原的一部分，面积约5万平方千米。在经济上指以上海为龙头的江苏、浙江经济带。这里是中国目前经济发展速度最快、经济总量规模最大、最具有发展潜力的经济板块。长三角地区已逐步进入工业化后期，正在从工业文明向生态文明进行转变，长三角区域经济增长动力开始发生变化，由传统制造业独轮推动转向强调先进制造业和现代服务业的双轮驱动。目前，长三角逐渐实现了收入增长与经济发展同步、内需与外需均衡增长的阶段。

环渤海地区是指环绕着渤海全部和黄海的部分沿岸与地区所组成的广大区域，是中国城市群、港口群和产业群最为密集的区域之一。环渤海地区具有优越的地理位置，交通发达，自然资源丰富，为地区经济发展提供了坚实的基础。环渤海地区的经济发展较快除了地理位置优越，交通发达和自然资源丰富外，还具有合理的产业结构、丰富的人才和科技资源。环渤海地区是中国最大的工业密集区，是中国的重工业和化学工业基地，有许多具有战略地位的大型企业。京津冀地区第三产业发展超过第二产业，表明传统产业向现代产业升级换代较快，具有较高的产业优化度。环渤海地区的重要性正日益显现，它的发展与壮大成为经济发展内在要求与自然走向的必然结果：承东启西、南联北开的区位和日益壮大的经济实力。其对西部开发、东北振兴、中部崛起的意义重大，在中国国民经济整体格局中占有重要的战略地位。环渤海地区还处在日渐活跃的东北亚经济圈的中心地带，在东北亚乃至亚太地区国际分工协作中也具有重要的地位。环渤海地区虽然对中国经济增长的贡献率较大，但因为区域内各种优势资源未能得到有效的整合，区域经济效益不太理想。

珠三角地区，即珠江三角洲经济区，包括广州市、深圳市、珠海市、佛山市、江门市、东莞市、中山市、惠州市和肇庆市。"泛珠三角"包括珠江流域地域相邻、经贸关系密切的福建、江西、广西、海南、湖南、四川、云南、贵州和广东9省（自治区），以及香港、澳门两个特别行政区，简称"9+2"。9省（自治区）面积占全国的20.9%，人口占全国的34.8%，GDP总值占全国的33.3%。珠三角是广东经济发展的龙头，呈现工业化、城市化、信息化和国际化互动共进的良好格局，是国内最具生机活力、经济增长最快的地区之一。珠三角是改革开放的先行区，目前已同长三角地区一样进入了工业化中后期，正面临着从工业文明向生态文明转型的关键时期，服务业也已成为珠三角地区产业升级和经济转型的重要引擎。

东北地区包括辽宁、吉林、黑龙江和内蒙古东部地区（赤峰市、通辽市、呼伦贝尔市和兴安盟），土地面积为126万平方千米，占全国土地面积的13%，GDP总量1.12万亿元，占全国的11%，人口1.17亿人，占全国总人口的9.1%，是中国东北边疆地区自然地理单元完整、自然资源丰富、多民族深度融合、开发历史近似、经济联系密切、经济实力雄厚的大经济区域，在中国经济发展中占有重要的地位。东北地区在计划经济时代是中国重要的工业基地，对中国经济发展曾起到重要的作用，拥有一批到现在仍在国内各行业占有重要地位的大型企业，如鞍山钢铁、一汽集团、北方重工、中国北车集团等。东北老工业基地的主要特征是国有经济比重过大，约占到经济总量的80%。随着改革开放的不断深入，东北老工业基地的体制性、结构性矛盾日益显现，进一步发展面临着许多困难和问题，主要是：市场化程度低，所有制结构较为单一，产业结构调整缓慢，社会保障和就业压力大，资本不足和资本向外转移状况并存，人才大量外流等。

西南地区包括中国西南部的广大腹地，地理上包括青藏高原东南部、四川盆地、秦巴山地和云贵高原大部，包括四川、云南、贵州、重庆、广西、西藏和陕西南部，总面积约250万平方千米。西南地区经济发展水平在全国来说总体处于比较低的水平，其对中国经济发展的贡献率呈先下降后上升的状态。西南地区工业化进程居于全国最后，各项工业化进程指标均低于全国平均水平，目前还处在工业经济发展时期，人均GDP和城市化率两项指标远远落后于其他地区。尤其是西南地区县域经济比起东部地区差距较大，总量小，竞争力较弱，产业结构不尽合理，工业化水平较低，财政收入偏低，生存与发展的矛盾突出。不过，西南地区的县域经济特色产业发展已初具规模，民营经济发展势头良好，但仍面临发展瓶颈。

4.1.2 研究现状

区域层面经济转型理论研究目前有待深入。费孝通、施坚雅、林毅夫和黄海峰等分别在传统文化对社会转型的影响、市场对区域经济的影响、新农村建设理论和区域层面经济转型渐进论等方面对区域层面经济转型进行了一些研究。费孝通的乡村理论是从人类学理论创立和 20 世纪 30 年代的社会学发展而来的，注重从文化角度对社区和城镇进行研究，借助于乡镇开阔人们对转型研究的视野，揭示了中国社会的"差序格局"现象，并使经验式的实证研究扩展到更大的区域（Hsiao-Tung Fei，1939）。施坚雅把研究的重点集中于村落以外的集镇和经济网络，他的研究结论是，中国社会转型的决定性力量不是国家，真正的社会推动力来自于中央政府之外的地方（George William Skinner，1964；1965）。林毅夫的新农村建设理论主要从增加农民收入角度出发，他认为农民收入增长缓慢最主要的原因是生产能力全面过剩、通货紧缩导致的城市农民工回流。黄海峰则主要从制度变迁的角度出发研究区域层面的渐进式经济转型。

4.1.3 主要问题

目前，中国大部分区域市场经济体制仍然不健全，地方经济主要是在政府行政指令规范下的经济形态，这些政令与当地经济社会的发展现状有较高的相关性。下面将中国区域和谐发展存在的主要问题按照政府的相关行政政策进行分类，并阐述这些问题对区域经济发展带来的负面影响。

1. 行政管辖体系产生的问题

中国是行政高度集权的国家，拥有包括中央政府、省级单位、地级单位、县级单位及乡镇的五层政府行政管辖系统。这些行政单位的层次越高，行政级别也越高，相应地也具备从高到低的行政权和财务权力等。在这个行政管辖体系中，中央政府严格管理下级政府干部的任命和免职，下级政府直接对上级政府负责，平行政府之间没有天然的合作和约束机制。

这样的行政分级系统从本质上就对平行政府的合作产生了阻碍，并且使地方政府更倾向于在维护自身利益的前提下，形成"与区域经济一体化相悖的一种特殊的、过渡性质"的、导致"行政区划对区域经济发展的刚性约束"的"行政区经济"。在行政区经济下，"地方政府对其辖区的经济起很强的干预作用，生产要素流动受阻，因而是一种具有明显封闭性特征的区域经济。省区经济、市域经济、县域经济、乡（镇）经济等地方经济均属于'行政区经济'范畴"（谢晓波，2004）。

行政区经济的主要表现就是地方政府与平级政府为了争夺上级政府相关资源（包括制度层面在内的各种利好政策）产生"政府竞争"现象，结果造成以生产要素及商品流动受阻为特点的"地方保护主义"、昂贵的设施重复建设，以及地方单位为自给自足和由于平行合作的困难而产生的"倒退的专业化"经济和"局部最佳化"经济。近年来，行政区经济学对这类经济现象进行了大量深入的研究。

2. 政绩考核体系产生的问题

中国共产党的"十七大"和"十八大"报告所提出的推动社会建设具有重要的历史意义，其重要影响不亚于"十四大"报告所提出的"建立社会主义市场经济体制"。2003年中国共产党就提出了"科学发展观"的发展哲学，但是在实践中往往是"中央讲科学发展，地方讲加速发展"，其根本症结在于各级地方政府仍旧把经济增长视为最大的政绩。从某种意义上讲，各级地方政府长期奉行的以"GDP 挂帅"为理念的发展模式已经偏离了科学发展的主旨和内涵（周绍杰和胡鞍钢，2012）。2012 年中国共产党对党章进行了修改，确立科学发展观为全党的行动指南，这为扭转错误的发展观奠定了思想基础。

从经济绿色转型对生态效益和经济效益并重的关切来说，GDP 挂帅的思想"没有剔除各个部门增加值产生过程中的各类显性成本和隐性成本。相反，与这些成本相关的投入却成为 GDP 的一部分。例如，经济活动产生的污染所造成的社会成本没有被统计到 GDP 中，但是治理污染的投入却被放在 GDP 的统计范畴。因此，GDP 的增长并不必然地意味着社会财富或社会福利的增长"（周绍杰和胡鞍钢，2012）。此外，以 GDP 为地方政绩考核体系的思想还忽略了收入分配等重要福利部门对公民生活福利产生的积极影响。

简言之，以 GDP 为纲的政绩考核制度，倾向于忽略经济活动中的自然环境成本，却强化低效益的社会投入，倾向于忽略长期的人民生活福祉，却强化短期的社会物质总量产出。因为 GDP 指标间接衡量经济对社会环境的作用力度和范围，所以地方政府的政绩考核和监测体系建设，应着力从完善制度和促进制度实施的层面提出地方政府的发展思路。

从以上两点可以发现，行政管辖体系现状是地方政府运作的制度约束，政绩考核体系则是其目标约束，相关资源禀赋是资源约束，在此基础上，地方政府与平级政府和上级政府进行博弈，从而决定自己的发展路径，实施发展措施。而在此发展模式之下，也相继产生了区域产业结构不合理、区域经济社会发展差距过大等经济和社会问题。

尽管当前中央政府强调"促进区域经济协调发展""深入实施区域发展总体战略和全国主体功能区规划""加强和完善跨区域合作机制，消除市场壁垒，促进要素流动，引导产业有序转移，推动区域经济良性互动、协调发展"；但是，相关约束机制没有打破，思维和行为模式就难以改变。

4.2 区域转型战略定位

4.2.1 转型战略的重要意义

中国应在区域层面尽快实施转型战略，以适应全球化的经济发展，同时增强国力，推进现代化进程，建立合作、公平、互补的协调体系。在转型中，解决存在的问题具有重要的战略意义。

第一,经过30多年的改革开放,中国培育起了东部沿海这一支撑国民经济实力的地区,这一地区已经具有参与世界经济竞争的能力。但问题是区域性差距在扩大,这也是中国区域经济发展中所面临的一个最大的问题。

第二,中国消灭了大规模绝对贫困人口,对世界的减贫做出了很大的贡献。但是,中国的相对贫困人口所占总人口的比例却在提高,而且比重过大,这也是中国未来经济发展将面临的巨大挑战,因此它会制约中国城市化和现代化的进程。

第三,中国涌现出了一批具有现代化水平的城市,而且,这些城市不仅分布在东部沿海地区,还包括各省的省会城市和重点城市,它们作为中国经济和社会全面发展的支撑点,在总体空间布局上已经全面展开,对区域经济均衡发展的支撑作用将会在下一阶段的区域经济发展中得以显现。但与此相伴的是,一些地区城市的盲目发展也很普遍,资源枯竭型城市成为一大问题。

第四,中国区域发展已开始重现科学化的管理理念,但是一些政府的决策者们仍旧把GDP增长作为区域发展的战略导向。

4.2.2 战略转型的协调体系

1. 发挥区域内优势,加强区域间合作,构建合作性的协调体系

区域经济是中国总体经济的一部分,只有区域经济得到发展才会促进总体经济的发展。当下,区域经济差距显著,区域经济割据现象严重,结构趋同,区域间居民收入差距扩大,因此,加强区域经济合作显得尤为重要。

国际金融危机使得中国加快转型升级的问题更加突显。如何应对"后危机时代"的挑战,推动经济结构的战略性调整,实现经济的跨越式发展,关键还是在于能否有效地吸引人才、技术、智力,特别是进一步推动企业与科技部门、高等院校、科研院所开展产学研合作,进一步提升合作层次、拓展合作领域,进一步建立健全全面、系统的产学研合作网络和渠道,持续推动区域经济的健康发展。

长三角区域转型要处理好政府与市场的角色,政府应建立合作发展机制,完善市场环境,降低交易成本,建设跨行政区域的共性技术和信息平台,提供基础设施、环境保护、资源利用等公共服务,并在市场的推动下建立产学研合作机制。

珠三角地区毗邻香港和澳门地区,应充分利用其独特的地理区位优势和经济优势,整合香港和澳门的资源,建立起独具特色的珠三角区域发展模式,为中国经济创造作出贡献。珠三角要与港澳台地区进一步规划,加强经济和社会发展领域的合作。

改革开放以来,中国沿海地区由南向北已形成广西北部湾经济区、珠三角的深圳特区、长三角的上海浦东新区、京津冀地区的天津滨海新区四大开放战略高地。辽宁沿海经济带是中国唯一没有整体开发的沿海区域,也是东北地区开发开放条件最好的区域。辽宁沿海经济带开发建设上升为国家战略,一方面有利于全面推进东北老工业基地振兴,另一方面可促进环渤海区域协调发展。在全国沿海地区竞相发展的新形势下,环渤海区域整合是重要看点之一,而沿海地区发展并带动各自腹地共同发展,则是环渤海区域整合的关键。此外,加强社会各生产部门、不同区域间以及海峡两岸的交流与合作,对于构建和谐的合作性协调体系具有重要的推动作用。

2. 注重合理分配,实现区际公平,构建公平性协调体系

在区域经济战略转型的公平性中,涉及公平与效率的关系。公平是社会目标的集中体现,是指在地区发展中以追求社会公平的最大化为主要目标,实质上是如何处理地区各利益主体的利益关系,即在机会均等的条件下尽可能缩小地区间的发展差距,实现协调发展。在现实的地区发展中,主要表现为在发达地区与欠发达地区均衡地分配资源,有时政府要对落后地区采取部分优惠政策,以帮助落后地区更快地发展,从而缩小地区间的发展差距。效率是经济发展目标的集中体现,是指在地区发展中以追求地区经济能获得最大总产出为目标,实质上是指如何实现地区内各种经济资源的有效使用和配置。在实现地区发展的进程中,效率目标更多地表现为优先发展发达地区,通过发达地区经济发展的扩散效应,带动落后地区的发展。

东西部地区发展差距的历史条件和扩大趋势是长期困扰中国经济和社会健康发展的全局性问题。因此,要支持西部地区开发建设,实现东西部地区协调发展。西部地区是地域面积广阔、自然和经济社会条件复杂多样、各地区发展水平差异很大的特殊区域,这样的区域要以尽可能快的步伐改善基本的生产和生活条件,实现经济繁荣和社会全面进步,不能依靠单一的、零散分布的、传统式的增长极来带动,必须把建设结构合理、功能健全的增长极体系作为战略重点和战略突破口,形成经济增长迅速、信息化水平高、高科技产业和循环经济占主导地位的增长极体系,带动西部地区经济结构的合理化和产业结构的高度化。这就要求在西部各类经济实体和各类地区中,选择经济基础好,地理位置优势强,人口、产业和城镇较密集,交通、通信、供水等条件优越的地区,建设适应各类地区发展需要的各级各类和多种多样的经济增长极,促进重要经济要素高度集聚并进行以创新为核心的"要素组合反应"(reaction mix of elements)。在要素组合反应中产生新的生产力和更高的经济社会效益,形成经济的高增长、强关联核心地带;以这种地带的强劲发展为主导力量,辐射和带动周围越来越大的地区实现资源的高水平开发和高质量发展,较快实现新型工业化和高度信息化、知识化的目标;要建立健全新的体制和机制,加强对各级各类增长极的改造、提升、组织、协调,建立和发展不同层次、不同性质的增长极之间的经济和技术联系,改变传统式增长极孤立、分散、粗放式发挥极化功能的弊端,逐步形成结构合理、功能互补、极化发展与协调发展恰当结合、覆盖西部地区全局并与东中部地区增长极网络连成一体的增长极系统。

3. 明确南北区域差异,在协调发展的基础上,构建互补性的协调体系

当前中西部发展不平衡的现状依然存在,因此,引导中西部互动显得尤为重要。在互动中,具有不同功能的区域,由于存在差异,才有可能在互补中形成相互联系、相互依赖的统一体,并在分别发挥出差异化优势的基础上,各区域都更上一层楼,同时达到整体上的飞跃。

中国应该实行新的区域经济战略布局，一方面要促进区域经济整合，积极构建泛长三角、泛珠三角、大环渤海和成渝都市圈，重点寻觅和培育区域协调型增长极，明确经济中心，打造经济区，推进城市化健康发展；另一方面，政府应该维持并完善区域协调发展的宏观区域发展战略，使协调发展不仅符合地区经济发展的实际情况和客观要求，而且更符合中国经济发展与工业化水平的需要。具体来说，应该有效发挥中部地区的综合优势，支持中西部地区加快改革发展，振兴东北地区等老工业基地，使区域之间的优势互补，统筹各区域整体发展，逐步形成东中西经济互补、南中北经济联动、互相促进、协调发展的区域格局（黄海峰等，2007）。

值得强调的是，在解决目前区域经济发展存在的问题并制定相关战略时，应该用辩证的眼光看待目前的区域经济状况。例如，地方政府竞争对区域经济转型同时存在着积极和消极作用：从消极方面看，地方政府竞争呈现出较明显的无序状态，由此导致地方保护主义和市场分割而形成所谓的"行政区经济"，这种无序竞争有碍资源的优化配置；从积极方面看，"地方政府竞争有利于制度创新，有利于减轻政府竞争中存在的委托代理等问题，从而维护市场竞争，因而对区域经济增长有促进作用""从区域经济增长差异来看，地方政府竞争是区域经济增长差异形成的一个重要因素"（谢晓波，2004）。

此外，区域经济系统是国家经济系统的子系统，兼具一般经济系统的共性和自身的特殊性。在区域层面经济转型战略中，以城乡一体化为目标的城乡转型课题成为中国区域转型战略的重点之一。在以中小城镇逐步崛起、大中城市空间加速拓展、城乡经济社会关联越发紧密为特点的城乡一体化进程取得了很大成就的情况下，城镇化过程中重经济轻民生、生态环境越发脆弱、产业结构不合理等诸多问题依然是下一步城镇化发展中存在的优化机遇和现实挑战。

4.3　城市经济转型战略

当代中国城市正在经历着制度、经济、社会、文化、环境的多重转型。城市转型与信息化、全球化浪潮驱动着旧城市空间重组和新城市空间的产生，从物质空间到社会空间的多重空间重构正在展开。CBD、总部经济集聚区逐渐成为城市经济空间新的核心，开发区、高新区等新的产业空间在城市中出现。消费主义在城市中出现，表现为城市消费空间的形成。社会分异表现为空间分化，以单位大院为主的单一的城市居住空间正向多元化分异的居住空间转变。以下岗职工、外来农村移民等为代表的新城市贫困阶层出现，在空间上逐渐被隔离和边缘化。在城市空间重构与转型的过程中，北京作为首都，处于经济、社会、空间转型的最前沿，集中体现了中国城市空间变化的过程。因此，本节将以北京为例，梳理北京市自新中国成立以来的空间变化，尤其是转型期以来的城市空间重构过程，以透视中国城市的空间发展与转型。

4.3.1 城市空间拓展

新中国成立以来，北京的城市化进程经历了60多年的曲折发展，在改革开放后步入快速发展阶段。空间拓展表现为三种形式：一是中心大区和外围次中心的面状城市化；二是沿交通干线的线状城市化；三是以区域城市斑块为中心的点状城市化（何春阳等，2002）。

1949年北京中心市区的空间形态基本上是一种封闭型的向心结构，主体在二环以内，仅在东北和西北方向略有扩展。20世纪70年代初建成区基本上限制在旧城区和二环外侧，但东西向发展明显（宗跃光，1999）。80年代开始，城市增长加快，主要发展方向是向东和西北。为了改善投资环境，北京市的交通路网逐步建设，形成了围绕城区的快速交通环线和快速放射干线，同时，北京也开始进入了郊区化阶段。郊区化早期主要以被动郊区化为主，表现为住房制度改革和城市危旧房改造带来的人口外迁和土地利用调整导致的污染工业外迁（周一星，1996）。90年代后，郊区化出现主动型与被动型共存的新特征，商业郊区化和季节性郊区化等新形式出现（冯健等 2004）。

由于中心城区的向心吸引力强，北京的城市空间拓展方式仍以单中心面状的蔓延式城市生长模式为主，城市功能在中心城区高度重叠。中心疏散是北京未来发展的空间战略之一。50多年前北京就提出了"分散集团式"发展，90年代又提出建立边缘集团和卫星城，以缓解中心城区的压力。在21世纪，为了进一步疏散中心城的产业和人口，北京市确立了"两轴-两带-多中心"的城市空间结构，规划建设通州、顺义、亦庄等新城。随着交通和新城基础设施的改善，新城人口和产业不断增加，对周边区域的吸引力也在上升。

4.3.2 城市空间结构演化

改革开放前，城市经济发展和建设在计划经济指导下进行，人口、产业、空间围绕"生产性城市"建设形成。1978年后，经济社会转型的内在动力与全球化、信息化的外在影响，推动着中国城市的社会经济转型，导致城市空间发展出现新的特征（易峥等，2003）。

4.3.2.1 人口发展与居住空间

1. 人口规模上升，人口质量提高

一方面，通过严格的计划生育政策使人口自然增长率显著下降，有效地缓解了人口增长的压力，另一方面，通过义务教育普及、高等教育发展、医疗水平提高等，人口质量稳步提高。以城镇人口来看，1949～1960年是工业发展带动下的快速增长期；1961～1977年由于社会和政治因素，城镇人口增长进入波动期；1978年后城镇化率显著提高。而外来人口方面，在建国初期，由于大型项目建设和工业发展，吸收了大量人口参与北京建设；60年代后到改革开放前，由于严格的户籍准入限制和城市经济困难，外来人口发展陷入低谷（鲍思顿和段成荣，2001）；1978年以来，北京先后实行了流动人口开放政策、管制政策和融合政策，对于外来人口的态度和管理理念逐渐转变，随着经济社会改革的深入，外来人口的规模上升明显，到 2008 年外来人口已增长到约 465.1 万人。

2. 人口的空间分布特征也呈现出新的模式

计划经济时代，单位大院是居民居住空间的主要形式，也是城市的基本空间单元（柴彦威，1996）。这一时期的人口主要分布在中心城区与近郊的新建城区。80 年代开始人口郊区化。郊区化发展初期表现为工薪阶层和低收入者的近域郊区化，往往与工业外迁和住房拆迁相关。90 年代居住郊区化的速度和幅度加大，近郊区成为承接人口外迁的主要目的地。伴随交通发展和汽车拥有量增长，高收入阶层也开始出现居住郊区化。1998 年开始的一个显著特征是经济适用房的建设，以回龙观、天通苑等为代表的郊区大型居住区在近郊出现。在郊区化背景下，北京市住房建设重点逐渐转移到近郊区，并呈现沿环线依次扩展的同心圆模式和沿交通放射线扩散的扇面模式（刘长歧等，2003）。2000 年，北京都市区人口分布的多核心结构已经明显，除天安门中心外，出现了花园路、八里庄、西罗园、潘家园、团结湖、和平街道等六个次中心，中心区人口密度降低，人口密度峰值向外移动（冯健，2004）。

4.3.2.2 产业空间

长期以来北京一直以工业为发展重点，直到 20 世纪 90 年代产业升级和调整，第三产业才开始发展，目前产业结构已转变为"三二一"的格局。

1. 工业空间

改革开放前，北京作为经济中心和现代化工业基地的定位，使北京的重工业发展迅速。"一五""二五"期间，北京重点发展了煤炭、电力、冶金、机械、化工等基础工业，并建设了大量轻工业项目，"三五"之后更加侧重于冶金、石化、电力等行业。经过 30 年的投资建设，建设了多个专业化工业区，形成了大分散、小集中的边缘散点式空间结构（李国平和薛领，2008）。

面对工业发展带来的经济、社会、环境问题，北京从 20 世纪 80 年代开始进行工业郊区化调整，当时郊区化的主要动力是污染企业治理和土地功能置换。此后城市土地有偿使用制度推动了企业的用地置换与区位调整，自主外迁也成为工业郊区化的特征。

在外来投资增长和工业郊区化的大趋势下，开发区在北京产业建设中开始承担越来越重要的角色。从 1992 年成立的中关村科技园区开始，经过开发区建设繁荣期和调整期，大多数产业园区已进入成熟期。这些产业园区多分布在顺义、通州、昌平等区县，不但促进了各区县的经济发展，也使近郊成为北京工业发展的增长极，构成了多核点轴型的工业空间。

发展高新技术和技术密集型产业，限制和淘汰耗能高、污染环境、成本高、附加值低、工艺设备落后的工业成为北京工业发展和布局调整的指导方向。劳动密集型产业和原料型产业优势逐渐丧失，资本和技术密集型现代制造业成为了北京工业发展的新方向和优势产业（贺灿飞，2006）。工业结构逐渐向以技术含量高、低污染、低能耗、低水耗高科技加工工业为主转变。

2. 服务业与办公业空间

伴随着全球化的进程，办公业发展与城市变化之间的关系越来越密切。但在新中国成立初期，北京以工业为主的战略导致办公业发展缓慢，当时的办公业多以行政办公为主，并主要集中在东城区和西城区（张景秋和蔡晶，2006）。改革开放后，城市经济结构发生了重大变化。在转型期，以建设国际城市为目标，形成了以 CBD、中关村高科技办公区、复兴门金融办公区等为代表的办公业发展中心。城区集中、外围点状分布的政府办公区位特点逐渐形成，跨国公司总部和外商驻京机构增多，办公业开始成为带动就业、拉动经济的重要行业。进入 21 世纪后，办公业发展呈现类型多样、重点突出、布局清晰的特点，进入繁荣发展期。

生产者服务业在北京市第三产业中占有重要的地位，信息咨询业、技术服务业和房地产业构成了北京都市区生产者服务业的主体。从空间上看，生产者服务业呈现出明显的集聚经济特征，集中的核心区域为近郊区内沿和中心城区，在核心区内呈环绕峰值区呈圈层分布，而在远郊区的机场和中心镇还有点状分布。生产者服务业的空间集聚分布形成了几个主要的集聚中心。中心城区主要由银行保险和房地产、传统金融和技术服务、商业经济和社科研究等几种类型彼此交错构成。近郊区内沿同质集聚形成了科技服务集中区、信息咨询服务区、商业经纪和社科研究集中区、传统金融与技术服务区等功能地域类型区（赵群毅和周一星，2007）。从具体的部门来讲，各区县分布不平衡。信息传输、计算机服务和软件业集中于海淀区；金融业以中心城区分布最为密集，以东城和西城最为集中；房地产业分布较为均匀；租赁和商务服务业呈现从中心城区向四周扩散趋势；交通运输、仓储和邮电业，东城、宣武、丰台和顺义最多，并由东南向西北递减；远郊区县主要以传统的金融和技术服务为主。生产者服务业在北京迅速发展，与北京近些年经济的腾飞密切相关，制造业的升级、外商直接投资的增长和跨国公司总部集聚区的形成推动了相关服务业的崛起，众多的科研机构和高校为北京的发展提供了充足的人力资本和科研优势，京津冀区域发展、环渤海地区开发、交通通信条件的改善为城市创造了更大的发展空间和影响范围。

3. 商业空间

城市商业是与居民日常生活密切相关的城市经济之一。在零售业全球化与商业业态多元化的背景下，中国的城市商业中心等级体系已经由计划经济条件下单核心、金字塔式的结构逐渐向多核心、扁平化的方向发展（柴彦威等，2008）。

新中国成立初，北京有六个主要的商业片区，具有六边形的分布，形成市级商业区、区级商业中心和居民区级商业点三级中心地，其中王府井、前门大栅栏和西单构成了市级中心。由于以工业为重的发展理念，商业同服务业一样经历了 20 多年的低谷。到 1978 年，商业布局不合理、数量严重不足、中心商业区压力过大等问题已经突显。

改革开放以后，北京商业规模和数量快速上升，成为推动经济增长和吸纳就业的重要经济领域。到80年代末，形成了以商业活动差异为特征的四个向心环带，构成六边形的市场区结构。中心区仍是以王府井、前门大栅栏和西单构成高级商业中心；围绕中心区形成以东四、地安门、新街口和菜市口为代表的地方性中心地；三环路两侧的新市区商业密度低，以散布的区级中心为特征；三环路外的大城市周边区域则建立了低级中心地结构。90年代以来，随着经济结构转变，市场开放增强，城市用地调整，居民收入提高，商业等级体系日益完整并向扁平化发展。除了原有的高级商业中心外，朝外大街、木樨园、翠微、马甸、双榆树等业已形成集多种功能于一体的市级商业中心，区级商业中心功能提升，基本能满足人们的多目的出行要求，社区级商业中心发展迅速，以沿交通线分布的超市为主要形式，特色商业街和专业市场形成。商业业态不断丰富，大型超市、便利商店、专卖店、仓储式商场等新型业态层出不穷（张文忠和李业锦，2005）。在郊区化背景下，大中型商场的数量在近郊区逐年增长，并伴随着人口的郊区化向西向北移动，专业性和批发类市场向四环周边集中，大型超市分布在交通干道、快速交通线出口、大型居住区周边等。

4. 文化与旅游业空间

文化产业是北京市大力扶持的优势产业。在改革开放前，文化产业发展缓慢，文化企业主要集中在西城、海淀、东城和朝阳。20世纪80年代开始，文化产业有所发展，进入发展预备期。90年代中后期开始，各区的文化企业数量和规模快速增长，业态也不断丰富。由于外部性效应和集聚经济特征，北京文化产业整体上呈空间集聚分布，主要集中于朝阳和海淀（周尚意等，2006）。

文化功能的另一体现是旅游业的迅速发展。北京市定位于世界著名古都，人文景观和文化资源丰富，具有旅游业发展的天然优势。在旅游业中，首先发展起来的是国际旅游。1978年开始，国际旅游向产业型转变，旅游收入逐年上升。而国内旅游的发展是在90年代实行双休日之后开始进入迅速发展阶段。从旅游资源的空间分布看，文化古迹主要在城中心和西北郊，自然景观包括近郊平原田园风光和北部山区的自然风光，优势资源相对集中。目前，已逐渐形成中心城区观光商务娱乐旅游圈、近郊平原康体娱乐旅游圈、远郊山地长城文化和自然观光度假旅游圈等"三圈21区"的旅游产业布局。特别是2008年奥运会的举办对于北京市旅游产业的发展起到了极大的推动作用。奥林匹克公园——奥运核心区的建设延长了北京的中轴线，延伸了中心城区观光商务娱乐旅游圈的范围和内涵（于海波，2008）。

4.3.2.3 社会空间

经济的快速发展带动了社会变迁，新的现象和特征开始出现，并对社会发展产生了影响。人们生活质量的提高和生活理念的转变使人们对于文化的需求日益增长，从而导致城市社会空间文化氛围越来越浓，文化设施与文化空间发展迅速，创意与文化受到关注。

广场是城市文化活动的重要载体，是城市重要的文化生产空间。北京市已建成三个等级的广场体系，一级以天安门广场和中华世纪坛广场为代表，具有综合性和重要性；二级广场如西单广场等；三级广场如德外广场等，是市民交往和文化活动的主要场所。截至2006年，北京共有各级广场952个，且分布较为合理，符合社会公平的原则。广场上进行的文化活动对于保持和弘扬传统文化起到了巨大的作用，形成了新的文化空间（周尚意，2006）。

主题公园也是近年来出现的新现象之一。北京的主题公园空间分布均衡，种类丰富多样，但仍处于初级阶段，存在有定位不明确、投资不足的劣势。21世纪是体验经济的时代，个性化的商品和服务受到青睐，旅游的目标逐渐转变为追求快乐的体验。定位准确、发展良好的高品位主题公园恰恰能满足居民追求个性、文化和亲身体验的旅游需求。未来主题公园具有巨大的市场潜力和发展优势。

21世纪，符号消费成为了一种趋势，居民的消费行为已不仅限于满足物质需求，而更加注重消费带来的精神和情感的满足。创意和文化开始受到人们的青睐，高品质消费的理念在大都市中形成。在符号消费的理念下，特色商业街、步行街、购物中心、时尚小店等都成为商业空间的符号，住房也开始被用来传达生活理念和身份地位，"吧式"休闲场所作为一种包含了人、文化、建筑和制度等因素在内的个性化休闲空间，逐渐受到青睐，各种风格的"吧"因满足了不同人的个性需求而代表了一个时代的消费方式（俞晨曦和冯健，2009）。

另外，社会分化、城中村等社会现象逐步出现并形成社会问题。居住分化导致老年人、外来人口和低收入人口等趋向于隔离和边缘化。城中村作为被动城市化的产物和社会问题受到重视。城中村是在城市聚集扩张背景下产生的，其居民以本地的低收入人口和外来人口为特征，在土地利用、建设景观、规划管理、社区文化等方面表现出强烈的城乡差异和矛盾。如何在改造城中村物质景观的同时改善居民的居住环境和生活质量，是北京社会空间发展面临的一个巨大挑战。

4.3.3 城市空间发展展望

北京的城市空间发展取得了巨大的成就，其空间发展和转型的模式代表了中国城市转型的典型路径和发展趋势，具有典型意义。但同时也应该看到，交通拥挤、长距离通勤、空气污染、城中村、蔓延式发展等都是北京面临的重要问题，也是其他城市发展的前车之鉴。

加大基础设施投资，建设合理布局、优化调整的交通网络将是北京市未来实现多核心发展的必要途径。继续实现产业升级和扶持现代服务业、高新技术产业与现代制造业发展是北京实现经济快速健康稳步发展的必由之路。合理调整居住空间布局和加强住房保障体系，提高人民生活水平和生活质量是建设宜居城市的重要举措。实现人口疏散和旧城保护，建设生态涵养区域是建设历史名城、旅游城市的重要内容。在今后的发展中，北京市应以建设现代国际城市和进入世界城市行列为目标。体现在城市空间上，北京市可发展成为以中心城区为主中心、以周边新城为多个次中心、中心与次中心之间以及次中心之间以快速公共交通相连接，居民日常就业、购物和休闲娱乐等活动在各个中心内基本得以解决的分散多中心结构。

4.4 农村经济转型战略

中国经济发展的城乡二元结构明显，农村经济发展相对于城市经济发展还有着不小的差距，农业、农村和农民被称为"三农"，近几年已成为经济转型战略的重要内容。

4.4.1 农业发展与农民增收

4.4.1.1 传统与现代农业投入方式的区别

在"四个现代化"目标的指导下，近年来，发展现代农业已经成为中国农业的重要发展方向，中国农业的投入方式在总体上也正从传统方式朝着现代方式逐步转型，但传统农业的投入方式仍将会部分存在。

1. 传统农业投入方式

中国传统农业生产投入方式主要包括生产投入和基础设施投入，其主要特征为：①农业生产投入以分散农户自行投入为主，资金来源主要为农户自有资金和民间借贷；②大型农业基础设施（比如大型水利设施）投入主要由政府提供，资金来源往往是政府税费收入、来自本地大量村庄的自筹资金和农民投工投劳折款；③小型农业基础设施投入由村庄集体或农户自行组织提供，资金来源主要为农户自有资金和民间借贷。

政府在传统农业中的作用主要是为农业生产直接提供补贴，以维持旧有低效率的农业结构。

2. 现代农业投入方式

在现阶段，中国的农业投入主体较多，主要包括小农户、大农户、村组集体、企业、专业合作社、专业协会、股份制组织、股份合作制组织、国有农场、银行、信用社以及中央和地方政府等。

现代农业生产投入方式的主要特征为：①农业生产投入以较大型或大型农场或农业企业为主，资金来源主要为自有资金（含股本）、金融机构信贷资金甚或债券发行收入。②大型农业基础设施投入主要由政府组织提供，资金来源主要是政府税费收入。③小型农业基础设施投入主要由较大型或大型农场、农业企业、股份化或合作化实体组织提供，资金来源是这些实体自行组织的自由资金、借贷或其他债务资金，但很少包括民间借贷资金。

由此可见，现代农业在生产投入和基础设施购置层面出现了良好的转型迹象，呈现出金融化、大量化、有序化等特点；从生产投入方式看，现代农业的生产投入呈现出投入量大和集中投入（即不是农户散户单独投入）的形态，而且现代金融工具也被现代农业生产环节所采用，提高了农业生产的资金获取渠道和总量，提高了生产投入效率。从基础设施投入看，现代农业中，政府在大型农业基础设施的购置中承担了更多的责任，分担了农村和农民的经济负担，农民集体在小型农业基础设施的购置环节中正朝着有序运作和金融运作的方式转型。

在现代农业中，政府需要通过某种方式，推动中国农业朝着新的高效率的农业结构转型，政府需要更多专项农业基础设施提供和投入。政府和市场主体都发挥重要的作用。这里需要区分是政府提供，是社会提供，还是混合提供，是政府投入，是社会投入，还是混合投入。此外，农业基础设施的修造涉及经济学中的生产概念，也需要区分政府生产、私人生产和混合生产。因此，需要引入新公共管理理念，提高农业基础设施的提供、投入和生产效率。同时，需要在分立和明晰产权基础上让更多的市场主体参与到农业基础设施的投入和生产过程中来，让市场主体发挥基础性的资源配置作用，让政府主要发挥辅助性支持的作用。

从上述分析可看到，只有允许土地、劳动力和资本自由地朝着回报率更高的地方配置，农民的农业收入才能真正得到大幅度的提高。政府需要在农业直接生产方面提供一个授能环境，包括以辅助性支持的方式参与提供农业基础设施。因此，相应的制度转型、政策转向、技术提升和观念转变至关重要。

不过，中国农村土地政策的基石是农村家庭承包责任制，虽然这一政策在改革开放之初解放了中国农村土地和劳动力，但到目前为止已经成为农民进一步致富的绊脚石。其原因就是农民被拴紧在小块土地上，缺乏规模经营，在农业生产中不得不依靠传统生产和投入方式。城乡分割的户籍政策是禁锢农村土地和劳动力的第二大因素。只要农业土地和劳动力不解放，社会资本和金融资本就难以真正进入农业领域。这也难怪每年大量的农村储蓄资金流出农村地区。农村储蓄资金外流不能怪罪于农业的"低回报率"。一个流行的错误观念是以为农业必然是弱质产业，必然回报率低。但是，从很多农户的资金投入与回报看，很多农业活动能够实现极高的资金回报率，60%的有之，100%以上的也有之。如果实现农业规模经营，辅之以农业保险和再保险，信贷担保和再担保，农业发展和农民增收有着很好的前景。

中国有些地方先于全国各地在这些方面做了很多有益的改革探索，有必要总结其经验。这里尤其包括成都市近年来的改革探索，已经引起广泛关注，更需要总结参照。

4.4.1.2 中国农村发展机制创新

这里以四川省成都市为例，介绍中国农村发展机制创新的四点措施。

1. 集体资产确权和股份制改造

在明晰产权方面，成都市推行了农村集体资产确权颁证到户，为农村土地资源资本化奠定了基础。该市在2010年6月30日之前对农村土地承包经营权全部实行确权，并颁证到户。所颁发证件包括《农村土地承包经营权证》《集体土地使用权证》《房屋所有权证》

和《林权证》。在颁证方面，要求做到土地、台账、证书、合同、耕保基金"五个一致"，由此真正明晰了农村土地承包经营权产权及其主体。"五个一致"具体内容为：①要严格做到按照规范程序实测确权到户后，农户所持有的农村土地承包经营权证书登记的承包地总面积与承包地实测总面积相一致；②证书登记的承包地总面积与登记簿台账该户承包地总面积相一致；③证书登记的承包地面积与该户土地承包合同确定的承包地总面积相一致；④证书登记的承包耕地、园地面积与耕保合同中承包耕地、园地面积相一致；⑤证书中承包耕地、园地地块编号与耕保合同中承包耕地、园地的地块编号、公示图斑编号相一致。有关农村土地资源的资本化，一些国人存有疑虑，认为农地和宅基地是农民的最终保障，担心农民会因为土地资源的资本化而失去土地。但是，土地资源的资本化本来就是属于农民土地产权的组成部分。通过细化政府管理程序使得土地资源资本化成为可能，本来就是政府应该承担的职能。此外，建立分立的社保体系也是现代国家的重要任务。不能简单地把农民拴在小块土地上，限制农民的人身权和产权。

农村集体资产确权办证到户后，成都市依托股份制实体，对经过确权到户后的农村集体资产进行了股份制改造。这种股份制实体被称为"新型农村集体经济组织"。它们与传统的农村集体经济组织不同，股份化后，采取"增人不增地，减人不减地"的政策，使农地股权和承包权永续化，从而形成稳定的农地权属，为农地的转让和集中利用，实现农地投入的规模经济创造条件。

农村集体资产量化和股份化改造后，农民就有了分立和明晰的产权。产权越是分立和明晰，从中派生的产权利用与转让契约的形式就越多，产权形式也就越复杂。产权越是模糊，契约就很难形成，计划经济时代形成的是命令替代契约的模式。成都的案例印证了秘鲁经济学家德·索托的观点：发展中国家不是没有资产，而是缺乏"活资本"。成都市的试点，就是把"死资产"变成"活资本"。

成都市农民土地入股后获得的凭证是股权证，它也是农民作为股东每年领取分红的依据。分红的多少与村庄的经济发展水平和土地资本化的机会密切相关。近郊的村庄经济发展水平总体上较高，土地资本化机会较多，农民作为股东分红就多。例如，在成都近郊的温江区，农民大概每年每亩可领取1800元的分红。与此相反，远郊村庄经济发展水平总体上较差，土地资本化机会总体上较少，农民作为股东分红就少。例如，在邛崃市汤营社区，2008年和2009年农民的分红分别是每亩560元和500元。

2. 土地银行和农村产权交易所

成都市在过去就有农户之间自发的农地承包权转让，近年来则有了更多的农地利用和转让形式。一种农地转让形式为"土地银行"模式。在"土地银行"模式中，农民自愿将土地承包经营权存入"土地银行"，收取存入"利息"，"土地银行"再将土地划块后贷给愿意种植的农户或者农业企业，收取贷出"利息"，种植农户和农业企业根据约定用途进行种植，由此实现土地的规模化经营。此外，"土地银行"还把赚取差额利息用于自身发展和建立风险资金等。成都市辖内的彭州市磁峰镇现有五个村成立了"土地银行"。在成都市所属彭州市，"土地银行"给予群众的收入是每年每亩240元的租金，以后每五年增加20元。业主则需向"土地银行"交纳每亩10～20元的服务费,其中扣除工作经费等剩余部分返还存户。

成都市开办的农村产权交易所为大范围、大规模的农村产权流转奠定了组织基础。如果没有交易平台,分散的产权所有人之间、产权所有人和意向投资人之间互相搜寻、配对供求信息的成本是很高的,达成交易也非常困难。成都农村产权交易所的业务范围包括:①农村土地承包经营权、林权、农村房屋所有权、集体建设用地使用权、农村集体经济组织股权、农业类知识产权等农村产权的交易;②农村土地综合整治腾出的集体建设用地挂钩指标、占补平衡指标的交易;③资产处置等。2010年,成都市开始"地票"交易试点①。2010年8月12日,成都市兴城投资公司以15.2万元/亩、总计12461.72万元的价格竞得蒲江县农村土地综合整治挂牌融资项目,预计产生的819.85亩建设用地指标,宣告了全国首例农村建设用地指标公开竞拍的成功。"地票"实际上就是建设用地指标,并不指某一个具体的地块。"地票"交易的主体没有严格的限制,但交易活动必须在土地交易所内进行,购得的"地票"可纳入新增建设用地计划,增加等量建设用地。

3. 政府投融资平台公司的作用

成都市的三大地方政府投融资平台公司投入财政资金,调动大量金融资本和社会资本进入农业产业化发展、村镇建设和城乡商贸物流基础设施建设。政府的资金不是直接用于开发盈利性项目,而是用来发挥资金资源组合作用,撬动社会各方面的资金(特别是民间资本)进入农村,带动各种要素的优化组合。政府在此过程中总体上发挥了辅助性的支持作用,承担了发起者、促进者和便利提供者的作用。这三大投融资平台公司包括成都市小城镇投资公司、成都市现代农业发展投资有限公司、成都市商贸物流投资(集团)公司。

成都市现代农业发展投资有限公司(下称农发投)主要投资促进现代农业发展的重大项目,引导和集聚信贷资金和社会资金投入农业产业化,促进各类金融机构开展为农业和农村经济发展的金融服务,提供政策性农业保险和农业信贷担保服务,参与农村土地整理,促进土地规模经营以及成都市范围内农业和农业相关项目投资。农发投的出资方式为:直接投资,包括项目投资和股权投资;委托贷款;担保与保险(贴息);奖励和补助。

小城镇投资有限公司(下称小城投)的具体做法是:在农民自愿的前提下,由小城投出资为农民建设集中居住的基础设施相对完善的农村新型社区(一般为楼房或联排别墅),资金来源为小城投自有资金(政府注资)和银行贷款。农民以退出原有宅基地为条件可免费在集中居住社区获得一定面积的住宅(超出标准的面积农民需支付一定的成本价)。农民退出宅基地后,小城投再出资将原宅基地复垦,经国土部门验收确认后就成为新增耕地。由于集中居住社区的人均占地面积小,与复垦为耕地的宅基地相比有一个差额,这个差额就是新增耕地指标。根据国家有关耕地占补平衡的政策,小城投在获得新增耕指标后,可将指标出售给城市建设用地紧张的成都市或成都其他区(市)县,购买人就可获得

---

① 编者注:2010年12月28日,一度火爆的成都"地票交易"被国家发展与改革委员会叫停,然而又于2011年4月14日重新启动。目前,关于成都农村产权交易的利弊尚存争议。

相应的农地变更为建设用地指标。小城投也可自行征用农地进行商业开发。出售指标或自行开发的收益再用于补偿农村新型集中居住社区的建设成本，包括偿还银行贷款。在这全过程中由于多方自愿，保证了项目能够为社会新增财富，而且基本上没有遇到阻力。随着引入"地票"交易模式，通过上述方式获得的新增耕地指标成为重要的"地票"组成部分。值得注意的是，"地票"交易的背后实际上是"先补后占"程序：为了占有建设用地，先要补偿相应的新增农地，而新增农地的来源是农村宅基地和其他非农业用地整理之后产生的复垦面积。这里也可看到"地票"交易机制是地方政府在国家最严格的基本农田保护政策这一约束条件下的理性选择。

成都城乡商贸物流发展投资（集团）有限公司主要承担政府制定的城乡物流产业、现代商贸设施建设等项目的投融资与建设管理与引导性投资，建设城乡物流产业、现代商贸信息交流平台，建立农产品批发、农村生产生活资料销售网络，并经营和管理政府性投资的菜市场。

4. 村民自治与户籍改革

成都市还积累了其他许多改革试点经验。在村民自治方面，成都市通过增设村民议事会促进村民自治决策机构的常设化和村民自治的实质化，尊重村民在村庄治理中的自愿原则和同意原则。各村庄的村民议事会和村民监事会由选举产生。村民议事会是受村民会议委托，在其授权范围内行使村级自治事务决策权、监督权、议事权，讨论决定村级日常事务、监督村民委员会工作的常设议事决策机构。村民监事会从村民议事会成员中选举产生，专门负责对村务决策和管理的监督。村民议事会会议由村党支部书记召集，而不是作为执行机构的村民委员会。由此在村庄层面形成"三权分立"的架构。而以前的村庄治理则很容易受到村党支部书记或者村民委员会主任的自由裁量控制。在村庄治理方面，成都市政府每年向每个村庄提供 20 万元的村庄公共服务经费，这些费用需经由村民议事会讨论决定后方可使用。

此外，成都在 2010 年 11 月 9 日最新推出的举措是户籍改革（参见《关于全域成都城乡统一户籍实现居民自由迁徙的意见》），它被新闻界称誉为最彻底的户籍改革。该市计划到 2012 年实现全域成都城乡统一户籍，城乡自由迁徙和统一的住房保障制度。这项改革将彻底消除隐藏在户籍背后的农民身份歧视和基本权利不平等，户籍将回归人口信息管理的原本职能。这项改革远远超越了广东正在推行的"积分落户"政策和重庆市的"以土地换户籍"政策，后两者均为城市中心主义、功利主义的政策。此外，随着农村养老保险的试行、新型农村合作医疗和九年制义务教育的推行，尤其是随着今后一体化的社保体系的建立，土地的"保障"功能定位和现有城乡隔离的户籍政策越来越失去存在的理由。户籍改革也为今后城区企业和居民将资源投入到当前的农村地区，尤其是现代农业生产提供了切入点，因而不容小觑。

成都市的经验表明，即便在当前的制度和政策框架下，农业产业化和现代化仍然大有可为。当然，农业产业化和现代化意味着大量农民生产方式、生活方式和职业的转型。今后农民的出路是：要么大力发展现代农业，要么不搞农业；要么成为农场主、农业企业主、几乎不搞农业的兼业农户,要么干脆不当农户。无论如何,需要尊重农民的自愿选择,赋权于农民,解放农村生产力,优化农业资源配置,在"维权"的基础上实现"维稳",推进农业发展和农民增收。

4.4.2 新型农村合作经济组织

20世纪70年代末以来,中国农村改革获得了极大的成功,为社会主义市场经济的改革和发展创造了良好的条件。随着计划经济体制向市场经济体制的转变,中国的农村市场经济体制也得以逐步发展,这是新型农村合作经济组织产生的重要前提。市场经济条件下,社会资源遵循价值规律由市场配置,农产品竞争也要遵守市场准入原则、市场竞争原则、市场退出原则,生产要素(土地、技术、资本、信息、劳动力等)在市场中自由配置,优化组合,于是,新型经济合作组织应运而生。同时,家庭联产承包责任制的统分结合的双层经营体制,为新型农村合作经济组织的发展提供了微观基础;城乡二元经济结构的调整和工农业并举也为新型农村合作经济组织的发展提供了政策支持。

4.4.2.1 新型农村合作经济组织的发展现状

1. 农村合作经济组织发展已初具规模和分布广泛

调查表明,经过农村改革开放30年来的发展,中国部分省份和地区发展农村专业合作经济组织的规模不断增扩,覆盖面日益扩大,呈现了逐步加快发展的态势。截至2005年年底,综合农业部等机构的统计和估算,全国新型农村合作经济组织总数已达15万个左右,拥有农村专业合作经济组织的村占同期村民委员会总数的22%左右。参加组织的会员约2363万人(户),占乡村农户总数的9.8%。截至2010年3月底,全国依法登记的合作社超过27万家,这个数字是2009年同期的两倍多,是2008年同期的6倍多,并且呈现出产业门类日益增多、服务内容不断拓展、组织功能逐步完善、市场竞争能力逐步增强的良好发展态势。这些组织在地区分布上,从经济发达的地方到经济落后的地方都有发展,中部最多,东部次之,西部最少。全国农村专业合作经济组织分布最多的五个省份是山东、湖南、陕西、河南和湖北,最少的省份是青海、海南、宁夏、新疆和福建等。

按照组织的形成背景划分,中国新型农村合作经济组织的组建和发展模式大体有五类:第一类是由科技协会发起建立的;第二类是由农业技术推广站等政府事业单位及乡村干部发起建立的;第三类是由供销合作社发起建立的;第四类是由龙头企业发起建立的;第五类是由农村中的专业户、经销大户等自发建立的。新型农村合作经济组织的主要形式有农村专业协会和农村专业合作社两种。不过,由于现实中冠名以农村专业协会或专业合作社的组织没有一致的判定标准,而且各种形式的农村专业合作经济组织在登记管理中也不统一,或者就未办理登记手续,目前只能从字面上进行观测判断和初步统计分析。中国新型农村合作经济组织的具体范围主要包括:由农业部界定的农村专业合作经济组织;由中华全国供销合作总社界定的由各级供销社系统组织农民按照合作制原则兴办的专业合作社；由中国农村专业技术协会界定的由农民在自愿互利基础上组建的以科技为纽带、具有互助合作性质的技术经济组织等。

中国新型农村合作经济组织的类型多样。从组织目标功能看，包括投入型农村合作经济组织、市场营销型农村合作经济组织和服务型农村合作经济组织。从行业分布看，粮食、棉花、花生、蔬菜、水果、畜产品、水产、农机等不同行业都出现了为数不少的农村合作经济组织。从合作层次看，有从村级到省级各种级别和层次的农村合作经济组织。这些组织在行业分布上，以种养业为主，主要集中于商业化程度较高的特色种植业和畜牧水产业等领域，从事粮食作物种植的非常少。有些组织同时从事多项活动，包括农产品加工和技术信息推广等。从组织的类型看，大多数的组织属于技术经济服务型，主要是为会员农户，甚至为非会员农户，提供技术经济信息和一些生产资料的供应服务。

2. 农村合作经济组织内部治理结构各具特色

调查显示，目前大部分农村合作经济组织都允许会员在符合协会规定的条件下自愿加入，大部分允许会员自由退出，也有的少部分对此没有规定。会员退出组织的数量很小，退出的主要原因是"改行"从事与该组织无关的其他活动，还有一些是因为组织没能提供原先所承诺的服务。会员退出时，有一半左右可撤回投入资金，另一半不可撤回或组织对此没有规定。大多数与土地有关的组织认为会员将土地转包之后，仍然可继续保留会员资格，会员资格不会随着土地转让而转让。

大多数组织对普通农户、专业大户、技术能手和销售专业户加入协会没有限制，有一些协会限制地方政府官员和社会团体人员加入。一部分协会对会员加入的要求和条件主要包括：已从事相关产品生产的农民和生产出的产品符合特定质量要求的农民，由组织成员推荐或决定；生产某种产品规模比较大，超过一定数量，由组织领导推荐或决定。

根据调查目前大多数组织规定组织可取消会员资格、但不可要求会员分担税款、不可要求会员分担组织损失、不可要求会员帮助偿还组织的贷款和不可要求会员为组织贷款提供抵押品。有一部分要求会员提供所有的产品和从组织采购所有的生产资料。大多数组织规定会员可通过组织卖产品和从组织购买原材料，而且基本上不需要将所有的产品都提供给组织和从组织购买所有的生产资料。

农村合作经济组织的收益在会员中分配的方式中，按经过组织销售的产品数量分配组织收益的稍多，其余是按经由组织销售的产品价值和提供给组织的资金分配，两者比例比较接近。也有一部分不分配利润或没有收益分配这项活动。还有一部分组织将收入全部用于协会的开支。农村合作经济组织成本在会员中分摊的方式与收益分配方式基本一致，但有一些组织仅由核心会员或协会管理层成员负担成本，尤其是在初创阶段。还有一些组织的成本从所收的会费和年费中支出。有不到 1/3 的组织表示没有进行成本分摊，其中有些组织表示会员通常都是独立核算，因此没有成本分摊。

目前农村合作经济组织基本上都有书面章程，章程所包含的内容居于前五位的是：会员的权利和义务，组织的主要任务和功能，组织管理机构的设置及其职权，会员加入和退出的手续或程序，会员的合格条件。涉及内容很少的重要三项为：选举会员代表或评选积极会员，协会成本的分摊方式，监事会的选举程序。基本设立了理事会和全体会员大会，部分设立了监事会，大部分有年度生产和发展计划。大多数是每年召开一次全体会员大会，有一些只在管理层换届时才召开全体会员大会，有少部分在需要时召开全体会员大会。召开全体会员大会的主要内容是提供技术咨询与培训，传达政府或有关部门的文件或指示，选举或更换组织负责人。在组织的决策方式中，由理事会做出决定的活动主要包括八项：挑选新会员，决定为会员提供什么样的服务，开发新产品，进行新的投资，开除现有会员，寻找新的市场，挑选确定生产资料供应商，挑选确定产品购买方。

3. 农村合作经济组织多属非营利性实体

从调查情况看，关于这些组织的法律性质，多属非盈利性实体，也有的属于群众组织。目前关于这些组织在法定地位和法律援助方面，仍然非常薄弱。大部分没有有关成立和商业运营的专门法律条款。超过一半的组织在成立和运营过程中没有获得过法律咨询或援助。多数认可的组织所有拥有的法律权利主要为：可签署销售合同，可拥有自己的品牌，可签署采购合同，可拥有自己的银行账号，可自有资产。大约半数的协会认为应拥有以下权利：可借贷流动资金，可为会员贷款提供担保抵押，可开办市场等。

现有的农村合作经济组织中，只有一半多有银行账号，而且各个地方不一样。组织的财务状况一般对会员公开，也有少部分不公开。只有很少一部分组织有外部审计，大部分没有。只有少部分组织拥有资产。组织运转的流通资金主要来自银行贷款、政府提供的支持、组织留存的利润、会员借款和企业提供的贷款。也有其他一些来源，如核心会员上交、会员集资、会费、招商引资和股金。组织进行新投资的资金来源与流动资金的来源基本一致。

4. 农村合作经济组织在发展中不断出现新趋势和新动向

近年来，受多种因素的支持和影响，全国各地农村合作经济组织在发展中不断出现一些新趋势和新动向。

第一是从中央到地方各级主管部门为农村合作经济组织的组建和发展所提供的支持不断增强。具体支持方式包括提供政策支持，提供资金补贴和实物支持，帮助组织在其他机构获得资金，减免税费等。资金补贴从400多元到超过20万元不等；实物补贴价值从600元到10000元不等。如此促进新组织的组建和已有基础组织迅速发展壮大。

第二是农村合作经济组织的类型多样化、综合化、实体化，从协会型发展到生产经营型，从生产经营型发展到投资型，表明新一代投资型合作社已经出现并得到发展，显示出强大的生命力。

第三是农村合作经济组织的组建领域不断拓宽，已从蔬菜、瓜果等种植业范围扩展到粮食、养殖、农机、水电、科技服务等各业，合作的深度也从单纯的生产环节扩展到产、加、销全过程，涉及加工、销售领域。

第四是农村合作经济组织对优势产业的依托性增强。专业合作社突出主导产业，发展特色产品，较好地适应了市场的需求。综合服务社从服务农民生活出发，突出综合服务，较好地满足了农民的需要，也启动了农村消费市场。

第五是农村合作经济组织中的社与社、合作社与公司之间的合作不断增多。利益关系比较紧密的组织占全部组织的60%以上。在这些组织中农户以土地、资金、劳力和技术等参股,形成以产权为纽带的新型经济共同体,风险共担,利益共享。

4.4.2.2 新型农村合作经济组织的发展趋势

在当前激烈的市场竞争下,发达国家农村合作经济组织普遍采取扩大业务范围,提供新的服务,扩大经营规模,改善经营管理等方式,探索合作组织的新组织模式,激发合作组织的新动力,走出了一条代表发达国家的新型经济合作发展示范道路。中国作为发展中国家,蓬勃发展中的各种新型农村合作经济组织符合农业发展的历史趋势,结合邓小平关于农业"两个飞跃"的思想和国际经济合作组织的发展趋势,可总结出中国新型经济合作组织的发展趋势。

1. 变革合作社的内部组织结构和改善其运营环境

政府要制定相关法律、法规为合作社提供良好的政策环境,为合作社拓展发展渠道。放宽合作社的注册限制,权力下放,给予合作社以更大的商业自由,不再要求合作社只能追求某一特定的业务目标范围,合作社有权投资于其他合资、合伙或法人公司等。通过多种渠道扩大资金规模,除了社员自有股本外,还可通过贷款、借款等方式充实资金,进行扩大再生产。在管理模式上,可吸收合作社外人员如技术专家等参与董事会,放宽入社条件,拥有技术管理能力的人才也可入会,实行股份激励制,更好地激发社员的责任心,进一步发展委托代理制。

2. 农村合作经济组织逐步走出国门和成为国际性的经济组织

随着经济合作组织的日益成熟,其规模和业务范围也在扩大,由于合作社在生产上分散进行,管理模式松散,稳定性不强,不易引入高效、科学的管理方式,因此为取得长期发展优势,合作社应逐渐向企业公司过渡,寻求更为稳定、组织性更强的合作方式。

3. 发展股份合作制经济

股份合作制是股份制和合作制相结合的经济形式,是吸收了股份制因素的合作制经济,是劳动者的劳动联合和资本联合相结合的一种运行机制,实行按劳分配与按股分红相结合。股份合作制既不同于股份制也不同于单纯的合作社,股份制是资本控制原则,实行"一股一票"的管理决策机制,合作制是劳动控制原则,实行"一人一票"管理决策机制,股份合作制按劳分配为主,坚持自愿参加的原则,是自愿"私有共用"。

总之,农村专业合作经济组织是农村组织制度的一种创新。中国的农村经济组织合作形式多种多样,主要活动在村、乡范围内,也有一些跨县、跨省的。近十多年来,中国农村专业合作经济组织不断发展,其内部特点和发展趋势集中体现在:不改变土地关系和农民的生产经营自主权,农民可根据生产经营活动的需要参加各种各样的专业协会;大多以专业化生产为基础,以某一类专业产品为龙头组织起来,专业性强;很多地方是利用和依托农村丰富的组织资源，改造和兴办专业合作经济组织，类型多种多样；当前中国正处于体制转轨时期，各种利益关系相互交错，还存在一定程度上部门之间的制约，单靠农民自己的力量办专业合作经济组织还有很多困难，在起步阶段需要政府的正确引导、扶持和保护，即"民办官助"；中国目前还没有完善的法律法规体系和系统的扶持政策，加上合作经济组织处于初步发育阶段，整体实力不强，人员素质不高，管理缺乏经验，发展比较脆弱，因此还需要一个较长的历史发展过程。

4.5 城乡融合转型战略

国家的社会结构、经济特点、发展阶段不同，转型的重点也不同。中国是一个拥有13亿人口的大国，农村人口占比重大，城乡二元化特征明显，正处于以城乡一体化为目标，城镇化为特点的城乡融合发展的转型时期；同时，这个过程也以人口从农村向城市的迁移、流动为主要特征之一。本节就城乡一体化和城镇化建设问题进行阐述。

4.5.1 城乡一体化

"城乡一体化"也被称为"城乡经济社会一体化"或"城乡融合"（刘天宇和姜彦福，2010；白永秀等，2010），该思想最早由倡导用"新社会结构形态来取代城乡对立的旧社会结构形态"的英国城市学家埃比尼泽·霍华德（Ebenezer Howard）提出，而他所指的"新社会结构形态"即"城乡一体化"（李晓西等，2010）。2008年，中共十七届三中全会提出了推动中国城乡经济社会一体化发展的重大战略任务。为落实这一部署，2009年的中央经济工作会议提出"积极稳妥推进城镇化，提升城镇发展质量和水平"的意见，随后召开的中央农村工作会议强调城镇化和社会主义新农村建设将成为中国经济长期发展的动力。中央的这些意见，意味着中国经济发展战略的总体思路更加清晰，前进方向更加明确。下面对这一思路做一些具体探讨。

城乡一体化是城市化和人类社会发展的最高境界（应雄，2002），它是基于高度发达的社会生产力的一种在保持城乡二者独有特色的基础上，动态持续地进行全方位（信息、资源、资本等）互动和功能互补，以达到在社会、经济、文化等层面协调发展水平的过程。在这个定义中，有几个要点应当注意：①城乡一体化并不是摒弃城市或乡村的形式，而是在保持双方特色基础上形成良性发展；②城乡一体化是一个持续的动态过程，是城乡二者不断优化的运动形式；③城乡一体化是建立在社会生产力达到一定水平的基础上的；④城乡一体化应当是一个双向互动的过程，即城乡一体化实际上是"双向城乡一体化"，而不仅仅是目前中国所处的"单向城乡一体化"的状态（厉以宁，2010）。

中共十七届三中全会的决定概述了2020年之前必须要实现的六项具体目标。尽管会议文件没有明确勾勒城乡一体化的远景，但依据主要发达国家的发展历程和中国的实际情况，可对这一远景目标做一个总的描述。

城乡一体化的远景要讲五条。一是城乡统一市场的基本建立，特别是统一要素市场的建立。二是城乡居民收入基本一致，农民收入甚至超过全国平均水平。三是城乡居民公共服务水平基本一致，特别是社会保障的城乡差异完全消除。四是农业高度发达，农业 GDP 比重下降到 5% 以下，全国恩格尔系数平均降到 15% 左右，专业农户成为农村的主体居民。五是城市化率达到 70% 以上。

如果上述目标实现了，中国的城乡二元体制将不复存在。这样一些目标并非不可企及。在中国某些发达地区已基本实现了这个目标。一些东欧中等发达国家也基本实现了城乡一体化，而发达国家多在第二次世界大战前完成了这一任务。

中国很大，各地经济结构也不一样，各地实现城乡一体化的指标要求也不应一刀切，有的地方的城市化率可高一些，有的则可低一些。

4.5.2 城乡一体化与城镇化

"城镇化"一词最早出现在塞达（A. Serda）于 1867 年出版的《城镇化基本理论》一书（周一星，1995）。从国际角度来说，"城市化"与"城镇化"两者是同一个概念的不同表述方式，可用"urbanization"这个英文单词来进行表述，指的是人类生产与生活方式由农村型向城市型转化的历史过程，主要表现为农村人口转化为城市人口和城市不断发展完善的过程。而从中国的角度来说，城市化和城镇化表达的含义略有不同，城市化是城镇化的一部分，城镇化的对象包括城市，也包括乡镇等"非农产业和非农业人口集聚为主的居民点"。

中国 30 多年的经济转型证明，城镇化是经济转型的动力之一。在开放度较高的市场，地方政府应该有一定的发展自主权，使资源配置调整能反映资源的稀缺性，才能保持经济转型的活力。没有过去的城镇化，就没有今天的经济成就。中国政府提出了"积极稳妥推进城镇化"的方针，其中应该注意五个方面：①加快农村人口的转移。②强调规划，在国家层面上要有规划，地方也要规划。要注意城市体系的建设，特别要注意小城市或小城镇的建设。③注意"三生"共赢，生产、生活与生态要协调发展，教育农民维护农村天地的生态保护，减少污染源，培养环保型的专业农民，帮助农民富裕起来。④充分发挥市场对资源配置的基础性作用。⑤维护社会公正，不能在城镇化过程中损害人民的利益。要让市民和农民都享受到城镇化的好处。应该实施四项基本措施如下。

1. 以产权明晰为核心促进土地制度转型

第一，通过明晰产权，将一级市场逐步放开，让农民得利。

第二，通过规划控制，体现政府对公共利益的维护和土地收益分配的调节，以提高土地利用的整体效益。

第三，通过明晰产权和用途管制有助于克服中央和地方在土地问题上"负和博弈"的困境。

2. 以调整劳资关系为核心促进劳动和人口管理体制转型

调整好劳资关系，必然改变现存劳动市场的恶性循环，使就业增加，工资水平上升。

这样一个结果会降低中国经济的国际竞争力么？美国在实行八小时工作制以后，劳动生产率的增长率由 0.59% 提高到了 1.14%。在未来几十年里，中国能否调整好劳资关系，不仅关系到城镇化目标的实现，也关乎中国的国家安危。

在调整城市劳资关系的同时，要以户籍制度改革为重心，全面改革城市社会管理体制。户籍制度改革对农民迁徙的意义要大于对其他类型群体（例如大学生）的意义，在大中城市改革的意义要大于小城市改革的意义。改革的基本思路应是通过住房建设规划来实现人口控制规划，原则上只要公民在某城市拥有或能够租用符合一定条件的住房，就可获得人口登记。如果按照这个思路改革户籍制度，大约近1亿农村人口有条件很快在大中城市落户。把户籍和住房挂起钩来，还可防止城市人口的急剧膨胀。

3. 以增强地方自主权为核心全面促进国家行政管理体制转型

国家治理架构的弊端不利于城镇化的健康发展。其弊端主要是省域太大，县域缺乏活力，小城市（城镇）无城市之实；各级政府之间的公共职责没有相对清晰的划分；地方自治的理念几乎不存在。

4. 以绿色转型思路为核心全面促进城乡生产模式的改革

中国的城镇化转型进程在很大程度上是一条"重经济、轻民生；重规模、轻质量；重速度、轻效率；重社会系统，轻生态系统"的路径，即缺乏综合和长期的规划，没有将民生和环保作为发展重点。

生态效益和人民福利应作为中国城镇化效果的重要考量指标。从促进民生的角度考虑，当前的城镇化在城市和乡村之间建立了表面的联系，但没有维护城乡之间的关联纽带。一些乡村的居民在城乡一体化过程中，在基础设施上感受到了高楼大厦带来的现代感，但在居民的福利保障上却没有享受到和城市人口一样的公共服务。从环保角度来说，当前大部分的城镇化城建工作，都伴随着对原本完好的乡村生态环境进行毁灭性的破坏，城镇化带来的物质生活收益与生态环境成本相抵消，很可能抹杀城镇化对乡村居民生活福利的帕累托改进总量。

总之，中国的城镇化应当遵循"由表及里"的思路，综合改善乡村社会、经济和生态环境的状况，促进城乡良性融合。

4.5.3 城乡一体化与人口城镇化

4.5.3.1 人口城镇化的概念和意义

1. 人口城镇化的内涵

"人口城市化"和"人口城镇化"都是指人口向城市集中的过程和结果，反映了人类社会发展的必然结果。从中国的角度来说，人口城镇化是中国独特的人口发展模式，在概念上等于"城市化"与"乡镇化"的合并："在地域上表现为人口城市和城镇区域的集中；在统计口径上，建制镇人口被纳入了人口城镇化水平的统计范围，城镇人口明显多于城市人口，因此，就统计数据而言，人口城市化率要小于人口城镇化率"（李娟，2010）。

由以上概念分析可知，中国的人口城镇化是在实现城乡一体化目标的过程中体现出中国特色的人口向城市和乡镇集中的过程和结果，它反映了在相关社会发展背景下中国人口迁移的状况。

2. 人口城镇化的意义

21世纪，美国高科技产业和中国城市化是两个影响世界最大的事件。城市化是一个长期结构性调整的过程，正在引发深刻的变革：社会形态由传统农业社会向现代工业社会转变，基本制度框架由城乡二元结构向城乡一体化转变，经济发展方式由出口、投资拉动向消费、投资拉动转变，产业、就业结构由低端制造业、服务业向中高端制造业、服务业转变，人口发展由人力资源大国向人力资本强国转变，城乡结构的重大调整伴随中国现代化的全过程。具体来说，人口城镇化具有以下重要意义。

（1）加快人口城镇化是实现城乡一体化的载体

30多年城乡分割的增量改革对经济增长拉动的边际效应逐步递减，构建以存量为主、重新建立新旧利益格局的现代社会体系，改革进入以人口城镇化为主导、推动城乡一体化的第二次制度变革。

（2）加快人口城镇化是经济增长的稳定驱动力

人口城镇化促进产业、人口、资本向城镇聚集，推动农业富余劳动力逐步向第二、第三产业转移，促进产业结构调整，提供更多就业岗位，推动人力资本重组，大大提高城市活力，不断提升财富创造力和国际竞争力。

（3）加快人口城镇化是启动内需的重要举措

工业化提供供给、城镇化提供需求，人口城镇化将带动交通、通信、供电、供气、供水等基础设施需求，基本生活、住房、教育、卫生等直接消费需求；农村规模经营和劳动生产率提高带来的农村消费扩大，可拉动万亿元的巨大内需市场。

（4）加快人口城镇化是解决"三农"问题根本出路

人口城镇化的本质是"三农"发展转变问题，"三农"问题出路在于减少农民，人口城镇化使"三农"问题的解决由农业内部向城乡统筹转变。家庭联产承包责任制使农民跨过"温饱线"，人口城镇化将推动农民跨过"富裕坎"，从根本上解决农村发展的深层次矛盾。

（5）高质量城镇化是实现现代化的前提

城镇化发展综合体现现代化质量，充分体现城镇化进程中人口城镇化、城市现代化、城乡一体化的三重内涵。只有农村富余劳动力和农村人口变为城镇居民，人口素质不断提高，城乡收入差距不断缩小，社会阶层发生重大变化，才能使广大民众分享发展成果，中等收入群体不断扩大，实现人们生产生活方式更加文明、体面且有尊严。

4.5.3.2 中国的人口城镇化概况

1. 人口城镇化发展现状

从国家统计局农村司的监测调查报告中获知，2009年，中国人口城镇化率为46.6%，城镇人口为6.2亿，农民工人口2.3亿，其中乡镇内流动人口8000万，跨乡镇流动人口1.5亿。30多年来人口城镇化快速发展，1980~2009年年均增加近1个百分点。其中，前半期人口城镇化率从1980年的19.4%上升到1995年的29.0%，年均增加0.64个百分点；后半期继续加速，人口城镇化率从1996年的30.5%上升到2009年的46.6%，年均增加1.24个百分点，速度是前半期的近2倍（图4-1）。在加速推进的进程中，中国人口城镇化发展的特色明显：

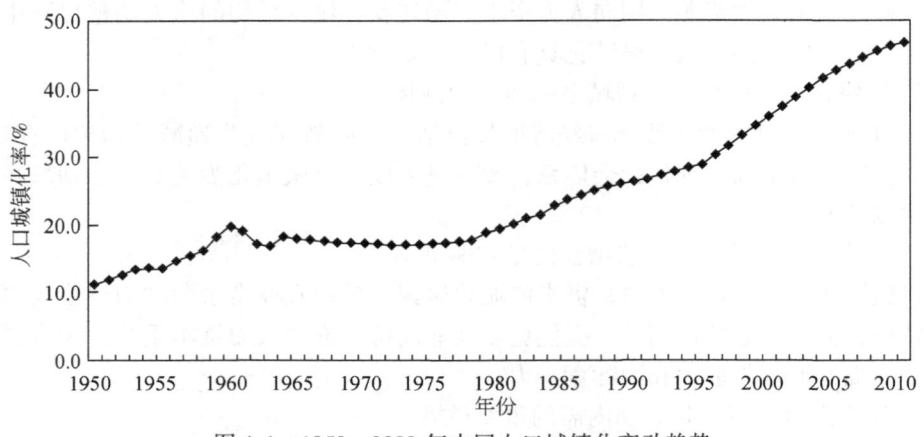

图4-1 1950~2009年中国人口城镇化变动趋势

（1）人口城镇化滞后于工业化

国际经验表明，城镇化率与工业化率合理比值为1.4~2.5，2009年中国为1[①]，尚未进入合理区间。由于投资拉动型主导的发展方式过早追求发展资本密集型产业，出现了资本替代劳动的趋势，同时服务业发展滞后，导致"高增长、低就业"，就业弹性逐年下降，由"九五"期间的0.14下降到"十五"期间的0.12，2008年仅为0.08，是发展中国家平均水平的1/4和发达国家的1/6[②]，城镇吸纳劳动力和人口的能力不足。

（2）人口城镇化滞后于土地城镇化

2000年以来，土地城镇化率以年均3.8个百分点快速增长，人口城镇化率年均提高1.2个百分点，相差3倍。事权与财权不对等的财税体制和追求GDP增长的冲动，导致地方政府通过经营土地弥补支出，将城镇化等同于城市建设，注重"规模扩大"，忽视"产

[①] 中华人民共和国2009年国民经济和社会发展统计公报。
[②] 根据人力资源和社会保障部国际劳工研究所对OECD数据库和各国GDP就业量的计算，一般发展中国家就业弹性平均在0.3~0.4，发达国家平均为0.5，2007年欧盟总就业弹性是0.78，OECD是0.48。

业聚集"，难以为劳动力转移创造就业条件，同时也提高了农民转移成本，延缓了人口城镇化进程。

(3) 户籍人口城镇化滞后于人口城镇化

2008年人口城镇化率为45.7%，户籍人口城镇化率仅为33.3%。城乡户籍承载的福利人均相差30余万元①，目前只有1.7%的农民工落户城镇②。二元户籍制度制约农民工在城镇长期定居和消费，成为人口城镇化进程中的制度瓶颈。

2. 人口城镇化发展趋势

"十二五"期间，中国人口城镇化率将超过50%，城市人口将首次超过农村人口，城镇化发展方向将由单纯速度向速度与质量并重转变，改革进入以推进深度人口城镇化为特征、促进城乡一体化的新阶段。中国的人口城镇化将体现以下趋势。

(1) 人口城镇化空间形态将由东部、大城市为主向中西部、中小城市和小城镇为主转变

从空间布局上构建新的城镇化战略格局，2009年东部的农民工人口达9000万，比2008年下降8.9%；中、西部人口分别为2500万、3000万，分别增长33.2%、35.8%；长三角、珠三角农民工分别为2800万、3300万，分别减少7.8%、22.5%。2007年城市和城镇分别有655个、1.9万个，分别比1978年增长2.4倍、7.9倍，其中，200万人口以上、20万人口以下城市分别为41个、264个，分别增长4.1倍、5.4倍③，城镇、小城市增长速度超过大中城市的增长速度。

(2) 中国中、西部基础设施建设逐步完善，产业供应链初步形成，已具备新城市群接纳产业转移的基础

中国城镇化发展以"沿海和京广京哈线为纵轴，长江和陇海线为横轴，特大城市和大城市为龙头"为主，向重点培育壮大中西部新城市群，尤其是小城镇，加强对农村的辐射能力转变，作为新的经济增长极，进一步吸纳人口，壮大经济，带动城乡、区域协调发展。

(3) 人口城镇化迁移模式由"钟摆式"向"稳定式"转变

迁移主体由第一代农民工向新生代农民工转变，2009年1.5亿外出农民工中60%为"80后、90后"，达1亿。相对于第一代以劳务流动为主农民工，新生代农民工劳动力成本增加，回报预期提升，土地情结弱化，由半农半工为主转变为非农为主，定居城镇的意愿强烈。迁移单元由劳动力个体流动向举家迁移转变，1990~2005年，流动人口性别比由125下降至101，女性迁移流动大幅增加，农民工从流动逐渐转为定居，20%携家眷进城定居，达3000万。迁移动力由生存型向发展型转变，流动人口思想观念、生活习惯、行为方式与城市不断融合，向上流动意愿强烈，市民化诉求刚性，人口城镇化稳定趋势显著。

---

① 包括教育、社保、医疗和市政公共设施的城乡差距。
② 国务院发展研究中心课题组，2007年对劳务输出县301村的调查数据。
③ 中国城市统计年鉴，国家统计局2008年统计公报。

(4) 人口城镇化聚集效应由人力资源向人力资源和人力资本并存转变

中国是世界劳动年龄人口数量最多的国家,超过欧洲人口总和,人口红利创造经济增长动力。2008 年 15~64 岁[①]劳动年龄人口为 9.6 亿,2016 年、2026 年将出现人口 10.01 亿、9.99 亿双峰,2050 年与 2000 年基本持平,人口仍达 8.8 亿,劳动力供给数量优势将继续保持(图4-2)。

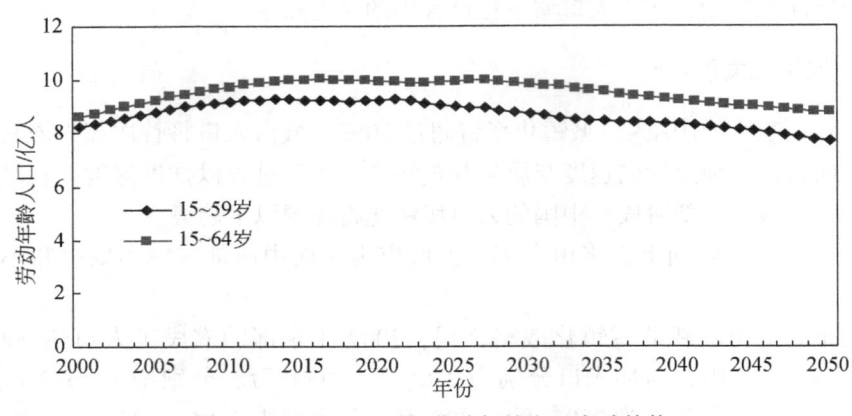

图 4-2　2000~2050 年劳动年龄人口变动趋势

目前,沿海地区出现技术与普通工人双缺的"民工荒"现象。究其原因,一是东部地区农民工工资较低,劳动条件较差,用工制度难以充分保护农民工的权益,使农民工跨区流动拉力不足;二是沿海制造业升级,推动沿海制造业加速向内地、中西部转移,外加农村政策倾斜,生活成本相对较低,比较效益相对较高,为农民工就近就业提供了内在动力。

劳动力优势与产业梯度发展,仍将保持未来 10~15 年"中国制造"的人力资源优势。同时随着农村人口受教育程度不断提高,流动人口平均受教育年限从 1982 年的 5.58 年增加到 2005 年的 8.89 年,平均受教育水平从小学上升到初中,人口城镇化促进人力资本提升,聚集重组,逐步实现由"廉价规模劳动力"向"技能劳动力"再向"知识劳动力"转变,实现质量对数量的替代,不断提升中国在国际市场中的人力资本优势。

(5) 人口城镇化从以农村劳动力转移为主向解决农村人口发展问题为主转变

农村转移人口中劳动年龄人口占 84%,一方面随着户籍制度改革,农民工特别是大规模新生代农民工在城镇落户,农村人口将呈现"两头高、中间低"的特征。0~14 岁少儿人口和 65 岁以上老年人口分别比城镇高 5.35 和 1.06 个百分点,劳动年龄人口则比城镇低 6.41 个百分点,其中 20~35 岁生育旺盛期人口比城镇低 5.86 个百分点[②](图4-3),加上城乡生育水平差距不断缩小,在"城镇出生率相对提高、农村死亡率相对提高",城镇人口比重自然升高的同时,农村留守儿童、老人、妇女等人口发展问题凸显。另一方面随着产业梯度发展,大量产业向中西部、小城镇转移,农民工就地城镇化比例大幅增加,使

[①] 15~64 岁是国际通用的劳动年龄人口标准;15~59 岁是中国常用的劳动年龄人口标准。

[②] 国家人口统计局,2005 年 1% 人口抽样数据计算整理得出。

农村人口发展问题得以缓解。

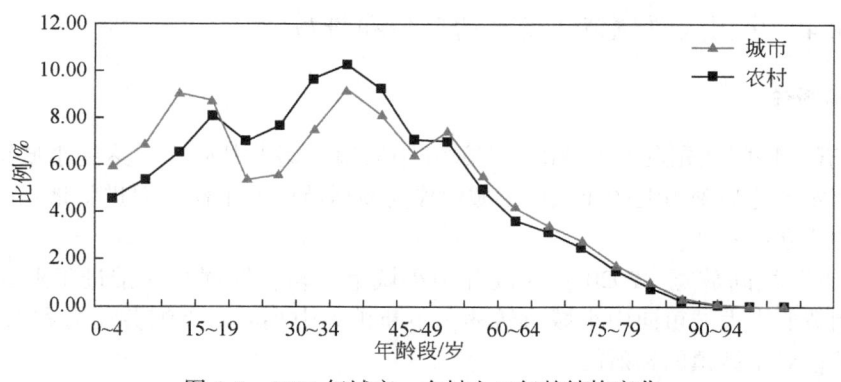

图 4-3 2005 年城市、农村人口年龄结构变化

因此,"十二五"乃至更长时期,人口城镇化发展新阶段要求将人口城镇化与经济增长放在同等重要地位,城镇化发展格局由简单依赖自然资源承载力向自然资源和制度资源综合承载力转变,城镇对流动人口的接纳方式由经济制度接纳向经济、社会制度共同接纳转变,流动人口政策重点由就业服务向就业、定居服务并重转变。

4.5.3.3 中国人口城镇化发展思路和目标

1. 思路

以科学发展观为指导,把人口城镇化作为深化改革的主导力量,改变以城乡二元结构和城镇内二元结构为主要特征的社会制度构架,坚持立足国情,围绕加快人口城镇化进程,以扩大城镇就业、户籍制度改革为基本导向,发挥人力资源优势,促进发展方式转变,大力提高人口城镇化水平和质量,推动城乡公共服务均等化,促进人口与经济、社会、资源、环境协调可持续发展,实现城乡一体化,走出一条中国特色人口城镇化道路。

2. 目标

中国人口城镇化的发展目标是:到 2020 年,人口城镇化率达到 60%,超过世界城镇化平均水平,户籍人口城镇化率达 50%,实现中小城市和小城镇基本公共服务均等化,城镇就业比重达到 55%,城乡劳动生产率之比[①]降至 4,城乡发展相对差距扩大趋势得到遏制。

到 2030 年,人口城镇化率达到 70%,达到中等偏上收入国家城镇化水平,户籍人口城镇化率达 60%,实现城镇基本公共服务均等化,城镇就业比重达到 65%,城乡劳动生产率之比降至 3,城乡发展绝对差距趋于缩小。

到 2050 年,人口城镇化率达 80%,达到中等发达国家城镇化水平,户籍人口城镇化与人口城镇化并轨,实现城乡基本公共服务均等化,城镇就业比重达 75%,城乡劳动生产

---

① 城乡劳动生产率分别以第二和第三产业劳动生产率、第一产业劳动生产率代替。

率之比降至 2，城乡进入均衡发展时期。

4.5.3.4 中国人口城镇化发展的路径和措施

1. 基本路径

"十二五"期间优先发展小城镇，在放开小城镇户籍的基础上，达到小城镇福利保障水平，大力发展劳动密集型产业，以小城镇作为新增就业的主体，促进就地城镇化，推动现代农业的建立和发展。

"十二五"期间放宽、2020 年前放开中小城市户籍，发挥其在推进工业化的主体作用，推动制造业由大城市向中小城市转移，不断扩大中小城市吸纳劳动力和人口的能力，提高中小城市对小城镇的辐射能力。

大城市郊区放开，特大城市轮候，2030 年前放开大城市的户籍制度；"十二五"期间及更长时期，培育壮大中西部为主的城市群，发挥城市群的带动作用，推动产业升级，提高第三产业和现代服务业的比重；2050 年基本形成大中小城市和小城镇协调发展的格局，实现城乡一体化。

2. 人口城镇化需求测算

（1）城镇人口总规模预测

要实现 2020 年人口城镇化 60% 水平的目标，中国城镇总人口需由 2009 年的 6.2 亿增加到 2020 年的 8.5 亿①，净增人口 2.3 亿，年均增加人口 2090 万。其中自然增长人口 0.45 亿②，农村转移人口 1.85 亿，年均转移人口 1680 万。

（2）城镇新增就业岗位需求

1）未来农村转移人口就业规模：目前，中国农村转移人口主要以劳动力为主，家庭中大约还有 3000 万子女和 2000 万老人留在农村③，如在 2020 年前解决流动人口子女教育和老人赡养问题，进城携带率分别按 70%、50% 估算，转入城市 3000 万（非就业人员），在不增加就业压力的条件下，有利于启动内需、提高城镇公共服务资源利用效率，推动人口城镇化进程。在剩余需要转移的 1.5 亿人口中，"就地城镇化"和"农村流入城镇"人口按 1∶1④ 计算，均为 0.75 亿人。其中需提供"农村流入城镇"就业岗位 6300 万个⑤，

---

① 按照 TFR=1.8 预测，中国 2020 年人口总数是 14.2 亿，按城镇化率 60% 计算，城镇人口 = 14.2×60% = 8.5 亿。

② 按照 TFR=1.8 预测，2009~2020 年总人口大约增加 14.2−13.3 = 0.9 亿。由于目前城乡育龄妇女人口规模基本相同，考虑到农村生育率高于城市（生育多）和农村老龄化水平、死亡率均高于城市（死亡多），因此设定 9000 万自然增长的人口中，城乡平分，各 4500 万。

③ 2009 年，流动人口规模 2.11 亿，其中 15~64 岁劳动年龄组占 84%，达 1.77 亿人，如果流动人口按照农村人口 15~64 岁组 68.5% 进行标准化计算，0~14 岁留守儿童和 65 岁以上留守老人的规模分别大约是 3000 万人和 1700 万人。

④ 根据"四普"、"五普"，1990~2000 年在新增长的城镇人口中，52% 为成建制乡改镇，31% 为农村流向城镇，城镇人口自然增长为 17%。考虑 1990~2000 年间成建制乡改镇速度较快，目前所占比重大幅下降，因此设定"就地城镇化"和"农村流入城镇"人口比例为 1∶1。

⑤ 参照 2005 年 1% 人口普查数据，15~64 岁流动人口中劳动年龄人口所占比重为 84%。

年均570万个;"就地城镇化"3800万个①,年均340万个。每年由农村转移的劳动力共需提供新增就业岗位910万个。

2)未来城镇自然增加就业岗位需求规模:人口增加0.45亿,就业岗位增加2200万个②,年均200万个。

3)2009年城镇登记失业人数921万,每年需提供84万个就业岗位。2020年前合计城镇需要增加就业岗位1.33亿个,年均约1210万个。

3. 人口城镇化供给方案

(1)城镇人口增加方案(总量2.3亿,年均2090万)

2008年城镇总人口为61051万,其中,特大城市122个,人口为27719万;大城市110个,人口为7899万;中小城市和小城镇人口为25433万。2006~2008年,全国城镇人口年均增加1485万,其中特大城市人口年均增加574万,大城市年均增加107万,中小城市和小城镇年均增加804万,对全国城镇人口增加的贡献率分别为38.65%、7.21%、54.14%。根据城镇化率目标,2020年前城镇人口年均增加2090万。根据"十二五"优先发展小城镇、放开中小城市户籍的路径,2020年前特大城市、大型城市、中小城市和小城镇对城镇人口增加量的贡献率分别调整为30%、8%、62%。具体情况见表4-1。

表4-1 2020年前城镇人口增加方案*

年份	城镇化率/%	城镇人口 总量**/万人	城镇人口 增加/万人	特大城市 增加/万人	特大城市 总量/万人	大城市 增加/万人	大城市 总量/万人	中小城市和小城镇 增加/万人	中小城市和小城镇 总量/万人
2009	46.60	62186	—	—	28030.0	—	8006	—	26150
2010	47.82	64805	2122	636.6	28666.6	169.76	8175.76	1315.6	27962.6
2011	49.04	66980	2175	652.5	29319.1	174	8349.76	1348.5	29311.1
2012	50.26	69193	2213	663.9	29346.4	177.04	8526.8	1372.1	31319.8
2013	51.47	71430	2237	671.1	29365.0	178.96	8705.76	1386.9	33359.2
2014	52.69	73682	2251	675.3	30040.3	180.08	8885.84	1395.6	34755.9
2015	53.91	75936	2254	676.2	30716.5	180.32	9066.16	1397.5	36153.3
2016	55.13	78174	2238	671.4	31387.9	179.04	9245.2	1387.6	37540.9
2017	56.35	80379	2205	661.5	32049.4	176.4	9421.6	1367.1	38908.0
2018	57.57	82551	2172	651.6	32701.0	173.76	9595.36	1346.6	40254.6
2019	58.78	84691	2140	642.0	33343.0	171.2	9766.56	1326.8	41581.4
2020	60.00	86803	2112	633.6	33976.6	168.96	9935.52	1309.4	42890.9

* 本表所列各类城市的范围均以2008年城市常住人口规模为准划分,未考虑人口变化后城市类型的变化。

** PADIS系统预测数据。

---

① 参照2010~2020年中国劳动年龄人口比重为71.5%、劳动参与率为70%的数据计算。就业人口=0.75亿×71.5%×70%=3754万。

② 按劳动年龄人口占70%、劳动参与率为70%计算。

(2) 户籍制度（福利制度）改革方案

1) 推行一元化户籍登记。逐步取消农业与非农业户口的分类登记形式，回归户籍的人口登记功能。配套推进附着于户籍之上的社会福利制度改革，将就业、劳动保障、教育、医疗卫生等权利获取由"门槛式"向"阶梯式"过渡。实行居住证制度，纳入属地管理，以居住年限、社会保障参保年限作为获得基本公共服务和落户条件，逐渐使农村转移人口与城市居民享受同等待遇。

2) 促进农村土地流转。农村人口落户中等以上城市，交出农村土地、宅基地，享受市民待遇。落户小城镇保留土地、宅基地，享受小城镇市民待遇，土地作为小城镇建设用地入股工业园区分红，土地实施规模经营入股集体分红，土地承包权转让收取租金等方式增加进城农民财产性收入，作为进入城镇的启动资金和城乡待遇差别的补偿。

4. 城镇就业增加方案

(1) 调整产业结构①（总量增加1.33亿，年均1210万）

2009年城镇就业31120万，比2001年增长30%。同期，第二和第三产业就业增长32.3%，比城镇多2.3个百分点。2020年城镇就业人数比2009年增加43.1%，第二和第三产业比2009年增加45.4%②，即增加21922万人，年均为1990万人。2007~2009年第二产业年均增加就业500万人，第三产业增加850万人，合计1350万人，缺口640万人③。由于第三产业就业弹性有较大的提高空间④，未来新增就业主要由第三产业承担。第二产业就业弹性由0.28提高至0.3，年增就业2.25%，合计增加6756万人，年均614万人（其中城镇占394万⑤）。为实现就业目标，第三产业就业应增加15166万人⑥，年增4.25%⑦，平均年增就业1380万人（其中城镇占886万）。

(2) 提高农村转移劳动力就业率

建立城乡统一的劳动力市场，健全就业信息传递机制，充分利用网络、电视、电台、报纸等发布就业政策和劳动力供需信息，提高农民工就业参与率。发展壮大农民工劳务组织，推进农村剩余劳动力有序转移。建立小城镇工业园区，促进产业聚集，提高小城镇吸纳农村劳动力的能力。通过税收优惠等措施，营造自主创业、非正规就业等多种就业方式

---

① 2020年前城镇年均增加就业岗位需求1210万个，2005~2009年城镇年均新增就业岗位929万个，缺口为281万个，因此需要通过调整产业结构增加就业岗位。
② 32.3%+2.3%=45.4%。
③ 1990万-1350万=640万。
④ 2009年中国第二、第三产业就业人数分别为21684万、26603万，比2001年分别增加5400万、6375万，增长率分别为33.2%、31.5%，增加值分别为117.3%、119.2%，就业弹性分别为0.28、0.26。根据日本、韩国、马来西亚、菲律宾、泰国、墨西哥、阿根廷、巴西、意大利、西班牙、乌克兰、澳大利亚等国家2000~2006年的数据计算，第二产业就业弹性为0.32，第三产业为0.5。目前中国第二和第三产业的就业弹性均小于国际经验水平。
⑤ 2005年、2009年城镇就业人数分别为27331万、31120万，第二和第三产业合计就业人数分别为41855万、48287万，城镇就业人数与二三产业就业人数之比分别为65.3%、64.5%，平均每年下降0.2个百分点，预计2020年下降到63.1%，2010~2020年均为64.2%。64.2%×614万=394万。下同。
⑥ 21922万-6576万=15166万。
⑦ 就业弹性提高至0.45。

的市场环境，扩大就业规模。

（3）提高农村劳动力素质

扶持面向劳务市场的农民工职业学校，逐步实现免费教育。通过政府补贴对农村转移劳动力进行技能培训，做到"人人有技能"。建立与专业技术职称并轨的专业技能职称体系，提升农村劳动力的职业技术能力，提高熟练工、技术骨干的社会地位和收入回报，增强参与市场竞争和就业的能力，创造向上流动的机制。

4.6 小　　结

中国经济改革最初始于农村地区，农业的改革促进了农村经济基础和上层建筑的变化，解放了乡村的生产力，也支撑了中国城市地区的经济发展。随着中国社会经济转型步伐的加快，中国城乡一体化战略的实施，城乡发展融合也取得了不俗的成绩：中国的乡村经济、城镇就业正逐步走向多元化和规模扩大化；中国城镇公共基础设施和社会保障体系建设正逐步完善。同时，中国城乡发展仍面临一系列问题，如农村金融服务资源缺乏、农业科技发展政策支持不够、农村生态环境比较脆弱、城市交通状况堪忧、城市主导文化缺失等。政府应立足当前转型的现状，抓住重点，在相关产业上对城乡转型进行扶持。因此，下一章将针对中国经济转型的几个重点领域阐释转型战略。

第 5 章　产业层面转型战略

经济全球化和产业转移使全球战略发生了深刻的变化。在全球产业转移及各国技术壁垒递增的情况下，各国（或地区）都加快了产业转型和结构调整，以促进产业战略的调整与发展（隋映辉，2007）。而产业层面的经济转型战略是实现中国经济转型的重要一环。本章在概述中国产业转型的战略定位和体系后，将着重探讨文化产业、交通产业、金融产业和对外贸易层面的产业转型战略。

5.1　产业转型的战略定位

以跨国公司为首的企业代表正加快抢占研发、设计和技术服务等高附加值环节，将资本和人力配置到更高端的研发和价值更高的产业上，并根据成本要素和周期规律，将低端的技术和加工制造环节转移到发展中国家。中国属于发展中国家，技术相对落后，但劳动力充足且成本低，所以在劳动密集型产业如纺织、服装、日用品等领域制造加工量、出口量大。而在资本密集型和技术密集型产业中，虽然中国科技产业产值逐年递增，但利润明显偏低，大多数产品的竞争力不足。由于成本竞争趋紧，利润增长趋缓，核心技术比重低，没有完整的产业链和自主研发生态链，因此要借助国外的资金技术资源。为了消除今后中国面临的经济安全威胁，选择转型战略至关重要。

5.1.1　产业转型数学模型

1. 产业转型的时机判断

根据产业经济学，可将产业的利润函数写作如下形式：

$$\pi = PQ - [C + C_d]$$

其中，π 为产业的利润；P 为单位产品的市场价格；Q 为产量；C 为固有的生产成本；C_d 为转型成本。

根据对转型成本与风险的分析，C_d 是一个变量，随着时间的推移而增大，而且越是不得已而转型，C_d 也就越大。

如果在利润达到最大之前进行转型，则产业会丧失达到最大利润的机会；若在利润下降到接近零时，由于没有转型和应对风险所需的资金，转型将难以进行。因此，在利润由最大值刚刚开始下降时开始转型是比较合理的。此时转型的成本较低，对社会的冲击也较小。

此外，目前经济学界提出可用"转型熵"的概念判断转型的时机（图 5-1）（Thomas et al.，2008）。定义边际产业熵（$\Delta S_i^I/\Delta T$）与边际产业负熵（$\Delta S_e^I/\Delta T$）。边际产业熵指单位时间内资源型产业熵的变化；边际产业负熵指单位时间内资源型产业负熵的变化。在资源型产业发展初期，产业熵与产业负熵同时存在，产业负熵起主导作用，$\Delta S_i^I/\Delta T < \Delta S_e^I/\Delta T$，表明这时产业内部自然资源、经济结构、环境状况还能发挥效用，产业发展效率处于上升阶段。当资源型产业进入成长、成熟阶段，产业内耗增加导致产业熵不断增大，而系统引进的负熵值逐渐变小，直至 $\Delta S_i^I/\Delta T = \Delta S_e^I/\Delta T$，这时产业发展效率达到最大，之后产业发展效率开始递减。在产业发展效率最大的临界点上，这时各个因素的效用都发挥出来，是成本最低，效率最高的点，此时是产业转型的最佳时机。当进入产业发展的衰退阶段，由于资源耗竭、环境污染、各种社会矛盾加剧，使产业系统内 $\Delta S_i^I/\Delta T > \Delta S_e^I/\Delta T$，产业的发展效率已经递减。产业若想持续发展必须进行产业转型，但此时已错过转型的最佳时机，因此必须投入更多的人力、物力和财力，来弥补产业发展效率的降低，转型的难度更大。

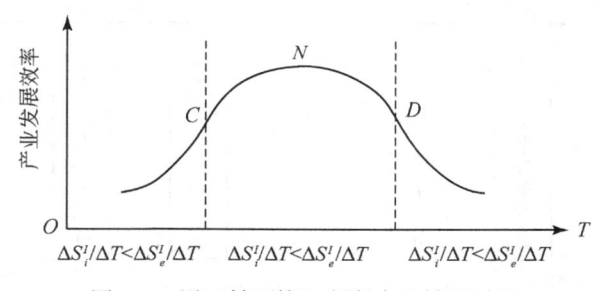

图 5-1 用"转型熵"判断产业转型时机

如图 5-1 所示，为了实施有效的资源型产业转型，其转型阶段应该是产业的繁荣成熟阶段，即图中的 CD 段。其中转型的最佳时机是产业发展效率最大的时候，即图中的 N 点。在资源型产业处于繁荣成熟期时，产业生产能力强，资金充足，可有大量资金用于新产业的经营与发展。待到资源型产业步入衰退期时，新产业已经成长起来，在资源枯竭时仍能支持资源型城市的发展。

2. 基于"熵机理"的替代产业优选模型

"熵"本是热力学上的概念，此处借以表示经济体系运行的无效程度，"负熵"就表示体系运行的有效程度。构建替代产业待选集合：

$$F = \{f_1, f_2, \cdots, f_j, \cdots, f_n\}$$

和产业评价指标集合：

$$P = \{p_1, p_2, \cdots, p_i, \cdots, p_m\}$$

对 n 个待选产业、m 个指标的评价矩阵：

$$X = \begin{bmatrix} x_{11} & \cdots & x_{1n} \\ \vdots & & \vdots \\ x_{m1} & \cdots & x_{mn} \end{bmatrix}$$

赋以"熵"权,求得不同产业的相对优属度,即可用以对比产业在未来发展的竞争力和潜力。

3. 资源型城市转型中产业集聚再造效应模型

产业的集聚效应是一种常见的经济现象。转型中产业集聚的最典型的例子当数美国休斯敦。自20世纪60年代起,休斯敦原有的石油开采业逐渐衰退,因此开始纵向发展石油化工,同时引进航空航天及相关产业,现已聚集数以千计的中小型高科技公司,并带动了金融、医疗等第三产业的发展,形成了持续的竞争优势。

构建资源型城市转型中产业集聚再造效应模型,一方面要评价接替产业的效益;另一方面要衡量接替产业对衰退产业的影响。该模型的框架如图5-2所示。

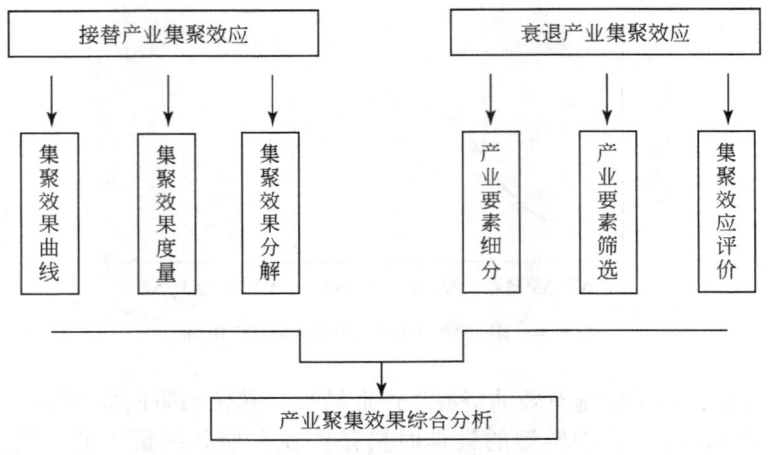

图 5-2　产业聚集效果综合分析

4. 资源型城市产业演替非线性耦合嵌套模型

产业系统是通过多个产业部门、人口、自然资源、环境治理、科技水平、总投资等相互耦合嵌套而形成的社会经济系统。因此,为维持产业系统的良性运行和向高级系统的演替,就必须协调产业发展、人口分布与迁移、资源开发与消耗、环境污染与治理的关系。因此,构造资源型城市产业演替非线性耦合嵌套模型时可考虑用如下的非线性微分方程组来描述产业演替过程:

(1)产业发展模型

$$\begin{cases} \dfrac{\mathrm{d}H_j(t)}{\mathrm{d}t} = \alpha_j H_j(t)\left(1 - \dfrac{H_j(t)}{C_j}\right) + \Gamma_j(t) \\ \dfrac{1}{C_j} = \dfrac{1}{Ax} + \dfrac{1}{By} + \cdots \end{cases}$$

其中，$H_j(t)$ 为第 j 产业在 t 年度的产值；α_j 为待定参数；C_j 为第 j 产业产值增长极限；$\Gamma_j(t)$ 为第 j 产业在 t 年度的随机涨落；$\dfrac{1}{C_j} = \dfrac{1}{Ax} + \dfrac{1}{By} + \cdots$ 为不同产业间的耦合关系；x，y 为限制产值增长的因素，如投资、科技、人口、生态环境等；A，B 为比例系数。

（2）生态环境模型

$$\frac{\mathrm{d}H_d(t)}{\mathrm{d}t} = v_d H_d(t) + \sum \mu_j H_j(t) + \Gamma_d(t) \tag{5.1}$$

其中，$H_d(t)$ 为粉尘、废气、污水、废物等在 t 年度的排放量；v_d 为表征净化程度的待定参数；μ_j 为排放系数；$H_j(t)$ 为第 m 种工业在 t 年度的产值；$\Gamma_d(t)$ 为粉尘、废气、污水、废物等在 t 年度排放量的随机涨落。

此模型也可结合"熵机理"进一步分析（徐君和王育红，2009）。

5.1.2 产业结构内部分析

改革开放以来，中国农业和农村经济取得了长足发展，农业产业结构经过不断调整形成了较好的格局；但是，目前的农业产业结构仍存在不少问题。一是农产品品种、品质结构尚不优化，农产品优质率较低；二是农产品加工业尚处在初级阶段，保鲜、包装、贮运、销售体系发展滞后，初级产品与加工品比例不协调；三是农产品区域布局不合理，各地没有充分发挥自身的地区比较优势，未能形成有鲜明特色的农产品区域布局结构。

第二产业特别是工业"大"而不"强"。第二产业总量扩张明显，但生产结构不够合理，结构升级较慢，经济增长质量不高。主要表现在：①处于全球价值链底端，产业升级面临困难；②产业研发投入不足，技术创新能力差；③产品结构不合理，普通产品相对过剩与高技术高附加值产品短缺的现象同时并存。第三产业总体发展滞后，内部结构需进一步调整完善。

5.1.3 产业转型战略定位

中国利用比较优势发展的劳动密集型产业，其经济利益并不高，从长远来看，不利于中国的发展。同时，中国附加值高的技术、资本密集型产业国际竞争力处于劣势。中国产品在国际市场上的竞争力更多地取决于较低的劳动力成本，缺乏具有长远发展潜力的高层次产业，并且产业升级滞后（蓝庆新，2003）。

从经济全球化的需要看，发达国家（和地区）陆续把劳动密集型加工制造业向中国沿海地区转移之后，造成劳动密集型的高科技制造业如电子器件、通信、计算机装配等向中国转移，中国抓住了国际产业转移的机遇，利用各种资源包括资本、技术、人才、管理等向中国聚集的优势，加快传统产业的工业化进程和信息产业、生物技术产业等知识经济的跨越式发展，但在融入全球的生产体系过程中，中国需提高国际竞争力，增强经济实力，最终还得发展自己的高新技术产业。

20世纪90年代以来,随着高科技时代的到来,知识经济已见端倪。发达国家和地区鉴于资源枯竭、污染严重、劳动成本升高、传统产品失去竞争力等因素,特别是高新技术产业的高附加值和乐观的市场前景,并为了争夺21世纪高新科技制高点,纷纷加快了产业结构、经济结构的调整速度。

经济全球化和信息化的快速发展为中国产业转型进一步发展提供了有利的条件,贸易投资自由化的发展和国际资本流动的继续扩大为产业转型提供了良好的环境。中国要想真正实现产业转型,尤其在高新技术产业等领域有所突破,必须建立一个产业转型战略体系。

5.2 产业转型的战略体系

产业转型的战略体系主要围绕产业结构升级、高增值链来建立。加快产业升级的步伐,是通过技术、人才、资本、资源等要素所创造的价值得以实现的,同时它还必须以强有效的管理做保证。这就要求建立一个产业链、价值链、管理链(management chain)的协同体系。

5.2.1 产业链概念

随着产业内分工不断地向纵深发展,传统产业内部不同类型的价值创造活动逐步由一个企业为主导分离为多个企业的活动,这些企业相互构成上下游关系,共同创造价值。围绕服务于某种特定需求或进行特定产品生产(及提供服务)所涉及的一系列互为基础、相互依存的上下游链条关系就构成了产业链。

产业链形成的动因在于产业价值的实现和创造。产业链是产业价值实现和增值的根本途径(吴金明,2006)。随着技术的发展、迂回生产程度的提高,生产过程划分为一系列有关联的生产环节。由于分工与交易日益复杂化,在经济中通过什么样的形式联结不同的分工与交易活动日益成为突出的问题。企业组织结构随着分工的发展而递增。因此,搜寻一种企业组织结构以节省交易费用并进一步促进分工的潜力,相对于生产中的潜力会大大增加。企业难以应付越来越复杂的分工与交易活动,不得不依靠企业间的相互关联,因此这种企业组织的结构动力与实践就成为产业链形成的条件。

产业链的空间分布特点是:

(1) 产业链的完整性与经济区划紧密相关

当经济区划尺度较大时,如大经济地带、大经济区、省域或流域经济区,或大到几乎囊括产业链所有环节的地域空间时,产业链表现出明显的完整性。当经济区划尺度较小时,如仅是市域、县域或产业集中发展区时,其地域范围一般难于包括产业链的各环节,这对于某一经济区域而言可能形成了特色产业,但产业链却表现出明显的断续性。

(2) 产业链空间分布具有明显的指向性

首先是资源禀赋指向性,产业环境在某种程度上依赖区域的资源禀赋,而后者的空间非集中性引起追逐资源禀赋的产业环的空间分散性。其次是劳动地域分工指向性，劳动地域分工使各区域具有自身的专业化生产方向，产业链对专业化分工效益的追求造成产业环的空间分散性。最后是区域传统经济活动指向性，区域传统经济活动通常是区域特定资源禀赋和区域经济特色的体现，经济活动的路径依赖性和惯性对区域在产业链分工中具有明显的影响。

谋求产业链高度协同的具体做法是：强调产业链的共同利益最大化；产业链上各环节间的协同应是长期的且应持续改进；合作的产业链中企业之间应加强相互信任和认同；要注重对产业链中共同资源的管理和维护；各环节企业要在产业链的发展中增强自身的优势和竞争能力。

5.2.2 价值链概念

在最初基于制造业的观点中，价值链被看成是一系列连续完成的活动，是原材料换成一系列最终产品的过程。新的价值链观点把价值链看成是一些群体共同工作的一系列工艺过程，它们以某一方式不断地创新，并为顾客创造价值（迟晓英和宣国良，2000）。

由美国哈佛商学院著名战略学家迈克尔·波特（Michael Porter）提出的"价值链分析法"（图5-3），把企业内外价值增加的活动分为基本活动和支持性活动：基本活动涉及企业生产、销售、进料后勤、发货后勤、售后服务；支持性活动涉及人事、财务、计划、研究与开发、采购等。基本活动和支持性活动共同构成了企业的价值链。不同企业参与的价值活动中，并不是每个环节都创造价值，实际上，只有某些特定的价值活动才真正创造价值，这些真正创造价值的经营活动，就是价值链上的"战略环节"。企业要保持的竞争优势，实际上就是企业在价值链某些特定的战略环节上的优势。运用价值链的分析方法来确定核心竞争力，就是要求企业密切关注组织的资源状态，要求企业特别关注和培养在价值链的关键环节上获得重要的核心竞争力，以形成和巩固企业在行业内的竞争优势。企业的优势既可来源于价值活动所涉及的市场范围的调整，可来源于巩固企业在行业内的竞争优势，也可来源于企业间协调或合用价值链所带来的最优化效益。

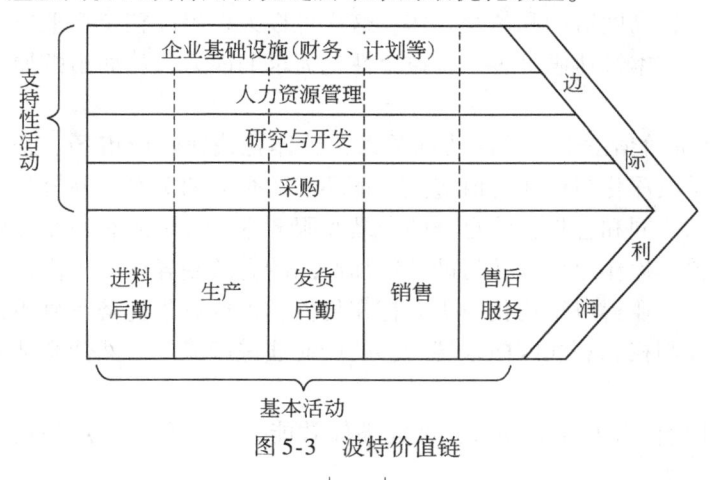

图 5-3 波特价值链

价值链的发展有虚拟价值链与数字资产、因特网和电子商务。信息技术的发展展示了获得竞争优势的新领域,"虚拟价值链"和"数字资产"对企业的能力提供了较宽的经济规模,把顾客的知识转换到新的产品和服务中。因特网和电子商务以一种前所未有的方式集成传统商业活动中的物流、资金流和信息流,同时帮助企业将客户、经销商、供应商和员工结合在一起。电子商务对传统观念的企业价值链的影响主要有:①改变传统的采购、营销及售后服务活动的方式;②改变企业的生产方式,对传统行业带来一场革命;③缩短价值链环节;④进行价值创新。

5.2.3 管理链概念

管理者和被管理者组成一个最简单的纵向管理链。它是由两个"环"和一个"节"组成的管理链。影响这条纵向管理链的因子有三个:管理者、被管理者、管理者与被管理者之间的联系。"联系"含义包括:管理者向被管理者提出任务、目标和要求,被管理者工作情况的反馈信息,管理者对被管理者的指导、工作成绩的判断、监督和纠正措施的意见,管理者与被管理者之间责、权、利的规定,以及两者之间的相互作用、情感影响等方面。这条管理链的有效性取决于管理者、被管理者和他们之间的联系三方面的状态。

管理链理论对管理活动的指导作用包括:①管理的目标是管理的首要问题;②任何组织为了提高管理的有效性,在目标确定之后,要努力提高管理工作效率;③要重视管理系统的结构优化问题;④必须始终注意提高每个管理环和管理节的有效性;⑤整个组织管理的有效性在很大的程度上,取决于管理系统中最弱的管理"环"和"节"的有效性(吴礼民,2000)。

5.2.4 产业链、价值链、管理链三者协同体系

1)优化企业内部价值链,获得专业化优势。企业集中于产业链的一个或几个环节,不断优化内部价值链,获得专业化优势和核心竞争力,同时以多种方式与产业链中其他环节的专业性企业进行高度协同和紧密合作。这样可极大地提高整个产业链的运作效率,也使得企业获得以低成本快速满足客户日益个性化需求的能力,从而击败原有占据绝对优势的寡头企业。

2)深化与产业价值链上、下游协同关系,整体化快速响应市场。企业通过投资、协同、合作等战略手段深化与产业价值链上、下环节的企业的关系,在开发、生产和营销等环节上进行密切的协同和合作,使自身的产品和服务进一步溶入客户企业的价值链运行当中,从而切实改善其运作效率,并帮助其增加产品的有效差异性,提高产业链的整体竞争能力。在此过程中企业得以结构化地提升存在价值,市场竞争优势得到巩固和加强,同时也符合产业链的控制权和利润区向末端转移的产业演进趋势,必然使企业获得较高的利润回报和竞争位势。

3)强化产业价值链的薄弱环节,释放整体效能。企业必须注意强化产业价值链中的

薄弱环节，主动帮助和改善制约自身价值链效率的上、下游企业的运作效率，提高整个产业链的运作效能，使其竞争优势能建立在产业链释放的整体效率基础上，从而获得相对于其他链条上竞争对手的优势。具体的做法可通过强势的高效率企业对低效企业进行控制和强制的手段，也可通过建立战略合作伙伴的方法进行解决，最后还可通过产业链主导环节的领袖企业对产业链的系统整合来实现。

4）把握关键环节，重新组织产业价值链。企业必须识别和发现所在产业链的核心价值环节，即高利润区，并将企业资源集中于此环节，发育核心能力，构建集中的竞争优势，然后借助这种关键环节的竞争优势获得对其他环节协同的主动性和资源整合的杠杆效益，从而使企业成为产业链的主导，获得其他环节的利润或价值的转移，构建起基于产业链协同的竞争优势。

5）构建管理型产业价值链，不断提高系统协同效率。作为行业领袖的领先企业不能仅仅满足于已取得的行业内的竞争优势和领先地位，还需通过以上几种产业链竞争模式的动态运用，去应对产业价值链上价值重心的不断转移和变化，使自己始终处在高价值的关键环节中，保持竞争优势。同时还要密切关注所在行业的发展和演进，主动承担起管理整个产业链的责任，这样才能获得产业链的合理结构和高效的协同效率，引领整个行业去应对其他相关行业的竞争冲击或发展要求，以保持整个行业的竞争力，谋求产业链的利益最大化。

5.3 文化产业的转型战略

5.3.1 产业简介

从20世纪前期法兰克福学派提出"文化工业"的概念开始，文化产业在西方国家已历经七八十年的历史了。而文化产业之所以成为中国当今普遍关注的热门话题，是与中国社会转型所面临的各种机遇与挑战、压力与动力、抉择与期待等复杂社会心理密切相关的。

2000年，中国第一次明确地提出了"文化产业"的概念，并将文化产业逐步从理论层面上升为国家发展规划层面。2009年，国务院发布了国家《文化产业振兴规划》。2010年，党的十七届五中全会提出"推动文化产业成为国民经济支柱性产业"的建议。

文化产业是一种全新的产业，它是在全球化的消费社会背景下发展起来的综合性产业。文化产业推崇创新，注重个人创造力，强调文化对经济的支持与推动。文化产业是一种以生产精神产品为主的新产业，文化产业是服务于人的心灵的产业，它主要是提供精神产品的生产，而不是依赖矿产原料、固定资产等物质进行生产、创造的产业，所以它是一个真正的低碳环保节能的产业。文化产业既是一种新产业，还是一种新理念、新思维、新思潮，它强调要用这种全新的理念与思维去反思传统产业，反思传统的发展模式。

从世界文化产业发展的业态形式和产品特征来看，文化产业具有如下九大特征：第一，"非物质特征"是它的最基本特征。文化产业中文化产品或服务的文化符号性特色较强，交易和消费对物质载体的依赖较弱。第二，文化产业的交易特点是基于版权为核心价值的产品或服务的交易。第三，文化产业的产品和服务的核心消费行为是精神消费而非物质消费。第四，文化产业的核心资源是内容和版权，它将替代传统产业发展的能源。第五，文化产业的资本的质量与规模是决定文化产业发展速度的关键要素。第六，文化产业的产品或服务的文化价值大于传统意义上的产品使用价值，文化价值是决定产品市场价格的关键要素。第七，受众对于产品的文化解码能力决定文化产业的市场规模，公众需求的进步速度决定文化产业的发展速度，整个文化产业的变化和产品的创新将远远快于传统产业。第八，文化产业的技术创新必定引发新的商业逻辑的创建。通过新技术的应用将带来全新的消费和交易模式，从而打破传统的商业逻辑，创建全新的商业模式。第九，在传统产业中需求决定供给，而在文化产业中供给决定需求。

2011年，中国在"十二五"发展规划中，明确地将推进文化产业作为国民经济支柱性产业，这意味着国家的产业发展出现重要的转型。国家"拉动内需""减少对投资和出口的过分依赖"的战略方针，将会把重点放在对国民精神文化产品的生产与消费上。这不仅是中国经济转型发展的契机所在，也是中国文化产业自身大发展的重要历史机遇。但是，现在全国热衷于建设文化创意产业园区，则呈现出"政府主导、权利驱动、举国模式"的错误倾向。

由于缺乏产业链配套和完整的市场运作机制，目前大多数在政府主导下的文化产业园并没有收到预期的产业效果，很多开发区、产业园区的企业在聚集之后出现了难以为继的现象。其实，很多园区的所谓"投资人"并非是为投资文化产业，仅仅是假借文化产业投资之名为获得政府的诸多税收等优惠而进驻文化产业园，他们的目的大都是为了开发收益迅速的房地产，所以很多大学城变成商品房开发区，很多高科技企业在开发区内大肆开发房地产项目。

上述现象表明，文化产业的发展存在着方向与路径的选择问题，如果不实行环境机制的转型、不进行制度创新，文化产业的发展将会丧失社会转型时期的发展机遇。

文化产业有其完整的产业链（图5-4），文化产业的产业链模型应当由内容创意、内容制作、生产复制、交易传播四大环节构成，人才、资本、技术、制度、产业配套环境、交易传播渠道等是决定其发展的关键要素，且在不同的环节呈现不同的特征。

从国际发展经验看，文化创意产业产业链中的核心环节是内容创意，关键环节是交易传播，这两个环节在整个文化创意产业的价值分配中占据高达85%的比重。文化产业的价值链模型见图5-5。

中国文化产业转型定位既是中国环境、资源约束条件下的客观要求，又是转型时期社会变革、文化变迁的时代必然选择，还应特别注意：①中国的文化产业发展要注意"同质化"的问题，各地开展文化产业应结合自身文化禀赋进行产业建设。②文化产业依赖于人才、资源和品牌，那些暂时不具备这些要素的地区不适合直接向发展文化产业转型。③文化产业是一种影响力经济，其综合效益具有"滞后性"和"广泛性"，并且不仅限于经济效益。因此在关注短期经济利益的同时，更要把形成品牌、创造长远知名度的价值当成发展目标（赵永刚，2008）。

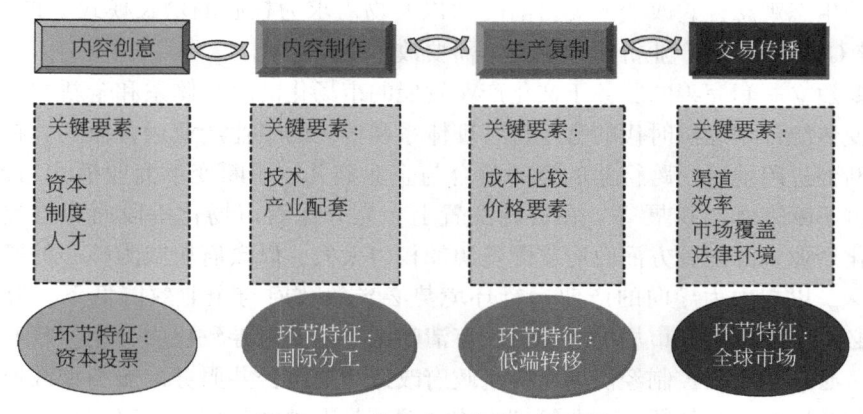

图 5-4　文化产业的产业链模型图

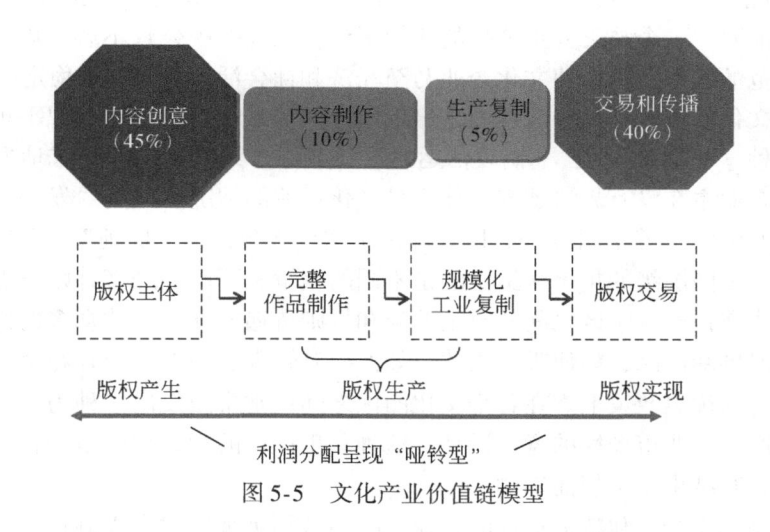

图 5-5　文化产业价值链模型

只有清晰地认识上述文化产业的本质与特点，把握文化产业发展的基本规律，熟悉产业链和价值链的构成模式，掌握新商业逻辑构成的特点，才能在纷纭复杂国际环境中做出正确的方向与路径选择，才能在新一轮的全球经济竞争中获取胜利。

5.3.2　机制创新

实现文化产业的战略转型还必须突破传统的产业政策的瓶颈。文化产业的经营者应深刻认识到传统的产业政策对于文化产业发展的严重制约性，必须创新产业机制，采取切实的措施推进文化产业挣脱不合适的政策的钳制，纠正用发展传统经济的理念和方法来发展文化产业的机制偏差。

首先要突破产业管理机制上的"唯 GDP 论"。文化产业的价值在很大层面上是改变人类现有的生活方式与生存方式，它倡导人类精神上的自由与快乐，它传承中国古代圣贤的天人合一的生态观念，它改变人类目前的"以实物需求为核心的增长模式"的消费方式。因此，"唯 GDP 论"的产业价值评判政策需要改革。

其次要建立一套完善的服务于文化产业发展的市场化的政策体系和全新的运营与管理体系，改变传统计划经济时代的官本位管理体系和传统的工业产业运营模式。在管理模式上，应不断促进跨地区、跨行业的资源整合与企业购并、不断变革商业模式与盈利战略、促进产业链不断完善与扩展等。在资源配置上，充分运营市场化手段而非行政手段。目前，在文化产业资源配置方面政府支配资源的权力太大，以政府权威为核心的资源配置模式危害极深。以权力为导向的产业运行环境势必导致政府与企业效能低下，形成各种腐败。因此必须明确政府和市场的边界，没有清晰的界限必然导致权力寻租。政府应当完全退出市场，必须把直接控制经济的全能型政府改造为提供公共服务的服务型政府。改变过去那种以行政区级别为特征的产业管理模式，尤其是那种"按照行政级别享受不同的优惠政策"的资源配置体系。杜绝当前许多企业和机构忙于"升级别""抢优惠""捞补贴"的乱象。实践证明，一个缺乏公正公平的政策平台，难以摆脱公权不彰、规则扭曲、秩序紊乱、社会失范的状态，难以使文化产业乃至经济和社会活动进入和谐稳定的正轨。

目前，在文化产业转型发展过程中，出现了许多令人忧虑的问题，似乎再现了当年计划经济时代那种"一窝蜂"地、"搞政治运动"式地、"文化大跃进"式地发展经济的情景：很多地方企业主在没有弄清楚究竟什么是文化产业的情况下，假"发展文化产业"之名，杜撰一些所谓的"养生园"等，以继承传统文化之名，行"圈地""圈钱"之实；很多地方政府对于不同层级的集聚区给予的是不同的政策和不同的经济补贴待遇，明显地造成各个集聚区或文化产业园区之间的政策差异和规则待遇差异，导致众多的经营者根本没把精力放在如何创新产品、如何吸引人才、如何提升管理水平上，而是花费大量的精力用在如何争取政府的优惠政策上。在各个文化园区之间也常常激发出一种为争得某一优惠政策而进行非生产性、非市场性的竞争活动。这种非生产性的竞争往往是一种代价高昂的人际关系的竞争，其结果是可想而知的。

文化产业是依靠个人独特创造性的产业，必须特别重视搭建个人创意张扬的平台。中国一直强调集体意识的一致性，而往往忽视个体意识的张扬，因而导致许多具有创造精神的个体的埋没。一个实行民主法制，以保障个人权利为基点的社会，才能充分发挥个人才能。总之，文化产业的转型升级必须不间断地进行各种类型的产业理念与技能的培训，政府应制定合理的机制鼓励各个高等院校和咨询研究机构大力开展各种文化产业培训，大力投资提升人力资源已成为当务之急。

5.4 交通产业的转型战略

中国城市交通在经济改革中取得了较大的发展，在快速发展的同时，城市交通的问题也越来越突出，交通拥堵愈发严重，生态环境日益恶化、空气质量不断下降，资源能源与交通发展的矛盾日益突出，严重制约了城市功能的正常发挥。当前是中国城市交通发展的关键时期，城市交通绿色转型成为关键。

为了减少温室气体排放，中国提出到 2020 年单位 GDP 二氧化碳排放降低 40%~45% 的自主减排目标，这对交通运输业的发展提出了更加严格的要求。2009 年，中国政府在《让科技引领中国可持续发展》报告中，强调重点发展五大新兴战略性产业，加快构建以低碳排放为特征的工业、建筑、交通体系，进一步明确了绿色交通的重要性。绿色交通是中国发展绿色经济、构建绿色交通体系、实现绿色运输和应对气候变化的重要内容，是实现城市交通健康可持续发展的转型战略。

5.4.1 绿色交通简介

绿色交通是城市交通转型的目标。绿色交通是指对人类生存环境不造成污染或者较小污染的交通方式；在城市范围内，是指适应人居环境发展趋势的城市交通系统。绿色交通是一个理念，也是一个实践目标。绿色交通重点强调的是城市交通的"绿色性"，即减轻交通拥堵、合理利用资源、减少环境污染，其目标是实现这三个方面的完整统一结合，即实现通达、有序、安全、舒适、低能耗、低污染。绿色交通的本质是建立维持城市可持续发展的交通体系，以满足人们的交通需求，以最少的社会成本实现最大的交通效率。"绿色交通"理念的核心是资源、环境和系统的可扩展性，是从发展战略的高度去认识交通系统的发展和资源与环境的关系。

发展绿色交通首先要明确绿色交通体系。1994 年布达梭（Chris Bradshaw）首次提出了绿色交通体系，将绿色交通工具进行优先级排序，依次为步行、自行车、公共交通、共乘车、单人驾驶的私家车。

绿色交通通过使用有利于城市环境的多元化城市交通工具来完成社会经济活动，而这是"以人为本"的理念的具体体现。绿色交通的影响因素很多，具体可从规划、管理、技术和行为等方面考虑（图 5-6）。

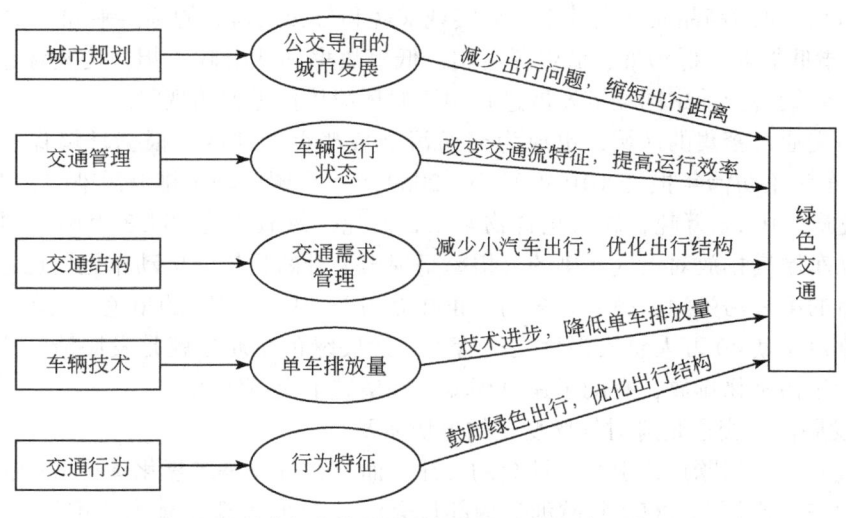

图 5-6　城市绿色交通发展的主要影响因素及关系图

具体来讲,发展绿色城市交通,就是要通过城市规划和土地利用模式的调整,发展公交导向的城市发展模式,减少出行总量和缩短出行距离;通过交通管理,改变交通流的特征,提高城市交通的整体运行效率;通过实施交通需求管理措施,优化城市交通结构,提高城市公交出行比例;提高车辆技术,发展新能源车辆,降低单车的排放量;倡导绿色出行,鼓励利用自行车和步行方式出行,优化交通结构。因此,不断提高居民的绿色出行意识,促进城市居民利用公交、自行车和步行方式出行,是实现绿色交通的基本前提和重要举措。

5.4.2 绿色交通的意义

城市的绿色交通发展既是城市交通系统自身可持续发展的需要,也是发展城市绿色经济、建设生态城市、践行生态文明建设的必然要求。

(1) 建设绿色交通是城市可持续发展的必然要求

交通拥堵已成为中国大城市中普遍存在的"城市顽症",在降低运输效率、浪费大量能源和造成严重环境污染的同时,也造成了巨大的经济损失。从可持续发展来看,城市发展的可持续性是生态城市建设的基准点,而城市交通的可持续发展是城市可持续发展的重要组成部分。进一步来说,是否实现城市绿色交通是生态城市建设的根本和评价标准,没有城市交通的绿色发展,就没有生态城市建设。绿色交通成为现代城市发展趋势已是不争的事实。

(2) 提倡绿色交通是建设"资源节约、环境友好型"交通的必由之路

世界第一人口大国、资源禀赋相对匮乏的基本国情,决定着中国必须加快构建绿色综合交通运输体系,否则资源支撑不住,环境容纳不下,社会承受不起,交通发展将难以为继。建设"资源节约型、环境友好型"交通,就是要建立"两高五低"的绿色交通服务体系。"两高"是指高品质和高效率,如实现乘客和公交运营者的零换乘和一站式服务等。"五低"是指低能耗、低污染、低资源占用、低事故率和低财政负担。构建绿色交通服务体系,可有效缓解当前中国经济发展过程中资源环境代价过大的现状。

城市是交通最密集的区域,也成为交通污染最严重的地区。根据环境保护部发布的《中国机动车污染防治年报(2010年度)》,2009年,全国机动车排放污染物5143.3万吨,其中一氧化碳4018.8万吨、碳氢化合物482.2万吨、氮氧化物583.3万吨、颗粒物59.0万吨,机动车尾气排放对大气污染的分担率呈现出上升的趋势。机动车尾气已逐渐成为中国大中城市的第一污染源,越来越多的人正在充当着"吸尘器"的角色。目前,中国的城市空气污染每年使40万人感染慢性支气管炎。发展绿色交通也就是发展清洁交通,可大大减少机动车污染物排放,有助于建设环境友好型城市交通体系。

(3) 发展低碳交通是应对气候变化的迫切需要

全球气候变化问题日益引起全社会的关注,而交通行业是二氧化碳排放的大户,是世界公认的"三大碳源"。2007年欧洲运输部长会议《减少运输二氧化碳排放报告》显示,在全世界范围交通运输占全部温室气体排放量的28%。从排放总量来看,中国是世界第二

排放大国，尽管目前中国人均二氧化碳排放量低于世界平均水平，但单位 GDP 的温室气体排放量比较高。据估算，2004 年中国交通运输业的二氧化碳排放量约为 2.9 亿吨，交通运输系统是二氧化碳排放的主要来源之一，排放量将会逐年增加，预计到 2015 年和 2030 年将分别达到 5.22 亿吨和 11.08 亿吨。因此，降低交通运输系统碳排放量对稳定温室气体在大气中的浓度至关重要，由交通运输引起的温室气体排放必须得到控制。

城市交通是交通运输系统的重要组成部分，其二氧化碳排放占交通运输系统排放的主要部分。发展绿色交通，就是优先发展以低碳为特征的城市公共交通，实现城市交通发展向低碳模式转换，可实现在满足城市居民交通出行需求的同时，有效减缓二氧化碳排放。

（4）实施绿色交通是城市交通可持续发展的有效手段

城市交通的可持续发展是城市交通发展的宏观方向，而绿色交通则是实现城市交通可持续发展的一种有效手段。据国际公共交通协会（UITP）对世界 45 个城市的调查，出行方式以步行、自行车和公共交通所占比例高的城市，即使人口密度较高，交通能源消耗和出行费用均低于公交、自行车、步行所占比例低和人口密度低的城市（表5-1）。由此可见倡导绿色交通出行方式是实现城市交通可持续发展的一个重要环节和有效手段。

表 5-1　城市人口密度、出行方式、能源消耗和出行费用比较表

城市所属地区	城市人口密度/（人/平方千米）	公交、自行车、步行的出行比例/%	年平均交通能源消耗/（焦/亿人）	城市居民出行费用（占 GDP 比重）/%
美国、加拿大、大洋洲	750	15.5	480	11.26
欧洲	4550	53.0	155	8.5
亚洲（富足城市）	13400	61.5	110	5.5
亚洲（发展中城市）	16600	77.5	58	12.0

5.4.3　绿色交通的发展问题

城市公共交通是单位资源能源使用效率最高的交通方式，发展绿色交通就必须优先发展公共交通，在提供便捷、高效、经济、安全、公平运输服务的同时，也实现绿色运输，既减缓交通拥堵，也降低城市污染，完全符合建设"资源节约型、环境友好型"交通的标准和要求。但是，现阶段，中国城市公共交通的服务能力有限、服务质量不高，新能源交通工具的示范推广刚刚起步，自行车的出行环境日益恶化，中国城市的绿色交通发展进程中面临着严峻的挑战。

1）城市公共交通发展缺乏系统完善的法规保障和政策支撑体系。城市公共交通立法滞后，由导致城市公共交通具有公益性地位、城市公共交通在城市交通中的主体地位、建立以公共交通为导向的城市发展和土地配置模式等无法可依，政府在市场监管过程中缺乏必要的法律支持，主体不明，权责不清，行为不规范，监管不到位。

2）城市公交规划滞后，规划内容不完善。城市公共交通中轨道交通、公共汽电车、出租车等组成部分难以发挥系统的优势互补和组合效率。

3）城市公共交通设施建设严重不足。大运量公交系统建设缓慢，公交运力结构失衡，没有真正发挥大运量城市公共交通方式在大城市交通出行中的主力军作用。

4）公交的运营机制不够科学合理。公共交通企业经历过市场化、回归国有控股、特许经营改革等多种方式，存在垄断还是竞争、线路资源如何分配、公益性和效率性如何调和等问题。

5）公交的定价和补贴机制不够科学合理。目前中国对公共交通的定价没有科学合理的依据，票价与成本的关系、票价与民众承受能力的关系都不明晰，票价往往由所在城市根据其财力决定，凡是经济实力强、政府重视程度高的地方，公交票价就低，反之，票价就明显偏高。

6）缓解交通拥堵的措施治标不治本。"每周少开一天车"限行政策可解燃眉之急而非长久之计，几乎没有鼓励自行车交通发展的相关政策。现今，中国各种道路设施的建设首先考虑的是机动车的通行，然后才是行人和非机动车。在这种发展思路下，许多城市机动车道路越修越宽，自行车道不断地被侵占，自行车环境日益恶化，导致自行车使用率逐年降低。

5.4.4 绿色交通的转型方法

近几十年来，发达国家在城市交通发展过程中，从保证经济持续稳定增长、节约能源以缓解能源供应安全、减缓全球气候变化以实现环境可持续发展三个方面，重新审视并调整了城市交通发展战略；以城市交通的可持续发展为目标，推进城市乃至全社会的健康协调发展，以减少不必要出行需求和加强科技创新等为手段，实现城市交通与能源环境的协调发展。现阶段，中国应充分借鉴西方发达国家的经验，吸取发达国家的教训，结合新时期中国城市交通发展的新特点，以高起点、高标准制定交通发展的战略，引导交通走上可持续发展的道路，建设高质量、多元化的交通系统，形成各种交通方式既相互竞争又协同工作的格局，以效率原则和环保原则引导城市交通系统形成合理的运输结构，建立低碳高效的绿色城市交通系统。

（1）注重城市的高密度、紧凑型发展，提高资源利用效率

紧凑型城市是西方规划学者针对城市可持续发展问题而提出的一种可持续的城市规划模式。在这种规划下，城市将是"适宜行走、有效的公共交通和鼓励人们相互交往的紧凑形态和规模"。它既能有效减少居民的出行距离和机动车消耗的交通能源，又可相对降低对机动交通特别是私人轿车的依赖度，增加居民的步行和自行车的出行比例，从而降低城市交通的能耗、减轻环境污染，实现城市交通的绿色发展目标。其主要经验有：①城市规划与交通规划融为一体，强调土地的混合利用；②完善城市功能区建设，拓展地下空间。

（2）做好战略引导，推动绿色交通体系建设

世界上几乎所有交通环境良好的大城市都有完善的、高效率的公共交通系统作为城市交通和城市发展的一个全局性、基础性的支撑平台。在满足同等交通需求的前提下，公共交通运能是私人交通的十几倍，可有效减少道路交通流量、缓解城市交通拥堵、节约能源

和保护环境。典型城市在推动公共交通发展方面的先进经验主要有：一是加强城市公共交通立法，从根本上保障公交优先。通过立法的形式，把优先发展公共交通确立下来，从根本上保障公交优先是实现城市交通节能的重要手段。二是重视城市土地利用，促进交通土地协调发展。三是推动投融资机制多元化，保障城市公交企业运营。四是采取综合手段，引导小汽车的合理使用。世界许多国家和发达城市（尤其是人口超过1000万的大城市）的交通管理实践已经证明，通过经济、财税、技术等多种手段引导小汽车的合理使用，调节进入中心城区的车流量，是治理城市交通拥堵、实现绿色发展行之有效的办法。降低小汽车的排量，提高实载率，减少小汽车的平均行驶距离，是以环境、能源为约束的城市交通发展政策的必然选择。这些政策可包括严格限制公务车的使用，提高使用效率；实施拥挤收费等需求管理，减少小汽车使用；鼓励汽车合乘，提高机动车的实载率（汽车合乘可减少道路交通流量，缓解交通拥堵，降低能耗，节省费用，是一种行之有效的节能措施。德国的车辆合乘已成为一种行业，且已发展得相当成熟。在德国，遇到交通高峰期，即使是私家车，空车上路也会被罚款。欧盟还有从德黑兰合乘到伦敦的业务。新加坡共享机动车制度〈如共用汽车〉越来越广泛）；大力发展自行车交通方式，鼓励绿色出行。五是加强科技创新，发展节能环保型汽车。各国政府在推动节能环保型汽车方面采取了不同的措施，在生产端鼓励汽车生产企业的先进技术创新，通过从消费端鼓励用户购买节能环保型汽车，从这两个方面制定措施，并通过强制立法、税收优惠、财政拨款、补贴等方式促进节能环保型汽车进入市场。例如，深圳市五洲龙集团公司大力发展电动交通工具，将呈未来发展的方向。

5.4.5 绿色公共交通转型

在城市交通系统中，现代化公共交通是环保型"绿色交通"系统最重要的基本特征，公共交通以最低的环境代价实现最多的人流和物流，以有限资源提供高效率与高品质的服务水平和服务质量，因此成为可持续发展的"绿色交通"的必然选择。中国城市交通的未来发展必须建立以"公共交通+自行车/步行"为主体的绿色交通体系，结合中国目前城市交通的发展阶段，分析未来的发展趋势，要实现绿色交通的目标，需要通过一系列的政策法规、经济手段和机制保证其实施。

（1）优化城市形态，发挥公共交通的引导作用

建设适宜步行，有效的公共交通和鼓励人们相互交往的合理密度的紧凑型城市形态。注重城市土地利用规划与城市综合交通规划的衔接与协调，将城市综合交通体系规划完全纳入到法定的城市总体规划之中。城市规划方案应强调公共交通沿线土地利用的混合布局。对新兴城市和新规划的城市开发区实施公共交通导向的城市发展，公交沿线进行高密度开发，加强土地利用的混合开发，促使人口和经济产业集中发展，有效地减少刚性交通需求，便利使用公共交通、步行和自行车出行。同时，避免在统筹城乡发展过程中形成新一轮的城市蔓延。城区与新兴城市或开发区之间需依靠大容量快速公共交通通道连接，从而大幅提高城市郊区的公交服务能力。城区、新兴城市或开发区内部要鼓励发展非机动交

通模式和清洁能源车辆，建设宜居环境。

（2）优先发展公共交通，提高公共交通的服务水平

尽快出台《城市公共交通条例》，坚持城市公共交通"设施用地、资金安排、路权分配、财税扶持"四项优先原则，确立相应的法律制度，规范城市公共交通秩序，保障运营安全，维护各方当事人的合法权益，依法促进城市健康和可持续发展。建立城市公共交通发展专项基金，规范公共交通补贴机制。以节地节能为目标，提高城市土地资源的集约化使用程度。加快综合交通规划和公共交通专项规划的法定化进程。

（3）引导小汽车合理使用，减少城市环境污染

1）加强城市停车规划与管理。新小区开发必须做好停车位规划，鼓励商场、影院等公众场所建立立体化停车设施。从长远看，要正视城市土地资源的稀缺性，以合理引导、控制停车需求为主。建议对中心城区实行分区域、分时段、分标准的差别化停车收费政策。对道路供需突出而地铁公交相对发达的区域，如中心商业区、CBD停车场等采取高收费和时间累进制费率政策，鼓励短时间停车；对路内和路外停车场进行合理定价，充分利用现有停车设施资源；对停车换乘枢纽停车场免费或低收费，鼓励出行者停车换乘进入城市中心区。

2）提高城市出租车的实载率。建设和推广城市出租车智能调度的信息平台，设立出租车统一停靠点，实行差别化运营，形成以电信预约方式为主，巡弋出租和专用候车点出租为辅的出租汽车体系，以提高城市出租车的实载率，减少空驶、节约能源、保护环境。

3）鼓励汽车合乘。针对中国汽车合乘合理不合法的问题，制定相关的管理办法，规范汽车合乘行为。通过鼓励成立一系列"搭乘车"经营型公司，利用信息化平台，将驾车者与用车者的需求进行有效配置，同时完善保险、安全认证、支付方式的配套，形成一种新型的商业模式，从而提高合乘率，大大降低能耗和污染，缓解交通拥挤。

总之，加强对公众的绿色出行意识教育，引导公众转变观念，摒弃私家车出行优先的观念，积极选用公共交通和自行车等绿色交通方式出行，开展多种激励活动，对公众选择公共交通出行进行奖励或优惠。

5.5 金融产业的转型战略

金融产业是一个国家经济发展的血脉，金融领域的健康发展、金融对经济发展发挥作用的大小将直接决定一国经济发展的质量和速度。在金融业中实施绿色转型战略，将极大促进中国经济转型的发展与创新。

5.5.1 绿色金融在绿色经济转型中的作用

绿色经济是一种以资源的高效和循环利用为核心的经济发展模式，具有低消耗、低排放、高效率的特征。这种模式的发展不仅有利于生态保护和资源的可持续开发利用，而且有利于产业结构的调整和升级，实现经济的跨越式发展，是中国当前经济发展模式的必然

选择。与此同时，任何产业在现代经济中的成长和发展都需要金融业的支持。经济活动与金融活动密不可分，两者的融合过程一般称之为"经济的金融化"。同样，绿色经济的发展也离不开金融的支持，中国应充分利用金融这一重要的市场化工具来促进绿色经济的发展。

5.5.1.1 绿色经济转型与金融支持的经济学分析

绿色经济转型离不开各种制度、政策、手段的支持，而金融正是重要的推动要素之一。随着社会经济的发展，金融在社会经济体系中的作用日益突出。作为一种新的发展模式，绿色经济的发展必然离不开金融的支持。关于绿色经济转型与金融支持的经济学分析，可从两个角度进行研究，一是基于宏观经济发展的角度，二是基于微观市场的角度。

从宏观层面看，金融业与绿色经济转型密切相关。丹尼斯·梅多斯（D. H. Meadows）的增长极限理论认为经济和社会的发展不可能长期超越自然环境的承载力，只有建立在生态环境平衡稳定基础上的经济发展才具有可持续性。这就使提高资源的利用效率成为发展绿色经济的重要环节。而要提高资源的利用效率，必然要充分合理地配置包括金融资源在内的各类资源，这就为金融发挥作用提供了一定的发展空间。

不同类型的金融业和不同类型的投融资行为与可持续发展的关系不尽相同，这种关系比其他行业（如工业）与可持续发展的关系更为复杂和隐晦。环境问题也可影响银行经营，一些引发严重环境问题或存在潜在环境风险的投资项目一旦失败，就会给银行财务表现带来负面影响。从金融支持可持续发展角度看，科学的信贷行为和金融投资行为不仅可减少污染，而且可通过提高资金运作效率，改善整个经济社会资源（尤其是金融资源）的配置，为绿色经济发展源源不断地提供资金动力和资金运作与管理咨询，同时通过产业结构优化、产业运作效率提高等方式优化循环经济运作链条。这是金融支持绿色经济转型的一个基本的分析框架。

从微观层面看，主要侧重于两个观点，一是市场失灵说，二是风险说。

市场失灵说指绿色经济在发展过程中，有较强的外部性特征，进而出现"搭便车"行为，导致投资成本明显大于投资收益，出现"市场失灵"。由于外部性特征的存在，如果仅仅依靠市场力量来自发吸引资金，往往会出现投资不足的情况，无法充分发挥各个经济主体的积极主动性。因此，对绿色经济的金融支持，不仅需要包括银行、证券等金融部门的有效参与，在一定程度上也有赖于国家财政的大力投入。此外，政府还应制定相关政策引导金融机构的经济活动，并通过政策性银行信贷或发行国债的方式筹集资金。

风险说表明，绿色经济的产业化是有风险的经济行为，具有极大的不确定性。绿色经济应用技术的探索和推广处在科学技术的前沿，任何一项工程的构思、设计和实施都具有风险性，主要包括技术风险（在产品研制和开发过程中由于技术失败而产生的风险）、市场风险（技术创新带来的新产品是否符合市场需要的风险）、财务风险（技术创新过程中的投资需求是否有保证的风险）和自然风险（绿色经济转型过程中所面临的自然灾害导致的风险）等多种风险。因此需要在机构改革和产品创新等金融体系建设过程中，充分考虑和加强对绿色经济发展的风险控制和金融规划，为中国向绿色经济转型创造一个良好的金融环境。

5.5.1.2 金融业支持绿色经济发展的国际经验

随着公众对绿色经济转型意识的提高和企业对社会责任的认同，人们越来越意识到促进传统经济向绿色经济转变的重要性，通过金融激励方式来鼓励绿色经济发展的手段被越来越多地使用，金融企业在其中更是扮演了一个十分重要的角色。国际金融体系在发展绿色经济中所起到的作用主要有以下几类。

1. 支持绿色经济发展的银行绿色金融服务

全球环境的变化给全球银行业带来了新的经营风险，一方面，气候变化带来的风险给银行业带来了巨大的压力，另一方面，经济向"低碳"转型的信号激活了商业银行创新的内在动力。目前，全球银行业支持绿色经济发展的主要手段有：

（1）赤道原则

"赤道原则"（The Equator Principles，EPs）原名为"格林尼治原则"，也被称为"环境与社会风险的项目融资指南"，是由世界主要金融机构根据国际金融公司的环境和社会政策与指南制定的自愿性原则，用于确定、评估和管理项目融资过程中所涉及的环境和社会风险。赤道原则的产生根源在于金融机构履行企业社会责任的压力。当银行向一些大型项目融资后，由于项目产生的负面环境影响和引发的社会问题而备受争议，并给银行声誉带来损失，包括政府、多边贷款机构、非政府组织和社区民众在内的利益相关方认为，银行有责任对项目融资中的环境和社会问题进行审慎性调查，并督促项目发起人或借款人采取有效措施来消除或减缓所带来的负面影响。

2002年10月，国际金融公司和荷兰银行等九家银行在伦敦主持召开会议讨论项目融资中的环境和社会问题，会后由荷兰银行、巴克莱银行、西德意志州立银行和花旗银行在国际金融公司环境和社会政策基础上共同起草了《环境与社会风险的项目融资指南》，这就是赤道原则。2003年6月4日，7个国家的10个主要银行宣布实行"赤道原则"，即由这些银行根据国际金融公司的政策和指南制定的、旨在管理与发展项目融资有关的社会和环境问题的一套自愿性原则。这些银行在全球范围内对所有产业部门的项目融资实行这些原则，包括采矿、石油与天然气和林业部门。实行赤道原则后，银行保证只为那些符合条件的项目发放贷款，即项目发起人能使银行确信他们有能力和意愿遵守旨在确保项目实施方法对社会负责并符合合理的环境管理惯例的综合程序。这些银行对所有资本成本达到或超过5000万美元的项目贷款实行赤道原则。2006年7月，成员银行对赤道原则进行了修订，将适用赤道原则的项目融资规模从5000万美元降低到1000万美元（主要由于发展中国家的大多数项目都是5000万美元以下，如果规定5000万美元以上的项目才适用赤道原则，对发展中国家的社会与环境保护力度不够）；在项目分类上更加明确区分社会和环境影响评价，更加强调项目的社会风险和影响；承诺定期进行信息披露以增加项目的透明度。这些修订使赤道原则更趋完善。2007年上半年，在新兴国家市场开展的以项目融资方式融资的项目中，86%的项目由采纳赤道原则的金融机构牵头安排进行融资。截至2008

年年底，全球五大洲共有 63 家金融机构采纳赤道原则，它们中既有发达国家成员，也有发展中国家成员，其业务遍及全球 100 多个国家，项目融资总额占全球项目融资市场总份额的 85% 以上。

赤道原则使用了国际金融公司的环境和社会筛选程序所建立的筛选过程。有关银行用通用术语把项目分为 A 类、B 类或 C 类（分别具有高、中、低级别的环境或社会风险）。对 A 类和 B 类项目（高风险和中风险），借款人要完成一份环境评估报告，说明怎样解决在分类过程中确定的环境和社会问题。在与当地利益相关者进行了适当磋商后，A 类项目（在适当的情况下也包括 B 类项目）就必须完成以减轻与监控环境和社会风险为内容的《环境管理方案》。借款人必须向银行证明其项目符合东道国的法律并符合涉及有关产业部门的世界银行和国际金融公司的预防与减轻污染指南。对新兴市场中的项目，借款人还必须证明环境评估中考虑到了国际金融公司的保障政策，后者为处理自然栖息地、土著人口、非自愿移民、水坝安全、林业和文化财产等问题提供了指南。目前，赤道原则已成为判断、评估和管理项目融资中的环境与社会风险的一个金融行业基准。

赤道原则的重要意义在于它第一次把项目融资中模糊的环境和社会标准明确化、具体化，为银行评估和管理环境与社会风险提供了一个操作指南。

（2）联合国环境规划署金融行动

"联合国环境规划署金融行动"是全球银行业支持绿色经济发展的新手段。它是依托成立于 1997 年，由联合国环境能源规划署、世界主要银行和保险公司成立的金融机构自律的环保金融组织——"联合国环境规划署金融行动"（UNEP FI）来推进绿色经济发展。其成员来自各国银行、保险和证券公司等多领域金融机构。该组织宗旨是推广和普及可持续金融理念。目前已有 45 个国家的 208 家金融机构成为其签约方。

（3）商业银行的绿色金融服务

商业银行的绿色金融服务是全球银行业支持绿色经济发展的又一手段。发展低碳能源等朝阳产业需要巨额资金，因此对商业银行的产品和服务有新的需求。目前，世界各国商业银行等金融机构为个人和企业提供的绿色金融产品和服务主要有：①建立环境报告制度和环境管理系统。欧洲银行普遍建立环境报告制度，一些银行先行建立环境管理系统，系统性地降低内部流程可能产生的环境影响。②开展环境风险评估并制定环境风险指导意见。20 世纪 90 年代以来，银行开始认识到环境的风险问题，很多银行在经营决策中开展环境风险评估并提出环境风险指导意见。欧洲的商业银行明确规定银行不能向某些部门或活动提供融资，而北美洲的银行更乐于采用世界银行的环境分析原则。③商业银行产品和服务创新。国际银行业对于可持续发展的认识正在发生变化，表现为从单纯管理环境和社会风险转变为从可持续发展中寻找成长的优势和机会，开发新的产品，进入新的市场。第一，加大对低碳消耗项目的贷款。例如，2007 年 5 月，荷银集团、花旗集团、德意志银行、摩根大通和瑞银集团五家银行共同出资 50 亿美元支持前总统克林顿基金会，该计划致力于改造曼谷、柏林、芝加哥等 16 个城市老建筑的绿色建筑项目。第二，提供环境基金产品，也称"绿色基金"。例如，荷银集团推出挂钩"荷银气候变化与环境指数"的基金。该基金使投资者可直接追踪低碳消耗/环境友好型上市公司在股票市场的表现。第三，提供环境融资租赁服务。由于 CDM 项目在建设开发的过程中需要购买昂贵的动力设备，通过融资租赁的方式，由银行或租赁公司等金融机构为项目企业购买这些设备。在项目建成后，金融机构将设备出租给项目企业使用，企业从出售 CERs（核证减排量）的收入中支付租金，融资租赁释放了企业的流动资金，保持了资金的流动性。第四，提供环境和社会信用卡。例如，荷兰合作银行已向 100 万银行客户发行气候信用卡。荷兰合作银行以该信用卡进行的各项消费为基础计算出二氧化碳排放量，然后购买相应的可再生能源项目的减排权。第五，向顾客提供环境保护方面的咨询服务，包括印制节约能源的小册子，提供各种定制的和现场的咨询服务等。

2. 支持绿色经济发展的碳信用交易市场

碳交易本质上是一种金融活动，但与一般的金融活动相比，它更紧密地连接了金融资本与基于绿色技术的实体经济：一方面，金融资本直接或间接投资于创造碳资产的项目与企业；另一方面，来自不同项目和企业产生的减排量进入碳金融市场进行交易，被开发成标准的金融工具。因此，利用碳信用交易市场机制，借助绿色利益驱动，是低碳发展的必由之路。

目前，国际温室气体排放权市场主要包括两个组成部分：配额交易型市场和项目型交易市场。配额交易是在有关机构的控制和约束下，将那些有减排指标的国家、企业或组织包括在该市场中。管理者在总量管制与配额交易制度下，向参与者制定、分配（或拍卖）排放配额，通过市场化的交易手段将环境绩效和灵活性结合起来，使参与者以尽可能低的成本达到遵约要求。基于项目的交易是通过项目的合作，买方向卖方提供资金支持，获得温室气体减排额度。由于发达国家的企业要在本国减排花费的成本很高，而发展中国家平均减排成本低，因此，发达国家提供资金、技术和设备帮助发展中国家或经济转型国家的企业减排，产生的减排额度必须卖给帮助者，同时，这些额度还可在市场上进一步交易。

目前世界上还没有统一的国际排放权交易市场，在区域市场中，也存在不同的交易商品和合同结构，各市场对交易的管理规则也不相同。其中欧盟的 EU-ETS（欧洲碳排放交易体系）是全球碳交易市场的引擎，包括八个交易中心，涉及欧盟 27 个成员国及列支敦士登和挪威共 29 个国家和近 1.2 万个工业温室气体排放实体。美国虽然没有核准《京都议定书》，但 2003 年建立的芝加哥气候交易所（CCX）是全球第一个由企业发起的、以温室气体减排为目标和贸易内容的专业市场平台。澳大利亚于 2003 年建立了新南威尔士温室气体减排体系（NSW GGAS），它是针对该地区电力行业的减排市场。

3. 支持绿色经济发展的碳减排的金融衍生品市场

（1）碳资产证券化

当碳被赋予产权后，通过市场交易机制，就能产生稳定的现金流，因此，碳作为一种新型的人为开发资产也可通过资产证券化增加流动性。碳资产证券化是指企业将具有开发潜力的 CDM 项目（碳资产）卖给 SPV（一般是投资银行），SPV 将这些碳资产汇入资产池，再以该资产池所产生的现金流（CERs 收益）为支撑在金融市场上发行有价证券融资，最后用资产池产生的现金流来清偿所发行的有价证券。

(2) 碳交易保险

碳交易的过程存在着较大的风险。作为最古老的风险管理方法之一的保险可在经济制度上为碳交易提供一定的保障。碳交易保险不仅可为碳交易合同或碳减排购买协议的买方提供保险——如果买方在交纳保险后不能如期获得协议上规定数量的 CERs，保险公司将会按照约定提供赔偿，也可为开发 CDM 项目的企业提供保险——如果企业在交纳保险后不能将具有很大开发潜力的项目开发为 CDM 项目，将会获得保险公司提供的 CDM 项目开发保险。如果将碳交易保险与碳资产证券化结合起来，就可形成碳资产的 CDS（信用违约互换），即对债权人所拥有债权的一种保险。

(3) 天气衍生品

全球气候变暖导致暴风雪、寒流、干旱、强降水、热浪和热带气旋强度在内的极端天气频繁发生。为了应对气候变化所带来的天气风险，20 世纪 90 年代后期，在各行各业对天气风险管理的需求日益加强的情况下，对一般天气风险进行分割、重组、交易和管理的新型金融衍生品——天气衍生品便诞生了。1997 年美国科赫能源和安然两家公司以美国威斯康星州东南部港口城市密尔沃基 1997~1998 年冬季气温为参考，基于主要气温指数，安排了一个天气衍生品交易，这标志着天气衍生品的出现。此后，遭受天气风险的各类经济主体越来越多地开始利用天气衍生品来规避天气风险。随着市场供给主体的增多和市场需求量的增大，天气衍生品市场逐步发展起来，成为全球发展最快的金融市场之一。

4. 支持绿色经济发展的碳基金投资

《京都议定书》规定工业化国家在 2008~2012 年必须减少相当于 1990 年排放水平 5.2% 的温室气体排放量。《京都议定书》还规定至 2012 年减少至少 50 亿吨的二氧化碳排放，其中至少 25 亿吨的二氧化碳排放目标必须来自于减排权交易。在此背景下，不少发达国家通过建立各种碳基金来支持节能减排项目的开展。全球相继成立了温室气体减排量购买机构。它们大多数是通过基金运作，既包括政府基金也包括私人基金。世界银行的雏形碳基金是全球第一个为清洁发展机制 CDM 运作的基金。随后，世界银行和其他机构相继建立了更多关于温室气体减排量购买的基金。

目前国际上购买核证减排量（CERs）的碳基金和采购机构约有 50 家，主要有以下几种设立和管理方式：①全部由政府设立和政府管理。②由国际组织和政府合作创立，由国际组织管理。这部分 CDM 项目主要由世界银行与各国政府之间的合作促成。意大利碳基金、荷兰碳基金、丹麦碳基金、西班牙碳基金等就是此类碳基金。③由政府设立并采用企业模式运作。这种类型的主要代表是英国碳基金和日本碳基金。④由政府与企业合作建立并采用商业化管理。这种类型的代表为德国和日本的碳基金。德国复兴信贷银行碳基金由德国政府、德国复兴信贷银行共同设立，由德国复兴信贷银行负责日常管理。⑤由企业出资并采取企业方式管理。这些碳基金规模不大，主要从事核证减排量的中间交易。

5. 支持绿色经济发展的绿色保险国际经验

目前，在世界各主要发达国家，环境污染责任保险业务和保险制度已进入较为成熟的阶段，特别是在美国、德国和日本等国家，已成为通过社会化途径解决环境损害赔偿问题的主要方式之一。由于环境损害原因的复杂性和承担责任的特殊性，加之各个国家不同的国情，环境污染责任保险也呈现出不同的模式。就国外有关的立法来看，目前国际上主要有三种模式：以美国、印度、巴西等为代表的强制保险制度；以德国、意大利等为代表的强制责任保险与政府、金融机构担保的保障制度；以法国、英国、日本等为代表的任意责任保险为主、强制责任保险为辅的制度。

5.5.2 中国发展绿色金融的具体实践

5.5.2.1 中国开展"绿色金融"的背景

目前，中国坚持走可持续发展的道路，并进行新一轮经济转型。国际社会中"绿色金融"实践正不断兴起和发展。中国的绿色金融实践就是在这样的背景下出现并发展起来的。

1. "十一五"规划提出国家的节能减排目标

《中华人民共和国国民经济和社会发展第十一个五年规划纲要》提出了"十一五"期间单位 GDP 能耗降低 20% 左右，主要污染物排放总量减少 10% 的约束性指标。这是贯彻落实科学发展观，构建社会主义和谐社会的重大举措，是建设资源节约型、环境友好型社会的必然选择，是推进经济结构调整，转变增长方式的必由之路，是提高人民生活质量，维护中华民族长远利益的必然要求。

然而，实现节能减排目标面临的形势十分严峻。2006 年以来，全国上下加强了节能减排工作，国务院发布了加强节能工作的决定，制定了促进节能减排的一系列政策措施，各地区、各部门相继做出了工作部署，节能减排工作取得了积极进展。但是，2006 年全国没有实现年初确定的节能降耗和污染减排的目标，加大了"十一五"后四年节能减排工作的难度。更为严峻的是，2007 年第一季度，工业特别是高耗能、高污染行业增长过快，占全国工业能耗和二氧化硫排放近 70% 的电力、钢铁、有色、建材、石油加工、化工等六大行业增长 20.6%，同比加快 6.6 个百分点。与此同时，各方面工作仍存在认识不到位、责任不明确、措施不配套、政策不完善、投入不落实、协调不得力等问题。

2007 年 6 月 3 日，国务院印发的发展和改革委员会会同有关部门制定的《节能减排综合性工作方案》（以下简称《方案》）明确了 2010 年中国实现节能减排的目标任务和总体要求。

《方案》指出，到 2010 年，中国万元 GDP 能耗将由 2005 年的 1.22 吨标准煤下降到 1 吨标准煤以下，降低 20% 左右，单位工业增加值用水量降低 30%。"十一五"期间，中国主要污染物排放总量减少 10%，到 2010 年，二氧化硫排放量由 2005 年的 2549 万吨减少到 2295 万吨，化学需氧量（COD）由 1414 万吨减少到 1273 万吨；全国设市城市污水处理率不低于 70%，工业固体废物综合利用率达到 60% 以上。

《方案》指出，要把节能减排作为调整经济结构、转变增长方式的突破口和重要抓手，作为宏观调控的重要目标，动员全社会力量，扎实做好节能降耗和污染减排工作，确保实现节能减排约束性指标，推动经济社会又好又快地发展。

《方案》还指出，"十一五"期间，国家将加快实施十大重点节能工程，并且明确指出要通过多渠道筹措节能减排资金。十大重点节能工程所需资金主要靠企业自筹、金融机构贷款和社会资金投入。

2. 中国环境经济政策的演进

中国的环境管理政策长期是以政府行政干预和控制为主，最常用的手段是对污染企业要求限期治理和关停并转等。2003~2005年，环境保护部门还在环境影响评价方面，先后实行了四次"区域限批"和"流域限批"，被媒体称为"环保风暴"。行政手段短时间内可以立竿见影，但有不少缺陷，存在着不稳定性、阶段性。刮几次"环保风暴"，不能根本遏制环境恶化的趋势，也难以充分发挥环境保护在转变发展方式中的积极作用。

2007年，绿色GDP报告无疾而终。国家环保总局于是认识到，中国当前的严峻环境形势仅依靠少数专业部门的行政指令性减排措施是远远不能达到目的的，必须与更多宏观经济部门联合起来，进行制度创新。于是，国家环保总局将工作的重心转向了机制建设。

2007年7月，国家环保总局与银监会、中国人民银行联合出台了《关于落实环保政策法规防范信贷风险意见》；2008年2月，国家环保总局、中国保监会联合发布了《关于环境污染责任保险的指导意见》。紧接着，环境保护总局又出台了《关于加强上市公司环境保护监督管理工作的指导意见》。至此，以绿色信贷、绿色保险和绿色证券为支柱的"绿色金融"体系，开始在国家的环境治理和节能减排工作中发挥重要的经济杠杆作用。同时，环境税、生态补偿、排污权交易等政策也提上议事日程。这一系列环境经济政策，旨在按照市场经济规律的要求，运用价格、税收、财政、信贷、收费、保险等经济手段，调节或影响市场主体的行为，以实现经济建设与环境保护的协调发展。

3. "绿色金融"的国际环境

从全球实践看，近些年来"绿色金融"在金融行业的各个领域都得到了关注和发展。1992年5月，联合国环境规划署成立了金融倡议项目（UNEP FI），其宗旨是推广和普及可持续金融理念，侧重于理念和原则条款，倡导一种共识和行业守则，进而督促金融机构投身可持续发展的实践，并通过加入组织，促进交流与合作。目前，世界上包括银行、保险、基金管理机构、投资顾问公司等170多家机构加入该组织。该组织的调查显示，以欧洲、澳洲、日本和北美地区为先导的全球金融机构越来越重视绿色金融产品的研发和推广。

1997年12月通过的《京都议定书》规定：签署协议的工业化国家从2008~2012年必须完成温室气体排放的削减目标。为此，"碳排放权交易"应运而生，旨在利用经济手段来鼓励二氧化碳的减排，允许已超额完成减排义务的国家将多余的减排份额有偿地转让给未达到减排目标的国家。芝加哥气候交易所（以及由其建立的蒙特利尔气候交易所、欧洲气候交易所、芝加哥气候期货交易所)和纽约商品交易所也都提供了温室气体排放权交易或温室气体排放额度的期货合约交易。根据世界银行提供的数据,中国已成为全球最主要的排放权卖家,中国香港正在积极策划将"碳排放权交易"纳入交易范围内。

2003年6月,7个国家的10个主要全球性银行宣布实施赤道原则,这是商业银行管理与项目融资有关社会和环境问题的一套自愿性原则,今后这些银行在全球范围内资金规模1000万美元以上的项目融资,不分产业领域,都要实施这些原则。

5.5.2.2 "绿色信贷"在中国的实施

1. "绿色信贷"的内涵

"绿色信贷"是指将信贷申请者对于环境的影响作为决策依据的信贷经营制度。即绿色信贷优先向绿色环保的企业或者项目予以贷款,推迟或取消无法达到环保标准要求的企业和项目信贷资金的发放,甚至收回这些企业和项目已有的信贷资金。

"绿色信贷"源于国际上公认的赤道原则。从国际经验来看,绿色信贷产品主要有以下七类(UNEP FI,2007):

(1)项目融资(project financing)

对绿色项目给予贷款优惠,如爱尔兰银行对"转废为能项目"(Energy-from-Waste Project)的融资,只需与当地政府签订废物处理合同并承诺支持合同范围内废物的处理,就给予长达25年的贷款支持。

(2)绿色信用卡(green credit card)

如欧洲荷兰合作银行推出的气候信用卡(climate credit card),该银行每年从用信用卡购买能源密集型产品和服务的金额中捐献一定的比例给世界野生动物基金会。英国巴克莱银行的信用卡(Barclay Breathe Card)向购买绿色产品和服务的该卡用户提供折扣和较低的借款利率,信用卡利润的50%用于世界范围内的碳减排项目。

(3)运输贷款(fleet loan)

如美洲银行的小企业管理快速贷款(small business administration express loans),以快速审批流程,向货车公司提供无抵押兼优惠条款,支持其投资节油技术,帮助其购买节油率达15%的smart way升级套装(smart way upgrade kits)。

(4)汽车贷款(auto loan)

如加拿大Vancity银行的清洁空气汽车贷款(clean air auto loan),向所有低排放的车型提供优惠利率。澳大利亚MECU银行的Gogreen汽车贷款,是世界公认的成功的绿色金融产品,也是澳大利亚第一个要求贷款者种树以吸收私家汽车排放的贷款,此项贷款产品自推出以来,该银行的车贷增长了45%。

(5)商业建筑贷款(commercial building loan)

如美国新资源银行(New Resource Bank)向绿色项目中商业或多用居住单元提供0.125%的贷款折扣优惠。美国富国银行(Wells Fargo)为获得绿色能源与环境设计先锋奖(LEED)认证的节能商业建筑物提供第一抵押贷款和再融资,开发商不必为"绿色"

商业建筑物支付初始的保险费。

(6) 房屋净值贷款 (home equity loan)

如花旗集团与夏普 (Sharp) 电气公司签订联合营销协议,向购置民用太阳能技术的客户提供便捷的融资。美洲银行则根据环保房屋净值贷款申请人使用 VISA 卡的消费金额,按一定比例捐献给非政府环保组织。

(7) 住房抵押贷款 (home mortgage)

如花旗集团旗下的 Fannie Mae 于 2004 年针对中低收入用户推出的结构化节能抵押产品 (energy efficient mortgage),将省电等节能指标纳入贷款申请人的信用评分体系。英国联合金融服务社 (CFS) 自 2000 年推出生态家庭贷款 (eco-home loan) 以来,每年为所有房屋购买交易提供免费家用能源评估和二氧化碳抵消服务,仅 2005 年,就成功地抵消了五万吨二氧化碳排放。

2. 中国"绿色信贷"的运行机制

(1) 信贷准入机制

随着"节能减排"逐渐成为中国经济发展的主旋律,"节能减排项目"贷款已成为众多商业银行争抢的焦点。中国各商业银行以国家产业政策和环保政策为基础,使信贷市场准入机制更为严格。

首先,实行法人客户名册管理机制。银行业对客户实行名册制度,对积极履行国家环保政策、获得环境保护良好等级的企业,积极给予信贷支持。而对不履行国家环保政策或不能很好地履行国家环保政策的企业,不给予贷款支持。对违反国家环保政策的企业,一律不给予任何形式的授信支持,以国家产业政策和环保政策为基础,坚决遏制高耗能、高污染和产能过剩等"两高一剩"行业的过快增长,促进经济结构调整和增长方式的转变。

其次,逐户分析环境违法企业。商业银行要对环境违法被环境保护部门列为重点监察对象的企业展开逐户的调查和分析,以确定所发放的资金是否安全或是否应给予信贷支持。在对违法企业进行逐户排查时,分析的内容主要包括企业环境报告书中所披露的信息、环境保护部门的评级和公众对该企业的认同度等。对高污染、高能耗、维修设备差或存在破坏生态环境隐患的项目一律否决,这是促进经济与生态环境建设可持续协调发展的要求,更是银行降低信贷风险,优化信贷结构,实现经济健康发展的内在需求。

最后,严格限制污染企业的贷款。严格对污染企业的信贷限制,能够确保商业银行信贷资金的安全性,防范污染企业污染行为发生时给银行带来风险。目前,中国人民银行建立了包括环保信息在内的企业和个人信用信息基础数据库,商业银行在向企业和个人发放贷款时,可利用该数据库的环保信息,作为是否发放信贷的依据。例如,为了保证绿色信贷政策能够有效地执行,打造绿色信贷模范银行,中国工商银行广东分行充分发挥信息技术作用,在银行计算机系统中建立了客户环保信息数据库,将贷款客户分为环境友好型企业、环保合法企业、环保关注企业和环保潜在风险企业四类,实行分类管理,及时对环保违法违规的企业进行信贷"断粮",并对环保优良企业加大信贷支持。该行及时更新企业环保信息,及早采取措施,对违反环保法律政策使用资金的行为坚决予以纠正,有效地优化了自身的信贷结构。2008年年底，该行法人贷款中，被国家环保总局授予"国家环境友好企业"称号的企业贷款余额达251亿元。

（2）信贷管理机制

1）环保一票否决。所谓环保"一票否决制"具体包括以下三个方面的内容：一是所有项目贷款都必须符合国家产业政策和市场准入标准，必须通过用地预审，必须取得有权审批的环境保护部门出具的环评合格报告，必须符合区域整体规划和污染排放指标要求，未经环评或未经有权部门环评审批，或环评未获通过的项目一律不予贷款。二是所有贷款申请批准前，审批部门必须查询贷款申请人的环保状况，凡发现有环保违法或被环境保护部门实施处罚的，贷款或融资申请一律不予批准。三是在企业评级授信过程中，将企业的环保信息作为授信审查的必要条件之一，对有环保违法信息的企业其信用等级必须下调，一律不得增加授信，并且要根据实际情况及时压缩授信。

在绿色信贷推进过程中，"一票否决制"的意义不仅在于严格限制高能耗、高污染行业和企业的信贷，同时包含支持绿色产业的发展和壮大。如风力发电项目，尽管这种项目在当前看，经济效益并不理想，项目的偿贷期一般较长，而且项目选址容易受到台风等自然灾害的破坏，但考虑到风力发电项目符合国家产业政策，属国家鼓励发展的清洁、可再生能源，对环境保护有积极的意义，银行信贷对此给予了倾斜。

2）动态跟踪监测机制。动态跟踪监测机制是指将环保风险管理纳入日常贷后管理工作中，并逐步理顺预警管理流程，明确从环保信息收集、分析、核实、预警，并跟踪监督预警企业的环保治理进度、整顿验收情况等环节，进行全过程评价和风险监控。

商业银行应充分发挥信息技术在绿色信贷中的作用，在日常的信贷管理中通过及时查询人民银行的征信系统，及时更新企业的环保信息，在银行资产管理的计算机系统中标注"企业环保信息"，建立客户环保信息数据库，对国家环保总局实施"区域限批"与叫停项目和公布的"绿色信贷"黑名单企业，国家发展与改革委员会、安监总局联合下发的环保违规煤矿等进行系统监测。同时，为进一步加大对企业环保信贷的跟踪监测力度，通过建立定期访察制度，积极防范环境违法突发事件带来的信贷风险。

动态跟踪监测机制主要有两个方面的内容：一是与各级环保部门建立经常性的信息交换制度。与省、市各级环保局建立日常信息沟通机制，确定专门部门日常联系省环保局，及时了解环保新政策、环保执法新情况和企业环保守法新动态等。二是确定专职人员负责环保信息收集工作，积极拓宽信息渠道，对取得的环保信息制定专门流程进行分析、核实，对可能带来的信贷风险发出预警，形成多层次、全方位的预警信息管理机制，提示有关分支机构及时采取措施控制信贷风险。三是建立定期访察制度。确保及时发现企业在环保方面存在的问题，防范环境违法突发事件带来的信贷风险。

3）信息沟通机制。商业银行建立健全环保合规信息沟通协调机制，加强与环保部门的合作。同时密切关注新闻媒体报道，形成多层次、全方位的预警信息管理机制。目前，国家环保总局已经与银监会签订两部门的信息交流与共享协议，首次建立国家环保部门与宏观经济部门的信息共享机制。构建包括银行等金融机构、企业和政府部门的一体化信息机制，互通信息、相互监督，做到真正的信息共享。政府环保部门将企业的环境违法信息及时、准确地公布，为银行审查企业信贷的申请提供参考，为企业和银行是否可以享受税收优惠提供依据，防止骗税的现象出现。银行提供使用环境信息的反馈情况，政府部门由此可了解绿色信贷的执行效果。

4）审批快速通道。对绿色环保、清洁能源、纳入循环经济、降低污染的优质项目，以及严格执行环保审批程序、能够节能降耗的加工项目优先审批发放，必要时启动联合评价程序，提高审查审批工作时效。党的"十七大"提出要深入贯彻落实科学发展观，坚持全面协调可持续发展，这对环境保护建设提出了很高的要求。要想建设良好的生态环境，很重要的一项工作就是要让各行各业承担起保护社会环境的责任。为此，国务院相继出台了《关于落实科学发展观加强环境保护的决定》《关于引发节能减排综合性工作方案的通知》商业银行践行绿色信贷政策，建立了一套符合市场经济规律要求的政策措施。节能减排，建立环境友好型社会，不仅有利于国家"两高一剩"行业的政策实施，促进资源节约型社会，也有利于商业银行调整信贷资产结构，规避政策风险。因此，国家对绿色信贷项目的审批要通过"快速通道"，缩短审批的时间，提高审批的工作效率。

（3）风险预警机制

商业银行以践行绿色信贷政策为契机，加快信贷结构调整，积极实施现有融资客户的结构调整和风险贷款的清收转化工作。重点关注钢铁、铁合金、铜冶炼、电解铝、铅锌、水泥、平板玻璃、电石、焦炭、火力发电、化工、造纸、纺织等高耗能、高污染行业的系统性信贷风险。对能耗不过关、环评不达标的小火电、小钢铁厂、小水泥厂等高耗能高污染行业企业一律不予授信。对钢铁、造纸、水泥、火电、纺织、铜冶炼等行业企业均实行名单制管理。在选择行业龙头企业和优势企业给予适度支持的同时，加快行业内劣势和环保不达标客户的退出步伐。

商业银行建立风险预警机制主要包括两个部分的内容：一是建立企业环保评估报告制度。商业银行将环保风险评估直接纳入信贷审批流程，要求企业或项目业主在申请贷款的同时提交独立的环境评估报告。报告的内容按照银行制定的绿色信贷指南执行，要求企业将项目按照银行的标准对环保风险分类并提交完整的环保评估报告。同时，要求报告中包含有企业根据风险制定的行动计划和管理体系，要求包含有公开咨询的意见和投诉综合处理方案，然后由银行对环评报告实行审慎性审查，对所有的报告进行充分的形式审查。二是建立环保报告的实质审查制度。商业银行在进行合规审查时，不能只是采用环保部门的证明文件，还应对项目的社会环保情况作出自己独立的判断。既要关注形式上的合规要求，如相关审批（或核准、备案）文件的权威性、完整性和相关程序的合法性，又要关注实质上的合规要求，包括新上项目是否符合国家产业政策和发展趋势、项目环评是否与规划环评的总要求相容等，然后作出正确的判断。

（4）动态退出机制

动态退出机制是指商业银行把环保风险作为关注重点，将排污治理已达标但治污能力没有全面覆盖排污量的企业列入退出名单，逐步退出。

对存在违反环保法行为和被环保部门处罚的企业，其贷款质量一律按关注类及以下贷款标准管理。对违反国家有关环保规定超标排污、超总量排污、未依法取得许可证排污或不按许可证排污、未完成限期治理任务的企业，暂停一切形式的新增融资。对能耗、污染虽然达标但环保设施运行不稳定或节能减排目标责任不明确、管理措施不到位的贷款企业和项目，不得增加新的融资。对列入"区域限批""流域限批"地区的项目和企业，停止一切形式的信贷支持。对列入国家环保总局"挂牌督办"名单和被责令处罚、限制整改、停产治理的企业，一律不得增加新的融资。

3. 中国"绿色信贷"实践的困境

2007年7月30日中国开始实施绿色信贷制度，以遏制高耗能、高污染产业的盲目扩张。绿色信贷到目前为止，才实施了短短的几年的时间，虽然取得了一些阶段性、局部性的成果，但是由于绿色信贷政策本身存在一些不足之处，与预期目标相比还有不小的距离。

（1）绿色信贷政策的准入机制相关标准缺乏可操作性

绿色信贷在具体的执行过程中，需要根据一些准入、技术、排放和能源消耗程度等标准制定信贷措施，包括明确对什么样的企业实施信贷控制，对什么样的企业实施信贷支持，什么样的企业才算是高耗能、高污染等。然而，目前对绿色信贷中涉及的准入、技术、排放、能源消耗、循环利用能力和高污染高耗能等标准，多为综合性、原则性的，国家都没有明确的相关规定。例如，目前对高耗能高污染行业的界定就不是很清楚，没有具体可操作性的标准，从而导致在统计和管理"两高"企业时，出现多种口径和管理混乱的问题。以电力行业为例，通常认为该行业是高耗能、高污染行业，但该行业中的电力生产和电力输配是有差别的，只有在电力生产中涉及耗能和污染才应认为比较严重，一概而论地认为电力行业是高耗能、高污染行业是容易带来问题的。并且中国已有的环保产业政策和相关准入标准已经跟不上时代的发展了，无法满足越来越重要的环保需求。

（2）绿色信贷政策的信息沟通机制不完善

绿色信贷政策的成功实施，需要国家各级环保部门、金融机构、监管部门和司法部门等相关部门之间实现信息共享，相互间建立有效的联动机制。只有从操作层面让环保和信贷等金融政策挂钩，实现信息共享，才能帮助金融机构充分了解企业的环境信息，及时准确地判断企业的环境风险。然而，目前中国部门之间的环保信息并不畅通，缺乏信息沟通机制，如一些地方环保部门发布的企业经营活动对环境影响的信息针对性不强、时效性不够，并且信息的内容也不够详细，无法适应金融机构和监管部门对企业信息的具体需要，从而在一定程度上影响绿色信贷的执行效果和监督管理。同时，信息发布不及时，获取信息的渠道较窄，当企业产生污染环境的行为时，司法部门因信息的限制，无法对污染企业进行惩罚。

（3）绿色信贷政策的实施缺乏有效的监督和约束机制

由于提供污染企业名单的环保局隶属于地方政府，如果某些污染企业受到地方政府的"保护"，就会出现这样的问题：环保局还会不会亮出"红牌"，或者污染企业当前的经济效益良好，地方政府会不会"示意"银行违规发放贷款。钢铁、电力、水泥等高耗能高污染行业往往也是高利润行业，长期以来各银行趋之若鹜，一旦严格控制其贷款，就会使商业银行失去一块利润丰厚的信贷市场,这与其追求利润最大化的经营目标形成一定的矛盾。同时,以前各银行在高耗能高污染行业已经投入了巨额的信贷资金,现在一旦停止或者压缩贷款,部分企业就会停产,信贷资金很可能遭受风险损失,这样一来势必要追究银行相关管理人员的责任。为了避免因出现信贷风险而受到责任追究,为了确保完成经营利润指标,一些银行往往放宽标准,变通行事,从而造成绿色信贷政策难以得到充分贯彻。

(4) 缺少推进的激励机制,难以有效吸引商业银行支持环保项目

除了承担社会责任外,理论上银行参与"绿色信贷"的动力来自于两个假设:其一是为了规避风险,如果银行向污染企业贷款,如果该企业被环保部门查处,就意味着该企业可能被施以经济重罚,甚至会被停产、关闭,那样,银行的贷款就面临损失的风险。为规避自身风险,银行将会主动和环保部门配合,拒绝向污染企业提供资金。其二是获得收益,银行可以通过抓住环保带来的一些机遇,参与一些节能环保项目获得收益。然而这两个假设却由于种种现实的体制和技术原因难以达到。从体制方面看,一方面地方政府和企业之间存在密切的利益关系,甚至一些污染企业是地方财政收入的重要来源,在被当地政府"保护"的情况下,隶属于地方政府的环保部门和银行难免受到地方政府的不当干预。另一方面从经济学的角度看,环境污染问题是一个典型的"外部不经济"现象,即污染主体行为的私人成本要小于其社会成本。"绿色金融"实现的一个重要条件是把银行和企业的风险联系在一起,但由于当前污染企业并没有完全承担污染风险,风险还被一些地方政府承担着,而对企业来说,由地方政府承担风险等于没有风险。

同时,污染企业因为少了治污成本,经营状况反而可能好于普通企业。而一些环保型项目中,投资期限长,管理成本高,有一些甚至是经济效益并不太好的,商业银行作为追求利益最大化的经济主体,迫于盈利和市场份额的压力,自然缺乏发展"绿色信贷"的动力。

(5) 绿色信贷政策覆盖面的有限性

绿色信贷是国家利用金融杠杆保护环境和资源的一项环境经济政策,绿色信贷政策的有效贯彻离不开银行的大力支持,只有银行对产生污染环境行为的企业实施信贷控制,而对促进节能减排的企业进行信贷支持,断绝污染企业的资金来源,从源头上促使企业积极地防治污染,那么绿色信贷政策才是真正得到了贯彻落实。然而,鉴于中国的现实情况,中国有相当一部分污染企业还有另外一个资金来源即民间借贷。由于中国的民间借贷游离于正规金融体系之外,而绿色信贷的实施又以正规金融体系为基础,因此,绿色信贷政策对于这些非正规的民间借贷望尘莫及,进而对来源于民间借贷的污染企业暂时也无能为力。

5.5.2.3 "绿色保险"在中国的实施

2007 年 12 月,国家环境保护总局和中国保险监督管理委员会联合发布了《关于环境污染责任保险工作的指导意见》,计划于"十一五"期间初步建立环境污染责任保险制度,在重点行业和区域开展环境污染责任保险的试点示范工作,初步建立重点行业基于环境风险程度投保企业或设施目录以及污染损害赔偿标准;到 2015 年,在全国范围内推广

和完善环境污染责任保险制度，基本健全风险评估、损失评估、责任认定、事故处理、资金赔付等各项机制。自此，中国"绿色保险"的序幕正式拉开。

1. "绿色保险"的内涵

"绿色保险"对是环境污染责任保险的形象称呼，是指以被保险人因污染环境而承担损害赔偿和治理责任为保险标的的责任保险。绿色保险要求投保人按照保险合同的约定向保险公司缴纳保险费，一旦发生污染事故，由保险公司对污染受害人承担赔偿和治理责任。目前绿色保险已被发达国家普遍采用，实践证明是环境高危企业发生污染事故后维护受害人权益的一种有效理赔制度。

环境污染责任保险，是以企业发生污染事故对第三者造成损害依法应承担的赔偿责任为标的的保险。"绿色保险"作为一种制度安排，意在通过企业缴纳确定的小额保费，将企业面临的风险（偶发的高额赔偿）转移给保险人。

完善的"绿色保险"将产生多赢的结果：①从政府的角度看，"绿色保险"的存在将企业污染产生的社会负外部性内在化了。污染程度不同的企业通过不同的保费支出来为自己的行为埋单，从而简化了政府监管的程序，有利于减轻政府的负担，有利于强化企业和社会的环保意识和环保责任。②从环境保护的角度看，一方面由于保费的多寡与企业面临的风险正相关，企业为了减少保费支出，将激励其加强自身防污减排的能力；另一方面，保险公司在集合大量同质的风险后，为了减少可能的理赔支出，激励其通过专业化的技术手段等，帮助企业提高防污减排能力。上述两方面的共同作用，有利于引导环境保护从事后治理为主向加强预防转变，有利于减少环境污染，加强环境保护。③从受害方的角度看，由于"绿色保险"的存在，将形成一个独立于企业经营的"侵权—索赔"机制。受害方的权益保护将不会受到企业存续情况和经营状况的影响，可更便利地维护自身的合法权益。④从企业的角度看，企业通过缴纳少量的保费（略高于平均的可能损失），将企业面临的环境风险转移给保险人，不仅可避免环境污染事故发生后产生的巨额赔偿对于企业经营的影响，还可减少企业面临的法律纠纷，同时对于企业树立形象具有积极的作用。⑤从保险人的角度看，保险人将大量的同质风险集合到自身，根据大数定律，这时损失的波动性将会下降。同时，通过收取高于期望损失额的保费，将保费中高于期望损失的部分转化为利润。而且，由于保险人集合了大额的保费收入，可通过投资等方式促进社会生产，同时为自身谋求更多的利益。

2. 中国"绿色保险"实践中的困局

"绿色保险"自2007年末推出以来，虽然在一些试点省市取得了不错的成绩，但是，这项制度最终可能会因为缺乏强制力和硬性约束，而出现'叫好不叫座'的尴尬局面。截至2010年6月，山西省还无一家企业投保"绿色保险"，而据山西省保险行业协会的解释，此一状况的原因在于山西省还没有发布关于企业投保环境污染责任险的相应硬性约束。

"绿色保险"的作用是为企业分散风险，而具体的实施过程却存在很多的制约因素。

目前，保险公司推出的环境污染责任险产品的被保对象只是突发意外事故导致的污染损害，而不对渐进性的污染损害提供保障。但实际上，环境污染大多属于慢慢积累的渐进性污染，比如排污造成水质恶化常常要经过较长时间才能逐步显现出来，烟尘中的重金属对土壤的损害，排污造成河流水质逐步恶化，水体功能逐步降低等，也都是随着时间的推移才逐步显现出来。渐进性污染造成的损失不需赔偿，企业自然没多少兴趣。另外，环境污染责任保险缺乏完善的民事赔偿法律制度，也是难以推广的一个重要原因。

5.5.2.4 "绿色证券"在中国的实施

2008年4月，环境保护部出台《关于加强上市公司环境保护监督管理工作的指导意见》（以下简称为《意见》），将"绿色证券"正式列入环境政策体系之中。《意见》规定，"双高"行业公司申请首发上市或再融资的，必须进行环保核查，同时，环境保护部还将会商中国证监会，探索建立上市公司环境监管的协调与信息通报机制。

1. "绿色证券"的内涵

所谓绿色证券是指上市公司在上市融资和再融资过程中，需由环保部门进行环保审核。它是继绿色信贷、绿色保险之后的第三项环境经济政策。

以《意见》为基础的"绿色证券"措施，首次建立了上市公司环保核查、上市公司环境信息披露和上市公司环境绩效评估这三项制度，对于有效遏制高耗能、重污染企业资本扩张，维护广大投资者和公众利益，保证证券市场健康发展具有重要的意义，被业内人士称为拉动中国绿色证券发展的"三驾马车"。

《意见》要求对从事火电、钢铁、水泥、电解铝行业以及跨省经营的"双高"行业（13类重污染行业）的公司申请首发上市或再融资的，必须根据环境保护部的规定进行环保核查。企业除IPO需过环保关外，已上市企业的环保情况也在环保部门的监管视线内。另外，环境保护部还将定期向证监会通报上市公司的环境信息，以及未按规定披露环境信息的上市公司名单，并会向公众公布。

2. 中国"绿色证券"实践的困境

首先，单纯从达到环保目的的政策目标看，选择与金融机构合作是一条不错的途径。由于经济社会的发展，金融领域涉及社会生活的各个方面，对于每个企业来说，都无一例外要牵涉到金融活动，尤其是融资活动。但同时也意味着环保部门的工作履职需要假借其他部门的监管渠道，这就存在一个委托代理的问题。众所周知，委托代理是会产生成本与利益不一致的矛盾的。假如金融机构在代理活动中执行得非常顺利，那这一政策目标很容易达到，但是由于经济环境的复杂性，这一目的往往会出现一些瑕疵。如绿色信贷政策执行过程中，就曾出现银行与环保部门利益不一致的地方，银行没有责任，也没有义务对企业进行污染审核。证券监督管理部门在实施绿色证券政策时，由于没有良好的信息沟通和约束机制，保荐人对于该政策并没有执行的动机。同样，券商、基金公司也很难因为公司的污染问题而放弃该公司的投融资项目，何况要获得企业污染指数本身就非常有难度。

其次，尽管绿色证券的取向是积极的，但能否在现实中避免出现附带的负面效应，则有待进一步努力和完善。在绿色证券的政策落实上，2007年下半年呈报的37家企业中，有十家企业的IPO或者再融资被叫停，但到年底时，这些被叫停的企业仅剩下两家，其他企业仍然获得了上市融资的机会，只是时间稍微推迟了而已，并没有实质性的改变。因为上市公司的再融资行为同样涉及多方利益主体，除了证券审批部门和环保部门外，还包括依靠上市公司上缴财政税收的地方政府和众多的二级市场公众投资者。由于很多大型上市公司的盈利和发展状况直接关乎地方政府的财税利益，一直以来地方政府部门对于部分污染企业"睁一只眼、闭一只眼"的状况长期存在，这也是地方环保部门之前治污效果不佳的重要原因之一。因此，当地方重要企业由于"双高"问题被证监会叫停时，某些地方政府与证监会之间或许会出现相互妥协的情况，来规避绿色证券政策的限制。这种情况在绿色证券、绿色保险之前就一直存在，以前环保部门对污染企业进行处罚时，遇到此类事件无法解决，现在换成金融监管部门，就更难以处理了。

最后，绿色证券的实施不仅影响企业的再融资政策，而且企业的金融政策通过与否会直接与资本市场上企业的股票价格挂钩。如果市场有效，那么一个超大型企业的再融资方案被否定，毫无疑问二级市场该股票的股价会急转直下，最终受害的是二级市场的投资者，因此也不利于证券市场的稳定和保护投资者利益。这就使得监管部门在政策实施上遇到了两难的处境，无论政策执行与否，都难以达到理想的效果。在实践中，中国尚未建立完善的上市公司环境绩效评估标准和相关的政策办法，因此上市公司环境保护核查、企业上市环保准入审查工作没有一套科学的标准和严格的程序，实施效果不理想。一方面，虽然环保部门在企业污染程度方面有数据和经验，但是金融监管部门很难单凭这些数据就对某一企业进行IPO或者再融资进行否定。因为什么程度的污染企业可全盘否定，何种程度的耗能企业可以部分融资，都需要一个明确而详尽的规章制度来规范和执行。另一方面，环保部门、金融监管部门与企业存在逆向选择问题，"双高"的企业一般不会主动将自己的真实污染情况上报，这无形中加大了监管部门进行核查的难度。上市公司环境表现披露制度也亟待建立，这对于监管部门和企业来说，更是一个挑战。

5.5.3 完善中国绿色金融体系的建议

绿色金融主要通过绿色信贷、绿色保险、绿色证券三个方面对绿色经济发展进行支撑。完善和发展绿色金融体系是中国经济能否向绿色经济转型的关键所在。

5.5.3.1 完善中国"绿色信贷"措施的建议

（1）建立健全促进商业银行践行绿色信贷政策的法律法规体系

从"绿色信贷"实施的效果看，尽管商业银行践行绿色信贷政策取得了一定的成果，但与预期的效果之间还存在较大的差距，其中一个主要原因就是缺乏法律依据和保障。法律法规体系的支撑是商业银行有效践行绿色信贷政策的制度保障。目前中国环境经济政策的法律保障体系还很不完善，存在不少空白，不利于环境经济政策的有效实施。为此，人大要适时制定和完善与环境保护相关的法规，加强银行同相关部门的协调，健全环境保护配套政策，为多部门协同推进绿色信贷的有效实施构建坚实的制度支撑，提供充分的法律依据。例如，2008年8月29日，十一届全国人大常委会第四次会议通过了《循环经济促进法》，于2009年1月1日起施行。该法以"减量化、再利用、资源化"为主线，规定"对符合国家产业政策的节能、节水、节地、节材、资源综合利用等项目，金融机构应当给予优先贷款等信贷支持，并积极提供配套金融服务。对生产、进口、销售或者使用列入淘汰名录的技术、工艺、设备、材料或者产品的企业，金融机构不得提供任何形式的授信支持"。它的出台既协调了经济发展、资源利用和环境保护的关系，为发展循环经济提供法制保障，同时也让"绿色信贷"有法可依，引导金融机构资金向环保企业倾斜。

（2）增强绿色信贷政策准入机制的相关标准的可操作性

商业银行践行绿色信贷政策涉及很多操作标准的问题，而目前有关绿色信贷政策的标准还很不完善，只把绿色信贷政策的框架构建起来了，很多的细节还有待完善。

（3）构建完善的绿色信贷政策信息沟通机制

信息传递的有效性和及时性是绿色信贷政策实施的重要前提。中国目前在商业银行践行绿色信贷的过程中，银行部门和环保部门、监督管理部门等部门之间的信息沟通机制尚未建立或很不完善，由此导致部门之间的信息流通无法实现，进而影响绿色信贷政策实施的效果。基于此，原国家环保总局与银监会签订了两部门之间的信息交流与共享协议，初步建立起国家环保部门与宏观经济部门的信息共享机制。然而绿色信贷政策的沟通机制尚需进一步完善，具体包括：构建包括各级环保部门、监督管理部门、金融机构和司法部门之间的信息沟通机制，环保部门将企业经营活动对外界环境的影响信息准确、及时地公布，为监督管理部门对金融机构信贷行为的监管提供依据，为金融机构决定是否给企业以信贷支持提供参考，为司法部门对污染企业进行行政处罚提供信息来源，并且监督管理部门、金融机构和司法部门与环保部门之间保持信息的畅通，真正实现部门之间的信息互通有无；要尽快以计算机网络为依托，建立信息共享机制的信息化平台，建立企业环境保护绩效的数据库，该数据库的信息应由政府部门、环保部门、监管部门、金融机构和司法部门共享，部门之间要有明确的责任分工，加强统筹协调，完善绿色信贷政策的信息沟通机制。

（4）建立商业银行绿色信贷监督机制

由于环境保护相关法律法规的缺乏和不甚完善以及部门之间信息不畅通，再加上地方政府或明或暗的干预，导致商业银行践行绿色信贷政策缺乏应有的监督机制。改革开放以来，由于地方经济利益的驱动，地方政府始终存在很强的地方保护主义色彩，以各种方式对银行信贷资源进行争夺并试图转嫁改革成本。甚至于有些地方政府无视国家的环保政策，以各种名目、各种形式干预商业银行的业务，进而导致商业银行经营行为扭曲。据国家环保总局公布的数据，2003~2005年，由于地方政府的纵容和袒护，全国70000宗环保违法案件仅有500件得到处理，仅为全部案件的0.71%。

目前，地方政府在商业银行践行绿色信贷政策的过程中所产生的负面作用已被中央政府认识到了，只是由于现行的地方政府的考核体系尚未改变，地方政府受利益驱动的影响对商业银行绿色信贷政策的干预是不会从根本上转变的。只有改变中国现行的地方政府的考核体系，把环境治理指标纳入到地方官员的绩效考核指标体系，或是加大环保指标在地方政府绩效考核指标中的比重，并以立法或规定等形式隔绝地方政府对商业银行经营行为的干预。同时，可以考虑由中国人民银行或中国银行业监督管理委员会牵头，促成商业银行与各级地方政府就共同环保事项或流域性事务进行结盟或签署环保协议，形成书面契约约束。

(5) 建立商业银行绿色信贷激励约束机制

政府环保部门必须与政府监管部门共同努力，建立有效商业银行践行绿色信贷政策的激励与约束机制，为商业银行实施绿色信贷提供动力和压力。其中，不仅要有对商业银行违规向环境违法项目或企业贷款的行为实行责任追究和处罚的措施，还要有对切实执行绿色信贷成效显著的商业银行实行奖励的政策。主要包括以下两个方面的内容：一是构建商业银行践行绿色信贷政策的激励约束机制。国家环保部门应制定相应的政策，对践行绿色信贷政策取得较好成果的商业银行予以政策上的激励，反之，对践行绿色信贷政策不力或根本没有贯彻执行绿色信贷政策的商业银行进行严厉的行政处罚。二是建立对环保企业的激励约束机制。对于环保做得好的企业要加大政策扶持力度和银行信贷的支持，以降低企业生产的成本，保证企业的可持续发展。对于环保违法企业则实施信贷控制，截断企业资金供给的链条，从源头上控制企业的污染行为，对环保违法企业比较严重的，要责其关闭。中国人民银行的信贷政策要求支持对环境有益的项目，通常的办法就是降低利率、优惠贷款，加之从现有的经济利益角度考量，绿色信贷所支持的项目，有一些是经济效益不太好的项目，如风电和垃圾发电等，从而在一定程度上减少了银行的盈利，因而要有配套的免税收、财政贴息等财政政策来发挥作用，才能确保银行的积极性。

5.5.3.2 完善中国"绿色保险"措施的建议

中国的保险业发展尚不成熟，其中"绿色保险"更是刚刚起步，而这些不足在发展"绿色保险"的过程中可通过后发优势转变为长处。结合前文对国际"绿色保险"发展趋势的讨论，本章对中国发展"绿色保险"提出以下四个方面的建议：

(1) 倡导明确立法与慎言单独立法

中国关于"绿色保险"的相关法律尚不健全，既有法律法规对于污染企业约束力弱，同时不利于受害人依法维护自身权益的矛盾较突出。因此，健全法律制度是中国发展"绿色保险"的必然选择。但是，目前中国"绿色保险"发展面临的主要问题不是"无法可依"，而是"有法难依"，对于企业环境污染的约束力差和环境损害民事责任相关法律缺乏执行力是"绿色保险"发展的难点。因此，细化、量化、严化既有的法律，明确"绿色保险"相关的法律规定是解决问题的最好办法。如果单独立法，一方面将产生更为复杂的法律关系，甚至可能出现法律之间的冲突；另一方面将浪费立法资源，不利于国家立法制度的完善，还会妨碍其他法律的立法进程。

(2) 立足重点行业与推进"强制保险"

从国际经验看，"绿色保险"主要侧重于石油、化工和化学等行业。结合中国的实际情况，建议：①中国"绿色保险"应立足于生产、经营、储存、运输、使用危险化学品企业、易发生污染事故的石油化工企业、危险废物处置企业等重点行业。②由于目前法制的不健全，通过自愿保险的方式难于达到将企业污染产生的社会负外部性内在化的目的，只有通过强制性的手段才能实现内在化。强制性的手段可通过强制保险的方式，也可借鉴日本的经验，通过自愿保险与行政建议相结合的方式来实现。两者各有优劣，前者实施力比较强但灵活性不够，后者灵活性较强但需要调整的关系较多，实施力比较弱。

（3）扩大保障范围与优化激励机制

中国目前大部分"绿色保险"都只是把环境责任保险的范围限定在突发性污染事故造成的民事赔偿责任的范围内。与国际成熟的"绿色保险"制度相比，中国现行的"绿色保险"范围过窄的现象十分突出。在发展"绿色保险"的过程中，扩大保障范围，并对不同行业的企业设定个性化的保单，对于"绿色保险"的发展是十分必要的。建议：①拓宽横向的投保范围。"绿色保险"应将污染事故造成人身伤害而带来的经济损失（医疗费用和精神损失赔偿等）、污染事故造成的直接财产损失、污染事故带来的间接财产损失（财产价值的减少等）、消除损害而采取必要措施发生的合理费用等方面都包括在保障范围内。②延长纵向的保险期间。通过延长保险期间，将保障范围从时间上进行延伸，同时把潜伏性的污染责任等包含在保障范围内。

在扩大保障范围的同时，要形成投保企业与保险公司的互动。通过激励机制如比例赔偿等的设计，基本消除投保企业与保险公司间的信息不对称，同时激励投保企业加大环保投入，减少环境污染。

（4）实行联保机制与发挥再保功能

目前中国保险业尚未成熟，针对"绿色保险"尚无能力也无必要成立专门的保险机构，而单独的财险机构又缺乏能力兼营"绿色保险"。在这种情况下，建议以多家财险公司联合经营，通过联保的方式承接"绿色保险"。而且，联保形式将扩充"绿色保险"的财力支撑，在一定程度上起到再保的功能，避免风险集中于单一的保险公司，有利于"绿色保险"的长期可持续发展。

5.5.3.3 完善中国"绿色证券"措施的建议

（1）加强各相关部门的协调统一以促进绿色证券政策的实施

环境经济政策研究与实施是一项涉及多部门的工作，需要各部门之间协调配合，环境保护部、财政部、中国人民银行、国家发展与改革委员会、国家税务总局等有关部门应统筹协调，广泛而积极地参与进来，避免出现各个部门之间"踢皮球"的现象。由于职责的特殊性，国家环境保护部在其中应起非常重要的作用，因为环境保护部毕竟在对高污染、高耗能企业的监督管理方面最有发言权。在此基础上，各个部门以及下属单位都要严格执行出台的政策，对于限制性的企业严格把关。

（2）加快制定相关的税收、法律、法规、标准和政策

针对中国绿色政策法规并不完善的现象，重点加强法律法规的制订力度，在绿色信贷、绿色保险、绿色证券市场法律等方面取得突破。同时制订包括上市公司资本市场初始

准入限制、上市后再融资限制和惩罚性退市等内容在内的上市公司审核和监管制度。对没有严格执行环境影响评价制度、环保设施不配套、不能稳定达标排放、环境影响和事故风险大的企业，要在 IPO 上市后的"增发和配股"等环节进行严格限制，必要时采用严厉的措施隔断其资金链条。同时，对于某些企业，如果上市融资之后会对整个环保事业和经济环保政策的执行有利，则在政策上予以鼓励和倾斜。应建立相应的环境绩效评估指标和方法。对于上市公司，则强制要求其披露相应的环境保护绩效，目的是为建立高耗能、高污染上市公司环境信息披露制度奠定基础，通过把评估结果向社会公开，让广大股民和社会公众一起进行绿色监督。

（3）企业环境的违法信息应及时发布和信息共享

要做到信息共享就要做到明确高耗能、高污染行业的划分依据，明确指标设计的原则，界定指标选择的范围和内容，确定环境绩效评估的标准和等级划分，选择上市公司环境绩效评估的方法和程序等。同时借鉴国外经验，编制并发布中国证券市场环境绩效指数。在不同的工业行业中，选择环境绩效表现较好的若干只股票，编制中国证券市场环境绩效指数，并实时向投资者公开发布，为投资者、管理者提供环境绩效的信息和行业信息。在具体可操作的监管政策推出后，加大其执行力度。一项政策的好坏，能不能惠及大众，并不是看这项政策制定的初衷有多好，而是看这项政策执行过程中能不能严格执行，做到有法必依，执法必严。由于绿色证券推行的复杂性，实施过程中很容易碰到企业、地方政府甚至国家部委的阻挠，在这种情况下，坚持执行相关的法律、法规、政策才是关键。

5.6　对外贸易的转型战略

对外贸易是推动中国经济增长的三驾马车之一，也是中国发挥劳动力的动态比较优势、提供就业的一个非常重要的渠道。然而，作为全球新的制造业中心和最大的货物贸易出口国，中国的对外贸易在全球应对气候变化问题和发展低碳发展的背景下，却面临着史无前例的严峻挑战。当前，全球低碳呼声日渐高涨，外贸产品的国际环保标准日渐严格，金融危机和欧洲主权债务危机对全球经济造成巨大冲击，在此背景下，如何在环保和低碳压力下稳定外需，如何实现外贸的战略转型，已成为中国在经济国际化进程中面临的重大课题。

5.6.1　中国外贸体制与政策演变发展战略

5.6.1.1　外贸体制与政策演变

中国的贸易政策演变与取向是改革开放 30 年对外开放历程中最具代表性的一个领域。与整个经济改革的方式一致，中国的对外贸易遵循了渐进式的改革方式，并首先从外贸体制改革开始。外贸体制改革大致分为四个阶段：

第一阶段：1978~1986年年底，重点是中央政府向地方政府和企业放权，其结果是地方政府授权设立的外贸公司和当地拥有贸易权利的公司如雨后春笋般兴起，从改革开放前的12家迅速增加到20世纪90年代中期的近万家。

第二阶段：从1988年开始，重点是实行外贸企业责任制，外贸企业自负盈亏，具体做法是地方政府与中央政府签订合同，规定公司承诺一定的创汇金额、向中央政府上交的外汇金额和保证获得的利润额，地方政府和外贸企业可保留大部分超出中央政府指标规定的外汇收入。

第三阶段：1994年开始，目标是实现与国际市场接轨为导向的外贸体制改革。改革政策在于终止进出口指令计划，改进和完善出口退税制度，加强外贸政策的法制制度，促使外贸企业在国际市场上的竞争。从2001年中国加入WTO后，中国的贸易改革进入到全面开放阶段，并与WTO规则靠近，逐渐适应国际贸易行为准则，如非歧视性原则、自由贸易原则和公平竞争原则等，尤其是加快外贸主体多元化改革，允许私营外贸企业迅速发展。

5.6.1.2 外贸政策取向与经济发展战略

1. 改革开放前的发展战略与政策取向

中国对外贸易政策的取向既是国家经济发展战略的工具，又是国家实现其发展战略核心目标的路径体现。然而，在改革开放之前自给自足的理念下，中国对外贸易只是作为调节国内短缺商品的补充手段。在新中国成立之初，中国领导人为了迅速摆脱贫困，建立起自己的工业生产能力，为实现"超英赶美"的宏伟目标制订了以发展重工业为导向的发展战略，然而这一发展战略与当时中国的生产要素禀赋相悖。中国当时的国情是"一穷二白"，政府和民间的财力根本无法支撑以资本密集型为特征的重工业的发展。为了配合以重工业为导向的发展战略的实现，政府在计划经济体制内依靠政府的资源配置能力，人为降低重工业融资成本，制定了相应的低利率、低汇率的宏观经济政策，以对国有企业贷款的月利率为例，从1950~1971年，平均利率水平一直低于1%，约为0.945%。

2. 改革开放后的发展战略与政策取向

改革开放后，随着国家对外开放步伐的加快，对外贸易在中国经济发展中所占有的地位迅速提高，以比较优势为基石开展的对外贸易不仅使拉动经济增长的"三驾马车"成为现实，还引导中国经济发展战略走向"进口替代"和"出口导向"的发展路径。

中国渐进式的改革开放方式形成了两个市场体系和相对的两个贸易体系，一个是以大中型国有企业为代表的缓慢改革的计划经济体系，另一个是以乡镇企业为代表的活跃的市场经济体系；与之相对应的贸易体制是以进口替代为导向的一般贸易，另一个是以出口为导向的加工贸易。

进口替代战略曾经是大多数发展中国家普遍采用的战略，其目标在于促进工业化的快速发展从而实现经济的发展。为此，国家需要对外国商品建立高关税壁垒以鼓励本国的生产。进口替代战略将幼稚产业理论应用于发展中国家所确定的某一个或几个产业部门。具体操作方式是由政府决定那些最适合本国工业化发展的部门，提高这些工业部门产品的进口关税以鼓励本国投资，然后在工业化实现的进程中再逐步降低壁垒。

在现实中，由于贸易保护和利益之间的强大关联，贸易壁垒很难消失，原因是市场上任何导致利润下降的变化都会导致受保护的部门要求政府给予更多的保护。其结果是贸易壁垒不断提高，而被保护的产业与国际水准相比较很难成长为更强和更具有竞争力的部门。

对发展中国家来说，进口替代发展战略的另外一个问题是它对发展新兴工业部门的就业率的贡献有限，因为实施进口替代发展战略的国家不对资本产品设置高关税，因而进口的资本产品便被广泛应用于本国的生产中。由于企业采用的是相对资本密集的生产技术，形成对劳动力的替代作用，因此，发展这些新兴工业部门对就业率增长的贡献有限，而发展中国家的资源禀赋是丰富低廉的劳动力资源。

由于进口替代战略存在问题，特别是中国大量闲置劳动力资源优势得不到发挥，因此很快被出口导向型发展战略所替代。

在出口导向型发展战略中，政策部门属于具有潜在比较优势的部门。因此，如果一国拥有富裕的技术水平较低的劳动力资源，政府便会鼓励发展劳动密集型产业，以期促进这些产品的出口。出口导向型战略包括如下的政府政策：保持市场的相对开放，使国内价格与世界市场价格一致；保持低汇率，使本国出口产品的价格在国际市场上具有竞争力；尽可能减少政府对要素市场的干预，使工资和租金真实地反映要素的稀缺。政府为了鼓励成功的出口企业还会对其给予额外的优惠政策待遇，包括出口退税、较低的贷款利率和税率等。

出口导向型战略包括两个阶段：初级产品出口导向期和制成品出口导向期。以初级产品出口为导向的发展战略首先可获得静态贸易利益，此外，还可获得动态贸易利益，包括充分利用闲置资源，诱发外资进入，而外资的流入会促使发展中国家的生产可能性边界曲线向外移动，并最终使增长产生连带效应。从1980年开始，越来越多的发展中国家转向以制成品出口为导向的发展战略，这项战略注重向工业化国家出口低技术、劳动密集型产品。发展中国家能够成功实施制成品出口导向战略的原因在于，一是发展中国家已成为标准化生产线的出口商，而这些领域的技术革新空间逐渐缩小，例如纺织、轮胎和简单的电器。二是发展中国家已成为一些技术含量较高产品的装配地，例如计算机。来自工业化国家的跨国公司向发展中国家提供先进技术、零部件并负责制成品的营销和分销。

3. 围绕出口导向发展战略的争议

事实上国际国内学者对于出口导向型的发展战略从来就充满了争议，一些经济学家和许多政府官员一直对初级产品出口发展战略持批评态度。他们反对这项战略的一个观点是认为世界初级产品市场的增长速度不足以支持经济的发展。也就是说，发达国家是初级产品的最大买家。随着这些国家的发展，他们对初级产品的需求也在增长，但两者的增长速度却不一致。从长期看，初级产品在工业化国家的总进口中的比例呈下降趋势。

另一个观点是认为基础产品出口国贸易条件长期恶化。保罗·普列维什（Paul Prebisch）和汉斯·辛格（Hans Singer）于 20 世纪 50 年代提出发展中国家先是由于初级产品价格的下降（同时也不稳定）而蒙受损失。即使是制成品出口导向战略也面临着发达国家的抵制，工业化国家事实上歧视发展中国家的出口制成品。较之于从其他工业国家进口的产品，工业化国家对从发展中国家进口的产品设置了更多的非关税贸易壁垒，包括纺织品、衣服、鞋类等一些商品被征以制成品中最高的关税税率。

尽管存在着对出口导向战略的种种争议，从中国改革开放以来的贸易结构可看出，出口导向发展战略成功地带动了中国产业结构的调整与升级。在 20 世纪 80 年代前，中国的第一大出口商品以自然资源为主，80 年代后，虽然劳动密集型产品如纺织品、服装和玩具仍为主要的出口产品，但制造业产品在出口商品中的排名上升到第一。从 90 年代中期开始，电子产品成为出口最多的产品。自 2000 年以来，中国的出口达到一个新的水平，高、中等的技术产品成为出口最多的产品，2010 年中国出口最多的产品排在第一位的是自动数据处理设备及其部件，达到 1640 亿美元，而其他一些较高技术含量的产品，手持或车载无线电话、液晶显示板也分别名列第四和第八，为 467 和 265 亿美元。

5.6.1.3 对出口导向发展战略的评价

中国长期推行的出口导向发展战略使中国成为经济全球化受益最多的国家之一，经济实力以令人惊叹的速度超过众多发达国家，成为世界第二大经济体，第一大出口国家，第一大外汇储备国家，第五大对外投资国。然而出口导向型的发展战略也在拷问经济发展的可持续性。第一，中国出口结构中服装、纺织产品依然是排在第二和第三的出口大户，而大批生产服装纺织产品的地区恰恰处于中国经济最活跃和最发达的地区，严重依赖国际市场形成的出口偏向型产业结构形成惰性，缺乏技术升级的内在动力，在国际经济动荡时期大批外向型企业面临严重的生存困境。第二，从进口产品结构看，大量的产品集中在以资源为主的产品上，如 2010 年进口排在前三位的是原油、铁矿砂及其精矿、初级形状的塑料等，这些进口资源很多是为出口服务，如纺织服装和出口排在第五位的钢材等。而由于资源的稀缺性，矿产资源的价格不断上涨，使中国相关产品的贸易条件不断恶化，贸易利益逐渐减少。第三，大量快速积累的外贸顺差使中国企业的国际商务环境趋紧，贸易摩擦不断，针对中国产品的各种贸易保护措施升级。第四，由于贸易和资本双顺差带来的外汇储备的快速增长，不仅带来人们对资金使用效率和资金保值的担心，而且还有对人民币升值的压力，对中国通货膨胀控制的担心等。

中国在 2008 年全球爆发的金融危机中虽然率先复苏，但危机的爆发对中国也是一个重要的警示，在第十二个五年规划中，转变产业结构，争取内外贸的长期平衡发展已成为政府部门和许多学者的共识，一味追求贸易顺差的思路得到纠正，或许将带来中国贸易政策改革发展的又一个阶段。

5.6.2 经济转型时期中国对外贸易面临的形势

在经济全球化进程中，随着全球气候变化谈判进程的不断深入，为了有效减缓全球气候变暖，实行低碳发展，以低碳、环保产品开展国际贸易已成为全球可持续发展的现实需要。而低碳、环境和贸易问题的紧密关联对当前中国经济和外贸的发展构成了史无前例的巨大挑战。

5.6.2.1 中国国家贸易面临的挑战

事实上，20世纪90年代时，国际社会就一直在关注贸易与环境问题，中国也很关注该领域的问题。原国家环保总局下设的中国国际环境合作委员会，专门设有贸易和环境组，通过开展一系列关于环境和贸易相关问题的前瞻性研究，探讨在国际贸易过程中避免生态破坏和有效保护环境的途径。但那时，中国还是一个国际贸易小国，中国的国际贸易量相对比较小，经济外向度不高，尽管国内外对这个问题都很关注，但对气候变化问题的认识还不深入，这一问题并不属于国际社会非常重视的突出问题。然而，在21世纪的今天，形势已经发生巨变。经过改革开放30多年的巨大努力，中国变成了世界第二大经济体，成为了世界新的制造中心，中国制造业增加值占GDP的比重接近50%；也成了世界第一大货物贸易大国，其中加工贸易的比重高达50%以上。

中国为了满足全世界产品的需求，需要从全球很多国家和地区进口大量的能源、资源和原材料，在中国加工制造，排放了大量的温室气体和污染物。在国际产业转移和国际经济结构调整进程中，跨国公司将中国布局为加工制造环节，一方面，对中国发展重化工业提出了客观要求；另一方面，也对中国的经济发展模式构成了挑战（张建平等，2009）。"十一五"时期，中国政府为了应对这种挑战，制定了单位GDP节能降耗20%的目标，经过艰苦努力方才完成。

在"十二五"时期以及中长期，中国在节能减排、低碳发展方面面临的挑战将更加严峻。这种挑战主要来自两个方面：

一方面是来自于国际社会的巨大压力。国际社会，特别是发达国家，正在高度关注和深入研究中国的国际贸易与可持续发展问题。部分观点激进的西方学者认为，中国从世界各地进口能源、资源，加工成产品然后出口到世界各地去，资源消耗高，对生态环境破坏大。如果按照中国目前大进大出开展加工贸易、对外贸易规模持续扩大、不断消耗世界能源和资源的模式发展下去，中国这种经济发展模式、外贸模式对全球的发展将形成重大威胁，地球将会走向毁灭。虽然这种观点比较极端，但它反映出，西方发达国家对中国节能减排是如此看重，并不断施加压力，并非仅仅从经济利益角度来考虑问题，而是从全球可持续发展大局着眼。

另一方面，中国自身的对外贸易发展模式也面临着巨大的内部压力。作为世界制造业中心和货物贸易大国，中国在通过国际贸易获得利益的同时，生态环境问题对中国的影响是首当其冲的。因为国际产业转移分工，中国有动态比较优势，有土地空间、处于发展中、有劳动力（大量低素质的劳动力）、有人口红利（据说中国的人口红利还能持续十年），在全球跨国公司的布局下，中国就成了一个国际上垂直专业化分工的发生地。由此形成的中国目前这种以高消耗、高污染、低附加值产品为主发展模式，使中国在国际社会扮演了费力不讨好的角色，不仅由于附加值低、低利润，而付出代价高，更重要的是，西方国家作为消费市场享受了中国带给他们的低物价好处，但不承认中国代替他们排放二氧化碳、代替他们消耗能源、代替他们付出环境成本的事实（张建平，2009），反而不断地批评和施压中国，认为中国的发展将导致地球走向灭亡。中国的国际角色非常尴尬。

因此，未来中国通过注重低碳和环保来开展国际贸易，不仅是应对国际社会压力的问题，更重要的是关系到中国自身可持续发展的非常重要、非常关键的问题。中国的外贸必须转变增长方式，向高技术含量、高附加值和低能耗、低污染产品方向转变，在利用外贸推动经济增长的过程中注重低碳和环境保护。为了促进可持续发展，国际贸易必须考虑温室气体减排和降低环境影响，减少资源消耗。

尽管WTO全球自由贸易的多边谈判前景并不明朗，但是WTO在国际贸易产品的环境标准、环境产品以及环境服务领域的研究和谈判正在逐步深入开展。为了帮助各国决策者在这一复杂领域更好地理解有关问题，WTO与联合国环境署于2009年完成的"贸易与气候变化"研究报告指出，WTO在多哈回合谈判下已开始贸易与环境的第一回合谈判，现有的减缓气候变化措施与已有的WTO规则和最近许多论坛研讨的内容都是相互交叉的，将有助于更好地理解贸易与气候变化问题之间的联系。报告回顾了贸易与气候变化政策如何相互影响和相互支持，指出在气候变化、贸易理论、为防止气候变化而进行的多边努力，以及各国气候政策的贸易影响等四个不同领域的相关程度在提升。报告特别强调指出，在WTO规则框架下，各国应在保证贸易与气候政策相互协调的前提下制定和实施减排措施。

从区域贸易自由化进程来看，自由贸易协定中环境保护条款问题的重要性也日益凸显。在全球WTO谈判实际上陷入僵局，农业问题谈判难以达成一致的情况下，如果希望WTO能够产生成果，短期之内非常不现实。在目前全球贸易保护非常严重的情况下，哪些途径能够更有效地扩大国际贸易、对抗贸易保护主义呢？就是区域经济一体化或区域贸易协定。区域贸易协定最重要的组成部分就是自由贸易协定。对自由贸易协定的谈判，中国从2000年以来已经开始做出了巨大努力。2001年，由于中国以大国智慧、极具战略眼光地启动了与东盟的自由贸易区谈判，在中国带动下，韩国、日本、印度等国为了避免贸易损失和贸易转移效应，也先后与东盟签署了自由贸易协定，有效地推动了整个亚洲的区域经济合作。此外，中国也与发达国家如新西兰、中等工业化国家如智利、发展中国家如巴基斯坦、秘鲁、哥斯达黎加等签订了自由贸易协定。CEPA（关于建立更紧密经贸关系的安排）则有力地推动了大中华经济圈的形成。对于中国来讲，未来FTA（自由贸易协定）是实施走出去战略、拓展外贸空间、规避贸易摩擦的重要途径，这个过程目前也面临低碳、环保与可持续发展的巨大挑战。

在自由贸易协定的研究、谈判和签署过程中，国际社会，尤其是发达国家正在越来越倾向于把协定方向朝着环境保护、可持续发展、劳工标准方向引导。签署自由贸易协定的前提条件是把环境保护相关要求列入其中，把相关的劳工标准列进去，否则谈判非常难以进行。美国和智利这样的小国在谈判自由贸易协定的过程中，曾对智利提出了很多环保和劳工方面要求。起初智利不愿接受这样的条款，因为情况非常复杂，谈判协调难度非常大。但在美国的坚持和游说下，智利逐渐接受了相关条款。而当智利与其他国家，比如和中国谈判自由贸易协定时，也将环保、劳工等相关要求加入到与中国的谈判中来，这些都值得考虑（张燕生和张建平，2010）。

可见，在自由贸易协定中考虑环保要求已变成国际潮流和趋势，因此中国必须要适应这个潮流和趋势。未来中国从战略上需要通过与很多国家签署区域贸易协定推动贸易自由化进程，开拓中国的新兴市场，实际上中国也必须正视和主动面对低碳、环保与可持续发展问题，而不是被动地逃避这些问题。

5.6.2.2 中国外贸产品在低碳环保标准方面的机遇和挑战

中国目前是全球最大的货物贸易出口国，中国制造的产品目前能够在全球拥有很大的市场份额，特别是在金融危机肆虐的过程中，中国产品的海外市场份额不减反增，充分说明，目前中国的产品已经获得了国际主流市场的认同。但是，中国外贸产品在低碳与环保标准方面是否与国外产品存在差距呢？

第一，讨论中国很多产品在符合环境要求方面、在可持续发展领域方面的问题，首先要看参照系是哪些国家。与发达国家相比，中国现在的产品低碳、环保水平按照国际高标准的要求来看确实有很多差距，这是事实。但如果与很多发展中国家比，中国的外贸产品已经具备很多优势。比如，现在出口产品的技术含量与过去相比有明显提升，现在出口产品的质量在符合环境标准和可持续发展要求方面已有很大的提高，否则国际市场不会接受中国制造的产品。现在欧盟、美国、东盟、日本是中国前四大贸易伙伴，中国的外贸市场也主要在欧美国家和东盟、日本，这就说明中国的产品是符合其环保要求的。

第二，现在中国的外贸出口结构比过去有了很大的优化。20世纪80年代，中国出口的产品中，以初级产品和劳动密集型加工等低附加值产品为主，制成品、高技术产品出口比重相对较低。但从90年代到现在，外贸结构逐步发生了质的变化。现在出口的产品主要以机电产品、高新技术产品和劳动密集型加工组装产品为主，初级产品和原材料出口已越来越少。与其他发展中国家相比，特别是周边一些发展中国家，中国产品在提高产品环保标准方面已具备一定的实力，它们的出口产品还处于很初级的阶段，类似中国20世纪70年代末、80年代初的出口结构。

第三，在与环境有关的产品、研发和服务出口方面，中国现在也有了很大的进步。例如在节能技术领域，经过多年技术引进消化吸收以及科研人员努力攻关，中国的钢铁、水泥、石化、电力等重化工业企业，在节能技术研发与设备制造方面的能力已经有了长足的进步。中国大型钢铁企业节能技术水平与发达国家相比基本上已经没有差距。而在新能源设备制造领域，中国现在太阳能电池产品、风电设备制造等方面，已处于世界领先地位。目前中国的产品技术研发能力和技术创新能力进步非常快，不仅掌握了大量中低端技术，同时在部分高端技术领域也取得了显著的进步，因此，目前有的国家对中国新能源产业的发展态势十分担忧，有的发达国家甚至严格限制向中国出口高技术产品，并跟踪中国的技术研发。

总体而言，目前中国外贸产品在低碳和环保标准方面，基本能够适应国际市场的需要，并已取得较大的进步和成就。但从中国在哥本哈根减排40%的承诺考虑，未来中国在节能减排和环境保护方面，压力仍然巨大，与发达国家在技术上还存在巨大的差距。在国际环境保护和低碳要求的背景下，中国怎样更好地稳定外需、加快发展呢？

第一，应加大自主创新和加快转变外贸增长方式。这一战略需要较长时间来调整和实现，在此期间，如何使外贸产品更具有自主知识产权、高技术含量和高附加值，同时符合低碳、环境标准、绿色消费要求，是对外贸易发展面临的重大任务。增加高技术含量产品出口份额，减少"两高一资"产品的出口，自主研发、自主创新是最核心、最根本的途径。实际上，21世纪技术竞争已变成国家之间竞争的焦点或关键。比如新能源技术，在未来的全球竞争中，哪个国家在这个领域有突破性的创新，哪个国家就可能会在全球竞争中占据一个制高点，保证国家的未来战略利益。对于中国而言，加大自主研发和创新力度，一方面决定着外贸产品的低碳、环保和高附加值；另一方面，决定着中国的未来全球竞争力和国际地位。

第二，应充分利用自由贸易协定拓展外贸空间。中国的外贸出口在发达国家的市场份额较大，而发达国家利用各种手段和理由对中国产品进行贸易保护，实施反倾销和反补贴。在这种情况下，中国要进一步增加发达国家的市场份额，实际上潜力有限。而在新兴市场，如东欧国家、中东地区、非洲、美洲地区，中国过去的市场份额相对较小，但增长空间和潜力非常巨大。在此过程中，利用区域贸易协定拓展外贸空间是一个重要途径，区域贸易协定或自由贸易协定是在两国，或三四国之间达成，贸易创造效应会使中国的外贸空间迅速扩大。很多发展中国家也希望开拓中国的巨大市场，从中国经济的高速成长中受益，因此越来越愿意与中国开展自由贸易谈判。目前挪威、瑞士、冰岛、GCC（海湾合作委员会）等国家和地区经济组织都在与中国商谈FTA。

第三，应高度重视在WTO框架下开放环境产品与服务的相关谈判，高度重视气候变化框架下与国际贸易相关的谈判进程，主动介入和影响谈判，发挥中国的大国影响力，高度重视研究环境产品自由化问题和国际贸易规则中环境产品清单的形成。在气候变化问题日益受到关注的情况下，环境产品谈判在多哈回合谈判中的地位日益突出，环境产品谈判斗争越来越激烈，发达国家和发展中国家之间的矛盾比较尖锐。中国要坚持明确认定环境产品标准，使谈判结果"有利于发展中国家自己生产环境产品"，促进自身环保产业发展，同时，发达国家成员要切实向发展中国家成员转让相关技术。中国要加快环境服务贸易发展，如环境咨询、环境管理等，这些方面发达国家都有很多专业服务。还应让中国做得好的专业环境服务公司走出去，为发展中国家服务。这样，才能共同推进全球的可持续发展和低碳发展。

5.6.3 中国绿色贸易转型的对策

5.6.3.1 建立低碳技术转让机制推动低碳技术贸易

低碳技术转让问题是全球应对气候变化谈判中的一个非常重要的议题。为减缓气候变化，联合国气候变化谈判所达成的减排目标和相关承诺，最终需要落实到资金和技术层面。在《京都议定书》框架下，为促进技术转让，曾设计了"清洁发展机制"（CDM），即发达国家提供资金和技术，与发展中国家开展项目合作；而项目所产生的温室气体减排量可转让给发达国家，帮助其履行减排义务。但这种双赢设计在实际操作中主要以资金流动为主，具有先进技术转让的项目很少。在哥本哈根会议上，虽然发展中国家强烈要求建立技术转让机制，但发达国家没有承诺采取实质性的措施，发达国家和发展中国家关于这一问题还有很大的分歧。为有效地推动低碳发展，实现全球可持续发展，冲破障碍，探索建立有效的低碳技术转让机制至关重要。

但各国笼统地谈判低碳技术转让，不仅效率很低，而且使建立国际低碳技术转让机制的努力收效甚微。这主要是由技术的高附加值属性、技术体系的复杂性和国家间技术竞争的敏感性决定的（裴卿等，2008）。实际上，知识产权问题不是技术转让的最大障碍，目前发展中国家的知识产权保护体系建设发展迅速，知识产权保护在向国际惯例靠拢，关键问题是如何建立促使技术转让的政策平台和资金机制。根据笔者管理中日绿色援助计划框架下节能环保工程示范项目和普及推广的实践经验与理论总结，要建立有效的技术转让机制，并使低碳技术转让能够持续开展，迫切需要建立低碳技术的分类转让机制。也就是说，国际低碳技术转让需要根据技术的不同特征，通过非商业性技术转让和商业性技术转让等不同途径进行才能开展有效的转让（张建平，2009）。

对于受到知识产权和专利保护的低碳技术，发达国家应基于市场机制，通过商业性技术转让，也就是技术贸易的方式，向发展中国家转移。这类技术转让涉及商业利益和知识产权保护，企业间的技术转让要尊重市场规则，寻求共赢。通过该途径转让的很多技术属于企业商业秘密，技术转让必然以营利为目的，主要通过国际技术贸易或经济合作途径实施。技术贸易范围包括工业产权的转让或许可、专有技术的许可和技术服务等方面的内容。这又可归为两大类：①以工业产权的转让或许可，以及以专有技术的许可为核心的技术转让。②以技术知识提供技术服务。

对于已失去专利保护的技术、成熟普及的技术、企业自愿放弃专利保护的技术，要积极开展非商业性技术转让，政府要发挥主导作用，制订和完善相关政策体系，从资金、信息渠道等方面积极推动技术转让。非商业性技术转让是不以营利为目的，包括国际组织或政府间的技术援助、科学技术情报交换与学术交流等，通常是无偿转让或条件极为优惠。政府的主导作用主要体现在为双方企业的技术转移提供优惠条件和便利（何建坤，2009），发达国家政府推动非商业性技术转让，以优惠条件向发展中国家转让已成熟的、常规的低碳技术。

此外，对于正在进行研发的前沿新技术，发达国家与发展中国家进行联合研发是一种很好的途径，既可解决知识产权保护问题，又可让发展中国家尽快掌握并推广使用新技术。所研发出的最新低碳成果共同享有，可避免技术转让的麻烦。

5.6.3.2 积极应对边境碳税

随着气候变化问题越来越成为世界关注的焦点，边境碳税（又称为碳关税）已成为发达国家新的贸易保护工具，其表面合理性大，对发展中国家的危害更隐蔽。碳边境调节税，是把贸易和环境结合起来的重要经济手段，但这个好的手段要看针对哪些国家使用，或适用于哪个发展阶段。对于欧美发达国家，它们已经过了工业化阶段，对它们是有利的。但对中国这样的发展中大国，如把边境碳税考虑进来，对中国是一个极大的束缚，也是一个很重大的挑战。

美国众议院在碳排放限额与贸易法案中提出将对发展中国家制造业产品征收边境碳税，是绿色贸易保护主义新的表现形式。边境碳税违背了WTO的自由贸易原则和"最惠国待遇"原则，也违背了《京都议定书》确立的发达国家和发展中国家在气候变化领域"共同而有区别的责任"原则，有利于美国提高本国竞争力，维护经济霸权，对发展中国家经济造成打击，并在气候变化问题上对发展中国家明显不公平。中国要高度警惕和坚决防止征收边境碳税成为国际贸易规则中的重要内容，坚持将气候变化和关税作为不同领域问题分别通过谈判加以解决（张建平，2009）。同时，要加快经济结构调整和产业转型升级步伐，加快节能减排进程，应对未来可能出现的挑战。

中国应加强对国际贸易规则的研究和参与规则制定的，提出有利于自己的新主张，通过国际协调机制维护国家权益。中国应有效地利用WTO相关条款和京都议定书有关规定，同其他发展中经济体一道共同与欧美国家就边境碳税和碳排放问题进行磋商。通过加强与国际社会在"边境碳税"问题上的沟通、协商和谈判，使中国在国际谈判中处于更为有利的地位，成为国际经济规则的主动参与者、制定者，维护国家的正当权益。

同时，中国应加快发展新能源和新材料产业，加快经济结构调整和产业调整、转型、升级步伐，加快节能减排进程，引导企业强化绿色生产意识和不断提高节能减排技术水平，与国际社会积极协作，特别是加强在发展清洁能源和提高能效方面的全面合作，积极履行国际减排义务，共同实现全球减排目标，为全球实现可持续发展作出贡献。

5.7 小　　结

本章从文化产业、城市交通、金融产业和对外贸易四个方面阐释了中国经济转型的产业战略。文化产业是第三产业的重要组成部分，具有天然的绿色低碳、附加值高等特性，大力发展文化产业将促进现有产业的结构转型和就业机会的出现。城市交通绿色转型涉及几乎所有实体经济的运转效率，同时也是改善城乡生态环境的重要一环，因此有必要借鉴国际成熟的城市交通管理经验并做好规划，在提升城市实体流通效率的同时降低无效率的不可再生能源使用。金融业绿色转型将通过尽可能地限制"两高一资"工程项目开工和促进低碳环保型项目顺利开展而影响社会经济的规范和意识，力求将社会资源集中在绿色领域以创造更多的绿色价值。对外贸易绿色转型的主要任务是从"黑色贸易"转变为"绿色贸易"，在平衡商品进出口水平的同时，提高产品附加值，降低产品生态足迹。产业层面绿色转型战略的实现最终取决于中国广大企业的落实，该层次的转型战略也是转型研究的重要课题。

第 6 章　企业层面转型战略

随着中国人口红利、资源红利、成本优势的消减,外部竞争进一步加剧,中国企业需要打造质量、品牌、服务、渠道等。竞争优势是中国企业制胜的必由之路,其中包括科技、管理、模式在内的创新显得尤为重要。企业可持续发展对于中国经济转型的成功尤为重要。本章拟从企业战略管理的视角出发,对中国企业进行分析,探讨企业转型战略的趋势,识别影响企业转型战略的驱动因素,寻找企业转型战略的手段,从而获得企业战略转型的途径。

6.1　转型战略的意义

自 20 世纪 80 年代以来,企业变革实践在经历了"重组""再造"两大变革热潮后,于 90 年代中后期进入到以"转型"为主流的变革时代,越来越多的企业选择"转型"作为谋求企业复兴或实现持续成长的一种重要手段(张聪群,2009)。

中国企业面对全球转型的浪潮,要么适应它并开展可持续发展,要么抗拒它而走向失败。目前,中国企业面临产权制度不尽合理、产品结构严重雷同、低水平重复建设、技术含量低、产品档次低、缺少科学的转型战略等问题,导致企业面临一系列困难,例如生产成本升高、融资困难加剧和外贸出口受阻等(张波,2010)。同时,中国企业技术创新能力不足,主要表现在技术创新资源投入不足、技术创新管理能力较差等(陈艳和雷育胜,2006)。

转型将是中国企业今后生存和发展的必由之路。企业转型的意义,可从国家需要和企业自身需要两个层面进行阐述。

1. 企业转型是国家经济转型和可持续发展的保证

首先,企业转型有利于减少国家对企业的"预算软约束",可有力减少经济转型过程中国家为支持企业发展而承担过多的财政政策压力。林毅夫认为,许多国有企业是政府为了尽快赶上发达国家的产业、技术水平而违反其比较优势建立起来的,尤其以重工业中大型的国有企业为甚,在开放、竞争的市场上这样的企业是不可能生存的(林毅夫,2002)。而许多在改革开放后出现的非公有制经济企业,他们相对于那些严重缺乏活力的国有企业来说,具有一定的自生能力,但这种能力是一种相对的优势,实际上,这些企业素质距离西方现代企业差距较大(魏杰,2010)。

此外,企业的生产行为集中体现了一个国家各类生产要素的使用结构和情况,因此企业自然资源生产率的提高,可以有力地减少经济转型过程中国家为落实环保政策而付出的政策成本。中国经济可持续发展的实质是建设社会主义和谐经济。所谓和谐经济，经济结构应是合理的且具有较强的增长潜力，必须保证经济发展与国家政策、社会发展和环境的承载力相协调、相适应。改革开放以来，为了赶超发达国家，中国耗费了大量的自然资源，自然资源急剧减少，环境严重恶化，资源、环境对经济发展的制约越来越明显。在这种情况下，实施可持续发展战略具有重大意义。而企业的转型和升级正是实现可持续发展的可靠保证（任琳，2008）。

2. 企业转型是企业应对环境变化和生存发展的保证

首先，国际竞争环境的变化需要企业积极转型。按照彼得·德鲁克的观点，一个企业，除非是那些规模最小和经营范围仅限于当地的企业，是不可能长期依靠压低劳动力成本来获得生存的，唯一的出路就是追赶本行业最先进的企业，培育属于企业自身的核心竞争力，并最终与这些优秀的企业保持在同一水平线上才能在经济全球化的浪潮中占据一席之地。在经济全球化浪潮中，中国企业正承受着来自国际大企业的冲击和排挤。中国企业无论在人力、物力、财力，还是技术积累和基础设施等方面都不具备竞争优势。可以说，中国企业尚处于加工贸易产业链低端，在全球化浪潮中的处境不甚乐观。过去企业生存和发展主要依靠地方保护，这已非长久之计。在"走出去"战略的实施过程中，比较优势和地方保护的效果将越来越小。当前，产业内分工的发展具有很大潜力，企业若要获取更大的利润，必须加快产业的升级，积极参与到国际分工的各个环节中。这不仅能提高产品的国内附加值，增加外汇收入，也能扩大与国内上下游相关产业的联系，从而使行业内部逐渐形成产业一体化，提升企业吸引外资的能力，更大地发挥对国家经济的推动作用。这也是中国企业适应全球化竞争的需要。

其次，国家相关外贸出口政策的改变需要企业积极转型。中国外贸发展很快，近几年一直处于贸易顺差的状态。尽管如此，经济过快增长也引发许多问题。从外部看，贸易摩擦不断加剧，国际贸易环境进一步恶化，经济的可持续发展性受到质疑。从内部看，国民经济正因此承受着可能发生通货膨胀的巨大压力。面对国内外经济环境的恶化，中国政府适时地进行了宏观调控。这些政策手段的运用旨在促使中国价值链的进一步延伸，保证中国经济的可持续发展，实现企业的转型升级。这将是今后很长一段时间内企业管理工作的总体指导思想。

企业行为是国家经济的微观体现，国家经济是企业行为的宏观平台。企业在国家经济转型的背景下积极实施转型战略，其实是企业自身与外在环境互动和影响的必然结果。而企业转型的核心，则是培养起以自主创新能力和资源环保意识为主的自生能力，在"从法律形式上的企业转变成真正意义上的企业"的同时，获得长久的可持续发展能力（魏杰，2010）。

6.2 转型战略的动力

中国企业战略转型的影响因素各有不同，但仍有一些普遍性的因素。根据企业的特殊环境和资源禀赋等因素来判断战略变革的时机、方向和规模，查雅各（Zajac）等学者认为影响中国企业战略转型的驱动力量包括如下几个方面（Zajac et al.，2000）。

1. 市场经济机制的促进作用

20世纪90年代，全球经济一体化进程日益加快，许多企业为了求生存、谋发展纷纷实施了战略转型（Carayannia，1999）。中国传统的外贸企业出口萎缩，遭遇国际贸易保护主义更频繁，生存和发展环境更严峻，迫切需要战略转型，其转型方向是积极融入供应链管理上的某些环节来提升附加值和竞争力（刘文华，2009）。

2. 新技术革命的促进作用

新的信息技术革命产生了一些新的产业，引起不同产业之间的融合。由于产业发展的重大变化，企业发展战略也相应地向产业多元化转型，从而引起了产业变革、产业调整和产业融合。

3. 企业经营实力的促进作用

企业的历史资源禀赋和能力状况会影响企业的战略变革（Kraatz and Zajac，2001）。改革开放30多年来，中国的本地企业，无论是国有企业还是民营企业，在业务规模和经营实力上都取得了长足的进步。由于经营实力的增强，企业才有可能实现公司总体战略从单一产品和单一产业向多种产品和多个产业的多元化战略的转型，业务竞争战略由低成本竞争转型为技术创新竞争和品牌化竞争。海尔公司在20多年里多次实现战略转型，每次战略转型都是在公司的经营实力有了显著提高的基础上进行的。1984~1991年，海尔公司的战略是单一产品的名牌战略，重点是冰箱一个产品，探索并积累了企业管理的经验，为今后的发展奠定了坚实的基础，总结出一套可移植的管理模式。1992~1998年，海尔公司向产品多元化战略转型，重点从一个产品向多个产品发展，从白色家电进入黑色家电领域，以"吃休克鱼"的方式进行资本运营，以无形资产盘活有形资产，在最短的时间里以最低的成本把规模做大，把企业做强。1998~2005年又从国内企业向国际化企业转型，产品批量销往全球主要经济区域市场，有自己的海外经销商网络与售后服务网络，海尔实施全球化品牌战略，在当地国家创造自己的品牌，海尔品牌在世界范围的美誉度大幅提升。

4. 跨国公司战略的促进作用

跨国公司通常以价值链来提升其产品价值（罗文钦和朱学兵，2007），实施业务"归核"战略，将经营活动中产生核心能力的战略环节严格控制在企业内部，而将一些非战略性的活动外包出去，充分利用国际市场降低成本，提高竞争力和盈利水平。跨国公司的战略转型也会对中国企业产生非常深刻的影响，一些国外企业专业化战略、归核化战略、多元化战略和国际化战略将产生示范效应。

6.3 转型战略的选择

企业战略转型是企业在面对由于环境的重大变化或自身能力（如组织学习力、动态能力）的提升而带来的机会或威胁时，为可持续发展或跨越发展而对原来的战略逻辑框架进行重大调整，从根本上重新制定企业战略的行为（冯海龙，2006）。尽管战略转型不同于战略变革、战略调整、战略更新、战略转换等，但对企业战略转型的研究和企业转型的研究、企业战略变革的研究是交织在一起的。企业战略变革应包括两方面的内容：一是战略内容变革，即范围、资源配置、竞争优势和协同效应等方面的变化；二是战略过程变革，即导致战略内容变革的外部环境和企业因素的变化（杨林和张敏，2008）。同样，企业战略转型内涵也应包括企业战略内容的转型和企业战略过程的转型。企业战略转型能否成功，取决于企业战略内容和战略环境是否匹配，在于企业战略的实施过程是否有效。对中国企业战略转型的研究，既包括对中国企业所选择的战略内容进行研究，也包括对影响中国企业战略选择的驱动因素的研究。企业战略内容可分为企业总体战略和业务竞争战略两个主要方面。从中国企业的总体战略来看，企业的业务结构和业务布局可以从具体的单个企业的业务在产业、区域、产品、市场、价值链等方面的分布和格局上进行分析，一个企业的业务所分布的产业数目、区域范围大小、产品种类多少、市场容量与细分程度、产业价值链与产品价值链的长短和可管理性等方面的信息表现了该企业总体战略的内容。从中国企业的业务竞争战略来看，企业的竞争优势来自于所提供的产品和服务在成本、功能、质量、速度、关系、品牌等方面的差异性，一个企业的产品和服务的成本高低、功能的完整性与创新性、质量的优质性与稳定性、提交速度的快捷性、合作伙伴的多样性与可靠性、品牌的美誉度与知名度等方面的信息表现了该企业业务竞争战略的内容。在30多年里，中国企业战略转型的基本走向可以从中国企业的战略选择上进行描述和分析。

从企业总体战略的层面，有以下几类战略选择：

（1）产业专业化战略

它成为大多数企业的选择，但仍有一部分企业选择了产业多元化战略，从初始的单一产业向多种产业转型。一些企业之所以选择从单一产业向多种产业的战略转型，来源于对现有单一产业发展前景有限的主观估计。一些企业认为，由于所处行业或地区的衰退，企业发展前景黯淡，迫使企业不得不主动或被动地采取产业转移的战略，寻求新的经济增长点，使企业获得新的生机。这种行业间的转移，可能是企业保留原有行业的业务，实行多元化的策略，也可能是完全退出原有行业，全部进入新的行业。很多企业在其主营业务发展尚未充分甚至还需大量投资的情况下，就贸然进入新的领域，结果是在产业多元化的转型过程中倒下了，许多曾经声名显赫的企业，如巨人、三株等就是这样。当然，也有在产业多元化转型过程中成功的实例，如中信集团，公司由最初的信托产业向银行、证券等产业扩张获得了成功。

（2）多区域的全国化战略

随着企业规模的扩大和企业实力的增强，一些企业从区域性企业选择了多区域的全国化战略，在成为全国性的企业后，少数企业选择了"走出去"的国际化战略，实行从国内企业向国际化企业的转型。海尔公司在20世纪80年代，是一家山东青岛的地方企业，经过多年的发展，成为一家全国性的家电企业。1999年4月30日，海尔在美国南卡罗来纳州建立了美国海尔工业园，园区占地700亩，年产能力50万台。2000年正式投产生产家电产品,并通过高质量和个性化设计逐渐打开了市场。这意味着第一个"三位一体本土化"的海外海尔的成立,即设计中心在洛杉矶、营销中心在纽约、生产中心在南卡罗来纳州。2002年3月5日,海尔买下纽约中城格林尼治银行大厦作为北美的总部。现在,海尔集团在全球建立了29个制造基地,8个综合研发中心,19个海外贸易公司,在全球106个国家设立了3万多个销售网点和10个科技信息网络,全球员工超过6万人。中兴通讯于1995年开始进行国际化探索之路。1995年,中兴通讯首次参加日内瓦国际电信展。2004年,公司整体实现合同销售额340亿元,其中,海外实现合同销售额为136亿元。2004年,中兴全面实施国际化战略,着力打造世界级卓越企业,中兴战略目标定位为全球性的综合电信设备制造商。

(3)产品多元化战略

企业在一个产业内由单一产品向多种产品的产品多元化转型是中国企业的普遍选择。1996年,中兴公司不得不面临专业化与多元化的取舍,即继续研发程控交换机还是走产品多元化之路。当时,中兴的总裁侯为贵提出"三大转变",即产品结构突破单一的交换设备,向多元化产品领域扩展;国内目标市场由农话向本地网、市话网扩展;全球市场由国内市场向国际市场扩展。这一多元化战略的实施,使中兴从单一的交换机产品发展到涉及交换、传输、接入、视讯、电源等相关领域的多元化经营。2002年,中国国内的电信行业形势极不稳定,其中小灵通不再火爆;传统的交换与接入市场逐步萎缩,价格不断下降;光通信和数据通信还不成气候;手机业务有回升的迹象,但前景不明朗;GSM国内格局已定,短期也不能有突破;3G业务前景扑朔迷离。在此背景下,中兴以变应变,以变制变,确立手机、国际化、3G三大战略领域(余来文,2006)。

(4)细分市场战略

企业在成立初期基本上选择单一的细分市场战略,随着企业的发展壮大,企业所面对的客户越来越多,所选择的细分市场越来越多,多元化的细分市场战略成为企业的战略选择,市场的多元化转型成为企业在发展过程中的一种普遍选择。海尔洗衣机针对日本市场不同的细分市场分别推出了"小小神童"洗衣机和"洗衣吧"洗衣机两种新款的洗衣机。"小小神童"洗衣机以其小巧时尚的外观、轻松易用的人机界面,深受日本单身贵族的青睐。带自动烘干功能的小型滚筒机——海尔"洗衣吧",大规模登陆日本,完美解决了日本小型家庭对大型洗衣机的抱怨。海尔针对女性消费者推出的"复古式冰箱",极大地满足了日本单身女性对功能简单、外观时尚的冰箱产品的需求。

(5)产品价值链战略

大多数企业在产品价值链上选择集中于关键价值环节的做法,实行"外包"和"归核化"战略,少部分特大型企业对产品的价值链进行延伸,实行"综合服务"和"上下游一体化"战略。

从业务竞争战略层面,有以下几类战略选择:

(1)"低成本"竞争战略

绝大多数企业采用了"低成本"竞争战略,规模化和廉价劳动力成为主要的实施手段,市场竞争异常激烈,难以实现从低成本竞争向差异化竞争的战略转型。国美、苏宁这两大中国3C零售巨头在过去十年里进行了"贴身紧逼"的竞争。这种贴身紧逼的竞争态势，表现在：在国内任何一个大中城市，都可在国美门店的周边找到苏宁的门店；从门店数量之争所引发的"单日开店百家"的炒作，再到旗舰店之争所引发的单店规模比拼，甚至到海外战略的PK、大中电器竞购案等，国美、苏宁之间的步步紧逼，似乎已经成为业界的一种常态。

（2）"自主创新"竞争战略

一些企业采用原发性创新和集成创新等做法，实施"自主创新"的竞争战略，实行从技术模仿向技术自主创新的战略转型。华为公司是1988年成立、总部位于中国广东深圳市的一家生产销售电信设备、员工持股的民营科技公司。截至2009年年底，华为在全球范围内总计拥有35000名研发人员，约占其全球雇员总数的43%。据世界知识产权组织统计，在2008年，华为公司全年共递交1737件PCT专利申请，专利申请公司（人）排名榜排名第一；LTE专利数占全球10%以上。自创业伊始至2009年12月底，华为先后递交了26880份专利申请书。由美国权威商业媒体Fast Company评出的2010年最具创新力公司，华为紧随Facebook, Amazon, Apple和Google之后位列第五。

（3）"供应链管理"和"经销商管理"竞争战略

一些企业加强对合作伙伴的管理，实施"供应链管理"和"经销商管理"的竞争战略。华为公司在过去的几年中，启动了与友商在技术、产品和市场等方面多领域多层面的合作，互相依存，共同抗御风险。与客户和供应商建立更稳固的合作关系，加强与国际、中国主流运营商的战略合作，改善与主要供应商的合作关系，提高供应链的响应速度和服务优势。另一方面扩大与友商的多层次合作，共同构建面向未来的、多赢的、共同生存的安全发展模式，实现分工合作、优势互补，更好地为全球客户创造价值。华为与西门子成立了合资公司，专注于TD-SCDMA的研发、生产、销售和服务，共同推动TD-SCDMA的进一步发展。与摩托罗拉在上海成立了UMTS联合研发中心，旨在为全球客户提供功能更强大、全面的UMTS产品解决方案和高速分组接入方案（HSPA）。

（4）"品牌化"竞争战略

一些企业加强品牌建设和品牌推广的力度，实施"品牌化"竞争战略，实行从无品牌的竞争向依靠品牌的竞争战略转型。海尔公司现在是世界白色家电第一品牌，这一品牌地位的形成是海尔公司长期努力实施品牌竞争战略的结果。1993年，海尔品牌成为首批中国驰名商标，2006年，海尔品牌价值高达749亿元，自2002年以来，海尔品牌价值连续四年蝉联中国最有价值品牌榜首。海尔品牌旗下冰箱、空调、洗衣机、电视机、热水器、电脑、手机、家居集成等18个产品被评为中国名牌，其中海尔冰箱、洗衣机还被国家质检总局评为首批中国世界名牌，2009年，海尔冰箱入选中国世界纪录协会世界冰箱销量第一，创造了新的世界之最。2005年8月30日，海尔被英国《金融时报》评为"中国十大世界级品牌"之首。2006年，在《亚洲华尔街日报》组织评选的"亚洲企业200强"中，海尔集团连续第四年荣登"中国内地企业综合领导力"排行榜榜首。海尔已跻身世界级品牌行列，其影响力正随着全球市场的扩张而快速上升。

6.4 转型战略的实施

能否成功实施企业转型战略主要取决于转型能力。转型能力越强，其转型手段就越有效。提高企业战略管理能力，可通过实时扫描环境的变化，实施前瞻性战略转型，实现企业持续成长（李烨，2005）。例如，电信企业转型成功与否，与诸多因素有关，既是一个系统的过程，也是一个长期的过程。成功的转型是在特定的条件约束下，通过企业实施战略决策，以客户需求为导向，合理调配各种资源，使相关资源因素获得效益最大化（廖仁斌，2007）。企业战略转型过程的实质是通过对企业资源进行重新配置、整合与管理，改变原来的资源投向，形成新的经营模式，使系统不断结构化、层次化，从无序走向有序、从较低层次有序走向较高层次有序（唐健雄和王国顺，2008）。

企业战略转型能力源于企业战略转型过程中环境识别、资源整合、管理控制和持续创新等四个环节属性，由此构成企业战略转型能力的四力维度结构。中国企业在战略转型过程中使用的实现手段包括：

（1）建设高层管理团队

高管团队构成的变化可能会提高战略变革的程度（Goodstein and Boeker, 1991）。联想集团在实施国际化战略转型的过程中，在并购 IBM 公司的个人电脑业务后，组建了一个由前 IBM 和戴尔公司高管人员组成的高层管理团队，这一新的国际化高管团队有力地支持了联想公司的国际化战略转型。

（2）积极利用外部资源

自中兴创业以来，为了市场和技术的升级，不断推出自主研发的新产品，但资金问题一直困扰着中兴。为了解决对资金的迫切需求，也为了化解其中的种种风险。为此，1997年通过股份制改造，成立了深圳市中兴通讯股份有限公司，并在深圳证券交易所挂牌上市，由此公司进入了高速发展期，1997 年 7 月和 2001 年 3 月两次在股市融资 20 多亿元，从而为中兴在 3G、数据和光通信等领域的研制提供了巨大的资金支持。

（3）组织有效学习

在中国企业进行战略转型的过程中，利用外部的管理咨询公司协助自己的战略转型是一种有效的手段。咨询公司提供战略转型方案的过程，也是公司员工，特别是高层管理员工更新管理知识，开阔视野的过程。国外著名管理咨询公司如麦肯锡、罗兰贝格等就曾为若干中国的大型国有企业和民营企业提供了战略咨询。

华为公司从 1997 年起，同 IBM、Hay Group、PwC 和 FhG 等世界一流管理咨询公司合作，引进了集成产品开发（IPD）、集成供应链（ISC）等流程，并在人力资源管理、财务管理和质量控制等方面进行了深刻变革，引进业界最佳实践，建立了基于 IT 的管理体系。在技术方面，与世界一流公司（如 Intel、Texas Instruments、Freescale Semiconductor、Qualcomm、Infineon、Agere Systems、Microsoft、IBM、Sun Microsystems 和 HP 等）进行合作和建立联合实验室。这些管理和技术方面的组织学习有效地促进了华为公司转型为一家国际化的电信设备制造企业。

从 1978 年以来，中国经济持续保持着高速增长的态势，中国企业在这一过程中也不断壮大，涌现了若干家国际知名企业，大企业的数目和规模也不断扩大。

中国企业的发展壮大与中国企业的转型不可分开。战略变革有助于提高企业的生存机会。一些企业的成功战略转型，不仅让这些企业生存了下来，而且利用了良好的发展机会，使自己发展壮大起来（Haveman，1992）。但是，在中国企业的战略转型过程中，还存在一些需要克服的困难和障碍。中国企业在从低成本竞争战略向价值创造竞争战略转型的过程中，面临核心技术缺乏、忽视自有品牌建设和资源障碍三大深层次的障碍（周伟，2007）。

6.5 小　　结

企业是国家经济的核心，也是国家经济转型的主体，是社会经济可持续发展的保证。同时，实施经济转型也是企业应对竞争环境变化、保证自身生存发展的必然选择。本章通过介绍中国经济转型过程中企业战略转型的意义、动力、模式选择和实现方法，明确了企业应认清内部及外部环境，积极培养以联系力、创造力、影响力为主的企业自生能力体系，以求在宏观和中观的战略体系支持下，通过经营实践，充分创造经济效益和社会效益，促进绿色经济的发展。在这几种能力中，企业的创造力最为重要。

企业的经济转型是中国经济转型的实践主体。在下一篇"实践篇"中，本书将依据"三要素"理论，重点讨论经济转型实践的绿色发展模式、低碳发展模式和循环发展模式。

第三篇 实 践 篇

为解决经济社会发展不平衡、不协调、不可持续的问题，中国在"十二五"规划中将"树立绿色、低碳发展理念，以节能减排为重点，健全激励与约束机制，加快构建资源节约、环境友好的生产方式和消费模式，增强可持续发展能力，提高生态文明水平"列入工作重点。在具体实践中，中国各地区、各部门已将可持续发展战略纳入了各级各类规划和计划之中，相关的法律法规相继出台并正在得到不断完善和落实，但仍存在经济快速增长与资源大量消耗、生态破坏的矛盾，经济发展水平的提高与社会发展相对滞后的矛盾，区域之间经济社会发展不平衡的矛盾，人口众多与资源相对短缺的矛盾，一些现行政策和法规与实施可持续发展战略的实际需求之间的矛盾等诸多问题，实现经济发展的绿色转型仍然面临着重重困境。根据世界银行的定义，绿色发展的基本内涵是在生态环境容量和资源承载力的约束条件下，将环境保护作为实现可持续发展的重要支柱；循环发展的原则是资源使用的减量化、再利用和资源化再循环，把传统的依赖资源消耗的线形增长的经济，转变为依靠生态型资源循环实现发展的经济；低碳发展则是应对全球气候暖化的关键方案。本篇将根据经济转型的三要素论，分别详细说明绿色发展、循环发展和低碳发展的三种新型发展模式，提出加强生态文明建设、转变提升发展模式的对策建议。

在长期高速发展后，中国模式的基础也发生了变化。现在中国政府的目标变得更加复杂，不能仅仅是经济上的目标，而且必须包括环境和资源在内的综合目标。过去出于强烈的生存需要，不用考虑能源消费和污染控制，导致环境问题长期被忽视。所幸中国领导人已清楚意识到问题所在，并开始采取行动。中国领导人正考虑如何改变经济增长结构，开发绿色能源，发展循环工业。我相信在未来五年内，中国将会有巨大的变化，经济增长质量是未来中国最大的挑战。我见证了中国经济政策的变化，这种变化实际上就是从关注经济增长速度到意识到不能忽视经济增长质量的过程。中国是一个既强大且聪明的国家，它看到了照搬西方模式所面临的风险，所以也在探索一条具有中国特色的发展道路。

——马丁（Martin Lees） 罗马俱乐部前秘书长

改革开放政策的实施，极大地解放了社会的生产力，中国经济高速发展，国力大幅度提高。与此同时，中国也付出了过大的资源和环境代价。如何处理好经济发展与环境保护的关系，走真正可持续发展的道路，是必须认真面对和切实解决的严峻挑战和重大的历史性课题。

——叶汝求 国务院参事、国家环境保护总局时任副局长

循环经济与可持续发展一脉相承，始于人类对环境污染的关注，源于对人与自然关系的思考。循环经济的产生不是单纯由环境问题引起，也不是单纯由资源引起，它是人类社会发展到一定阶段——经济发展遭遇资源约束和生态环境约束时的必然选择，是实现经济、社会、生态环境和谐与可持续发展的一种发展模式和实现途径。

——左铁镛 中国工程院院士、原中国科学技术协会副主席

改革开放以来，经济高速发展造成了资源消耗、环境污染和生态破坏，环境问题已经是影响经济、社会可持续发展的重要因素，中国应实施以低排放、低能耗、低污染为特征的新的经济发展模式——低碳发展战略，积极应对气候变化这一国际社会关注的全球环境问题。中国社会经济正处于资源、环境约束最为严重的时期，工业化、城市化、现代化进

程远未完成，发展经济、改善民生任务艰巨。要化解经济快速发展对资源、能源消耗的高度依赖，跨越资源、能源的瓶颈约束，推动低碳发展是中国推进可持续发展的必由之路。要抓紧制定低碳发展战略，研发低碳技术和产品，形成配套政策，尽快开展试点，全力推动低碳发展。

——吴晓青　环境保护部副部长

气候变化已经越来越成为全球关注的焦点，人类大规模开发利用化石能源，已经造成了地球上能源资源和生态环境的不可持续。作为地球村的一员，中国积极为全球温室气体减排和实现人类的能源利用转型贡献力量。中国已制定了三步走的发展战略，要在本世纪中叶达到中等发达国家水平，从而实现中华民族的伟大复兴。温室气体减排使得中国不再具有发达国家工业化时期无限制排放的优势。因此，中国必须要在经济社会加快发展的同时，切实转变发展方式，促进能源转型，形成低排放的生产方式、生活方式，注重低碳技术创新，率先创造出一条前所未有的低碳发展道路。

——韩文科　国家发展和改革委员会能源研究所所长

第 7 章　绿色发展模式

在"气候问题、经济危机、粮食危机"成为全球可持续发展的三大头号难题的国际背景下，国际社会已越发感受到绿色发展模式对缓解世界性社会经济矛盾和在新一轮经济发展浪潮中占得制高点的重要性。因此，世界各主要国家正全力以赴地在国家和区域层面传播绿色经济思想理念、制定绿色经济法规政策、实施绿色经济实践行动，并期待令人满意的绿色成果。

7.1　模式概述

绿色发展模式倡导的是环境保护、绿色生产、绿色消费和废弃物的再生利用等环节的整合和互补，是建立在物质不断循环利用基础上的经济发展模式，它要求把经济活动按照自然生态系统的模式，组织成一个"资源—产品—资源再生"的物质反复循环流动的过程，使得整个经济系统以及生产和消费的过程基本上不产生或者只产生很少的废弃物，其特征是自然资源的低投入、高利用和废弃物的低排放，从根本上消解长期以来环境与发展之间的尖锐冲突。

1. 绿色生产模式

发展绿色经济需要以绿色生产体系为基础。绿色生产是一个综合考虑环境影响和资源消耗的现代生产模式，它不仅考虑最终产品，还要考虑整个产品的生命周期对环境的负面影响，从而形成综合性的产品生命周期发展战略。绿色生产体系的建立不仅能对减少资源消耗、污染排放起到立竿见影的效果，同时能够对绿色技术创新、营造绿色消费氛围起到积极的推动作用。

人类社会正在实施全球化的可持续发展战略，而绿色生产是人类社会可持续发展的必然需求，是人类社会可持续发展战略在现代企业的具体体现。绿色生产运作模式是使产品在整个生命周期中对环境的负面影响最小、资源利用率最高，并使企业经济效益和社会效益协调优化的运作模式，其实质是人类社会可持续发展战略在现代制造业中的体现。实施绿色生产能够最大限度地提高资源利用率，减少资源消耗，从而直接降低成本。实施绿色生产可以减少或消除环境污染，并降低或避免因环境问题而引起的企业罚款。绿色生产环境还可全面改善或美化企业员工的工作环境，有助于提高员工的主观能动性和工作效率。未来的市场是绿色产品的市场，绿色产品不但投入多，价格也高，总的来说，政府、制造商、消费者可以从绿色生产中获得长期的、直接的、间接的经济效益。

具体说来，绿色生产主要表现为充分利用原料和能源进行清洁生产，实现生产环节的

"零排放"。同时，在生产原料、产品设计、工艺技术、生产设备和能源消耗等各个生产环节上，都应包含绿色的理念。

由于绿色生产模式是基于传统生产模式的，传统生产模式的影响因素依然会对绿色生产模式产生影响，但配合有新的影响因素。绿色生产模式主要包括：

（1）企业的经营理念

在传统的企业经营理念里，企业是追求自身经济利益最大化，而忽视社会、消费者和内部职工利益的组织。目前，为了保护环境，越来越多的国家对绿色产品实行了一定的价格优惠政策，以扭转企业所持有的"绿色产品"等价于"成本增加"的传统观念。

（2）消费的选择方式

由于中国人均收入远远低于西方发达国家，因此中国的商品消费量和价格是影响消费者消费的重要因素。据有关资料统计，在全球消费者中，意大利94%、德国82%、美国77%的消费者表示，企业的绿色形象会影响他们的购买欲。这种现象的具体表现为，消费者在选购商品时会考虑绿色因素和环保问题。日本消费者甚至对普通的饮用水和空气都以"绿色"为选择标准。但是中国的调查结果则显示，只有40%的城市居民倾向选购绿色商品，这种消费观念将直接影响中国企业的绿色生产。

（3）制度的监管方法

虽然在《环境保护法》《政府采购法》等政策法规中对绿色生产有原则性的规定，但在具体操作规程和执行上还存在问题。

2. 绿色消费模式

绿色消费是指消费者对绿色产品的购买和消费活动，是一种具有生态意识的、高层次的理性消费行为。绿色消费是从满足生态需要出发，以有益健康和保护生态环境为基本内涵，符合人的健康和环境保护标准的各种消费行为和消费方式的统称。绿色消费不仅包括购买绿色产品，还包括消费品的回收利用等。

具体而言，绿色消费包含三层含义：一是倡导消费时选择未被污染或有助于公众健康的绿色产品；二是在消费者转变消费观念、崇尚自然、追求健康以及追求舒适生活的同时，注重环保、节约资源和能源，实现可持续消费；三是在消费过程中注重对垃圾的处置，防止造成环境污染。绿色消费行为应符合"3E"原则，即经济实惠、生态效益、平等人道原则；及"3R"原则，即减少非必要的消费，重复使用和再生利用。

绿色消费是当今社会的一大热点话题，并已得到国际社会的广泛认同。国际消费者联合会从1997年开始，已连续开展了以"可持续发展和绿色消费"为主题的系列活动。在中国，原国家环保总局等六个部门在1999年启动了以"开辟绿色通道、培育绿色市场、提倡绿色消费"为主要内容的"三绿工程"；中国消费者协会则把2001年定为"绿色消费主题年"。发展绿色消费，是建设"两型社会"（资源节约型和环境友好型社会）的重要内容，也是建设"两型社会"不可缺少的重要条件。发展绿色消费，需重点着手于以下两个方面：

（1）转变传统消费模式

传统消费模式从本质上说，是一种资源耗竭型的消费模式。在这种模式下，经济系统致力于把自然资源转化成产品以满足人的需要，而使用后的产品则被当作废物弃置不顾。这种不可持续的消费方式不仅造成资源的极大浪费，且极易对环境造成危害。而发展绿色消费可在一定程度上抵制破坏生态环境的行为，并促使生产者放弃粗放型生产模式，减少对环境的污染和资源的浪费，逐步形成可持续生产模式。同时，绿色消费理念可引导人们改变传统消费观念和消费行为，使人们注重保护自然环境，形成科学、文明、健康的消费方式，促进生态环境的优化。

（2）构建绿色消费模式

绿色消费模式包括：消费者在消费活动中选择未被污染或有利于自身和公众健康的绿色产品；注重生态环境保护，在生产、消费和废弃物处理的过程中注重保护环境；注重资源节约，包括资源的节约和重复利用；树立可持续消费观，使消费行为不仅立足于满足当代人的消费和安全健康需要，还着眼于满足子孙后代的消费和安全健康需要。总之，构建绿色消费模式有利于人类合理利用资源，提高资源利用效率，解决中国人口、资源、环境的巨大压力，实现人与自然和谐相处。

3. 绿色产业体系

"绿色产业"概念最早来源于1989年加拿大环境部长提出的"绿色计划"一词，它第一次从宏观层次上把"绿色"同整个社会经济的发展计划有机结合起来，并在20世纪90年代初得到了12个工业发达国家的认同，即把绿色计划作为推进各国社会经济可持续发展的重要战略。

尽管目前绿色产业仍没有一个统一规范的定义，但各种定义的核心内涵是一致的，即统一于环境友好产业之下。环境友好产业是指，产品和服务用于防治环境污染、改善生态环境、保护自然资源并有利于优化人类生存环境的新兴产业（刘长生等，2003），这种产业概念不仅包括生产环保产品的环保工业和环保技术服务业，还包括渗透在第一、第二、第三产业的各领域和部门。

实际上，绿色产业与绿色经济是统一的，它们都必须遵循以下准则：①产业发展对环境的作用必须限制在其承载力之内；②产业发展对可再生资源的使用强度应限制在其最大持续收获量之内；③产业发展对不可再生资源的耗竭速度不应超过寻求可再生替代品的速度；④产业发展必须维护自身的健康安全和代际公平，即当代人不能损害后代人的发展权利，少数人不能为了眼前经济利益而牺牲多数人的健康权；⑤产业发展必须维护当代人之间的公平，在不同群体和不同区域之间实现资源利用和环境保护两者的成本与收益的公平分配。

具体来说，绿色产业体系的内容主要包括以下五个方面。

（1）产业技术绿色化

绿色产业是一种采用绿色技术进行生产和经营的产业。其中，绿色技术是指所有有利于环境与生态保持的技术，包括科学技术、应用技术和管理技术。根据技术对于环境的亲和程度，将绿色技术分为三个层次：第一层次，指末端控制技术、洁净技术和再生技术；第二层次，指产业重大创新技术；第三层次，指生态保护与服务技术。绿色产业技术除具一般产业技术特征外，其主要特征是同生态环境具有亲和力，有利于资源节约和生态环境的改善。

(2) 生产过程环保化

生产过程环保化是指在产品生产、加工、运输、消费全过程中，对人体和环境无损害或损害很小，在一定环保标准之下开展产品生产活动。

狭义的生产过程环保化可理解为清洁生产。联合国环境规划署1989年提出的"清洁生产"的概念，其要点是在生产过程中采用整体性环境保护策略。清洁生产强调三个观念：第一，清洁能源；第二，清洁生产和产品制造过程中尽可能少地产生废弃物，尽可能减少对环境的污染；第三，清洁产品应该降低对不可再生资源的消耗，延长产品的使用周期等，这在很大程度上与企业生产成本的要求相一致。

广义的绿色生产包括生态工程维护、建设与服务。在产品的设计过程中，尽量使产品在生产、使用过程中和产品的使用寿命结束后，不对人体和环境造成损害或损害被控制在一定限度内。产品绿色设计是生产过程环保化中最重要的环节，它是决定产品是否采用绿色能源、进行绿色生产加工、实施绿色包装、实行绿色消费和是否对产品废弃物进行回收与再生的决定性因素。产品的绿色标签和包装也是绿色生产的重要环节，其中绿色标签是由政府或社会团体根据一定的环境标准向企业颁发的证书，标明其产品的生产、使用和处置过程都能符合环境保护的要求，如绿色商标、绿色认证标志等。绿色标签又称为环境标志或生态标志，现正越来越广泛地成为产品进入市场的通行证。绿色包装指的是，尽量降低商品的包装成本，如简化商品包装等措施，特别强调的是采用不对环境造成危害的包装材料。近年来，发达国家重新倡导使用纸包装，因为纸的主要成分是天然植物，容易被土壤中的微生物分解，很快加入到自然界的循环中，而塑料包装的化学成分难于降解，对环境所造成的白色污染是一个威胁人类生存的严重问题。

(3) 消费过程循环化

在绿色消费的过程中，生产产品的资源可持续循环利用，不会造成巨大的废弃物和环境生态压力；消费过程后，废弃物可作为再生资源应是消费的一个后续环节。充分利用资源和能源，最大限度地减少污染物的产生和排放，实行全过程控制，降低经济发展和保护环境的社会成本和经济成本，实现环境与经济发展"共赢"。

(4) 营销管理绿色化

绿色产业所进行的营销是绿色营销。企业的绿色营销指企业通过宣传自身产品的绿色形象，以更好地适应市场潮流，提高产品竞争力，促进产品销售的一种企业营销策略（IUCN，1991）。绿色营销一方面可树立企业绿色形象，提高企业的市场地位；另一方面，也能进一步强化消费者的绿色意识，承担相应的社会责任，有利于提高企业的公众形象。在当今时代，绿色营销已经成为发达国家企业进行市场营销活动的一种重要的战略。

(5) 组织管理绿色化

绿色产业的组织管理是绿色管理。绿色管理包括以下几方面内容：

就企业而言，绿色管理包括：第一，通过教育培训和舆论宣传，增强企业管理人员和企业员工的绿色意识；第二，将产品、生产、营销与服务绿色化作为企业管理的要素和环节之一，将绿色生产、绿色服务作为企业管理的职能和机制。

就政府而言，绿色管理包括：第一，制定、完善绿色法规；第二，推行与实施绿色法规，在环境保护与生态维护方面强化政府对企业和产业的监督。

4. 绿色技术创新模式

在全球经济一体化时代，企业间的竞争已不单纯是产、供、销等环节上的竞争，而是将重点放在产品技术含量上。发展绿色经济除了战略上的高瞻远瞩、体制机制上的调整适应、管理环节的完备完善等软实力支撑外，对绿色技术的不断创新是绿色经济的主要硬件支撑。在未来经济社会，绿色技术对宏观经济来说是核心实力之一，对企业来说是核心竞争优势。绿色技术的研发和推广是时代趋势，开发绿色技术，必将推动绿色经济的发展。

绿色技术创新模式包括几个层次的含义：一是指生产系统的技术创新，技术的创新将使得生产系统的运转活动对生态系统产生微量的消极影响，或有利于恢复和重建生态平衡机制；二是指产品技术创新，产品功能发挥以及报废后的自然降解过程对生态系统的消极影响甚微；三是单元技术创新，在产业技术系统中的应用可明显减轻和部分消除原技术系统的生态负效应；四是污染消除技术创新，可实现物质的最大化利用，尽可能把对环境污染物的排放消除在生产过程之中。

从操作层面来说，绿色技术创新模式主要包括绿色产品技术创新、绿色产品设计创新、绿色材料研发技术创新、绿色工艺创新、绿色回收处理创新、绿色包装创新等各个环节的技术创新。这里可以绿色产品设计为例来说明绿色技术创新的内容：完善的绿色产品设计技术是使企业由被迫进行绿色生产转向自觉进行绿色生产的基础条件，绿色产品除了功能、外观需迎合市场需求外，还必须同时具备全生命周期的绿色性，即要求在产品设计阶段就考虑到今后在生产、使用过程中的资源、能源消耗和报废后的回收处理方法。企业则需调整产品结构，使产品合理化、系列化，具体产品结构简单化，对零部件进行标准化、模块化、通用化设计，还需提高产品的可拆卸性，从而提高产品或其零部件的回收利用价值。

7.2 国际经验

自金融危机爆发以来，欧债危机、经济形势低迷持续发酵，深刻影响着世界环境与发展格局。与此同时，全球围绕着促进经济复苏和应对气候变化等环境问题提出了绿色经济的主流话题，国际社会在发展绿色经济方面进行了一些实践与探索。本章选取美国、日本、韩国等国绿色经济发展为案例进行研究与借鉴。

7.2.1 美国推行绿色新政

美国作为世界最大的能源消耗国，被称为"车轮上的国家"。作为既是生产大国，又是全球第一消费大国，美国在很长一段历史时间内走了一条以"高能耗、高排放、高污染"为代价的经济增长道路。在 20 世纪初，美国全国的碳排放量已达 2 亿吨以上，1950 年超过了 8 亿吨。在 1995 年，如果不计中东石油生产与输出国，美国的人均二氧化碳排放量是最高的，达到每人 5.3 吨碳。

在经历资源破坏、环境污染一系列灾难和能源危机的重创后，美国以奥巴马政府的"绿色新政"为标签，开始着重在节约、合理利用能源方面采取一系列举措，并取得了显著的效果。以能源改革为重点和抓手，逐渐推进并完成了向绿色经济的转型和发展。要全方位推进绿色经济的发展，就要从以下几个方面着手：

1. 政治意愿：以能源改革为契机，顺应全球气候变化问题趋势，稳固世界性大国、强国地位

2009 年 1 月美国总统奥巴马宣誓就职。奥巴马政府上台不久即宣布实行"绿色新政"，从新能源开发、节能减碳和应对全球气候变化三个方面推进美国的绿色发展进程。

值得一提的是，在"绿色新政"的三个方面中，新能源的开发是核心。在被认为是其新政标志的 7870 亿美元刺激经济计划中，与开发新能源相关的投资总额超过 400 亿美元。按计划，未来三年内，美国可再生能源的产量将翻番，在未来十年内，美国在可替代能源的投入将达到 1500 亿美元。如此庞大的资金投入，可见美国政府在"绿色新政"上所下的决心。美国的能源新政还有一个方面是应对气候变暖。这是美国为推动节能减排、刺进经济增长、顺应全球气候变化问题的趋势而制定的一项战略规划。2008 年 12 月 15 日奥巴马任命了美国新的能源、气候和环境管理团队。这是一个实施能源变革的管理架构和团队，与布什时期的政府的能源管理架构有了重大的区别，也是奥巴马运转美国能源改革的管理基础。

美国推动绿色经济和应对气候变化，在很大程度上是"巧实力"的运用，通过大力发展低碳发展，在全球应对气候变暖问题上掌控话语权和主导权，从而进一步稳固其世界大国和强国的地位。从目前来看，作为一项酝酿良久的政策，奥巴马的"绿色新政"其实并不仅局限于能源和经济领域，还涵盖了外交、政治、国家安全等多个领域。通过"绿色新政"，美国将能掌握世界尖端科技的制高点，使奥巴马成功地以绿色经济为主推动一场新的经济革命，美国将再次主导全球经济的制高点，确保其世界经济领先者的角色。

2. 法制建设：法律与标准相结合，政策和制度两手抓，有力推进绿色经济发展

美国重视通过法律手段加强能源管理。美国的法律法规大体经历了三个阶段：第一，能源危机紧急应对阶段。为应对 1973 年以来的两次石油危机，1975 年颁布了《能源政策和节能法案》，1978 年颁布了《国家节能政策法案》《公用电力公司管理政策法案》。第二，降低电器设备耗能阶段。1978 年颁布了《国家家用电器节能法案》。第三，制订国家能源综合战略阶段。1992 年颁布了《能源政策法案》，1998 年颁布了《国家能源综合战略》，2005 年颁布了《国家能源政策法》。2009 年 2 月 15 日，美国出台了《美国复苏与再投资法案》，该法案将发展新能源列为重要内容，包括发展高效电池、智能电网、碳储存和碳捕获、可再生能源（如风能和太阳能等）。2009 年 6 月在奥巴马推动下，美国众议院通过了美国历史上首个限制温室气体排放的法案——《美国清洁能源安全法案》（ACES），规定美国到 2020 年将使温室气体排放量在 2005 年的基础上减少 17%，到 2050 年减少 83%。

美国推进了绿色经济的能效标准。标准有强制性与自愿性之分，在全国实施的需国会通过并具有法律效力。自愿性标准由企业界制订推广，经社会认可后也可以具有强制性。"能源之星"是美国政府推出的一项旨在提高企业和个人能源利用效率，从而保护环境的措施。它是美国环保局 20 世纪 90 年代推出的节能标识体系，凡符合节能标准的商品会贴上带有绿色五角星的标签，并进入美国环保局的推广商品目录。

3. 推进产业结构升级和优化：发展新能源和低碳产业，实现经济的复苏和战略转型

美国政府非常注重调整和优化产业结构去推动绿色经济的稳步前进。在产业升级方面，美国政府对高碳工业部门实行大规模的低碳技术改造，提高其生产流程的效率，以实现产业整体结构升级。例如，对于与美国人生活最紧密相关的汽车产业，美国政府规定到 2016 年美国境内新生产的汽车每百公里耗油不超过 6.62 升。奥巴马指出，美国因此减少的石油消耗量将与美国从沙特等四大石油出口国一年的石油进口量相当。此外，美国还正在制订全新的智能电网计划，以减少电力产业运输过程中的浪费。借此，美国政府积极推进经济增长方式向"节能减碳"转化。图 7-1 显示绿色经济对美国各地区经济的拉动作用。

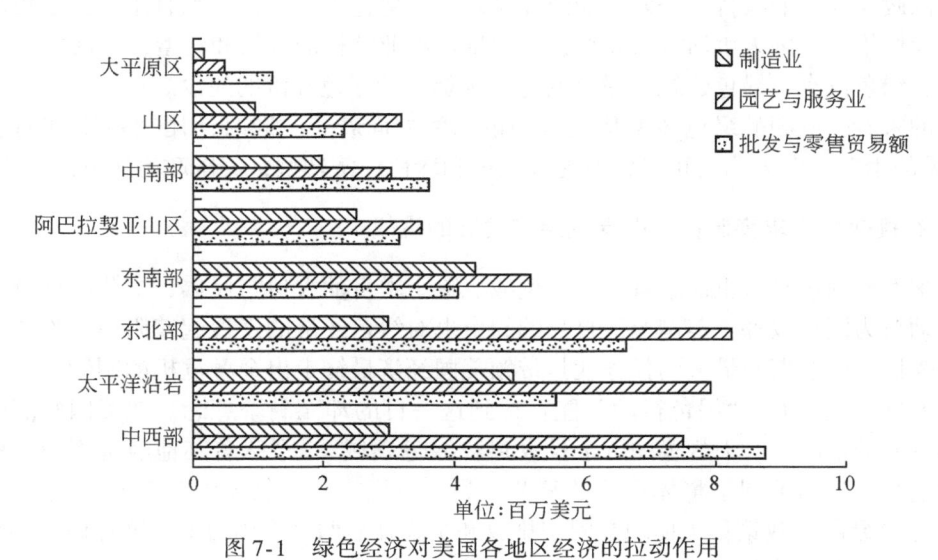

图 7-1 绿色经济对美国各地区经济的拉动作用
资料来源：全美城市与社区林业咨询委员会，2005

在对外贸易方面，美国积极推进低碳技术与相关产品的贸易和投资。因为推动创新技术在全球范围内的传播和普及能够帮助解决各国共同面临的气候变化挑战，所以美国政府鼓励向新兴经济体进行商用低碳技术转移，同时积极促进美国低碳技术的传播。美国政府认为，如果减少贸易和投资障碍，加强知识产权保护，将会扩大低碳技术市场，有助于帮助美国企业发展和增加美国的就业率。美国希望促进开放技术创新的每个阶段，目的是在新兴经济体国家中扩大低碳技术及产品的需求。

4. 夯实社会基础：以节能增效为基础，促进生活方式转变，举国推进社会经济的绿色转型

社会和群众是新政能否稳步向前推进的基础。面对美国人高能耗、高排放的生活习惯，美国政府积极倡导低碳、低能耗的生活习惯和内需结构。在 2004～2006 年间，美国政府每年拨款 34 亿美元给地方州政府，用于旧家电回收和鼓励购买节能新产品。美国政府还大力促进绿色建筑的开发，通过设定建筑能耗标准，对节能产品提供优惠政策，为低收入家庭提供节能补贴，鼓励建筑商发展节能建筑。美国政府采取了一系列措施推进美国民众生活方式的改变，从而进一步推进绿色经济的发展。

现金补贴和税收减免是刺激节能行为的有效措施之一。美国联邦政府、州政府和电力公司等公用事业组织每年均会给予大量的经费补贴用于鼓励用户购买节能产品。同时在 2001 年美国财政预算中，对新建的节能住宅、高效节能建筑设备等进行了税收减免，规定在 2001 年 1 月 1 日至 2005 年 12 月 31 日期间，凡在美国国家节能标准（IECC）基础上再节约 50% 的新建住宅，每幢减免 2000 美元，对各种节能设备，根据效能指标分别减税 10%～20%（李占五，2007）。美国政府希望能够利用市场的力量，促进传统生活模式向低碳、低能耗生活模式转变，促进传统经济模式向绿色经济模式转变。

美国政府在节能减排、开发新能源和应对气候变化三个方面，综合了政策和市场两种手段，积极推动美国人生活方式转变，加速推进产业结构的升级和转型，全面推进以"绿色农业、绿色汽车、绿色建筑、绿色电力"为标志的绿色经济的建设。

总的来看，美国的绿色转型从政策和市场两方面着手，同时使用"看不见的手"和"看得见的手"一起发力，可见针对能源改革和绿色经济转型，美国政府所下定的决心。

5. 在挑战中寻求突破：美国绿色经济发展的挑战

美国发展绿色经济也面临着不小的挑战。除了本身的人口与民族、文化等问题导致新政的推动较为困难以外，美国经济自身的约束也对绿色经济的发展起着阻碍的作用。对于奥巴马来说，任职期间最大的任务就是带领美国经济最终走出金融危机的阴影并实现经济风向标的好转，然而，"绿色行动"能否达到这一目的却充满了悬念。在美国政府财力已经捉襟见肘的情况下，大规模的资金投放到"绿色领域"，意味着其他经济部门的所需投资受到削减，从而不利于整体经济的复苏。另一方面，"绿色经济"存在"对冲效应"。奥巴马的"绿色"政策集中体现在限制排放和实施补贴两大作用力上，这种做法必然给传统产业形成冲击，使美国经济雪上加霜。

7.2.2　日本绿色经济发展态势

可以用"高速增长、泡沫破灭、长期低迷、绿色转型"来概括日本近 20 年的发展历程。日本经济从跌入低谷到抓住绿色转型的契机，提出"构建循环型社会""实施绿色新政""建立低碳社会"等战略目标，在这一系列举措中所把握的核心目的是转变"大量生产、大量消费、大量废弃"的传统经济发展模式，力争解决资源与环境发展瓶颈，全面实现社会经济的可持续生产与消费，抢占新一轮国际经济发展的制高点。

7.2.2.1 日本促进经济转型、促进绿色经济发展的三个阶段

在 20 世纪 90 年代初，日本这个曾因经济持续高速增长而闻名于世的岛国，却身陷经济萧条的泥潭而不能自拔。以 1991 年初的"泡沫经济"破灭为转折点，日本经济陷入了长达十余年的经济低迷时期，即所谓"失去的十年"。

造成日本经济持续低迷的原因很多，究其根本，在于日本内部经济体制和政策引导的失当，特别是在陷入危机的初始阶段，日本经济依然固守"工业社会化"尤其是沉湎于精细电子产业所铸造的辉煌成果和产品"量"的积累上，而不在产业制度和结构上加以改革。当以传统经济继续拉动日本走出"经济泥潭"的愿望落空后，以"资源节约型社会"为发展目标的循环经济、绿色经济的思想迅速成为了日本政府力推的经济转型思想和导向。

如今，日本构建循环型社会之所以能在一定范围内取得成功，离不开日本在过去 20 年三个发展阶段中所制定和实施的促进经济转型、发展绿色经济的举措。

第一阶段：20 世纪 80 年代末至 90 年代中后期，日本全力构筑资源节约型与环境友好型的循环型社会的法律基础，推进污染型产业与传统产业的外部转移。

"大量生产、大量消费、大量废弃"的传统经济模式衍生的环境问题与经济低迷的状况相互交织，使日本政府下定决心改变现状，积极探索经济发展模式的转型，并形成了以《循环经济基本计划》为基础的循环经济法律体系，其资源利用模式由"原料—产品—废弃物"单向运行转变为"原料—产品—原料"的循环运行模式。日本通产省于 1991 年制定了《资源回收法》，积极推动玻璃瓶、铝铁罐、废纸等废弃物的回收。1995 年厚生省大幅度修订了《废弃物处理清扫法》。1998 年由主管废弃物处理的厚生省和通产省联合拟订《产品包装分类回收法》，强制企业回收金属、纸类、塑胶等包装，达到了废弃物减量的目的。

在这一时期，污染型产业与传统产业向外转移也是日本经济的一大特征。"泡沫经济"前，日本曾引以为傲的廉价劳动力和低土地成本的优势，已被中国、东南亚等发展中国家或地区取代，因此日本企业也像美国跨国公司那样，在发展中国家寻找廉价劳动力市场。正是由于日本相当规模的产业和企业进行了区域的转移，日本后来的产业升级与结构调整才获得了大量的"空间"。

第二阶段：20 世纪 90 年代末至 2008 年国际金融危机前夕，日本循环经济构架形成，寻求产业与污染转移新出口。

当基本的废弃物环境法律、管理政策和相关产业架构完成后，全日本形成了发展循环经济的社会氛围，无论是城市生活、工业园区和农业生产均实行了循环经济方式，可以说，日本已全面进入了循环型社会时代。而日本积极倡导的废弃物回收再利用产业，也正

在发展为有效解决城市生活废弃物问题的关键,成为破解资源与环境双重危机的杠杆,更成为日本绿色经济发展的基石与动力。

日本在循环经济构架完成阶段,也在积极利用绿色产业、环境科技向国际社会特别是亚洲发展中国家要"经济发展的空间""资源开发与利用的空间"和"污染转移与输送的空间"。日本希望通过构建"亚洲物资循环体系"将资源回收,利用产业二次转移,为新一轮发展绿色经济奠定基础,开拓发展的空间。

第三阶段,2008年国际金融危机至今,"绿色经济""低碳发展"成为经济转型国家的长期目标,日本期待通过技术与产业的结构性调整,完成经济复苏与绿色转型。

为应对全球金融危机,日本政府在2009年提出了实施适合日本国情的"绿色新政"。绿色经济的推进被认为是日本在循环型社会构建基础上的又一次"质"的发展与变革。其实质是要以"环境"优化"经济",建立绿色经济的政治和社会制度基础,使环境保护与经济发展高度融合。其变革主要集中于四个方面:向绿色社会资本的转变、向绿色区域社会的转变、向绿色消费的转变、向绿色投资的转变,并辅以两个重要手段:推动绿色技术创新、用好国际特别是亚洲地区的资源与环境容量。其最终目标是要形成绿色社会、绿色社区、绿色消费、绿色投资、绿色科技全方位支撑的"绿色国家"。

7.2.2.2 日本推动现代经济发展方式转变,促进绿色转型的主要特征

2009年,日本民主党执政后,提出了"新增长战略",主张从以往重出口、重制造业,即重产出、重增长的发展方式,转为重民生、由消费入手反过来牵引绿色经济的发展战略。

1. 以全球应对气候变化问题为契机,明确低碳发展战略,推动高碳产业向低碳产业转型

在2009年前,日本政府确立了2050年比2005年减排温室气体60%~80%的长期目标,却一直没有明确到2020年的中期减排目标。2009年9月,日本民主党上台后不久便提出了"减排25%"的中期目标。日本利用全球气候变化谈判,一方面制定有利于自身利益的规则,与此同时加速推动国内经济发展模式转变。虽然其政策也受到国内经济部门的反对与阻挠,但日本确定的绿色、低碳发展战略目标始终未改变。

日本实现低碳发展战略,是为推动节能减排、刺激经济增长、顺应全球气候变化问题的趋势而制定的一项战略规划。日本在向低碳社会转变的过程中,主要着眼于对钢铁、水泥、电子等高碳工业部门实行大规模的低碳技术改造,提高生产流程的效率,以实现产业整体结构升级。经济增长方式从"节能减排"向"节能减碳"方向转化。

2. 以城市可持续发展为核心,由高消费、高耗能向绿色、低碳的环境友好型城市转型

明治维新时期,日本的城市化就是伴随工业化发展而来的。在过去几十年中,实施城市化战略的同时,日本选择"高度集中城市化"战略,注意实现城乡一体化,促进了城市化的快速发展。

在绿色和低碳发展目标的指导下，2008 年 7 月，日本政府选定人口超过 70 万的横滨、北九州、京都等市，人口在 10 万人以下的宫古岛市、下川町、东京的千代田区作为向"低碳社会"转型，引领绿色经济发展趋势的环境模范城市。政府增加绿色基础设施的公共投资，如公共交通、智能电网、公共建筑的能效率、水处理和卫生基础设施等。

2009 年，旨在促进节能环保家电消费的"环保积分制度"在日本全国实施。以城市为单位的消费方式转变，进一步促进了日本的绿色经济转型。日本发光二极管（light emittng diode，LED）照明推进协会还在 2009 年 5 月发表了计划以 2012 年为节点，实现家庭照明系统全部告别旧式白炽灯的宣言，转而以电能能耗仅为白炽灯具 20%，但使用寿命却延长 10 倍的 LED 灯代替白炽灯。日本政府还就恢复家庭购买太阳能发电设备提供补助的制度进行探讨，并在 2011 年通过了《家庭用太阳能发电系统购买补助》的法案，对家庭购买太阳能发电系统终端和相关装置的家庭提供贷款和经济补助（饭田哲也，2011）。

3. 推动"新能源"发展战略，从化石燃料利用大国向新能源技术大国转型

经济发展需要能源，作为化石燃料进口大国的日本，为掌握新能源技术的主动权，正积极向新能源技术大国迈进。2008 年 3 月，日本政府公布"凉爽地球能源技术革新计划"，制订了到 2050 年的日本能源创新技术发展路线图，并明确了 312 项重点创新技术。2008 年 7 月，日本政府在"低碳社会行动计划"中提出重点发展太阳能和核能等低碳能源的计划：在 2020 年，实现太阳能发电总量达到目前的 10 倍，在 2030 年达到目前的 40 倍。2009 年 5 月公布的《2008 财年能源白皮书》中指出，日本应将能源消耗结构从以石油为主的传统能耗结构转向以太阳能、核能等新型能源结构为主。在日本 2009 年度的科学技术相关预算中，创新性太阳能发电技术的预算达到了 55 亿日元。

4. 加速产业升级，注重从制造业大国向绿色产业大国转型

日本积极推动低碳发展，为一向持有领先技术的日本环境保护产业提供了巨大的推动力，并创造出新的空间。在 2008 年的达沃斯世界经济论坛上，时任日本首相的福田康夫宣布，日本将投入 300 亿美元来推动环境保护能源等新技术的开发计划。2009 年 4 月，日本环境省公布的《绿色经济与社会变革》方案开始实施，该方案计划使日本环境领域的市场规模从 2006 年的 70 万亿日元增加到 2020 年的 120 万亿日元，相关就业岗位从 140 万人增加到 280 万人。

以往日本对内需产业不够重视，故内需产业存在很大的发展空间。2009 年 12 月，日本政府以"阁议"形式通过了一个代表日本经济发展新途径的文件——《新的增长战略——走向辉煌的日本》，提出"以国民生活为着眼点新的增长战略，积极发展有影响力的内需型产业，以拉动新的经济增长"的内容，为日本利用内需发展本国国民经济，尤其是绿色经济开拓了空间，奠定了基础。

7.2.3 韩国大力推动绿色增长战略

韩国总统李明博在 2008 年韩国建国 60 周年的大会上，正式提出了"绿色增长"的主张,提议把"低碳绿色增长"作为韩国远景目标,其中提高韩国的国际竞争力是"绿色增长"的核心。近年来,"绿色增长"已不仅是韩国国内促进经济转型的行动,更成为韩国的"绿色名片"和提高国际话语权、增强国家竞争力的重要手段。

2008~2010年,韩国通过多种措施大力推动绿色增长战略,同时也非常重视通过绿色增长战略,积极参与环境与发展领域的国际合作。在国内,韩国主要采取了制定战略、制定绿色增长法规、成立全球绿色增长研究院、积极推动绿色投资等措施,为绿色增长提供了战略、法律、体制、资金、人力资源等多方面的保障,取得了切实的成效。在国际合作方面,韩国通过提出"新亚洲构想"、设立"东亚气候伙伴关系基金"、加大与东盟国家特别是大湄公河次区域国家的环境合作,增强其在亚洲环境合作领域的话语权与影响力。

7.2.3.1 韩国的绿色增长战略

(1)《低碳绿色增长战略》为绿色增长指明基本方向

2008年9月,韩国政府出台了《低碳绿色增长战略》,为韩国未来经济发展指明了方向。所谓"低碳绿色增长",就是"以绿色技术和清洁能源创造新的增长动力与就业机会的国家发展新模式"。韩国政府认为,这一战略将成为支撑、引导未来经济发展的新动力。该战略提出,应提高能效和降低能源消耗量,应从能耗大的制造经济向服务经济转变。到2030年,韩国经济的能源强度要比目前降低46%。

(2)《新增长动力前景与发展战略》和《绿色增长国家战略与五年行动计划》为绿色增长制定发展规划与具体行动

2009年,韩国政府制定的《新增长动力前景与发展战略》提出了绿色增长的中长期发展规划,涉及17项新增长动力产业,其中有6项属于绿色技术领域,即新能源和再生能源、低碳能源、污水处理、发光二极管应用、绿色运输系统、高科技绿色城市。

《绿色增长国家战略与五年行动计划》则确定了韩国2009~2050年绿色增长的总体目标和具体政策,核心内容是大力发展绿色技术产业,强化应对气候变化能力,提高能源自给率和能源福利,全面提升绿色竞争力。同时,韩国计划在2020~2050年,将能源的自主化程度、绿色技术水平和环境绩效指数①(environmental performance index,EPI)等提高到发达国家水平,树立绿色国家形象,到2020年跻身全球"绿色七强",2050年进入"绿色五强"。

(3)《低碳绿色增长基本法》为绿色增长提供法律保障

2010年4月,韩国政府公布了《低碳绿色增长基本法》,提出在2020年前把温室气体排放量减少到温室气体排放预计量的30%,并提出制定绿色增长国家战略、绿色产业、气候变化、能源等项目以及各机构的执行计划。此外,该法案还包括要实行气候变化和能

---

① 环境绩效指数由美国耶鲁大学和哥伦比亚大学联合推出,每年对各国进行排名评价。2010年瑞士达沃斯世界经济论坛(WEF)上发布的"环境绩效指数(EPI)"中,韩国仅得到57分(满分100),在163个评价对象国中排名第94位,较2008年下跌43位。而2009年韩政府曾宣布计划到2030年把EPI排名提升至前10名。2010年中国EPI排名在121位。

源目标管理制度，设定温室气体中长期减排目标，构建温室气体综合信息管理体系和建立低碳交通体系等有关内容。

（4）成立全球绿色增长研究院，为绿色增长战略全球化提供人力资源与体制保障

2010年6月韩国政府在东亚峰会上宣布了组建"全球绿色增长研究院"的信息，旨在实现温室气体减排的同时也能促进经济增长。"研究院"将承担绿色前瞻性研究任务，放眼全球化的增长机遇，融合韩国自身的绿色智慧，进行世界级的绿色研究，并将国际水准的研究成果直接贡献于韩国国内发展。

（5）积极推动绿色投资，为实现绿色市场转化不断开拓实践

在韩国，"绿色增长"不仅是一项兴国战略，也是一场政府主导的、自上而下的市场化绿色革命。为实现首个绿色增长五年计划，韩国政府在2009~2013年，每年投入GDP 2%额度的资金发展绿色经济，5年累计投资了107.4万亿韩元（约合859.2亿美元），实现了经济效益181.7万亿~206万亿韩元（约合1453.6亿~1648亿美元，占韩国GDP的3.5%~4%），新增156万~181万个就业岗位。

韩国是世界主要能源消费国，在节能减排方面面临很大的压力。为此，韩国政府计划，到2030年将可再生能源普及率由2007年的2.4%提高到11%，使韩国跻身世界能源强国之列。

7.2.3.2 通过加强区域环境合作，提升其国际话语权与国际形象

在过去很长的一段时间里，韩国的国际环境形象并不好。在2005年世界经济论坛上发布的环境可持续指数（environmental sustainability index，ESI）评价报告显示，韩国在146个国家中排名第122位，在经合组织（organisation for economic co-operation and development，OECD）国家中则排名垫底。2008年作为重要的新起点，韩国通过绿色增长战略，把低碳绿色增长确定为新的国家发展模式，不遗余力地将"低碳绿色增长"策划为其全球战略，并通过不断开展的区域绿色援助项目将绿色增长战略渗透到东亚地区。可以说，韩国正在有效地利用绿色增长这一国家名片，不断实践和宣传绿色增长目标，输出环境友好理念、技术和管理经验，为其更好地参与国际绿色市场竞争服务。

（1）绿色韩国目标的确立大幅提升国际形象

韩国长久以来一直是一个以发展高能耗的重工业为中心而不注重环保的国家。2008年，作为全球第13大经济体，韩国水泥生产量为日本的2倍，耗能量为日本的3倍以上。为此，韩国总统李明博提出，国家必须要向环保转型，以增强其竞争力，越早实现低碳发展对韩国发展越有利。

在此背景下，韩国构筑了国家绿色增长战略，依法全面推行低碳绿色增长计划。此举表明了韩国建立绿色环境的坚决意愿，为韩国成为国际社会上的主要绿色国家奠定了基础。

2010年，韩国《低碳绿色增长基本法》生效后，对绿色产业开始施行绿色认证制度，获得认证的项目包括新能源和再生能源、水资源、绿色信息通信、绿色汽车和绿色农业等10个项目、61项重点技术。韩国环境部设立"温室气体信息中心"，负责推行2012年之

前将能源消耗量平均每年减少1%~6%的有关计划。

据此，联合国环境规划署和世界银行等国际权威机构对韩国积极推行绿色增长计划给予了高度的评价。此外，2010年11月，韩国作为第一个举办了G20峰会的亚洲国家，将该国举办的G20峰会的主题设定为"跨越危机，携手成长"，核心议题之一就是通过宣传绿色增长战略推动国际社会的可持续发展，从而使得韩国的国际环境形象大幅提升。

（2）推动低碳发展，将新能源、可再生能源产业作为国际竞争主力

1988~2006年，韩国政府在新能源和可再生能源方面研发投资金额只有美国的4%、日本的7%，而目前，韩国已将发展新能源提升至国家战略的高度。韩国国家能源委员会审议通过了"第一阶段国家能源基本计划（2008~2030年）"，提出要努力减少石油、煤炭等燃料在整个能源结构中所占的比重，大幅度提高新能源、再生能源所占的比重。到2030年，化石燃料将从目前占能源消耗总量的83%降低到61%，而可再生能源的用量将从2.4%增加到11%，同时，核能的用量将从14.9%提高到27.8%。就可再生能源产业而言，韩国政府希望本国2030年太阳能光伏发电量达到2007年的44倍，风能利用量增长36倍，生物燃料用量增长18倍，地热能用量增长50倍。

韩国政府和企业将在2030年前投入11.5万亿韩元（约合87.4亿美元）用于绿色技术研发，并确保公民能够用得起放心廉价的能源，使低收入家庭的能源开支不超过其总收入的10%。

根据预测，韩国的新能源和可再生能源产业规模在2020年将达到146亿美元，届时世界新能源和再生能源市场规模估计在1万亿美元，而韩国将居第八位。

（3）通过绿色增长战略与新亚洲构想，提高其在亚洲环境保护国际合作的话语权与影响力

目前，亚洲经济发展和市场潜力巨大，而韩国也认识到与亚洲国家，尤其是韩国周边国家发展绿色伙伴关系的重要性。韩国结合"绿色增长战略"，出台了"新亚洲构想"。新亚洲构想是在重点发展与中国、美国、日本和俄罗斯"大国外交"的基础上，强化与亚洲其他国家的合作，把合作范围扩大至全亚洲，而东亚，特别是东南亚国家又是其中的重中之重。韩国计划以东盟国家为重点合作对象，借助联合国环境规划署等国际组织的影响力与平台，积极参与大湄公河次区域环境保护合作机制，不断将韩国经济发展战略渗透到区域绿色增长、社会文化等各领域。

同时，韩国非常重视联合国环境规划署等国际组织和机构的影响力与合作平台，通过向类似国际组织输送人才等各种方式，提升其在国际机构的潜在影响力，并借助国际组织的宣传平台，组织和推出宣传韩国绿色增长战略、政策与行动的研讨会和系列出版物等，树立韩国绿色国际形象，提高其在环境与发展国际合作领域的话语权和影响力。

7.2.4 国际绿色经济发展对中国的启示

党的十七届五中全会把加快转变经济发展方式作为"十二五"时期发展的主线，这是贯彻落实科学发展观的内在要求和推动科学发展的重大举措，是适应全球需求结构重大变

化、顺应中国经济社会发展新的阶段性特征的必然要求。而绿色转型则是加快转变经济发展方式，进一步更新发展理念、创新发展模式，更好地解决中国经济社会发展中的资源与环境突出矛盾的重要实践。

如同曾经的美国、日本等国家一样，中国高能耗、高排放、高污染的经济发展模式已经进入了瓶颈时期，经济转型成功与否决定着中国发展的未来。美国等国家通过绿色新政和能源改革，发展绿色产业，逐步推进经济模式转变，对中国具有重要的借鉴意义。

1. 依靠政府的"绿色领导力"，形成对"绿色转型"自上而下的推动力，最终形成"绿色转型"的社会氛围

在2008年的金融危机中，虽然美国社会自上而下都遭受了不可忽视的重创，但美国政府并未因此陷入消极，而是勇于走在前列。通过"绿色新政"，形成了对绿色转型自上而下的推动力，通过一系列计划和措施，促使全美国社会形成了绿色生活—绿色产业—绿色经济的氛围，在经济复苏和转型上取得了显著的成效。

与美国相比，中国社会"绿色意识"相对薄弱，无论是与经济内需密切相关的民众生活，还是社会经济核心的相关产业，都缺乏足够的刺激去产生改变。只有依靠政府力量，采取政策和市场措施的结合，形成强有力的政治推动力，才能逐步推进传统经济模式向绿色经济模式的升级和转变。

2. 采用"两只手"相结合，以政策为规范，以市场为激励，合力促进经济模式的成功转变

美国、日本等国家的"绿色新政"之所以能卓有成效，很大程度上源于其手段的有效性。一方面政府制定一系列相关法律、标准，有力地对相关产业、行业和经济行为进行规范和约束；另一方面政府采取一系列市场手段，通过调节市场因素，发挥市场的作用，有效地对相关产业、行业和经济行为进行刺激和引导。

对于中国而言，要想真正实现资源节约型、环境友好型社会的建设，实现可持续的发展和繁荣，实现经济社会又好又快地发展，无论是政策还是市场都不能单独发挥最好的作用，必须将两者有机地结合统一，并且"两手抓，两手都要硬"，真正实现"1+1大于2"，合力促进经济模式的成功转变。

3. 以能源改革为发力点，大力调整优化产业结构，发展低碳、低能耗的产业和经济

美国在经历了长时间的"高能耗、高排放、高污染"的经济发展之路后，由于资源和环境的容量限制，遭遇了一些灾难和危机，由此以2008年金融危机为转折点，大力推进产业结构调整，限制三高产业，提高新能源产业所占国民经济比重，促进集约型产业的繁荣和发展，即通过产业结构的升级和优化，取得了经济模式的优化和转变。

反观素有"世界工厂"之称的中国，污染型、耗能型企业产值占了国民经济总量的大部分，整体产业基础薄弱、装备与制造技术落后，污染问题严重并且复杂。因此要想实现绿色转化，必须优化产业结构，积极鼓励和扶持创新型产业的发展，特别是使创新含量较高的节能环保、信息、生物、新能源、新材料、新医药等产业形成新的经济增长的重点，实现由粗放型增长向集约型增长的转变,进而由低级经济结构向高级、优化的经济结构转变。

4. 统筹国内和国际,顺应全球绿色经济潮流,全面增强环境保护的国家力量,维护国家利益

面对全球气候变化问题和各国竞相采取积极应对措施的潮流,美国将应对气候变化,大力发展低碳经济作为了其绿色新政中很重要的一个内容。通过对气候变化的积极应对,美国一方面能够取得对能源改革的有效推动;另一方面美国将国际利益和国内利益统筹结合,有助于其在全球应对气候变暖问题上掌控话语权和主导权,从而进一步稳固其世界大国和强国的地位。

同样,中国也应该顺应全球气候问题发展的潮流,积极完成各行业的节能降耗,完成产业模式转变,发展低碳经济,在应对气候变化问题上取得显著成效,"全面增强环境保护的国家力量",从而在国际舞台上掌握有利的话语权,为进一步争取国家利益打下坚实的基础。

5. 服务"走出去"战略,将"走出去"与"拿回来"相结合,以绿色技术支撑绿色转型和发展

在低碳技术方面,美国政府鼓励向新兴经济体进行商用低碳技术转移,同时积极促进美国低碳技术的传播。在技术研发、示范和商业化的每个阶段,美国都积极将相关活动推广至新兴经济体,或鼓励新兴经济体共同参与。换句话说,美国希望促进开放技术创新的每个阶段,目的是在新兴经济体国家中创造低碳技术的需求。

中国必须积极参与国际合作,统一"国际资源""国际市场"和"国内资源""国内市场"。将"国际市场"上的技术资源利用好,将绿色政策、绿色产业、绿色技术进行有机化集成,提升竞争优势,完成产业的低碳发展和升级。

7.3 发展现状

7.3.1 中国发展绿色经济的困境

中国绿色经济的转型虽然已经起步并取得了积极进展,但距离绿色经济发展的最终目标还有很大的差距。应当清醒地认识到中国发展绿色经济在资源环境、行政体制、管理机制、法律法规与政策、科技创新能力、社会绿色道德体系等方面均面临着诸多挑战和难题,全球经济一体化也会给中国发展绿色经济带来严峻的外部压力(中国环境与发展国际合作委员会,2011)。

1. 绿色经济发展面临巨大的资源环境压力与约束

中国经济面临着工业化、城市化和农业现代化同步发展的现状,给能源安全、生物多样性保护和环境承载能力带来了巨大的压力,同时也增加了中国经济转型所面临的艰巨性、长期性和复杂性。

1)资源短缺。中国经济总量巨大,增长速度快,但大总量和高增速是建立在超前消费、对资源过度使用和浪费的基础上的,资源利用方式粗放,资源供给严重不足,难以满足经济发展的巨大需求。

2)能源需求量巨大。产业结构是以重化工业为主,农业基础薄弱,第三产业发展滞后,能源需求量大,长期以来以重污染、高能耗产业带动经济发展,给国家能源安全和经济可持续发展造成威胁。

3)环境污染严重。经济社会发展方式与环境承载力之间的矛盾突出,环境容量有限,经济高速增长的环境代价巨大,环境污染问题严重,水、大气、固体废物污染问题全面凸显,生态环境保护迫在眉睫。

4)生态系统退化严重。物种资源压力加大,人工植被取代天然植被,生境遭受破坏,一些遗传资源减少或濒于灭绝;湖泊河流、湿地滩涂、海洋海岸、森林、草原等调节气候、涵养水源、净化环境、保持水土、防风固沙、保护物种的生态功能被削弱。

2. 绿色经济发展面临体制机制障碍

1)政府职能缺位、越位和错位问题突出。以 GDP 为导向、盲目追求经济发展是当前制约中国绿色发展的巨大障碍,导致了政府在政策执行和管理中,越位、错位和缺位现象严重。行政权力过多介入市场和资源配置过程,影响了市场效率的充分发挥。政府未能有效发挥市场监管职责,在矿产资源开采、污染排放、食品安全、安全生产等领域监管不到位,甚至严重缺位。

2)财税体制存在弊端。土地买卖、基建项目审批和区域经济发展存在种种体制和机制弊端。同时,在中央与地方间,现行财政分权体系中的问题造成地方政府的事权和财权不对应。特别是在环境保护与医疗、卫生和基础教育等公共服务领域,发达地区的政府越来越依赖于土地财政,既抬高了地价和房价,又推动了城市发展的大拆大建,激化了城市化过程中的社会矛盾;地方政府尤其是经济不发达地区的政府往往过于依赖中央财政补贴,而当地财政投入的空间与力量有限,造成了这些欠发达地区的经济、社会和环境发展的恶性循环。

3)资源环境产权与价格机制存在障碍。目前资源环境产权制度建设滞后,所有权和使用权权责不清。同时,资源环境产品价格形成机制不完善,现有的水、电、油、气和排污权等价格仍不能反映稀缺性成本。产权与价格机制的弊端在很大程度上也阻碍了绿色经济转型过程中创新市场机制的建立和发展。

3. 支撑绿色经济发展的法律法规与政策不完善

保障与促进绿色经济发展的法律法规和政策工具涉及的领域极其广泛,既有行政命令的,也有市场性的,在具体的政策工具层面,以下几个方面的问题尤为突出。

（1）促进绿色经济发展的法律政策体系尚不完善

目前，中国的绿色经济发展在法律法规保障上主要存在如下问题：一是有关发展绿色经济的法律法规条文相对分散，尚未形成相互协调配合的、完善的绿色经济发展法律政策体系；二是一些现行法律法规和政策缺乏可操作性，在实践中对绿色经济的促进和保障作用较弱；三是财政、税收、金融、价格和补偿机制等各种经济手段之间缺乏互动和联动机制，各种政策工具政出多门、目的不一，难以形成政策合力，导致政策效果的力度有限；四是由于地方保护主义、功利主义和本位主义的存在，使得执法不严成为制约绿色经济发展的一个重要问题。

（2）支持绿色经济发展的财税机制不完善

国家财政对绿色经济发展的投入不足，突出表现在如下几个方面：一是中央和地方预算投入过少，没有建立稳定的预算投入科目和机制；二是现有的有关绿色经济发展方面的投资分散，难以形成合力；三是财政投入机制不健全，目前的绿色经济发展投资仍主要以国家预算投入为主，地方政府和民间资本参与绿色投资的激励不足。

目前中国的绿色税收体系尚未完全建立，资源和环境税税种设置不全。在现行排污收费制度下费率过低，企业没有足够的动力进行污染治理与技术创新。从绿色消费角度来看，税收政策作为激励绿色消费的手段发挥的作用越来越显著，然而如何使用此类政策工具并同时有效避免其产生负面影响的问题仍有待解决。

（3）促进绿色经济发展的融资机制不健全

资金问题是制约全球绿色经济发展的普遍障碍。近年来，尽管中国政府在绿色经济领域的投资逐渐增大，但对于绿色经济的持续发展而言，单靠政府的投资是远远不够的，需要调动社会各方面的力量，为绿色经济的发展提供持续的动力。目前，中国在绿色经济发展的资金来源方面存在矛盾。一方面发展绿色经济是大势所趋，却缺乏持续的资金投入来源；另一方面，随着中国经济的高速发展，民间已经积累了大量资金，却缺少绿色投资的渠道。造成这一矛盾的主要原因是缺乏有效的融资机制，资金的需求和供给之间的通道尚未打通，政府对于绿色投资的引导不足，民间投资渠道不畅且投资安全得不到有效保障，这些在很大程度上制约了绿色经济的持续发展。

4. 科技创新支撑不足

国家统筹绿色技术创新的能力有待加强。目前尚缺乏绿色技术引进和开发的综合性规划。绿色经济发展的关键领域目前仍以技术引进为主，缺乏关键技术和集成性技术，技术竞争能力薄弱，技术创新的基础性投入不够，没有形成有效的技术创新机制。

中小企业和节能环保技术在国家创新体系中的潜力仍有待发掘。一方面国家研发投入的推动不足；另一方面，政府对企业自主创新的引导不够，缺乏有利于提高自主创新能力的激励性机制和市场化融资机制。

5. 生态文明价值观与道德体系尚未全面树立

当前，中国尚未建立起与经济社会发展相适应的生态文明价值和道德体系，这主要表现在：一是缺乏政府引导和宣传，社会公众绿色经济意识薄弱，绿色价值理念尚未全面形成，难以对绿色经济发展产生有效的内在驱动；二是绿色市场体系建设滞后，管理不严，绿色产品认证制度不规范，绿色产品市场占有率低，绿色消费市场尚未真正建立；三是社会不公问题比较突出，对弱势阶层、少数民族等群体的关注和支持不够；四是基本公共服务均等化建设滞后。

6. 国际贸易与国际合作压力大

中国面临的主要国际贸易和外部挑战：一是在日益激烈的国际竞争中，贸易保护主义抬头，一些发达国家借环境名义实施绿色贸易壁垒，对中国出口构成限制，影响中国对外贸易发展；二是一些国外投资商为了获得高额的经济利润和逃避本国高额的成本内在化和绿色贸易管制，利用中国环保标准低、环保执法不严格、环境管理体系不健全等问题，将高能耗、高污染行业向中国转移，加重中国环境压力；三是中国目前作为世界温室气体排放大国，在全球应对气候变化的大背景下，面临日益增加的国际减排压力，也对中国粗放型的经济增长方式提出了严峻的挑战。

7.3.2 中国发展绿色经济的机遇

根据中国环境与发展国际合作委员会绿色经济课题组的相关研究，中国发展绿色经济面临着新的形势与机遇，这些机遇来自于政府的决策、市场机制、社会参与以及国际趋势。

1. 国家"十二五"规划对绿色发展进行总体部署

2011年3月全国人大批准通过的国民经济社会发展"十二五"规划被称为中国的绿色发展规划。绿色经济发展已成为今后五年与中长期经济发展和结构调整的重要方向。"十二五"规划的总体战略目标是加快经济增长方式的结构调整，以实现包容、绿色和有竞争力的经济发展模式，规划共包含八个与绿色经济发展直接相关的宏观经济与环境发展指标（表7-1）。

表7-1 "十二五"规划中的主要目标（目标期为2015年）

目标	说明	指导性/约束性
经济增长与经济结构	年均 GDP 增长7%； 服务业增加值达到 GDP 的47%； 城市化率达到51.5%	预期性

续表

目标	说明	指导性/约束性
能源、气候与环境	全国万元 GDP 能耗下降到 0.869 吨标准煤（按 2005 年价格计算），比 2010 年的 1.034 吨标准煤下降 16%，比 2005 年的 1.276 吨标准煤下降 32% "十二五"期间，实现节约能源 6.7 亿吨标准煤 单位 GDP 碳排放量下降 17% 非化石能源占一次能源消费比重达到 11.4% 单位工业增加值水耗降低 30% 全国化学需氧量和二氧化硫排放总量分别控制在 2347.6 万吨、2086.4 万吨，比 2010 年的 2551.7 万吨、2267.8 万吨分别下降 8% 全国氨氮和氮氧化物排放总量分别控制在 238.0 万吨、2046.2 万吨，比 2010 年的 264.4 万吨、2273.6 万吨分别下降 10% 森林覆盖率达陆地国土面积的 21.66%，森林蓄积量 143 亿 m³ 耕地保有量保持在 18.18 亿亩	约束性
经济竞争力	研发支出占 GDP 比重达 2.2% 战略性新兴产业增加值占 GDP 比重达 8% 左右	预期性
社会发展	城镇新增就业人数年均增加 4500 万个 城市登记失业率降至 5% 以下	预期性

在"绿色经济"的行业发展战略中涉及绿色农业、绿色工业与绿色服务业的相关优先发展领域如表 7-2 所示。

表 7-2 "十二五"规划中促进绿色发展的关键战略

行业	优先发展领域
农业	发展"现代化"农业，增强粮食安全保障能力；推进农业结构战略性调整，完善现代农业产业体系；加快农业科技创新，健全农业社会化服务体系；不断拓宽农民增收渠道
工业	从技术创新能力、能效和环境绩效、产业结构和地区分配、中小企业发展等方面，改造提升传统制造业；培育并发展战略性新兴产业，即节能和环保，下一代信息技术（ICT）、生物、高端装备制造、新能源、新材料、新能源汽车等；到 2015 年，这些战略性新兴产业增加值预计占中国 GDP 的 8%
服务业	加快发展生产性服务业，推动生产性服务业与先进制造业的融合。有序拓展金融服务业，大力发展现代物流、高技术服务业，规范和提升商务服务业 大力发展生活性服务业和旅游业，鼓励家政服务、养老服务和陪护服务等家庭服务业发展 营造有利于服务业发展的环境，在水、电定价、税收和公共采购等领域，完善支持服务业的政策框架

"十一五"时期，国家第一次将能源消耗强度降低和主要污染物排放总量减少作为国民经济和社会发展的约束性指标。"十二五"时期，虽然节能减排工作更复杂、更艰难，但同时也是可以大有作为的重要战略机遇期。"十二五"节能减排的战略方向是进一步形成政府为主导、企业为主体、市场有效驱动、全社会共同参与的推进节能减排工作格局。

《"十二五"节能减排综合性工作方案》（国发［2011］26号）提出了12个方面、50条政策措施（专栏）。

专栏　国务院推进"十二五"节能减排管理的8个重要方面

➢ 一是合理控制能源消费总量。将固定资产投资项目节能评估审查作为控制地区能源消费增量和总量的重要措施。

➢ 二是强化重点用能单位节能管理。依法加强年耗能万吨标准煤以上用能单位节能管理，开展万家企业节能低碳行动。

➢ 三是加强工业节能减排。重点推进电力、煤炭、钢铁、有色金属、石油石化、化工、建材、造纸、纺织、印染、食品加工等行业节能减排。

➢ 四是推动建筑节能。制定并实施绿色建筑行动方案，从规划、法规、技术、标准、设计等方面全面推进建筑节能。

➢ 五是推进交通运输节能减排。积极发展城市公共交通，开展低碳交通运输专项行动，加速淘汰老旧交通运输工具。

➢ 六是促进农业和农村节能减排，治理农业面源污染，加强农村环境综合整治，实施农村清洁工程。

➢ 七是推动商业和民用节能。在零售业等商贸服务和旅游业开展节能减排行动，在居民中推广使用高效节能家电、照明产品，鼓励购买节能环保型汽车。减少一次性用品使用，限制过度包装。

➢ 八是加强公共机构节能减排。新建建筑实行更加严格的建筑节能标准，加快办公区节能改造。

资料来源：《"十二五"节能减排综合性工作方案》（国发［2011］26号）

---

2. 政府制度引导与市场激励机制相结合拉动绿色经济发展

改革开放30多年，国家不断加大基础设施建设投入力度，在交通运输、邮电通信基础网络和城市基础设施建设等方面取得了显著成效，基础设施均等化程度不断提高。在"十一五"期间财政刺激方案的作用下，大量政府公共财政投入并带动市场资金投向可再生能源、节能建筑、铁路交通和电动汽车领域，对推动节能环保产业发展起到了积极的作用。"十二五"期间，中国节能减排与环保产业以15%～20%的速度增长，将有望成为全球最大的绿色技术、产品与服务市场。

自1978年以来，中国市场化改革经历了从起步到全面深入的历程，对中国经济和社会的发展产生了广泛而深远的影响。随着中国市场化改革的不断深入，特别是当前国家正在研究建立环境税和碳税，加快改革资源税和消费税，起草制订生态补偿条例等，这将有助于还原资源和环境的真实成本，通过市场自身调节来填补资源和环境的价值洼地，为中国绿色经济的发展不断提供动力和保障。

3. 科技创新与发展战略性新兴产业支撑绿色经济发展

"十二五"规划提出了"把战略性新兴产业培育发展成先导性、支柱性产业"的目标。这一目标不仅涉及节能环保和与新能源相关的新产业，也对传统工业的升级与转型注入了新的活力。通过战略性新兴产业与传统工业转型升级的同步发展，中国的产业结构将从一个依赖资本密集型和重工业发展的整体结构加速向劳动力更加密集型和知识/技能导向型的结构转变。同时，制造业与服务业融合形成生产性服务业，逐步成为一种全球经济绿色转型的趋势。以上多层次、多元化的产业结构转型将有助于推动中国在工业化进程中有效利用资源、降低环境成本，实现绿色经济又好又快的发展。

绿色产业转型的战略性和长期性目标需要政策、市场、技术与资金全方位的共同支持。通过对中国绿色经济转型进程的经验总结和对未来发展战略需要的清晰认识，中国的"绿色技术与创新的战略框架"初具雏形，如科学技术与工业发展的战略规划：科学技术发展的中长期计划（2006～2020年）、中国国家电子战略（2006～2020年）、新能源工业发展规划（2011～2020年）、节能和环保工业发展规划（2011～2020年）等，并将不断发展与完善。

4. 社会绿色消费需求增强促进绿色经济发展

随着人们生活水平的日益提高和政府倡导力度的逐渐加大，中国消费者的绿色消费意识有了很大程度的提高，绿色消费群体和绿色消费市场的规模也越来越大。特别是近年来，食品安全已成为广泛关注的社会问题。公众对于食品安全、绿色消费等需求的不断增强，在一定程度上促进了商品和服务供给的绿色化，也给政府的市场监管提出了越来越高的要求，从而促进了生产和服务行业的绿色化。

5. 国际绿色经济发展理论和实践探索引领绿色经济发展

绿色发展已成为世界各国的普遍共识，中国作为负责任的大国，已经加入50多项国际环保公约。为积极应对全球气候变化，中国主动提出到2020年，单位GDP二氧化碳排放量比2005年下降40%～45%的目标，这是中国政府发展绿色经济的重要承诺。中国正在努力提高行业和产品的环保与能效标准，避免绿色贸易壁垒对出口的负面影响。全球绿色趋势已成为推动中国企业实现绿色转型的重要外部驱动力。

通过积极的国际合作与开放式创新体系的建设，中国在绿色科技与创新领域有潜力也有能力从一个追随者转变为引领者，从而打破传统的"引进—消化吸收—创新"模式。中国的市场规模、装备生产能力和创新环境已经吸引了全球大量的技术转让和研发资源。例如，自1998年以来，中国已逐渐成为了各种洁净能源技术的"创新中心"。

在知识产权领域，"保护与共享"的原则已日渐成为国际绿色技术创新与推广的基本原则。这在技术开发、扩散与应用方面起到了积极的推动作用，将为中国加速绿色转型奠定研发、市场与产业化基础，有助于中国早日迈入全球高端绿色市场，成为全球绿色技术创新焦点。

7.4 政策建议

1. 实施有利于绿色经济发展的财税金融政策

强化政府在财税、金融与价格政策方面的引领作用,全面进行财税政策改革,要重点关注提供激励框架,鼓励绿色投资、绿色贸易和生产行为,以此作为加速绿色转型的主要驱动力。建立财政支持绿色经济发展的资金稳定增长机制,综合运用财政预算投入、设立基金、补贴、奖励、贴息、担保等多种形式,最大限度地发挥财政投入的效益,并建立中央和地方多级共同投入的机制。积极建立有利于绿色发展的税收体系,加快推进资源税改革,配合节能环保政策的实施进行消费税政策的调整,并开征环境税(包括碳税)。深化消费税政策的调整。将目前尚未纳入消费税征收范围、不符合节能技术标准的高能耗产品、资源消耗品纳入消费税征税范围,适当提高现行成品油和其他高耗能产品的税率,对符合一定节能标准的节能产品给予一定程度的消费税优惠。

建立促进绿色发展的金融政策,包括利用恰当的信贷政策和金融产品工具,支持环保节能项目和企业的节能减排投资与创新。强化资源价格改革,建立能够反映资源稀缺程度和环境成本的价格形成机制,深化推进水资源、电价、煤炭、石油、天然气等关键性资源性产品的定价机制改革,同时改变目前的通过交叉补贴来保护弱势群体的方法,要通过财政资金对弱势群体的基本能源消耗进行直接补贴。并充分引入市场机制,发挥市场机制在节能减排中的潜力和作用。

2. 大力推动绿色科技创新

推动以基础研究、技术研发和人力资源发展体系现代化为基础的"绿色创新"战略。推动跨学科和跨产业的绿色技术研发与创新,强化前沿基础研究和大规模技术商业化之间的联系。通过调整环境政策工具,如制订标准、推行政府绿色采购和创新激励等,强化制度引导创新机制。扩大国家"绿色创新"体系的开放程度,建立国际化的绿色技能创新和投资平台,建立稳固的公共—私人伙伴关系,为中小企业提供技术转让、市场与技术发展等方面的支持。

3. 积极开展绿色经济的国际合作

在可持续发展和消除贫困的背景下发展绿色经济是 2012 年"里约+20"峰会的两大议题之一,推动中国绿色经济发展的国际合作将有利于中国参与完善经济全球化机制,借鉴国际社会发展绿色经济的先进理念和经验,推动绿色经济相关的知识、信息共享和技术交流与转让,加强能力建设。但在开展绿色经济国际合作时,也要注意到不同国家的发展阶段和发展水平,避免绿色经济成为新的"绿色贸易壁垒",制订并实施鼓励绿色经济发展的贸易政策。建立更牢固的伙伴关系,推动与发达国家和发展中国家的合作。促进工商业、企业参与绿色经济领域合作,搭建合作平台,促进绿色技术的转让与应用。

7.5 小　　结

在当今世界社会经济背景下推广并实施绿色经济的理念和行为，无疑是"功在当代、利在千秋"的伟大事业。各国应针对各自国情和社会经济状况，建立起协同合作机制，互相扶持，以全球和区域的利益视角共同维护地球生态环境，推广绿色思想理念，制订绿色法规标准，实施绿色行为实践，总结绿色理论经验。中国作为世界最大的发展中国家，正面临着严峻的资源环境问题，绿色发展模式是中国走出环境困境，实现可持续发展的必由之路。绿色经济是一种显著的政策导向性经济，因此中国政府应积极、全面、综合地运用自身强大的政令机制，统筹绿色经济发展，为真正地实施绿色转型提供支持和协助。

第8章 循环发展模式

循环经济的发展模式是从生产、流通和消费过程的角度来研究经济活动，强调资源利用的减量化、再利用和再循环。为了促进循环经济发展，提高资源利用效率，保护和改善环境，实现可持续发展，《中华人民共和国循环经济促进法》于 2009 年 1 月 1 日开始在中国实施，这无疑极大地促进了循环经济在中国的实践和发展。循环经济是绿色经济的重要组成部分，并成为了经济转型模式的重要一环，其理论研究和实践模式在中国得到了相当的发展。

8.1 国际经验

目前，一些发达国家在发展循环经济方面取得了显著的成果，积累了丰富的经验，这些实践经验为中国发展循环经济，实现可持续发展提供了重要的参考。

8.1.1 日本

8.1.1.1 日本建设循环型社会的背景

日本为了解决社会发展中凸显的环境问题，将经济发展模式从强调发展经济总量转变为建设循环型社会。从 20 世纪 60 年代后期开始，经过 20 多年的努力，日本成功地解决了非常严重的工业污染和部分城市的生活污染问题。从 20 世纪 80 年代后期，日本开始进入后工业化社会和消费型社会，急剧增加的工业与生活废弃物成为日本环境保护与可持续发展面临的重要问题之一，具体表现在两个方面：

1. 废弃物产生总量巨大

经过 20 世纪 60 年代到 70 年代的经济高度增长，日本逐渐形成了通过大量生产、大量消费、大量废弃的形式实现经济成长的社会系统和资源浪费型的社会结构，其结果是每年产生出大量的废弃物。

2. 废物管理效率不足

1）产生废弃物新品种。化学药品、农药、轮胎、电池、小型燃气罐等难以处理、有毒有害的危险废弃物不断增加，提高了地方政府管理的难度。

2）废弃物处理设施不足。每年产生大量的废弃物，需要新建更多的填埋场，这对于日本这个国土面积狭小的国家来说，是一个巨大的挑战。

3）废弃物循环利用率不足。如果日本维持目前的社会经济发展水平，每年的资源投入量大约是 21 亿吨，库存（社会物质积累）10 亿吨，消耗和废弃 11 亿吨。在 6 亿吨的废弃物中，只有约 2 亿吨被循环利用，占资源总投入量的 10% 左右。如果全球都按照日本人的方式生活，人类就需要 2.7 个地球来维持自己。从以上数据可见，日本已形成了资源浪费型的社会经济结构。

与此同时，日本在履行《京都议定书》减排温室气体承诺方面的压力，也是其提出建立循环型社会的一个重要推动力。

8.1.1.2　日本建立循环型社会的实践模式

日本建立循环型社会的实践模式可总结为三句话：一是环保产业化，即发展"静脉"产业；二是产业环境化，即发展环境友好型"动脉"产业；三是"动脉"与"静脉"结合或链通，并趋向物质流动平衡。这个模式主要是通过生态工业园的形式实现。

1. 静脉产业简述

静脉产业是日本建立循环型社会的重点领域和切入点，主要做法是建立废弃物再生利用行业的生态工业园。在理论上说，若静脉产业体系建立起来，则动、静脉产业间或整个社会中的物质循环利用体系就会自然形成。日本的静脉产业主要包括包装废弃物再利用产业、废旧家电再生利用产业、建筑垃圾再生利用产业、食品再生利用产业、汽车再生利用产业，以及与上述废弃物再利用相关联的回收、运输和再生技术研发等。

2. 生态工业园模式

日本生态工业园区（eco-industrial park）是以建设资源循环型社会为目标，在发挥地区产业优势的基础上大力培育和引进环保产业，严格控制废物排放，强化循环再生等。日本从 1997 年就开始规划和建设生态工业园区，并把它作为建设循环型社会的重要举措。日本生态工业园区的主要特点是：

1）以静脉产业为主体是日本生态工业园区建设的最大特点。截至 2004 年 10 月，日本被批准的 23 个生态工业园区都以废弃物再生利用为主要内容，相关设施有 40 多个，所回收、循环利用的废弃物多达几十种。

2）生态工业园区内利用的废弃物大部分属于个别再生法规定的范围。例如，一般废弃物中的废弃家电、废旧汽车、废容器等分别被家电再利用法、汽车再利用法和容器包装再利用法所覆盖，建筑混合废物的再生利用则是建筑垃圾再利用法所规定的。

3）在园区内开辟专门的实验研究区域，企业、学校、政府共同研究废弃物处理技术、再利用技术和环境污染物质合理控制技术，为企业开展废弃物再生、循环利用提供技术支持。

4）生态工业园区建设重点突出、特色分明。从总体上讲，日本生态工业园区内的产业活动是以废弃物再生利用为主的；但是，从所利用的废弃物种类看，园区之间还是存在差别的,即各个园区都有自己的主体方向。另外,同一类型的废弃物再生事业也可能在不同的生态工业园区实施。

5)生态工业园区是一个多功能载体,除了进行常规的产业活动外,还是一个地区环境事业的窗口。例如,北九州生态工业园区内除了各项废弃物再生利用设施外,还具有以下功能:①举办以市民为对象的环境知识学习;②举办与环境相关的研修、讲座;③接待考察团;④支持实验研究活动;⑤园区综合环境管理;⑥展示环境、再生使用技术和再生产品;⑦展示、介绍市内环保产业。

8.1.1.3 日本建立循环型社会的支持措施

1. 法律体系与政策

从法律法规体系看,日本促进循环型社会发展的法律法规体系包括三个层次:一部基本法,即《循环型社会形成推进基本法》;两部综合性法律,分别是《废弃物管理与公共清洁法》和《资源有效利用促进法》;六部专项法,分别是《容器包装再生利用法》《家电再生利用法》《建筑材料再生利用法》《食品再生利用法》《汽车再生利用法》和《绿色采购法》。

日本循环经济法律体系的特点可归结如下:

1)覆盖面广。法律对生产、消费、回收、再利用、安全处理等各个环节都有明确的规定。例如,生活垃圾包括家电、汽车、食品、包装容器等废弃物,产业废弃物包括矿山、冶金、化工、水处理等行业废弃物。

2)操作性强。法律制定中采取先易后难办法,即先针对涉及相关利益较少的废弃物的再生利用进行立法。例如,家电再生利用法只针对空调、冰箱、电视、洗衣机等,汽车再生利用法只针对车体、塑料、气囊等进行回收再生利用。

3)各方责任明确。法律对政府、地方自治体、企业、公众的责任和义务进行了明确规定,例如,《家电再生利用法》对制造商、消费者、再生利用者分别规定了需要承担的费用,《汽车再生利用法》设计了管理处置费的中介机构和责任等。

2. 经济政策

为了促进循环型社会的发展,日本采取了一系列的经济政策。其中一个主要政策是生态工业园区补偿金制度。该补偿金制度由环境省和经产省执行。涉及其他部门的项目,则由主管部门支持,例如,北九州生态工业园区的食品垃圾处理研究项目,得到了农林省、文部省等部门的资金支持。2003年,环境省和经产省各提供了15亿日元。另外,环境省还在废弃物处置技术研究与开发、工业性示范、政策调查等方面为研究单位、企业和中介机构提供了大量的资金支持。

在专项再生法律执行中,日本制定了详细的经济制度,以保证废弃物能够收上来、处理好、循环好。例如,家电回收中明确规定居民废弃一台家电应交的处理费;废汽车法规定新车主、旧车主应交的处理费;地方政府规定企事业单位处理废物应交的费用(比对居民征收的费用高得多）等。

3. 技术研究开发

日本推进循环型社会技术研究开发的主要措施是在生态工业园区内开辟专门的实验研究区域，产、学、官共同研究废弃物处理技术、再利用技术和环境污染物质合理控制技术，为企业开展废弃物再生、循环利用提供了技术支持。

8.1.1.4 日本循环型社会建设的绩效目标与成果

在循环型社会建设的基本计划中，日本提出了考核指标体系的数值目标。该目标主要包含两个方面，一是物质流量（原材料流量）目标，二是措施目标。

（1）物质流量目标

资源生产率（GDP/天然资源等的投入量），表示怎样用最少的资源获得最大财富的值，至2010年度达到约39万日元/吨（与2000年度相比提高40%）。

循环利用率，至2010年度达到约14%（与2000年度相比提高40%）。

最终处理量，至2010年度，减少到约2800万吨（与2000年度相比减少50%）。

（2）措施目标

每人每天的垃圾排放量减少20%，循环型社会的相关商业市场和就业规模扩大一倍等。评价指标体系的建立和数值目标的制定对日本循环型社会的实践起到了很好的政策指导作用，增强了可操作性。

经过不到10年的时间，日本循环型社会已进入良性发展时期，不少废弃物的循环利用率已达到或超过法定目标。

8.1.2 德国

8.1.2.1 德国循环经济主要实践和政策

德国发展循环经济的主要做法包括：①建立完善的法律法规体系；②建立以收费制度和企业化运营为基础的实施机制；③从企业到区域层面试验示范物质流管理模式。

德国循环经济法律法规体系的核心部分由《物质闭合循环与废弃物管理法》和其下的若干专项法规组成。专门法规既有德国自己制定的法规，也有欧盟的相关指令，涉及电子废弃物管理、废弃机动车管理、包装废弃物管理、化学品和危险品的管理等方面。目前正在研究制定的《物质流管理法》将会成为德国循环经济的又一个标志性的法律。

《物质闭合循环与废弃物管理法》规定生产者需要对产品的整个生命周期负责，从原材料进入生产到产品的最终回收，包括运输能源。法律规定废物所有者或制造者首先应对废物的减少、再回收、再利用和安全处置负责。为了促进环境友好循环型经济的发展，制定了不同物质原料的平衡表。基于该法，德国联邦政府又发布了许多法令条例和自愿性协议，为废物监管、运输许可、专门的废物管理公司和协会、废物管理观念、废物周期分析和废物的再生处理创造条件。针对以下物品都有具体的法规，包括包装物、废弃汽车、电子设备、废油、废木材、商业垃圾、生物降解废物、污水污泥、有毒废弃物等。针对建筑废物、拆除废物和特殊纸张则有自愿性协议。另外，德国联邦政府还根据联邦排放控制法案颁布了废物焚烧条例。该法案是污染者付费原则在废弃物领域坚决执行的重要体现。

德国包装废弃物收集和处理的双元系统模式是循环经济实践和运行机制的典型模式。1990年9月，德国95家包装公司和工厂企业与零售贸易商建立了德国的双元回收系统（DSD）。DSD是一个专门组织对包装废弃物进行回收利用的非政府组织，它接受企业的委托，组织收运者对企业的包装废弃物进行回收和分类，然后送至相应的资源再利用厂家进行循环利用，能直接回收的包装废弃物则送返制造商。

德国用于包装工业的环境标志为"绿点"标志。若制造商或经销商想使用"绿点"标志，必须支付一定的注册使用费用，费用多少视包装材料、重量、容积而定，收取的费用作为对包装废弃物回收和分类的经费。

DSD系统的建立大大促进了德国包装废弃物的回收利用，目前德国拥有210家分类车间，可对250万吨的轻包装物进行分类处理。

德国联邦政府的环境目标是在未来进一步发展闭合物质循环废物管理体系。通过严格区分废物种类，预处理，能源的回收再利用，德国计划充分利用物质资源，直至完全抛弃垃圾填埋的方式。

8.1.2.2 德国发展循环经济的经验总结

从德国几十年的政策演变和循环经济参与者的积极努力经验来看，可归纳出以下主要结论：

1）发掘公众潜力非常有效。大部分德国人都积极主动配合各项有关废物减少和回收再利用措施的实施。个体公民和非政府组织是这些政策得以成功实施的重要支持力量。

2）吸引更多的利益相关者参与并呼吁他们承担责任十分关键。事实证明自愿承担责任等积极参与行为对于废物政策的顺利实施十分重要。与工业企业和相关机构等压力群体进行主动交流也可为政策实施带来重要支持。例如，1997年德国造纸行业主动承担提高废纸回收利用率的责任。经过随后几年的投资努力，2001年纸张生产的再生纸利用率达到65%。

3）利用市场机制和市场手段提高资源利用率。污染者付费原则的实施有助于从源头上降低污染。例如，2003年初期引进的一次性饮料瓶押金制度对于减少包装垃圾非常有效，它已经完全转变成适于再包装的可持续消费。

4）尽早调整生产规则减少危险废物和降低长期成本。例如，物质闭合循环与废弃物管理法规定在废物处置前优先废物回收利用，将导致有害废物被填埋到废弃矿井中，从技术上说是一种法律回收手段。为了适应发展要求，2002年德国政府颁布了地下废物堆积条例，详细规定了地下废物堆积种类和岩层的技术要求。

5）运用循环经济原则也可带来长期经济效益。重点提高能效能大大降低企业和整个经济发展成本。另外，在生产过程探索生态效益方法也可激发创新能力为提高国内乃至国际竞争力创造无限商机。

8.1.3 其他国家

其他国家虽然没有明确循环经济的提法，但是很多做法都体现了循环经济的理念和原则，特别是 3R 原则在废弃物处理中的应用、企业开展的清洁生产和生态工业建设等。

企业内部的物料循环是循环经济在微观层次的基本表现。参与世界可持续发展工商理事会（WBCSD）组织、以生态经济效益为准则的企业大都重视企业内部的物料循环。典型的事例是化学制造业的龙头老大——杜邦化学公司。20 世纪 80 年代末杜邦公司的研究人员把工厂当作试验循环经济理念的实验室，创造性地把 3R 原则发展成为与化学工业实际相结合的"3R 制造法"，以达到少排放甚至零排放的环境保护目标。

生态工业园区就是要在更大的范围内实施循环经济的法则，把不同的工厂连接起来形成共享资源和互换副产品的产业共生组合，使这家工厂的废气、废热、废水、废物成为另一家工厂的原料和能源。1990 年以来，生态工业园区开始成为世界工业园区发展领域的主题，并在各国的具体实践中积累了丰富的经验。

丹麦卡伦堡是目前世界上工业生态系统运行最为典型的代表。这个生态工业园区的主体企业是发电厂、炼油厂、制药厂、石膏板生产厂。以这四个企业为核心通过贸易方式利用对方生产过程中产生的废弃物和副产品，不仅减少了废物产生量和处理的费用，还产生了较好的经济效益，形成了经济发展与环境保护的良性循环。

美国的生态工业园区建设也各具特色。20 世纪 70 年代以来，在美国环境保护局（EPA）和可持续发展总统委员会（PCSD）的支持下，美国生态工业园区项目应运而生，涉及生物能源的开发、废物处理、清洁工业、固体和液体废物的再循环等多个领域。目前，美国已有近 20 个生态工业园区，并各具特色。

8.2 国内现状

8.2.1 发展历程

循环经济在中国的发展大致经历了理念倡导、模式试点和全面推进三个阶段。

（1）理念倡导（20 世纪末到 2002 年）

根据德国和日本的相关做法，20 世纪末，中国学者开始在中国推广循环经济的概念。当时，中国已基本走出"短缺经济"时代，正处在开始高度重视转变经济增长方式的经济战略调整时期，环境管理战略也从末端治理转向源头和过程控制，清洁生产推进工作比较活跃。循环经济理念首先引起了中国环境保护部门的浓厚兴趣和高度重视。

（2）模式试点（2003~2008 年）

从 2003 年开始，循环经济一词频繁出现在一些国家领导人的有关讲话中，发展循环经济的问题正式进入中央政府的决策议事日程中。2004 年，中央经济工作会议首次明确提出，将发展循环经济作为经济发展的长期战略任务之一。2005 年，中国政府正式决定，将发展循环经济纳入"十一五"国民经济和社会发展规划中，同年7月，国务院发布了《关于加快发展循环经济的若干意见》（简称《意见》），标志着中国发展循环经济的国家意愿。

以《意见》和《国民经济和社会发展第十一个五年规划纲要》为标志，中国的循环经济发展进入全面试点示范阶段，确定了以国家发展和改革委员会为主，国家环保总局等相关部委配合的管理体制。国家发展和改革委员会同有关部门于2005年、2007年分两批选择了192家单位开展国家循环经济试点示范工作。

（3）全面推进阶段（2009年至今）

以《中华人民共和国循环经济促进法》为标志，中国的循环经济进入了全面推进阶段。2009年1月1日开始实施的《循环经济促进法》为在中国发展循环经济提供了法律保证，中国的循环经济模式的构建开始步入法制化轨道。同时，在政府的引导下，在社会各界的大力参与和支持下，循环经济理念逐步深入人心，工作的推动力度明显加大，政策措施逐步完善，技术支持逐步增强，积极探索各类循环经济发展模式，还建立了推进循环经济发展的工作机制。通过这些努力，循环经济的发展取得了比较明显的成效。

8.2.2 发展意义

1. 发展循环经济，提高资源使用效率，促进经济转型

资源是中国现阶段经济发展的原动力，也是制约中国经济持续发展的一大"瓶颈"。从拥有的能源资源现状来看，中国是一个能源资源匮乏的国家，资源供需矛盾突出，资源利用效率不高。单位GDP能耗与发达国家相比，存在一定差距，生产、建设、流通、消费领域浪费能源的现象还比较严重。

能源资源是人类社会生存和发展的重要物质基础，也是中国全面建设小康社会、加快推进社会主义现代化的重要物质基础。中国的"十一五"规划纲要提出，"十一五"期间中国单位GDP能耗要比"十五"期末降低20%，主要污染物排放总量减少10%。这是中国第一次把能耗作为衡量经济发展的硬指标规定下来。为了实现这个目标，中央强调，要从战略和全局的高度，充分认识做好能源工作的重要性，高度重视能源安全，实现能源的可持续发展；坚持开发与节约并举、节约优先的方针，大力推进节能降耗，提高能源利用效率，把节能工作摆在更加突出的战略位置。

"十二五"是中国实现小康社会的关键五年，只有全面发展循环经济，才能在一定程度上缓解中国经济发展的能源与环境约束矛盾，有效克服经济发展中能源不足的瓶颈，这是实现可持续发展的必然选择。今后一段时期，中国经济要继续保持快速增长，必须在有限的资源存量和环境承载力条件下，通过循环经济建设，大力推行清洁生产，大幅度提高资源综合利用效率，才能从根本上转变传统的经济发展方式，实现从量的扩张到质的提高的转变，促进经济和环境协调发展。

> ## "十二五"循环经济重点工程
>
> (1) 资源综合利用
>
> 支持共伴生矿产资源、粉煤灰、煤矸石、工业副产石膏、冶炼和化工废渣、尾矿、建筑废物等大宗固体废物以及秸秆、畜禽养殖粪污、废弃木料综合利用。培育一批资源综合利用示范基地。
>
> (2) 废旧商品回收体系示范
>
> 建设80个网点布局合理、管理规范、回收方式多元、重点品种回收率高的废旧商品回收体系示范城市。
>
> (3) "城市矿产"示范基地
>
> 建设50个技术先进、环保达标、管理规范、利用规模化、辐射作用强的"城市矿产"示范基地,实现废旧金属、废弃电器电子产品、废纸、废塑料等资源再生利用、规模利用和高值利用。
>
> (4) 再制造产业化
>
> 建设若干国家级再制造产业集聚区,培育一批汽车零部件、工程机械、矿山机械、机床、办公用品等再制造示范企业,实现再制造的规模化、产业化发展。完善再制造产品标准体系。
>
> (5) 餐厨废弃物资源化
>
> 在100个城市(区)建设一批科技含量高、经济效益好的餐厨废弃物资源化利用设施,实现餐厨废弃物的资源化利用和无害化处理。
>
> (6) 产业园区循环化改造
>
> 在重点园区或产业集聚区进行循环化改造。
>
> (7) 资源循环利用技术示范推广
>
> 建设若干重大循环经济共性、关键技术专用和成套设备生产、应用示范项目与服务平台。
>
> 资料来源：国民经济和社会发展第十二个五年规划纲要

2. 发展循环经济,削减污染物排放,促进经济可持续发展

全面建设小康社会,不仅要建设物质文明、精神文明和政治文明,还需要建设生态文明。"可持续发展能力不断增强,生态环境得到改善,资源利用效率明显提高,促进人和自然的和谐,推动整个社会走上生产发展、生活富裕、生态良好的文明发展道路",转变经济发展方式,走出一条科技含量高、经济效益好、资源消耗低、环境污染少、人力资源优势得到充分发挥的新型工业化道路,既是经济发展的要求,也是生态文明的重要标志。

从循环经济的理论原则和发达国家的实践来看,发展循环经济有利于大幅度减少有关企业生产过程中形成的废渣、废气、废水等污染物的排放数量,减少生态环境和生活资源被破坏的机会与程度,实现大数量减排、促进环境生态优化的治理目标,为人民群众提供生态健康的生活环境,提高人民群众对生活环境的满意度、舒适度,维护社会稳定,为经济快速发展提供良好的社会环境。

3. 发展循环经济,调整产业结构,增加就业,推动经济发展

发展循环经济可促进资源节约和环保产业的兴起,从而增加劳动就业。资源节约经常被看作是被动的防守战略,其实是一个积极的发展战略。积极的意义在于,可从大量使用自然资本的经济模式,转移到大量使用人力资本的经济模式上来,这样就使经济具有节约资源、促进增长、提供就业的三重效益。

循环经济不仅在传统经济基础上增加废弃物回收、资源化和再利用环节,更会带动整个环保产业的发展。环保产业是循环经济体系的重要组成部分,环保产业的不断发展既是国民经济新的增长点,也是扩大就业的重要渠道。从设备应用与回收操作层面看,环保产业是一个典型的劳动密集型产业,需要大量文化层次低、技术要求低的劳动工人,这对大量的城镇失业下岗工人、农村剩余劳动力以及低学历毕业生而言,可提供很多的就业机会。从技术开发与设备制造层面看,环保产业的核心技术使用的都是现代高新技术,因此属于高新技术产业的一个重要分支,需要大量的技术人才。

4. 发展循环经济,推动产品绿化,应对国际贸易保护主义

2008年夏季爆发的国际金融危机,对中国的经济发展造成了较大的影响,一些发达国家为了保护本国企业,大设"绿色壁垒"。

深度发展循环经济有利于培育中国产品的国际竞争力。当前,中国企业走向世界的一个主要阻力就是贸易壁垒。近些年来,资源环境因素在国际贸易中的作用日益凸显,"绿色壁垒"成为中国扩大出口面临最多也是最难突破的问题。由于环保和生态标准达不到要求,不少企业的产品出口受阻,有的已对中国产品在国际市场的竞争力造成了重要的影响。

发展循环经济,一方面可实现资源的合理配置和有效利用,减少消耗,降低成本,提高地区经济的综合竞争能力;另一方面,可引导企业加快产品结构调整,积极开发环境友好技术产品,扩大国际市场份额,还可为企业建立和运行新的环境管理体系,获得进入国际市场的"绿色通行证"奠定重要基础。

8.2.3 制度环境

下面对中国发展循环经济的制度环境进行 SWOT 分析。

1. 优势条件

1)法制方面:近年来,中国政府对发展循环经济充满信心。目前,国家已制定实施9部环境保护相关法律和19部自然资源相关法律,47部环境保护行政法规和471项国家环境标准,1600多件环保地方法规、规章和标准,基本形成了符合国情的环保法律体系,同时明显增强了执法力度。

2）经济方面：中国正处于战略转型的重要时期，经济结构的新一轮调整已经启动，产业结构不断升级，经济与环境并重的经济增长方式已成为国家的重要发展战略。同时，国家明显增加了对资源环境友好型企业和产品的财政支持力度，"十五"以来，环境污染治理投资突破6000亿元，国家直接或间接资助的符合循环经济发展要求的技术、科研和试点等项目多达100余项。

3）科技方面：根据科技部发布的《中国科技实力研究》结果显示，中国人均GDP约2000美元，但科技创新指标已相当于人均GDP 5000~6000美元国家的水平，超过了印度、巴西等发展中大国，为中国通过科技创新实现经济社会快速发展制造了有利的条件。

4）信息方面：中国已有近千家企事业单位获得了ISO14000环境管理体系认证，2000多种产品获得环境标志产品认证。初步建立了覆盖全国的环境监测网络，每年定期发布年度、季度环境质量报告，116个城市实行空气质量日报、90个城市实行预报，全国各地统一设立12369环保投诉热线电话。

2. 劣势条件

1）法制方面：法律体制不健全，还存在法律漏洞。中国还没有一部统领全局的循环经济综合大法，各单项法之间也存在相互冲突的地方，各法律层次间的关系未完全理顺，缺乏整体配合性。此外，缺乏统一的环保监管体制。目前主要是以直接管制为主的管理体系，横向部门责权交叉多，职能配置不明晰。

2）经济方面：中国的GDP连续数年呈现10%左右的增长，但过快的增速，耗费了大量的资源、能源，制造了大量的工业废弃物和生活废弃物，不断挑战自然界的生态承载极限。另外，环保投资占同期GDP的比例仍然偏低，仅水污染防治就存在400多亿元的资金缺口。

3）科技方面：中国总体科技实力还不占优，科研经费投入较少。但重化工业的高速发展和基础设施的大规模建设，产生了大量废弃物，同时非传统废弃物急剧增加，但相应的废旧资料转化技术、废弃物综合利用技术和无害化处置技术在国内基本处于空白。此外，废旧家电已进入更新换代期，约500万台计算机和上千万部手机已进入淘汰期，估算中国电子电器废物年产生量约为111万吨，电子垃圾的合理处置成为另一个技术难题。

4）信息方面：虽然中国在环境信息公开和舆论监督方面取得了较大的进展，但在公众循环经济信息的提供和管理上还存在一些缺陷。如中国还没有严格意义上的企业环境信息披露制度，公众对政府实施环境政策的过程了解不足，公众对高质量的循环经济信息的需求无法得到满足。

3. 外部机遇

1）法制方面：近年来，许多国际组织都致力于促进环境保护的国际法制管理，签署了多项国际公约（如《京都议定书》等），为发展中国家提供了更多参与国际环境问题的公平对话和共同决策的机会。目前，中国已参与了30多项国际环境公约，并成功引进了先进的技术和管理经验。

2）经济方面：全球环境基金（GEF）、联合国荒漠化公约（UNCCD）全球机制、蒙特利尔议定书多边基金、联合国国际伙伴基金（UNFIP）、法国全球环境融资（FGEF）等越来越多的国际组织开始关注发展中国家的环境问题，并通过多边资助机制，在一些全球环境问题上提供资金支持。此外，相比全球环保市场约6000亿美元/年的投资额，中国环保投资只有240亿美元，占世界环保市场的4%左右。因此，中国环保市场在整合内资、吸引外资方面具有很大的潜力。

3）科技方面：国际新能源开发、废旧资源再利用等技术难题的实质性突破正在潜移默化地改变着人类数千年来的生产和生活方式。虽然中国对上述技术的研发和转化方面与国际领先水平存在一定的差距，但考虑到技术产品的溢出效应，国外最新绿色技术信息和技术成果的扩散，无疑会对于中国的相关技术研发起到激励和带动作用。同时，中国的产学研部门还应特别注重在欠发达国家和地区寻找市场，拓展南北合作、南南合作的更广阔空间。

4）信息方面：国际化信息服务日臻完善，联合国环境署、世界银行等组织定期发布世界环境报告、全球环境展望（GEO）、环境战略报告等公开数据信息，支持各国政府的环境数据与信息需求。此外，德国消费者咨询系统、加拿大废弃物循环利用委员会（RCBC）、印度国家生产力与清洁生产中心（NPCP）等也可为国内外企业和相关机构提供功能强大的信息服务。

4. 潜在威胁

1）法制方面：越来越高的法制化、标准化门槛给"中国制造"带来了不小的冲击，如REACH法案[①]影响了化工、纺织等行业730多种化学品及相关产品出口欧盟国家的注册、评估、许可等。加之发展中国家在国际法令制定中处于弱势地位，少有发言权，因而加剧了他们面临的原本严峻的资源环境困境。

2）经济方面：一些发达国家以破坏它国生态环境的方式来"进口可持续性"，把达不到本国环境标准的肮脏工业迁移到发展中国家，甚至把有毒废料和"洋垃圾"以低价售出，将进口国变成了世界的加工厂、垃圾的储备场。

3）科技方面：西方大国为争夺科技的制高点，不断加大对高新技术研发的政策支持力度和资金投入额度。中国本来在许多科技领域与其存在不少的差距，现在就更面临科技实力尤其是高精尖技术领域差距被拉大的威胁。

4）信息方面：中国的环境状况在很大程度上影响全球环境走势，因此越来越受到来自国际社会的监督与压力。这对于推进中国循环经济发展固然存在着有利的一面，但部分国外的环境公报等不能准确地向世界揭示中国的资源环境现状，不能客观地反映中国的工农业污染等生态问题，却故意夸大了中国产品与服务的威胁，过分地低估中国的环境信用等，这一问题值得引起相关部门重视。

---

① REACH法案，即《关于化学品注册、评估、许可和限制法案》（2007年6月），该法案实施后的3~11年内，要求欧盟市场约3万种化工产品及其下游的纺织、轻工、制药等500多万种制成品全部纳入注册、评估、许可监控系统。

8.3 体系建设

中国的循环经济体系建设经历了从无到有、从理念到实践的发展过程,并处在不断发展和完善的过程中。下面将从循环经济的政策、法律、发展模式等方面对循环经济体系建设进行探讨。

8.3.1 法规政策体系建设

8.3.1.1 经济法规

推进循环经济的发展,必须在统一的社会规范和法律体系下,把资源节约、环境建设同经济发展、社会进步有机地结合起来。这样既保证资源环境对经济发展的支持,又保证经济发展对资源节约和环境改善的促进,实现符合科学发展要求的良性循环。全国人大常委会于2005年12月决定将制定循环经济促进法补充列入立法计划,并于2008年8月通过了《循环经济促进法》。

《循环经济促进法》的指导思想主要体现在:一是坚持减量化优先的原则。西方发达国家发展循环经济一般侧重于废物再生利用,而中国正处于工业化高速发展阶段,能耗物耗过高,资源浪费较为严重,因此前端减量化的潜力很大,要特别重视资源的高效利用和节约使用。二是突出重点,着力解决能耗高、污染重、影响中国循环经济发展的重大问题。对主要工业行业和重点企业,要明确提出节能减排的约束性要求。三是法律规范要有力度,对高消耗、高排放的行为要有硬约束。同时,通过制定一系列的激励政策,为企业或个人按照循环经济的要求进行生产和生活活动提供指导规范,支持和推动企业等有关主体大力发展循环经济。四是在生产、流通和消费的各个环节,注重发挥政府、企业和公众以及行业协会等主体在发展循环经济中的积极性,形成推进循环经济发展的整体合力。

《循环经济促进法》的主要制度内容包括:

1)建立循环经济规划制度。循环经济规划是国家对循环经济发展目标、重点任务和保障措施等进行的安排和部署,是政府进行评价考核和实施鼓励、限制或禁止措施的重要依据。为此,《循环经济促进法》规定了编制循环经济发展规划的程序和内容,为政府及有关部门编制循环经济发展规划提供了依据。

2)建立抑制资源浪费和污染物排放的总量调控制度。中国一些地方的经济发展是建立在过度消耗资源和污染环境的基础上的,对这种不可持续的发展方式必须有实在而有效的总量控制措施。《循环经济促进法》明确要求各级政府必须依据上级政府制定的本区域污染物排放总量控制指标和建设用地、用水总量控制指标,规划和调整本行政区域的经济和产业结构。依据《循环经济促进法》,发展经济决不能突破本地的环境容量和资源承载力,应把本地的资源和环境承载能力作为规划经济和社会发展规模的重要依据。

3)建立以生产者为主的责任延伸制度。在传统的法律领域,产品的生产者只对产品本身的质量承担责任，而现代社会发展要求生产者还应依法承担产品废弃后的回收、利用、处置等责任。也就是说，生产者的责任已从单纯的生产阶段、产品使用阶段逐步延伸到产品废弃后的回收、利用和处置阶段。为此，《循环经济促进法》根据产业的特点，对生产者在产品废弃后应承担的回收、利用、处置等责任作出了明确的规定。

4）强化对高耗能、高耗水企业的监督管理。为保证节能减排任务的落实，对重点行业的高耗能、高耗水企业进行监督管理十分必要。《循环经济促进法》规定，国家对钢铁、有色金属、煤炭、电力、石油加工、化工、建材、建筑、造纸、印染等行业年综合能源消费量、用水量超过国家规定总量的重点企业，实行能耗、水耗的重点监督管理制度。

5）强化产业政策的规范和引导。产业政策不仅是促进产业结构调整的有效手段，更是政府规范和引导产业发展的重要依据。为此，《循环经济促进法》规定，国务院循环经济发展综合管理部门会同国务院环境保护等有关主管部门，定期发布鼓励、限制和淘汰的技术、工艺、设备、材料与产品名录。

6）明确关于减量化的具体要求。对于生产过程，《循环经济促进法》规定了产品的生态设计制度，对工业企业的节水节油提出了基本要求，对矿业开采、建筑建材、农业生产等领域发展循环经济提出了具体要求。对于流通和消费过程，《循环经济促进法》对服务业提出了节能、节水、节材的要求；国家在保障产品安全和卫生的前提下，限制一次性消费品的生产和消费等。此外，还对政府机构提出了厉行节约、反对浪费的要求。

7）关于再利用和资源化的具体要求。对于生产过程，《循环经济促进法》规定了发展区域循环经济、工业固体废物综合利用、工业用水循环利用、工业余热余压等综合利用、建筑废物综合利用、农业综合利用和对产业废物交换的要求。对于流通和消费过程，《循环经济促进法》规定了建立健全再生资源回收体系、对废电器电子产品进行回收利用、报废机动车船回收拆解、机电产品再制造，以及生活垃圾、污泥的资源化等具体要求。

8）建立激励机制。主要包括：建立循环经济发展专项资金；对循环经济重大科技攻关项目实行财政支持；对促进循环经济发展的产业活动给予税收优惠；对有关循环经济项目实行投资倾斜；实行有利于循环经济发展的价格政策、收费制度和政府采购政策。

9）建立法律责任追究制度。《循环经济促进法》专设法律责任一章，对有关主体不履行法定义务的行为规定了相应的处罚细则，以保障该法的有效实施。

8.3.1.2 经济政策体系

1. 指导性政策

指导性政策主要集中在相关文件中，主要包括《中共中央关于加强党的执政能力建设的决定》《国民经济和社会发展第十二个五年规划纲要》《国务院关于加快发展循环经济的若干意见》《国务院关于落实科学发展观加强环境保护的决定》等，其中最为关键的是2011年通过的《国民经济和社会发展第十二个五年规划纲要》，该纲要指出"以提高资源产出效率为目标，加强规划指导、财税金融等政策支持，完善法律法规，实行生产者责任延伸制度，推进生产、流通、消费各环节的循环经济发展。加快资源循环利用产业发展，加强矿产资源综合利用,鼓励产业废物循环利用,完善再生资源回收体系和垃圾分类回收制度,推进资源再生利用产业化,发展应用源头减量、循环利用、再制造、零排放和产业链接技术,推广循环经济典型模式。"

2. 增值税激励政策

在增值税方面,2008年12月,国家相继颁布了《关于资源综合利用及其他产品增值税政策的通知》和《关于再生资源增值税政策的通知》,前者主要是为了促进矿产资源开采过程中对共生、伴生矿进行综合开发与合理利用,对工业生产过程中产生的废渣、废水(液)、废气、余热余压等进行回收和合理利用;后者主要针对在社会生产和生活消费过程中产生的,已经失去原有全部或部分使用价值,经过回收、加工处理,能够使其重新获得使用价值的各种废弃物,包括废旧金属、报废电子产品、报废机电设备及其零部件、废造纸原料(如废纸、废棉等)、废轻化工原料(如橡胶、塑料、农药包装物等)、废玻璃等。

《关于资源综合利用及其他产品增值税政策的通知》主要将新扩大的和现有的资源综合利用产品增值税优惠政策作了分类整合,按照优惠方式可分为以下四类:

1)实行免征增值税政策。主要有:再生水;以废旧轮胎为原料生产的胶粉;翻新轮胎;生产原料中掺兑废渣比例不低于30%的特定建材产品以及污水处理劳务。

2)实行增值税即征即退政策。主要有:以工业废气为原料生产的高纯度二氧化碳产品;以垃圾为燃料生产的电力或者热力;以煤炭开采过程中伴生的舍弃物油母页岩为原料生产的页岩油;以废旧沥青混凝土为原料生产的再生沥青混凝土以及采用旋窑法工艺生产并且生产原料中掺兑废渣比例不低于30%的水泥(包括水泥熟料)。

3)实行增值税即征即退50%的政策。主要有:以退役军用发射药为原料生产的涂料硝化棉粉;以燃煤发电厂及各类工业企业产生的烟气、高硫天然气进行脱硫生产的副产品;以废弃酒糟和酿酒底锅水为原料生产的蒸汽、活性炭、白炭黑、乳酸、乳酸钙、沼气;以煤矸石、煤泥、石煤、油母页岩为燃料生产的电力和热力;利用风力生产的电力;部分新型墙体材料产品。

4)实行增值税先征后退政策。该政策仅适用于以废弃的动物油和植物油为原料生产的生物柴油。

《关于再生资源增值税政策的通知》包括两个部分:

1)取消原来对废旧物资回收企业销售废旧物资免征增值税的政策,取消企业购入废旧物资时按销售发票上注明的金额依10%计算抵扣进项税额的政策。

2)对满足一定条件的废旧物资回收企业按其销售再生资源实现的增值税的一定比例(2009年为70%,2010年为50%)实行增值税先征后退政策。这些条件包括:按照《再生资源回收管理办法》的有关规定应向有关部门备案并已经备案的;有固定的再生资源仓储、整理、加工场地;通过金融机构结算的再生资源销售额占全部再生资源销售额的比重不低于80%;自2007年1月1日起,未受到刑事处罚或者行政处罚(警告和罚款除外)。

在所得税方面,2008年1月,新《企业所得税法》对资源综合利用、环境保护、节能节水等继续给予税收优惠。有关规定包括:①从事符合条件的环境保护、节能节水项目的所得，自项目取得第一笔生产经营收入所属纳税年度起，第一年至第三年免征企业所得税，第四年至第六年减半征收企业所得税。②企业以《资源综合利用企业所得税优惠目录》规定的资源作为主要原材料，生产国家非限制和禁止并符合国家与行业相关标准的产品取得的收入，减按90%计入收入总额。③企业按照法律、行政法规有关规定提取的用于环境保护、生态恢复等方面的专项资金，准许在税前扣除。

3. 信贷支持政策

2010年3月国务院颁布了《关于支持循环经济发展的投融资政策措施意见的通知》（以下简称为《通知》），对各地发展循环经济加大了资金扶持力度。《通知》提出了规划、投资、产业、价格、信贷、债权融资产品、股权投资基金、创业投资、上市融资、利用国外资金等方面支持循环经济发展的具体措施。

针对发展循环经济面临的融资难问题，《通知》提出了促进循环经济发展的信贷支持措施：银行业金融机构对国家、省级循环经济示范试点园区（示范基地）、企业，要积极给予包括信用贷款在内的多元化信贷支持；积极支持循环经济示范试点市、县、园区（示范基地）的循环经济基础设施、相关公共技术服务平台、公共网络信息服务平台的建设和运营；积极开发与循环经济有关的信贷创新产品，拓宽抵押担保范围，创新担保方式，研究推动应收账款、收费权质押以及包括专有知识技术、许可专利及版权在内的无形资产质押等贷款业务。

为提高银行业金融机构支持循环经济发展的可操作性，《通知》明确了信贷支持的重点循环经济项目，包括节能、节水、节材和综合利用、清洁生产、海水淡化和"零"排放等减量化项目，废旧汽车零部件、工程机械、机床等产品的再制造和轮胎翻新等再利用项目，以及废旧物资、大宗产业废弃物、建筑废弃物、农林废弃物、城市典型废弃物、废水、污泥等资源化利用项目。

《通知》还提出要多渠道拓展促进循环经济发展的直接融资途径：支持国家、省级循环经济示范试点园区、企业发行企业（公司）债券、可转换债券和短期融资券、中期票据等直接融资工具；引导社会资金设立主要投资于资源循环利用企业和项目的创业投资企业；探索循环经济示范试点园区内的中小企业发行集合债券；鼓励、支持符合条件的资源循环利用企业申请境内外上市和再融资，鼓励企业将通过股市募集的资金投向循环经济项目；积极支持符合条件的循环经济项目申请使用国际金融组织贷款和外国政府贷款（江国成，2010）。

4. 产业结构调整政策

2005年，为了加强资源综合利用，全面推行清洁生产，完善再生资源回收利用体系，形成低投入、低消耗、低排放和高效率的节约型增长方式，国家发展和改革委员会相继发布了《产业结构调整指导目录（2005年本）》和《促进产业结构调整暂行规定》。《产业结构调整指导目录》由三类产业组成：鼓励类主要是对经济社会发展有重要促进作用，有利于节约资源、保护环境、产业结构优化升级，需要采取政策措施予以鼓励和支持的关键技术、装备和产品;限制类主要是工艺技术落后,不符合行业准入条件和有关规定,不利于产业结构优化升级,需要督促改造和禁止新建的生产能力、工艺技术、装备和产品;淘汰类主要是不符合有关法律法规规定,严重浪费资源,污染环境,不具备安全生产条件,需要淘汰的落后工艺技术、装备和产品。

2006年,国务院发布了《关于加快推进产能过剩行业结构调整的通知》,通知指出钢铁、电解铝、电石、铁合金、焦炭、汽车等行业产能已出现明显过剩;水泥、煤炭、电力、纺织等行业目前虽然产需基本平衡,但在建规模很大,也存在着产能过剩问题。同时要淘汰落后生产能力,依法关闭一批破坏资源、污染环境和不具备安全生产条件的小企业,分期分批淘汰一批落后生产能力,对淘汰的生产设备进行废毁处理。还明确指出要逐步淘汰立窑等落后的水泥生产能力;关闭淘汰敞开式和生产能力低于1万吨的小电石炉;尽快淘汰5000千伏安以下铁合金矿热炉(特种铁合金除外)、100立方米以下铁合金高炉;淘汰300立方米以下炼铁高炉和20吨以下炼钢转炉、电炉;彻底淘汰土焦和改良焦设施。

5. 生态工业园区政策

中国自1999年启动生态工业示范园区建设项目以来,大力运用工业园、经济开发区、高新技术产业开发区等形式建立了数量众多的工业园,为工业发展提供了良好的基础设施和行政服务,促进了工业的快速发展,取得了重大的成就。但作为开发土地面积较大,拥有多个建筑物、工厂和公共设施的新型工业生态组织形式,必须要具有配套的政策、法令,明确园区进入、执行甚至退出的限制条件,系统、规范的监督和考评标准,科学、可行的发展规划,以及相应的园区服务和管理能力。

为了促进中国生态工业和循环经济的发展,实现社会、经济和环境的可持续发展,环境保护部于2003年12月颁布了《生态工业示范园区规划指南(试行)》和《国家生态工业示范园区申报、命名和管理规定(试行)》(环发[2003]208号,以下简称《管理规定》),该指南准确定位了创建生态工业示范园区的目标与方向,详细归纳了园区的基本特征与发展的类型,进而针对园区建设的指导思想、规划原则、设计方案,规划步骤、指标体系等作出了详细的规定。《管理规定》则围绕环保部门的职权,对国家生态工业示范园区建设管理中的申报程序、申报条件、建设规划、专家论证、批准示范建设、命名、监督管理等问题进行了详细的说明。

2006年,环境保护部首次发布三项生态工业园区标准,从而使中国的生态工业示范园区建设与管理逐步走上科学化、规范化的轨道。这三项标准分别是《行业类生态工业园区标准(试行)》[HJ/T273—2006]、《综合类生态工业园区标准(试行)》[HJ/T274—2006]和《静脉产业类生态工业园区标准(试行)》[HJ/T275—2006],用于三类国家生态工业示范园区的建设、管理和验收。三项标准的发布不仅对各类生态工业园区的建设起到了引导作用,也为生态工业园区的管理提供了依据,为工业园区资源利用效率提高和环境质量持续改善提供了发展目标和具体指标。

2007年12月,国家环保总局会同商务部和科学技术部组织制订了《国家生态工业示范园区管理办法(试行)》。该办法适用于国家级经济技术开发区和国家高新技术产业开发区创建园区的申报、验收和管理。办法共分为 4 章 18 条，详细说明了各地生态工业园区申报、验收和管理的基本规定，系统表述了园区办理申报和验收的流程安排和所需资料，规定了国家级生态工业建设绩效评估规则和相应的评价标准，从而使园区的申办与管理工作更加规范、便捷。2011 年，环境保护部会同商务部和科学技术部出台了《关于加强国家生态工业示范园区建设的指导意见》，加大了对生态工业园区建设的支持力度。

截至 2011 年年底，共有 60 个园区获批开展了建设工作，15 个园区已通过验收并被正式命名，园区建设工作实现了快速发展。目前的 60 个园区按照地区划分，东部地区 40 个，中部地区 12 个，西部地区 8 个。这 60 个园区包含行业类、综合类和静脉产业类等三种园区类型，其中行业类园区 11 个，占总数的 18.3%，覆盖了制糖、电解铝、盐化工、矿山开采、磷煤化工、海洋化工、钢铁、煤化工、石油化工等行业；综合类园区 48 个，占总数的 80%，其中国家级经济技术开发区 28 个，国家高新技术产业园区 12 个，其他类型工业园区 9 个；静脉产业类园区 1 个，占总数的 1.7%。

为实现环境优化、经济发展和"十一五"期间重点污染物总量的削减目标，通过加强对污染源集中的各类园区、工业集中区和重点企业的生态化改造和环境监管，凭借园区产业结构调整、工业生态链的建立与完善和总量控制等技术途径，有效地实现了工业集中区的污染控制和区域节能减排。

对已通过验收的 10 余个园区建设前后经济、环境绩效的分析结果显示：园区验收年与基准年相比，工业增加值增长率为 53%；COD 排放量降幅达 21%，单位工业增加值 COD 排放量平均下降 48%；SO_2 排放量降幅达 39%，单位工业增加值 SO_2 排放量平均下降 60%；单位工业增加值新鲜水用量平均下降 19%；单位工业增加值固废产生量下降 25%。COD 和 SO_2 排放量降幅远高于国家"十一五"期间 COD、SO_2 减排 12.49% 和 14.29% 的实际水平。

园区建设在节能减排方面产生的明显效益，为国家节能减排目标的实现奠定了良好的基础，也为转变经济发展方式，提高生态文明水平起到了较好的示范作用。

6. 绿色采购政策

绿色采购是可持续消费领域的重要推手，而政府正是消费领域实施循环经济的主要部门，通过实施政府优先采购绿色产品的政策，可引导企业生产对环境友好的绿色产品，并以政府的示范行为引导公众进行绿色消费。为此中国政府 2006 年制定和发布了《关于环境标志产品政府采购实施意见》和《环境标志产品政府采购清单》。

《实施意见》要求各级国家机关、事业单位和团体组织用财政性资金进行采购时，应优先采购环境标志产品，不得采购危害环境和人体健康的产品。两部局综合考虑政府采购改革进展和环境标志产品技术与市场成熟等情况，从国家批准的环境标志产品认证机构认证的环境标志产品中按类别确定实行政府采购的范围，以《环境标志产品政府采购清单》的形式公布并适当调整。《实施意见》要求各政府采购相关部门，采取积极稳妥、分步实施的办法，逐步扩大到全国范围；2007 年 1 月 1 日起在中央和省级（含计划单列市）预算单位实行，2008 年 1 月 1 日起全面实行；还要求各地区、各部门要高度重视，加强组织管理和监督，确保环境标志产品政府采购工作落到实处。

8.3.1.3 主要现实问题

(1) 法律配套政策还需制定

虽然《循环经济促进法》规定了多项制度，但可操作性还有待提高，有必要制定专门的和更加具体的专项政策来配合相关制度的落实，如关于废弃条件的设置、强制回收和回用目录的建立、回收和回用率的确定、经济刺激机制的系统化和可操作化、工艺标准与技术性规范的设立和循环信息的公开等。

(2) 管理制度方法还需完善

首先，目前循环经济管理并无合适的方法对循环经济发展中的成本收益进行标准计算，政府没有科学规范的绿色 GDP 核算体系，企业也没有绿色会计审计制度，微观上较难落实和操作。其次，物质流量表、物流分析方法是实现循环经济的基本方法，但是由于多方面原因，目前在企业层面都较难建立基本物流表，更别说在地区和国家层面建立相应的物质流量表。最后，循环经济指标评价体系还需进一步细化，目前在国家层面已经初步建立了一套循环经济评估体系，但对企业和地方的指导性不强。

(3) 企业利益机制还需丰富

目前，大多数企业对发展循环经济的认识不足，这对更广泛地在企业内推广清洁生产、发展循环经济产生了很大的制约。此外，缺乏切实有效的市场激励和利益驱动机制也制约企业发展循环经济，制定的资源价格和排污收费标准偏低，清洁生产对企业技术进步、提高劳动生产率和经济效益、降低生产成本等方面的作用不能充分体现，企业缺乏实施清洁生产的经济动力。

(4) 产学研运作效率亟待提高

发展循环经济需要一系列的污染治理技术、废物利用技术、清洁生产技术和生态工业链接技术的研发，但在国家层面，缺少鼓励企业开发循环经济技术的政策支持，尤其在产学研方面，缺乏较好的政策将研究机构开发出的先进技术进行市场化运作；在企业层面，由于循环经济技术开发短期内看不到收益，所需资金投入高，风险大，且难推广，企业更是缺乏动力开发循环经济技术。

8.3.2 循环经济发展模式

8.3.2.1 循环经济重点领域发展模式

1. 生产领域的循环经济模式

循环经济在生产领域的发展模式就是对改造和重构涉及国民经济的各个产业，使其向生态化方向转型，重点包括建设生态工业体系、生态农业体系和绿色服务业体系，其中改造现有的工业体系，建设生态工业体系是生产领域的核心内容。生态工业体系是具有较高生态效率，或者说是资源消耗少、经济效益高、污染排放低的工业体系。根据已有的知识、技术手段和实践经验，生态工业体系的建立可通过企业、园区和区域三个层面来实现。

在建设生态农业体系中，应积极调整农业生产布局和产品结构，大力推进环境友好的生态型农产品，综合利用秸秆，利用和处理处置好畜禽粪便，大力发展沼气工程，解决农村能源问题，促进农业生态系统物质、能量的多层次利用和良性循环，实现经济、生态和社会效益的统一。

2. 消费领域的循环经济模式

生态工业和生态农业是发展循环经济的"源头"，对经济发展水平和科学技术进步的程度依赖性强，应有重点地循序推进。根据发达国家经验，消费领域是发展循环经济的"助推器"，是重要的战略环节。

发达国家经验表明，消费领域废弃物的回收和再利用环节一方面可向生产领域源源不断地提供大量的再生资源，减轻末端处理压力，拉长产业链，创造新的就业机会，另一方面可通过生产责任者延伸制度使企业强化对资源的减量化、再利用、再循环和无害化。另外，从技术经济可行性看，消费领域废弃物的再利用环节在中国更容易取得突破性进展。

在消费领域，中国可大力推进的循环经济抓手有四个方面。一是环境标志、有机食品和节能产品认证；二是生态节能建筑建设和绿色社区创建；三是倡导大众绿色消费，利用财政、税收等经济手段，鼓励公众绿色消费，如对经过认证的绿色产品的生产和消费实行税收优惠，而对浪费资源、危害环境的产品征收高额惩罚性税收等；四是政府绿色采购。从政府绿色采购所涉及的主体较单一，政府有义务发挥表率作用等特点和发达国家的经验看，开展政府绿色采购应成为中国近期开展循环经济的重要举措之一。

3. 废物管理领域的循环经济模式

废旧资源综合利用产业是循环经济发展领域中的重点产业，属于节点产业，具有特殊的重要意义。国外发达国家的循环经济的核心内容就是发展废旧资源综合利用产业，如日本的生态园区建设等。对中国来说，废旧资源综合利用产业也是循环经济体系中重要的一环。

废旧资源综合利用在中国具有较长的历史，形成了一定的规模，产生了不小的经济、环境效益和社会效益。据统计，目前中国钢、铜、铝、铅等主要物资中，以再生资源作为原料的比例分别占到了20%、25%、16%、18%和50%以上。根据测算，相对于开采矿山产生的废矿，每年多回收利用一吨再生资源，相当于减少四吨生活垃圾的产生量，节省了因垃圾大量填埋而占用的宝贵的土地资源，减少了对环境的污染。除了经济效益和环境效益外，废旧资源综合利用产业还可产生社会效益，通过新兴产业，创造就业机会，解决就业问题。美国再制造业到2005年可安排就业100万人。研究表明，再制造业、再循环产业每产生100个就业岗位，采矿业和固体废弃物安全处理业将失去13个就业岗位，两者相比，可以看出再制造、再循环产业的创造的就业机会远大于其减少的就业机会。

但目前中国该产业的总体情况仍是规模小，回收体系不健全，政策不配套，产业化程度低，利用水平和附加值低。在市场经济转轨过程中，这一情况有所加剧，特别是在生活垃圾的回收和再利用方面问题突出。随着中国逐渐进入消费型社会，一些新的废弃物如包装物、家电和办公电子用品、汽车和建筑材料等问题已开始突显，也是可以大有作为的领域。要减少废弃物的排放，必须建立具有利用价值或污染损害大的废弃物的回收制度。对于废纸、塑料、玻璃、钢铁等必须建立一个社会化的回收渠道，而对于其他一些产品则必须建立专业化的回收渠道。

8.3.2.2 循环经济空间尺度发展模式

1. 企业层面

目前大多数企业主要采取末端治理的模式，这一方面是由于中国清洁生产技术的发展和产业结构的调整需要一个过程，另一方面是由于领导任期责任制导致的诸侯经济发展模式，以及国有经济企业负责人的任期责任制导致一些地区和企业缺乏进行清洁生产技术改造的经济激励，而更愿追求任期内的经济效益增长，这在一定程度上妨碍了清洁生产技术的推广应用。经济学存在的前提是资源的稀缺性，稀缺性最原始的含义是指一个社会的资源有限性致使这个社会不可能生产出能够满足所有人需求的商品和服务。这里的资源是广义的，包括从事生产活动所必需的一切要素，是指每个社会从事经济活动时为生产一定的产出所必需的投入。从单个企业生产角度看，企业若要实现清洁生产这一目标，就要在研究如何节约有限的自然资源并减少污染性废弃物的排放量等方面下工夫。

清洁生产是与传统的末端治理模式完全不同的概念，是在无废少废工艺基础上发展起来的。清洁生产的实质就是预防为主的思想，即在工业生产中减少废物产生量，而不是在废物产生后再去想法治理。它是以节能、降耗、减污为目标，以管理技术为手段，实施工业生产全过程控制，使污染物的产生量、排放量最小化的一种综合性措施。

这种模式的特点是在生产过程中和生产过程后通过科学管理和工程技术措施，实现废物最少化，达到清洁生产。这一模式集节能、降耗、减污为一体，所以，具有较好经济效益、环境效益和社会效益。

2. 园区层面

生态工业园区有两种，一种是由企业集群形成的物理园区，园区内以资源和能量流连接成不同的循环，中国目前正在试验示范的大部分园区属于该类型。另一种是园区中既有企业群，也有社区，而且企业群之间并不一定有天然的物质依赖关系。对于这一类园区的建设，中国需要创新观念和标准，把握住园区内基础设施和公共资源（例如公共用水）与能源能够共享，每个企业实现持续改进清洁生产和环境管理体系、园区整体生态效率最大等循环经济的关键内容即可，不能不顾客观条件和违背市场规律去人为地连接物流和能流"循环圈"。

3. 区域层面

区域循环经济作为一种崭新的区域经济发展模式，是在更大的范围内实现资源的多次合理利用和对环境的有效保护，并对区域内的产业进行重新调整、组合、聚集。从减量化的角度看，在区域产业布局中，应做到产业发展高端化和生产要素高级化，提高资源利用效率，改变粗放、低效的经济发展方式，这是发展区域循环经济的重点方向。从再利用和资源化的角度看，应该逐步做到资源利用循环化、基础设施职能化、人居环境生态化和消费方式节约化，充分节约和利用资源。

相比于行业循环而言，区域循环的设计大量增加了行业与行业之间的纵横融合，形成行业联动和区域互动，将大大提高规模效应、聚集效应和深加工的能力。这对于中国在资源丰富、生态环境脆弱地区探索发展循环经济，实现科学发展之路具有重要的意义。

中央和地方政府已出台了一系列旨在促进循环经济发展的重大政策措施，包括规划引导、工程推动、经济激励、制度约束、科技创新等。国家"十二五"规划明确提出：大力发展循环经济，到2015年工业固体废物综合利用率达到72%、资源产出率提高15%；加大财税金融等政策支持；完善法律法规和标准，实行生产者责任延伸制度，制订循环经济技术和产品名录，建立再生产品标识制度，建立完善循环经济统计评价制度；开发应用源头减量、循环利用、再制造、零排放和产业链接技术。此外，"十二五"还明确提出组织实施六大循环经济重点工程。在地方政府层面，不少省、市制定了地方循环经济发展规划或专门的工业循环经济发展规划（如甘肃、河南、河北、浙江、深圳、大连等），一些地方政府还专门设立了循环经济发展专项资金（如福建省）。

8.4 案例分析

以上从循环经济的概念、发展历程和体系建设进行分析，下面以沈阳市循环经济发展为案例，对循环经济在中国的实践进行研究。

沈阳市经济发展与沿海的山东、江浙等地区的先进城市相比，具有比较明显的"三高一低"特征，同时经济发展面临内源性新兴增长动力不强和外部需求不足的问题，国际国内金融危机会给沈阳市保持经济持续快速增长带来严峻的挑战。在不确定因素增加、经济环境复杂多变的情况下，大力发展绿色经济和循环经济，加大对绿色产业的投资和信贷，加速产业转型，转变经济方式，合理应对挑战，将是沈阳市未来经济社会腾飞的重要途径。

沈阳市发展循环经济要求在制定国民经济和社会综合发展规划时综合考虑城市的资源和环境禀赋，将"循环经济"的理念贯穿于城市发展和人民生活的各个方面，建设具有可持续发展能力的生态工业体系、循环经济体系、绿色农业体系、静脉产业体系和绿色消费服务体系，健全循环经济发展的政策法规支撑体系，在经济、社会和环境协调发展方面成为领先于全国乃至世界的示范。因此，发展循环经济是沈阳市创建环境保护样本城的重要基础和核心，是创建环境样本城的前提条件和工作基础，是提纲挈领的一项规划。

1. 沈阳市发展循环经济的战略模式

（1）依据功能分区，合理调整产业布局

以下从产业战略调整、产业总体布局、重点调整污染行业布局三个层面进行说明。

1）产业战略调整。以《沈阳生态市建设总体规划（2006～2015年）》确定的分级控制要求为基础，结合沈阳城市区划调整、主体功能区划和环境容量要求，引导沈阳市的产业布局优化调整。在自然保护区、水源保护区、风景名胜区、森林公园、重要湿地、生态极敏感区和生态功能极重要区等需要严格控制的地区，实行强制性保护，禁止新建污染企业，逐步清理区域内现有污染源。在水源涵养区、水土保持区和西北部生态防护带等重要生态功能区，实施限制开发，加强污染企业的清理和整顿，严格限制可能损害主导生态服务功能的产业发展，限制大规模的开发建设活动。平原城镇和农业发展区要转变发展方式，不断提高环境保护要求，提高环境资源利用效率，推进产业入园，努力提升传统优势产业，加快发展新兴绿色产业和现代服务业，形成与环境相协调的产业发展格局。

2）产业总体布局。大力建设以浑南新区为核心，囊括航高基地，连接长白地区、空港新城和南部副城的大浑南区，形成行政、金融、研发为核心地带，以汽车、航空、高新技术聚集区为环绕的空间布局体系，使本区域最终形成沈阳市的城市行政、娱乐、服务、研发中心地带。同时，着力完善以沈阳经济技术开发区为核心的新型重工业园区，积极推进辽中环保产业国家级基地建设和铁西现代建筑产业园建设，优化东部汽车产业园区布局，合理开发沈北农产品加工与光电信息产业工业区，全面推进沈阳大工业区的规划建设。

3）重点调整污染行业布局。对食品和饮料制造、医药制造、造纸、非金属制品、危险废物处置等重污染行业进行统一规划、统一定点，按照"入园管理、集中治污"的原则合理布局。严格按照规划和环评要求进行产业转移工业园土地开发和产业引入，积极配套污染治理设施，实现环保基础设施与园区同时规划、同时建设、同时投入运营。加强产业转移的规划引导，制定《沈阳市产业转移区域布局总体规划》，充分考虑环境容量、资源环境承载能力等因素，建立产业转移协同机制，统筹产业转移的区域布局。

（2）加强升级调整，大力发展生态工业

依据沈阳市创建生态工业示范城的目标，在生态工业体系构建方面，以传统产业改造为重点，以新兴产业发展为契机，以生态工业园打造为抓手，以工业循环链建设为手段，打造两个资源消耗、节能环保达到国际先进水平的生态、环境样板行业，建成三个在全国具有示范作用的生态工业园区（沈阳经济技术开发区、沈阳市大浑南经济区、辽中静脉产业园区），扶植一批在清洁生产、获ISO14000认证和生态设计等环境管理与环保意识全国领先的环保样板企业，全面建设以技术先进、环境友好、资源节约、综合利用为特征的生态工业体系。

具体可概括为"一基、两点、三核、多级"：

1）"一基"即全力构建全国循环经济示范基地。

2）"两点"即打造两个资源消耗、节能环保达到国际先进水平的主导产业，以先进装备制造业与汽车制造产业为沈阳市未来两个产业增长点。

3)"三核"即建成三个在全国具有示范作用的生态工业园区（沈阳经济技术开发区、沈阳市大浑南经济区、辽中静脉产业园区），以此为核心，发挥对周边和城市其他地区的辐射与带动作用。

4)"多极"即以重点产业发展为中心，以产业集聚区建设为总抓手，形成多个区域经济次增长级，发展一批具有示范效应、行业领先的样板企业。

(3) 确保安全高效，打造绿色农业体系

建立现代绿色农业体系，即以现代生态农业技术为手段，在保证生态环境安全、清洁的前提下，充分利用土地、生物、技术、信息等资源，农、林、牧、渔有机联合，高效利用各类绿色能源资源；在绿色农业生产的理念指导下，通过绿色农业政策和资金投入支持，形成高效、良性的绿色产品生产供应链。发展农业循环经济，加快农村新能源建设，做优畜牧业和农产品品牌，提高畜禽粪便综合利用率，推进沃土工程项目的实施。

(4) 发展生产服务业，创建绿色服务业体系

以创建"全国环境建设样板城"为契机，坚持大力发展现代服务业与改造提升传统服务业相结合、与加快发展先进装备制造业相结合、与着力保障和改善民生相结合、与环境建设相结合，大力发展生产性服务业，带动消费性服务业尤其是绿色消费服务业快速发展，增强服务业对经济社会发展的贡献力，与此同时，实现节能减排和环境优化。争取利用5年左右的时间，实现传统服务业升级，服务业发展的水平和质量大幅提高，集聚力、辐射力和竞争力全面提升，基本形成东北中心城市地位突出、特色鲜明，在全国范围内具有示范效应的绿色服务消费体系。

2. 沈阳市发展可持续生产与消费措施

(1) 以"国家战略"与"生态样板城建设"为契机，合理规划产业布局

结合"国家新型工业化综合配套改革试验区"战略，推进产业转移，优化产业布局，实现整体工业竞争力加强、生态含量提高的目标。

1) 通过"沈阳经济区"统筹规划产业布局。将目前沈阳市内的陶瓷行业、铸造行业、黑色金属、有色金属等资源消耗大、环境污染严重的产业向周边地区转移，减少本市相关产业的工业生产活动，同时在全"试验区"内有效配置资源，充分利用鞍山的钢铁生产能力，促进沈阳市装备制造业发展，通过从本溪等地就近调配能源措施，保证城市工业发展能源供给。

2) 根据产业基础与区域承载能力建立分工不同的产业聚集区。着力完善以沈阳经济技术开发区为核心的新型重工业园区，大力建设以浑南新区为核心，囊括航高基地，连接长白地区、空港新城和南部副城的大浑南区，积极推进辽中以资源回收、加工、利用为特点的静脉产业国家级基地建立。第一，沈西重点建设全国一流、世界领先的装备制造工业聚集区。沈阳西部地区应逐步西扩，继续转移铁西老工业区相关产业与工厂，大力建设张士开发区，把握国际产业转移和中国产业结构升级给装备制造业带来的市场机遇，充分利用中国加快振兴装备制造业和振兴东北老工业基地的优惠政策，建设全国领先、世界一流

现代装备制造业生产基地，同时以绿色建筑为理念，推进本区域沈阳绿色建材产业发展，打造中国现代建筑产业的示范基地——东北地区最大的现代建材产品加工制造中心。第二，沈南兴建以高科技、低排放为特征的浑南高新产业生态工业园。以"低碳、环保、现代、高端"为原则，浑南地区以行政办公、金融服务、设计研发、文化娱乐为主要功能，开发区域中心地带为"无烟区"；在浑南新区构建高新技术产业基地，通过发展高新技术业，带动周边地区工业格局的重新调整；加强航高园区建设，促进大工业园区产业升级，尽量将能耗、物耗较多的生产环节迁至张士开发区，保留企业的主要核心管理机构与研发机构，使本区域最终形成城市高新技术、行政、娱乐、服务、研发中心地带。第三，沈北大力发展优质品牌绿色农产品加工制造基地。以沈北新区为核心，建立新型食品加工制造业园区，加强农副产品加工业产业聚集度，在已有的农产品加工工业的基础上，将本区域品牌做大做强，同时拓展农副产品加工产业链，打造生态旅游、工业旅游，使广大消费者通过实地感受建立对产品与品牌的信任，最终建立具有品牌效应的农产品、畜禽产品和食品精深加工制造示范基地。第四，沈东整合汽车资源，重点建设全国标杆型汽车产业基地。扩建原有的大东汽车产业区，重点建设以金杯、宝马、日野等为核心的现代汽车生产基地，同时，将沈北、于洪、浑南等处的汽车零部件生产线集中迁至大东汽车产业基地，加强沈阳汽车产业的聚集度，建设一批以发动机为核心的汽车零部件生产企业，引进汽车回收、拆卸、再制造企业，形成比较完整的汽车生产—回收、利用—再生产体系。第五，辽中全力打造样板型静脉产业生态园。以沈阳近海经济区为依托，以沈阳市和周边城市乃至辽宁省生产与生活副产品、废弃物为对象，以保障环境安全为前提，以节约资源、保护环境为目的，在沈阳辽中地区建设国家级静脉产业园区，运用先进技术，将可利用的废物转化为可重新利用的资源和产品。规划建设以中钢集团北方金属资源加工配送中心、辽宁人和再生示范园项目为龙头，打造全国一流的循环经济、静脉产业试验示范基地，更好地服务沈阳生态环境建设和经济可持续发展。

（2）以产业升级与节能减排为手段，实现传统产业生态化

装备制造业以淘汰落后产能和优化重组为主线，打造"5+3+2"装备制造业新体系，强化产业优势地位。食品加工制造业以污染控制和优化产品结构为重点，以企业入园为手段大力减少污染排放，坚决淘汰落后企业，树立品牌意识，加快产业升级。汽车和零部件业以重点汽车整车和零部件生产企业为依托，在商用车和专用车生产中取得领先优势，推进动力成配套产品和汽车电子产品等汽车零部件生产发展，提高汽车业在国内同业中的发展位势。医药制造业以能效、环保、安全、质量标准为抓手，加速淘汰落后产品和工艺，重视产品创新和生物医药开发，全面提升沈阳市医药制造业的核心竞争力。航空业以现有制造能力和桃仙机场空港优势为依托，重点推进主导型号与系列飞机总装和大部件转包、零部件制造项目，同时积极发展以航空研发、设计、维修为主的高端航空服务业，形成国际知名、国内重要的航空高技术产业基地。

（3）以较低消耗与资源综合利用为途径，推进清洁生产

落实《中华人民共和国清洁生产促进法》和《清洁生产审核办法》，逐步扩大清洁生产在沈阳市企业中的实施范围，尤其对于机械制造、黑色、有色等重点工业企业，应大力

实施生产者责任延伸制度，使企业在产品的生命周期内包括设计、制造、流通、回收实行全过程责任制，大力降低生产过程中的资源能源消耗和污染产生量，为循环型工业发展奠定坚实基础；加强对建材、化工等高资源消耗产业清洁生产的监督，积极推进重点工业技术改造，做好清洁生产的示范推广。同时敦促各类企业在生产过程中优先选用低毒或无毒无害的原材料；减少有毒有害原料的使用量，完善安全生产管理；建立有毒废物排放清单制度；要求企业配合环保部门监督落实清洁生产审核方案的实施，从源头和全过程实现污染物的减量化、资源化和无害化。

(4) 以生态样板行业建设为突破，引领生态工业转型

以现代装备制造业和新型汽车与零部件制造业两大产业作为生态样板行业，重点突破，通过样板和示范作用，引领沈阳市生态工业转型，打造全国生态工业建设样板。通过建立生态化工业技术研发基地、增加环境和新能源等装备制造生产能力的投入、强化政策引导和支持等措施，打造沈阳市现代装备制造业基础。通过建立汽车产业生态联盟、推进节能降耗汽车生产、建立全生命周期汽车产业链、引入汽车拆解与废钢锭重铸企业，对现有汽车生产网络进行"补链"等手段，实现汽车与零部件制造业的现代化和生态化改造。

(5) 发展以设施农业为基础的现代农业，建设绿色农产品生产基地

以温室小区和冷棚小区为特色的设施农业是沈阳市发展绿色农业的突破口，也是建设沈阳现代农业的着力点。积极发展设施农业，实施千村富民计划，经济条件好的近郊区要建立现代化农业示范中心，经济欠发达的县（市）积极鼓励发展保护地生产和地膜覆盖技术。通过边规划、边调地、边建设的方式规划建设新兴设施农业小区；对原有设施农业小区政策完善调整，新增千亩大区的特别扶持政策，强化对农业结构调整在规模发展、筹措资金等的扶持力度。优化农产品品种结构，大力发展优质特色、市场价值高、效益好的品种，改善农产品的品种结构，提高优质产品比重，实施品牌战略。发展以有机食品、绿色食品、无公害食品为代表的绿色事业，协调资源、环境、食物、健康之间的关系，减少和防止农药、化肥等农用化学品对环境的污染。严格规范农业生产行为，坚持农业生产全过程控制，促进无公害、有机农业向产业化、规范化与国际化方向发展。

(6) 推进农业节能节水，加强农业废弃物的综合利用

通过资源的综合利用、短缺资源的代用、二次能源利用、资源的循环利用等节能降耗和节流开源，实现物质和能源的合理利用；推广节能农用设备和节能技术，提高能源利用效率。发展节水高效农业，对沈阳市灌区和旱区的各种水利设施系统地改建和配套续建，着力搞好田间节水工程建设，提高农业用水的利用率。大力推进畜禽养殖业、农副食品加工业的清洁生产；加强畜禽养殖、副食加工污染物的综合治理，促进废弃物的资源化利用，实现农业废弃物减量化、资源化、无害化，有效控制农业面源污染，促进生态平衡，实现农业的可持续发展。

(7) 以工业城市转型和区域中心城市建设总领绿色服务业发展

以工业城市转型引领制造业服务化进程。不断推动沈阳作为典型工业城市的转型，实现由长期以来依靠消耗资源等刚性投入扩大生产规模的增长方式向更多依靠创新、知识等柔性资源投入、不断丰富发展内涵和提高产品的附加值的方式转型；实现提高制造业企业

的技术创新能力,改变长期以来制造业过多依赖引进技术的贴牌生产发展方式向增强自主创新能力,形成自主知识产权的自有品牌化生产转型;由原来的"引进来"为主向"引进来"和"走出去"并重转型。以工业城市转型,顺应制造业服务化的发展趋势,引领沈阳市面向优势产业的生产性服务业发展,促进原有优势产业的产业链延伸,提高生产环节的价值增值,优化资源利用结构,降低环境污染水平,形成服务业与制造业相互融合、互动发展、绿色环保的良性发展格局。

以区域中心城市建设提高服务业的辐射功能。把握沈阳经济区建设的历史机遇,立足于区域中心城市的优势地位,促进沈阳成为区域经济发展的资源配置枢纽,打造沈阳经济区内人流、货流、资金流和信息流的汇集点,形成交通运输节点服务中心、信息汇集处理和传播扩散中心,举办大型全球和全国活动的后选地;促进沈阳成为区域创新的策源地,引领区域内科技发展方向,发挥具有试验导向意义的孵化器功能,形成 R&D 和科技创新中心;促进沈阳成为区域经济发展的调解中心,通过协调性规划、资金的区域性调剂来控制、协调、监督区域经济运行;促进沈阳成为对外开放和区域合作的前沿地带和中转站,促进区域经济更深、更广地参与国际分工,并取得更加有力的地位,借助便捷的交通、物流以及在海关和投资贸易自由化等方面的独特优势,进一步确立区域内对外开放窗口的地位,形成跨国公司总部聚集中心、国际贸易与国内贸易中心、包括跨国银行和保险公司等投资金融机构在内的金融中心等。最终实现高级生产性服务业聚集程度不断加强、新型服务行业不断涌现、服务的专业化水平不断提高、知识与技术密集性服务快速发展、国际化程度日益加深的现代服务业体系。

8.5 对策建议

循环经济是中国经济绿色转型的重要途径,政府需出台一系列配套政策,加大循环经济试点示范工作,积极开展国家间的交流合作,加大宣传教育力度。

1. 研究出台配套政策

根据《循环经济促进法》的相关制度,政府需尽快出台相关实施办法或文件,使循环经济的制度能够真正落实下去,促进中国循环经济的发展。比较核心的几个领域包括:一是在生产环节,提高资源使用效率的文件,如制定高耗能、高耗水行业的市场准入标准,完善主要用能设备能效标准和重点用水行业取水定额标准,组织修订主要耗能行业节能设计规范等;二是大力促进再生资源的再利用政策,包括废旧家电与电子废弃物、废旧轮胎、废包装物回收利用管理办法等;三是在技术开发环节,要建立促进循环经济技术开发的激励机制,重点开发有重大推广意义的资源节约和替代技术、能量梯级利用技术、循环经济发展中延长产业链和相关产业链接技术、有毒有害原材料替代技术、可回收利用材料和回收处理技术,突破循环经济的技术瓶颈。

2. 加大试点示范工作

在企业层面,选择有色金属、煤炭、电力、化工和建材等高耗能、高污染行业的企业实施清洁生产示范，提出重点行业的循环经济发展模式。在区域层面，开展生态工业园区建设示范，形成综合类生态工业园区、行业类生态工业园区和静脉产业生态工业园区的发展模式。在社会层面，及时总结市级和省级循环经济实践的成果和经验，提出循环经济发展模式规划，梳理循环经济的先进典型，为加快推动循环经济发展提供示范和借鉴。

3. 国际合作

大力开展循环经济国际合作，利用各类循环经济论坛或研讨会与其他国家交流循环经济实践经验，借鉴他国在建设循环型社会中的政策体系、管理机制和相关政策。发达国家如日本、德国在废物再利用方面有较好的技术，中国可利用国际交流的平台，引进或共同开发适合中国国情的废物再生使用技术，解决循环经济的节点问题。

4. 宣传教育

在组织开展资源节约、环境友好系列宣传活动中，把推动循环经济发展作为重要内容，进一步加大宣传教育力度，转变观念，树立可持续的消费观和节约资源、保护环境的责任意识，大力提倡绿色消费，引导消费者自觉选择有利于节约资源、保护环境的生活方式和消费方式。

8.6 小　　结

循环发展的核心在于在生产、流通和消费的过程中实现资源的减量化，循环经济发展模式对中国转变发展方式、提高经济运行效率有重要作用。本章首先介绍了日本、德国等西方发达国家的循环经济实践经验，随后对中国发展循环经济的历程、制度环境和中国循环经济体系的建设进行阐明。本章还以沈阳市发展循环经济为案例，研究分析了沈阳循环经济的发展思路和成果，对如何促进中国循环经济发展提出了建议。

第 9 章　低碳发展模式

低碳发展作为国际竞争的新方式，需要从理念、制度、产品、规则和标准等方面进行创新。低碳发展模式是从减少经济活动中碳排放的角度来研究经济运行模式，是人类社会积极应对气候变化，维持人类经济社会可持续发展的重要途径。目前，节能减排是中国低碳发展的重要举措。本章主要从低碳发展的国际经验、发展挑战、发展成本、发展措施和未来趋势等几个方面来阐释中国的低碳发展模式。

9.1　国际经验

目前，一些发达国家在低碳发展方面已积累了丰富的经验，并取得了显著的成果。这些实践经验为中国实施低碳发展，实现可持续发展提供了重要的参考。

9.1.1　日本的低碳社会

建设低碳社会，对日本来说，是履行京都议定书减排义务的有效途径，也是缓解能源短缺压力的重要手段，同时还有助于其科技创新。在政府的主导下，依靠技术创新、制度创新、观念更新以及对外合作，日本低碳社会计划正在稳步推进。

9.1.1.1　提出目标

日本是一个能源资源极度短缺的国家，石油、煤炭、天然气等一次性能源几乎全部依靠进口，能源消费中对石油的依存度最高时接近 80%，目前也仍然达到 50% 左右（刘浩远，2009）。对日本来说，构建低碳社会是缓解能源短缺压力的重要手段。

2004 年 4 月，日本环境省设立的全球环境研究基金就启动了"面向 2050 年的日本低碳社会情景"研究计划，研究日本 2050 年低碳社会发展的情景和路线图，提出在技术创新、制度变革和生活方式转变方面的具体对策。2007 年 2 月，项目组发布了题为《日本低碳社会情景：2050 年的二氧化碳排放在 1990 年水平上减少 70% 的可行性研究》的研究报告，指出在满足到 2050 年日本社会经济发展所需能源需求的同时实现比 1990 年水平减排 70% 的目标是可行的，日本具有相应的技术潜力，是对低碳社会构想可行性的肯定。

2008 年 6 月 9 日，日本前首相福田康夫在日本记者俱乐部发表了题为"为实现低碳社会的日本而努力"的讲话。阐述了日本在温室气体减排问题上的立场与观点，明确 2050 年日本温室气体排放量减少 60%～80% 的减排目标，提出拟推行的部分减排措施，表明日本引领世界低碳革命的决心和信心，勾勒出日本构筑低碳社会的远景和蓝图，因此被人们称为构建低碳社会的"福田蓝图"。福田蓝图表明日本已基本完成对构筑"低碳社会"相关问题的研究判断,把低碳发展作为引领今后经济发展引擎的思路已逐渐清晰。2008年7月26日,日本内阁会议通过了"实现低碳社会行动计划",一场影响深远的低碳革命拉开帷幕。

9.1.1.2 实施措施

第一、依靠政府主导。首先,政府负责制定规划与目标。首相的亲自领导和推动、相关发展规划和方案的出台与颁布,把低碳社会的构建工作上升为一项国家战略。2008年7月26日通过的"实现低碳社会行动计划"进一步将这一国家战略细化,提出了具体的目标和措施。其次,政府负责监督管理。由首相领导的国家节能领导小组,负责宏观节能政策的制定;以经济产业省和地方经济产业局为主干的节能领导机关,主要负责节能和新能源开发等工作,并起草和制定涉及节能的详细法规;节能专业机构,如日本节能中心和新能源产业技术开发机构(NEDO)等,负责组织、管理和推广实施。最后,政府利用财税政策加以引导。为促进节能减排政策的落实,日本政府出台了特别折旧制度、补助金制度、特别会计制度等多项财税优惠措施加以引导,鼓励企业开发节能技术、使用节能设备。

据《日本经济新闻》报道,自2009年4月1日起,日本开始实施减免混合动力车等环保车辆的购置税和重量税的优惠政策。同时,日本政府还在研究推行一项环保车辆补助金制度,对混合动力车、电动汽车以及满足一定排放标准的汽油车和柴油车的消费者支付10万日元(微型车)至20万日元(其他车型)的补贴。此外,如果报废使用13年以上的旧车更换环保车型时,还将得到10万日元的额外补助。

第二、发展创新科技。在2020年前实现二氧化碳捕捉和封存(carbon capture storage,CCS)技术的实际应用,并将太阳能发电量提高到目前的10倍。力争在2020~2030年将燃料电池系统的价格降至目前的十分之一左右。为此,日本政府已设计出一套低碳技术的路线图:首先,强调政府在基础研究中的作用和责任的同时,鼓励私有资本对科技研发的投入,保证技术创新的资金投入。内阁综合科技会议制定每年的资源分配政策,环境省等政府机构依此进行资金的分配。在这一框架内,今后五年将在低碳技术创新方面投入300亿美元,开发快中子增殖反应堆循环技术、生物质能应用技术、低化石燃料消耗直升机、高效能船只、气温变化监测与影响评估技术、智能运输系统等。其次,建立官、产、学密切合作的国家研发体系,以便充分发挥各部门科研机构的合力,集中管理,提高技术研发水平和效率。如今,日本的节能环保技术遥遥领先,已成为全球最大的光伏设备出口国,仅夏普公司的光伏发电设备就占到世界的三分之一(陈志恒,2009)。

第三、日本还实行了制度革新。如试行碳排放权交易制度、领跑者制度、推行节能标志制度等措施;开展示范试点,2008年日本政府在国内挑选了10座"环境示范城市",试点城市中居民主要消费当地自产食品,充分利用当地的太阳能、风能、生物能、地热等自然资源来改变城市与交通、能源、生活、商务模式等社会结构;还注重加强国际合作,如中日两国于2007和2008年分别签订了《中华人民共和国政府与日本国政府关于进一步加强环境保护合作的联合声明》和《中华人民共和国政府与日本国政府关于气候变化的联合声明》。

9.1.2 丹麦低碳实践

2006年以来，丹麦政府和公众对全球气候变化问题的关注日益增加，大学、研究机构和企业界对未来新能源技术的研究开发保持了相当的资金和人力投入，商业化进程在加速。

9.1.2.1 绿色能源模式

20世纪70年代初，世界范围的石油危机对丹麦冲击较大，当时丹麦是完全依靠石油进口的国家。从那时起，丹麦将能源安全置于特殊地位，政府采取了一系列措施解决能源安全和有效供给问题。

80年代末，布伦特兰委员会的报告《我们共同的未来》，把环境和可持续发展作为全球发展的战略性问题摆到了世人面前。丹麦在此阶段日益重视环境问题并综合考虑环境和能源政策。

1988年丹麦政府制订了能源行动计划，突出了可持续发展的原则。在综合考虑农业、运输、能源和环境等协调发展基础上，制订了多部门参与的行动计划。

1990年以后，丹麦政府相继推出"能源2000"等国家计划。新的政策着眼点包括：一是提高能源供应效率，扩大热电联产；二是用可再生能源和天然气替代煤和石油消费；三是鼓励最终消费者节约能源。

90年代，丹麦遵从欧盟减排目标，以在成员国内部承诺二氧化碳减排21%为国家目标，采取了多方面措施控制二氧化碳排放并收到了预期效果。如丹麦1990年二氧化碳排放约为6100万吨当量，到2004年以后，减少到约5100万吨排放当量的水平，即减少二氧化碳排放约1000万吨当量，比1990年减少了16.4%。2003年丹麦公布的人均二氧化碳排放量为10.4吨。

经过约30年的努力，丹麦优化了本国能源结构，减少了化石燃料的消费总量和二氧化碳排放总量，增加了可再生能源生产和消费的比重。丹麦绿色能源模式可从若干侧面描述如下：

其一，形成了一个兼顾能源供给、环境友好、经济增长和二氧化碳排放趋向减少的能源体系。统计数据显示：丹麦过去30年中GDP增长达160%，而总能耗仅有微小增加，同期二氧化碳排放量比1990年减少了16.4%，国家的环境质量保持稳定。

其二，持续优化能源结构。1980~2005年，丹麦能源结构不断优化，石油和煤消费量均减少了约36%，天然气消费比重达到20%，可再生能源比重超过15%，风电发电量占全部电力消耗约20%。

其三，拥有一批绿色能源技术。在提高能源效率和节能的政策目标下，丹麦建立了适合本国国情的绿色能源产业，常规的支撑技术包括清洁高效燃烧、热电联产、工业化沼气、风电和建筑节能等。着眼于未来发展需要、尚在开发和试验的新技术有第二代生物乙醇、燃料电池、新型太阳能电池、海浪发电等。

其四，建立了有利于技术发展的社会支撑体系。丹麦较早地结合环境保护需要来考虑能源发展问题。政府曾设立"能源与环境部"以突出这种综合职能。除制定特别法令和不同阶段的行动计划外，政府也以税收激励措施和价格调节机制发展绿色能源。目前，政府、企业、科研、市场等关联和互动的格局已经形成。在社会立法和政府政策的框架下，大学和科研机构保持了对能源技术研究开发的投入；中小企业则积极投入新技术商业化进程；一些大企业的基金会，如嘉士伯基金、丹弗斯基金会等，经常对科研所需的大型仪器设备提供财务支持；政府的税收激励和价格补贴措施，则与市场机制相呼应，确保新技术被消费者接受。

9.1.2.2 低碳发展特征

丹麦经过约30年的努力，逐步形成了今天的绿色能源模式。这个过程既得益于其可持续发展的思路，也得益于其社会政治、法律制度和决策机制。这里可从丹麦能源模式解读低碳发展的若干特征：

其一，气候变化问题使人们重新审视传统的经济发展观。发展绿色能源，改进生产方式和提高效率的过程，需要开发新的能源和生产技术，应有更多资金和人力投入到研发活动中，整个社会系统的运行成本将会增加。低碳的经济也意味着高技术、高投入和高成本的经济。以损害环境为代价的增长将会受到抑制。虽然各地区进度水平仍然存在差异，但从全球趋势来看，减少二氧化碳排放量已被广泛纳入了全人类的发展目标，碳基燃料的使用趋向于减少乃至逐渐被替代，人类正逐步调整自身行为并造就新的经济活动形态。

其二，低碳发展代表了部分工业化国家的未来期望。丹麦代表了欧盟工业化国家的一种类型，其人口规模、经济总量相对较小，以服务业和对外贸易为经济支柱，本国制造业和高能耗产业比重很小，经济运行规范，社会福利水平高。其经济活动常规表现为高效率低增长率（1%~2%），公众环境意识强，人居环境的可持续发展水平较高。从现有生活水准出发，一个能源供给安全和自然环境标准更高的社会形态，更符合他们的期望。

其三，低碳发展的技术基础是绿色能源和环保技术。丹麦案例显示了支持其经济社会协调发展的三个支柱：一是用绿色能源（即环境友好的能源）替代传统的以化石燃料为主体的能源；二是公众的环境观念普遍加强，产业建立了环保规范，企业愿意采用环保技术；三是政府运用税收价格机制确保稀缺资源（如淡水等）得到合理使用。

其四，低碳发展派生了新的活动形式和技术标准。既然发展的前景是低碳发展，那么人们的基本生产和消费活动将联系于某种"碳标志"，"低碳"也代表了某种技术水准。拥有低碳技术的企业易于得到社会的认可，而生产和消费处于"高碳"水平，则可能受到某种约束或限制。引申到更大范围来说，在全球化的经济格局中，工业化国家和发展中国家因经济活动中的"碳标志"而再次拉开差距。在这样一种标准下，那些更多使用常规化石燃料、从事大规模生产和制造活动的发展中国家显然处在"高碳"经济阶段。而要摆脱这种"碳约束"，他们将不得不向工业化国家寻求所需的低碳技术。

此外，就经济活动本身而言，因为以碳为标志的活动普遍存在，这为"碳市场"和"碳交易"提供了发展的依据和驱动力。

尽管丹麦还没有把"低碳发展"作为一个发展的远景目标摆放在公众面前，但从丹麦现行经济社会发展状况、可持续发展水平和绿色能源模式看，它的确在某种程度上表现了"低碳发展"的若干特征，说它是低碳发展的早期形态也不为过。虽然丹麦在"低碳发展"方面的实践经验，对中国这么一个发展中大国不具典型借鉴意义，但对中国一些经济相对发达的沿海地区城市走"低碳发展"或"可持续发展"道路有参考价值，也可对中国中长期可持续发展的道路选择有所启示。

9.1.3 英国低碳实践

英国是世界上最先提出低碳发展的国家，也是世界上控制气候变化积极的倡导者和实践者。按照《京都议定书》的承诺，英国愿意为欧盟成员国在温室气体减排方面承担更多的责任，在欧盟内部的"减排量分担协议"中承诺减排12.5%，比平均减排8%的目标高出4.5个百分点。不仅如此，英国政府还进一步表示，力求在2010年减排主要温室气体——二氧化碳20%，2050年减排60%（潘家华，2006）。

英国政府推动低碳发展发展的两个政策手段是：

1) 实行气候变化税。依据使用的煤炭、天然气和电能的数量计税，使用热电联产、可再生能源等可减免税收，目的是为了提高能源效率和促进节能投资。

2) 可再生能源配额政策。所有注册的电力供应商在生产的电力中有一定的比例来自于可再生能源，配额是逐年增加的。实行方式是向可再生能源发电商购买电力的同时购买可再生能源配额证书，目的是鼓励企业更多地使用可再生能源。

另外，英国还建立了碳基金。碳基金的主要来源是气候变化税和垃圾填埋税，开展活动的重点领域是能马上产生减排效果的活动、低碳技术开发和帮助企业和公共部门提高应对气候变化的能力。

9.1.4 瑞典低碳实践

自20世纪60年代以来，瑞典一直将环境保护放在首要地位。从70年代石油危机开始，包括瑞典在内的北欧国家在能源效率（包括热电联供、区域集中供热、节能建筑等）和可再生能源（如风电、水电、地热、垃圾发电、生物燃料等）方面进行了大量的投资，这些国家成功打破了经济发展与能源消费、温室气体排放之间的直接联系，并成为全球主要的清洁能源出口国。在90年代以前，瑞典的主要能源是水电和核电，90年代后，风能、太阳能、氢能、地热等日益进入应用。如今，在瑞典的港口、湖畔到处屹立着雄伟的风电扇塔。今后几年，核电也将在瑞典消失（核能的安全性是最主要因素）。国际能源署（International Energy Agency，IEA）在2008年的报告中，在大多数项目上都给予瑞典很高的评价，如二氧化碳的低排放，可再生燃料的高比例和高效的电力需求（在电力自由化方面瑞典是真正意义上的先驱之一），等等。

1990~2008年，瑞典削减了12%的二氧化碳排放量，大大超出了京都议定书确定的目标，同时实现了48%的实际经济增长。2006年，根据京都议定书，瑞典的二氧化碳排放量有4%的上升空间，而瑞典议会却决定在1990年的基数上进一步削减4%。在国际能源署成员国中，瑞典拥有最低的单位GDP二氧化碳排放量和次低的人均二氧化碳排放量，这主要是因为瑞典的化石燃料在其一次能源供应中所占的比重最小。得益于电力和集中供热的广泛使用，瑞典的能源使用效率很高，瑞典是世界上人均用电量最高的国家之一（Energy Policies of IEA Countries: Sweden, 2008）。瑞典1973~2008年GDP和温室气体排放情况如图9-1。

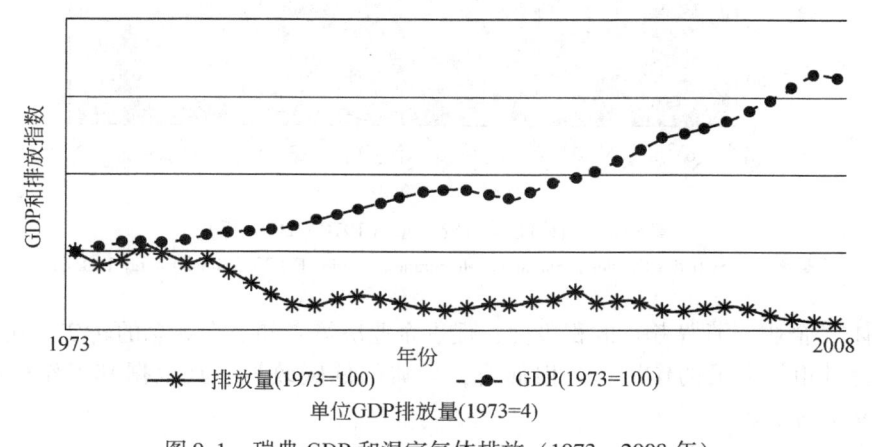

图9-1 瑞典GDP和温室气体排放（1973~2008年）
数据来源：OECD and IEA, http://www.oecd.org/dataoecd/1/61/46898820.xls

瑞典能源消费总量从1970年的381亿千瓦时增长到2007年的404亿千瓦时，也就是说在37年里，瑞典的能源消费总量只增长了6%。自从20世纪70年代的石油危机之后，瑞典能源政策的重点之一就是减少石油的使用，瑞典在1970年时还有77%的能源来自石油，但2007年却只有31%。从20世纪90年代初，瑞典能源消耗中可再生能源的比重稳步提高，2008年达到44.4%，这是欧盟27国平均水平（10.3%）的4倍多（图9-2所示）。在所有欧盟成员国中，瑞典使用可再生能源的比例居首位。

2009年2月，瑞典就可持续发展的能源与气候政策发布了新的政策文件。该政策文件指出，瑞典的能源和气候政策应该建立在环保、竞争力和安全三大基石之上。瑞典应逐步摆脱对化石能源的依赖。采取有效措施发展可再生能源，提高能源使用效率将会增强瑞典的能源供应安全，提高瑞典的国际竞争力，使瑞典在向低碳发展转型的全球浪潮中处于领先地位。该能源政策的目标是到2020年，使瑞典的可再生能源比例提高到50%，交通部门的可再生能源比例达到10%，能效再提高20%，温室气体排放再减少40%。

瑞典在低碳转型过程中取得的斐然成绩，与其拥有一套高效、完善的低碳发展政策体系分不开，而要实施这些政策，需要使用不同的政策工具。瑞典低碳政策工具的显著特点是充分利用市场机制，使用各种政策工具并保证各种工具之间相互协调，尽可能地调动微

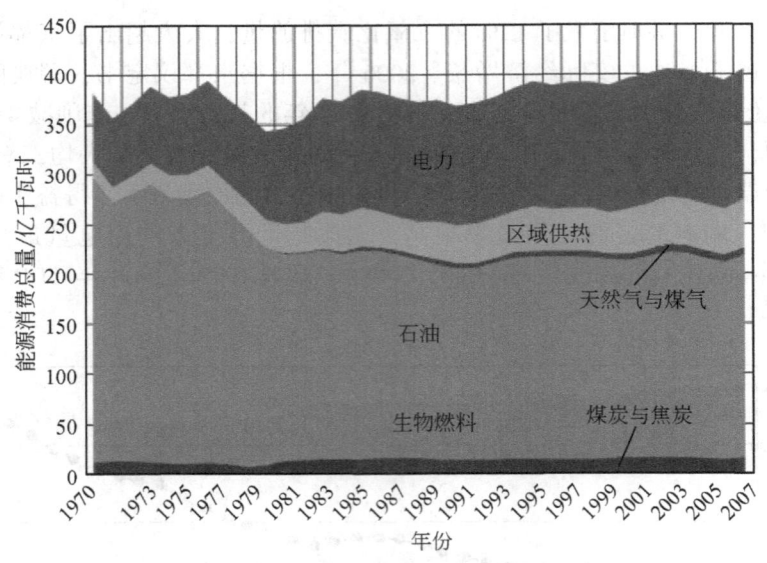

图 9-2 瑞典能源消费总量（1970～2007 年）
数据来源：Statistics Sweden, Statistical Memorandum series EN 20 Annual Energy Balances

观经济主体（企业、消费者）的积极性，促进企业决策者和公众观念的转变，政府发挥制定规则和弥补市场失灵的作用。一般而言，瑞典的低碳政策工具根据其工作机理分为四类，如表 9-1 所示。

表 9-1 瑞典主要的低碳政策工具

管理类	经济类	信息类	研发类
政府管制	税收	信息	研究
排放配额	补贴	咨询服务	开发
能效标准	担保	培训	示范
环保分类	排放权交易	舆论宣传	商业化
	电力证书交易		采购

资料来源：Swedish Energy Agency, Energy in Sweden 2010

管理类政策工具是由政府或管理机构发布的，具有强制性。这些政策有的是数量上的要求（如排放配额），有的是技术上的要求（如要求使用特定燃料）。瑞典环保政策体系中的管制内容就是管理类政策的例子，它构成了瑞典环境政策的基础。税收、补贴和担保属于经济政策工具的范畴，它们通过影响成本来发挥作用，并进而影响个人和公司的购买行为。基于信息经济学理论的政策工具可影响相关主体的态度和行为，并会对相关经济政策产生积极影响。与管理类政策和经济政策相比，信息政策是非强制性的。R&D 政策是一种基于长期视角的战略工具，技术进步与知识的积累对于实现长期的能源和环境目标具有重要的意义。

根据其理论基础，这些政策工具可分为基于市场失灵理论（如政府管制、碳税、补贴、碳基金等）的政策工具、基于产权理论（如碳交易等）的政策工具、基于信息不对称–委托代理理论的政策工具、基于不确定性理论和生态工业学理论的政策工具。

下面重点介绍瑞典低碳转型中比较典型的政策工具。

(1) 能源税与碳税

瑞典的能源税大致可分为一般能源税和环境税，一般能源税主要具有财政功能，环境税则主要针对环境目标。但是，这两类能源税之间没有严格的区分，它们都具有财政和环境功能。瑞典的能源税体系非常复杂，其中还包括针对特定情况的税收减免。2009年，瑞典的能源税和二氧化碳税的收入达到730亿瑞典克朗，占全部财政收入的9.3%。同时，瑞典还实行税收减免优惠政策，2009年税收减免总额达到400亿瑞典克朗。

瑞典从1991年开始征收二氧化碳税，该税种根据二氧化碳的排放量，针对除生物燃料和泥煤之外的燃料征收，征收的对象是交通、热力和非热电联产的热力生产部门。2005年这个税种的一般税率水平是每千克二氧化碳征收0.91瑞典克朗，而到2010年则达到1.05瑞典克朗。虽然石油部门燃料燃烧所排放的二氧化碳不到总排放量的三分之二，但由于大量的税收减免，石油部门占二氧化碳税总收入的96%（IEA，2008）。二氧化硫税对煤和泥煤排放的每千克二氧化硫征收30瑞典克朗，对于石油含硫量比重达到0.1%的每立方米二氧化硫征收27瑞典克朗，含硫量比重低于0.05%的免征二氧化硫税。二氧化氮税按每千克二氧化氮排放量征收50瑞典克朗，主要针对锅炉、燃气涡轮机和年发电量少于250万千瓦时的火电厂。但是，与其他环境税不同，二氧化氮税体现财政中性原则，按能源生产量和二氧化氮排放量实行相互抵消的税收返还，能源生产量越多，税收返还越多；而排放二氧化氮越多，则税收返还越少。这样，只有二氧化氮排放最多的企业才是净纳税者。

瑞典电力生产部门免征能源税和二氧化碳税，但在某些情况下需缴纳二氧化氮税和二氧化硫税。自2000年7月1日开始，核电厂根据其反应堆的最大热核定功率征税，自2008年始瑞典对核电厂每月每兆瓦征收12 648瑞典克朗。原则上，对生物燃料和泥煤的所有用户都实行免税。热力生产部门征收能源税和二氧化碳税，在某些情况下还会征收二氧化硫税和二氧化氮税。对既供热又发电的热电厂，其供热消耗的燃料要按照工业用途征收一般能源税和二氧化碳税，而其发电燃料则实行两税全额返还。现在对于欧盟排放权交易体系（EU Emissions Trading Scheme，EU-ETS）之外的工业部门，瑞典二氧化碳的税率为一般二氧化碳税率的21%，而对于欧盟排放权交易系统涵盖的行业则为15%。对商品蔬菜种植业、农业、林业和水产业，以及欧盟排放权交易系统之外的能源密集型工业部门为取暖而使用的燃料，免征能源税。

瑞典的能源税收体系经过多年的发展，结构变得越来越复杂。近几年由于新的政策工具，尤其是欧盟排放权交易体系的引入，瑞典的能源税体系也进行了多次变动。瑞典现在应进一步评估和明确能源税与其他政策工具之间的相互作用和可能存在的重复问题。为弥补因二氧化碳减排所带来的收入减少，瑞典政府可考虑增加核电和水电的税收。总之，政府应该进一步简化能源税体系结构（IEA，2008）。

（2）绿色电力证书计划促进可再生电力生产

基于市场机制的瑞典绿色电力证书计划（Green Electricity Certificate Scheme）旨在推进使用可再生能源和泥煤生产电力。使用风能、太阳能、波浪能、地热能、某些生物燃料和某些水力发电，将会被赋予绿色电力证书，而所有电力供应商和某些电力使用者必须有与其电力销售量或使用量相当的证书数额，该计划有效地激励了发电企业采用可再生能源或者使用新技术。在竞争市场上，证书的价格主要取决于证书的供求状况。该计划将于2035年年底到期，其目标是到2020年，使用可再生能源和泥煤生产的电力比2002年提高25亿千瓦时。

从2004年4月1日开始，热电厂使用泥煤发电也会取得绿色证书。2009年，取得绿色电力证书的电力产量达到15.6亿千瓦时。但是泥煤不属于可再生能源，所以2009年可再生能源发电所获得的绿色证书为14.7亿千瓦时。

（3）欧盟排放权交易体系

欧盟排放权交易体系是目前世界上正在运行的最大排放权交易系统，也是最有影响力的排放权交易市场。2008年，欧盟排放权交易体系交易量达到21.18亿吨二氧化碳当量，其市值约为950亿美元。欧盟排放权交易体系从2005年1月1日启动，是欧盟气候政策并轨《京都议定书》承诺义务的里程碑事件。欧盟排放权交易体系的成员包括欧盟27个成员国以及列支敦士登和挪威共29个国家。欧盟建立排放权交易体系的目的，是为了成员国能以尽可能小的成本达到《京都议定书》的各自承诺，可让参加体系的企业售出或买进排放权。欧盟委员会对交易体系的排放价格没有任何影响和干涉。排放权价格是经纪商自由竞价产生的，在自由市场中由供求关系决定的。欧盟排放权交易体系是在"国家分配计划"（National Allocation Plan，NAP）下运行的。"国家分配计划"是欧盟各成员国授予其企业温室气体可排放许可的分配总量和计划，得到排放配额许可的企业可自由买卖这些配额。

欧盟排放权交易体系只涵盖能源密集型工业、电力和热力生产部门，欧盟40%的温室气体排放涵盖在该系统中，而瑞典约有35%的温室气体排放涵盖在该体系中。

2008~2012交易期内，瑞典每年获得1980万的欧盟指标（European Union Allowances，EUAs）。从2008年起，部分欧盟成员国将一氧化二氮引入该体系，2013年有更多的温室气体和活动纳入了该体系。

9.1.5 欧盟低碳实践

9.1.5.1 欧盟2050年低碳发展战略目标的确立

欧盟成员国油气资源均相对贫乏，对外依赖十分严重。在欧盟能源结构中，化石燃料占80%，这意味着欧盟不但面临能源供应安全的巨大风险，也无法应对气候变化和环境污染的挑战，并严重影响其竞争力。如何保障能源供应安全，促进可持续发展，保持欧盟经济的全球竞争力，成为欧盟面临的一个巨大挑战。经过几十年的不懈努力，欧盟的低碳发展理念和能源安全思想不断深化，战略目标不断延拓，政策措施不断丰富，时空维度不断拓宽，主动性、全面性、一致性、远见性和可持续性不断增强。欧盟的低碳发展和能源战略，已经从一种单纯保障能源供应安全的被动防御性能源战略演进为多重目标互动的综合性可持续性能源战略，并正在加速向以减排为核心、以应对气候变化和能源安全双重挑战为目标的低碳发展过渡，欧盟已经形成了比较完整、成熟、先进的可持续能源战略。

2000 年欧盟提出的能源供应安全战略绿皮书，反映了欧盟能源安全、经济安全和环境/生态安全的综合性可持续能源战略观。2006 年欧盟出台的《欧洲可持续、竞争力、安全能源战略》绿皮书明确提出了可持续、竞争力和供应安全三大目标，从而把生态安全、经济安全和能源安全正式融为一体。2007 年 3 月，欧盟委员会提出一揽子能源计划，带动欧盟经济向高能效、低排放的方向转型。2008 年 12 月，欧盟通过的能源气候一揽子计划，包括欧盟排放权交易机制修正案、欧盟成员国配套措施任务分配的决定、碳捕获和储存的法律框架、可再生能源指令、汽车二氧化碳排放法规和燃料质量指令六项内容，以帮助其实现到 2020 年的减排目标。

2010 年初，欧盟委员会正式公布了指引欧盟未来 10 年发展的欧洲 2020 战略。该战略确定了欧盟未来发展的三个重点，即实现以知识和创新为基础的智能增长，以发展绿色经济、增强竞争力为内容的可持续增长和以扩大就业和促进社会和谐为基础的包容性增长。根据该战略，欧盟承诺到 2020 年将温室气体排放量在 1990 年的基础上至少减少 20%，将可再生清洁能源占总能源消耗的比例提高到 20%，将能效提高 20%。欧盟及其成员国将在节能减排、发展清洁能源、发展高新技术产业等方面扩大投资规模，将低碳产业培育成未来经济发展的支柱产业。欧洲 2020 战略是在上一个 10 年计划里斯本战略的基础上发展而来的，它强调科技创新和发展绿色经济，以期为欧洲经济发展注入新的活力，并保持欧盟在低碳产业领域的世界领先地位。

2010 年 11 月 10 日，欧盟委员会出台了新的能源战略，提出未来 10 年需要在基础设施等领域投资 1 万亿欧元以满足欧盟能源需求。根据这份名为《能源 2020》的新战略文件，欧盟未来 10 年将从五个重点领域着手确保欧盟能源供应，即提高能效，完善统一能源市场和基础设施建设，推动技术研发和创新，对外用一个声音说话和为消费者提供安全、可靠、用得起的能源。这一新战略旨在为欧盟未来 10 年的能源政策提供一个框架，也是欧盟未来 10 年经济发展规划"欧洲 2020 战略"的组成部分。

2011 年 2 月 4 日，欧盟 27 国首脑于布鲁塞尔召开特别峰会，讨论欧盟的能源政策。这是欧盟历史上第一次举行"能源峰会"。各国领导人主要讨论了欧盟委员会提交的"欧盟能源政策优先项目"，并达成了以下一致意见：第一，在 2014 年之前建成欧盟"单一能源市场"，以确保天然气和电力能在欧盟所有成员国"自由流动"。第二，在 2015 年之前，完成各成员国的电网技术升级与合并，使风能等可再生能源接入整个电网。第三，推广节能措施，发展可再生能源和低碳科技。第四，加强能源外交。

2011 年 3 月，欧盟委员会正式发布《欧盟 2050 低碳发展路线图》。该路线图表示，欧盟将在 2020 年实现二氧化碳减排 25%，同时将现有能效提高 20%。欧盟的最终目标是以1990年排放值为基准，于2050年实现温室气体减排80%~90%。为了达到该目标，路线图规划了欧盟2030年达到温室气体减排40%，2040年减排60%的目标。据路线图要求，以1990年排放值为基准，2020年之前，年减排目标应每年递增1%，2020~2030年，年减排目标应每年递增1.5%，而2030~2050年，年减排目标应每年递增2%。欧盟委员会在路线图中分阶段对各个行业提出了具体而又明确的减排目标：电力行业到2030年实现减排34%~40%，到2050年则实现减排93%~99%；住宅与服务行业到2030年实现减排37%~53%，到2050年实现减排88%~91%；工业部门到2030年实现减排34%~40%，到2050年实现减排83%~87%；农业部门到2030年实现减排36%~37%，到2050年实现减排42%~49%。

9.1.5.2 欧盟低碳发展决策背后的经济驱动

除了达到保证能源安全、应对气候变化和防治环境污染的目的以外，欧盟低碳发展决策背后的经济驱动也是最为重要的因素之一。作为新的经济增长点和就业机会的摇篮，低碳发展已经写入欧盟未来发展战略规划。

《欧盟2050低碳发展路线图》认为，根据路线图的轨道发展，减排将会给碳市场带来大量密集的投资。随后，碳价格必然会得到一定的提高。更重要的是，这将使低碳领域的总投资大于总成本，低碳发展得以持续发展。低碳发展的投资将在未来带来更大的回报。研发资金和早期项目资金的投入，在某些领域将会在后期带来大规模的成本效益和渗透效益，尤其是在新能源、CCS技术、智能电网、混合动力汽车以及电动车等方面。

欧盟委员会发布的《2009年度欧洲就业报告》指出，从长远来看，欧盟经济向低碳发展转型是改善就业状况的希望所在。报告预计，到2020年，欧盟经济因向低碳发展转型将新增280万个工作岗位，虽然低碳发展也将使现有的一些工作岗位丧失，但净增工作岗位有望达到40万个。欧盟国家一个新的阶层——"绿领"即将产生，他们从事的将是环保材料生产、碳足迹测量、环保评估等工作。

同时，欧盟也在利用低碳制高点优势，一方面在气候谈判中向其他国家施加温室气体减排压力，借机向外输出"绿色技术"；另一方面不断提高进入欧盟市场产品的环保标准，制造"绿色壁垒（green barriers，GB）"。

9.1.5.3 实现《欧盟2050低碳发展路线图》战略目标的政策与措施

欧盟实现《欧盟2050低碳发展路线图》设定的战略目标，必须有三个先决条件：首先，欧盟减排交易体系（ETS）能够保证实现充分利用；其次，欧盟必须实现新能源的使用占到欧洲总体能源使用量的20%；再次，欧盟需要保证2020年前，现有能源效率提高20%。

为此，欧盟通过立法、政策、市场手段和财政工具，在共同体层面和内部各个层面全面推进各项政策和措施的落实，并加紧整合其强大的经济、政治、外交、法律、行政、科技和财政资源。

（1）寻求能源替代，多措并举，大力发展新能源

低碳发展关键是大力发展可再生能源，提高能源的利用效率。当前欧盟利用新能源的

主要途径是对风能和太阳能的利用。通过政策上的支持和经济上的补贴，对新能源的生产和使用进行资助，鼓励家庭安装小型太阳能和风力发电装置，为利用新能源的小发电厂入网制定低价政策，确保投资新能源的积极性。目前欧盟内部对新能源电厂的促进模式有两种：一种是被大多数国家采用的德国模式。这种模式规定，新能源进入电网适用最低的入网价格。另一种模式是英国和丹麦实行的"份额制"模式。这种模式规定，用电户在用电时被分配一定份额的来自新能源的电力。因为风力和太阳能电力供应商多为中小企业，难以负担高额的入网费用，所以这两种促进模式为它们入网发电扫除了成本上的障碍。

长期以来，为促进新能源产业发展，欧盟采取了一系列积极的措施：①加强立法，从法律上保障新能源的发展；②制定规划，明确目标；③制定经济激励政策；④加强宣传，强化决策者和公民对发展新能源重大意义的认识。这些措施让欧盟各国在低碳发展、培育新能源产业、提高能效、节省能耗等方面发挥了重大的作用。2009年10月，欧盟委员会还建议欧盟在未来10年内增加500亿欧元专门用于发展"低碳技术"。2011年1月31日，欧盟委员会于布鲁塞尔发布了《面向2020年——新能源计划》，包括计划将新能源投资翻倍，总数额将达到700亿欧元。同时加大利用多样化金融工具，包括公共债券、风险投资、夹层融资、证券基金和保险投资等。

（2）大力推进欧盟内部的能源市场一体化进程

目前，欧盟能源市场较为分散，基础设施老化，能源消费没有竞争，成员国的能源政策缺乏透明度。而欧盟在多年前就制定了共同能源政策，包括要求各成员国的能源研发计划必须与欧盟的总体研发战略接轨，避免重复浪费。2010年3月中旬，欧盟公布的能源政策绿皮书明确提出"要进一步强化欧盟对内部能源市场的监管，促进各成员国之间能源市场的开放"。同时，绿皮书还强调"在与欧盟以外能源供应方的对话过程中，欧盟应采取共同的政策立场"。2010年11月，欧盟又公布名为"能源2020"的能源新战略，计划在未来10年内投入1万亿欧元建设欧盟国家的能源基础设施，主要是成员国内部以及成员国与成员国之间的天然气管道、供电网络和新能源网络建设。按照这一战略，欧洲所有地区将纳入统一的能源供应网，为全欧洲人提供安全可靠、负担得起的能源。

欧盟27国首脑2011年2月4号在布鲁塞尔召开特别峰会，讨论欧盟的能源政策。这是欧盟历史上第一次举行"能源峰会"。会议决定在2014年之前建成欧盟"单一能源市场"，以确保天然气和电力能在欧盟所有成员国"自由流动"；在2015年之前，完成各成员国的电网技术升级与合并，使风能等可再生能源接入整个电网。

欧盟还建立了泛欧一体化能源市场的行动，包括内部市场立法及时、准确执行；建立2020～2030年的欧洲基础设施蓝图；简化基础设施发展许可程序和市场规则；提供适当的融资框架。

（3）因地制宜，鼓励多样化发展

欧盟虽制定了统一的能源政策，但其新能源开发利用并非是单一性的。在"低碳发展"引领下，欧盟各成员国结合各自的特点，因地制宜开发利用新能源。英国风力资源丰富，因此风能利用是其重点发展的新能源项目。英国目前是全球拥有海上风力发电场最多、总装机容量最大的国家。德国、法国的核电在世界上首屈一指，这两个国家拥有世界领先的核电站设计、建设和运营能力。

欧洲的几个小国也成为新能源开发利用的先锋。例如,丹麦大力发展以风能和生物质能源为主的可再生能源。在目前世界累计安装的风电机组中,60%以上产自丹麦。丹麦还利用生物质能源发展热电联产和集中供热。

(4) 引导社会向低碳生活方式转变

能源问题专家安德鲁·斯皮德曾经说过:"在全世界任何一个地方,建设低碳发展面临的一个主要障碍之一,就是个人不愿意改变浪费能源的生活方式和习惯——我们习以为常的舒适、富足的生活,都是建立在过渡消费能源的基础上的。"欧盟正在运用多种手段引导人们向低碳节能的生活方式转变。

《通往哥本哈根之路》报告称,建筑节能是执行低碳发展最简单有效的方式。一些非政府绿色组织(NGO)在促进社会节能习惯养成方面也发挥了重要作用,他们以多种方式提供和传播低碳发展的信息与知识,并提供有针对性的意见和建议,循序渐进地引导人们改变传统的生活方式。例如,公益广告中有不少都是关于低碳发展的,如"充电器不用时拔下插头每年能节约30英镑,换个节能灯每年能省60英镑"等。政府机构也在潜移默化中引导民众逐渐改变传统的生活方式,使低碳消费日益深入人心,成为一种社会习惯。

(5) 通过财税政策促使低碳发展

欧盟在发展低碳发展过程中采取的财税政策比较完备,取得了比较大的成就。欧盟低碳财税政策包括促进乘用车减排、绿色税收、政府绿色采购、能源补贴与能效审计等,并在运用绿色税收、政府绿色采购等财税政策方面具有成功经验,可为中国改革能源补贴、政府绿色采购、绿色税收等方面的财税政策提供借鉴。

(6) 以技术促发展,扩展欧洲在能源技术和创新方面的领先优势

如果不实行技术转变,欧盟将难以实现电力部门和交通部门的2050碳减排的宏伟目标。近年来,欧盟积极投入低碳技术的研发,努力打造一个灵活开放、具有强大创新活力的"科研天堂",从而提升自身温室气体减排技术优势,并通过技术转让为欧盟企业进入发展中国家能源市场创造了有利的条件。根据能源技术发展和部署的时间跨度,将新的高效低碳技术引入欧洲市场显得比以往更为迫切。欧盟减排交易体系(ETS)是支持创新低碳技术部署的一个重要的需求侧驱动力。如果在欧盟范围内通过合作发展技术,这些新技术可以更快速、更经济地进入市场。具体行动包括:按时执行欧盟战略能源技术计划(SET);欧盟委员会将启动的四个新的大规模欧洲项目;确保欧盟长期技术竞争力。

(7) 加强公立部门和私营部门之间的合作

私营企业也能参与到推动技术发展的过程。发展低碳技术的过程中,技术开发阶段比较容易能够找到融资,但技术的演示阶段往往很难找到资金。而技术加速发展带来的益处则出现的更晚,这就让这个阶段的融资出现一些问题。这方面单是政府之间合作是不够的,欧盟已着手建立一个长期的框架,最终制定全球的低碳发展,而且通过这个框架,来推动这些技术在行业中快速发展。

9.1.6 低碳财税政策

在促进低碳发展的众多政策中,财税政策仍是发达国家最为依赖的手段。按照政策所要达到效果的不同,发达国家低碳财税政策可分为两大类:一是促进低碳发展的财税政策,例如,旨在鼓励市场主体进行能效投资、节能技术研发、新能源投资的财政补贴、预算拨款、税收减免及贷款贴息等措施;二是抑制高碳生产、消费行为的财税政策,例如,旨在提高能源使用成本,鼓励节能降耗,控制温室气体排放的能源税、碳税等手段。

1. 主要政策

(1) 财政补贴

从20世纪70年代开始,财政补贴就是发达国家鼓励企业实施能效投资的首选政策,即使在今天,仍然是比较流行的财政激励措施。在对能效投资项目进行补贴时,有些国家关注的是大企业的减排项目,而有些国家则关注的是中小企业的减排项目。例如,澳大利亚的《温室气体减排计划》,补贴的对象就主要集中在大的温室气体减排项目上,尤其是年减排量超过25万吨二氧化碳当量的项目。为了配合《温室气体减排计划》的实施,在2002/2003年度的联邦财政预算中,澳大利亚政府决定拨款4亿美元,用于随后5年内的减排项目补贴支出。在该计划实施后的前两轮补贴申请中,总计有15个项目共获得了约1.45亿美元的投资补贴。《温室气体减排计划》全部完成后,预计减排量可达2700万吨二氧化碳当量。与澳大利亚相类似,挪威《工业能效网计划》的补贴对象也主要集中在能耗大户(即年耗电量超过50吉瓦时的用户)和温室气体排放大户实施的能效项目上。

与澳大利亚不同的是,荷兰政府专门针对中小企业制定了相应的能效投资补贴政策,对于企业花费在热回收、热泵以及吸收式冷却技术上的研发成本,可申请财政补贴的比例最高可达相应投资成本的25%。苏格兰的《清洁能源示范计划》补贴对象也是中小企业,主要是针对企业在提高能效、应用可再生能源技术等方面发生的成本支出进行补助。

在丹麦,财政补贴政策优先考虑的对象是能源密集型行业,以及与政府签订了自愿减排协议的公司。财政补贴资金来源于绿色税收收入。尽管大多补贴给了具有增值税纳税身份的企业,但从1993年到2001年,能够获得政府补贴的项目范围还是非常广泛,且80%的补贴给了能源密集型行业。

而在有些国家,项目能否获得财政补贴,还附加了一些效益指标要求。例如,挪威政府规定,对于1990年到1993年实施的投资项目,其获得财政补贴的条件是:投资项目的内部收益率须在7%~30%。

(2) 预算拨款

目前,国际上只有英国将"碳预算"直接纳入到财政预算之中,其他发达国家虽无明确的"碳预算"安排,但一些与发展低碳有关的支出项目,例如,低碳技术研发、节能示范项目,以及可再生能源开发等,都列入政府的公共预算中。

在英国,每年的政府预算都有大量的财政资金安排用于节能技术研发、能效示范项目的投资上。2009年，为了配合"碳预算"的执行，英国政府安排了14亿英镑的预算资金，直接投向与发展低碳有关的领域，其中，90%的资金被用于支持海上风力发电、提高能效，以及支持低碳产业与绿色产业发展。另外，英国还计划在未来十年内，逐步向能源技术研究部门提供55亿英镑的财政资金，用于节能技术的研究与开发。

(3) 税收优惠

在发达国家，根据能效投资项目性质的不同，企业可享受的税收优惠待遇也不同，主要包括加速折旧、税前扣除、免征进口关税等。

在加拿大、荷兰和日本等国，企业为提高能效而投资的设备，可享受加速折旧的政策待遇。例如，在加拿大，企业购买的专门用于提高能效或开发再生能源的设备可按30%的比例加速计提折旧，而一般设备投资的折旧年率在4%~20%。根据加拿大1996年出台的税收优惠政策，可享受加速折旧的投资项目主要有：专用垃圾发电设备、主动式太阳能系统、小规模水力发电装置、热回收设备、风能转换系统、光伏发电设备、低热发电设备等。2001年，投资可享受加速折旧的范围进一步扩大到高炉煤气发电设备。另外，根据加拿大政府的规定，即使是与能效设备投资有关的无形支出，如可行性研究费用、谈判成本、选址费用等，也可加速摊销。

日本为了鼓励企业提高能效和开发新能源，于1993年颁布了《能源节约与再生资助法》。根据该法的规定，凡企业购买下列设备的成本，可按30%的比例加速计提折旧：热泵、CHP系统、社区供热供冷设备、高效电动火车、低排放机动车、高能效纺织机械制造设备、太阳能发电设备、中小规模水电机组、再生纸与塑料生产设备等。

为了鼓励环保技术研究与开发，1991年，荷兰正式实施《环保设备投资加速折旧计划》，符合条件的环保设备，可加速计提折旧。对列入规定目录有利于改善环境的设备，折旧率最高可达100%。这些设备主要包括：节水、节能设备；可减少土壤、空气、噪声污染的设备；降低垃圾数量的设备，等等。另据规定，与购买合格设备有关的咨询成本也可加速摊销。

法国规定，对于在2007年1月1日前购置的节能设备、生产可再生能源的设备，可在购置当年按100%的比例计提折旧。

税收抵免是指按企业投资成本计算的可直接抵扣的税额。例如，日本规定：对于企业购置用于提高能效的设备，可按购置成本的一定比例来计算所得税的抵免额。税前扣除是指按企业投资成本计算的税前扣除额。例如，荷兰的《能源投资扣除计划》规定：对于企业购置的节能设备，其50%左右的成本可从购置当年企业的税前利润中扣除。可享受税前扣除的设备类型可从荷兰政府公布的能源目录中查询。英国的《资本加速回收计划》规定，对于企业在节能技术方面的投资，只要符合能源技术目录所规定的条件，其成本支出可从投资当年企业的应税利润中全部扣除。

(4) 贷款贴息

所谓贷款贴息是指财政给予能效投资项目的贷款利息补贴，能获得贴息的能效投资项目贷款也称为公共贷款或软贷款。因此，软贷款的利率一般都比市场利率低得多。与投资补贴一样，贷款贴息的主要目的也是促进企业在提高能效方面进行积极的投资，但是，在欧洲许多发达国家，投资补贴是比贷款贴息应用更多的政策工具。

（5）征收能源税或碳税

在税收政策方面，发达国家主要是通过开征与温室气体排放有关的税种（如能源税/碳税等）来促进低碳发展的。

20世纪90年代初期，能源税或碳税率先在北欧国家开始实施，随后逐步推广到欧洲其他国家。目前，开征能源税/碳税或类似税种的欧洲国家有丹麦、芬兰、挪威、瑞典、德国、意大利、瑞士、荷兰、捷克、奥地利、爱沙尼亚、英国等。

1991年，碳税在挪威正式实施，征税面涉及65%的二氧化碳排放量。其中，对使用煤和焦炭的水泥行业、制陶行业免征碳税，而造纸业、鱼粉加工业则可享受税收优惠待遇。同时，对使用燃料油的造纸业、鱼粉加工业，需要缴纳碳税。而对于所有的制造业、温室园艺业使用的电力，需要缴纳电税。根据挪威2004年财政预算草案的规定，如果企业签订了提高能效的协议，就可享受电税减免待遇。

1991年，瑞士开始实施碳税制度。出于竞争压力的考虑，对于工业能源用户，政府只要求其缴纳50%的碳税。同时，对于某些能源密集型行业，如商业园艺业、采矿业、制造业、造纸业等，则可免缴碳税。2002年，根据形势发展的需要，瑞士政府相应地提高了碳税、电税税率，但在增税的同时，调低了针对劳动收入所征的税负，因此，碳税和电税增加后，真正受影响的只有消费者。对于工业用户而言，虽然碳税有所增加，但碳税的减免比例却从原来的50%提高到了70%，这种调整大大抵消了碳税增加所带来的影响，也使相关行业的整体税负水平不会发生大的变化。虽然征收碳税可控制工业企业的能耗规模，但瑞士政府还是十分重视与工业企业签订自愿减排协议，因为通过企业的自愿减排，往往可以取得更好的效果。

1993年，丹麦开始对其居民和企业征收碳税。1996年，为了实现二氧化碳与二氧化硫的减排目标，丹麦议会根据"绿色税制框架"颁布了一项新的税收法案。根据新颁布的法律，在丹麦，能源消费需要缴纳三种税负：碳税、硫税和能源税。在实施碳税初期，相对居民而言，企业还可享受税收返还和减免待遇。随着气候变暖压力的不断增加，社会要求提高碳税税负的呼声也不断高涨，与此同时，企业出于竞争压力的考虑却要求降低税负。在这种增税与减税的矛盾争执中，丹麦政府出台了一个折中方案：如果企业与政府签订自愿减排协议，就可获得相应的减税待遇。

根据生态税制改革的要求，1999年，德国开始对一些特定的能源征收能源税，这些能源主要包括：发动机燃料油、轻质燃料油、天然气和电力等。征收能源税获得的财政收入，德国政府一般都将其注入雇员社会养老基金中，同时，相应地降低雇员与雇主缴纳社会保障税（费）的比例。2000年，德国对重质燃料油也开始征收能源税，同时还提高了发动机燃料油与电力的能源税税率。

1996年，荷兰开始征收能源调节税，目的是通过增加使用成本，减少能源消费对环境造成的不利影响。能源调节税的适用范围主要包括：燃料油、汽油、液化石油气、天然气和电能等。能源调节税的征税对象主要是居民和小规模能源用户，并实行累进税制。而对于能耗大户则实行低税率政策，主要是通过鼓励他们与政府签订自愿协议，减少其能源消费量。荷兰在征收能源调节税的同时，对纳税人的其他税负（如收入所得税）实行或减或免的政策，使整个宏观税负不致发生太大的变化，因此税源的扩大并没有带来整体税负的增加。另外，对于社会、教育、非营利性机构等，在纳税申报时，最高还可获得50%的税收减免待遇。

英国在2001年引入了气候变化税。在向商业与公共部门出售电力、煤炭、天然气、液化石油气等能源时，需征收气候变化税。但对于炼钢、酿造、印刷等能耗大户，如能达到政府认可的节能目标，就可享受80%的税收减免待遇。对于向家庭和非营利性慈善机构销售的能源，可酌情减免气候变化税。另外，可再生能源的销售免缴气候变化税，商业性风能项目也可享受相应的税收优惠政策。政府通过征收气候变化税而获得的财政收入，一般都经以下方式回流到企业：①降低雇主缴纳国民社会保险税（费）的比例。②对企业在提高能效和应用节能技术方面发生的支出，政府给予相应的资助。

2. 经验借鉴

纵观发达国家的低碳财税政策，主要有四大特征：一是在促进经济低碳化发展过程中，碳税或能源税受到广泛的重视与运用；二在实施低碳税收政策过程中，大多秉持税收"中性"原则，保证宏观税负的基本稳定；三是注重发挥政府资金投入的"杠杆"作用；四是注重发挥市场机制的配合作用。

（1）碳税应用范围的扩大化

自从1990年芬兰在全球率先开征碳税以来，丹麦、挪威、瑞典、意大利、瑞士、荷兰、德国、英国、日本等国家也相继开征了碳税或类似的税种（气候变化税、生态税、环境税、能源税等）。征收碳税的理论基础就庇古的"污染者付费"说，其目的是借政府"有形"之手解决环境领域的市场失灵问题，也就是通过成本内化来促进企业减少温室气体的排放。

（2）碳税收入运用的定向化

对大多数发达国家而言，征收碳税或能源税的主要目的是提高能效，降低能耗，并非扩大税源，增加财政收入。因此，在使用上，相应的碳税收入一般都具有定向性或专款专用的性质。为了鼓励市场主体节能减排、促进低碳发展，政府需要增加相应的财政支出，而这些支出往往都来自于碳税收入。如英国的气候变化税是针对各行业使用煤、电、气时征收的一种税金，其收入的绝大部分在使用时又通过各种方式回流到企业，其中70%左右的收入是通过减免社会保险税的方式返还给企业，10%左右的收入用作对企业进行能效投资的财政补贴，5%左右的收入拨给碳基金（由英国政府投资设立、并致力于节能减排的基金）。

在征收碳税时，大多数国家秉持的是税收中性原则，即在开征碳税的同时，相应地降低其他税收收入的比重，从而保证在总体上不增加市场主体的税收负担。

（3）低碳财税政策的杠杆化

在促进经济低碳化的过程中，既需要对传统产业进行低碳化改造，又需对新能源进行开发投资，而政府的财力却是有限的。因此，发达国家十分注重低碳财税政策的引导作用与杠杆作用,政府除了对节能减排项目进行直接的财政补贴外,还常利用担保基金、循环基金、风险基金(如英国的碳基金)等作为杠杆工具,引导社会资本参与各种能效项目、新能源项目的开发。

为了促进经济的低碳化,自20世纪90年代开始,西方发达国家普遍实施了税制的"绿色化"改革,目的就是使税制从整体上不仅有利于经济的发展,也有利于资源、环境的保护。在措施上,一是开征有利于控制气候暖化、保护环境的新税种,如碳税、气候变化税、生态税等。二是调整原有的税制中不利于环境保护的相关规定。在理念上,从"谁污染、谁付费"转向"谁环保、谁受益",征收环境税的出发点已不再局限于筹集环境治理资金,而是逐步扩大到促进生产方式、生活方式转向低碳化上来。

(4) 低碳财税政策重在鼓励市场主体节能减排的自主化

为了控制温室气体的排放,虽然通过强制性的税收措施能起一定的效果,但这并不是解决问题的最有效手段。由于控制气候变化既非政府单方面的责任,也非企业、家庭和个人单方面的责任,而是全社会共同的责任。因此,发达国家在实施低碳税收政策时,还非常注重鼓励市场主体节能减排的自主性,即对与政府签订了自主减排协议的行业或企业,若能达到协议商定的节能减排目标,可享受税收减免待遇。例如,2001年,英国政府开始对工业、商业、农业、公共领域征收气候变化税后,就与一些企业签订了气候变化协议(Climate Change Agreements),以鼓励它们自主减排。在英国,与市场主体签订气候变化协议的政府部门是环境、食品与农村事务部。气候变化协议签订的过程大致是:首先,环境、食品与农村事务部与各行业协会商定相应的减排目标;其次,再与各行业协会或单个的企业签订气候变化协议。在气候变化协议中,签约的能源密集型企业都有约定的能效改进目标,这里的目标既可以是绝对指标,也可以是相对指标(如单位产值的减排量)。对那些最终能够达到预期目标的企业,在缴纳气候变化税时,可享受80%的免税待遇。而对达不到目标的企业,可通过英国温室气体减排交易系统购买二氧化碳排放权。相反,若企业超过了既定的减排目标,可将结余的二氧化碳排放权通过温室气体减排交易系统出售掉,并获得相应的经济收益。

在节能减排的过程中,西方发达国家一般会综合性地运用行政措施、财税政策、市场机制等手段,并不断地通过提高这些手段之间的协同化程度来更好地促进节能减排目标的实现。其中行政措施主要包括:减排行政指令、节能条例和强制性的行业准入标准等。气候的暖化、环境的污染主要是由于市场失灵造成的,因此,需要借助政府之手,通过行政措施来加以纠正。虽然行政措施具有很强的目标性,但减排的最终效果还取决于微观市场主体的执行意愿与力度,在行政措施的具体实施过程中,政府还需要通过财税优惠政策对其进行激励。从功能上划分,目前发达国家采用的低碳财税政策主要包括两大类:一是出于限制能耗的目的,提高其使用成本的税收政策;二是出于鼓励利用新能源的目的,降低其开发成本的财政支出政策。除了财税政策的激励外,减排目标还需借助市场机制来实现。当前,某些发达国家实施的"限额—交易"制度就是一种市场化的减排管理手段,它有助于市场主体降低减排成本。

9.2 发展挑战

中国正处于工业化快速发展和城镇化快速发展阶段，发展仍是中国政府的第一要务。这一阶段中国经济发展对能源和资源的需求仍将保持快速增长，城乡经济二元化严重，发展的压力、环境保护压力、国际社会温室气体减排的压力等挑战都将集中在这一阶段解决。

9.2.1 中国向低碳转型的难点

中国在经历了 30 年的成功发展之后，目前正站在一个新的岔路口。如何避免发达国家曾经走过的高碳排放道路，统筹经济发展与温室气体减排，已成为中国 21 世纪面临的全新挑战。认清发达国家与发展中国家"低碳发展"的内在差异，确定中国低碳发展的努力方向和重点领域，是中国 21 世纪启动新战略的一项重要任务。

9.2.1.1 中国的"低碳发展"有别于发达国家的"低碳发展"

发达国家主张的"低碳发展"，是建立在国家综合实力比较强、人民生活水平比较富足、基本物质需求基本达到饱和的基础之上的，虽然曾走过"先发展、后减排；先高碳、后低碳"的道路，但目前更强调在不降低本国公民福利水平的同时，通过技术替代和制造业转移达到低碳目标。

中国的"低碳发展"是建立在工业化进程尚未过半、城市化水平显著偏低、绝大多数人的生活水平不高、基本物质需求距饱和仍有很大差距的基础上的，东西部地区经济发展存在着很大的差距（图 9-3），今后较长时期内的首要任务还是发展，必须要走"边发展、边减排"，"以发展促减排、以减排促发展"的道路。因此，中国"经济转型"的核心内容是"低碳发展"。

服务水平 Service　建筑 Building　交通 Transportation　教育 Education

中国东南地区发达的城市

图 9-3　中国东西部地区经济社会发展存在很大差距

中国面临的"低碳发展"挑战，是众多发展中国家的共性问题和共同挑战。发展中国家和发达国家在"低碳发展"的优先目标、过程、措施、优势和劣势等方面存在显著差异（表 9-2）。因此，发展中国家和发达国家尽管有着共同的理想，但先决条件决定其选择的道路必然不同。

表 9-2 发达国家和发展中国家在"低碳发展"上的差异

	发达国家	发展中国家
发展起点	国家综合实力已经比较强大，人民生活水平已经比较富足	工业化进程尚未过半，城市化水平显著偏低，绝大多数人生活处于较低水平，基础设施不完善
优先目标	降低温室气体排放，同时不牺牲本国公民既有的福利水平	降低温室气体排放，同时使既有的福利水平不断提高
实施过程	先发展、后减排 先高碳、后低碳	边发展、边减碳，以发展促减碳、以减碳促发展
主要措施	强调科技进步，特别是低碳能源技术 以技术替代为主要手段 制造业大规模转移	强调对发展方式和发展内容的调整 强调发展的质量和合理需求
优势	拥有全球最先进的技术、资金和全球最优秀的人才	具有创造出全新的低碳型发展道路的可能 在技术上具备后发优势
劣势	城市建设和基础设施建设已定型，很难有根本改变 居民生活习惯已经形成，很难改变	缺乏足够的技术、资金、人才 消费观和消费方式以发达国家为"榜样"和"参照"

发展中国家必须要牢牢把守住"发展"这一底线，在对外强调发达国家应承担援助义务的同时，对内要加强对发展目标、发展方式、发展内容的调整，开辟出一条全新的低碳发展道路。

9.2.1.2 中国实现低碳发展难度大

能源是一个国家发展的动力和基础，也是衡量居民生活现代化程度的重要标志。西方发达国家的发展历程表明，当人均生活水平和质量达到现代化水平时，人均能源消费量至少要在4吨标准油以上（美国甚至高达8吨标准油），人均二氧化碳排放量超过9吨（美国人均高达19吨二氧化碳）。从历史经验看，经济发展与人均二氧化碳排放增加呈现明显的正相关关系，英国、美国、日本、韩国在经济长期稳定发展阶段，人均二氧化碳排放都曾急剧增加（图9-4）。从中国既有实践看，上海、北京、广东等经济发达地区人均能源消费量也已超过4吨标准煤，人均二氧化碳排放量也接近发达国家水平。历史表明，一个国家要想完成工业化过程，人均累积二氧化碳排放基本都要超过200吨（图9-5）。这充分说明了经济发展与二氧化碳排放之间存在明显的刚性关系。此外，中国以煤为主、缺油少气的资源禀赋决定了实现低碳发展难度很大。今后随着中国现代化水平的提高和人民生活水平的改善，经济增长与二氧化碳减排的矛盾将更加突出。

9.2.1.3 温室气体排放进入快速增长期

随着中国的工业化、城市化进程不断加快，以及人均生活水平的迅速提高，特别是

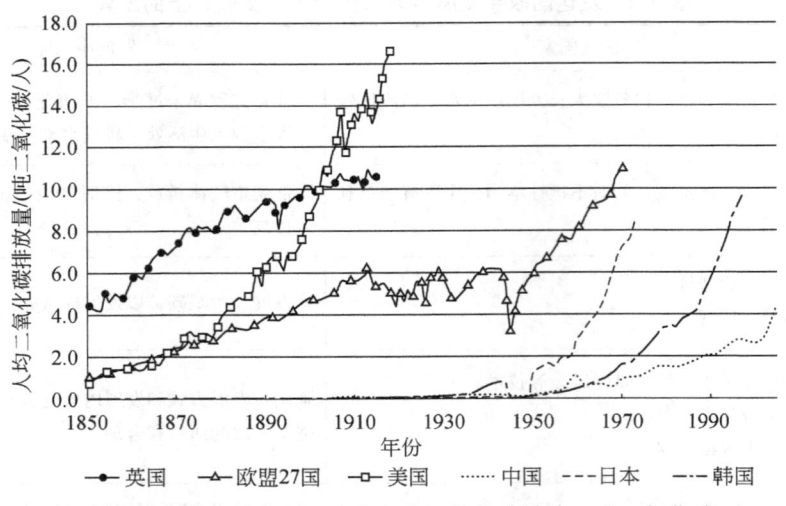

图 9-4　部分国家工业化过程中的人均二氧化碳排放（吨二氧化碳/人）

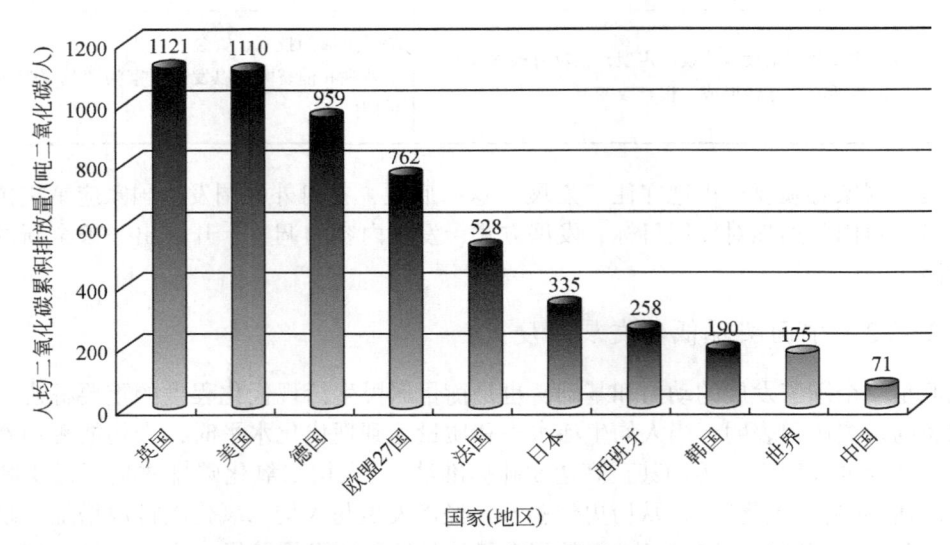

图 9-5　部分国家的人均二氧化碳累积排放（1850~2005 年）

2003 年以来重化工业的加速发展，中国温室气体排放增长越来越快（图 9-6）。2006 年，中国温室气体排放接近全球温室气体排放的 20%，占发展中国家的 37%。在中国所有人为活动引起的温室气体排放中，二氧化碳的排放量最大。全部二氧化碳排放量中，能源活动引起的排放占 96% 左右。

如果按照有关机构给出的化石燃料排放因子[①]进行测算，目前中国与能源生产、消费

---

① 按照国家发展和改革委员会能源研究所 2000 年的排放清单进行简单估算，煤炭、石油、天然气的排放因子分别为 0.732、0.565、0.445 吨碳/吨标准煤。

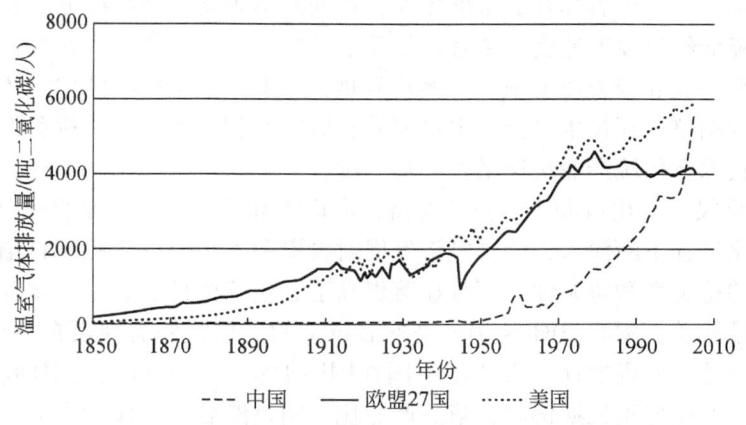

图 9-6 美国、中国、欧盟 27 国的温室气体排放

相关的二氧化碳排放总量已经超过 60 亿吨，稳居世界前两位，人均温室气体排放量已基本达到世界平均水平，人均温室气体排放相对较低的国际谈判优势已经不复存在。

从中国既有发达地区走过的能源消耗和碳排放道路看，上海市作为中国首屈一指的经济中心，2007 年人均能源消费量已达 5.3 吨标准煤，人均二氧化碳排放在 12 吨左右。北京市作为中国的政治中心和第三产业比重最高的省级地区，人均能源消费量也高达 3.8 吨标准煤，人均二氧化碳排放也接近 9 吨。中国发达地区走的依旧是一条"能源资源高消耗、温室气体高排放"的道路。如果中国其他地区的发展也照搬上海和北京的发展模式，那么中国的温室气体减排则很难取得理想效果。

如何在今后长期的经济社会发展中，始终将温室气体排放总量和人均排放水平保持在较低水平，将是中国可持续发展面临的最大挑战。

9.2.1.4 中国低碳发展方向和重点

中国走低碳发展道路不能只重能源而忽视经济，只重生产而忽视需求，必须要全方位系统推进。总体而言，需从转变经济发展方式和生产方式、转变生活方式和消费方式、转变能源利用和生产体系三个方向上着手。

1. 转变经济发展方式和生产方式

"走低碳发展道路"的要求与国家提出的"建设资源节约型、环境友好型社会"战略目标相一致，而低碳发展的实现则要求经济发展方式和生产方式向全面、协调、可持续发展和新型工业化道路转变。工作重点至少包括四项内容：

（1）从重视发展速度向强调发展质量转变

中国经济已连续五年维持在 10% 以上的高增长，2008 年尽管有金融危机影响，速度也高达 9.0%。从人类发展史上看，历次经济危机都凸现了传统经济结构不可持续的一面，是经济结构调整和产业升级的原动力。在不够合理的经济结构和发展模式下继续维持较快增长，以保增长作为维持社会稳定的主要手段，经济结构会更加难以调整，只能在传统的高碳道路上越走越远，今后弥补的难度更大，长期的资源能源制约将更严峻。

必须适当降低经济发展速度，使就业等问题的解决转变到依靠更好的社保机制、加快发展劳动密集型产业和服务业上来，以经济发展的"好"来调节"快"，才能给经济结构调整、能源结构调整、新技术进步留出足够的发展空间和生效时间，避免低碳型产业、低碳能源、低碳技术在传统产业快速增长中被淹没。

（2）从依靠投资、出口和工业拉动经济，向内需和第二第三产业协调拉动转变

随着国际化进程不断深入，中国经济发展对投资和出口的依赖程度日渐增加，不仅降低了经济发展的稳定性和协调性，而且显著提高了温室气体排放总量。多项研究表明，中国的温室气体排放总量中有20%~30%是外需拉动的，尽管外需因素在理论上不容忽视，但目前以排放属地为原则的计算方法使中国在国际温室气体减排谈判中面临极大的压力。此外，中国第二产业比重长期偏高，第三产业比重明显滞后，不仅大大低于发达国家，也明显低于发展中国家的平均水平。经济结构的合理化，将有利于中国从高碳向低碳转变。

走低碳发展道路，必须提高内需对经济的拉动作用，加快发展第三产业。第一，要改变"世界工厂"的定位，在城乡居民储蓄率越来越高、消费能力日渐增长的形势下，增强居民消费信心，制定消费优惠政策，拉动城镇居民消费和农村居民消费。第二，要引导投资从工业项目为主，更多地转向服务业。第三，要在发展商贸服务、社区服务、旅游文化、住宅产业等生活性服务业的同时，加快综合运输、现代物流、金融保险、信息服务、科技服务、商务服务等生产性服务业的发展，使知识经济和新经济成为服务业中增长最快的行业。

（3）从主要依靠物质投入，向依靠科技进步、劳动者素质提高、管理创新转变

降低温室气体排放强度，主要需依靠生产部门要素投入结构的转变。创造同样的经济效益，中国靠的是实物产品（特别是高耗能产品）的大量生产，而发达国家则更多靠的是产品设计、销售服务、金融服务、教育产业，甚至文化娱乐等非物质产品的生产；而且后者单位增加值的温室气体排放量要小得多。实现低碳发展，必须要从目前主要依靠自然资源等物质要素的投入，转变到更多依靠科技进步、劳动者素质提高和管理创新等非物质要素的投入上来。

随着近年中国资源价格不断上涨，劳动力成本不断提高，环保要求日益严格，中国物质条件投入的成本不断提高，传统的竞争优势正在不断减弱，改变要素投入结构的压力越来越严峻。只有主动应对这一外在需求，变被动接受为主动应对，才能维持经济的稳定发展，实现向低碳发展的转变。要素结构的转变不是自然形成的，首先需要理顺被人为扭曲的、偏低的资源价格，同时，还需要国家创新体系建设、教育体制改革、国民素质提高等更大范围、更深层次的改革提供支持。

（4）从工业化的渐进式发展向跨越式发展转变

中国在经历了一段时间的重化工业阶段后，目前已基本达到工业化中期，工业结构调整和产业升级的要求越来越迫切。实践表明，后发工业化国家可以缩短完成工业化的时间，但付出的代价是能源消耗强度更高、温室气体排放增长更快。后发国家只有主动吸纳

发达国家在产业、科技、管理等方面的先进成果，才能在最大程度上减少工业化过程的代价，实现从传统的工业化模式向低碳时代的工业化模式转变。

新型工业化道路指明了这种转变的结果，但要实现这种转变，必须从以下几个方面做起：第一，实现产品和技术上的跨越发展。积极引进发达国家成熟的先进技术，消化吸收引进技术，以提高自主开发的起点，降低研发周期和开发成本。第二，产业结构上的跨越发展。用好当前候选产业范围更广的特点，积极发展可再生能源技术、高效节能技术、信息技术、生物技术、新材料等更具21世纪特色的高新技术产业，为工业结构调整和产业升级开辟新的增长点。第三，信息化改造工业化。充分利用发达国家自动化和信息化的最新成果，通过应用自动控制技术、信息技术提升钢铁、有色、化工、建材、煤炭、电力等原材料工业和基础工业的能源利用效率，降低温室气体排放。第四，发展循环经济。用循环经济园区的理念指导工业园区规划和招商引资，实现工业废弃物的循环利用，降低污染物和温室气体排放。

2. 转变生活方式和消费方式

满足人民日益增长的物质文化需要，使个人获得最大程度的自主和自由，是经济社会发展的根本目的。火车、电力、电话、汽车、飞机等伟大发明前所未有地提升了人类的生存质量，但同时也带来了化石能源的大量消耗和温室气体的大量排放。

中国人均GDP已经超过3000美元，开始进入居民消费加速升级的关键阶段。从"升级"和"人多"这两个基本特点出发，把握好合理需求的尺度，调控好升级目标、升级速度和升级方式，是推动生活方式和消费方式向低碳目标转变的重要任务。

（1）从依靠市场拉动的城镇化，向政府指导下的合理规划转变

中国已经进入城镇化加速发展的阶段。城镇一旦建成，居民生活对温室气体排放的主要影响则基本确定，很难从根本上再改变。选择合理的城市化模式，是发展中国家有别于发达国家的重要内容。

历史上，美国走的是市场导向、自由放任式的城镇化模式，以城市分散、汽车化、郊区化为主要特征，带来土地利用效率低，居民生活能耗大，温室气体排放高等一系列问题。日本走的是政府主导、以大城市为核心的城镇化模式，人口高度集中在东京、大阪、名古屋、福冈四大城市圈。这四大城市圈只占日本国土面积的12%，但集中了日本近八成的GDP。在城市建设时，政府对住宅设计以法律形式加以控制，要求大城市标准户型的户均使用面积为95平方米。

中国国土面积与美国相近，但人口密度与日本有相似之处。作为一个幅员辽阔的大国，中国的城市化也不可能照搬日本模式，更不能学习美国模式，必须在强调政府指导的基础上，走出一条适合本国特点的、有利于低碳发展的城镇化道路。工作重点包括：第一，鼓励大中小城市协调发展。培育区域中心城市，形成"发展极"和等级次序相对合理的大中小城市序列。通过城市间合理分工与合作，实现共赢。第二，强调土地的集约利用。坚持城市发展保持一定密度，增强城市建设和城市基础设施的集约效益。争取大中城市的每平方千米人口密度一般不低于1万人。第三，新城区规划强调功能的合理布局。在

功能布局上，居住地与工作场所之间的距离应尽可能接近，避免出现工作与居住明显分区的现象。空间布局上不能"摊大饼"。第四，合理规划城市改造。改变目前城市建设"拆新建新"的粗放发展模式，以"微循环"理念改造旧城区，使建筑物寿命延长到欧美国家平均的50年以上。第五，提倡节能高效设备的应用，倡导节能、可再生能源与建筑一体化，争取用最少的能源消耗，实现城市发展与经济和环境的共赢。这些理念应尽快贯彻到各级政府建设规划部门，越早做起，效果越好。

(2) 从个人自我服务，向更高水平的公共服务转变

生活需求既可通过个人自我服务来满足，也可通过公共服务来满足，例如租赁汽车可代替购买汽车，公共洗衣房可代替购买洗衣机和烘干机等。经济学规律表明，随着经济发展和人民收入提高，个人消费比重将逐渐下降，社会消费比重将逐渐上升，公共服务的需求更大。政府是公共服务的主要提供者，社会消费是否向低碳方向转变，在很大程度上取决于政府提供的公共服务的数量和质量。在人口密集地区，更要发挥公共服务的集约效益，为低碳发展做贡献。

有利于低碳发展的公共服务重点包括：第一，在大城市内加快建设以轨道交通为骨干，以公共交通为主要内容的城市公交系统，建设一批公交换乘枢纽，引导居民日常出行从开车向公交为主转变。第二，构筑连接全国主要大中城市的高速铁路客运网络，满足居民中短距离出行要求。第三，把节约能源纳入民航航线的发展规划，从严控制发展中短途航线。第四，推广住宅小区集中采暖和热电联产供暖，推广可供应整栋楼房的太阳能热水系统。第五，建立绿色公共服务网络，如物流服务网络、自行车租赁网络、汽车租赁网络等，通过提高资源共享促进能源节约。政府必须尽早加强对公共服务的投入力度，启动越早，长期收益越大，温室气体减排效果越好。

(3) 从追求物质享受和奢侈消费向倡导合理消费和低碳生活转变

消费观是指人们对消费水平、消费方式等问题的总的态度和总的看法，正确的消费观对实现低碳发展有重要意义。转变消费方式首先要解决好消费观的问题。市场化改革释放了人们的消费欲望，但同时也带来了过分追求物质享受，忽视资源节约，甚至崇尚浪费、摆谱显阔的不良社会风气。攀比心理和等级观念是这种不良风气的根源，而商业广告的误导更是在一定程度上助长了不合理消费。

居民消费升级应建立在绿色、文明、健康、实用的消费观的基础上，摒弃以奢侈浪费为荣的不良风气。中国作为人口大国，人均占有资源低于世界平均水平，这决定了中国老百姓不可能把美国式的"开大车、住大房"作为追求的终极目标。具体包括：第一，将住房消费从单纯追求人均住宅面积的提高，向追求建筑的舒适、实用方向转变。例如，日本人均住宅使用面积只有大约30平方米，但设计合理，在居住舒适性上并不比美国差很多。第二，将汽车消费从追求大马力、豪华车，向经济、实用方向转变。日本家用汽车平均排气量仅为1.2升，但美国家用汽车平均排气量高达2.8升，从实用性上看两者并没有太大差别。第三，从细节着手倡导低碳生活。骑自行车代替开汽车、上下班尽量乘坐公交车、使用太阳能热水器代替电热水器、使用节能灯具、出门拔下电源插头等虽然都是生活中的细节琐事，但中国人口众多，人人都能从点滴做起的话，汇集成的温室气体减排效果也不

容忽视。

3. 建立高效率与低排放的能源体系

21世纪是人类迈向低碳社会的新时代。以能源的高效利用取代低效利用，以低碳能源取代高碳能源，将成为21世纪能源体系不同于20世纪的最鲜明特征。以节能技术和低碳能源为代表的低碳技术，将为21世纪经济发展注入新的活力，成为拉动经济增长的新动力。

（1）从能源的低效利用向能源的高效利用转变

节能技术是典型的低碳技术之一。国际能源署研究表明，2050年前全球温室气体减排的各种来源中，节能的贡献要达到54%，超过可再生能源21%的贡献率。为降低温室气体排放，发达国家政府、国际组织纷纷把节能作为第一要务，提出宏伟的节能目标。日本"新国家能源战略"提出到2030年单位GDP能耗比目前至少降低30%。德国提出到2020年本国单位GDP能耗每年降低3%。欧盟"能源效率行动计划"提出2020年能源消费总量的绝对值在1990年基础上降低20%等。中国也确立了"十一五"期间单位GDP能耗下降20%左右的宏伟目标，作为指导经济社会发展的一项严肃的约束性指标。

节能是走低碳发展道路、推进产业结构调整和发展方式转变的重要抓手。必须从以下五个重点着手：第一，要长期坚持节能优先战略不动摇。建设资源节约型社会是一项长期的战略任务，要始终把能源节约作为指导地方政府"科学发展"的重要考核指标，不应该因为短期的资源供需矛盾缓解而放松。第二，抓好重点领域的节能工作。贯彻落实《节能法》规定的各项条款，强化工业、建筑、交通领域节能，加强重点用能企业节能工作。第三，抓好重点用能设备的改造和更新换代。严格把住新上项目的能源效率门槛，积极实施既有设备的节能改造，加快淘汰落后生产能力，全面推进产业技术水平提高。第四，加大高效节能产品研发，把高效节能产品作为企业创品牌、增效益的主攻方向，为拉动内需、调整经济结构提供新的增长点。第五，积极推进节能服务产业发展。

（2）加快发展可再生能源

可再生能源包括水能、生物质能、风能、太阳能、地热能和海洋能等，资源潜力大，可永续利用，是降低温室气体排放、实现低碳发展的重要组成部分。21世纪是可再生能源替代常规化石能源的世纪，预计本世纪末，可再生能源在多数国家的能源结构中可占到主体地位，甚至有相当一批国家可完全依赖可再生能源。

中国可再生能源资源潜力巨大，中国水能资源世界第一，经济可开发装机容量为4亿千瓦，风力资源总体丰富，装机容量可达10亿千瓦以上，太阳能资源条件也比较好，对实现低碳发展相当有利。预计中国可再生能源产业将在2020年前建立起完备的产业体系，大幅降低可再生能源开发利用成本，为大规模开发利用打好基础，预计2020年时可再生能源消费量占到能源消费总量的15%。从长期看，力争本世纪中叶可再生能源占到一次能源供应量的一半左右，极大地缓解化石能源使用带来的温室气体排放压力。

可再生能源发展的重点包括：第一，水电。水力发电技术已是成熟技术，虽然在个别地区面临移民和生态等局部问题，但从全局看，水电仍是中国可再生能源发展的首选。中国应力争 2020 年前将可经济开发的水电资源开发完毕。第二，风电。风电技术近几年发展很快，目前技术也基本成熟，是近中期大规模开发的主要对象。第三，太阳能。目前中国太阳能的利用以太阳能热水器为主，规模已达到世界第一。未来光伏发电技术一旦突破，成本显著下降，将极大地改变人类生活。第四，提高可再生能源技术设计、制造、建设、运营的能力，使可再生能源产业拉动经济新的增长点。

（3）加快发展核电

核电是一种技术成熟、可以大规模发展、替代化石能源效果显著、短期内见效速度最快的低碳能源。核电已经与水电、火电并列成为世界发电能源的三大支柱之一，在世界能源结构中占据重要地位。中国已经进入核电加速发展时期，近几年批准了多个核电站建设，2020 年规划的 4000 万千瓦既定目标，预计将被突破。

核电发展的重点包括：第一，大型先进压水堆核电站。这是中国近中期核电产业化发展的主力军。中国已掌握了核电自主设计、自主制造、自主建设、自主运营的经验，只要政策得当，到 21 世纪中叶前就可能达到上亿千瓦的规模。第二，大型高温气冷堆。高温气冷堆更加安全，效率也更高，属于第四代核反应堆。中国已经在高温气冷堆上居于世界领先地位，今后也会有很大的发展空间。第三，快堆。快堆与压水堆配合使用，可显著提高铀资源的利用效率，解决压水堆超大规模发展可能面临的铀资源短缺问题。中国应进一步加快快堆的示范和商业化速度。第四，强化核电装备制造业。广阔的国内核电市场需求将为中国核电装备制造业发展提供前所未有的机遇。中国应加强核电装备制造业发展，使其成为中国产业升级和经济结构优化的重要拉动因素。

（4）开发低碳型燃煤发电技术

中国的能源结构以煤为主，煤炭占目前能源消费量的 70% 左右。未来 30 年中，煤炭仍是中国第一大能源。煤炭这种高碳能源如何实现低碳利用，是中国实现低碳发展特有的重大课题。

煤炭的低碳利用重点包括：第一，淘汰落后小电厂，发展超临界、超超临界大电厂，通过提高效率降低二氧化碳排放。第二，加快煤气化联合循环电厂（IGCC 电厂）的示范和商业化。第三，研究并示范以煤气化为基础的多联产电厂。这类电厂能将发电工艺与煤化工生产结合起来，使煤炭的综合利用效率进一步提高 10%~20%。第四，开发基于发电厂的二氧化碳捕获和收集系统，为未来实施二氧化碳封存奠定基础。

9.2.2 中国针对碳关税的方法

2005 年《京都议定书》正式生效，这是国际上第一份具有法律约束力的多边环保协议。根据"共同但有区别责任"的原则，《京都议定书》将缔约国分为两类：一类是发达国家和转型国家，一类是发展中国家。其中，前者在第一阶段（2008~2012 年）须各自承担一定的减排义务，而后者暂无需履行相对等的责任。正是由于《京都议定书》的生效与实施，才引出了碳关税的问题。所谓碳关税就是对进口商品征收的二氧化碳排放税，该概念最早由法国提出，其意在对未遵守《京都议定书》义务的国家征收商品进口税，以避免欧盟因为实施排放交易机制而遭受不公平竞争。

本应履行温室气体强制减排义务的美国,却拒绝批准《京都议定书》,使得美国在气候变化领域成为众矢之的。然而,就在奥巴马上台后,美国却一反常态,开始重视起温室气体排放问题。美国众议院连续通过了两份法案:《限量与交易法案》和《清洁能源与安全法》。其中,根据《清洁能源与安全法》有关条款的规定:从 2020 年开始,美国将对达不到标准要求的国家征收碳关税,即对美国进口的高能耗产品,如铝、钢铁、水泥和一些化工产品,征收二氧化碳排放关税。

在一定意义上,碳关税也是一种政治喊话与外交攻势,其目的在于抢夺低碳发展时代的全球规则制定权,通过气候问题,再次将其他国家绑架到美国的经济"战车"上。对此,中国应有自己的警醒与对策。

9.2.2.1 继续主张"共同但有区别责任"的原则

对中国而言,长期以来形成的高投入、高能耗、低效率的经济增长模式正处于艰难的转型过程中,如果屈服于发达国家的压力,过早地领受强制性的温室气体减排指标,那么,就等于给未来经济的快速发展增添了一个更强的外部约束条件——温室气体排放权问题。在欧美等发达国家上百年的工业化过程中,排放了大量的温室气体,虽然目前的温室效应主要是由其过去的经济活动造成的,但负面影响却是持续的。如果现在就让发展中国家承担强制性的减排任务,显然有失公平。因此,在全球气候谈判问题上,中国需要继续主张"共同但有区别责任"的原则。至于何时承担强制性的减排责任,这里有两个时点可供选择:一是从现在开始,发达国家不断降低其人均排放量,发展中国家不断增加人均排放量,直到两者相等时。二是发达国家不断降低其人均排放量,发展中国家逐渐增加其人均排放量,当后者超过前者一定时期后再开始降低排放量,直到两者相等时。为了显示公平,应允许发展中国家选择第二种情况。

9.2.2.2 促进环保与贸易协调处理机制的建立

在世贸组织的现行法律制度中,包含着很多环境保护的例外条款,由于世贸组织对环境问题的调整还停留在原则层面上,缺乏操作层面的规则体系,一旦环境保护与贸易自由之间发生矛盾冲突时,世贸组织现有的争端解决机制很难平衡两者的关系。例如,尽管某些条款(如 GATT 第 20 条)是为环保问题而设定的,但往往却成了实施贸易保护的"依据"。出现这种现象的原因,就是世贸组织缺乏完善的环境与贸易协调处理机制,易产生"借环保之名,行贸易保护之实"的问题。

可见,在贸易与环境的问题上会员国还应积极促成世贸组织进一步完善相应的争端解决机制。

9.2.2.3 利用多边谈判机制解决气候问题

在气候问题上,利用碳关税要挟发展中国家,不仅受到发展中国家的抵制,就是一些西方发达国家也持反对意见。除了美国将碳关税提到立法的高度外,法国也一直没有放弃其碳关税的观念。德国政府代表更直接指出，征收碳关税就是一种"生态帝国主义"行为，此举将会使问题复杂化。由此可见，对于征收碳关税的问题，西方发达国家的态度也不完全一致，因此，中国应利用这一形势，积极主张：凡涉及气候变化和环境标准争端问题都应在多边框架下解决，不能由一个国家或少数某几个国家说了算，更不能让极个别国家将其意志强加在发展中国家的头上。

9.2.2.4 争取全球气候谈判话语主导权

全球气候变化已成为影响国际社会未来发展的重大问题，随着各国对环境问题的重视和新能源技术的研发与应用，人类社会必将迎来一个全新的"低碳革命"时代。中国是一个正在崛起中的发展中大国，在众多的国际事务中，尤其是在全球气候变化谈判中，应有更大的话语权和更多的作为。因此，中国应采取更为主动的策略，积极参与全球气候谈判和相关法律制度的建设过程，以掌握气候领域的规则制定权，并成为全球气候法律体系的主要构建者之一。在参与全球气候谈判或法律的制定过程中，既要防止西方发达国家借环境问题限制中国经济发展的倾向，又要争取全球气候法律制度对中国的长期崛起形成有力的支持。

9.3 发展成本

当前，部分国内外的研究机构和研究人员对中国低碳发展所需要的资金展开了一些探索性的研究。已有的主要研究成果包括国家发展与改革委员会能源研究所的《2050 中国能源和碳排放报告》、联合国开发计划署驻华代表处和中国人民大学的《中国人类发展报告——迈向低碳发展和社会的可持续未来》、麦肯锡的《中国的绿色革命》等十几项。

综合这些研究成果，对中国经济低碳发展的资金需求所进行的仿真分析，可用于核算中国低碳发展所需的资金成本。本节是仿真分析的具体内容和过程。

9.3.1 情景分析

为了对 2011~2015 年的低碳减排所需资金量进行估算，根据减排目标和措施的不同，可设定以下三个情景。

（1）基准情景

基准情景即不出台减排政策，并维持现有的技术状态和应用普及率，不采用任何新的温室气体减排技术。该情景的年平均 GDP 增长率设定为 8%，人口发展模式按国家人口规划，在"十二五"末将达到 13.9 亿左右。

在此情景下，计算各部门的能源需求和排放量变化，可反映中国经济的增长和结构性变化，以此情景的资金需求总量为基准资金量，报告中所需估算的低碳减排资金量即为其他情景所需的资金量与该基准资金量的差值。

在基准情景下，中国一次能源需求量从 2010~2015 年间年均增长 4.5%，煤炭和石油仍然是一次能源的主要支柱，煤电和油电总发电量增加，但所占比重将减少，对天然气、核电和非水电可再生能源的需求会加大。在基准情景下，中国未来与能源相关的二氧化碳排放将呈现迅猛发展的势头。

（2）低碳发展情景

低碳发展情景即在 2011~2015 年间出台一系列的减排政策，推广应用成熟的低碳减排技术，采用大量的先进技术如能效技术和部分可再生能源技术等，并投入资金研发诸如碳捕获和碳封存、太阳能发电、电动汽车等技术。

此情景充分考虑节能、可再生能源发展、核电发展，同时对 CCS 技术有所利用，在中国经济充分发展情况下对低碳发展有一定的投入。2011~2015 年间的年平均 GDP 增长率设定为 7.8%，国家采取淘汰落后产能、调节产业结构等政策。在此情景下，根据各部门的低碳技术普及率变化即能源需求变化，计算资金需求和碳排放变化，估算低碳减排所需的增量排资金数值。

（3）强制低碳情景

基于对未来减排前景的预期，为了避免低碳减排技术推迟应用导致的减排成本上升，假定各项重要技术取得突破，各部门均挖掘出最大减排潜力，减排潜力最大的技术得到全面应用。在低碳发展情景的基础上，国家还出台了如征收能源税和碳税等强制性的减排措施，中国在 2009 年 9 月 22 日提出的应对气候变化的四点措施得到全面贯彻实施。

情景期间，一次能源需求将在基准情景的基础上大幅下降，2010~2015 年间年均增长 2%，国家将大力投入研发昂贵的低碳技术，如电动汽车、第四代核电以及 CCS 技术等。可再生能源技术如风能和太阳能发电也将得到最广泛的应用。2011~2015 年间的年平均 GDP 增长率设定为 7%。

中国过去十年间的快速城市化进程还将继续，到 2015 年，城市化率将达到 52%。为应对如此大规模的城市人口增长，中国计划新建 50 000 幢高层建筑和 170 套新的大众交通系统。随着经济的增长，城市化进程加快，生活水平提高，与能源和碳相关的需求（如商业和住宅建筑面积、交通工具和基础工业材料）将有所上升。

9.3.2 定量模型

在低碳发展的资金需求计算中，定量模型预测的作用主要是对情景展开进行约束。

（1）技术选择模型

依据对经济和人口发展的预期，估算全社会的能源需求量和利用效率，明确减排机会，从能源的供给需求、人类发展等角度，分析各部门实现低碳减排所需的技术，通过对技术的可获得性、成熟度、发挥效益的滞后性、锁定效应、研发费用、应用成本和经济社会效益等方面的对比，给出在满足如能源供需总量、技术可能性限制等限定条件下的优化的减排方案，实现既定减排目标成本最小化。该模型可模拟技术进步、价格等方面因素变化的效果，根据设定的减排目标和能源供需约束条件，寻求费用最少的技术组合。

（2）政策措施模型

对中国针对未来各种长期温室气体排放趋势、可能采取的政策措施进行评价，包括排放政策、能源政策（价格、税收）等。

（3）经济模型

多采用一般均衡模型（CGE 模型），考虑各经济活动之间的影响与关联，进行各种能源环境政策对经济影响的分析，同时可进行中长期能源与环境情景分析。

（4）人类和社会发展模型

如 MARKAL-MACRO 模型等，用以分析所选择的低碳技术和相关投入所产生的社会效益，从正负两方面的收益对选定的技术组合进行评估，从 GDP 损失、社会财富再分配、收入差距扩大、能源密集型工业的失业等多个角度，分析低碳减排技术途径选择的合理性。

9.3.3 "十二五"低碳减排资金需求的计算结果和分析

采用情景分析得到的不同情景下的二氧化碳排放量如表9-3所示。

表 9-3　2010 年与 2015 年不同情景下二氧化碳排放量　（单位：GT）

不同情境二氧化碳排放量（GT）	2010 年	2015 年
基准情景	7.8	9.8
低碳发展情景	6.9	8.2
强制低碳情景	6.6	7.6

低碳发展情景和强制减排情景下的增量成本如表9-4所示。

表 9-4　二氧化碳减排量（GT）和增量成本（10 亿美元）　（单位：GT）

	低碳发展情景（2015 年）	强制减排情景（2015 年）
二氧化碳减排总量（GT）	1.6	2.2
增量成本（10 亿美元）	45	62

本研究的计算结果为 2010～2015 年，每年的低碳减排所需增量资金需求量，在低碳发展情景下年均投入约为 2800 亿元，在强制减排情景下年均投入约为 4000 亿元。主要需求部门为能源、交通、建筑和林业，"十二五"期间总计需要的投入估计为 1.4 万亿～2 万亿元，包括发展新风能装机容量 3 千亿元、太阳能光伏 1 千亿元、太阳能热水器 2 千亿元、小水电 3 千亿元以及 2 千亿元的生物发电、1 千亿元的生物燃料和 2 千亿元的生物沼气安装。按照核电站建设周期，在未来五年内，中国核电产业的相关建设和投资将迎来一轮高潮，总投资 6 千亿元，另有林业投入 1 千亿元。

投资是技术发展和二氧化碳减排的措施保障。中国在节能减排和低碳技术开发过程中，每年投入的 1/3 资金额度需用于新技术的研发和试验，约为 6 千亿元人民币。随着向低碳发展转型的深入，新技术研发的资金需求量还将进一步增大。此资金量不包括高铁和城市轨道交通的建设费（李萌，2011）。

9.3.4 已有研究成果的对比分析

1) 根据麦肯锡的计算,要完全实现减排情景中的巨大改善潜力,在 2011~2015 年间平均每年需新增资本投入约 3800 亿人民币,远小于斯特恩报告全球减排总成本相当于世界 GDP 的 3.9% 到 3.4% 的估算,对经济发展的影响相对要小很多。其中约 1/3 的投资将产生经济回报,1/3 将产生较低到中等程度的经济成本,还有 1/3 将会产生巨大的经济成本。因此,实际的增量投入必须分行业进行计算,每年大约需要 1500 亿~2000 亿元,至 2015 年共需 1 万亿元。

其结果与本研究结果的差异在于对技术成熟度的乐观预期,是对达到最大减排潜力资金需求的计算,并且不涉及技术以外的其他因素。

2) 依据国家发展与改革委员会能源研究所的估计,为了实现在 2020 年从可再生能源中获得 15% 的初级能源的国家目标,能源投资需求占较高的比例,总计需要的投入估计为 1 万亿~1.5 万亿元。根据全国可再生能源开发利用中长期总量目标,到 2020 年将提供大约 1.5 万亿元(约 2000 亿美元)的资金支持,使可再生能源占一次能源供应的比重从目前的 7% 提高到 15% 左右。

此资金需求量因主要关注能源部分,因而与本研究的结果也是吻合的。根据国家发展和改革委员会能源研究所的研究结果,为了实现其定义的控排情景和减排情景,2010~2030 年每年需要的增量投资约为 1850 亿美元和 2100 亿美元,也与本报告的结果是相容的。

3) 本研究所得结果低于中国人民大学的研究结论,即 2020 年的年增量成本为 860 亿美元,对应的单位减排成本为每吨二氧化碳 27 美元,差异源自对技术学习率和贴现率等参数的设定不同。

综上所述,要实现低碳发展转型,有必要拓宽融资渠道,未来经济成果转型也需社会各方面合力。

9.4 主 要 措 施

中国低碳发展尽管面临着上述巨大挑战,但中国政府以节能工作为低碳发展的重要抓手,制定了国家节能目标、开展了十大节能工程、千家企业节能行动,取得了很大的节能成效;出台了一系列的节能政策,推动了中国低碳发展,减少了温室气体排放。

9.4.1 基本方法

1. 把节能放在更加突出的位置

中国应高度重视能源资源的节约。第十八届中国共产党全国代表大会提出在大力推进生态文明建设的基础上，要求全面促进资源节约，节约集约利用资源，推动资源利用方式的根本转变，加强全过程节约管理，大幅降低能源、水、土地消耗强度，提高利用效率和效益。推动能源生产和消费革命，控制能源消费总量，加强节能降耗，支持节能低碳产业和新能源、可再生能源发展，确保国家能源安全。国务院把节能减排作为调整经济结构、转变增长方式的突破口和重要抓手，把节能减排任务完成情况作为检验科学发展观是否落实的重要标准，作为检验经济发展是否"好"的重要标准。2007年，中国成立了国务院节能减排工作领导小组——各有关部委一把手为组员的中央一级领导机构，作为国家节能减排工作的议事协调机构。领导小组会议视议题确定参会成员。在国务院节能减排工作领导小组办公室的领导下，有关综合协调和节能方面的工作由国家发展和改革委员会为主承担，有关污染减排方面的工作由原国家环保总局为主承担。

2. 实行节能目标责任制

经国务院同意，"十一五"节能目标被分解落实到各地区、千家高耗能企业和五大发电公司。国务院批转了国家发展和改革委员会等部门《节能减排统计监测及考核实施方案和办法》，明确对各地和重点企业能耗与主要污染物减排目标完成情况进行考核，实行严格的问责制。各地区根据国家要求，也都建立了节能减排目标责任制，将目标分解到各地市和重点企业，并实施目标责任评价考核。

3. 推进产业结构优化升级

通过加强和规范项目管理、提高节能环保准入门槛、调整出口退税和关税、实施差别电价政策、实行"区域限批"等综合性措施，有效遏制了高耗能、高排放行业过快增长。加快淘汰落后生产能力，重点是淘汰电力、钢铁、电解铝、铁合金、电石、焦炭、煤炭、水泥、平板玻璃等行业的落后产能。在建立淘汰落后产能退出机制方面，中央财政安排专项资金，通过专项转移支付对经济欠发达地区淘汰落后产能给予奖励。"十一五"期间，关停小火电机组7000多万千瓦、煤炭资源加大整合力度，累计关闭小煤矿9000处，淘汰落后产能4.5亿吨/年；淘汰落后炼铁产能1.1亿吨、炼钢产能6683万吨、水泥产能3.4亿吨，取得了良好的节能减排效益。针对服务业领域，国务院发布了《关于加快发展服务业的若干意见》，服务业发展态势良好。此外高技术产业和装备制造业的发展也逐渐加快。

4. 加快实施节能重点工程

"十一五"期间中央财政拿出2000亿元用于节能减排工程项目建设，支持十大重点节能工程、城市污水处理设施与配套管网建设、重点流域水污染防治、节能环保能力建设等，带动将近2万亿的社会投资。"十一五"期间，中央预算内投资安排资金81亿元、中央财政节能减排专项资金安排224亿元，支持实施了十大重点节能工程5100多个项目，形成节能能力1.6亿吨标准煤，有效带动了地方政府投入和社会资本的投入。中央、地方和企业累计形成节能能力约3.4亿吨标准煤，为完成"十一五"单位GDP能耗下降20%左右的约束性目标提供了重要支撑，作出了重要贡献。十大重点节能工程的实施大幅度提高了能源利用效率。

5. 推动重点领域节能

国家开展了千家企业节能行动，推动重点耗能企业开展能源审计、编制节能规划、报告能源利用状况；启动了重点耗能行业能效水平对标活动；在五省开展节能发电调度试点；建筑、交通领域和政府机构节能不断推进；将1.5亿平方米供热计量和节能改造任务分解到了各地区；在24个省份启动了国家机关办公建筑和大型公共建筑节能监管体系试点；发布了铁路、公路、水路和民用航空行业节能规划，开展交通运输节能示范活动和零售业节能行动；中央国家机关广泛开展了空调、照明、锅炉系统节能诊断和改造。

6. 实施有利节能的经济政策

积极推进资源性产品价格和环保收费改革，调整了煤炭、原油、天然气的资源税税额标准；实施成品油价格和税费改革，使争议十多年之久的成品油税费改革最终实施；出台了烟气脱硫机组上网电价每度提高1.5分的电价政策；实行差别电价政策，针对8类高耗能行业，对限制类、淘汰类企业电价分别提高5分和20分。实施节能技术改造"以奖代补"政策，按形成的节能量给予奖励；对建筑供热计量和节能改造、污染物减排能力建设给予财政补助；出台了节能节水环保设备所得税优惠政策，对企业购置并实际使用列入目录的产品投资额的10%，可以从企业当年的应税额中抵扣；全面推行增值税转型改革，允许企业新购入的机器设备所含进项税额在销项税额中抵扣；调整了不同排量乘用车的消费税税率，同时对1.6升及以下排量乘用车按5%税率征收车辆购置税；完善了资源综合利用所得税、增值税优惠政策，对列入综合利用目录的产品，实行收入减计10%的所得税优惠；对不同的资源综合利用产品，实行免征、即征即退、先征后退的增值税优惠。

7. 完善节能环保法规标准

推动出台了新修订的节约能源法、水污染防治法、循环经济促进法、民用建筑节能条例、公共机构节能条例，后面三个法律法规都是新出台的，体现了国家对节能减排和依法行政的高度重视。发布了27项高耗能产品能耗限额强制性国家标准、19项主要终端用能产品强制性国家能效标准、15项主要污染物排放国家标准。各地区加快制定节能法规和标准，部分地区修订出台了节约能源条例、节能监察办法等，许多地区制定并执行了主要工业产品能耗限额标准。

8. 加大执法检查力度

会同有关部门对未完成节能减排目标的地区和企业开展了专项督察行动。监察部门加大对重点地区和行业节能工作的督查力度。有关部门对清理高耗能、高排放行业情况进行专项检查，安排终端用能产品的监督抽查。中办、国办派出督查组对各地环保工作情况进行督促检查，有关部门开展环保专项行动，加大环保执法后督察力度。各地区采取日常监察、专项检查、政府督查等多种形式，加大了节能的监察执法和监督检查力度。

9. 广泛开展宣传动员

中央七个部门在全国范围内组织开展了"节能减排全民行动",启动九个专项行动,每年6月组织开展全国节能宣传周活动。各地根据国家统一安排,组织开展内容丰富的活动,宣传典型、曝光落后,营造了良好的社会氛围。

9.4.2 主要成效

1. 节能工作开创了前所未有的新局面

2006年,中国政府首次将资源节约提升为国家的基本国策,并将单位GDP能耗下降20%左右列入国家经济社会发展五年规划的重要约束性指标,中国的节能工作得到前所未有的加强。中国各地围绕20%左右的节能目标,积极运用经济、法律和必要的行政手段,加强节能工作,其强制性、激励性政策文件密集出台,形成了经济、法律、行政手段"三管齐下"的节能政策体系。

全社会节能意识的提高程度前所未有。通过开展"节能减排,全民行动"等一系列宣传活动,公众对节能重要性的认识大幅提高,节能已成为全社会的基本共识。从中央到地方,从政府到企业,再到个人,节能成为一股清新的社会风气,融入经济社会发展的方方面面。节能宣传进入社区、进入校园、进入军营。居民在商店购买电器,更加关注家用电器的节能性能。

2. 全国单位GDP能耗逐年下降

"十一五"期间,中国继续以6.6%的年均能源增长速度支持了国民经济11.2%的年均增长速度,能源消费弹性系数平均为0.59。每万元GDP能耗由2005年的1.28吨标准煤当量/万元下降到2010年的1.03吨标准煤当量/万元(按2005年价计算),单位GDP能耗下降了19.1%(表9-5)。按环比累积节能量计算,2006~2010年全国累计节约和少用能源6.4亿吨标准煤当量,基本实现了"十一五"规划能耗下降20%左右的目标。

表9-5 "十一五"节能情况

年份	能源消费总量/万吨标准煤当量	GDP/亿元(当年价)	GDP增长率/%	能源消费弹性系数	单位GDP能耗下降率/%
2005	224 682	183 217	10.4	0.93	
2006	246 270	211 924	11.6	0.76	2.72
2007	265 583	257 306	13.0	0.60	5.01
2008	291 000	314 045	9.6	0.40	5.23
2009	310 000	335 353	8.7	0.57	3.65
2010	325 000	397 983	10.3	0.56	4.01

3. 各地区单位 GDP 能耗下降较顺利

中央政府对各省级人民政府实施节能目标责任评价考核制度，并将单位 GDP 能耗作为重要的指标之一，分解到各个地区。各地区坚持把节能目标作为贯彻落实科学发展观的重要任务，全力以赴采取各种措施确保节能目标实现。

2006~2010 年，各省份单位 GDP 能耗目标完成情况：2007 年时，河北、山西、内蒙古、海南、贵州、宁夏、新疆 7 省（自治区）未完成当年节能指标；2008 年时，四川、新疆两个省（自治区）因地震灾害影响等原因没有完成当年节能任务，未完成的省份数量明显减少。总体而言，绝大多数省份都能按时完成当年节能任务，为全国单位 GDP 能耗下降奠定了重要基础。2006~2010 年各省（自治区、直辖市）单位 GDP 能耗下降率见表 9-6。

表 9-6　2006~2010 年各省（自治区、直辖市）单位 GDP 能耗下降率

地区	2006 年	2007 年	2008 年	2009 年	2010 年	地区	2006 年	2007 年	2008 年	2009 年	2010 年
北京	-5.25	-6.04	-7.36	-5.76	26.59	湖北	-3.21	-4.06	-6.29	-5.97	21.67
天津	-3.98	-4.90	-6.85	-6.03	21.00	湖南	-3.39	-4.43	-6.72	-5.10	20.43
河北	-3.09	-4.02	-6.29	-5.02	20.11	广东	-2.93	-3.15	-4.32	-4.27	16.42
山西	-1.97	-4.52	-7.39	-5.73	22.66	广西	-2.50	-3.31	-3.97	-4.43	15.22
内蒙古	-2.50	-4.50	-6.34	-6.91	22.62	海南	-1.17	-0.80	-2.55	-2.81	12.14
辽宁	-3.20	-4.01	-5.11	-5.08	20.01	重庆	-3.41	-4.46	-4.97	-5.50	20.95
吉林	-3.32	-4.41	-5.02	-6.19	22.04	四川	-2.10	-4.44	-3.55	-5.83	20.31
黑龙江	-3.04	-4.09	-4.75	-5.85	20.79	贵州	-1.85	-3.97	-6.11	-4.12	20.06
上海	-3.71	-4.66	-3.78	-6.17	20.00	云南	-1.52	-3.98	-4.79	-4.60	17.41
江苏	-3.50	-4.28	-5.85	-5.17	20.45	西藏	—	—	—	-4.56	12.00
浙江	-3.52	-4.18	-5.49	-5.41	20.01	陕西	-2.61	-4.54	-5.92	-6.97	20.95
安徽	-3.44	-4.11	-4.52	-5.39	20.36	甘肃	1.51	-4.09	-4.53	-6.46	20.31
福建	-3.20	-3.51	-3.70	-3.81	16.45	青海	-1.01	-2.20	-4.18	-6.26	20.06
江西	-3.18	-4.01	-5.53	-4.54	20.04	宁夏	-1.06	-3.52	-6.79	-1.53	17.41
山东	-3.46	-4.54	-6.47	-5.46	22.09	新疆	—	-3.08	-3.15	-5.97	—
河南	-2.98	-4.11	-5.10	-6.16	20.12						

注：2010 年数据为 2006~2010 年单位 GDP 能耗下降之和

4. 主要高耗能产品能源效率逐渐提高

2009 年与 2005 年相比，中国火电供电煤耗由 370 克/千瓦时降到 340 克/千瓦时，下降了 8.11%；吨钢综合能耗由 694 千克标准煤降到 615 千克标准煤，下降了 11.4%；水泥综合能耗下降了 16.77%；乙烯综合能耗下降了 9.04%；合成氨综合能耗下降了 7.96%；电解铝综合能耗下降了 10.06%（图 9-7 和表 9-7）。

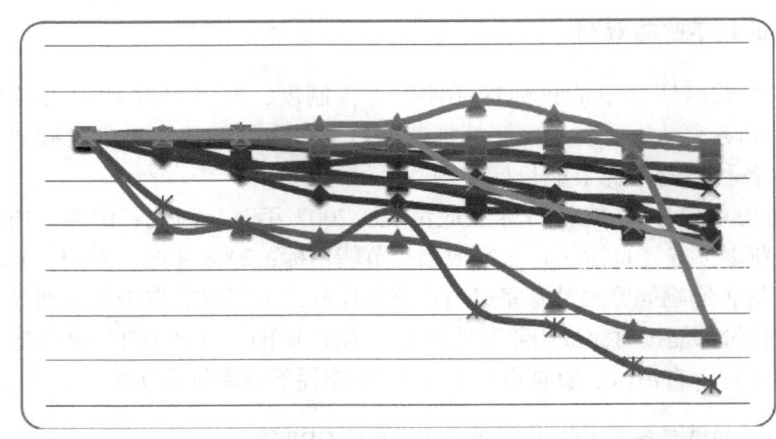

图 9-7　主要高耗能产品综合能耗下降指数图
数据来源：中国工业节能进展报告国宏美亚工业节能减排技术中心

表 9-7　主要高耗能产品单耗变化情况

年份	2005	2006	2007	2008	2010
火电发电煤耗/(克标准煤/千瓦时)	343	342	333	322	—
火电供电煤耗/(克标准煤/千瓦时)	370	367	356	345	360
钢可比能耗/(千克标准煤/吨)(大中型企业)	718	676	668	692	685
电解铝交流电耗/(千瓦时/吨)	14 680	14 671	14 441	14 323	—
铜冶炼综合能耗/(千克标准煤/吨)	780	729	616	564	—
水泥综合能耗/(千克标准煤/吨)	167	161	158	—	148
平板玻璃综合能耗/(千克标准煤/重量箱)	22	19	17	16.6	17
原油加工综合能耗/(千克标准煤/吨)	114	112	110	108	—
乙烯综合能耗/(千克标准煤/吨)	1 073	1 013	984	941.8	886
合成氨综合能耗/(千克标准煤/吨)	1 650	1 581	1 553	—	1 402
烧碱综合能耗/(千克标准煤/吨)	1 297	1 248	1 203	1 155	—
纯碱综合能耗/(千克标准煤/吨)	396	370	363	378	351
电石电耗/(千瓦时/吨)	3 450	—	3 418	3 213	—
纸和纸板综合能耗/(千克标准煤/吨)	1 380	1 290	—	1 153	1 130

5. 十大重点节能工程推动技术进步

国家发展和改革委员会 2004 年 11 月颁布了《节能中长期专项规划》，首次提出开展十大重点节能工程这一重要行动。2005 年，国家发展和改革委员会会同有关部门编制了《"十一五"十大重点节能工程实施方案》，启动了"十大重点节能工程"。主要包括燃煤工业锅炉（窑炉）改造工程、区域热电联产工程、余热余压利用工程、节约和替代石油工程、电机系统节能工程、能量系统优化工程、建筑节能工程、绿色照明工程、政府机构节能工程、节能监测和技术服务体系建设工程。

通过实施十大重点节能工程，预计"十一五"期间可节能 2.4 亿吨标准煤，为"十一五"单位 GDP 能耗降低 20% 左右目标的完成作出重要贡献。国家每年安排一定的资金，用于支持十大重点节能工程中的重点项目、示范项目和高效节能产品的推广。

据有关方面估计，2007 年国家对十大节能工程的资金投入形成节能能力为 2550 万吨标准煤，随着资金投入力度的加大，2008 年可形成节能能力为 3500 万吨标准煤。十大重点节能工程的实施有力推动了高效节能技术在全社会的普及。

6. 千家企业节能行动效果显著

工业是中国能源消费的大户，占全国能源消费总量的 70% 左右。重点耗能行业中的高能耗企业又是工业能源消费的大户。根据《中华人民共和国节约能源法》《重点用能单位节能管理办法》中有关加强重点用能企业节能管理的规定，中国政府于 2006 年 4 月启动了"千家企业节能行动"。所谓"千家企业"，是指钢铁、有色、煤炭、电力、石油石化、化工、建材、纺织、造纸九个重点耗能行业中，2004 年企业综合能源消费量达到 18 万吨标准煤的规模以上的独立核算企业，2004 年时共 1008 家。千家企业 2004 年综合能源消费量为 6.7 亿吨标准煤，占全国能源消费总量的 33%，占工业能源消费量的 47%。千家企业节能行动的主要目标是：能源利用效率大幅度提高，主要产品单位能耗达到国内同行业先进水平，部分企业达到国际先进水平或行业领先水平，"十一五"期间千家重点耗能企业节能 1 亿吨标准煤左右。

2006~2008 年，千家企业共实现节能量 10620 万吨标准煤，完成"十一五"节能目标的 106.2%，提前两年完成了"十一五"节能任务。2007 年和 2008 年千家企业节能目标完成情况见图 9-8，"十一五"期间，千家企业实现节能 1.5 亿吨标准煤，超额完成"十一五"节能任务。

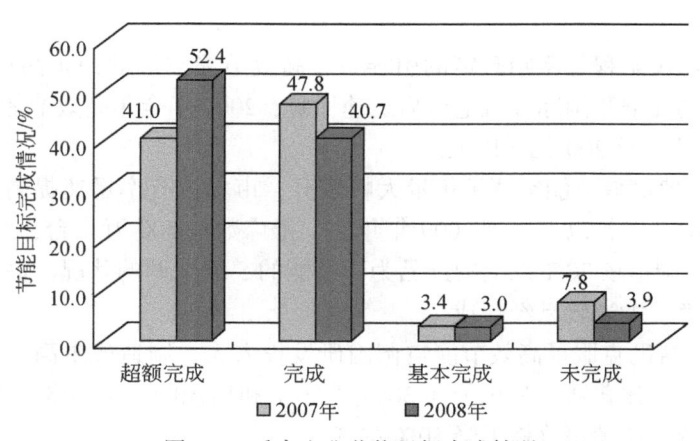

图 9-8 千家企业节能目标完成情况

千家企业节能行动的开展推动了大型工业企业率先开展节能工作，成为企业节能的领头羊。千家企业节能行动显著提高了企业的节能能力，培育了一批企业节能骨干，为在更大范围内推动企业节能工作起到了良好的示范作用。

7. 财政补贴节能灯唤起百姓节能意识

为克服市场障碍，中国政府出台了通过财政补贴方式推广节能灯的办法，对居民用户、大宗用户分别给予50%和30%的补贴。2008年，在全国范围内推广节能灯6200万只，2009年完成了推广1.2亿只的任务。通过绿色照明工程的实施，老百姓节能意识明显增强，从使用节能灯开始，节能从身边做起。

2009年7月，国家发展改革委与联合国开发计划署、全球环境基金合作的"中国逐步淘汰白炽灯、加快推广节能灯"项目签字仪式在北京举行。项目预期效果是在项目结束后的10年间，实现累计节电1600亿~2160亿千瓦时，减排二氧化碳1.75亿~2.37亿吨。

节能灯推广政策最大的作用不仅限于节能灯本身的销售和节能灯销售所带来的节电量，节能等补贴推广政策对节能最大的贡献，是通过节能灯走入家家户户，让老百姓亲身感受到节能就在民众身边，节能应从每个人做起，充分唤醒广大民众的节能意识和倡导节能的积极性。

8. 节能产品惠民工程效果超过预期

国家发展和改革委员会、财政部2009年5月启动"节能产品惠民工程"，通过财政补贴的方式对能效等级1级或2级以上的十大类高效节能产品进行推广应用，包括已经实施的高效照明产品、节能与新能源汽车。具体方法是向购买十大类高效节能产品的消费者，提供每台300~850元的补贴，这些产品主要包括能效等级达到1级或2级以上的空调、冰箱、平板电视、洗衣机、电机等。国家发展和改革委员会预计这项工程每年可拉动消费需求4000亿~5000亿元，可节电750亿千瓦时。目前已有27家企业、4290个型号的高效节能房间空调纳入财政补贴推广目录，取得了生产者得市场、消费者得实惠、全社会节能减排的显著成果。

在节能产品惠民工程等激励政策的引导下，高效节能空调的销售高增长使2009年下半年国内空调市场在遭受国际金融危机后迅速回暖，2009年全年高效节能空调财政补贴约20亿元，拉动消费需求200亿元以上。

"惠民工程"使高效节能空调销售量大幅攀升，市场占有率迅速提高，比例从过去的不足5%迅速上升到50%以上。到2009年年底，推广数量500万余台，为2008年全年的5倍，改变中国空调市场70%以上的产品为不节能的5级空调的状况。高效节能空调成为市场主流的大转换、大逆转已经形成。

"惠民工程"帮助克服了高效节能空调因研发投入大、制造成本高、推广初期市场份额小等原因使其价格比普通产品售价高30%至50%和出现的"叫好不叫座"的障碍，各种规格的节能空调最低销售价格下降50%左右。

"惠民工程"还促进产品转型升级，优化了产品结构，促进了行业升级。目前，一些主流空调生产企业已停止生产4~5级能效的房间空调。财政补贴推广加快了高效节能空调普及和淘汰低效空调的步伐，使空调整体能效水平提高了15%。据预测，2009年推广应用的

500 万台高效节能空调，每年可节电 15 亿千瓦时，减排二氧化碳 140 万吨、二氧化硫 0.6 万吨。同时，政策实施为新的空调能效标准（市场准入门槛为现行的 2 级能效水平）出台和实施创造了条件，将带来巨大节能减排效果。老百姓也从"惠民工程"得到实惠，2009 年推广的高效节能空调，可以使老百姓年节约电费 7.5 亿元，寿命周期内节约电费 75 亿元。

9. 家电以旧换新拉动内需，推动能效提高

从 2009 年 5 月起，国家开始实施家电"以旧换新"政策。中央财政安排 20 亿元资金，对交售补贴范围内旧家电并购买新家电的消费者，原则上按新家电销售价格的 10% 给予补贴；对回收补贴范围内旧家电并送到拆解处理企业的运输费用给予定额补贴。国家选择了北京、上海、天津、江苏、浙江、山东、广东、福州和长沙九地区开展家电"以旧换新"试点，补贴范围包括电视机、冰箱、洗衣机、空调、电脑五类家电产品。该政策不仅能够促进消费、拉动内需，也利于淘汰能效低的旧产品，回收旧产品中的资源，带动产品升级，同时也使老百姓得到了实惠。据初步测算，"以旧换新"政策的实施，可更新老旧汽车 100 万辆、家电约 500 万台，可回收利用各种资源近 230 万吨，其中包括废钢铁 150 万吨，废有色金属 17 万吨，废塑料 20 万吨，废橡胶 20 万吨；拉动消费 5000 亿元。

9.4.3 财政政策

低碳发展是一种以低能耗、低排放为特征的经济发展模式。发展与减排并重是低碳发展遵循的主要原则，既不能为了发展而肆意地污染和排放，也不能为了减排，而终止经济发展、降低生活质量。技术创新是低碳发展的关键所在，而提高传统能源使用效率，扩大可再生能源的生产与消费比重则是低碳发展的主要途径。只有减少对传统能源的需求与依赖，才能控制温室气体的排放，进而减缓全球气候暖化速度，并最终实现经济、社会与自然的和谐发展。因此，鼓励技术创新、提高能效、开发新能源也就成了发达国家制定低碳财税政策的着力点。中国促进低碳发展的财政政策在借鉴西方财政政策经验的基础上应遵循以下模式。

1. 建立低碳财税政策体系，促进经济增长模式转型

与西方发达国家相比，中国正处于工业化、城镇化加速发展的时期，节能减排问题显得更为突出与紧迫。而从实际情况看，中国尚无完整的低碳财税政策体系。目前，在促进经济低碳化方面，主要倚重的是财政支出政策，而税收政策使用的较少。例如，在能效投资、新能源开发等方面有一些财政支持与鼓励政策，而对高能耗、高排放行为缺少必要的经济约束手段，其表现之一就是缺少相应的税收调控工具，如碳税、硫税、能源税等能够使环境成本内化的税种，在中国基本上仍属空白。长期以来，在节能减排问题上，中国主要靠行政命令从上至下分派减排指标，然后再从下至上逐级汇总任务完成情况，在以 GDP 为中心的政绩考核体制下，很难保证地方上报的数据中没有"水分"。行政手段有余，而经济措施不足正是中国治污效果不佳或时有反复的主要原因。因此，必须尽快建立、健全符合中国实际的低碳发展政策体系，尤其是低碳财税政策体系，以促进"高能耗、高污染、低效率"经济增长模式的转型。根据功能的不同，低碳财税政策体系可划为两个主要组成部分：一是对市场主体的节能减排行为起激励作用的财政支出政策体系；二是对市场主体的耗能排放行为起约束作用的税收政策体系。前者主要包括国债投入、财政补助、贷款贴息，以及政府采购等政策措施，通过这些措施，政府可相应地降低市场主体在能效投资、新能源开发等方面的成本支出，达到鼓励全社会主动减排的目的。后者主要指与能源消费有关的各种税、费征收措施，其目的是增加市场主体的能源使用成本，进而约束市场主体的能耗行为。

2. 增设低碳预算支出项目，保障节能减排投入的稳定性

在节能减排和经济的低碳化转型过程中，需要大量的资金投入，除了市场化的投入外，还需要政府的导向性投入。尤其是在经济向低碳增长模式转型的初期，持续性、制度化的政府财力支出是必不可少的。因此，应将促进经济低碳发展的政府财力支出纳入财政预算支出范畴，并增设相应的低碳预算支出项目。在条件成熟的情况下，以立法的形式确立低碳预算支出的规模与年均增长幅度，保证国家低碳发展战略的顺利执行，同时，也使财政在履行发展低碳发展职能时，有法可依，有据可循。

3. 适时开征碳税，逐步扩大征税范围

虽然根据现行有关气候国际公约及协议的规定，中国暂时无需承担强制性的温室气体减排任务，但随着中国经济的快速扩张，资源环境承载能力变得越来越脆弱，节能减排的内在压力将与日俱增。特别是，中国已经向世界承诺：到2020年，单位GDP二氧化碳排放量要在2005年的基础上降低40%~45%。为了兑现这一承诺，迫切需要设计更有针对性和行之有效的税收体系。为此，在"十二五"期间，应将开征碳税纳入议事日程。根据循序渐进的原则，在开征碳税之初，范围不宜过大，应以重工业领域为主，随着时机的成熟再逐渐扩大到建筑、交通、公共机构和公用事业领域，最后争取到"十三五"期间，将碳税覆盖到居民家庭。在税率上，也应遵循从低到高的原则，采取逐步到位的策略，给市场以充分的调整与适应时间。

4. 推行"中性化"的低碳税收政策，维护企业的市场竞争力

实行低碳税收政策的中心目的是通过促进经济社会的低碳化发展来减缓气候变化，保护环境，而不是增加税收收入。所以，在实施低碳税收政策时，应秉持"中性化"原则，即通过补贴、税收返还及降低其他税收收入等方式，以实现社会总体税负水平基本保持不变，避免因税负增加而弱化了企业的市场竞争力，特别是企业在国际上的竞争力。

5. 实施税制"绿色化"改革，增强税收的环境保护功能

低碳既是一种经济增长模式，也是一种国际趋势。为了适应这一趋势，中国需要进行新一轮的税制调整与改革，尽快建立健全与资源节约、环境保护有关的税收制度，研究开征碳税、能源税或类似税种的可行性。税制的绿色化改革就是逐步增加对生态环境有害行为的征税力度，而相应地减轻其他税种收入的过程。同时，税收的目的也不再单纯是为了增加财政收入，而是要兼顾环境保护的目的。纵观发达国家 20 世纪 90 年代以来的绿色税制改革经验，主要采取了两种模式：一是"激进式"的改革，即为了保护环境的需要，对税制结构进行全面的重组改革，以突出税收的环境保护作用。二是"渐进式"的改革，即对现行税制进行调整，并通过开征新的环境税种予以辅助，以逐步增强税收的环境保护功能。根据中国当前所处的发展阶段，宜借鉴第二种税制改革方式，因为税收政策变动是一项复杂的系统工程，不仅会影响各类市场主体的行为，关乎社会经济的平稳运行，而且还关系到国民收入的再分配、产业结构的升级与调整，以及国际竞争力等重要问题。因此，在税制变动问题上，需要遵循"先易后难、循序渐进"的原则。在开征碳税、能源税，实施税制的绿色化改革之前，应对现行税制先期进行下列调整：①扩大消费税的征税范围，将高能耗、高污染产品纳入征税范围；②提高资源税税率，扩大资源税的征收范围，促进资源的综合利用；③取消高能耗、高污染产品的出口退税待遇等。同时，对于积极从事新能源开发、节能投资的企业，在增值税、所得税方面，给予更多的税收减免待遇。由于中国现在还没有真正意义上的碳税或能源税，而通过调整消费税、资源税的征收范围与税率水平，可在一定程度上起到征收碳税或能源税的作用，进而实现税制的"绿色化"目的。在进行税制调整的同时，政府还需给市场传递一个明确的信号：经过一个阶段的过渡，税制的绿色化改革将会如期进行。

6. 健全相关配套机制，充分发挥低碳财税政策效率

低碳财税政策体系是政府为了低碳发展而嵌入整个经济体中的一系列政策工具集合。从发达国家的经验看，仅凭低碳财税政策本身难以实现政府的预期目标，因此，其功能的正常发挥，还需要有相应的配套机制在其中起桥梁与辅助作用，如能效标准和审计制度、绿色认证制度、低碳中介服务机制、碳排放交易市场机制、自愿减排协议制度等。这些配套机制不可能一蹴而就，需要根据轻重缓急，逐步建立与完善，如可将能效审计制度、绿色认证制度、低碳中介服务机制等先确立与推广开来，尤其是其中的能效标准和审计制度，它对低碳财税政策效率的发挥具有重要的支撑作用。中国目前的能效衡量标准及其评价体系还很不完善，所以无论是对耗能行为进行调控，还是对节能行为进行激励，低碳财税政策都会面临科学依据不足的窘境。在节能减排和环境保护问题上，不管是相关税费征缴的不当，还是政策激励的不足，都会扭曲能源的使用行为，不利于节能环保工作的推广。因此，中国首先急需加强能效标准和审计制度的建设与完善工作，其次当时机成熟时，再逐步建立起全国统一的碳排放交易市场。

9.4.4 技术方向

1. 节能产业特征和市场容量

世界能源委员会（World Energy Council）提出的节能（energy conservation）定义为：

通过采取技术上可行、经济上合理、环境和社会可接受的一切措施，提高能源资源的利用效率。所谓节能产业，主要是指为节约能源提供物质基础、技术装备和服务的产业，涉及节能技术、节能装备、节能产品和节能服务等几个方面。发展节能产业，对制造业而言，其实质是通过新技术、新工艺的运用，实现传统产业的升级换代和现代化，增强市场竞争力；对广大消费者而言，不仅可以消费更高效的终端用能产品，也可享受更高效的节能服务。节能产业的主要特征是产业链长、关联度大、吸纳就业能力强和对经济增长拉动作用明显。加快发展节能产业是调整经济结构、转变发展方式的内在要求，也是推动节能减排，发展绿色经济、循环经济和低碳发展，抢占世界未来竞争制高点的战略选择。

根据国际能源署的报告《世界能源展望2009》（*World Energy Outlook* 2009），为了实现将地球温升控制在2℃以内的目标，要求2020年世界二氧化碳排放量达到顶峰（309亿吨）并开始下降，到2030年要下降到264亿吨左右。实现上述二氧化碳排放控制目标的基本措施包括节能、使用可再生能源和生物燃料，以及CCS技术，它们对二氧化碳减排的贡献和所需投资如图9-9所示。图9-10是世界能源分类投资需求对比。由这两个图可以看出，2010～2030年，节能对二氧化碳减排的贡献最大，占到了整个二氧化碳减排的58.7%。从投资上来看，2010～2020年节能投资为1.999万亿美元，2020～2030年节能投资为5.586万亿美元，2010～2030年节能总投资达到7.585万亿美元，是同期可再生能源投资的2.4倍，核能的12.3倍，CCS的10.8倍。美国能效经济委员会（American Council for an Energy Efficient Economy）在2008年发布了《美国能效市场容量：展示节能的完整前景》（*The Size of the U.S. Energy Efficiency Market: Generating a More Complete Picture*）报告。报告指出，2008～2030年美国能效产业市场达到7万亿美元。这个数据相当接近国际能源署给出的全球节能市场的投资总额，充分反映了美国对这一市场的高度重视和期望。

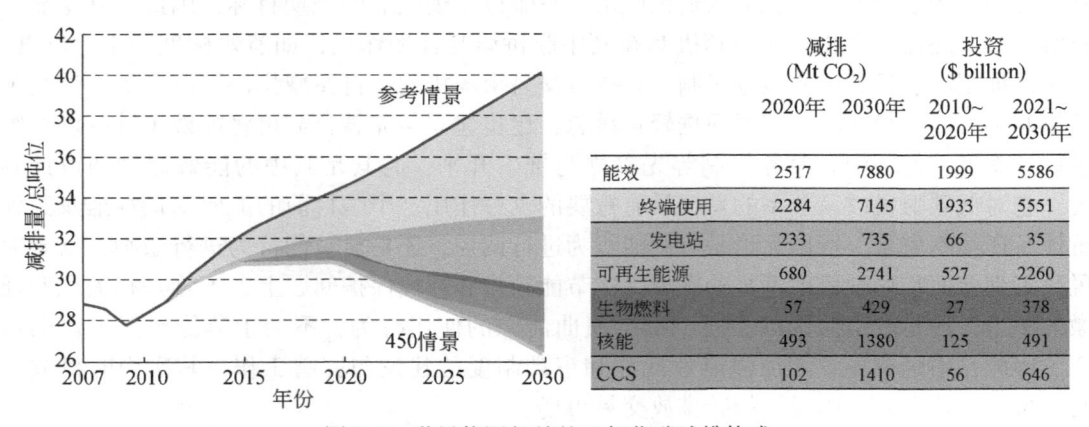

	减排 (Mt CO_2)		投资 ($ billion)	
	2020年	2030年	2010~2020年	2021~2030年
能效	2517	7880	1999	5586
终端使用	2284	7145	1933	5551
发电站	233	735	66	35
可再生能源	680	2741	527	2260
生物燃料	57	429	27	378
核能	493	1380	125	491
CCS	102	1410	56	646

图9-9 世界能源相关的二氧化碳减排构成

从国内来看，按照国际能源署的估计，以中国节能投资占世界节能投资的40%计算，未来20年中国节能投资在20万亿元人民币左右。按照国家发展和改革委员会的测算，2008年中国节能产业产值为2700亿元人民币，带动就业450万人，逐渐成为支撑中国经济社会发展的重要力量之一。按照年增长10%计算，未来20年中国节能产业总值将达到

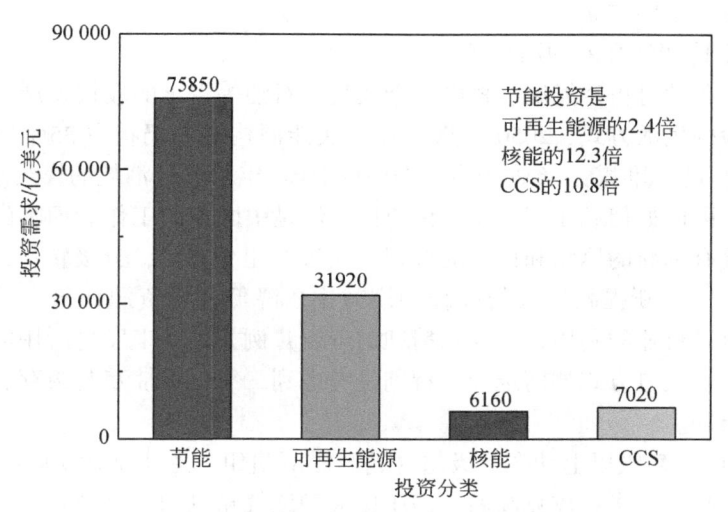

图 9-10　2010~2030 年世界能源分类投资需求

10 万亿元以上，这个数据同国际能源署的数据大体相符。根据《2009 年度中国节能服务产业发展报告》，截至 2009 年年底，能源管理企业协会（Energy Management Company Association）会员数量新增 65 家，达到 450 家，增幅为 16.88%；运用合同能源管理（energy performance contracting）机制实施节能项目的节能服务公司（energy management company），从 2008 年年底的 386 家增长到 502 家，增幅超过 30%。除能源管理企业协会会员外，在世界银行/全球环境基金中国节能促进项目的影响和带动下，在中国建立了一批以运用合同能源管理机制实施节能项目的节能服务公司，发展较快，从 2008 年的 129 家增长到 2009 年的 181 家，增幅为 40.3%，从业人员自 2008 年年底的 6.5 万人增加到 11.3 万人，增幅为 73.9%。

从以上分析可看出，无论国内还是国外，未来 20 年节能产业市场的潜力巨大，是一个战略性的新兴产业。

2. 节能技术发展重点

针对中国能源领域的上述问题，需要在能耗密集的行业加强节能工作，可采取措施包括：根据"温度对口、梯级利用"的原则，将不同品位的热能实现对口梯级利用；通过技术改造和淘汰落后设备，大力提高动力机械的节能潜力；通过革新技术、改进工艺，充分利用工业余能和伴生可燃物的回收利用，提高能源利用效率，降低单位产品的能耗，减少浪费；加快发展替代能源和储能技术的应用，实现能源供应和消费向多样化、清洁化方向发展；发展电力电子节能技术，降低电能消耗，实现能量的高效转换。可以说，依靠技术进步是促进耗能产品能耗下降的主要途径。

综合以上分析，应从解决节能潜力巨大的工业节能降耗入手，对能源转换和应用的重点领域，特别是对电力过程、热力过程等终端用能量大、面广的领域予以重点关注，积极采用先进的技术和装备，加强节能降耗技术的开发、应用和科学管理，在"十二五"期间重点发展以下几个主要方面：

（1）煤炭全价清洁高效利用技术

即使考虑了各种可再生能源、核电、天然气、石油等需求的较快发展，并充分考虑节能的潜力和节俭的生活方式，2050年煤炭在一次能源构成中仍将占35%以上，年煤炭需求量不低于20亿吨标准煤，未来40年（2010~2050年）累计消耗的煤炭总量将在900亿吨标准煤以上，因此如何利用好这900亿吨标准煤是中国能源工作者面临的重大问题。对这个问题必须要有创新的思路和详细的规划。通过"组分对口，分级转化；温度对口，梯级利用"的方式，不断提高煤炭的综合利用效率，降低环境资源代价。煤炭在电力、化工、冶金、建材等行业的利用都需要做精细的分析，例如，未来发电所用的煤炭占煤炭份额不断增加，各种发电方式如何选择，特别是考虑到二氧化碳捕获与封存，都需要有整体的规划和战略布局。

重点发展600MW级以上功率等级超（超）临界机组，逐步掌握700~760℃高参数发电机组设计制造核心技术；攻克高温、高压比大型燃气轮机的关键技术，实现大型燃气轮机的国产化；发展高效、对煤种适应性强的气化技术和先进的空气分离技术，研发示范以整体煤气化联合循环发电技术为核心的多联产能源系统；研发推广国产300MW及600MW汽轮机组现代化通流改造、汽封轴封改造技术；探索燃用贫煤、褐煤的超（超）临界贫煤发电技术；开展高效超临界空冷机组技术研究；发展国产大型循环流化床、等离子体点火和双尺度燃烧等技术。

（2）低品位余能高效利用技术

所谓低品位余能是指温度低或规模小的余热余压资源和低热值可燃气体。工业过程产生的低温、间歇性热能具有分布广、规模大、回收利用难度大等特点，所涉及的某些技术瓶颈（如中小功率的高效膨胀机技术），目前在国内外均未突破。某些重要领域（如低热值伴生可燃气）中国远远落后发达国家。综上所述，低品位余能的利用效率低、难度大，在国际上也并未完全成熟，但一旦技术突破后，市场广阔、节能减排贡献大，是"十二五"乃至"十三五"重点发展的节能产业。

在低品位热能利用技术方面，重点突破中小功率的膨胀动力设备如单螺杆膨胀机技术，实现产品的系列化和大规模产业化，研发和推广针对工业领域存在的大量80~300℃的低温余热的系列有机朗肯循环低温热源发电技术、天然气冷能发电技术、内燃机余热发电或热功转换技术以及各种气体和蒸汽的余压发电技术；发展低温余热品位提升与间歇/波动性余热储存技术，研发和推广回收煤矿、热电厂、油田、冶金、化工等领域循环冷却水余热的大型热泵供热技术。

在伴生可燃气利用技术方面，集中优势力量突破低热值燃气轮机技术，实现国产化，发展高炉煤气、焦炉煤气、煤层气、沼气等低热值伴生可燃气的燃气蒸汽联合循环发电技术，特别是钢铁工业高炉煤气等低热值燃气蒸汽联合循环发电技术；突破低温单螺杆压缩机和单螺杆膨胀机技术，研发和推广针对零散气田和边远气田天然气、油田伴生气、煤炭开采过程中放空的煤层气、水溶气、垃圾填埋气、沼气、调峰用天然气和火炬气的橇装式可燃气体液化技术。

(3) 节能汽车技术

交通运输是石油消费的重点行业，是温室气体和大气污染物排放的重要来源之一。中国交通运输业的二氧化碳排放量预计到2015年和2030年将分别达到5.22亿吨和11.08亿吨。据统计，机动车尾气排放已成为城市大气的主要污染源，目前，在中国一些大城市中机动车污染物排放量占大气污染物总排放量的60%左右。当前中国交通行业能源利用效率与世界先进水平相比明显偏低，其中载货汽车百吨公里油耗比国外先进水平高30%左右。因此，新型节能汽车的研发与推广，是缓解中国能源环境压力、发展汽车工业的必要措施。

重点突破单螺杆膨胀机驱动的紧凑高效内燃机余能热功转换装置技术、余能热功转换装置与内燃机的集成技术，研发内燃机与余能热功转换复合的混合动力系统技术，实现产品的系列化和大规模产业化，"十二五"期间重点在重型卡车中进行示范和推广，在"十三五"期间再在轻型客车领域进行示范和推广。突破压缩空气高效单螺杆膨胀机技术，发展压缩空气膨胀与熔盐蓄热复合的新型气动汽车混合动力系统，实现产品的系列化和大规模产业化，在城市公交、机场巴士等领域示范和推广这种新型压缩空气混合动力汽车技术。

(4) 用电设备节能技术

泵、风机、压缩机类拖动设备年耗电量约占全国电力消费总量的40%左右；照明用电占到全国总发电量的10%~12%，并每年以5%的速度增长；空调用电负荷占到城市夏季供电负荷近40%，若空调温度每升高1度，可降低电量8%，由此每年可减少上百亿千瓦时的电力消耗。因此，开展各类用电设备节能技术研究，是提高中国能源利用效率的关键。

发展变频电机、稀土永磁电机等高效节能机电产品；开展高速电机关键技术设备研制工作；开展热管节能技术、开关变频技术、有源功率因数校正技术研究；提升电机本体能效，推广采用冷轧硅钢片Y系列电机，大力发展永磁电机等高效电机技术和产品，使中国高效电机效率达到或超过NEMA标准；大力发展高压大功率电机运行节能关键技术和关键装备的设计、生产制造技术。研发和推广高性能压缩机技术，逐步改变高性能压缩机主要依靠进口的局面，促进风机、鼓风机、压缩机、水泵等通用流体机械节能技术的推广；研发和推广节能家用电器产品和技术；解决半导体照明中的关键技术问题，提高发光效率、降低成本和提高器件的稳定性寻求更合适的衬底材料，提高LED出光效率、解决大功率芯片封装和荧光粉寿命等关键技术问题；开展重大装备和原材料的国产化研究，提升半导体照明用大功率LED工艺集成创新能力；加速制订和实施各类用电设备的能效标准，扩大节能用电设备的市场占有率。

(5) 建筑节能技术

目前，中国建筑能耗已占社会总能耗的1/4，其中空调供暖能耗超过60%。欧美发达国家建筑能耗比例都已超过30%，有的甚至超过40%，成为社会总能源消耗的第一大户。中国建筑能耗的突出特点为建筑能效低下，无论是围护结构还是供暖空调系统的能效均大大低于发达国家水平。随着中国经济的进一步发展，中国建筑能耗的增长压力将空前巨大。

大力发展适合不同气候区域和经济发展水平的各种绿色建材，建设节能建材产业化基地；大力推广集中供热系统节能技术，建设具有推广价值的示范工程；开展分布式供能技术及其关键设备的研发与推广，通过冷热电联供实现建筑综合能源利用效率的倍增；推广可再生能源技术在建筑中的规模化应用，建设具有推广价值的绿色建筑示范工程；推进既有居住建筑的节能改造，建设具有推广价值的示范工程；推进大型公共建筑的能耗检测、审计和节能改造；开展村镇建筑节能技术体系建设，建设具有推广价值的示范工程；推广节能家电产品的使用；培育建筑节能服务体系，研究建筑能效标识方法，建设建筑能耗统计、检测平台，逐步完善建筑节能监管体系；促进低能耗建筑和绿色建筑技术发展；加强先进节能管理理念、机制和经验的发展；利用政策引导建筑节能和自主创新技术的发展。

（6）能量系统优化节能技术

能量系统优化是以科学用能和总能系统理论为指导，通过一定的策略和方法来处理能量系统的设计、控制和运行等问题，从而达到提高系统能效水平的目的。目前，能量系统优化节能技术在国外已得到广泛应用。中国高耗能行业和建筑用能行业是耗能大户，但能源利用效率与国际先进水平相比有较大差距，节能潜力大，是节能的重点领域。这些行业具有能源利用环节多、流程长、用能系统复杂等特点，因此在这些行业推广能量系统优化技术，将为系统能效水平的提高起到事半功倍的效果。

重点研发分别针对电力、冶金、化工、建材、建筑等典型高耗能行业的能量系统优化分析软件以及相应的工业能耗在线检测与诊断系统软件和硬件，并在高耗能行业中推广和应用，进行高耗能行业的系统节能改造，大幅度提高各系统的能效水平，使中国各类产品的能源消耗强度接近或超过世界先进水平。

（7）节能服务产业

节能服务产业属高端的技术服务型第三产业，属知识人才密集型产业。中国正处于全面建设小康社会和工业化、城镇化、市场化、国际化加速发展时期，加快发展节能服务业，尽快使节能服务业成为国民经济的新兴战略产业，是推进经济结构调整、产业结构升级、转变经济增长方式的必由之路，是实现节能减排目标、提高能源利用效率和能源系统经济性的重要举措，也是吸纳各类相关专业技术人才、促进就业的重要途径。目前，在中国节能事业中存在着一些问题亟待解决：①既有能源系统能效低下，需要通过技术改造提高能效，但由于企业缺乏技术手段和资金，无法实现节能改造；②新建、拟建项目的规划设计，由于缺乏专业的、科学的建议和措施，致使项目规划的预期节能目标无法实现；③节能技术与节能技术应用之间缺乏中间机构衔接，节能技术成果转化不利；④由于缺乏政策、资金支持，节能技术推广困难。这些问题阻碍了中国节能减排工作的顺利推进，根本原因在于节能服务产业发育不良，需要大力发展。合同能源管理是发达国家普遍推行的、运用市场手段促进节能的服务机制。节能服务公司与用户签订能源管理合同，为用户提供节能诊断、融资、改造等服务，并以节能效益分享方式回收投资和获得合理利润，可大大降低用能单位节能改造的资金和技术风险，充分调动用能单位节能改造的积极性，是行之有效的节能措施。中国20世纪90年代末引进合同能源管理机制以来，节能服务产业迅速发展。然而，目前中国节能服务产业依然存在财税扶持政策少、融资困难以及规模偏小、发展不规范等突出问题，难以适应节能工作形势发展的需要。

未来十年，政府应着力培育节能服务企业，支持具有一定规模和实力的节能环保服务公司，鼓励节能技术和管理水平高的重点用能单位与节能装备和产品制造企业组建专业化服务公司，提供专业化节能服务。按照做精、做专、做强的要求，培育一批有特色、高水平的节能咨询、设计、评估、检测、诊断、培训等专业节能服务机构，引导节能服务企业按照市场规律和服务对象需求，创新服务机制。

9.5 发展趋势

要实现 2050 年中国低碳发展道路，必须在引导合理的消费需求、推动形成节约型的生产体系和消费体系，构建科技含量高、经济效益好、资源消耗低的经济结构，推动终端部门、加工转换部门的技术进步，以及构建清洁、高效的能源供应体系等方面作出努力。

1. 以节能减排推动中国低碳发展

目前，中国正处于工业化快速发展阶段，人民物质生活的改善和消费水平的升级产生了对工业品的大量需求，从而引发了目前中国市场对资源和能源的大量需求。节能减排是解决中国工业化过程中经济发展与资源环境矛盾的有力抓手，是中国经济可持续发展的重要措施。

从各部门的节能减排贡献来看，根据预测，伴随着工业化、城市化进程的加快，2035年之前，工业部门一直是节能减排的最大贡献者，其中又以高耗能行业为主；2020 年以后，随着居民生活水平的不断提高，以及居民消费结构逐渐转向"住""行"为主，商用/民用建筑物、交通部门的节能减排贡献度开始加强，到 2050 年，建筑物部门的节能贡献度超过了交通、工业部门，居于首位，减排贡献度超过工业部门，居第三位；伴随着交通部门新技术的出现，到 2050 年，它将取代工业部门，成为第二大节能贡献者，减排贡献度仅次于发电部门，也居第二位。鉴于 2020 年以后，加工转换部门的能源优质化进程不断提速，特别是水电、核电、风电、太阳能发电的快速增长，它们对未来中国的减排贡献度不断提升，2020 年，加工转换部门的减排贡献度为 16.8%，仅比交通部门略高，到2050 年，其减排贡献度就达到 29.6%，处于第一位。从整个能源需求的构成变化看，交通、商用民用部门用能比重不断增加，加强这两个部门的节能减排，特别是生活方式引导，尤为重要，这也是未来三五十年节能减排的重点和难点之一。

2. 以低碳标准抢占发展制高点

低碳发展已成为 21 世纪经济发展的大势所趋。未来几十年，低碳发展的相关元素将更加深入地渗透到每个角落，发展低碳发展，推动经济由"黑金时代"向以绿色能源、绿色经济为标志的"绿金时代"发展已成为各界的共识。低碳发展不仅局限于技术的创新，更重要的是要打造生产全流程的低碳，而这一切都以碳排放相关的标准为依据。

"一流企业定标准、二流企业做品牌、三流企业卖技术、四流企业做产品"是经济发展的普遍规律。四流的企业只知道做产品,把产品生产出来卖出去就好了;三流的企业知道如何采用先进的技术,可生产出更好的产品,能够卖出更好的价格,获得更大的收益;二流的企业知道在品牌上加大投入,以此获得更多的忠实于本品牌的消费者,获得更高的经济收益;一流的企业则把更多的精力放在定标准上,采用谁的标准就要支付给谁专利使用费,每年的专利使用费是一笔可观的收入。目前,很多国外的企业要求参与制定中国的国家标准、行业标准,就是要从制定标准中获得最大的利益。

标准之争其实是市场之争。谁掌握了标准,就意味着先行拿到市场的入场券,甚至成为行业的定义者。标准已成为最重要的行业发展因素,谁的产品标准一旦为世界所认同,谁就会引领整个产业的发展潮流。因此,中国政府和企业应逐渐参与到国际标准的制定和研发之中,以此获得与国际巨头同等的话语权。这对中国政府和企业来说至关重要。

近几年,国际标准化组织、欧盟、美国、日本都在制定和实施包括 ISO14064 等在内的一系列国际标准,意在规定商品和服务全生命周期的碳排放量化、监测、核实和管理进程。目前国内外一些机构和企业也在推广新能源和发展低碳技术以及相应的标准制定方面开展了很多有益的探索和实践。当前中国低碳发展的主要问题是由于低碳标准缺失、概念模糊导致的市场混乱,政府应该除了发展低碳技术、推广低碳产品、倡导低碳生活外,还应尽早制定低碳标准和相关的法规,以法律、标准有效引导市场的发展,这样才能早日抢占国际低碳发展的制高点,有效地掌握在低碳发展财富供应链上的优势。

当前中国正处在发展时期,与发达国家已经完成工业化有很大不同。首先,中国低碳标准的研究要保持一定的独立性和特殊性。其次,由于各个行业的差异比较大,低碳标准的制定可从行业发展较为完善、产品生命周期相对简单的行业入手。例如,钢铁行业发展快速,钢铁冶炼技术世界领先,且行业流程相对简单,是开展碳排放评价研究的首选。再次,二氧化碳等温室气体的排放,不仅关系到一个国家和区域,更是全世界必须面对的大事,因此,中国企业中拥有较大出口量的行业应为研究的重点,例如,焦炭行业和稀土行业,特别是稀土行业(全球95%以上的稀土都是由中国生产供应的)。最后,关于企业碳排放的评价方法,在保证数据准确合理的前提下,要尽量考虑企业的发展和承受能力,做到简单易行、方便企业对自身碳排放的情况进行评价。

低碳标准的制定:第一,要充分利用各研究机构、大学的人才优势,积极进行低碳技术的理论研究。第二,要充分利用市场的驱动力量来刺激研究活动的开展。中国市场规模广阔,能形成科学研究的大规模需求,也能更好地分摊研究成本。第三,要在短时间内提高水平,除了要依靠国内的自主创新之外,还要加强国际之间的交往与合作。加强国际间技术的合作和转让,能使全球共享技术发展,大大减缓气候变化带来的问题。

低碳发展标准化建设是中国低碳发展的基础,低碳标准的建立将更好地引导低碳发展。中国低碳市场发展和节能减排工作的开展离不开政府的推动,低碳标准的制定政府应发挥主导作用,制定相应政策措施如产品碳足迹标准,为大力推进低碳发展构建法律基础。通过对低碳标准的完善制定,使其在低碳市场上发挥主导性作用。

9.6 小　　结

低碳发展不仅是全球气候变暖的国际形势下兴起的一个绿色发展的系统工程，也是一次深刻的经济产业和社会观念的革命。日本、丹麦、英国、瑞典等国家和地区是资源节约型和环境友好型社会的典范，其低碳发展取得了令人瞩目的成就，相关能源可持续发展战略、技术和实践经验都值得借鉴。实践篇分别介绍了中国经济转型的绿色发展模式、循环发展模式和低碳发展模式，以下章节的内容将集中介绍中国经济转型的社会保障、科技创新和金融安全体系的建设。

第四篇 保 障 篇

有关邓小平开始实施的改革开放政策及其在中国所产生的深远影响，西方媒体报道得太少。农业、科技和艺术的解放、法律保障制度的不断健全，是中国发展的重要基础。在此基础上，中国开始接近群众、尊重法律、保护环境，把中国从一个阶级斗争的社会转变为一个和谐社会。中国正在以不同的速度多方位地发展着，首先重视经济发展，其次是教育、科技、法律和环境。在中国媒体和网页上面，有不少关于干部腐败、滥用职权的报道，这也许是因为中国缺乏权力监督制度和措施而产生的最棘手的问题。

——格尔特·卡明斯基（Gerd Kaminski） 奥地利中国和东南亚研究所所长

中国在成为世界工厂的同时，现在也不得不承受大量生产所带来与之相关的能源消耗和污染这一可怕后果。虽然没有能迅速解决这个问题的办法，但是可以做些国际比较：在工业化的过程中，欧洲和美国以及更近时期的日本这些主要经济体都经历过这条"污染峡谷"，它们的经历为我们带来了一线曙光——由于成功控制了污染和能源消耗，这些经济体不仅发展了科技，更为如何通过环境监管促进发展提供了先例。尽管前景并非令人振奋：根据经验研究的环境库兹涅茨曲线，可能需要等待中国达到某个水平的GDP，这个收入水平允许人们通过花费足够的资源来减轻对环境的影响。对此，只能期望有足够的时间达到这样一点……不过同样重要的还有中国在社会经济发展方面不断取得的进步。迄今为止，历史上没有任何国家像中国这样经过30年改革开放便让如此多的人摆脱了贫困。现在，全世界的发展中国家都视"中国方式"为代替西方发展模式的另一种模式。另一方面，中国今天的社会变化也显得更加强硬。建设和谐社会的探索之路仍在继续。

——韦伯博士（Uwe Weber，德国籍） 中丹可再生能源发展项目国际顾问

前30年，改革开放为建设创新型国家创造了前所未有的物质和技术基础，突出表现在人才、管理和市场创新、技术进步、企业成长和市场竞争压力等显著进步上。但中国企业竞争力主要表现在低成本比较优势方面，一批优秀企业，如联想、海尔，主要长于市场和管理创新，而一些技术创新型企业，如华为、中兴通信在中国是特例而不是通例。从我们实证分析结果看：①中国规模以上的工业企业中，93%的企业基本没有研发投入。②企业平均研发强度方面，国企高于民企、民企高于外企。③企业平均研发产出效率低，发明专利集中在少数技术性公司和垄断公司手里。④直接技术外溢效果较差，间接技术外溢效果较好。⑤企业研发投入主要集中于市场推广。⑥官产学研一体化有待改进。改进措施：一是应开放竞争；二是改善创新环境；三是鼓励国际合作和要素创造；四是推进官产学研的合理化和有效性。

——张燕生 国家发展与改革委员会对外经济研究所所长

中国实行改革开放政策30年来经历了迅速和独特的发展。在这30年里，中国在政治、经济和社会各方面的改变令人震惊。中国在世界上已经扮演着越来越重要的角色。今天，中国已成为与世界各国保持良好关系的合作伙伴。对德意志学术交流中心来说，中国在科学教育领域取得的进步有着特殊重要性。在过去30年中，DAAD为推进中德两国学术交流发挥了关键作用。早在1974年时，第一批来自中国的DAAD奖学金获得者来到德国并在德国的大学中学习。自此之后，中德两国的高校设立了400多项合作项目，现在26000多名中国学生在德国学习，同时在中国学习的德国学生也不断增加。与此同时，双

方的合作研究也在不断增进。中国对教育体系进行了深入变革和迅速发展，尤其近10年中国已经成为德国进行教育与科学合作最重要的国家之一，并且是德国值得信赖的伙伴。

——韩北山（Stefan Hase-Bergen）德国德意志学术交流中心驻京办事处时任主任

面对经济转型，工业化和城市化的迅速推进，中国的环境问题凸显，20世纪90年代中后期开始，中国加快了环境立法和原有法律的修订，并与联合国及美国、俄罗斯等许多国家签订环境保护的双边协定或备忘录，西方发达国家一两百年达成的工业文明与生态平衡的立法成果，中国仅用了二三十年基本完成，为环境友好型和资源节约性的社会的建立奠定了坚实的法律基础。从"无法可依"到"有法可依"，是中国法制建设的重要转折，但是社会管理者及民众对法律的认知和认同，以及做到"有法必依，违法必究"还有相当长的路要走。目前，在社会法律体制建设中，特别是环境法制度建设中，地方、部门保护主义问题突出，协调执法遇到体制性障碍，部门管理捉襟见肘，亟待建立区域性协调管理体制和执法体制的变革，以及政府信息公开透明，自觉接受群众监督，等等。本编从宏观的角度阐述建国60年来中国社会法律体系发展脉络，着重论述与经济转型相关联的法律建设以及环境法律的确立和发展，资料翔实，视角新颖，分析具有高屋建瓴之势。

——张荆教授　日本大学一桥大学法学研究科公共关系法博士

第 10 章　社会法律体系建设

　　良好的法治环境是市场经济条件下社会制度创新和社会秩序完善的前提。随着市场化利益主体和行为的日趋成熟，市场体制的局限和主体行为的非理性也逐步显现。因此，建立法治社会，加快制度创新，发挥社会公正，促进资源有效配置，健全社会安全信任机制，显得刻不容缓。只有建设好中国特色社会主义法治体系，实现有法可依，依法执政，才能保证经济转型的最终成功。

10.1　建设法治体系

　　当代中国的法律体系是以宪法为核心，其他法律为主干，由宪法与宪法相关法、民商法、行政法、经济法、社会法、刑法、诉讼与非诉讼程序法等多个法律部门和法律、行政法规、地方性法规三个层次的法律规范构成的统一整体。

10.1.1　建立法律体系

　　新中国成立60多年来，政府先后制定了一系列基本法律和其他重要法律，并发布了许多行政法规和地方性法规与行政规章，建立并形成了日臻完善的以宪法为核心，部门齐全、数量适度、内在统一、外在协调的法律体系。

　　(1) 法律体系的概念

　　"法律体系"是中国法理学中的一个基本概念，是指"由一个国家的全部现行法律规范分类组合为不同的法律部门而形成的有机联系的统一整体"。全国人民代表大会及其常务委员会是中国的核心立法机关，其在法律体系概念的把握上，基本上采用了上述主流观点，即中国的法律体系是不同法律部门的有机组成和协调，而不同法律部门则是许多法律法规的划分和归类。

　　(2) 法律体系的构件——法律规范

　　法律规范是法律体系的基本单位和要素之一，是指由国家制定或认可的，以国家强制力保证执行的，具有完整逻辑结构的特殊行为规则。由于法律规范的范围被归结为"一个国家法律规范的表现形式"的问题，大致与学理上所说的"法律的形式渊源"的概念相联系。中国的立法机关认为，中国是单一制国家，在法律体系上较多地吸收了大陆法系的传统，采取成文法的立法体例，法律体系中法律规范的范围"应当包括宪法、法律、行政法规、地方性法规、自治条例和单行条例、规章几种形式"。

(3) 法律体系的分类——法律部门

在中国法律体系的构建中,法律规范是基本的元素,法律部门则是法律体系中比法律规范高一层级的有机模块(张志铭,2008)。法律部门是依照调整的社会关系和调整方法对法律规范进行分类的结果,但在不同的原则和要求下,这种分类呈现不同的标准。中华人民共和国第九届全国人民代表大会常务委员会提出了具有结论性质的"七分法",即在宪法统帅下,按照法律规范调整的社会关系和调整方法的不同,将中国法律规范划分为七个法律部门,它们分别是宪法相关法、民商法、行政法、经济法、社会法、刑法、诉讼与非诉讼程序法。

10.1.2 建设法治社会

中国法律体系与经济转型相伴而生、相互促进,具有鲜明的时代特征。从法律的作用来说,尽管这种功能还不完善,但它已从最开始的国家部门管理的工具发展到管理独立经济参与者的法律依据和程序(劳伦·勃兰特和托马斯·罗斯基,2009)。从法律和经济之间的互动来看,一方面,现代化建设为法律体系构建提供内在需求和动力;另一方面,法律体系的构建又为经济转型提供了法制环境。处理好法律稳定性和经济转型期的相互关系,才能巩固现代化的成果。

10.1.2.1 建设法治社会

"法制"与"法治"不同,前者指由法律调整而成的制度,与民主相生相伴,其中民主是内涵,法制是表征,加强民主必然加强法制。后者强调的则是价值、目标和行为方式,它包含着法治的价值观和法治的精神,最重要的是表现一种普遍信仰法治的生活方式。

"法治"是按照民主原则把国家事务法律化、制度化并严格依法管理的治国方略。法治与人治是彼此对立的两种法律文化,前者的核心是强调社会治理规则的普适性、稳定性和权威性;后者的核心是强调社会治理主体的自觉性、能动性和权变性。本质要求不同的两种治国方式必定产生两种不同的结果。针对过去的失误,邓小平提出政治体制改革的目标是建立社会主义民主政治、实行法治,并把政治体制改革同法治联系起来(中共中央文献编辑委员会,1994)。

10.1.2.2 强调经济建设

党的十一届三中全会指出,大力开展以经济建设为中心的现代化建设,解放和发展社会生产力,必须适时地采取一系列新的经济措施对经济管理体制和经营管理方法进行调整和改革,把高度集中的计划经济体制改革成为社会主义市场经济体制,党的十一届三中全会将工作着重点转移到社会主义现代化建设上来,纠正了20世纪50年代末期出现的"左"的错误,汲取了"文化大革命"运动的教训,推进了对外开放,促进了经济转型。

10.1.3 推进经济立法

1982年宪法的颁布和施行，从法制的角度标志着中国开始迈向"依法治国"和"依法执政"的法制社会，为社会主义现代化建设的第六个五年计划（1981~1985年）和第七个五年计划（1986~1990年）提供有力的法制保障。"六五"计划时期是中国经济深化管理体制改革和扩大对外开放的战略转型时期，而"七五"计划时期是坚持把改革放在首位，进一步深入进行经济体制和科技、教育等体制全面改革的五年。这十多年间，为适应快速发展的经济和社会形势需要，全国人大常委会和国务院制定了382件民事或经济相关法律法规（1979年~1992年5月），其中主要包括：①经济法119件，约占31.15%；②民法31件，约占8.11%；③财政金融法22件，约占16.23%；④劳动法20件，约占5.23%；⑤经济特区法规8件，约占2.09%；⑥对外经济技术合作法规22件，约占5.75%；⑦环境保护法规23件，约占6.02%。如此大规模的民事与经济立法，在一定程度上填补了中国社会主义法律体系的若干空白，有力地保障了改革开放的迅速发展，其突出表现有四点：①保障了家庭联产承包责任制为中心的农村经济体制改革；②以制定相应的政策法规为基础指导城市经济体制改革；③以完善财政管理制度为基础推进投资财税体制改革；④围绕对外开放的深入和扩展出台相关的法律法规。

中国采取了五个步骤推进法制建设的工作。

1. 《中华人民共和国宪法修正案》的通过

1993年3月第八届全国人民代表大会第一次会议讨论通过了《中华人民共和国宪法修正案》。这次宪法修正，把实行社会主义市场经济体制作为国家经济体制改革的目标模式以立法形式确定下来，对保证中国经济发展具有深远的意义。

2. 相关经济立法的加强

在宪法修正案通过后，相关经济立法也逐步开展。1993年6月24日，中共中央、国务院下发《关于当前经济情况和加强宏观调控的意见》，以整顿金融秩序为重点，提出一系列加强和改善宏观调控的措施，主要包括实行适度从紧的财政货币政策、整顿金融秩序、控制投资规模、增加有效供给、运用进口调剂国内市场、整顿流通环节、加强价格监管等。此后，国家相继出台了用以规范经济活动的各项法律法规，如《股票发行与交易管理暂行条例》《中华人民共和国反不正当竞争法》《中华人民共和国消费者权益保护法》《中华人民共和国企业所得税暂行条例》《中华人民共和国资源税暂行条例》《中华人民共和国预算法》《中华人民共和国城市房地产管理法》等。宏观调控手段以经济手段为主，法律手段和行政手段加以配合，经过三年多的努力，通货膨胀率从1994年的24.1%降到1996年的8.3%，而经济增长率则从11.6%回落到9.7%，基本实现了中国经济的"软着陆"。

3. 社会主义经济秩序的维护

2001年4月27日，国务院又颁布了《关于整顿和规范市场经济秩序的决定》，针对市场经济秩序方面存在的问题，"十五"时期整顿和规范市场经济秩序的主要内容包括：打击制售假冒伪劣商品、偷税、骗税、骗汇、走私、制贩假币等违法犯罪活动，整顿建筑市场，整顿和规范金融秩序，严肃财经纪律，规范中介机构的行为，推进文化和旅游市场整顿，打破地区封锁和部门、行业垄断，强化安全生产管理和安全监察。

4. "依法治国"基本方略的实行

1997年9月，中国共产党第十五次全国代表大会在北京召开，强调依法治国，建设社会主义法治国家是党领导人民治理国家的基本方略；公有制实现形式可以而且应当多样化，非公有制经济是中国市场经济的重要组成部分；允许和鼓励资本、技术等生产要素参与收益分配。1999年3月15日九届全国人大二次会议通过的宪法修正案将"中华人民共和国实行依法治国，建设社会主义法治国家"用宪法的形式固定了下来。

5. 法律体系与国际规则的衔接优化

为了应对加入WTO后所涉及的国内法与世贸规则的衔接，国务院抓紧进行了法律法规的"立、改、废"工作。2001年10月，国务院发布《关于废止2000年底以前发布的部分行政法规的决定》，对新中国成立以来至2000年年底期间现行行政法规756件进行了全面清理，决定废止71件，宣布失效80件，从而确保有关或者影响贸易的法律、法规、规章和其他政策措施符合世贸组织协定和中对外的承诺。同年12月，国务院办公厅宣布34件国务院和国务院办公厅文件停止执行。国务院各部委根据《关于适应中国入世进程尽快完成部门规章立改废工作的通知》（国法函[2001]253号）要求，对不适应社会主义市场经济发展要求和与世贸规则相抵触的规章、规范性文件进行了清理和废止。

10.1.4 完善法律体系

2002年11月8日至14日，中国共产党第十六次全国代表大会上，中共中央要求全面建设小康社会，最根本的是坚持以经济建设为中心，不断解放和发展社会生产力，认为主要任务是完善社会主义市场经济体制，推动经济结构的战略性调整，基本实现工业化，大力推进信息化，加快建设现代化，保持国民经济持续快速健康发展，不断提高人民生活水平。本次全会之后，中国在经济领域开展的法制建设活动如下：

1. 制定和修改了一批重要法律

2004年，宪法修正案进行了一些重要条款和内容的修改：宪法第十条第3款"国家为了公共利益的需要，可以依照法律规定对土地实行征用"修改为"国家为了公共利益的需要，可以依照法律规定对土地实行征收或者征用并给予补偿"；将宪法第十一条第2款

"国家保护个体经济、私营经济的合法的权利和利益。国家对个体经济、私营经济实行引导、监督和管理"修改为"国家保护个体经济、私营经济等非公有制经济的合法权利和利益。国家鼓励、支持和引导非公有制经济的发展,并对非公有制经济依法实行监督和管理";将宪法第十三条"国家保护公民的合法收入、储蓄、房屋和其他合法财产的所有权","国家依照法律规定保护公民的私有财产的继承权"修改为"公民的合法的私有财产不受侵犯","国家依照法律规定保护公民的私有财产权和继承权","国家为了公共利益的需要,可以依照法律规定对公民的私有财产实行征收或者征用并给予补偿";将宪法第十条增加第4款,"国家建立健全同经济发展水平相适应的社会保障制度"。此外,为保护公民、法人和其他组织的合法权益,保障和促进社会主义市场经济的健康发展,国务院还依据宪法制定了合同法、公司法、物权法、侵权责任法、企业破产法、反垄断法、反洗钱法、企业所得税法、车船税法、预算法、审计法、专利法、商标法、著作权法、企业国有资产法、保险法、证券法、外汇管理条例、银行业监督管理法等法律规范;为完善社会保障制度,保障和改善民生,制定了社会保险法、劳动合同法、就业促进法、人民调解法、劳动争议调解仲裁法、消费者权益保护法、产品质量法、食品安全法等法律;为节约资源,保护环境,建设资源节约型、环境友好型社会,制定了可再生能源法、循环经济促进法、环境影响评价法等法律。

2. 基本建立了有关社会主义市场经济的法律制度

例如,关于财产权关系的民事法律制度,关于市场主体的法律制度,关于市场管理的法律制度,关于宏观调控的法律制度,关于知识产权保护的法律制度,关于节能和环保的法律制度,关于对外经济合作的法律制度等。社会主义市场经济法律制度,必须抛弃由国家直接管理经济以适应计划经济需要的计划经济法律基础,而建立适应社会主义市场需要的新的法制基础,主要包括以下五个基本制度:确认市场主体资格制度;充分尊重和保护财产权制度;维护合同自由制度;国家对市场的适度干预制度;完善的社会保障制度。

3. 中国特色社会主义法律体系宣告形成

新中国成立60多年来,特别是改革开放30多年来,经过各方面坚持不懈的共同努力,到2010年年底,一个立足中国国情和实际、适应改革开放和社会主义现代化建设需要、集中体现中国以宪法为统帅,以宪法相关法、行政法、民法、商法、经济法、社会法、刑法、程序法部门法律为主干,由法律、行政法规、地方性法规等多个层次的法律规范构成的中国特色社会主义法律体系已经形成,"国家经济建设、政治建设、文化建设、社会建设以及生态文明建设的各个方面基本实现了有法可依。截至2011年8月底,中国已制定现行宪法和有效法律共240部、行政法规706部、地方性法规8600多部,涵盖社会关系各个方面的法律部门已经齐全,各个法律部门中基本的、主要的法律已经制定,相应的行政法规和地方性法规比较完备,法律体系内部总体做到科学和谐统一"(《中国特色社会主义法律体系》白皮书,2011)。2011年3月10日,第十一届人民代表大会第四次会议发布的工作报告概述了中国特色社会主义法律体系在过去30年来的形成过程,又表明了一条基本经验：过去的30年，以经济建设为中心，改革开放与法制/法治建设，互为契机，互为条件，相互促进，相互依存，相辅相成。社会主义市场经济的建立和发展，改革开放的深入和扩展，是建立和形成中国特色社会主义法律体系的原动力，又是根本要求和条件。没有30年来经济的快速发展和改革开放，就没有今天这个法律体系的建立和形成。反之，没有30年来的民主立法、科学立法和法制（法治）建设，也不会有好的经济发展和改革开放的顺利进行。总之，中国特色社会主义市场经济与中国特色社会主义法律体系和法制（法治）是不可分割的，是有机统一的。

2012年11月，党的"十八大"报告提出将"民主制度更加完善，民主形式更加丰富，依法治国基本方略全面落实"作为全面建成小康社会和全面深化改革开放目标的重要内容，希望从民主政治制度化、规范化、程序化着手，实施法治化管理。由此可见，中国的法治化建设任重而道远。

10.2 实施环境法治

长期以来，消耗资源和粗放经营的传统发展模式给中国的社会发展造成了一系列环境污染和生态破坏现象，并逐渐成为制约经济和社会发展的重要因素。改革开放以来，中国将可持续发展战略作为社会主义建设的指导原则，而环境法制建设也在该战略的指导下取得了较大的成绩，初步形成了比较系统的环境与资源法律体系。中国经济转型离不开法制体系的支持，尤其是环境法制的健全与完善。在环境立法的过程中，重视吸收国内外先进的理论和经验十分重要。本节将探讨中国环境法治的成就、经验和不足。

10.2.1 主要成就

截至2010年年底，全国人民代表大会及其常务委员会在环境保护立法体系建设方面制定并实施了《环境保护法》《海洋环境保护法》《大气污染防治法》《水污染防治法》《环境噪声污染防治法》《固体废物污染环境防治法》《放射性污染防治法》《环境影响评价法》和《文物保护法》等9部环境保护方面的法律，以及《水法》《水土保持法》《防沙治沙法》《森林法》《草原法》《野生动物保护法》《农业法》《土地管理法》《海域使用管理法》《矿产资源管理法》《煤炭法》《电力法》《节约能源法》《可再生能源法》《清洁生产促进法》《防洪法》和《气象法》等18部资源节约和环境保护方面的法律。国务院制定并实施了《排污费征收使用管理条例》《自然保护区条例》和《医疗废物管理条例》等与环境和资源保护相关的行政法规50余项，军队环保法规和规章10余件，地方法规、国务院部门规章和地方政府规章660余项。制定并实施了环境质量标准、污染物排放标准、环境基础标准、环境监测方法标准和环境标准样品等国家标准1300余项。缔结或参加了《联合国气候变化框架公约》等30多项国际环境与资源保护条约（《中国的法制建设》白皮书，2008），先后与美国、加拿大、印度、韩国、日本、蒙古国、俄罗斯等国家签订了20多项环境保护双边协定或谅解备忘录（吴险峰和韩鹏，2006）。目前，中国的环境法律体系已经囊括了环境保护、污染防治、环境标准、环境监测、环境影响评价、清洁生产、野生动植物保护、气象和地震九大领域，初步形成了适应市场经济体系和生态文明建设要求的法律和标准体系，对经济转型发挥了重要的作用。

结合实践发展的需要，中国在环境法治方针和原则的确立方面作了较大的调整。国务院《关于落实科学发展观加强环境保护的决定》提出了用"科学发展观统领环境保护工作"的要求，把"环境保护与经济和社会发展相协调"的环境法基本原则调整为"经济社会发展必须和环境保护相协调"，提出了"强化法治，综合治理"的原则，确立了用改革的办法解决环境问题的工作思路，作出了分类指导、突出重点的工作部署。《节能减排综合性工作方案》和《节能减排全民行动实施方案》提出了"坚持节约发展、清洁发展、安全发展""实现经济又好又快发展"的方针。此外，中国还积极制定并实施了减缓气候变化的《节能中长期规划》《可再生能源中长期发展规划》《核电中长期发展规划》《中国应对气候变化科技专项行动》《2000~2015年新能源与可再生能源产业发展规划要点》《中国应对气候变化的政策行动》等规划与政策。这些原则和方针是对以往经验、教训总结和归纳的结果，符合与日益严峻环境形势作斗争的需要。以下从体制安排、制度构建和机制设计三个角度阐述中国环境法治所取得的相关成绩。

1. 环境法治体制安排

在体制安排方面，中国在横向上已经形成环保部门统一监督管理，有关部门分工负责的环境保护协调机制；在纵向上已经形成各级政府和各级部门分级负责的管理体制。为了加强中央对地方工作监管的力度，提高环保监管效率，原国家环保总局于2006年设立了五大区域环境保护督查中心。为克服基层执法力量薄弱和执法难的现象，一些地方政府按照《国务院关于落实科学发展观加强环境保护的决定》的要求，进行市以下环保部门垂直管理的试点。为克服部门各自为政的现象，国家按照《海洋环境保护法》《国务院关于落实科学发展观加强环境保护的决定》《节能减排综合性工作方案》的要求，建立了部际和区域内的污染防治领导或节能减排等协调机制。

2. 环境法治制度构建

在制度的构建方面，中国的环境立法完善了制度创新和相关工作机制。在综合性制度方面，《国务院关于落实科学发展观加强环境保护的决定》建立了根据环境容量确定开发方向和模式的制度；《环境影响评价法》扩展了环境影响评价制度的适用领域，把事前预防性机制由点扩展到面，通过行政规章完善了环境影响评价制度和"三同时"的实施程序，促进了环境问题的综合性防治和区域开发的合理性与科学性；按照《行政许可法》的要求对中国的环境行政许可进行了全面的清查，促进了行政审批的规范化和程序化。在专门的法律制度方面，近十年来，中国已经建立了环境污染防治法律制度、生态保护法律制度和自然资源保护法律制度。环境法律制度的创新和完善，既促进了公权的合理和合法行使，也确立了私权的规范化运行。

3. 环境法治机制设计

在机制的设计方面，为了把节约能源与资源、保护生态、减少污染物的排放等要求和措施有机地结合起来，制定了《节能减排综合性工作方案》《中国应对气候变化国家方案》，形成了体现综合预防和综合控制特点的节能减排新机制，使环境保护进入中国宏观决策体系的主战场。为了初步建立政府引导、市场配合、公众参与和依靠科技创新相结合的长效机制，国家正在采取措施，促进综合、协调监管机制的形成，例如，正在完善权力监督、政协监督、政党监督、行政监督和社会舆论监督的机制，把"地根""水根""能根""材根""污根""银根""税根"与价格、采购、奖励等宏观调控手段和工商监管、安全监管等具体的手段有机地衔接起来，完善流域限批、区域限批等区域性监管机制等，以克服地方保护主义。为了体现区域和流域发展的公平性，国家正在建立流域和区域生态补偿机制，建立政府引导、市场配合、公众参与和依靠科技创新相结合的环保新机制。为了调动人民群众参与环境管理的热情和积极性，制定了《环境影响评价法》《公众参与环境影响评价暂行办法》《环境信访办法》《环境信息公开办法（试行）》等立法。为了强化责任追究机制，《水污染防治法》《环境保护违法违纪行为处分暂行规定》针对环境监管的各环节、各流程全面、系统地规定了法律和纪律责任，对违法现象产生了一定的震慑作用。

以上成就是对环境立法、执法、司法、守法、参与和法律监督六个静态环节的动态化考察。可以看出，中国的环境立法理念先进，体系比较完备，基本原则和方针切合实际，基本制度和法律机制符合环境科学、环境管理和市场机制的要求。因此，从理论上观察，中国环境法治的架构已经基本形成（章轲，2007）。

10.2.2 基本经验

在理念方面，环境保护要以法治和可持续发展为指导。实践证明，法治是现代社会管理国家和社会事务最有效和最公平的措施。30年多来，中国的环境法治建设，就是要把环境保护市场、环境行政管理、环境宏观调控、环境法律监督和环境责任追究等工作纳入法治的框架，依靠法治手段、遵循法律规定的程序，贯彻落实科学发展观、生态文明观、和谐自然观的要求，最终实现可持续发展。以下从思路、模式、环节、措施和实效五个方面介绍中国环境法治的相关经验。

1. 基本思路

在思路方面，中国以市场化改革和民主化促进环境法治事业的发展（吕祖善，2005）。单一的行政命令加控制手段具有成本高、效率低和灵活性不足的缺点。随着市场经济体制的建立和依法治国方略的确立，中国环境法正越来越多地采用排污收费、生态补偿、绿色贷款、绿色保险等市场化的法治措施，缓解了包括产权不明晰、经营主体不落实、经营机制不灵活、利益分配不合理，以及政府投入效率低下和政府干预灵活性不足等在内的诸多问题。这种把环境保护与促进经济发展、人民就业相结合的办法，抓住了环境问题具有的经济和社会双重属性的实质。目前，环境民主正在成为中国环境法治建设的基本原则，环境法中的环境监督管理制度日趋民主化，公众参与、专家论证与政府决策相结合的决策机制正在落实。对于与新设行政许可、公众环境权益以及社会关心热点相关的环境问题，立法机关大多拓宽了公众参与的范围和渠道，通过召开立法听证会、专家论证会等形式，广泛听取社会各界的意见。

2. 发展模式

在模式方面，要坚持同步、并重和综合发展。目前，中国的环保工作已经从环境保护滞后于经济发展的状态转变为环境保护和经济发展同步的现状，从重经济增长轻环境保护转变为保护环境与经济增长并重，而环境问题的解决方法也从单纯利用行政手段转变为法律、经济、技术和必要的行政手段的综合利用。以上的三个转变具有方向性、战略性和历史性，它们标志着中国环保工作进入了以保护环境优化经济增长的新阶段：主要目标是建设环境友好型社会；主要任务是推进历史性转变；总体思路是全面推进重点突破（黄冀军，2006）。

3. 实施环节

在环节方面，环境法治的发展要统筹兼顾。环境法治是一个多元化、多层次和不断发展的事业，其模式和过程可能会因国而异，因时期而异（信春鹰，2008）。但无论怎样变化，环境立法、执法、司法、法律监督、守法的关系都应得到统筹兼顾。立法已成为环境法治的基础，执法已成为法律实施的手段，监督已成为公正执法的保障，普法和积极守法已成为营造良好法治环境的关键。有权必有责，用权受监督，侵权须赔偿，违法要追究的原则已经得到环境法治实践的印证（吴兢，2006）。目前，中国的环境立法、执法、司法和法律监督体系建设已能基本满足环境保护的需要，并正朝着符合科学发展观要求的方向前进。

4. 基本措施

在措施方面，体制、制度、机制的建设和健全要注意全局性、稳定性、实效性、长效性、综合性、衔接性和借鉴性（邓小平，1980）。在体制方面，目前的环境监管工作，已经由原来的环保部门单独监管的体制转变为宏观调控、商务、税务、海关、国土、银行、证券、保险等多个监管部门齐抓共管的协调监管体制，使环保工作融入其他工作，真正成为各部门日常管理工作的组成部分。在制度和机制方面，既注重与国际贸易规则和环境条约的接轨，又注意与民事、行政和刑事立法的衔接；既注重国外成熟经验的借鉴，又注意国内经验的推广；既注重制度和机制体系建设的完整性，又突出了重要制度和机制的关键作用；既突出节能减排等综合性制度和机制的建设，又注重专门性制度和机制的建设；既重视具体监管制度和机制的建设，又注重发挥规划环境影响评价、区域和流域限批、环境税费、污染物排放总量控制、资源和能源利用总量控制宏观调控机制的作用。

5. 主要绩效

1）注重立法实施和法律监督。在与环境事件作斗争的过程中，加强对企业守法的监督，坚持行政首长负责制和环境目标责任制；不仅要加强环境执法的能力，还应提高环境执法的效率；不仅要培育公众的生态文明意识，还应拓展渠道、完善制度和机制来保障公众有序参与；不仅应发挥人大监督、政协监督、政党监督的作用，还应发挥媒体等舆论监督的作用；不仅要加强环境行政信访和复议的作用，还应建立科学的环境公益保障机制。

2）把政府的主导和公众的有序参与、环境管理和市场机制、公众参与和民族文明素质提高、经济增长和促进环境公平、挖掘自身潜力和经济全球化、促进改革开放同保持社会稳定结合起来（李抒望，2008），也是30年来中国环境法治的基本经验。

10.2.3 不足之处

环境法治建设的进程和目标是随着不同时代中国家和国际社会环境形势的变化而调整的，这是一个渐进的和不断完善的过程。目前，中国的环境法治与中国的社会经济发展相比，还存在着相对滞后和协调性不足等问题。环境法治要反省过去、立足现在、借鉴中外、放眼未来。只有这样，其发展才是系统的、开放的、发展的和结合实践的。

1. 环境法律体系立法力度不足

在立法体系方面，《环境保护法》的法典化进展十分缓慢。《大气污染防治法》《环境影响评价法》《环境噪声污染防治法》《建设项目环境保护管理条例》等一批重要的环境法律法规难以解决与环境污染及其评价方法等相关的现实问题。《生物安全法》《生态保护法》《自然保护区法》《土壤污染防治法》《化学品环境管理法》和《能源法》等重要的法律急需制定。《农村环境保护条例》《畜禽养殖污染防治条例》《生物物种资源保护条例》《规划环境影响评价条例》《环境污染损害评估办法》《跨界环境污染损害赔付补偿办法》《环境监测管理条例》《环境监察工作条例》《防治机动车排放污染管理条例》《社会生活噪声污染防治条例》《公众参与环境保护管理办法》《企业环境信息公开管理办法》等法律法规急需贯彻。

2. 环境法律体系适用性不足

目前，中国的环境法律制度和机制还存在缺陷。主要包括：一是经济、技术制度和政策偏少，实用的制度和政策偏少，不同部门和行业的制度和政策间缺乏协调。今后需要把市场机制和市场准入机制有机地结合起来，通过环境税费、产品出口、企业信贷、污染物排放指标分配、证券融资等方面的改革措施使企业对自己的环境行为负责。二是现有环境执法手段偏软，环保部门缺乏强制执行权。除水污染外，对违法企业的处罚额度过低。今后，应当通过立法，克服各级地方人民法院的地方保护主义，把人民法院的强制执行权和环保部门的执法权有机地衔接起来；规范行政管理行为，建立环保行政问责制度。三是现有的制度、政策和机制没有很好地把市场机制和政府宏观调控、执法部门的行政执法有机地结合起来，今后，应当通过制度和机制创新使环保部门真正负起责任，使环境监管工作到位而不越位、错位、缺位。四是环境信息公开的制度和机制还不健全（黄冀军，2006），需要在《政府环境信息公开办法》的基础上制定综合性的环境信息公开立法，使广大人民群众享受全方位、多渠道的环境知情权。

3. 环境法律法规执法工作的不足

在执法环节经常遇到现实与长远利益的较量以及地方利益与全局利益的较量；行政首长负责制和环保一票否决制的可操作性有待进一步增强；部门利益保护主义在执法中时有抬头，有法不依、执法不严、违法不究的现象还比较普遍，一些地方监管不力的问题还很突出；协调执法的体制和机制还需进一步加强，宏观调控和具体监管相结合的环保监管机制需进一步探索；市以下垂直管理体制具有"上级部门管帽子、同级财政管吃饭"的特点，不可避免地使县级环境保护部门处于执法难、不执法更难的境地；执法监督工作薄弱，内部监督制约措施不健全，层级监督不完善，社会监督不落实。

4. 环境法律法规司法工作的不足

在司法环节，环境公益诉讼制度没有建立，对于那些侵犯环境公益而政府不予监管的行为，公众还缺乏法律上的对抗手段。行政权力庞大导致重环境执法忽视环境司法的现象，在地方政府对企业的违法行为进行庇护甚至挂牌保护的情况下，一些企业长期违法排污而得不到法律的应有制裁。今后，可立足于用岗位责任追究制促使审判机关敢于依法审判，用司法审查来对抗行政权的滥用，用公益救济机制的健全限制市场经济条件下不断膨胀的环境民事权利（Murdie，1993）。在法律上，应修订《行政诉讼法》《民事诉讼法》和《环境保护法》，建立环境公益诉讼的标准、范围和程序（陈晶晶，2007）。此外，还应重视司法解释的作用，弥补法律规定不明确的现象。

5. 环境法律法规社会参与度不足

在公众参与和守法环节，公众的作用还没有得到应有的发挥，因为国家尚未建立相关法律规定，对公众在环境影响评价活动之外参加环境决策和环境监督活动的行为建立程序和保障功能；促使公民主动守法的行政管理政策还缺乏一些必要的激励方法，有利于公众主动参与的机制还没有形成；缺乏系统的环境文化培育机制。因此，需要制定一部专门对公众参与环保活动的权力义务进行规范的相关法律或者行政法规，以弥补《环境影响评价公众参与暂行办法》的不足。

10.3 完善法治体系

中国的经济转型以生态文明建设为核心，以经济效益和生态效益为转型重点；而建立市场经济法治和环境法治是中国社会法律体系转型的重点。

10.3.1 建立促进经济转型的市场经济法治体系

法治与市场经济具有辩证的关系，法治是市场经济的必然产物并保障市场交易的实现和经济的发展。现代市场经济体制的建立需要市场机制和保障性法律法规双管齐下。从法治对市场经济的保障层面来说，市场主体的独立性和平等性、市场交易的公平性、市场竞争机制及其开放性、市场经济的分配正义和纠纷解决等都需要法治的保障（罗唯，2010）。为了在转型背景下建立好具有良好效率和效能的市场经济，应当"建立起法治市场经济体系"，"把市场建立在法制的基础之上"，并最终建立起将"非人格化交易"提升到主要地位的现代社会主义市场经济。而实现"法治市场经济"的建立，"第一是规范政府的行为，第二是规范市场参与者的行为"（梁治平，2008）。

10.3.2 完善促进经济转型的生态环境法治体系

在中国经济转型的重要的历史契机，国家应在建立健全完善的法治市场经济的基础之上，加快环境法治变革和转型的脚步。转型中的环境法治应侧重于完善与生态文明相关的法律立法、政府环境监管权责建设、绿色市场和绿色合作机制的引入。同时，扩大公众的环境治理参与权，也是生态环境法治体系建设的重要环节（肖金明，2009）。总之，环境法制体系的转型应遵循经济转型的系统性和综合性的思路，以法律法规建设为主，以政府、市场、公众和环境机制为辅，共同促进环境法治体系建设的步伐。

1. 生态环境相关法律的补充

1）以国家法律"生态化"为主线，积极推动相关法律体系朝着有利于绿色经济发展的方向改革，促进民商法、行政法、经济法、社会法、刑法、诉讼法等法律与环境法律法规和制度安排的协调统一，加强对环境资源的全面法律保护。

2）以《环境保护法》修订为契机，以"强化政府责任"为主线，重点制定有关约束和规范各级政府环境行为的法律制度。以"强化环境民事责任"为主线，研究制定环境污染损害赔偿法等，完善保障公众环境权益的法律制度。需要进一步用法律明确企业的环保责任，严格落实环保法律法规，提高对当地公众的污染赔偿标准。加快制定和修改能源生产和转换、节能、资源节约和利用等有利于碳减排的各种法律法规。把加强应对气候变化的相关立法纳入立法工作议程，尽快制定和颁布实施《能源法》，并对《煤炭法》《电力法》《节约能源法》《可再生能源法》等法律法规进行相应的修订，进一步鼓励清洁、低碳能源开发和利用。制定和完善《循环经济促进法》的相关配套法规，促进循环经济的发展。完善和健全有关农业和农村、土地、水、海洋、森林、草原、矿产等法律制度，切实加强资源的合理开发利用和生态保护，以及农村的综合环境保护。

2. 政府环境监管权责体系的建设

首先，环境法治要求加强政府环境监管中环保部门的监管权力体系建设，应赋予并明确其在现有的环境法治职权之外,还具有环境行政规划权、环境行政指导权、环境行政合同权和适度的环境行政强制权等。简言之,现有环保部门应在新一轮的环境法治转型的过程中,具备更多实在可行的环保监管权责。其次,应促进相关政府建立"通过诉讼实施环境执法"的思维,以此调节对环境法治中相关利益关系的控制。

3. 绿色市场和合作机制的引入

环境法治所维护的与自然环境相关的社会效益具有天然的公共物品的性质,因此,除去通过政府对这种"公共产品"的维护提供监管权责体系的支持外,基于市场和合作的绿色机制的引入,同样是促进环境法治的有利的法制体系建设方向。首先,应完善环境资源税费制度。其次,应完善环境行政协议制度,使政府、企业和 NGO 组织能通过订立特殊的行政合同实现相关环境保护目标。再次,应完善排污权为代表的相关环境污染权交易制度。

此外,在公众参与和环境保护机制的引入方面,应通过完善环境法教育提高民众的生态文明意识;完善转换经济增长方式的各种法律制度;完善保护环境的经济激励法律制度;在相关法律中应承认并保护自然环境的各种价值,尤其是非经济价值;环境法的贯彻、执行要满足环境正义与公平的要求(李俊斌和胡中华,2010)。

10.4 小　　结

中国法律体系的构建与经济转型相伴而生、相互促进。一方面,经济转型为法律体系构建提供内在需求和动力,提供实践基础和经验;另一方面,法律体系构建为经济转型提供了良好的法制环境。本章通过分析中国法律体系的概况,剖析法律体系的构成,总结了改革开放以来,尤其是经济转型过程中中国法律体系发展和建设的特点。同时,本章强调了"环境法治"的重要性。中国经济转型离不开法治体系的建设,尤其是环境法治的健全与完善。在法治体系之外,社会保障体系的建设同样是中国经济转型的重要保障,因此,社会机制应更加关注国民在可持续发展社会中享有的社会福利总量和质量。

第 11 章 社会保障体系建设

在市场经济转型的影响下，中国社会保障制度经历了改革与转型，从少部分人享有的单位（企业）保障逐步转变成全体公民享有的社会保障。逐步形成了以社会保险为核心，包含社会救助、社会福利和社会优抚等多层次的新型社会保障体系。但是，中国的社会保障制度改革比较重视提高经济效率和促进经济增长的社会目标，对实现社会公平和再分配的社会目标以及农村劳动力转移等重大社会问题认识不足。因此，针对社会保障制度的缺陷，重构社会保障制度，研究保障制度目标模式和战略措施，关系到经济的有序转型。

11.1 体系概况

社会保障是以国家为主体，通过国民收入的分配与再分配，依法对社会成员的基本生活权利提供保障的社会福利措施的总称。良好的社会保障能够对一国维护社会稳定、缓解阶层矛盾发挥重要的作用，是保障经济社会稳定法制的重要机制。

社会保障也称为"社会安全"。1601 年英国女王颁行了世界上第一部《济贫法》是现代社会保障制度的萌芽。其制度体系起源于 19 世纪末的欧洲工业社会。现代社会保障制度的核心部分是为劳动者提供社会保险。19 世纪 80 年代，德国政府为了适应工业社会的发展需要，建立了世界上最早的社会保险制度，这标志着现代意义的社会保障制度正式建立；而"社会保障"一词，却是来自于美国在 1935 年颁布的《社会保障法》(Social Security Act)。此后，社会保障一词被有关国际组织和多数国家采用，并逐渐成为以政府和社会为责任主体的社会福利保障制度的统称。

1. 社会保障的功能

（1）社会保障的定义

英国学者将社会保障视为一种公共福利计划，认为它是对社会成员中生活困难者的经济保障制度。当公民因特定原因迫使收入减少或中断而具有某种需要时，国家给予公民本人及其家庭经济保障，并通过社会服务和社会救助提高全体公民的福利水平（贝弗里奇，1942）。德国学者强调社会保障中的社会公平观念，认为社会保障是为市场竞争中的不幸失败者或失去竞争能力者提供基本生活保障。社会保障是应社会公正与社会安全之需要，为因患病、残疾、衰老等原因而丧失劳动能力或遭意外而不能参与市场竞争者及其家人提供的基本生活保障，目的在于通过保障使他们重新获得参与竞争的机会（艾哈德，1957）。美国将社会保障看作是完整的社会保险系统，避免人们因年老、疾病、失业、伤残等原因中断或丧失收入来源（《美国社会保障法》，1935）。日本则认为社会保障是为了确保"国民享有最低限度的健康与文化生活的权利。国家应于一切生活部门，努力于社会福利、社会保障和公共卫生之提高与增进"（《日本国宪法》，1946）。

1986年，中国在《国民经济和社会发展第七个五年计划》中首次提出了"逐步建立具有中国特色的社会保障制度雏形"，从此"社会保障"的概念在中国开始广泛使用。在中国，社会保障指的是以国家或政府为主体，依据法律规定，通过国民收入再分配，对公民在暂时或永久失去劳动能力和由于种种原因，生活发生困难时给予物质帮助，保障其基本生活的制度。

（2）社会保障的基本功能

社会保障的基本功能是指社会保障的各级系统及其对应的具体项目在实施过程中发挥出来的实际效用和作用。主要包括：保障社会成员的基本生活需求和集体利益；为整个社会经济的正常有序运行创造良好的环境；使国民经济和整个社会有机体能够持续、稳定、均衡、协调地发展。

2. 社会保障体系的内容

按照不同的标准可将社会保障体系分为不同的内容：

1）按照社会保障体系所包含的业务内容划分，社会保障体系包括社会救助、社会保险、社会福利、社会优抚、其他补充保障（如企业年金、商业保险、社会互助等）。

2）按照是否与保障对象的社会生产活动或收入相关联划分，社会保障包括与社会生产或收入关联的保障制度（如与劳动者工龄或缴费挂钩的养老金、伤残补助、失业津贴等）、与社会生产或收入无关联的保障制度（如与居住时间或国籍相连的各项保障、灾害救济等）。

3）按照政府介入的程度和法律规范的强制性划分，社会保障包括制度化的社会保障项目和非制度化的社会保障项目（由非政府组织或企业自愿的项目，如慈善事业、企业年金等）。

11.2 主要评价

由国家保障、城镇单位保障和农村集体保障三部分组成的社会保障体系中，整个社会保障体系存在着"国家负责、单位包办、板块分割、全面保障、封闭运行、缺乏效率"的特征。制度的内生缺陷导致其在新形势下具有不可持续性和不适应性，经济体制改革必然要求建立现代社会保障制度，中国城镇的社保体制改革势在必行。

1. 以单位保障为核心的社会保障体系受到挑战

社会保障体系开始了从"国家—单位"保障向真正意义上的"国家—社会"保障的改革。其面临的挑战主要是：

1）在释放生产力的同时，农村改革使农民的集体福利难以为继。家庭联产承包责任制的实行，一方面调动了农民生产的积极性，解决了农村的贫困问题；另一方面也出现了大量的剩余劳动力，集体经济实力减弱，使原有的农村社会保障制度（如"五保"制度和合作医疗制度）丧失了赖以支撑的集体经济基础，合作医疗制度几乎全面崩溃。农村社会保障迫切需要转型。

2）在城市经济改革中，企业面临激烈的市场竞争，单位保障也受到挑战。社会结构发生了深刻变化，经济主体多元化、劳动力市场化、收入差距扩大化和社会阶层分化等动摇了城市原有社会保障体系赖以支撑的经济基础和社会基础。

3）城市化进程的加快使社会成员构成多元化，新群体需要社会保障。

2. 经济转型给社会保障体系建设带来的机遇

经济转型带动了中国社会保障转型。例如，国家适时进行的财税体制改革，使中央和地方政府的财政实力大大增强，为政府承担社会保障责任，建立新型的社会保障体系奠定了经济基础。但是，随着工业化、城市化和市场化进程的逐步深化，城市居民逐渐从"单位人"向"社会人"转变，社会风险从单位属性部分转变为社会或个体属性。除了原有的城镇"三无人员"以外，下岗、失业、待业人员、效益欠佳企业的职工、部分离退休职工和他们的赡养人口成为新的城镇弱势群体。在农村，随着集体经济为依托的共同分担机制发生改变，农民开始同样面临工伤、失业等工业化风险；农村合作医疗制度的解体使市场化条件下高昂的医疗费用成为农民潜在的巨大负担；随着城市化进程的加快，农村集体土地被大量征用，从事农业生产的收入偏低迫使农村居民长期外出打工，而农村教育资源的匮乏又使农民工在城市的工作收入依然低微；传统的子女赡养老人体系也因子女减少和老龄化现象等因素导致赡养负担加重，养老风险不断积聚。中国农村居民面临的社会风险已与城市居民面临的社会风险基本趋同，而农村居民拥有的抗风险机制却远远弱于城市居民，以收入水平表征的抗风险能力也远不及城市居民。因此，中国急待建立一套适合中国国情的社会保障体系以有效降低社会风险。

11.3 改革阶段

中国对社会保障制度进行了一系列改革，逐步建立起与市场经济体制相适应，由中央政府和地方政府分级负责的社会保障体系的基本框架。这30多年的改革可划分为五个阶段[①]：

---

① 相关学者对该时间划分并不统一。郑功成在《社会保障》及其《社会保障概论》中将1986年以来中国社会保障制度的改革分为三个时期，以下对其时间划分和各阶段特点进行简要描述：1986~1993年，国有企业改革配套和解决农村贫困问题的社会保障改革；1993~1997年，与市场经济改革并行的社会保障制度改革；1998年至今，社会保障逐步成为一项基本的制度。但其中后两个阶段多以政策文件的理论为依据进行研究。刘钧在《社会保障理论与实务（第2版）》一书通过研究政府颁布相关政策文件，将中国社会保障改革的回顾分为三个阶段：1984~1993年，试点探索阶段；1994~2000年，全面展开阶段；2001年至今，修改完善阶段。

1. 政策准备阶段（1978~1985 年）

1978 年是中国社会保障体系建设中的重要一年。在当年召开的全国人大五届一次会议上，《中华人民共和国宪法》得到通过，并在其第 48 条、第 49 条和第 50 条中分别对劳动者在福利、养老、疾病医疗等方面的物质帮助以及对残疾军人、烈士家属等社会群体的生活保障问题做出了原则规定；国家重设民政部，主管全国社会救济、社会福利和优抚安置事务，劳动部门工作恢复正常。1980 年 10 月，国务院发布了《关于老干部离职休养的暂行规定》，建立了中国独有的干部离休制度，并与退休制度一起构成了中国的退休养老制度。1982 年通过的宪法对公民的社会保障权益作了更加广泛的规定。这一阶段主要是维持原有的社会保障体系。

2. 探索试点阶段（1986~1992 年）

随着国有企业与国家利润分成制和利改税等国有企业改革，传统的养老金制度在部分国有企业中出现了支付危机，迫使中央政府设置新的社会统筹机制。国务院 1986 年 77 号文件中要求在市（县）进行国有企业养老保险的统筹，开始在部分市县试行国有企业职工退休费用社会统筹方案，建立了劳动合同制工人养老保险基金并实行个人缴费，同时在国有企业部分职工中建立待业保险制度。这标志着中国正式开始进入社会保障改革时代。

1988 年 3 月，经国务院批准，由卫生部牵头、国家 8 个部委共同参与了医疗制度改革方案的制订，研究并对医疗改革试点进行指导。在各地改革试验的基础上，1991 年 6 月 26 日，国务院发布了《关于企业职工养老保险制度改革的决定》，提出建立多层次的养老保险体系，即国家强制性基本养老保险、企业补充养老保险和个人储蓄式养老保险相结合的保障体系；并规定基本养老保险实行社会统筹，费用由国家、企业和职工三方负担。因此，建立多层次的社会保障体系，对于促进社会主义市场经济发展具有重要意义。

3. 深化调整阶段（1993~1997 年）

1993 年 11 月，第十四届三中全会审议通过《关于建立社会主义市场经济体制若干问题的决定》（以下简称《决定》），指出"城镇职工养老和医疗保险金由单位和个人共同负担，实行社会统筹和个人账户相结合的制度"，首次明确了"个人账户"概念。《决定》对社会保障改革提出了明确要求与原则规范，社会化成为社会保障改革的主要目标；提出了建立多层次的社会保障体系，明确了"社会保障体系包括社会保险、社会救济、社会福利、优抚安置和社会互助、个人储蓄积累保障""城镇职工养老和医疗保险金由单位和个人共同负担，实行社会统筹和个人账户相结合"等内容。这一决定肯定了社会统筹与个人账户相结合的改革思路，奠定了社会保险制度的改革方向。从 1993 年开始，医疗保险制度改革进入了扩大试点阶段。

1994 年 1 月，国务院颁布了《农村五保供养工作条例》，农村五保供养工作走上规范化道路。同年 4 月，经国务院批准，国家体改委、财政部、劳动部、卫生部联合发布了《关于职工医疗制度改革的试点意见》，开始进行职工医疗保险制度改革。《国家八七扶贫攻坚计划（1994~2000）》和同年7月发布的《关于深化城镇住房制度改革的决定》，标志贫困救助和住房保障改革进入新时期。此后，国务院还先后颁布了《关于深化企业职工养老保险制度改革的通知》（1995年）、《关于建立统一的企业职工基本养老保险制度的决定》（1997年），推进了新型职工养老保险制度的改革；颁布《关于在全国建立城市居民最低生活保障制度的通知》（1997年）、《关于卫生改革与发展的决定》（1997年），促进城市贫困救济和卫生体制的改革。这一阶段，社会保障的改革是适应社会主义市场经济体制的建立而逐步进行的，体现了为市场经济服务、以养老保险和医疗保险改革为重点的特点。

4. 体系建立阶段（1998~2005年）

为统一社会保险的管理体制，使社会保障制度逐渐成为一项基本社会管理制度，新的社会保障体系具有项目齐全、内容完整、功能相互配套的特点，并包括以下几方面的重要内容：①形成了全国统一的养老模式。②逐步形成了全国统一的医疗保险制度。2002年10月，中共中央、国务院发出《关于进一步加强农村卫生工作的决定》，明确指出要"逐步建立以大病统筹为主的新型农村合作医疗制度""到2010年，新型农村合作医疗制度要基本覆盖农村居民"，新型农村合作医疗制度在中国农村开始实施。③出台了全国统一的失业保险、工伤保险和生育保险制度。④明确了全国统一的社会保障的目标。

这一阶段，社会保障体系建设体现了以国家为主导并承担重要责任的特色，社会保障项目不断增加，包括社会保险、社会救济、社会福利和社会优抚在内的多层次的社会保障体系已基本形成。

5. 完善成熟阶段（2006年至今）

2006年10月，中共第十六届中央委员会第六次全体会议通过中共中央《关于构建社会主义和谐社会若干重大问题的决定》，提出到2020年要基本建立覆盖城乡居民的社会保障体系的目标。2007年7月，国务院颁布了《关于开展城镇居民基本医疗保险试点的指导意见》，提出要通过试点，探索和完善城镇居民基本医疗保险的政策体系，形成合理的筹资机制、健全的管理体制和规范的运行机制，逐步建立以大病统筹为主的城镇居民基本医疗保险制度的目标。同年10月，中共第十七次全国代表大会报告中又明确指出："要以社会保险、社会救助、社会福利为基础，以基本养老、基本医疗、最低生活保障制度为重点，以慈善事业、商业保险为补充，加快完善社会保障体系。"2009年4月，《中共中央、国务院关于深化医药卫生体制改革的意见》颁布实施，指出2009~2011年重点抓好五项改革：一是加快推进基本医疗保障制度建设；二是初步建立国家基本药物制度；三是健全基层医疗卫生服务体系；四是促进基本公共卫生服务逐步均等化；五是推进公立医院改革试点。

11.4 基本构成

早在1993年，第十四届三中全会在通过《关于建立社会主义市场经济体制若干问题的决定》时就指出"社会保障体系包括社会保险、社会救济、社会福利、优抚安置和社会互助、个人储蓄积累保障"。2007年党的十七大报告中又明确提出："要以社会保险、社会救助、社会福利为基础，以基本养老、基本医疗、最低生活保障制度为重点，以慈善事业、商业保险为补充，加快完善社会保障体系。"经过多年的建设与发展，目前中国的新型社会保障体系也和世界上大多数国家一样，采取了由基本保障和补充保障两部分构成的社会保障体系模式（图11-1），其中，基本保障是由国家立法统一规范并由政府主导，补充保障是在政府支持下由民间和市场主导。

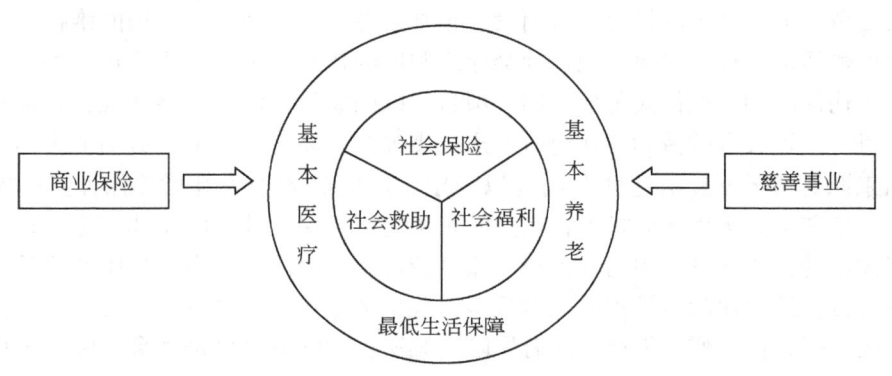

图 11-1　中国社会保障体系基本构成

11.4.1　社会保障体系中的基本保障

中国社会保障体系中的基本保障包括社会救助、社会保险、社会福利和社会优抚。其中，社会保险是核心，社会救助是社会保障的最后防线，社会福利是最高层次的保障，社会优抚则是针对特殊群体的保障。

1. 社会救助

社会救助也称社会救济，是指由国家和社会按照法定标准，对因意外事件或自然灾害等原因造成生活困难，无法正常生存的社会成员，提供满足最低生活需要的物资帮助的社会保障活动。《宪法》第45条规定："中华人民共和国公民在年老、疾病或者丧失劳动能力的情况下，有从国家和社会获得物质帮助的权利。国家发展为公民享受这些权利所需要的社会保险、社会救济和医疗卫生事业……国家和社会帮助安排盲、聋、哑和其他有残疾的公民的劳动、生活和教育。"社会救助通常被视为政府的当然责任或义务，采取非供款制与无偿救助的方式，主要表现为救灾、济贫和扶贫开发等救助形式，为最困难的和有问题的群体提供救助和服务，保障所有社会成员都能生存和免于绝对贫困，从而稳定社会秩序，实现最基本的社会公平。社会救助是产生最早的社会保障制度，是为社会成员提供社会安全的"最后一道防线"。它是国家和社会对社会成员的责任和义务，是社会成员的基本权利，具有义务的单向性。社会救助基金主要来源于国家财政拨款，救助手段多样，但社会救助对象有限，只能保障居民最低水平的生活。

目前中国的社会救助主要包括：城市居民最低生活保障制度、农村居民最低生活保障制度、灾害救助、"五保"供养、失业救助、教育补助、医疗救助、廉租住房、流浪乞讨人员救助、法律援助、扶贫开发等内容。

2. 社会保险

社会保险是指劳动者由于年老、疾病、伤残、失业、生育、死亡等风险事故，暂时或永久地失去劳动能力和劳动机会，从而没有正常的劳动收入来源时，仍能维持基本生活的一项社会保障活动。社会保险是现代社会保障制度的核心与主体，主要包括养老保险、医疗保险、工伤保险和失业保险等保险制度项目。以国家为主体的社会保险，是通过国家法律手段，对有工资收入的劳动者在暂时或永久丧失劳动能力，或虽有劳动能力而无工作即丧失生活来源的情况下，给这些劳动者以一定程度的收入损失补偿，保证其基本生活水平，从而保证劳动力再生产和扩大再生产的正常运行，保证社会的总体安定。社会保险是社会保障体系的核心部分，因为其保障对象是劳动者，也就是社会人口中数量最多、最主要的组成部分。社会保险所承担的风险最多，包括劳动者一生中发生的使他们失去工资收入的生、老、病、伤、残、失业等所有风险，其所占用的资金也是社会保障基金中的最大部分。

（1）基本养老保险

基本养老保险是指国家根据法律、法规的规定，强制建立和实施的一种社会保险制度。在这一制度下，用人单位和劳动者必须依法缴纳养老保险费，在劳动者达到国家规定的退休年龄或因其他原因而退出劳动岗位后，社会保险经办机构依法向其支付养老金等待遇，从而保障其基本生活。基本养老保险是社会保险制度中最重要的险种之一。

（2）基本医疗保险

基本医疗保险是指通过国家立法，按照强制性社会保险原则和方式筹集、运用医疗资金，保证人们平等地获得适当的医疗服务的一种制度。医疗保险有广义和狭义之分：广义的医疗保险指国家、企业对劳动者因为疾病、受伤和生育等原因去医疗机构进行诊断、检查和治疗时，提供必要的医疗费用和医疗服务的制度。狭义的医疗保险仅指劳动者由于疾病、非因工负伤引起的医疗费用给予保障的制度。中国的基本医疗保险适用于狭义的概念。

（3）工伤保险

工伤保险也称职业伤害保险，是指国家或企业依法对受保范围内的劳动者因工伤或职业病而导致的直接经济损失给予补偿，保障其基本生活的一项社会保险制度。工伤保险具有强制性、赔偿性、雇员不付费、项目齐全、待遇优厚和公平性的特征。遵守无过失责任补偿原则、工伤补偿与工伤预防、职业康复相结合原则和严格划定工伤与非工伤界限原则。

（4）失业保险

失业保险是指对那些由于非本人原因暂时失去工作的劳动者给予物质补偿的制度。在现代市场经济条件下，失业是不可避免的。为了使失业者和其赡养的家庭人口能够维持基本生活，保护劳动力和维持劳动力再生产，满足社会经济发展的需要和社会安定，各国都建立了失业社会保险制度。在中国，失业者享受保险待遇是有条件的，即失业前必须工作过并缴纳过一定时间的保险费；失业后立即到职业介绍机构登记，表示有劳动意愿等。领取失业保险金有一定期限，超过这个期限，就失去领取的资格，这也有利于促进失业人员再就业。失业人员若到期仍未找到工作，则改领失业救助金，救助金的水平要低于失业保险金。

（5）生育保险

生育保险是对女性劳动者因生育期间中止劳动失去工资收入给予的补偿，是保护妇女劳动者合法权益的社会保险。目前，中国的生育保险只适用于城镇企业和职工，企业按照职工工资总额的一定比例缴纳保险费，个人不缴费。达到法定结婚年龄的已婚女职工，符合计划生育政策的生育可享受生育保险待遇，包括产假、生育津贴、医疗费用和就业保障等。

除了上述基本社会保险外，中国还建立了政府主导、财政支持、居民自愿参加的城镇居民、新型农村养老保险制度和新型农村合作医疗制度，向相应范围的居民提供基本的医疗保险和养老保险，实现了城乡居民基本养老和基本医疗保险制度的全覆盖。

3. 社会福利

社会福利是指国家或社会按照法律或政策的规定，对社会成员提供的旨在提高其生活水平和生活质量的各种设施、资金、服务等的一种保障制度。在当今社会，经济不断发展的结果是社会整体福利水平不断提高，人们能够享受到更多的便利和舒适；但在纯市场的条件下，社会上中层的优势群体得以享受社会进步带来的诸多益处，而大部分处于社会下层的一般群体和弱势群体却较难以享受社会进步带来的好处。在这种情况下，国家和社会一方面有责任提升整个社会的福利，另一方面应尽可能比较公平地分配社会福利。社会福利有广义和狭义之分：广义的社会福利与社会保障具有同等含义，此处所指为狭义的社会福利，是社会保障体系的重要组成部分。

4. 社会优抚

社会优抚是国家以法定形式，通过政府行为，对社会有特殊贡献者及其眷属实行的具有褒扬和优待性质的社会保障措施，是对一些负有特殊社会任务和责任的人员以及社会有功人员实行优抚安置、物质奖励和精神安慰的社会保障活动。社会优抚是社会特殊群体所享有的权利，优抚的内容包括为军人、曾为军人的社会成员及其家属提供的社会抚恤（伤残抚恤、死亡抚恤）、退伍安置（复员退役军人安置、军队离退休人员的接收安置）和其他社会优待（精神嘉奖和政治优待、物质优待、社会生活优待）。后来，社会优抚的内容扩大到非军人，对一些因公或保卫公共财产而牺牲的非军人也进行抚恤和褒扬。社会优抚是政府对有特殊贡献者实施的保障，在社会保障项目中是优先安排的保障项目。它直接与国家的政治利益相联系，具有明显的政治色彩。

11.4.2 社会保障体系中的补充保障

中国社会保障体系中的补充保障包括企业（或职业）年金、商业保险、社会互助、社区服务和慈善事业等。

1. 企业年金

企业年金即由企业退休金计划提供的养老金，是指由企业建立的面向本企业职工的一项补充养老保险制度。中国的企业年金是指企业及其雇员在依法参加基本养老保险的基础上，根据国家政策和自身经济状况、经过民主管理的程序建立的旨在提高雇员退休后生活水平，是对国家基本养老保险进行补充的一种养老保险形式。企业年金是对国家基本养老保险的重要补充，是中国正在完善的城镇职工养老保险体系（由基本养老保险、企业年金和个人储蓄性养老保险三部分组成）的"第二支柱"。

2. 商业保险

商业保险是指由专门的保险企业经营的，通过保险人（保险公司）和被保险人（社会单位或成员）双方自愿缔结保险合同关系，根据合同约定由投保人向保险人支付保险费、保险人在合同存续期间向被保险人因可能发生的事故所造成的财产损失承担赔偿保险金责任，或当被保险人出现死亡、伤残、疾病等情况或达到约定的年龄、期限时承担给付保险金责任的一种合同保险。商业保险经营遵循自愿原则，具有自身的专业优势和技术优势，能够为社会成员提供养老、医疗、雇主责任和意外伤害等多方面的风险保障，从而弥补社会保险在保障功效上的不足，并在服务和促进经济社会的发展方面，具有很高的运作效率，从而减轻了政府在社会保障事业上的重担，尤其是财政负担。商业保险是中国新型的多层次社会保障体系的重要组成部分，是社会保险的有效补充。

3. 社会互助

社会互助是指在政府鼓励和支持下，社会团体和社会成员自愿组织和参与的扶弱济困活动。社会互助包括两个方面：为受助者提供资金的社会互助，如社会（国内）捐赠、海外捐赠、互助基金和义演、义赛、义卖等，以及为受助者提供服务的社会互助，如邻里互助、团体互助和慈善事业等。社会互助具有自愿和非营利的特征，其资金主要来源于社会捐赠和成员自愿交费，政府往往从税收等方面给予支持。社会互助主要形式包括：工会、妇联等群众团体组织的群众性互助互济，如职工互助保险等；民间公益事业团体组织的慈善救助；城乡居民自发组成的各种形式的互助组织等。

（1）社区服务

社区服务是指在政府指导下，以社区组织为依托，在城乡一定层次的社区内以全体社区居民为对象，以特殊群体为重点，运用灵活多样的形式向他们提供福利性服务的一种社会保障机制。社区服务所指的社区，在城市中主要是指街道或居民委员会，在农村主要是指乡镇或自然村。社区服务是社会保障体系的组成部分之一，因此具有鲜明的社会福利特性。同时，社区服务以基层社区为主体，以群众性的自助互助为基础，以各类社区服务设施为依托，以社区全体居民、驻社区单位为对象，以公共服务、志愿服务、便民利民服务为主要内容，以满足社区居民生活需求、提高社区居民生活质量为目标。

（2）慈善事业

慈善事业是建立在社会捐献基础之上的民营社会性救助事业，是一种混合型分配方式。慈善事业以社会成员的善爱之心为道德基础，以贫富差别的存在为社会基础，以社会各界的自愿捐献为经济基础，以民间公益事业团体为组织基础，以捐献者的意愿为实施基础，以社会成员的普遍参与为发展基础。慈善事业是人类社会文明进步的重要标志，发展慈善事业，对弱者给予有效的社会支持，减少贫困与缩小贫富差距，是构建社会主义和谐社会的重要途径。当前发展慈善事业，一方面要改变旧有的观念，大力宣传和普及现代慈善意识；另一方面要转变政府职能，建立健全慈善监督机制，加强慈善机构管理，从政策层面推动慈善事业健康有序发展。同时，慈善机构需要加强管理和自身组织建设，提高运作效率和社会公信度，拓展慈善项目，以多种形式介入公众生活，使慈善事业深入人心。

（3）职工互助保险

职工互助保险即由一些具有共同要求和面临同样风险的人自愿组织起来，是预交风险损失补偿分摊金的一种保险形式。职工互助保险是市场经济条件下，工会用经济手段来维护职工合法权益的一种新尝试。它不同于社会保险，具有非强制性的、职工自愿参加的特点；保险资金来源于职工本人，且全部用于职工的赔付。另外，职工互助险又不是商业保险，它具有非营利性的特点，所开展的险种都是为职工服务的。因此，职工互助保险是群众互济性保险，它通过各级工会组织开展工作，充分发挥工会组织网络健全和职工人数众多的资源优势，使职工互助保险能够处于低成本的运转模式，从而对职工生、老、病、伤、残或意外灾害等特殊困难时给予更大的物质帮助，是国家基本社会保险的一种补充。

11.5　发展建议

在"十二五"时期以及未来一段时期，随着中国经济增长方式的转型，社会保障体系建设任重而道远。当前，中国覆盖城乡居民的社会保障体系建设还面临着人口老龄化、现有体系碎片化、管理分散、农村社会保障水平过低、国家财力有限、收入分配差距过大等困难。针对社会保障体系的转型，提出如下建议：

1. 加快推进覆盖城乡居民的社会保障体系建设

随着经济实力的不断增强，政府将改善民生作为政府的重要责任。由于农村社会保险才启动不久，广大农村除少数有条件的地方实行有限的社会保障外，"社会保障"对大部分农民而言仍是一个陌生的概念，且保障形式主要以家庭和土地为主，只有在年老、疾病、伤残、失业、遭遇自然灾害、面临生活困难时，由国家和集体实行社会救助，维持其最低生存需要。农民工在城镇参加各项社会保险的参保率普遍偏低，低收入群体和外来务工人员仍然缺乏有效保障，他们大部分仍游离于社会保险之外。未来中国社会保障体系建设应加快农村社会保障体系的建设，尽快使农村基本养老和基本医疗保险走向强制化道路，统一城乡社会救助和社会福利制度，推动机关事业单位社会保险改革，实现社会保障制度的全覆盖。进一步完善现行各项社会保障制度，实现各项制度的和谐统一和有效衔接。

2. 促进商业保险和企业年金等补充保障的发展

多层次社会保障体系建设必须有完善的补充保障体系，然而由于国家、用人单位和职工个人责任划分的不明确，目前中国社会保障体系建设中存在着政府负担过重、补充保障不足的问题。受财税体制改革滞后等因素影响，企业年金、慈善事业等补充保障发展缓慢。未来应完善相关法律法规，增加政府支持力度，调动用人单位和职工个人的积极性，促进企业年金等社会保障补充项目的发展，加快补充保障体系的建设。

3. 积极稳妥推进社会保障资金的运营和增加基金积累

随着社会保障体系的不断完善，社会保障将积聚更大的保障责任，需要积累更多的资金。因此，加强社会保障基金的投资运营将越来越重要。面对复杂、多变的资本市场，相关各方应提高对资本市场风险的认识，积极稳妥地推进社会保障资金的投资运营，不断提高投资收益，增强社会保障资金的抗风险能力，提高社会保障水平。

4. 整合管理资源和建立集中统一监管的社会保障管理体制

社会保障制度的持续发展，离不开规划完善的组织系统与人力资源的有力支持；而中国现行的社会保障管理体系依然存在着责任分散、职能交叉的严重问题。"因此，应当高度重视社会保障组织系统与专业人才的培养与队伍建设。第一，积极稳妥地朝着集中统一监管的社会保障管理体制迈进。第二，按照适度集中原则，尽快建设好各类社会保障经办机构。第三，加快专业人才培养，形成一支高素质的、专业化的社会保障专业工作者、社会工作者和志愿工作者队伍。"（郑功成，2010）

5. 加强社会保障信息化建设和实现精确高效管理

为推动先进的信息技术系统建设，应尽快确立社会保障管理和服务标准体系，确保各地信息标准与管理标准统一。同时，建立社会保障服务质量考评指标和工作人员素质评价体系，形成服务市场的准入与退出机制。加快社会保障信息化建设，实行社会保障一卡通，实现社会保障全过程的信息网络管理，保障信息的准确、及时，实现精确化管理，提高管理效率，节约资源，提高管理水平（郑功成，2010）。

总之，"十二五"期间中国社会保障体系的建设目标是：健全覆盖城乡居民的社会保障体系。坚持广覆盖、保基本、多层次、可持续方针，加快推进覆盖城乡居民的社会保障体系建设。实现新型农村社会养老保险制度全覆盖，完善实施城镇职工和居民养老保险制度，实现基础养老金全国统筹。推动机关事业单位养老保险制度改革。进一步做实养老保险个人账户，实现跨省可接续。扩大社会保障覆盖范围，逐步提高保障标准。发展企业年金和职业年金。发挥商业保险补充性作用。实现城乡社会救助全覆盖。积极稳妥推进养老基金投资运营。大力发展慈善事业。加强社会保障信息网络建设，推进社会保障卡应用，实现精确管理。这为中国社会保障体系的发展指明了方向。未来政府工作的重中之重，是将惠民政策真正落到实处，确保社会保障的顺利转型与健康可持续发展。

11.6 小　　结

改革开放以来，中国社会保障制度经历了从面向少数人的社保体系到面向全民的社保体系的转型。随着经济进一步转型，中国的社会保障体系正经受着来自各方面的挑战，人口老龄化、现有体系碎片化、管理分散、农村社会保障水平过低等问题越发突出。对此，本章提出了加快推进城乡居民覆盖面、促进商业保险等补充保障的发展、推进社会保障资金的运营等建议。政府要加强战略思维，从国家层面对整个社会保障体系进行顶层设计，建立和完善各项具体的社会保障制度。如果说社会保障制度是经济转型的支撑，法律体系是经济转型的基础，那么科学技术体系则是经济转型的动力源泉。

第 12 章　科技创新体系建设

目前，科学技术已成为中国社会经济发展的主要动力，而科技创新体系的建设特点也从主要关注技术引进向大力发展自主创新转型。在经济转型的时代背景下，中国应当充分认识到科学技术是促进经济转型的有效工具和第一生产力，而科学技术体系能否进行创新则影响着将绿色转型思想付诸实践的可能性。总之，应建立完善的科技创新体系，提高科技成果对经济转型的贡献率。

12.1　体系概况

12.1.1　科技创新与经济转型

1. 科技创新的相关概念

20世纪90年代后，世界各国纷纷将创新视为经济发展的主要动力，进而开始深入研究创新理论，并逐渐形成了技术创新理论、国家创新系统理论、区域科技创新理论以及科技创新理论（范维和王新红，2009）。以下分别对创新、技术创新和科技创新的概念进行简述。

（1）创新的基本概念

创新，顾名思义，即为创造新的事物。它是指人类为了满足自身需要，遵循事物发展的规律，对事物的整体或其中的某些部分进行变革，从而使其得以更新与发展的活动。英语中的Innovation一词起源于拉丁语，原意有三层含义：一是更新，即对原有的事物进行替换；二是创造，即制造出原来没有的东西；三是改变，就是对原有的事物进行发展和改造。人类从事的一切活动都存在创新的可能，创新遍布人类社会的方方面面：无论是抽象的观念、知识、技术，还是人们具体的工作、生活、学习、娱乐、衣、食、住、行、通信，乃至政治、经济、商业、艺术等各个领域，创新无处不在。但不可否认的是，创新本质上属于经济概念，其核心是通过创造和利用知识、技术来实现商业价值、创造财富。

西方国家中"创新"概念的起源，正是出于对经济领域中存在的创新的理解。1912年，美籍经济学家约瑟夫·熊彼特在其著作《经济发展概论》中提出：创新是指把一种新的生产要素和生产条件的"新结合"引入生产体系。它包括五种情况：①引入一种新产品；②引入一种新的生产方法；③开辟一个新的市场；④获得原材料或半成品的一种新的供应来源；⑤实现工业的重新组合熊彼特的创新概念包含的范围很广，既涉及技术性变化的创新，又包含非技术性变化的组织创新。

（2）技术创新的基本概念

20世纪60年代，随着新技术革命的迅猛发展，美国经济学家华尔特·罗斯托提出了经济成长六阶段理论，把"技术创新"提高到"创新"的主导地位。与此同时，美国国家科学基金会也开始兴起并组织对技术的变革和技术创新的研究。迈尔斯和马奎斯作为主要的倡议者和参与者，在其1969年的研究报告《成功的工业创新》中将创新定义为"技术变革的集合"，认为技术创新是一个复杂的活动过程，从新思想、新概念开始，通过不断地解决各种问题，最终使一个有经济价值和社会价值的新项目得到实际的成功应用。20世纪80年代，英国著名学者克里斯托夫·弗里曼在其著作《工业创新经济学》修订本中明确指出，技术创新就是指新产品、新过程、新系统和新服务的首次商业性转化。与此同时，国内相关领域学者也开展了技术创新方面的研究。清华大学经管学院教授傅家骥对技术创新的定义是：企业家抓住市场的潜在盈利机会，以获取商业利益为目标，重新组织生产条件和要素，建立起效能更强、效率更高和费用更低的生产经营方法，从而推出新的产品、新的生产（工艺）方法、开辟新的市场，获得新的原材料或半成品供给来源或建立企业新的组织，它包括科技、组织、商业和金融等一系列活动的综合过程。

进入21世纪，信息技术推动下知识社会的形成及其对技术创新的影响得到了广泛认同，科学界进一步反思对创新的认识：技术创新是一个科技、经济一体化过程，是技术进步与应用创新"双螺旋结构"共同作用催生的产物。知识社会条件下以需求为导向、以人为本的新的创新模式进一步得到关注。

（3）科技创新的基本概念

科技创新的出现具有历史的必然性，可以认为是技术创新的深化和发展，但当前学界对其概念的界定并没有统一的认识（范维和王新红，2009）。有学者认为，科技创新是涉及多个社会主体，包括多个构成要素的主体和要素间发生复杂的交互关系的"一类开放的复杂巨系统""科技创新是科学研究、技术进步与应用创新协同演进下的一种复杂涌现，是这个三螺旋结构共同演进的产物"（宋刚，2009）。另有学者认为，科技创新包括"科学创新"和"技术创新"两个部分，其中科学创新又包括基础研究和应用研究的创新，而技术创新则包括应用技术研究、试验开发和技术成果商业化的创新；而还有学者则认为，科技创新包括了科学发现、技术发明和技术创新三个部分。因此，可以初步认为，技术创新是科技创新的有机组成部分，科技创新是以创新部门与部门外相关社会主体和部门内相关要素的复杂交互为动力的，以科学技术理论创新和应用创新为内容的创新活动及其结果。

2. 科技创新与经济发展

科技进步和经济发展是密不可分。18世纪，英国人詹姆斯·瓦特[①]发明了蒸汽机，使

[①] 瓦特（1736年1月19日–1819年8月25日）是英国著名的发明家，是工业革命时期的重要人物。英国皇家学会会员和法兰西科学院外籍院士。他对当时已出现的蒸汽机原始雏形作了一系列的重大改进，发明了单缸单动式和单缸双动式蒸汽机，提高了蒸汽机的热效率和运行可靠性，对当时社会生产力的发展作出了杰出贡献。

人类从农业经济向工业经济转型，从农业社会走向工业社会，英国得益于科技革新的力量而迅速崛起，强大的经济和军事实力使英国成为"日不落"帝国而称霸世界。与此同时，曾经在农业文明中辉煌一时的中国封建帝国却日渐没落，其主要原因就是该时期的中国当政者因循守旧，把科技创新视为"淫巧"而嗤之以鼻，导致中国经济一蹶不振，最终落后挨打，丧权辱国。20世纪，计算机的发明和应用使人类从工业社会走向信息社会，当时深陷经济危机的美国抓住机遇，发挥科技创新的优势，推动美国经济迅猛发展。目前，美国不但经济总量是世界第一，而且其第一、第二产业和第三产业的结构也相对合理，一方面占据着全球制造业的高端，引领制造业的发展；另一方面它只有不到2%的农业人口，但其农产品不仅养活了100%的本国国民，还大量出口。应该说，人类历史上每一次重大科技创新都会带来重大的产业革命，从而促进经济结构的合理转型和经济的迅速腾飞。

1766年亚当·斯密就提出技术进步、劳动分工和资本积累是经济增长的动力。1817年里卡多在边际收益递减的基础上提出"技术进步是经济增长的重要因素"（大卫·李嘉图，2005）。马克思曾考察科学技术在工业革命发展进程中的作用，提出"劳动生产力是随着科学和技术的不断进步而不断发展的"。恩格斯在《政治经济学批判大纲》中，认为科学是按照几何级数发展的，他引用农业科学的进步给土地产量带来的成倍增长为论据，指出科学的发展是提高产出，解决马尔萨斯提出的人口过剩问题的重要途径（张神根和端木清华，2008）。1912年熊彼特《经济发展理论》提出了技术创新推动经济发展。1956年Solow开创了人均产出长期稳定增长中技术进步的核算，通过将技术从生产函数中分离出来，揭示了科技进步与经济增长的关系（Solow, 1956）。1986年Romer提出了四要素增长理论，即新古典经济中的资本和劳动外，又加上了人力资本（以受教育的年限衡量）和新思想（用专利来衡量，强调创新）（Romer, 1986）。进入20世纪80年代以来，国外相关研究主要集中在对内生经济增长理论的拓展与深化上，如以卢卡斯（1986）为代表的人力资本模型（Lucas, 1988），以Young（1988）为代表的建立在阿罗的干中学模型基础上的边干边学和技术扩散模型（Yang, 1991）。

国内对科技进步与经济发展的关系的研究也很多，如王稳分析了科技进步对经济增长的作用机制，认为科技进步是经济效率增长的源泉（王稳，2003）。张晖明等则分析了科技进步对产业结构的影响，认为科技进步是推动产业结构升级的直接动力。同年，郑京海、胡鞍钢通过对1979~2001年中国经济增长情况进行分析，得出中国经济增长主要依靠技术进步的论断（郑京海和胡鞍钢，2005）。徐敏研究了技术创新对资源型县域经济产业结构优化的影响，得出技术创新是技术与经济和社会的有机结合，是促进产业结构优化升级的根本动力（徐敏，2006）。张磊建立了科技进步指标体系，得出科技进步和经济增长存在互动性的论断（张磊，2008）。胡宗义、刘亦文利用CGE模型研究科技进步对中国经济的影响情况，模型研究证明科技进步在短期和长期中对宏观经济的影响比较明显，科技进步促进了经济资源的优化配置（胡宗义和刘亦文，2010）。

综上所述，从理论和实践两方面都证明科技事业的快速发展为经济发展提供了强大的支撑，反过来说，经济的发展同时也给科技创新提供了更多的机会和动力，由于经济的高度发展，现代社会科技创新成果呈几何级数上升就是一个最好的例子。当然，科技创新还会受其他相对独立因素的影响，这些影响因素可以为经济发展水平尚待提高而其他条件符合要求的地区提供发展科技的机会。而且，这种情况也为那些单纯依靠耗费自然资源和人力等方式发展经济的地区提出警示，这些地区没有为其科技进步创造足够的机会，粗放式的经济发展方式在长期可能因科技水平的相对不足而陷入瓶颈，造成不可持续。

3. 科技创新与经济转型

作为最大的发展中国家，中国正处在工业化发展中期和城市化快速发展期，产业结构不合理、经济效率低下、环境污染加剧，生态破坏严重等问题日趋严重，特殊的经济发展阶段对中国经济增长方式提出了更高的要求。

中国科技进步的取得与经济的发展和政策环境的保障有很大关系，而科技进步成果反过来，又可服务于经济转型，对突出用现代技术改造传统产业的中国经济转型重点，把握发展高科技、用科技化带动产业化的中国经济转型方向，完成开发和应用先进技术、工艺和装备，在提高产品质量、扩大出口和控制污染方面取得明显进展的中国经济转型任务，都有关键性作用。而科技进步作为经济转型的重要因素被广大国民认可。20世纪中叶，欧美、日本等发达国家都是环境严重污染的国家。近几十年来，他们通过不断地科技创新，实现了发展方式的转变，大幅度提高了能源、资源的利用效率，推行清洁生产，治理环境污染，同时把高污染、高消耗的产业向发展中国家转移。中国不能走发达国家曾经走过的先污染后治理的老路，也不能简单地把高污染、高消耗的产业向中西部地区转移，而是要从根本上走新型工业化道路，加快科技进步，大幅度提高能源、资源节约和环境保护的科技创新能力。

在中国未来的经济转型过程中，科技必将发挥重要的作用，与经济转型互相促进。笔者认为：在未来阶段，进一步推进中国科技事业的发展，将对中国经济转型产生以下主要影响：

第一，科技进步将提高中国市场经济运行效率。从制度上充分发挥市场经济在资源配置中的基础性作用，是经济转型的重要要求之一。实现高效率的市场运行，需拥有准确快速的信息资源流通渠道。而科技的进步将引起信息、交通等一系列领域的深刻变革。在科技的辅助下，市场主体之间可在大范围内快速交换各种信息，并按照所掌握的信息引起资源按照市场定价在不同产业之间及时转移。只有市场运行效率提高了，才能实现产品的准确定价，资源配置才能充分体现国民经济的整体需求情况，做到物尽其用、劳有所得，并进一步维护国民经济的稳定健康发展。

第二，科技进步将提升中国产品的附加值。中国在国际贸易活动中，长期处于贸易顺差的地位，然而，其产品竞争力的取得在很大程度上来自于低廉的成本。"中国制造"产品多数为简单的加工品，中国企业在其中仅参与简单的加工装配环节，而缺乏对产品核心技术的掌握，造成产品附加值偏低，企业在产品大量出口时只能获取很少的利润。此外，一些依靠模仿、仿造国外产品或技术的国内厂商还容易因侵权问题遭受国际贸易的制裁。推动科技进步，实行自主创新，使国内企业掌握核心技术，对打破国外技术垄断，改变国内企业参与的生产环节，提高产品附加值，变"中国制造"为"中国创造"的伟大构想将有重要的意义。

第三，科技进步将改变中国的要素禀赋结构。目前中国经济发展过程中，粗放式的生产方式仍占主要地位，大量廉价劳动力是众多产业赖以运行的基础。在未来的经济转型过程中，通过国内生产和国外经济合作积累技术资源，推动中国科技实力提高，从以劳动力资源为主的发展方式转变为以科技资源为主，将实现中国对外贸易的比较优势产品由简单加工品向高技术产品转变，并进一步推动中国经济发展战略的转移。

第四，科技进步将创造大量的就业机会。自工业革命以来，一系列前所未有的行业领域已相继涌现，这些领域对生产者提出了新的要求，也创造了众多新的就业机会。目前，人类仍处于第三次科技革命过程中，新型能源、新型材料、信息技术、生物技术、空间科学等领域继续蓬勃发展，而贸易、金融等行业也在服务于经济运行的过程中不断壮大。中国在未来需继续推动科技进步，通过新行业的不断产生而形成越来越多样化的人才需求，并形成更多新的就业机会，这些新的就业机会不仅来自于高新技术行业本身，也源于其他相关行业随之发展形成的人才需求。

第五，科技进步将服务于绿色经济建设。随着经济的不断发展，全人类都面临着资源短缺与环境破坏的问题，如何实现资源环境的可持续发展，是摆在全人类面前的严峻问题。而要解决这一问题，需要开发更多的新型能源、资源、材料，或改善对现有能源、资源的更有效利用方式，同时，还需要有效的手段来处理废弃物排放，实现能源与资源的循环再利用。实行准确的环境状况监测、提高能源和资源利用效率、合理处理废弃物等都需要相应的技术手段来辅助。推动科技进步，是建设绿色经济和循环经济，倡导节能减排和低碳社会理念，形成科学、文明、健康的生产方式和消费方式，实现可持续发展的必要手段。

根据西方经济学家的观点，经济增长总是先由某个部门进行技术创新开始的。目前，中国的科技仍然存在着诸多不足，如自主创新能力不强，科技成果转化的效率不高等。此外，社会的部分浮躁情绪造成人们对基础科学领域的关注不足，以及对教育作用的轻视。在未来阶段，中国要进行经济转型实现经济可持续发展，还必须进一步推动科技创新工作的深化，推进基础科学研究、实用技术创新、素质教育建设；完善市场经济体制，充分发挥各方面科技创新的积极性和主动性；确立企业技术创新的主体地位，使企业成为创新收益分配的主体；实现多种形式的产学研合作，加强高校、科研机构与生产企业各自的优势综合，形成新的优势和强大的合力；完善知识产权制度，正确协调发明者、创业者、经营者利益；切实有效地提高科技成果转化效率，以科技服务经济，以经济带动科技，使中国迈向现代化强国发展之路。

总之，中国应坚持把科技进步和创新作为加快转变经济发展方式的重要支撑，深入实施科教兴国战略和人才强国战略，充分发挥科技第一生产力和人才第一资源的作用，提高教育现代化水平，增强自主创新能力，壮大创新人才队伍，推动发展向主要依靠科技进步、劳动者素质提高、管理创新转变，加快建设创新型国家。

12.1.2 科技创新体系建设

12.1.2.1 国家层面概况

20世纪50年代，中国向科技领域投入了大量人力物力，旨在通过技术引进和外部吸收来支持中国工业体系的现代化建设。在 1953~1957 年的第一个五年计划期间，中国从原苏联引进了 156 项大型的"交钥匙"项目，主要集中在发电、采矿、冶炼、化工等重工业领域。同时，中国也成立了 4430 多家研究机构，主要目的是消化吸收引进的产品和技术。与此相适应，中国试图照搬原苏联式的计划经济体系，将各种经济活动"按计划"分配到各种"对口"单位或者部门。就科技创新体系而言，"研究所负责技术的研发，工厂负责新技术的实施，学校负责人才的培训，而工业局等政府部门则负责协调。计划体系的一个显著特点是，无论日常经营还是政策相关的决策权力都是在各种政府部门之间'条块分割'的。"

不可否认，当时的国家创新体系是与计划经济体系相适应的，它有利于当时的中国在短时间内集中全国之力完成一些特定的战略目标，例如"两弹一星"事业的发展。但就常规的创新活动而言，这种体系存在严重的信息问题和激励障碍。创新的本质意味着打破常规和批判思维，而这与计划经济的基本假设恰恰背道而驰——由于无法对创新活动的成本和收益做出完美的预期，计划者无法据此进行合理的资源分配。而由此导致的不确定性和创新活动中责任与权利的分离，也使科技工作者和研究人员缺乏主动研发、引入或扩散新产品和新技术的积极性。与此类似，当主导评价指标是产量而非利润、产品质量等效率标准时，工厂（而非真正意义上的企业）也缺乏积极性来试验性地引入新技术、新设备。总之，尽管研究所、工厂与最终产品消费者之间的横向联系对于技术创新至关重要，但在"条块分割"的管理体制之下，这种横向联系难以实现。而由于创新过程基本行为人之间严重的横向阻隔，改革开放之前中国的科技创新步伐非常缓慢。一个典型的例子就是解放牌汽车，从 1956 年自苏联引进后的 30 年中，尽管产量巨大，但其质量和设计从未发生改进（寇宗来，2008）。

经过几十年的实践，包括邓小平在内的中国高层领导人已深刻认识到计划经济体系内在的低效率，这促使了 1978 年开始的中国市场化改革。改革开放以后，中国的国家创新体系从计划体系向市场体系转轨。在经历了初始一段时间的混乱和低效率后，科技投入大幅增加，科技资源配置的主体日益多元化，科技创新体系随着中国经济社会发展、科技水平提高而不断发展演变。

1. 科技体制改革与战略演变

改革开放 30 余年来，中国科技发展的指导思想经历了"面向、依靠""科教兴国""自主创新"三个阶段的战略转化（中国科技发展战略研究小组，2009）。

第一阶段：粉碎"四人帮"后，中国的科技也与其他领域一样亟待重整。

1978 年 3 月，全国科学大会召开，是"向科学进军"的里程碑。会议制定了《1978~1985 年全国科学技术发展规划纲要》（即《八年规划纲要》）。《八年规划纲要》确定农业、能源、材料、电子计算机、激光、空间、高能物理、遗传工程为重点发展领域，并指定 108 个重点研究项目。但是，《八年规划纲要》的主导思想主要是通过改进计划和管理方式，休养生息，恢复"文化大革命"之前的科技秩序，而对计划体制本身所具有的诸多问题尚未有清楚的认识和彻底的反思。与此相对应，《八年规划纲要》并没有对中国的科学技术体制做出具体的改革措施，而其所制定的奋斗和赶超目标也大大超出了当时中国经济体制的潜能。不可忽略的是，《八年规划纲要》在实施过程中也在一定程度上起到了科技体制改革的试点和摸索作用。期间，科技体制改革尝试着逐步扩大科研机构的自主权，鼓励发展横向联系，开始试点推行科研责任制和合同制，初步发展了技术市场和技术贸易。邓小平在大会上重申了"科学技术是生产力"的基本观点，提出"四个现代化，关键是科学技术的现代化，没有现代科学技术，就不可能建设现代农业、现代工业、现代国防。没有科学技术的高速度发展，也就不可能有国民经济的高速度发展"（孙文祥，2007）。同年12月，中共十一届三中全会召开，做出把国家的工作重点转移到社会主义现代化建设上来等一系列重大决策。

1982年，全国科学技术奖励大会在北京召开，会上中央提出了"科学技术工作要面向经济建设，经济建设要依靠科学技术"的发展方针，简称"面向、依靠"方针。1983年，国家科技委员会、计划委员会和经济贸易委员会共同组成规划办公室，编制了《1986~2000年中国科学技术发展长远规划》，提出以发展常规技术和新兴技术的复合体作为中国科技发展的基本战略取向（中国科技发展战略研究小组，2009）。该规划的出台和实施，推动了中国科学技术向生产力转化的进程。

1985年3月，中共中央作出《关于科学技术体制改革的决定》，确立了"经济建设要依靠科学技术、科学技术要面向经济建设"即"面向、依靠"的科技发展方针，开始了"放活科研机构、放活科研人员"的改革。这标志着中国科技体制改革进入到有领导的全面展开阶段。在总结经验教训的基础上，人们清楚地认识到，技术创新与产业应用之间严重脱节、无偿转移技术成果和科研活动"大锅饭"现象等，是计划体制下制约科学技术发展和进步的关键障碍。在随后的几年间，科技体制改革的主要力量集中在改革中央和地方财政的科技拨款制度，放松对科研机构的管制，减少行政干预，鼓励科研人员从事科技成果转化活动等。

1988年，邓小平进一步提出"科学技术是第一生产力"的英明论断，在此前后，中国政府先后制定了"星火计划""863计划""火炬计划""攀登计划""重大项目攻关计划""重点成果推广计划"等科技发展和科技创新计划，科技进步迎来了经济繁荣。

1992年邓小平"南方谈话"以后，科技体制改革以稳定基础性研究机构，放开各类服务性的研究机构为特点。1995年5月，中共中央、国务院发布《关于加速科学技术进步的决定》，提出了科教兴国的战略，并指出科技体制改革的目标是促进科研机构转制，促进企业逐步成为技术开发的主体，加快先进技术在企业中的推广应用。1998年，国务院决定对国家经济贸易委员会管理的10个国家局所属242个科研院所进行管理体制改革，将它们转制成为科技型企业或者科技中介服务机构，或者将它们并入某些已有企业，借此真正打通科技创造与产业应用之间的壁垒。同时，政府也推出了一系列促进技术产业化的创新政策，促进了软件和集成电路等高科技产业的发展。

第二阶段：1995年5月，中共中央、国务院颁布了《关于加速科学技术进步的决定》的重要文件，并召开全国科学技术大会。文件在坚持科学技术是第一生产力思想的同时，还提出了"科教兴国"的战略。这是继1978年全国科学大会后，中国科技事业新的里程碑。江泽民同志在会上强调指出："创新是一个民族进步的灵魂，是国家兴旺发达的不竭动力。"在"科教兴国"战略的指导下，一系列工作开始实施，例如，在1993年和1999年，分别启动了"211工程"和"985工程"；1999年，国务院批示中国科学院启动"知识创新工程"（中国科技发展战略研究小组，2009）。

第三阶段：2006年2月，中共中央、国务院召开全国科学技术大会，部署实施《国家中长期科学和技术发展规划纲要（2006~2020年）》（以下简称《纲要》）。除了对一些重点领域和优先主题做出规定之外，《纲要》还给出了九个方面的若干重要的落实政策和措施，其涵盖范围包括财税、政府采购、金融、产业、区域等创新体系的各个方面，而其宗旨则是强化知识产权战略和技术标准战略，激励企业走出一条从技术引进消化吸收再创新的自主创新之路。《纲要》是在中国经济高速增长近30年后，根据国内国外的新形势而做出的。一直以来，中国经济的高速增长采取的是低成本要素驱动、以牺牲环境作为代价实现经济增长的模式。随着土地、劳动力等要素价格的不断上升，环境保护压力急剧加大，传统生产要素对经济增长的贡献出现递减趋势，低成本竞争优势日益减弱，而科技创新的重要性则日益突出。另一方面，随着世界经济一体化程度的加深，知识产权日益成为中国企业向海外拓展市场进程中最重要的壁垒。此时，尽管国家仍然强调技术引进的必要性和重要性，但也清楚地认识到，一些关键技术不可能依赖技术引进，而只能依靠自主创新。只有当国家和民族产业真正拥有强大的自主开发能力，才能够对瞬息万变的市场情况做出及时的反应，才可能避免陷入"落后—引进—再落后—再引进"的恶性循环。正因如此，《纲要》特别强调了知识产权战略和产品与行业标准战略，强调了自主创新的重要性。除此之外，对《纲要》的实施情况及其效果做出评价，现在还为时过早。

2011年12月，中央经济工作会议进一步强调要"着力推进产业结构优化升级"。会议指出，要坚持创新驱动，强化知识产权保护，促进产学研结合，全面落实国家中长期科技发展规划纲要，加快实施重大科技专项。培育发展战略性新兴产业，要注重推动重大技术突破，注重增强核心竞争力。改造提升传统产业，要严格按照产业政策导向，进一步淘汰落后产能，促进兼并重组，推动产业布局合理化。而科技的进步和创新，不仅有赖于已有的知识、技术的积累和学习，有赖于已有的科技人才和研发的投入水平，更重要的是，要建立一种有利于科技进步和自主创新的制度。科技创新，人才是关键。2010年，中国颁布了《国家中长期人才发展规划纲要（2010~2020年）》，旨在突破人才瓶颈，改善中国研究型领军人才和高水平工程技术人才不足的现状。"创新人才推进计划""青年英才开发计划"等12项重大人才工程的启动实施，有助于中的人才培养。只有一个风清气正的学术氛围和净化完善的学术环境尽快形成，中国的科技创新才会有更大的进步。

中国科技战略的演进，顺应不同历史时期科技工作的现实需要，为每一时期科技事业的发展创造了良好的政策环境，逐步加强了中国科技自主创新的能力和科技进步与经济发展之间的联系。

2. 科技创新发展与重大成就

中国的科技实力和创新能力在发展中国家位居前列。总体而言，近几十年来中国科技重大专项进展顺利，高新技术发展和产业化发展势头良好，基础研究取得突破性进展，农村科技创新和服务体系建设稳步推进，国际科技合作成效显著，民生科技创新与应用也得到了较好的发展。尤其在载人航天工程、"歼十"飞机、超级计算机、核心软件、集成电路装备、大型燃气轮机、超级稻育种技术、新药创制等领域都取得重大突破。

图 12-1 显示的是 1993~2008 年间中国取得科技成果的登记数量与 GDP 情况。从整体来说，科技成果登记数量呈现上升的趋势，但各年波动幅度较大，并未呈现出如同 GDP 一样的稳步上升状态，显示出科技成果的取得同经济增长之间的相对独立性。而整体上升趋势和较近年份的平稳增长态势则反映出中国科技事业正趋向稳定进步。

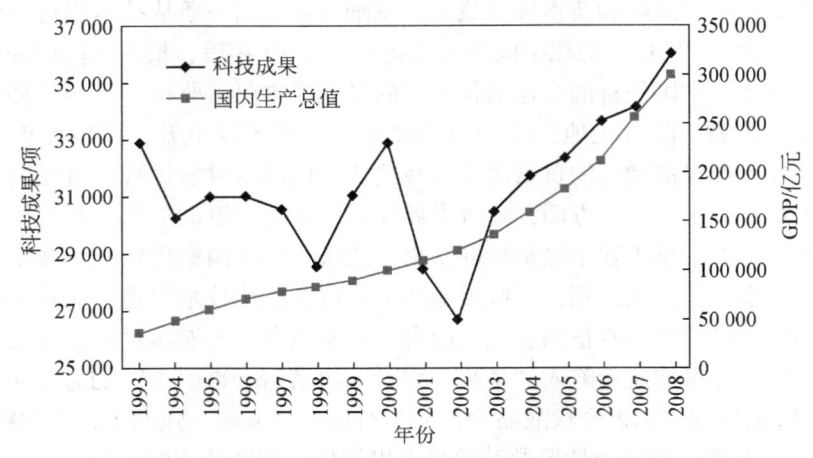

图 12-1　中国 1993~2008 年科技成果登记数和 GDP
资料来源：国家统计局．1994~2009 年．中国统计年鉴．北京：中国统计出版社

12.1.2.2　区域层面概况

以中国经济发展和科技进步情况为例，中国科技发展战略研究小组发布的历年《中国区域创新能力报告》，对中国各省级行政区若干年份的区域科技创新能力进行了数据采集和指标评价，从中可以反映出各地区科技进步与经济发展的关系（中国科技发展战略研究小组，2009）。其对区域创新能力的评价指标包括知识创造、知识获取、企业创新、创新环境、创新绩效五个方面。各地区 2009 年具体得分情况如图 12-2 所示。31 个省级行政区被分为五类，按照其创新能力的强弱分别为超强、强、较强、一般、弱。根据 2009 年的情况，江苏属于第一类，具有超强的区域创新能力；广东、北京、上海紧随其后，居第二类，具有强的区域创新能力；浙江、山东、天津为第三类，具有较强的区域创新能力；其他省级行政区如四川、辽宁等为一般；西部地区较弱。整体来说，中国按照省级行政区形成三个区域科技创新的增长级：其一为泛渤海地区，以北京市为中心，辐射天津、山东、河北、辽宁等地区；其二为长三角地区，以上海市为中心，辐射江苏、浙江等地区；其三为泛珠三角地区，以广东为中心，辐射周边地区。

三个区域科技创新增长级的地理分布与中国经济增长级的地理分布非常接近，分别对应着环渤海地区、长三角地区、泛珠三角地区三个经济发展带。而在具体的创新能力表现

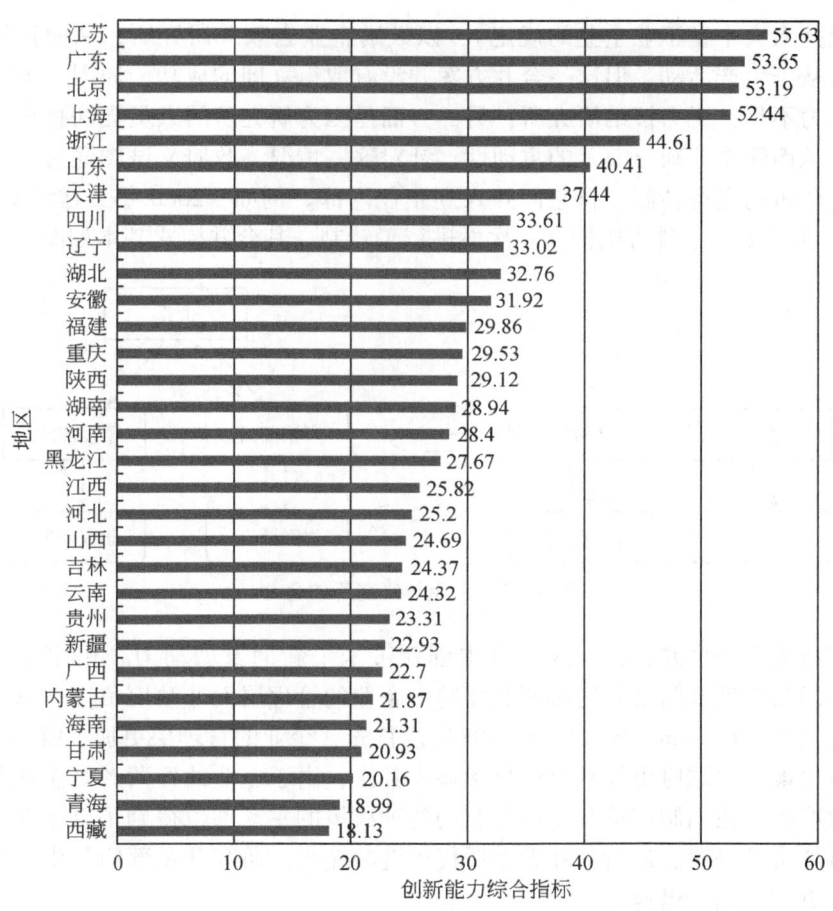

地区	创新能力综合指标
江苏	55.63
广东	53.65
北京	53.19
上海	52.44
浙江	44.61
山东	40.41
天津	37.44
四川	33.61
辽宁	33.02
湖北	32.76
安徽	31.92
福建	29.86
重庆	29.53
陕西	29.12
湖南	28.94
河南	28.4
黑龙江	27.67
江西	25.82
河北	25.2
山西	24.69
吉林	24.37
云南	24.32
贵州	23.31
新疆	22.93
广西	22.7
内蒙古	21.87
海南	21.31
甘肃	20.93
宁夏	20.16
青海	18.99
西藏	18.13

图 12-2 中国区域创新能力综合指标

资料来源：中国科技发展战略研究小组，2009

形式上，三个增长级区域的创新和经济发展也表现出相似的特点。例如，北京市在知识创造实力方面占有最大的优势，明显超过其他地区，这种情况与北京市掌握的丰富高等教育和科研资源有关。而广东省的优势则表现在知识获取实力方面，这也与其改革开放前沿阵地的身份相符。

12.1.2.3 企业层面概况

1. 组织重构再造以促进绿色科技创新

在经济发展与绿色科技创新体系的变革中，人们逐渐意识到企业才是绿色科技创新的主体。为促进技术要素的低成本和高效率流动，中国政府采取了以下几种企业组织重构与再造的形式。

（1）企业兼并研究所

1987 年，国务院颁布《关于进一步推进科技体制改革的有关规定》和《关于推进科研事业单位并入大中型工业企业的规定》，以鼓励企业去兼并研究所，从而让研究行为更加紧密地服从于生产活动。但这一合并方案并没有取得立即的成功，原因一方面在于部分企业资金实力不足，无力接纳研究所；另一方面是因为研究所的人员无法提供企业需要的产业技术，从而使企业缺乏兼并的主动性。针对这一情况，政府又试图通过一些行政性手段强行对科研机构进行转制，将它们并入到企业内部。例如，2000年，建设部等11个部门（单位）所属134个科研机构就一次性进行了转制，其合并模式基本如图12-3所示。

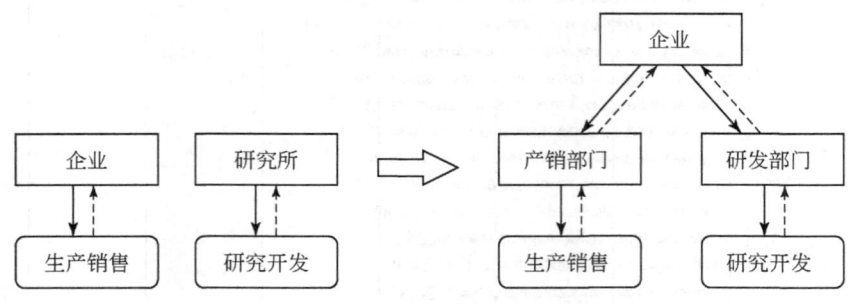

图 12-3　企业与研究所的合并

企业与研究所的合并，为企业的自主创新带来了新的发展动力。相比于计划体制模式，研究部门与产销部门之间的协调职能转由企业的管理层而非政府负责，这对于提高企业效率至关重要（Grossman and Hart，1984）。首先，企业的管理层更加了解企业的各种情况，从而在决策上比政府更加具有信息优势。其次，由于企业的经营者对企业收益具有一定的剩余索取权，他们制定适合于该企业的各种决策的主动性也得到了有效激励，其中当然也包括科技研发决策。最后，随着委托代理链的缩短，研究开发部门与生产销售部门之间的沟通也更加便捷和迅速。

（2）企业新建内部的研发机构

通过横向或者纵向一体化实现的两个市场主体的合并并不能消除各自的独立利益。从效率的角度出发，很多企业（尤其是大中型工业企业）选择新建内部的研发机构，其模式基本如图12-4所示：

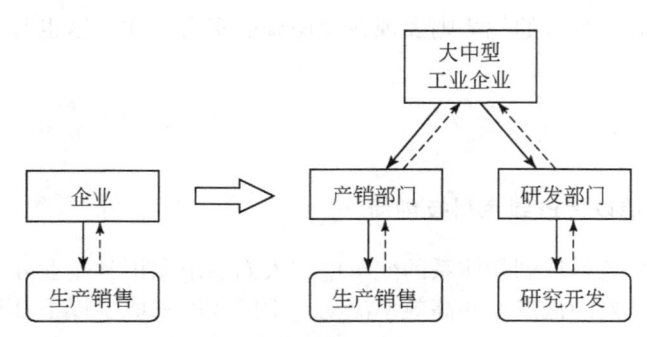

图 12-4　企业新建内部研发机构

大中型工业企业新建内部的研发机构主要有以下两个方面优势：第一，制度成本低，避免了并购研究所过程中可能产生的复杂人事关系。第二，有利于剩余控制权的集中，降低决策成本。根据相关文件规定，在政府主导的合并方式中，研究所在合并之后仍然具有比较大的自主性。按照1987年的《国务院关于进一步推进科技体制改革的有关规定》，在研究所与企业"合并"之后，只要研究所完成企业要求的任务，它们仍然可以具有相对的独立性。这种剩余控制权的分散可能导致企业无法对千变万化的市场做出迅速的反应，造成决策的失误或滞后。因此，新建内部的研发机构成为大中型企业科技活动的基本趋势（寇宗来，2008）。

(3) 研究所活动拓展到生产销售领域

此后，随着政府对研究所财政资助的降低，一些原来只从事R&D活动的研究所也开始将经营业务拓展到生产和销售领域。原有研究所中的一部分成员脱离出来，创办新的高新技术企业。在此种模式下，技术创造与产业实现是通过研究所的资产剥离而实现的，其基本模式如图12-5所示：

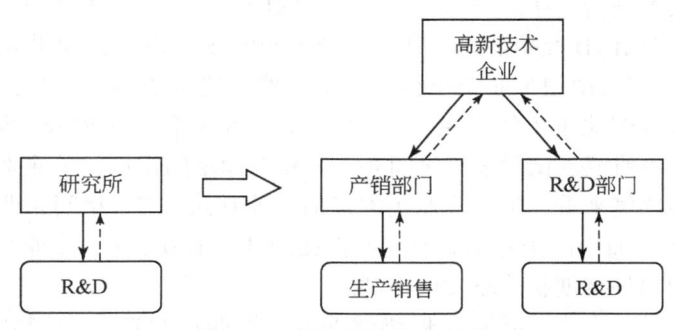

图12-5 研究所的资产剥离

对于这种内化模式，政府也通过一系列的措施加以推动。1988年8月，经中国政府批准，原国家科委启动"火炬计划"，旨在以市场为导向，促进高新技术成果商品化、高新技术商品产业化和高新技术产业国际化，而建立高新技术开发区、科技孵化基地等则是火炬计划的重要政策举措。政府制定各种优惠政策，鼓励研究所、高校的研究或者开发人员到高科技园区或者孵化基地进行创业。事实上，对"火炬计划"做出积极响应的正是那些既具有技术研发能力，又具有市场开拓能力的研究人员。在这种内化模式的推动下，一大批优秀的高新技术企业就此涌现出来，包括联想、华为、海尔、北大方正、清华同方等。这些高新技术企业往往都集中于国有企业很少涉足的新兴行业，很多在建立伊始就非常注重科技研发在企业经营和发展中的战略地位。例如，华为一开始就将企业战略定位于"自主品牌出口"，并长期坚持不少于销售收入10%的研发投入。正是这些企业带动了中国高新技术产品进入国际市场和高新技术企业走向世界（寇宗来，2008）。

2. 差距评估分析以促进绿色科技创新

近30年来，中国科学技术事业虽然获得了突飞猛进的发展。也取得了一定的成就，但根据技术创新能力、新技术推广应用能力、传统适用技术的推广应用能力和创新人才资源及其能力等多个方面综合测算，目前中国的绿色技术创新能力与发达国家仍存在较大的差距。2011年9月，世界经济论坛（World Economic Forum，WEF）发布《2011～2012年全球竞争力报告》，中国排名第26位，继续保持稳固上涨趋势。但在12个支柱性指数类别中，中国在技术就熟度方面的表现不尽如人意，仅排名第77位。对此，世界经济论坛全球竞争力和表现中心副总监蒂埃里·盖格在接受采访时表示：目前全球142个国家可分为三个发展阶段，即第一阶段的要素驱动阶段、第二阶段的效率驱动阶段、第三阶段的创新驱动阶段，而中国目前正处于第二阶段。为实现向绿色创新驱动阶段迈进，中国企业应重点关注自主创新能力和自主品牌的培养。

现阶段，中国企业虽然生产能力已有大幅度提高，但与宏观层面科技创新发展水平的趋势相比，企业的创新水平则未能保持同一步调。当前，中国企业在绿色科技创新方面存在的问题包括：重生产轻研究开发、重引进轻消化吸收、重模仿轻创新等。

(1) 技术创新资金投入不足

在以企业为技术创新主体的发达国家，企业的研发投入一般都占其销售收入的3%左右，高新技术企业对R&D经费的投入则占其销售额的5%以上，而世界500强企业更占5%～10%。尽管中国大中型工业企业科技活动经费的绝对值逐年提高，但企业科技活动经费占产品销售收入的比重依然不足2%。此外，根据对各国不同发展阶段数据的比较，企业基础研究、应用研究、试验发展之间有一个相对稳定的比例。从企业基础研究在研发经费支出中所占的比例来看，美国等发达国家的企业在过去30年间企业基础研究约占研发经费支出的15%。而中国企业基础研究所占比例却只有0.4%，企业基础研究比例明显过低，对企业长期的科技创新战略发展不利。

中国企业研发投入有很大提高，但仍然偏低。根据《2007年中国高技术产业统计年鉴》的数据分析，美国、日本和欧盟等发达国家的高技术产业的R&D经费占工业总产值的比重一般在10%以上，而中国高技术产业平均的R&D占工业总产值的比重一般在1%左右，中国的高技术产业和国外相比明显处于劣势，具体见表12-1。

表12-1 部分国家高技术产业R&D经费占工业总产值比例统计　　（单位:%）

国别	飞机和航天器制造业	医药制造业	办公会计和计算机制造业	广播电视和通信设备制造业
中国（2007年）	4.36	1.70	0.57	1.50
美国（2006年）	11.51	21.63	11.07	15.62
日本（2006年）	4.20	15.04	26.06	5.43
德国（2006年）	10.37	10.42	4.09	8.87
法国（2006年）	5.14	9.09	7.15	11.75
英国（2006年）	11.65	23.02	0.38	7.33
韩国（2006年）	9.66	2.48	3.41	6.8
芬兰（2007年）	4.69	27.92	1.84	11.79

数据来源：国外数据来自经济合作与发展组织《结构分析数据库2008》《企业研发分析数据库2009》，中国数据来自《中国高技术产业统计年鉴2009》

（2）企业自主创新成果的科技含量不高

根据 2007 年中国科协常委会促进企业自主创新专门委员会举办的"技术创新与企业发展报告会"的一份报告表明，中国企业发明专利的优势领域主要是饮料、中药和食品，而外商投资企业在中国申请的发明专利则主要集中于高技术领域。在大部分高端产品制造领域，企业缺乏自主知识产权和自主品牌，仍然无法摆脱跨国公司制造车间的地位，处在国际价值链分工的低端。

以低碳技术研发领域为例，科学技术部、国务院国有资产监督管理委员会、全国总工会联合发布的《中国创新型企业发展报告 2010》显示，与国外相比，中国企业的专利申请和授权情况有较大差距。报告称，在专利申请量最多的太阳能、先进交通工具、建筑和工业节能三个低碳技术领域，一些国际跨国企业拥有的专利申请量都数以百千计。但中国在这一领域的专利申请多集中在科研院校，企业专利申请相对较少，各领域处于领先位置的企业申请量均不足百件。截至 2009 年，国内有效专利以实用新型和外观设计专利为主，各占到国内有效专利总量的 46.8% 和 38.1%；而创造水平和科技含量较高的发明专利比重相对较低，只有 15.1%。中国创新型企业发展报告课题组组长刘东称，国外有效专利以发明专利为主，占到有效专利总量的 79%，外观设计专利占 18.9%，而实用新型专利所占比重只有 2.1%，国内外差距明显。特别是在一些高新技术领域，国外拥有的有效发明专利数量数倍于国内，例如，在半导体、光学和发动机领域，国外拥有的有效发明专利数量依次为国内的 2.2 倍、2.9 倍和 3.1 倍。由于很多关键技术和核心技术受制于人，因此中国企业在带动战略性新兴产业发展方面需要加倍努力。

（3）引进技术的消化吸收能力较差

不可否认，技术引进是发展中国家提高技术能力、赶超世界先进水平的必由之路。从成功的经验看，日本、韩国等国正是依靠引进并消化吸收国外先进技术，发挥"后发优势"，在较短的时间内迅速实现了工业化、现代化。但中国企业目前重复引进问题严重，引进硬件技术远远大于软件技术。对那些周期短、利润高的行业，存在多个企业引进同一技术的现象，而对周期长、利润低的行业则很少有企业愿意引进技术。这不仅造成了严重的资源浪费，更加剧了产业结构的不合理。此外，中国的技术贸易仍然是以硬件技术贸易为主，软件技术贸易为辅。主要依赖国外进口的生产线和设备提高生产的技术水平，而对于技术转让、技术许可、技术服务和技术咨询等软件技术的引进较少。于是引进的技术多是成熟期或衰退期的技术，很难引进先进技术。

另一方面，中国对引进先进技术的消化吸收能力也相对较差。日、韩两国的经验是在技术引进的同时大幅度增加消化吸收的投入，其技术引进与消化吸收的比例大致保持在 1∶3 的水平。而中国目前大中型工业企业技术引进与消化吸收的比例仅为 1∶0.07，中国 500 强企业的这一指标也仅为 1∶0.1，差距较大。花费高额费用购入的技术往往没有能力消化吸收。重引进、轻开发；重使用、轻研制的做法，使引进大批设备并未构成中国创新活动的源泉，未能引发出技术水平的自我提高。随着产业升级和科技的不断发展，引进的新技术很快就会变成旧技术，引进的新设备变为旧设备，继而被日新月异的技术发展淘汰。于是不得不再次引进，形成对国外技术的依赖（李园春等，2006）。

(4) 绿色科技创新型人才利用不足

绿色科技创新型人才，是指既具备深厚的专业知识和严谨的科学思维能力，又能准确把握绿色、低碳、循环科技发展趋势，能够在科技竞争日趋激烈的情况下为企业做出绿色创新贡献的各领域人才。目前，绿色科技创新人才的培养与发展仍然存在很多问题：一是科技创新人才规模相对较小。相对于中国人力资源绝对总量而言，中国科技创新人才的相对数量还明显不足。截至 2008 年年底，中国总人口达到 132 802 万人（不含香港特别行政区、澳门特别行政区和台湾省），其中劳动力资源 105 789 万人。而 R&D 折合全时当量[①] 196.54 万人/年，仅占约 0.19%。二是高层次科技创新人才缺乏。由于目前政府、企业和研究机构人力资源的管理机制尤其是激励机制建设不完善，一些科研人员往往难以专注于科技创新的 R&D 工作，将更多精力关注于创新成果的数量而非质量，影响了高水平科研成果的产出。具体表现在国际论文数量虽多但质量不高；国际专利产出极少，产业技术国际竞争力处于严重弱势；应用型和产业化人才明显少于学术型人才；能够把握世界科技前沿、做出重大科技创新成果的战略科学家、尖子人才和领军人才尤为匮乏。三是科技创新人才流失严重。薪酬福利、工作环境、基础设施和科研条件与国外发达国家的巨大差距，促使中国的人才外流现象十分严重。近十余年间中国出国留学人员累计数量达到 114.1 万人，回国人员只有 30.3 万人，累计回归率只有 26.5%，个别年份的回归率只有 15%。中国重点大学某些学科领域的优秀博士、博士后 60%~70% 留学国外，但学成归国的人数却很少。这些掌握关键科学技术，本应在科、教、研领域创造高附加值的知识经济领域人才大量外流，对中国的科技产业发展极为不利（宋克勤，2006）。

人才是企业科技创新的核心，但目前中国企业尚未成为科技创新人才培养与发展的主体。长期以来，高层次的科技创新人才集中于科研机构和高等院校，而企业的研发人才非常少，且专业技术人员占企业全员的比例较低，大多数企业没有建立自己的研发机构。企业专业技术人员中的高层次科技创新人才不仅缺乏，而且流失严重。企业在创新理念、管理机制、组织结构等方面存在不足，从而阻碍企业科技创新人才的培养与发展。

12.2 重点领域

知识生产和信息技术是重要的创新资源要素。本节就此两个方面进行阐述。其中，知识生产部分以博士人才培养问题为例进行探讨。

12.2.1 知识生产部门

博士质量问题是一个世界性的问题，在澳大利亚、俄罗斯等国家，同样广泛地存在对

---

① R&D 人员折合全时当量：指全时人员数加非全时人员按工作量折算为全时人员数的总和，由参加 R&D 项目人员的全时当量及应分摊在 R&D 项目的管理和直接服务人员的全时当量两部分相加计算。R&D 项目人员的全时当量由参加基础研究、应用研究、试验发展三类项目人员的全时当量相加计算；应分摊在 R&D 项目上的管理和直接服务人员的全时当量按 R&D 项目人员的全时当量占全部科技项目人员全时当量的比重计算。

博士质量的质疑声音（Felbinger，1999）；在美国、英国、德国等博士教育强国，学者们也在不断地呼吁对博士教育进行"重新思考""重新规划"和"重新塑造"（John Armstrong，1994）。纵观近十余年来全球范围的博士培养，与知识生产模式的转型有着密切的关系。本节将从知识生产模式变化的角度，分析高水平人才的培养质量所面临的挑战。

1. 知识生产模式的转型

从 20 世纪末以来，出现了"知识社会"的概念。知识社会意味着社会经济对知识的依赖性空前提高，知识作为一种生产要素在生产过程中具有重要作用，大学、政府和市场相互交织，出现重大的变化（Etzkowitz，1997）。国外学者研究认为，与传统的知识生产方式相比，目前的知识生产方式出现了新的特点：第一，知识生产更多地置身于应用的语境中。第二，知识生产由于更多源于实际的问题，这些知识有独特的理论结构、研究方法和实践模式。第三，知识生产的场所和从业者呈现出"社会弥散"（socially distributed knowledge）的特征，企业的实验室、智囊团、咨询机构、政府部门都出于自身的需要参与知识的生产过程。第四，知识的生产直接关系到公众的利益，社会问责已经渗透到知识生产的整个进程之中。第五，对知识质量的关注已经不限于知识（学术）本身，同时要兼顾社会、经济或政治的因素（Gibbons et al.，1994）。吉本斯把传统的以学科和大学为中心的知识生产模式称为模式 I，而把新出现的知识生产模式称为模式 II。关于模式 II 的具体特点似有可讨论之处，它的确反映出世界范围知识生产模式的显著变化。

2. 博士质量观的多元化

随着知识生产模式的转变，博士质量观念发生了重大的变化。传统的博士教育是以公认的学科为基础的，主要是学科"行会"内部的事情，质量的把关人是导师和学科的共同体。在学科共同体内部，关于质量有着相对一致的看法。但是在知识社会中，由于知识的社会弥散、知识生产单位的多元化和学科边界日益模糊，博士培养与质量问题不再是知识共同体内部的事情，已涉及社会的诸多方面。而不同方面对博士教育有着不同的理解和期待，因此，传统的博士质量的概念开始受到质疑，博士质量问题开始受到社会的关注。

在知识生产模式转型的背景下，随着知识生产主体的多元化和知识生产条件的变化，对博士教育的目标和博士的质量的认识出现种种分歧。这些分歧源于以下三重张力：一，学科的标准与跨学科标准之间的张力。传统的培养模式往往以单一的学科为基础，而博士毕业生面临的任务与工作环境，甚至在博士期间进行的研究越来越具有跨学科的特点。二，知识创新与研究训练之间的张力。传统的博士培养重视博士论文本身的创新性，而当下博士毕业后的工作环境更多需要系统的学术训练和可迁移的能力。三，理论研究与实践能力之间的张力。传统的博士培养目标是学者，因此要求博士生有深厚的专业理论基础，而目前更多的博士今后面临不是纯粹的学术工作，而是针对特定的问题应用其知识提出解决方案，或者从事领导性工作。

鉴于这些多重的张力，博士的质量问题变得非常复杂，往往缺乏一个共同的基础，致使关于博士质量的讨论众说纷纭,莫衷一是。因此,简单地争论博士质量是提高还是降低的问题,不是问题的关键,必须从更深的层次上来分析关于博士质量的争论。

3. 知识转型中的教育危机

从20世纪90年代开始,已经有一些机构和团体对传统的博士教育感到不满,并且寻求替代性的博士教育方案。例如,1994年,奥地利科学基金会出于对本国博士生教育状况的不满,建立并资助一些特别的研究领域,进行跨学科的博士生培养(Sadlak,2004)。与此同时,英国、美国、日本和澳大利亚等国家的学者均纷纷撰文,探讨博士教育的"危机"与"挑战"(Kendall,2002)。在美国,人们主要批评博士生接受的教育过于狭隘和专门化、缺乏管理和组织才能、缺乏教学技巧、修业年限过长、缺乏对就业市场的了解等。同时,博士毕业生供过于求、越来越多博士在非学术部门就业的趋势也引发了很多人的担忧。因此,尽管美国的博士教育是世界上最成功的,但学者们从20世纪90年代开始就在呼吁博士教育的改革,例如1995年美国科学、工程与公共政策委员会提出"重塑"研究生教育(National Research Council,1995),2000年华盛顿大学的教学发展与研究中心则呼吁"重新规划"博士教育,以满足21世纪的社会需求(Nyquist and Woodford,2000)。在该研究中心举行的名为"重新规划博士教育"的研讨会中,参加会议的各方都在一定程度上表达了对博士教育的不满。博士生认为自己变成了从事教学和研究助理工作的廉价劳动力,并且在研究型大学谋职的希望越来越渺茫;很多大学则指出很多博士毕业生根本不具备基本的教学技能;工商业界的人士则抱怨博士毕业生不能运用所学理论来解决实际问题。在中国,如前所述,博士教育也面临着社会各界的指责和严厉批评。

正是在这种一片危机之声的背景下,西方国家纷纷开始研究本国的博士教育的质量状况,旨在为提高博士质量探索新途径。例如,美国大学协会(AAU)1998年对该协会62所会员院校的博士点质量进行了评估(Association of American Universities,1998),英国在2007年对英格兰和北爱尔兰地区的研究型博士项目进行了实证评估(The Quality Assurance Agency for Higher Education,2007)。丹麦分别于2000年和2006年对本国的博士教育质量进行评估(The Danish Research Council,2000)。

可以看到,人们对博士和博士教育的批评包括多个方面,主要集中在训练过于狭隘、与市场脱节、修业年限过长、流失率过高、论文质量不高、过度生产、缺乏教学技能(Lovitts and Nelson,2000)等方面。但这些批评有一个共同点,即它们都指向"质量"的维度。

传统的博士培养模式是与模式I的知识生产方式相适应的。在此框架下,博士培养模式以单一的学科为基础,而且绝大多数的博士培养方案和理念至今也都是从特定学科的角度出发的。但是博士毕业后,虽然大多数人还是从事研究和教学工作,但工作的单位却不以大学为限,越来越多的人进入企业或政府部门的研究机构,或者在各种不同的单位从事研究性的工作,但由于他们工作中面临的问题更多是应用背景下产生的问题,或者说是跨学科的问题,并且往往需要参与到一个团队中进行工作。这种新的任务对象和工作环境对新毕业的博士来说,无疑是一个挑战,因为他们所接受的训练是以学科为中心的学术训练。

在这里可以看到在学术培养和职业工作之间存在一个越来越明显的反差。这种反差首先会影响到博士生自身。博士生既要面对来自学科和导师要求，力争成为一名学科内的合格研究人员，同时又要面对工作岗位的要求，力争具有多方面的知识和能力，希望获得更多用人单位所希望的可迁移性和灵活性的能力。从培养单位和导师角度出发，由于预期到博士生今后不会从事在本专业的工作，也由于博士生可以理解的"别有旁骛"追求，他们对博士生自然会有所不满。在此背景下，无论是大学，还是博士生本身，或是用人单位，均对博士生的质量表示担忧和不满，往往就此认为博士生质量不如以前，于是也就有了各种不同的批评声音。

4. 崭新的知识生产方式

然而，各国对博士教育的反思并没有仅仅停留在言论批评的层面。从 20 世纪 90 年代开始，美国、德国、澳大利亚、英国等国家不约而同地开始启动博士生教育的改革。联合国教科文组织欧洲高等教育中心（UNESCO-CEPES）、美国的卡内基教学促进委员会、美国国家科学基金会、美国研究生院理事会、欧洲大学协会、欧洲研究型大学联盟、英国的经济与社会研究理事会（Economic and Social Research Council）、德国的科学研究会（DFG）、澳大利亚教育部等政府机构和非政府组织纷纷启动了自己的博士生教育改革计划。博士生教育在世界范围内的改革无不在某种意义上回应知识生产模式的转型。

首先可以看到的是知识的"社会弥散"对博士教育的影响。传统上，高等教育机构一直把持着颁发、认证博士学位的权力。目前这一趋势已经开始被打破。例如，美国兰德公司下属的兰德研究所便拥有开展博士生教育、颁发博士学位的权力。

知识生产新模式的一个特点是知识在应用的情境中被生产出来。这一变化与世界范围专业博士生教育的兴起是密切相关的。最近 20 年来，教育博士、工商管理博士、工程学博士等专业型博士在世界迅速兴起，并开始大规模地增长。与传统的学术型博士不同，专业型博士论文的研究问题往往来自实践的应用情境，并且致力于增进应用性的知识。可以说，博士学位类型的多样化是与知识生产的应用语境和知识生产的异质性密切相关的。当前在英国、美国、澳大利亚兴起的专业博士学位所生产的就是满足模式 II 知识生产的工作者。专业博士的崛起体现了新的知识主体（拥有研究技能的专业人士）、新的知识（与实践情境紧密结合的新的知识形式）和新的知识生产情境（工作场所与实践领域）三者的结合。德国、奥地利等受洪堡"纯科学"传统影响至深的国家对专业博士的回应不是那么热烈，但也在谨慎地进行尝试性的探索。在中国，教育博士的培养正在得到官方政策的认可，2009 年 8 月，国务院学位办正式批准北京大学、清华大学、北京师范大学、华中科技大学等 15 所高校试办"教育博士"学位，在可预期的未来，很可能会迅速扩大规模。

事实上，学术型博士与专业博士的二元划分已经不能囊括当代博士教育的丰富性。除了专业博士，"新制博士"（new route Ph. D.）、实践型博士（practice-based Ph. D.）也在悄然兴起。实践型博士主要存在于艺术和设计领域，主要包括音乐博士、美术博士、创意写作（creative writing）艺术博士、表演艺术博士、建筑学博士等。

知识生产模式的转型不仅促进了博士学位类型的多样化，同时也促使传统的学科进一步分化，从中产生更加适应模式 II 知识生产方式的新的学科点。以英语学科为例，传统上，英语学科的经典范式是运用文学解释学、批判理论与审美理论对古代和当代的经典作品进行解读，这种研究范式具有高度的自主性，不易为外界的经济和社会变迁所左右。但最近一些年来，随着知识生产方式的变迁，一些新的研究方向开始涌现，例如修辞与写作、读写能力研究、文化研究、媒体研究、技术与专业交流，而且，与旧的研究方向相比，这些新兴的研究方向更易获得资金资助，就业前景也更加看好（McAlpine et al.，2009）。

知识生产的应用情境不仅促进了博士学位类型的多样化，而且在某些学科领域导致了博士生培养模式的变化。在自然科学和工程科学领域，一些大学开始和工业界联合培养博士生，或者通过商业化的研究项目来培养博士生，博士生教育的培养过程呈现出商业化的特点。如英国、澳大利亚、美国的一些博士生项目都逐渐将发展通用性技能纳入博士生教育的重要组成部分，以更好地适应就业市场（The Danish Research Council，2000）。芬兰的赫尔辛基大学为 60 名选拔过的生物科学的博士生提供有关生物企业和可迁移技能方面的课程，并组织博士生参观企业，使学生提前与未来的雇主建立联系（League of European Research Universities，2007）。

在新的知识生产模式中，知识是在跨学科的情境中生产的。通过跨学科的模式来培养博士生，恰恰是最近十多年来博士生教育改革的大趋势。德国、芬兰、丹麦和法国等欧洲国家自 1990 年代以来纷纷建立研究生院（Graduiertenkolleges），主要目的之一就是试图以跨学科的模式来培养博士生。欧洲的研究生院与美国的研究生院不同，是一种课程和学术训练的组织形式，一个学校往往有多个研究生院，有些研究生院则是跨校的。同时，美国国家科学基金所赞助的研究生教育和科研实训一体化计划（Integrated Graduate Education and Research Trainee Programs）、澳大利亚的合作研究中心培训计划（Cooperative Research Centre Training program）（Harman，2004），都旨在突破传统学科的界限，在跨学科的情境中培养最顶尖的博士生。当然，博士生从事跨学科研究也面临着很多的困难。首先，目前主流的博士生培养模式仍然是学科中心的，并且以科系为平台。更重要的是，当前学术界的学术发表、奖励机制、同行评议、学术晋升也几乎完全是学科中心的，从事跨学科的博士论文研究意味着拿自己的学术职业生涯做赌注。再者，从认识论的角度来看，不同学科有着不同的学术范式和研究方法，这些范式和方法有时甚至是互相冲突的，要将它们融合到一起也非易事。不过，尽管存在各种各样的阻力，跨学科的博士培养模式在神经科学等交叉学科中已经发展起来（Holley，2006）。

知识生产的转型不仅涉及知识生产的过程，同时也涉及如何评价知识的问题。在旧的生产模式中，博士的质量几乎等同于博士论文的质量，评价博士质量的主要（几乎是唯一的）的依据是博士论文。今天，这种做法正在受到挑战。有学者指出，现在应该针对博士的评价问题展开争论，博士论文不是评判博士质量的唯一标准。与此同时，来自外部的质量标准也在不知不觉间影响着博士论文的选题和评价。对博士质量的评价也不再仅限于博士论文，教学技能、团体合作能力等也被视为评价博士质量的指标（Sverker，2006）。而在英国发展起来的实践型博士中，博士论文已不是最重要的学位授予标准，例如在英国布莱顿大学的艺术与设计博士点，学生除了提交一件原创性艺术作品外，再提交一万字的学术论文即可获得博士学位（Candlin，2000）。

5. 博士生教育改革的脱轨性后果

可以看到，最近20年，世界范围博士生教育的改革主要表现在以下一些方面：增设新的学位类型（主要是专业型学位）以满足社会经济发展的需要；推动跨学科培养博士生的模式——在欧洲，其主要手段为建立跨学科性质的研究生院，以消除博士生教育过于狭隘的负面影响。

评论家们大体都认为这些改革对博士生教育危机的应对是有力的。例如，Beate Baldauf（1998）认为，德国在1990年代建立的研究生院"似乎总体上是成功的"。同时，也应该看到，这些改革解决了一些问题，但也引发了一些新的问题，博士生教育的危机非但没有减缓，反而有日渐加重的趋势。例如，博士学位类型的多样化一方面满足了社会和一些人群的需要，同时也引发了很多批评的声音。专业型博士在论文选题、论文评价、毕业要求等方面均不同于传统的研究型博士，批评者担心，区别对待的办法会使博士的质量标准趋于模糊，从而从整体上对博士生教育的质量产生腐蚀性的影响。因此，在对博士质量的批评中，专业博士往往首当其冲，其合法性面临重重危机。在美国，有人批评教育类的专业博士质量大成问题，是"注水博士"（Ph. D Lite）（Halse，2007）。在澳大利亚，工商管理博士（DBA）也面临着同样的质疑。

也有学者反对博士教育类型的多样化趋势，认为只要哲学博士的培养模式做出适当的调整，即可适应工业界的需要，完全不必重起炉灶（Evans，2005）。德国的经验也显示，学术型的博士同样为工商界看好，而不必另设专业型博士学位，以满足工商界的特殊要求。

6. 如何回应博士质量的危机

可以说，博士生教育与博士质量的危机是世界范围内的一种普遍现象。总的来说，博士质量的危机有两重主要的表现。其一，在博士生教育规模扩大和博士类型多样化的背景下，传统的以单一学科为中心的、仅仅注重学术原创性的质量观念受到挑战。其二，知识生产方式的转型对作为未来的知识工作者的博士生提出了诸多的要求，例如，从事跨学科研究、从事与社会利益密切相关的研究、团队合作等。与此同时，传统的博士生培养模式在这方面存在种种不足，甚至在大学相关制度安排上阻碍这一目标的实现。

为了应对博士质量的危机，世界各国政府已经通过了各种各样的政策动议，同时，各大基金会、环保机构和教育团体也参与到这一改革的浪潮中来，纷纷提出自己的改革方案，试图改革博士生教育的传统模式，使之适应新的知识生产情境下的要求。但改革并没有彻底纾解危机，同时也带来了诸多问题，甚至引发新的危机。如何在推进改革的过程当中满足知识生产新模式的需求，又同时维持博士生教育的"高质量"，这是世界的挑战，也是中国的挑战。2013年中国政府提出要进一步增加教育经费支出、深化教育综合改革、提高教育质量，加快实施国家中长期科学和技术发展规划纲要，制定实施国家中长期教育改革和发展规划纲要、国家中长期人才发展规划纲要和国家知识产权战略，这势必对中国博士生教育，尤其是生态教育带来新的机遇。

12.2.2 信息技术产业

在当今世界经济发展环境下，无论是经济发达国家还是新型工业化国家，无一不寻求在经济转型中实现本国经济的持续快速发展。随着全球的经济发展进入后危机时代，加快经济转型，实现可持续发展的绿色经济发展目标已成为世界各国共同关注的问题。信息产业作为当今科技发展的支柱产业之一，在生态文明建设中担当着不可或缺的重要角色。

1. 发展回顾

改革开放30多年来，中国实现了经济增长与结构调整的良性互动，以结构调整促进经济发展，在发展中探索结构调整，从而取得了一系列可喜的成绩。在发展过程中，中国坚持巩固和加强第一产业（农、林、牧、渔业）、提高和改造第二产业（采矿业，制造业，电力、燃气与水的生产和供应业，建筑业）、大力发展第三产业（信息传输、计算机服务和软件业，交通运输、仓储和邮政业，批发和零售业，住宿和餐饮业，金融业，房地产业，其他服务业，其他营利性服务业，非营利性服务业等），促进了产业结构不断向优化升级的方向发展。1979～2007年，第一、第二和第三产业增加值年均分别增长了4.6%、11.4%和10.8%。三个产业的产业增加值在GDP中所占的比例由1978年的28.2：47.9：23.9变为2007年的11.3：48.6：40.1。与1978年相比，2007年第一产业比重下降16.9个百分点，第二产业比重上升0.7个百分点，而第三产业比重大幅上升16.2个百分点。由此可见，信息产业所属的第三产业在GDP中所占的比重越来越大。

中国经济的发展方式和增长模式呈现出由粗放型向集约型的重大转变，而信息技术的发展功不可没。由于信息技术的发展和应用，工业结构基本实现了由技术含量低、劳动密集程度高、门类单一的结构向劳动密集、技术密集、门类齐全的全方位发展格局转变。冶金、能源、纺织、机械、航运等传统工业在发展中实现了结构的不断调整和升级。电子信息、生物工程、航空航天、医药制造、新能源和新材料等高技术工业从无到有，从小到大，从弱到强，蓬勃发展，成为带动中国工业实现跨越式发展的重要力量。2007年，中国高技术产业增加值达到11,621亿元，占GDP的4.7%。

进入21世纪后，随着信息化在全球的快速发展，世界各国对信息的需求快速增长，信息技术已成为支撑当今经济活动和社会生活的基石。在这种情况下，信息产业成为世界各国，特别是发达国家竞相投资、重点发展的战略性产业。在21世纪的头10年中，全球信息设备制造业和服务业的增长率是相应的国民生产总值（GNP）增长率的两倍，成为带动经济增长的关键产业。其中美国经济在近十年的持续快速增长中，年均GDP增长3.6%，而电子信息产业对GDP增长的贡献为1.4%。因此，可以毫不夸张地说美国经济的持续增长得益于信息技术的支撑和信息产业的带动是不为过的。信息产业本身经过多年的高速增长，已成为全球最大的产业之一。在20世纪90年代中期，一些发达国家信息经济领域的增长超过了GNP的50%，美国则超过了75%，2000年全球信息产品制造业产值高达15 000亿美元，成为世界经济的重要支柱产业。

信息产业作为国民经济的支柱产业，其发展和运行状况的好坏直接影响宏观经济是否景气。国际电联（International Telecommunications Union）2009年2月发布的报告显示，在全球范围内信息技术产业约占GDP的7.5%，而在GDP增量中所占比例更高。科学技术作为推动经济结构调整的关键支撑，是赢得未来竞争的必然选择。信息技术作为当今社会生产和生活中应用最为广泛的技术之一，已成为经济发展最有力的推动器。

近十年来，中国的信息产业也实现了突飞猛进的发展，也存在一些有待解决的问题。从信息产业的总量规模看，近年来，中国的信息产业一直保持较快的发展速度，行业总销售收入、内部产品生产和行业就业人数等都有稳定增长。

从信息产业对产业结构优化升级的角度来看，中国信息产业的发展促进了新兴产业的形成（包括计算机行产业、网络产业、信息咨询服务产业），加速了产业结构的转型，信息产品更新速度的加快又使产业结构处于不断变革之中。中国信息产业的发展还促进了原有产业和产业部门的改造，例如，计算机应用于工业自动化领域后，中国的汽车、钢铁、石油、化工、机械、纺织等传统产业在当前全球产业的结构转型浪潮中继续保持了较快的增长。

从信息产业发展的阶段来看，在总体上，目前中国信息产业的发展仍处于初级阶段。信息产业一般分为信息设备制造业、软件业和信息服务业三大领域。在中国信息产业发展中，信息设备制造业强，软件和信息服务业弱；上游产品（资金、劳动和管理密集型产品）强，下游产品（技术和知识密集型产品）弱，因此整个中国的信息产业内部结构仍处于低级水平，信息产业发展处于初级阶段。

因此，中国的信息产业结构还有待调整，这从与中国邻国印度的比较中就可以找到调整方向。中国在硬件制造、基础设施、信息产业总量上强于印度，但在软件开发、信息技术竞争力方面却不及印度。印度是世界五大软件供应国之一，出口额占全球市场份额的20%，而中国的软件业务收入仅占信息产业的10%。当今信息产业结构正在全球范围进行战略调整，正在由以硬件为主导向以软件为主导进行转变，软件和服务业的重要性日益显著。目前中国为数不多的软件生产企业不仅规模小，而且自主开发和创新能力弱，要想在国际市场上具有竞争力，必须加强软件的研发能力。

尽管中国的信息产业有待调整，但它已成为推动经济增长的重要因素，逐渐成为国民经济的基础性、支柱性、先导性和战略性的产业，对整个中国经济的拉动作用也越来越显著。由此，可以清楚地看到，在下一阶段的国家经济发展战略中，要以信息产业推动经济发展，以信息技术引领经济转型。

2. 重要作用

在当前的经济变革中，发展信息技术无疑成为实现绿色经济的目标不可或缺的强有力手段。当前，加快信息产业发展从而有效地服务经济转型是今后工作的重点。为了达到这一目标，首先，需要进一步利用信息技术，充分发挥信息对物质、能源的节约和增值作用，降低经济发展对资源和环境的压力，构建和谐社会。其次，信息技术还要在经济结构的高层次调整转型中担当重任，各级地方政府要根据实际情况加快将工业制造等装备优化升级的步伐，从而取得更好的经济效益。最后，要大力推进国民经济和社会信息化，在政务、商务和服务领域广泛应用电子信息技术，形成以高新技术产业为先导、基础产业和制造业为支撑、服务业全面发展的新产业格局。

信息技术的发展无疑会成为重点，由于它的发展速度不仅影响着其代表的信息产业本身的发展，还直接影响到与之相关的许多行业的发展。例如，在机械制造业中，先进的信息技术可以产出更为精准的机械零件；在金融业中，信息技术的发展使金融交易更加快捷和安全；在交通管理中，信息技术为人们带来便捷的出行信息，无形中节约了出行成本。也就是说，信息产业发展的成果已开始渗透到国民经济的各个领域，催生并推动这些领域的信息化。据统计，金融、电力、交通行业应用软件增速较快，信息技术在智能交通、电网改造、无线城市中的渗透作用也很突出，手机阅读、移动支付、网络电视等新业务不断拓展。

信息产业对国民经济的贡献日益突出，不仅直接拉动经济增长，也有力地推动信息化发展，其支柱性产业地位日趋凸显。2012年中国电子信息产业销售收入达到11万亿元，增幅达15%；软件和信息技术服务业总营业收入超过2.5万亿元，增速为28.5%。电子信息产业在国民经济中占据日益重要的地位，充分发挥了基础、先导和战略作用。在大力发展信息产业的同时，也要注意调整信息产业本身的产业结构。

此外，在进行交易的过程中，安全问题和隐私保护问题尤为重要。安全的电子交易平台就成为电子商务发展的一个重要基础。目前，国内各大商业银行也正在大力推广电子银行业务，信息产业与金融业的密切联系与发展会为包括电子商务在内的越来越多的行业提供方便快捷的服务。

3. 未来发展

对于从农业经济、工业经济、商业经济向生态经济转型的国家来说，信息技术无疑是一切工作和生活的基础。

"十二五"规划纲要提出，针对未来五年的信息通信产业发展，要全面提高中国信息化水平，加快建设宽带、融合、安全、泛在的下一代国家信息基础设施，推动信息化和工业化深度融合，推进经济社会各领域信息化。其中，要大力发展节能环保、新一代信息技术、生物、高端装备制造、新能源、新材料、新能源汽车等战略性新兴产业。新一代信息技术产业重点要发展新一代移动通信、下一代互联网、三网融合、物联网、云计算、集成电路、新型显示、高端软件、高端服务器和信息服务。战略性新兴产业增加值占GDP比重要达到8%左右。

为了使信息技术更有效地服务于经济转型，中国正在积极地促进和实现信息技术发展模式的转变。过去，很多新型技术标准和应用平台都依靠引进其他发达国家的先进技术。现在，中国已开始注重为技术发展打基础，积极参与一些国际标准的制定，为商业机构、教育机构和医疗机构等部门提供更优秀、更有效的服务，逐渐加强自身的基础研究和应用开发等方面的能力，鼓励科技自主创新，其中同样包括信息技术领域的发展。中国信息产业的未来发展将形成一个良好的发展机制，使信息产业本身能长期、稳定地发展，从而促进经济朝着更加绿色、可持续的方向发展。

12.3 发展建议

中国整体上已进入工业化中期后半阶段，科技创新是经济长期增长的源头，国家的科技政策应聚焦于国家长期发展战略。政府促进科技创新的重点应转向加强市场经济的规制建设上来，如推进市场竞争性、促进金融和投资开放、为科技创新提供各种制度安排和基础建设。政府对科技创新的干预应尽快从具体的工程项目层次转向创造良好的宏观环境，通过建立基于市场的完善的科技创新体系，塑造企业创新主体，建立有效的激励机制。

1. 形成产业技术政策和产业发展政策的高度统一

中国从计划经济体制到社会主义市场经济体制的转变还没有完成，仍然存在大量的制度性科技创新障碍。在宏观层次上，科技创新要求产业技术政策和产业发展政策一体化，提高资源配置促进科技创新的效率，彻底打破科技发展规划与经济发展规划"两层皮"的管理体制。当前，中国的现行科技管理和经济管理相分离的状况依然存在。尽管国家科技部在科技服务于经济发展方面做出了巨大努力，但体制的因素造成的多头管理科技发展、多渠道配置有限的科技资源、部门间的政策思路和资源配置重点不一致等，致使科技资源利用效率不高的问题依然十分突出。政府应从制度和管理机构设置源头出发解决这一问题。

2. 提高政府科技投入的效率

目前，中国在科技项目管理方面还存在严重问题，导致科技创新效率低下。问题包括：

1）科技投入多头管理，研究机构重复设置，国家科技资源分散、重复和浪费严重。

2）政府项目采用自上而下、供给驱动的组织方式，不利于技术扩散。科技计划项目的筛选、立项和验收采取专家评审和决策制，企业参与程度不够。

3）科技评价不合理，在立项评审、验收评估和成果评价等环节未能很好地体现公开、公平、公正的原则。在研究项目的立项上少数人起决定性作用，缺少严谨的科学论证，带有较大的随意性。

4）项目管理重近期利益、轻长远目标；重立项审批，轻过程管理。

为提高政府科技投入的效率，可采取以下改进措施：①政府应适度增加基础研究投入，提高技术储备和供应能力；加强共性技术和共享技术研究开发的投入，支持战略领域的技术研究开发，加强重大技术的引进消化吸收。②鼓励企业参与应用研究和试验发展方面的项目，以市场需求作为项目的驱动力，优先选择与国家经济战略密切的基础性研究，鼓励企业在技术引进的基础上加大进一步开发的投入。③政府对国家投入产生的研究成果的转化负有责任，要求政府部门推动政府支持的技术向企业转移，加快技术扩散，促进产学研结合。

3. 合理利用知识产权制度促进自主创新

知识产权的关键作用不在于能否促进国际贸易或外国投资，而在于知识产权如何影响中国获取发展所需要的技术，如何促进科技创新，最终提升本国企业的竞争能力。建议企业遵循独立自主的战略方针，在企业管理权和知识产权方面具有独立性，重要产业领域必须由国内企业保持实际控制权，尤其是知识产权的控制权。加强知识产权保护可能促进高技术产品进口，激励发达国家进行技术转移，但不能保证受让国家经济、技术方面有足够的能力吸收该技术，并以此作为进一步创新的基础，最终技术转移就可能是无法持续的。

知识产权作为经济全球化背景下企业竞争的制高点，在占领市场和保护市场中的作用越来越突出。中国加入WTO后，一方面意味着中国企业与国外企业发生知识产权纠纷时，可以适用世贸组织统一的争端解决机制，减少或遏制发达国家的单边报复行为；另一方面，也对中国知识产权保护提出了更高的要求，即对某些企业违反知识产权的处罚力度要与国际接轨。那种通过模仿和反向工程学习技术，利用弱知识产权建立本土技术和创新能力的方法已不能采用。

为促进中国民族企业的自主创新，中国政府在知识产权制度设计方面应注意：①根据中国国情，制定适当的知识产权保护标准。中国作为发展中国家，地区间发展差距大，科技创新能力不强，技术储备少，技术发展处于技术引进和技术模仿为主的阶段。因此，要根据WTO和《与贸易有关的知识产权协议》的有关条款，积极争取应有的权利，与广大发展中国家一道修改不符合发展中国家利益的条款。②以市场为导向、企业为主体、国家为主导建立国家知识产权战略。发达国家中，企业拥有本国绝大部分知识产权，而中国拥有企业知识产权比例不高，不利于专利技术的产业化。作为国家层面的知识产权战略，必然要求政府担负起指导实施的主导作用，制定符合本国国情知识产权制度和贸易规则，依法保护本国企业的利益，这是市场经济条件下政府的基本职能。③限制滥用知识产权，促进知识产权的公平竞争。尤其要重点防止跨国公司在技术转让中滥用知识产权的垄断行为，抑制恶意闲置专利，禁止通过恶意收购竞争者专利技术和商标的方式限制竞争。

4. 建设有利于自主创新的金融体系

金融体系的功能在于实现资本与技术的有机结合，促进产业发展，提高自主创新能力。金融体系对科技创新体系建设的支持主要体现在两个方面：①为创新主体进行科技创新创造完善的融资环境和融资渠道。②为规避和化解创新风险提供金融工具和金融制度上的安排。

第一，必须改变融资结构，即处理好直接融资与间接融资的比例关系问题。应扩大直接融资的规模和比重，进一步完善和提高现有的"中小企业板"，充分借鉴国外的经验和模式，在保证金融体系稳定的前提下，推出具有中国特色真正意义上的"高科技创业板"，降低各类科技创业型企业的上市门槛，提高其融资的便利性。在更大程度发挥直接融资支持自主创新的作用，这应当是中国金融体系改革的一个基本方向（陈范红，2010）。

第二，应加强资本市场监管，切实保护投资者的利益。除完善立法外，还必须在监管体制上下工夫。2009年10月，中国创业板开板，旨在短期内支持中小企业融资以助度过金融危机，长期内助力中国转向创新型国家之路。但目前创业板上市企业的平均发行市盈率较高，且多为中小企业，公司规模较小。投资者面临的上市企业经营风险、诚信风险、股价波动风险都可能高于主板市场，如何合理监管是证券监管机构面临的挑战。另外一方面，股指期货已经推出，如何隔离期货市场和现货市场风险，防止风险传递和对股指期货的人为操纵也成为摆在证券监管部门面前的迫切问题。为有效应对挑战，防止监管行为的"非理想化""寻租""道德风险"等监管失灵问题，在金融当局监管之外有必要进一步加强社会监督机制。必须划出足够的空间，让财经媒体在保护投资者权益方面发挥更大的作用。只有建立成熟的信托文化、完善的立法和监管体系，中国的资本市场才能健康而稳定地成长，也才能在支持自主创新方面发挥更大的独特作用。

第三，应积极创造条件，引导更多的民间风险资本投资创新型经济。根据经济合作与发展组织（OECD）的定义，凡是对以高科技与知识为基础，生产与经营技术密集的创新产品或服务的投资，都可视为风险投资。从这一定义也可看出，风险投资一直是推动创新型企业发展的重要力量。事实上，风险投资也是国外促进新兴产业发展并引导产业变革的重要力量，对提高一个国家的创新能力和国际竞争力具有非常重要的作用。尤其值得注意的是，虽然海外风险投资和政府风险投资在中国风险投资的发展历程中功不可没，但从长远来看，民间资本才是中国风险投资业繁荣的基础。从建设创新型国家的目标来看，中国民间风险资本的发展与其要求还有很大的差距。风险资本的主要投资人主要是私人资本而非机构投资者，传统产业和狭义的IT业仍然是获得投资最密集的领域，投资于初创期企业的资金比重仍然偏低。对此，政府应着重研究如何鼓励社会资本投资于中小企业初创期，使风险投资在中小企业最需要的阶段发挥作用。同时须规范风险投资机构的运作，引导更多的民间风险资本投资创新型经济。

5. 重视技术引进与消化吸收，走开放型科技创新之路

科技全球化为中国利用外部资源提供了可能，利用外部资源吸收外部知识和技术可帮助中国减少研究开发的成本。跨国公司在全球范围整合科技资源，研究开发活动大量跨国界流动，生产采用在全球范围进行分工的模式，研究开发、产品设计和制造分离，大量先进技术在国际间流动，中国企业积极参与跨国公司的国际分工，可有效地获得先进技术。

全球化是当今世界经济发展的总趋势，由于经济全球化和科技创新的难度与风险程度日益增加，人力资源和国际合作因素作业变得越来越重要。每个国家和地区都加强了国际合作，没有降低技术引进的力度，而是加强了消化吸收再创新的能力。技术引进要重点引进关键设备，引进软性技术，包括图纸、生产工艺等。中国在工业化中后期转向自主创新，在国家政策层面上，可采取鼓励企业自主创新的措施，但自主创新不应排斥技术引进，而要继续鼓励跨国公司在中国设立R&D机构，加强国际合作。

6. 创造科技创新人才发展的有利环境

国家应充分发挥政府的主导作用和市场在科技资源配置中的基础性作用，积极创造科技创新人才发展的有利环境。具体而言，一是加大科研资金的投入力度，重点建设科技创新公共基础设施和公共技术平台。二是建立健全人才管理机制，通过完善科技创新人才的评价、激励和保障机制，并为人才制定科学的、个性化的职业生涯发展规划，促进高层次科技创新人才队伍的建设。三是鼓励跨部门、跨团队的人才合作，搭配相关的知识产权保护制度、人才自由流动制度等，以激发人才的创造力。

对政府而言，应鼓励企事业单位与高校、科研机构之间建立多种形式的产学研战略联盟，通过共建科技研发平台、联合实验室、开展合作教育、共同实施重大项目等方式，培养引进高层次的科技创新人才；并打造科技创新人才引进的绿色通道，建立灵活的人才引进机制。通过国内外人才合作项目，发展和完善各种形式的科技人才国际化培养模式，鼓励科技创新人才进行广泛的学术交流与科研合作。

对企业而言，应着力构建学习型组织。一是以企业文化为载体，倡导组织成员"全员参与""系统思考""终身学习"的学习理念。二是建立灵活的扁平式组织结构，促进信息的交流与沟通。三是开发企业内部信息交流系统，促进知识的共享、互动与创新。四是建立和完善奖励学习与创新的激励政策。企业只有通过不断学习，才能拓展与外界信息交流的深度和广度（马斌和李中斌，2011）。

12.4 小　　结

科技创新体系的构建将有效提高中国市场经济的运行效率，是中国经济转型的重要一环。本章分别从科技创新与经济转型的关系以及国家、区域和企业层面经济转型方面阐述了在中国经济转型大背景下科技创新体系的建设情况。同时，重点列举了科技创新中颇受争议的"博士生培养"问题和"信息技术"潮流，以期全面展现中国科技创新的现状。在社保体系和科技创新体系之外，下一章将着重介绍金融安全体系的建设，因为金融安全的提升和金融风险的防范是可持续经济转型的重要保障。

第 13 章 金融安全体系建设

1978 年以来的改革开放不仅造就了中国 30 多年来经济高速增长的奇迹，同时也推动了中国快速而又强劲的金融全球化势头。金融业作为现代经济的核心，在引导资源向绿色产业和传统产业绿色改造配置方面，承担着无可替代的作用。在以金融为核心的现代经济中，金融体系一旦不稳定或者发生危机，势必对整个经济运行造成极其严重的负面影响。因此，金融安全体系的建设成为完善经济转型期中国金融体系建设的关键。针对金融安全主题，本章主要描述其体系构成，并以美英为例介绍金融危机前发达国家金融安全体系及其在危机后的改革措施，最后在全面分析转型期中国金融安全体系建设现状的基础上，提出要进一步促进金融和生态的协调发展，切实增强推进生态文明建设的责任感，形成金融体系和生态体系良性循环的可持续发展。

13.1 体系概况

目前，学界对金融安全体系[①]的概念尚不统一，但对其概念的界定主要可分为以下两种：一类是直接定义法，即从金融安全体系的表现状态直接界定。另一类是间接定义法，即从金融不安全的表现状态加以界定。

(1) 直接定义法

霍本（Houben）等 2004 年给出的定义最具代表性，他们指出，能够保障金融安全的体系应具有如下功能：一是能有效地分配经济活动中的各种资源。二是能有效地评估和管理金融风险。三是能有效地吸收各种冲击。类似的，德国央行（Deutsche Bundesbank，2003）将金融安全体系界定为在正常情境和危机情境下均能履行其主要功能，包括分配资源、分散风险和履行支付。

(2) 间接定义法

间接定义法主要从描述和归纳金融不安全的特征及其影响角度来界定，代表性观点有：在金融体系不安全的情形下，经济表现会受到金融资产价格波动和金融中介履行义务能力的影响（Crockett，1997）；金融体系不安全指受信息传递的干扰，金融体系不能有效地将资金分配到具有生产效率的投资领域，人们的投资意愿降低的情形（Mishkin，1999）；金融体系不安全是指金融体系的运行，会对实体经济运行产生负面影响或存在潜在的负面影响，影响可以是多方面的，包括对非金融实体的家庭、企业和政府的金融资本流动限制，还可以是影响金融机构和市场的投融资活动；金融不安全主要有下述三个表现：一是重要的资

---

① 金融安全的概念，在国外文献中更多的是指金融稳定（financial stability）和金融监管（financial supervision）。

产价格严重偏离，二是国内或者国际的市场功能和信贷可获得性被扭曲，三是获得金融资产的成本显著超过或低于经济实体的利润创造能力（Ferguson, 2002）。

鉴于本章的重点在于考察保障金融安全的体系建设，金融安全体系是指能有效地分配金融资源以及评估、管理和吸收金融风险的体系。金融安全体系的主要构成和体系的监管流程是金融安全体系的重要内容，因此，本节选取这两个主题，在"主要构成"和"监管流程"两节详细介绍健全的金融安全体系的三大构成并总结基本的金融安全体系监管流程。

13.1.1 主要构成

文献研究发现，金融安全体系的构成存在狭义和广义两种说法。狭义的金融安全体系包括审慎监管（prudential supervision, RS）、最后贷款人（lender of last resort, LLR）和存款保险制度（deposit insurance system, DIS）三个部分（Financial Stability Forum, 2003）。在此基础上，希克（schich）（2008）认为金融机构破产机制也应包括在金融安全体系中。广义的金融安全体系则包括隐性和显性的存款保险制度、最后贷款人制度、调查和解决银行破产的程序、规范和监管银行的程序以及 IMF 等跨国机构的紧急救助措施（Demirgüç-Kunt and Kane, 2002）。考虑到审慎监管可把金融机构破产机制涵盖在内，本章的视角是国家金融安全，不考察 IMF 等跨国机构的紧急救助等一国金融安全保障机制之外的部分。因此，在借鉴 Financial Stability Forum（2001）观点的基础上，本章将健全的金融安全体系划分为审慎监管、最后贷款人和存款保险制度三大部分。

审慎监管、最后贷款人和存款保险制度三大职能既相对独立又彼此交叉（图 13-1）。相对独立表现为审慎监管主要是正常情境下实行的监管，最后贷款人和存款保险制度主要是危机情境下的救助和防护，三者之间的交叉主要指审慎监管部门在危机情形下也会参与救助和防护，最后贷款人和存款保险制度在正常情境下同样会履行部分监管职能。

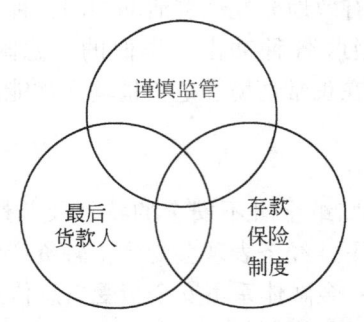

图 13-1 金融安全体系三个构成要素的职能关系图
资料来源：Financial Stability Forum, 2001

13.1.1.1 审慎监管

审慎监管是指监管部门以防范和化解风险为目的，通过制定一系列金融机构必须遵守的周密而谨慎的经营规则，客观评价金融机构的风险状况，并及时进行风险监测、预警和控制的监管模式。

1. 监管对象和执行主体

审慎监管对象是金融体系中的风险，这些风险可以由金融体系内生，也可以源于实体经济而传导到金融体系。内生性金融风险包括金融机构风险、金融市场风险和金融基础设施风险。外生性金融风险主要包括宏观经济失衡风险和事件风险。

健全的金融安全体系需能应对内生和外生两种风险。要求既能监管到金融市场中的金融部门（金融机构、金融市场和金融基础设施），又能监管到实体经济部门（居民、企业和公共部门）。鉴于风险可能来自不同部门的脆弱性组合，金融安全体系必须同时做到跨部门监管。例如，金融基础设施风险通常来源于金融体系中的机构风险，而金融基础设施风险与金融机构风险也可能同时发生，21世纪初安然公司的会计丑闻就是很好的例子。

从金融监管的执行主体来看，金融监管有三种模式：一是二元多头式，中央和地方都对金融机构有监管权，同时，每一级又有若干机构共同行使监管的职能。美国是典型的实施二元多头式监管的国家，其监管机构包括联邦一级和州一级的多个监管部门。二是集中单一式，由一家金融机构集中对全部金融活动进行监管。2008年金融危机前的英国就是典型的实施集中单一式监管的国家，当时英国金融监管部门是独立于央行的英国金融服务监管局。三是"双峰"式监管模式，这种监管模式一般设置两类监管机构，一类负责对所有金融机构进行审慎监管，控制金融体系的系统性风险，另一类负责对不同金融机构的日常业务进行监管。实施这种监管模式的典型是澳大利亚。

2. 监管目标和准则

对上述不同来源的金融风险，虽然从广义上来说，监管的目标和准则都是维护金融稳定，但具体来看，对不同的金融机构和金融市场，即银行业、证券业和保险业，以及对宏观经济所参照的监管目标和准则存在一定差异。

（1）金融机构和金融市场的监管目标和准则

银行业监管方面，《巴塞尔协议》是最具有代表性的监管准则之一。其核心内容规定了银行的最低资本充足率（capital requirement，CR）要求和与之密切相关的资本的定义、各类资产风险权重的计算。2010年9月，《巴塞尔协议Ⅲ》正式通过，协议由三大支柱组成，即最低资本要求、监管当局的监管检查和市场约束。其中，最低资本要求是协议的重点。该部分涉及与信用风险、市场风险和操作风险有关的最低总资本要求的计算问题。监管部门的监督检查，是为了确保各银行建立合理有效的内部评估程序，用于判断其面临的风险状况，并以此为基础对其资本是否充足做出评估。监管当局要对银行的风险管理和化解状况、不同风险间相互关系的处理情况、所处市场的性质、收益的有效性和可靠性等因素进行监督检查，以全面判断该银行的资本是否充足。市场约束的核心是信息披露。市场约束的有效性，直接取决于信息披露制度的健全程度。只有建立健全的银行业信息披露制度，各市场参与者才可能估计银行的风险管理状况和清偿能力。

证券业监管方面，主要依据证券事务委员会（International Organization of Securities

Commissions，IOSCO）的《证券监管的目标和原则》中阐述的 30 条原则和三大目标，其中，30 条原则与巴塞尔协议的核心原则相仿。三个主要目标分别是：保护投资者；确保市场的公平、效率和透明度；减低系统风险。这三个目标在某种程度上有重叠，如保护投资者要求证券监管机构必须评估市场中介机构的财务稳健状况，而这同时也有助于降低系统风险。

保险业监管方面，国际保险监管协会（International Association of Insurance Supervisors，IAIS）的标准阐述了全面的保险监管原则。除了有效保险监管的基础条件，IAIS 还采用了六类保险监督管理的核心原则，包括保险监管体系、保险机构监管、连续监管、审慎监管原则、市场和消费者、反洗钱和打击对恐怖组织的资金支持等。保险监管体系包括保险监管目标、保险监管机构、保险监管过程以及监管合作和信息共享。保险监管机构原则能够要求法律授予监管机构有足够的权力、法律保障和财务资源来实施其功能和权力，并且在履行其职责和权力时，相对独立和自负其责；必要时，监管机构有权采取紧急措施，以达到其监管目标，尤其是保护投保者的利益。保险监管过程原则能够鼓励监管机构以透明和负责的方式履行其职责。监管合作和信息共享原则能够使保险监管机构在遵守保密要求的前提下，与有关监管机构合作和分享信息。

（2）宏观经济的监管目标和准则

宏观经济环境是金融体系稳健运行的外部条件，宏观经济失衡必然导致金融体系的不安全。因此，宏观经济监管的目标是为国民经济稳定发展提供良好的金融功能服务，而且对宏观经济的监管往往还要能够预见将要发生的金融风险。鉴于各国所处的经济发展阶段和金融发展水平不同，对各指标的范围程度规定也有所不同。

3. 监管指标

针对上述金融体系中的内生和外生金融风险，现有的风险监管指标主要有以下几点。

（1）针对金融机构和金融市场的监管指标

对金融机构和金融市场监管指标的跟踪，有助于各国发现其金融体系的优缺点和风险，以制定适当的政策与措施。在这方面，国际货币基金（IMF）1999 年提出的"金融部门评估项目"（Financial Sector Assessment Program，FSAP）影响力最大应用最广，全球大部分央行（如欧洲中央银行）都参考其架构，评估和监控金融安全状况。

国际货币基金（IMF）金融安全指标（FSIs）共 39 项，按指标的重要性和资料的可获得性，分为核心组（core set）及建议组（encouraged set）两类，其中，核心指标可分为反映存款机构的资本充足率、资产质量（asset quality，AQ）、盈利与获利能力、流动性和市场风险敏感度等六大类指标，共 12 项，比如衡量资产质量的指标不良贷款率等；建议指标可分为存款机构、其他金融机构、非金融企业部门、居民、市场流动性和房地产市场等六大类指标，共 27 项，比如反映经济体系中信用失衡状况的指标居民负债比率等。

国际货币基金金融安全指标（FSIs）的建立为各国提供了一个相对统一规范的金融安全评价指标体系，对这些指标数据的监管，有利于掌握市场参与者的行为和金融市场动态，为金融监管提供依据。然而，FSIs 指标并没有涵盖所有的金融机构和金融市场风险，原因之一是很多风险，如金融机构风险中的操作风险、信息技术风险、声誉风险等，难以用指标监管衡量。这也是各国监管当局普遍面临的难题。

除 FSIs 外，美国监管当局的骆驼评级系统（CAMEL Rating System）也具有较好的代表性。CAMELS 指标体系包括资本充足率（capital requirement）、资产质量（asset quality）、管理能力（management）、盈利能力（earnings）、资产的流动性（liquidity）和敏感性（sensitivity）等六方面的指标。这是美国监管银行类金融机构的主要指标系统。

(2) 对金融基础设施的监管

金融基础设施的风险包括清算、支付和结算系统风险，设施脆弱（法律、规章、会计和监管），信心崩溃会导致破产和多米诺骨牌效应。其中法律体系、会计基础设施和支付清算系统是金融基础设施的主要组成部分。

1）法律体系。金融法律系统的范围很广，其中主要包括银行法、保险法、外汇法、期货法、证券法等，以及实施这些法律的规章制度。

2）会计基础设施。良好的会计基础设施，特别是良好的信息披露和透明度，可以保证投资者获得及时准确的信息，有利于增加投资者的信心，从而保证市场的有效运行，维护金融体系的稳定和高效。

3）支付清算系统。对支付清算系统的监管指标通过支付体系事件发生数反映，包括（由于计算机硬件、软件或者联网问题）中止发送、支付速度减缓或排队和未完成清算次数。

(3) 对宏观经济的监管

宏观经济风险通常包括宏观经济失调风险和事件风险。因为事件风险更多地源于不可抗力事件，所以监管的重点是宏观经济失调风险。影响金融系统安全的宏观经济失调因素很多，其影响程度也因经济结构、市场发达水平、监管能力的不同而有所不同，监管指标一般包括经济增长率与波动幅度、国际收支指标、通货膨胀、利率与汇率、贷款总规模与资产价格变化和传染效应等六方面的指标。总体来看，对宏观经济的监管方面，指标涉及面广，情况错综复杂。

13.1.1.2 最后贷款人和存款保险制度

金融安全体系的另外两个部分是最后贷款人和存款保险制度。中央银行作为最后贷款人向金融机构提供流动性救助是各国的普遍做法。在没有存款保险制度的情况下，中央银行是一国金融体系的最后一道安全防线，承担提供最后援助贷款的责任。当发现某金融机构存在经营风险时，金融监管当局可通知该机构进行调整或纠正，必要时可责令该机构停止高风险的业务活动。若采取这些措施仍不能有效制止情况恶化，并且有可能引发系统性金融危机，监管当局可采取进一步措施，要求中央银行给予低利息贷款，通过紧急援助缓解金融机构的风险。这样做的成本比金融机构破产后再进行救助要小。中央银行做最后贷款人，可解决金融机构临时性短期资金的需要，补充流动性以及紧急情况下保证商业银行的最后清偿能力，防止出现金融恐慌和金融体系的混乱。由此可见中央银行的最后贷款人制度对维护金融系统安全的重要性。但与此同时，中央银行对问题银行给予最后贷款也承担了一定的风险，它会使银行业放松平时的谨慎性约束，增加道德风险。此外，中央银行的最后贷款也面临难以获得清偿的风险。

对于建立存款保险制度的国家，审慎监管是第一道防线，最后贷款是第二道防线，存款保险制度是最后一道防线。存款保险制度是国家为了保护存款人的合法利益，维护金融体系的安全与稳定，在金融机构出现危机或破产时，由存款保险公司提供流动性资助或代替破产金融机构对存款者进行赔付的一种制度。存款保险制度主要有两种形式。一类是单一付款功能型，即只负责保险基金的筹集管理和投保金融机构破产时对存款人进行赔付，如日本和多数欧盟国家的存款保险制度。在这类存款保险制度下，只有在存款类金融机构破产后，存款保险机构才开始介入，提供资金援助，并对问题金融机构进行重组或清算。因此，其介入时间较晚，属于事后介入型的金融机构。另外一类是集保险、危机援助、银行监管和破产处置于一体的综合职能型，如美国的联邦存款保险公司（Federal Deposit Insurance Corporation，FDIC），它可对问题金融机构采取及时纠正措施，即可向问题银行提供流动性支持，以降低救助成本。因此，其介入问题银行的时间相对较早。但多数国家监管者认为，对有偿付能力但缺乏流动性的银行提供资金援助属于中央银行最后贷款人的职责范围，而不是存款保险机构的责任。

存款保险制度作为最后一道防线，其救助问题银行的能力是有限的。一般来说，存款保险制度的救助功能体现于个别或少数银行发生支付危机时，可预防非理性挤提事件的扩散。但当整个金融体系出现系统性危机时，存款保险基金将无法满足系统性金融风险的资金需求，存款保险制度是失效的。从国际经验看，存款保险基金的目标水平一般为投保存款的0.4%~2%，通常只能应付一个大的银行、两三个中小银行的支付危机。需要指出的是，建立存款保险制度的目的并非不让银行破产，而是在保护小额存款人利益的同时，促使问题银行有序退出金融市场。换言之，存款保险机构救助问题银行的出发点是保护小额存款人的利益，而不是保护银行的利益。之所以采取措施尽量避免银行破产倒闭，是因为银行破产时不仅会损害小额存款人的利益，还会因"多米诺骨牌"效应而导致整个金融体系的危机。

可见，最后贷款人和存款保险制度虽然在保障金融安全方面具有一致性，但在介入条件与时机、救助对象和经济效应等方面存在差异。瑞普罗（Repullo，2000）总结认为，最后贷款人和存款保险机构的介入条件区别是，机构面临的是流动性缺乏还是破产。如果是短期流动性不足，应由最后贷款人承担救助，如果是金融机构负债大于资产，濒临破产，则由存款保险机构承担救助。

综上所述，金融安全体系的三个组成部分谨慎监管、最后贷款人和存款保险制度是相辅相成的，三方需要协力合作，才能共同完成保障金融体系安全的责任。

13.1.2 监管流程

严格的金融风险管理要求：①管理部门对风险管理强大而持续的支持。②严格的会计和披露标准以提供准确、相关、完整而又及时的信息。③会计系统和可执行的法律惩罚以防提供伪造和误导的信息。④鼓励履行金融契约的文化。⑤一个金融契约违约时能做到及时没收抵押的环境。⑥包括专门组织单位、合格技术专家、大型现代计算机在内的充分资源支持。⑦公司内前台、中台、后台之间的风险管理没有利益冲突。

亚洲金融风暴带给人们启迪的是，由于日本和中国台湾地区没有兑现问题而避免了风险，财政上自给自足，减少巨额外国借贷，可以减少经济衰退。因此，一国必须将经济建立在一个坚实的基础上，而不受其他国家金融危机的影响。总之，不要去参与今天国际金融界的全球赌博，而要建立一个能够经受考验的金融银行系统，采用现代风险管理工具帮助作出正确的商业判断。

健全的金融安全体系可通过预防、补救和行动来提高经济运行的稳定性。金融安全体系的监管流程可分为三步（图13-2）：第一步，定期检查金融安全指标状况，并能识别出威胁。第二步，鉴于不是所有的威胁都能被识别和防范，要求面临威胁的时候可迅速出台补救措施。第三步，必须能在补救措施未能成功的时候，及时采取干预行动，防范危机恶化，力争将危机对金融部门和实际经济的影响降到最低。因此，金融安全体系不仅需考虑潜在的风险，还应考虑金融体系吸收风险的能力，即缓和冲击的能力。缓冲资本的规模、保险制度、防火墙和备份系统可作为金融体系吸收风险能力的标准。总之，健全有效的监管体系需能因时因势地保障国家金融安全。

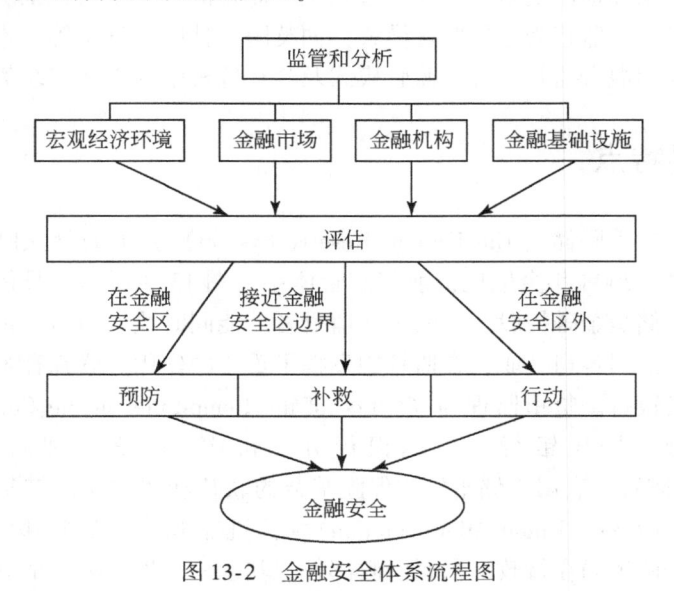

图 13-2　金融安全体系流程图

资料来源：Houben et al.，2004

在上述金融安全体系的构成和监管流程的介绍中，本节概述了金融安全体系框架的总体内容。需要进一步指出的是，首先，打造金融安全体系应充分考虑金融机构和其他机构、金融市场基础设施和实体经济情况的相互作用，要求监管者和各机构互相协调。在金融安全措施可能会影响短期经济发展和机构盈利时，应具有长远眼光。其次，金融安全体系的建设应是动态行为，必须随着金融创新，如证券衍生品的发展而发展，及时调整金融风险的分析和评价标准。2008年金融危机就是在金融衍生品不断创新，而金融监管没有同步发展的情形下发生的。同时，规章制度协调和宏观经济政策对维持金融安全体系同样至关重要。总之，金融安全体系是一个系统的、动态的、宏观的概念。另外，道德风险理论认为金融监管部门作为各利益集团的协调和代言人，会在不恰当的时候扮演"最后贷款人"的角色，助长道德风险。更为常见的是，金融监管部门以良好初衷建立起的金融安全体系，由于设计失当或定价有误，最后却鼓励了金融机构的冒险活动，加大了金融体系风险。可见，过分强调金融安全将促使监管机关扩大职权，限制金融机构间的良性竞争，扼杀金融体系的活力，最终威胁金融安全。因此，应该注意金融安全保障度的把握。

13.2 美国体系

在金融安全体系的三个构成部分中，最后贷款人和存款保险制度在各国的不同在前文中已经作了一些介绍和比较。本节将以金融监管为重点，辅以最后贷款人和存款保险制度的相关功能，比较介绍主要国家的金融安全监管体系。从大类上说，金融监管体系可分为分业监管体系和统一监管体系。由于金融机构跨业经营发展，分业监管已基本退出历史舞台。相当数量的国家和地区实施了分业监管和统一监管混合的模式，如美国、巴西等。还有些国家实施了以统一监管为主的监管模式，如英国、韩国、日本等。本节和下一节将分别以美英为例，介绍混合监管和统一监管模式及其在危机中的表现和改革。

13.2.1 主要特点

美国实施的是以美联储（The Federal Reserve System）为主的分业监管和统一监管混合的金融监管体系，2008年金融危机前其监管体系见图13-3所示。具体来看，各个机构的职责如下：美联储是金融控股公司的伞式监管者，能同时监管银行、证券期货和保险行业。各个行业监管部门各司其职，在监管中发挥了重要的作用。联邦存款保险机构负责监管所有注册的会员银行。货币监理局（Office of the Comptroller of the Currency）负责监管所有在联邦注册的国民银行和外国银行分支机构。储贷监理局（Office of Thrift Supervision）负责监管所有属于储蓄机构保险基金的联邦和州注册的储贷机构。国家信用社管理局（National Credit Union Administration）负责监管所有参加联邦保险的信用社。除货币监理局和储贷监理局在行政上隶属财政部外，其余三家均为独立的联邦政府机构。美国证券交易委员会（Securities and Exchange Commission）1934年根据证券交易法令而成立，是直属美国联邦的独立准司法机构，负责美国的证券监督和管理工作。

除了联邦级的金融监管机构，由于美国实行双轨银行制，每个州又都设有自己的银行监管部门——州金融机构部（Department of Financial Institutions），主要负责对本州注册的银行，尤其是本州注册的非联储会员银行的监管。由于几乎所有的州注册银行都参加了联邦存款保险，因此这些银行也同时接受联邦存款保险公司的监管，即同时接受联邦和州两级金融监管机构的双重监管。

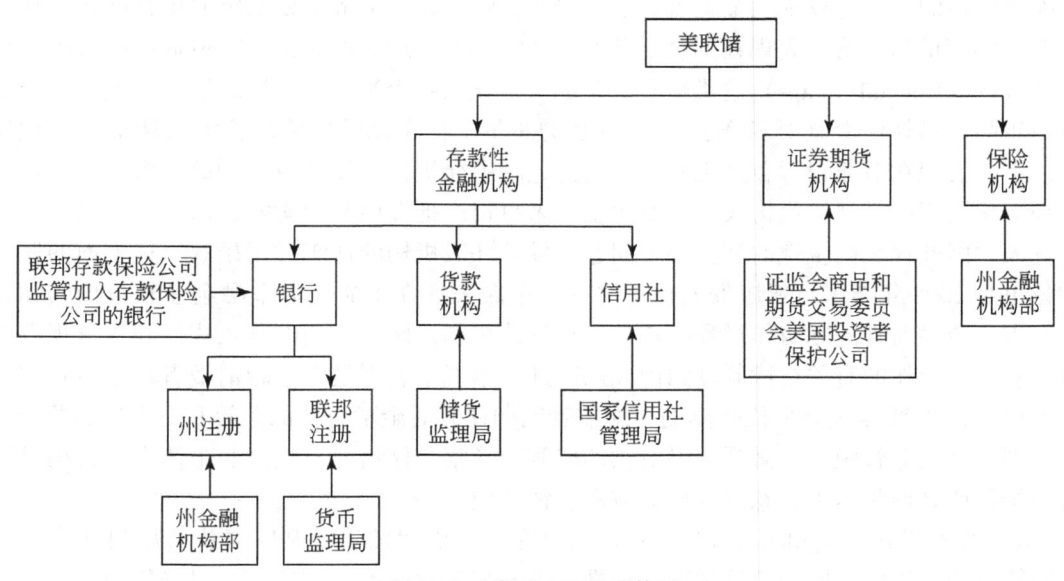

图 13-3 美国金融监管体系

可见，美国实施的是"两元多头"的金融监管模式。"两元"是指联邦和各州监管机构都具有监管的权力。例如，对银行类金融机构监管来说，货币监理局和各州银行监管当局，是美国银行最主要的两个监管者，前者负责对联邦银行发放执照，后者则负责对州立银行发放执照。"多头"是指联邦一级和州一级均设有多种监管机构。例如，美国在联邦一级银行类金融监管机构主要有三个，即美联储、货币监理局和联邦存款保险机构。在州一级主要由州金融机构部负责。

美国的这种分层式监管体制是分业监管和统一监管的混合体，具有分权和制约的作用，目的是赋予各州就近监管本州银行的权力，同时联邦政府的监管可确保银行跨州经营时不会遭受各州的不公平待遇。该体系曾在历史上支持了美国金融业的发展。然而，随着金融全球化、金融机构混业经营的发展和金融产品创新的涌现，金融风险传递更加迅速，这样的监管体制逐渐暴露出一些问题，主要表现在以下几个方面。

1) 监管成本高。在美国的"两元多头"监管下，两层体系中的多个部门参与监管，导致高监管成本。据《美国金融竞争力蓝图》(*The Blueprint for U. S. Financial Competitiveness*) 显示，英国金融服务监管局估计 2006 年美国金融服务监管成本为 52.5 亿美元，约为英国金融监管局监管成本 6.25 亿美元的 9 倍。

2) 监管重叠。在金融机构混业经营，金融产品之间有着千丝万缕联系的情况下，美国各监管机构存在着明显的监管重叠。一家金融机构同时接受多家监管机构的监管在美国是常态。以花旗银行为例，它不但要受货币监理局、联邦储备银行、联邦存款保险机构、储贷监理局和证券交易委员会的监管，还受 50 个州的地方监管者的监管。这些机构的监管存在着很多交叉和重复。

3) 监管缺位。监管缺位第一表现在没有任何单一金融监管机构拥有监控市场系统性风险所必备的信息与权威,金融监管部门之间在应对威胁金融市场稳定的重大问题时缺乏必要的协调机制。第二表现在对债券担保债权(collateralized debt obligation)和信用违约掉期(credit default swaps)这类金融衍生品,应该由哪个部门监管缺乏法律依据。目前全球衍生品市场规模大概十多倍于全球 GDP 的总量,衍生品的监管缺位大大增加了金融风险。第三表现在对非银行金融机构,尤其是金融中介机构,如评级机构的监管缺位。在资产证券化过程中,评级机构收取的费用主要来自资产抵押债券的卖家,而不是市场真正的投资人。因此存在内生性的利益冲突问题,导致评级机构的评级过于乐观。这方面的监管缺位也是 2008 年金融危机爆发的推手之一。第四表现在未能适应金融企业和市场国际化的要求。金融监管国际协作过程应该是一种法律机制,国际协调的非正式性隐含着现有金融监管国际协作的有关法律制度的内在局限性。第五个表现是对金融消费者缺乏足够的保护。此外,2008 年金融危机暴露的金融监管问题还有对金融机构的监管和对市场的监管脱节,即宏微观监管脱节。微观金融机构的监管只考察个体情况,只关心个体金融机构是否资不抵债或者面临压力,忽视溢出效应和反馈效应。

4)监管套利(regulatory arbitrage)的存在。所谓"监管套利"是指金融机构利用不同监管机构制订的不同的监管规则或标准,选择相对宽松的金融监管,以降低成本、规避管制,进而获取超额收益。由于各监管部门的监管目标和程序不同,各监管机构在金融机构新设标准、信息报送格式和程序、内部风险控制制度、资本充足率标准、金融机构兼并收购等方面存在不同的规定。金融机构会利用这些不同,选择相对宽松的监管标准,进行"套利"。

美国监管体系中的上述不足早在 2008 年金融危机爆发前就已引起人们的注意,本次金融危机的爆发也与监管体系中的上述不足有很大的关系。美国以 2008 年金融危机为推动力,对金融体系的监管进行了一系列的改革讨论。

13.2.2 改革重点

针对监管成本高,监管重叠和缺位并存以及监管套利等状况,经过多轮改革讨论,美国总统奥巴马于 2010 年 7 月 21 日签署了《多德-弗兰克华尔街改革与消费者保护法案》(*Dodd-Frank Wall Street Reform and Consumer Protection Act*)(以下简称《法案》)。《法案》的主要内容包括机构设置和机构权力改革、对自营交易、对冲基金、私募基金和衍生品交易的新规定,以及对金融企业的薪酬体制、抵押贷款、信用评级监管等其他方面的新规定。

《法案》中最重要的一部分内容是进行了机构设置和机构权力改革,包括:设立金融稳定监督委员会(Financial Stability Oversight Council)、金融研究办公室(Office of Financial Research)和消费者金融保护局(Bureau of Consumer Financial Protection);撤销储贷监理局,其原来承担的对储贷机构的监管职能被划转至美联储、货币监理局和联邦存款保险公司;对联邦存款保险公司、证券交易委员会和美联储的权力范围赋予新的规定,以期解决旧体系中的监管重叠、缺位和监管套利等问题。对于新设的三个机构,金融稳定监督委员会的设立目的是识别威胁金融体系安全的风险，对潜在风险及时做出政策反应，以试图解决缺乏监管系统性风险的监管机构问题，其主要职能是指定受美联储监管的非银行金融机构，建议对大型的互有联系的银行实行更严格的谨慎监管标准，收集信息，向国会汇报，建议修改与金融体系相关的监管和规章事宜等。金融研究办公室的主要职能是为金融稳定监督委员会的工作提供支持。消费者金融保护局主要是对资产超过100亿美元的银行和信贷机构、大型非银行金融机构及所有与抵押贷款相关的业务进行检查。对其提供的信用卡、抵押贷款和其他贷款等金融产品及服务实施监管，确保消费者免受不公正和欺骗性交易的侵害等。另外三家重要的机构联邦存款保险公司、证券交易委员会和美联储的功能也有了较大变化，如联邦存款保险公司被赋予有序清算银行、非银行金融机构和包括证券经纪在内的其他参与金融活动的公司的权利；证券交易委员会的监管职能被减弱，而更多地被赋予保护消费者的职能；美联储被赋予对特定银行和非银行金融机构直接监管的职能等。

《法案》的另一重要内容是对自营交易、对冲基金、私募基金和衍生品交易作出新的规定，包括限制银行利用自有资本进行自营交易，禁止银行拥有或资助私募基金和对冲基金的投资，让银行在传统借贷业务与高杠杆风险投资活动之间划出明确的界线；衍生品柜台交易监管由证券交易委员会和商品期货交易委员会（Commodity Futures Trading Commission）共同监管，如果双方不能对某一监管标准达成一致，则由金融稳定监督委员会决定具体采用的标准；衍生品交易在中央清算和票据交易中心进行。此外，《法案》还首次提出了对对冲基金的监管，要求大型对冲基金、私募基金和其他投资顾问机构必须在美国证券交易委员会注册，并向委员会提供交易信息和资产组合信息。

另外，《法案》还针对危机中暴露出的一些其他较为严重的问题做出了规定，例如：通过要求股东对薪酬计划进行非强制性的投票、要求公司实施补偿性收入政策、授予股东对"金色降落伞"措施进行投票的权利等措施，对金融企业的薪酬体系实施更为全面的审查；首次要求贷款发放银行核实借款人的收入、信用和工作状况。对不负责任的贷款机构予以惩罚；在证券交易委员会下设信贷评级机构办公室，以加强对信用评级机构的监管；在财政部下设联邦保险办公室（Federal Insurance Office），负责收集保险行业信息，监管保险行业的风险，并向金融稳定监督委员会建议具有对系统稳定的重要作用。

法案能否行之有效尚不得而知。对法案的争议最多的是认为其在解决"大而不倒"的金融机构道德风险问题时仍会乏力。从根本上说，法案无力解决导致危机的系统性问题，仅仅创造了一个庞大的体制，会给经济带来负担。另外，法案在约束美联储的行为方面依然没有真正的行动。如果美联储继续推行量化宽松政策，法案中没有任何条款可以阻止下一次泡沫和崩盘。

尽管法案并不完美，但其为金融体系的稳定和透明度提供了法律依据。法案最大的进步在于增加了对系统性风险的监管，要求衍生品交易有更大的透明度，限制商业银行开展自营交易。另外，消费者金融保护局的成立结束了消费者保护责任由多个金融机构共同承担，但出现问题又无机构承担责任的情况，其成立有利于恢复消费者信心，维持监管的稳定性。

13.3 英国体系

伦敦是世界著名的金融中心之一，英国的金融安全体系也是比较完善和发达的。下面对英国金融安全体系进行分析，并研究 2008 年金融危机对英国金融安全体系造成的影响和英国为应对金融危机采取的金融举措。

13.3.1 金融危机前英国金融体系及其特点

2008 年金融危机前，英国是典型的实施统一监管体系的国家，其金融服务监管局（FSA）是世界上监管最广泛的金融监管机构，因为它不仅要对银行业、证券业、保险业实行监管，还要对信用机构、交易所和决算机构等负责（图 13-4）。英格兰银行在把金融监管职能转交给 FSA 之后，其职能侧重于维护金融系统的整体信用秩序，实现货币政策目标，控制通货膨胀，而较少考虑金融监管和操作。FSA 是个独立的非政府机构，由整个金融业提供资金来源，向财政部负责，并通过财政部向议会负责。

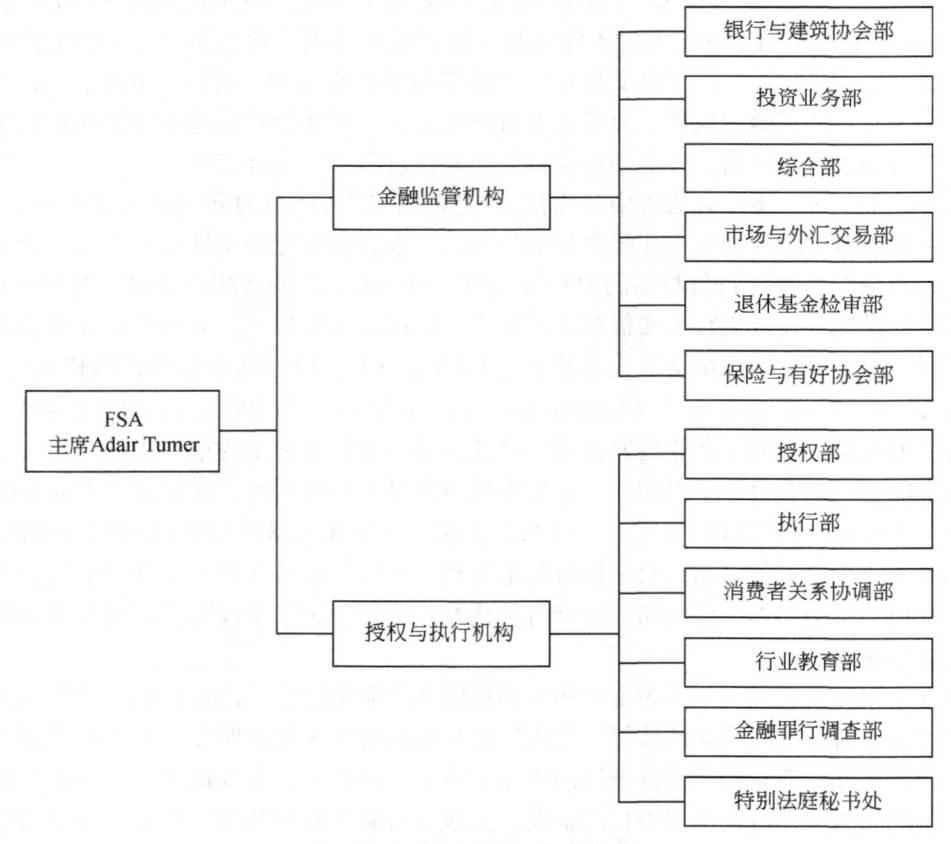

图 13-4　英国 FSA 监管框架图

《2000 年金融法》规定 FSA 的法定监管目标有四个：一是维护英国金融体系的信心；二是促进社会公众对金融体系的了解；三是确保对投资者的保护处于适当的水平，同时明确投资者自己的责任；四是减少金融犯罪。其工作内容主要包括制定有关规章、起草和发布准则和制定相应的金融监管政策。

FSA 监管的主要特征有：一是注重风险对 FSA 监管目标的影响，不管这些风险是来自金融机构、特定的市场领域、消费者的理解与行为倾向，还是宏观经济，都纳入监管范围。二是明确金融监管的现实目标和界限，FSA 的目标并不是防止所有的金融机构倒闭。三是明确消费者（投资者）和金融机构管理层各自的适当责任，明确在金融体系中消除所有的金融风险既是不可能的，也是不必要的。四是整合和简化其他的监管机构所采用的不同的监管方法，建立用于监管所有金融机构的基于风险的监管方法。五是建立一个明晰的方法体系，用来识别和处理机构、市场和消费者所面临的最重要的问题。六是运用《2000 年金融法》规定的所有的监管手段。七是将监管资源的使用从金融风险的事后处理转移到事前的防范。八是创造激励机制，促使金融机构提高其风险管理水平，从而减少监管的负担。

FSA 按照监管方法对金融机构实施分类监管，主要为 A、B、C 和 D 四类。A 类主要是大型金融机构，交由一个专门的部门，即大型金融集团部进行监管，有的集团需要多个监管人员，如八名监管人员专职监管汇丰银行。其他的中小机构主要按银行证券保险分类，由三个部门分别监管，对一些小型金融机构，一个监管人员可能负责监管几十家机构，主要是阅读其财务报表和有关报告。

FSA、英格兰银行和财政部是英国维持金融稳定的三个权力机构，然而这三个机构对于维持金融安全体系还不完善，在具体监管中三方不能充分紧密合作，容易出现相互推诿、意见不统一等情况，降低了监管效率，同时也暴露出监管重叠和缺位的问题。最明显的是在流动性方面，FSA 负责对流动性进行审慎监管，而央行则承担最后贷款人职责并为银行系统提供流动性保障。

13.3.2　金融危机后英国的金融体制改革

鉴于金融监管体系尚不完善，而且面临着与美国一样的监管重叠、缺位问题，2008 年金融危机后，英国也进行了多轮监管体系改革讨论。其金融体制改革提议主要体现在《改革金融市场》白皮书、《2009 年银行法》和《2010 年金融服务法》。

《改革金融市场》白皮书中，提出了建立一个新的金融稳定理事会来全面负责监控金融业的风险和稳定；强化 FSA 跟踪、判断和控制金融体系风险的职能；强调通过 FSA 的监管执法来降低系统性风险；保护消费者利益；强调国际尤其是欧洲金融监管协调的重要性。

《2009 年银行法》明确规定英格兰银行在金融稳定中的法定职责和核心地位，赋予英格兰银行新的保障金融稳定的政策工具，包括授权英格兰银行对银行支付系统进行监控的职权；建立特别处理机制（special resolution regimes）来干预和处置问题银行，在该机制中，财政部、英格兰银行和 FSA 三大机构分别承担不同的职责，共同协调采取相应措施。此外，建立了整套的银行破产程序，规定银行破产必须达到三个条件，即已无力或者将无力偿付债务，银行破产符合公共利益和银行破产符合公平原则。同时，银行破产申请只能由英格兰银行、金融服务监管局和财政部提出。

《2010 年金融服务法》主要扩大了 FSA 的权利和职责，包括新设一家负责金融教育的消费者咨询机构；有权认定任何违反其具体薪酬规则的薪酬协议无效，有权终止有保证的多年奖金或在年底一次性发放的大额奖金和所有需追回的奖金；赋予其指定消费者申诉的权利，但制度须经财政部下达法令才能生效。增强其取得信息的权利和惩罚的权利以及赋予更大的权力禁止卖空交易等。另外，还在对金融消费者的利益保护方面提出若干具体措施，主要包括设立一个新的独立的教育机构，以向消费者宣传金融知识；针对"金融服务补偿方案"，设立一个新的监管机构作为海外金融机构向英国消费者进行补偿的机构等。最后，为降低系统性风险，还要求 FSA 制定规则要求金融机构在陷入财务困境时必须提出并执行复苏和解决方案。

值得注意的是，2010 年 6 月以来，英国还实施了一些新的改革与讨论，其中比较重要的是以下两个举措：

一是拆分金融服务监管局（FSA），将监管职责和权力集中到英格兰银行，FSA 的职能由三个机构取代：英格兰银行下属的金融政策委员会（Financial Policy Committee），主管宏观经济风险，主要职责是维持金融系统的稳定性，掌握宏观政策工具；英格兰银行下属的审慎监管局（Prudential Regulation Authority），负责监管包括银行、保险业等金融机构的风险，以促进金融机构的稳定性为首要目标；独立的消费者保护和市场管理局（Consumer Protection and Markets Authority），负责监管向一般消费者提供服务的金融机构，并稳定金融市场，其主要职能是维持金融服务市场的信心。

二是英国财政部于 2010 年 7 月 26 日公布《金融监管新举措：判断、焦点和稳定》（*A New Approach to Financial Regulation: Judgement, Focus and Stability*），根据上述法案提出的内容，列出了关于金融服务监管体系的改革设想，正在广泛征求各方意见。报告主要包括宏观谨慎、微观审慎和消费者保护等三大方面的改革。关于宏观审慎，首先必须关注宏观审慎分析，保证金融体系风险能被识别应对。这就是英格兰银行要设立金融政策委员会的原因，其法定责任是维护金融稳定。与现有体制不同的是，其赋予了银行金融稳定的工具，政府为金融政策委员会提供宏观监管工具来对抗系统性风险。关于微观审慎监管，要求企业严格审慎监管。新的谨慎监管局对所有的存款机构和投资银行负责，由英格兰银行行长任董事长，对所有的公司层面的行为监管，负责向金融政策委员会报告企业的监管来阐述企业层面的风险的影响，代表英国向欧洲银行和保险监管机构表达英国对该机构的支持和与欧洲其他机构合作对企业跨境监管的态度。对消费者保护方面，政府专门设立消费者保护和市场局来接管所有 FSA 对于企业的商业规章和监管，设置金融监管专员服务、消费者金融教育局和金融服务补偿计划。

总体而言，英国在金融危机后的一系列改革主要体现在以下三个方面：一是加强系统性风险的监管；二是强调对消费者的保护；三是在金融机构混业经营的大背景下，进一步明确各监管机构的责任。尽管与美国一样，改革成效究竟如何尚需拭目以待，但毋庸置疑的是，英国政府试图通过此次改革，尽可能地弥补其金融安全体系在危机中暴露的不足。

13.4 中国体系

中国作为一个特殊的转型经济国家，面临着从传统经济向现代经济转型和从计划经济向市场经济转型的双重任务。在这样的背景下，中国金融体系的脆弱性表现出两个显著特点。

第一，与其他发展中国家类似，在从传统经济迈向现代经济的过程中，由于缺乏成熟健全的企业制度、金融制度、市场体系和与此相关的金融监管制度，企业生命周期短暂，因而导致了社会信用基础薄弱，整个金融运行风险过大，金融体系不稳定。这与资本主义经济的发展历程相似。从资本主义发展初期的自由竞争阶段到20世纪30年代，一部资本主义发展的历史就是一部金融危机的历史，银行业的危机始终伴随着资本主义经济发展的历史进程。30年代后，随着企业制度、市场体系、监管制度等的逐步完善，这些国家的金融危机才逐步减少，金融危机的破坏性减弱甚至消失。进入80年代后，金融危机又不断爆发，但主要出现在发展中国家或转型经济国家，而不是发达国家，这是否意味着，发展中国家和转型经济国家也会重蹈覆辙？

第二，由于中国是从传统计划经济走向市场经济的转型国家，信用制度的基础——产权关系的确立有一个逐步的过程。渐进式的改革模式决定了确立与市场经济体制相适应的产权制度，有一个较长期的过程，因此，经济转轨的过程就是与市场经济体制相适应的信用关系得以逐步确立的过程。

当前，中国的金融安全体系在安全体系构成、安全风险来源等方面仍面临着一些亟待解决的问题，因此，有必要在分析中国金融安全体系现状的基础上，结合现存问题和弊病，对转型期中国金融安全体系建设提出相关政策建议。

13.4.1 现状分析

当前中国已进入经济改革、对外开放和社会转型的关键时期，中国金融安全体系存在的问题和面临的风险仍然较多，主要体现在金融安全体系的构成和风险来源两个方面。

1. 金融安全体系构成

（1）金融监管滞后

自2003年成立中国银行业监督管理委员会（简称银监会）后，中国逐步形成了央行（中国人民银行）、银监会、中国证券监督管理委员会（简称证监会）和中国保险监督管理委员会（简称保监会）"一行三会"的金融监管格局。2008年国务院机构改革后，又赋予央行维护金融安全，研究、协调并解决金融业发展改革中的重大问题，并牵头"三会"建立金融监管协调机制等职能。至此，中国金融安全体系有了较为明确的履职部门。但相比发达国家，中国金融监管依然比较滞后，体现在：首先，系统性风险监管体系不健全。在中国金融业实行分业监管的情况下，虽然明确了央行履行维护国家金融稳定和安全职能，但由于尚未制定整体性的监管政策框架，导致缺乏相应的履职手段和监管权限，权责相互脱离。因而各金融监管机构不能有效地进行协调，信息共享机制缺乏，监管重叠经常发生；防范系统性金融风险手段缺失，主要依靠事后的被动出资，成本高、代价大。其次，监管范围太窄，监管内容不够全面。表现在：长期以来，中国金融监管重市场准入的审批，轻持续性监管特别是退出机制；重合规性内容，轻风险监管；重一般性行政检查和管理，轻内部控制；重传统的存贷业务，轻表外业务。最后，对金融消费者的保护方面，仍然处于监管缺位。

（2）存款保险制度缺失

中国一直实行隐性的存款保险制度，其缺陷主要有：一方面，央行作为最后贷款人承担救助责任的制度，容易引发严重的道德风险。金融机构为获取高额利润从事高风险业务，而投资者也把防范风险作为国家的义务，盲目追求高回报，这无疑弱化了投资者的风险意识，严重影响到金融市场的稳定运行。另一方面，央行对金融机构风险管理缺位，尤其是针对资不抵债情形严重、破产风险高的金融机构，如已经破产倒闭的海南发展银行和广东国际信托投资公司等。这一状况使得央行为维护金融稳定而实行的再贷款风险明显加大。近年来，中国对金融业问题机构的风险处置主要由央行发放再贷款解决，而央行对其无日常监管权。当出现风险，申请再贷款时，才开始介入问题金融机构，在风险处置方面处于被动地位，不利于及时掌握其经营情况，在一定程度上会增加央行资金风险，也可能增加国家巨额经济负担。

2. 金融安全风险来源

（1）金融市场风险

1）金融市场化程度不高。金融市场化程度不高主要表现在两个方面。一方面，市场竞争环境不够公平。在中国经济发展过程中，国家对国有的大型金融机构提供了更多的保护，导致其他中小金融机构处于严重的不利竞争地位。例如，在政府隐性担保下，中国银行业竞争格局明显不合理。四大国有银行成为银行体系的绝对主体，在资产、存贷款市场上居于垄断地位，这导致了存款人（无论大额还是小额）在选择银行时，并不考虑银行经营的好坏或者风险状况，而是以银行在政府中的地位为标准，此举进一步强化了不公平的竞争环境。另一方面，金融制度的市场化程度低。成熟的金融制度是市场经济长期演化的结果，而中国实行市场经济仅仅十几年，在转轨过程中，必然存在政府的干预。不难发现，中国金融制度的变迁多数属于强制性的，政府决定了变迁时机、变迁途径和变迁目标，也影响着金融安全状态。在相当长的时期内，金融制度的变迁都是服务于政府当时的政治、经济目标，却偏离了金融发展的内在规律，即中国缺乏真正意义上的市场化主体，行政色彩过浓，例如，利率和人民币汇率的非市场化等。

2）货币市场与资本市场发展不均衡。目前，中国金融市场发展中的突出问题之一是货币市场与资本市场分割，债券市场发展滞后。金融市场是一个有机的整体，作为金融市场有机组成部分的货币市场与资本市场只有协调发展，才能最大限度地发挥金融市场的各项功能。但是，由于中国对发展货币市场重视不够，一直遵循资本市场先行的发展思路，使货币市场严重滞后于资本市场的发展。相比之下，在西方发达国家，债券市场的发展已经相当成熟，其规模远远超过了股票市场，债券市场的容量一般是股票市场的二到三倍，而中国的债券市场容量不足股票市场的一半。1997年亚洲金融危机的教训之一便是东南亚国家金融危机前普遍缺乏一个成熟的债券市场，使金融风险过度集中于银行体系和股票市场。当外部因素形成巨大冲击时，由于没有发达的债券市场充当转移和分散金融风险的缓冲地带，使其银行体系或股票市场受到严重打击，最终导致危机的全面爆发。

3）投资者教育仍需加强。近年来，金融主管部门和地方政府采取多种方式，普及金融知识，揭示金融风险，提高社会公众的金融素质。从2005年开始，人民银行会同地方政府在全国主要城市举办大型公益性金融知识展览，有关新闻媒体和网站开辟金融知识专栏，举办金融知识讲座，开展金融知识竞赛等多种金融知识普及教育活动。银监会着力进行了公众教育服务网和公众教育服务区建设，编写金融产品的专业宣传册，由专业人士向社会公众提供金融知识咨询服务。证监会将投资者教育列为常规工作，组织证券公司和基金管理公司等证券服务中间机构做好股票、基金、股指期货等证券投资产品的风险揭示教育。中国证券业协会印发了《关于进一步做好投资者教育工作的通知》，帮助投资者掌握证券市场基本知识和树立证券的投资理念。

随着中国经济的平稳快速发展，社会生产力、综合国力和人们生活水平全面提高，居民个人的金融资产显著增加，投资者教育任务十分紧迫，需进一步加强。

（2）金融机构风险

1）金融系统脆弱性严重。与发达国家不同，中国金融市场一直以间接融资为主，因而当前与未来相当长一段时期，中国的金融风险仍将主要集中于银行业，中国金融系统脆弱性也集中体现为银行抵抗风险能力薄弱，即银行的国际竞争力低、业务结构单一、创新能力不强和内部治理问题严重等方面。具体来说，首先，银行盈利模式单一。数据显示，国有四大银行的息差收入占其总收入均在80%以上，其他股份制银行也都超过70%，中间业务收入多限于银行卡、结算、代收代付、电子汇划、代理保险和基金等低技术含量、低附加值的产品。而在发达国家，商业银行中间业务收入占总收入的平均水平一般在40%至50%，汇丰、渣打、花旗等国际知名银行甚至高达七成以上。其次，现行的中国利率管制政策是"贷款利率管下限，存款利率管上限"，也就是说，允许贷款利率向上浮动，并原则不设浮动上限，但对存款利率则严格规定了上限，不允许向上浮动，只允许向下浮动。高息差形成的庞大利润，是处于垄断时期中国银行业的利润源泉，是中国利率制度缺失的产物之一，是中国银行业最后、也是最丰厚的一块"奶酪"。再次，银行大量发放的中长期贷款，可能是潜在的不良贷款。近年来，商业银行基建贷款、个人住房贷款等中长期贷款发展迅速。从图13-5可知，2003~2009年，银行业金融机构的中长期贷款额不断增加，占全部贷款的比重也不断增大，2008年和2009年更达到了50%以上。在贷款到期、问题暴露之前，这些长期贷款基本上都被视为正常贷款，在一定程度上掩盖了真实的贷款风险水平。最后，金融机构的内部治理问题依然严重，操作风险突出。尽管中国没有经历金融风险的集中和大规模爆发，但中小金融机构的经营危机乃至存款挤兑事件仍时有发生，直接威胁到银行体系的稳健运行。

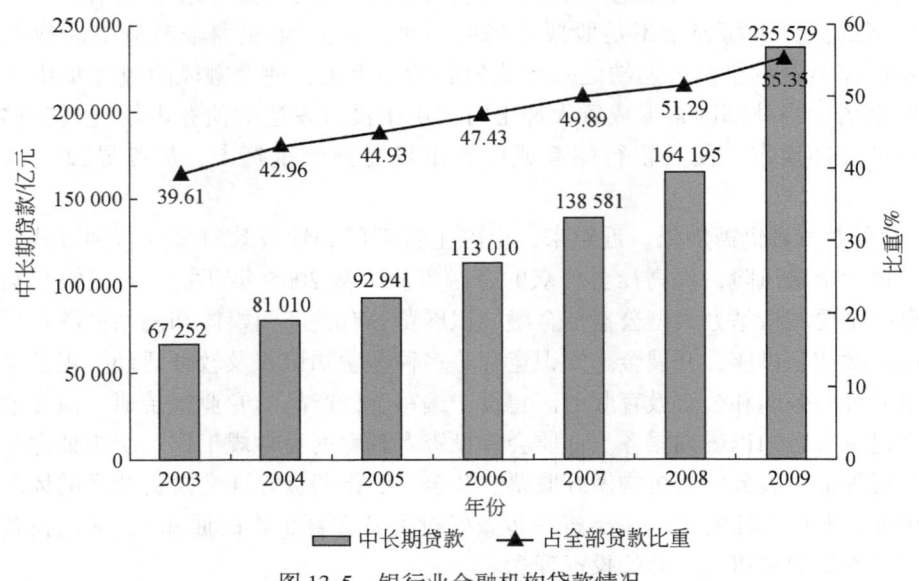

图 13-5　银行业金融机构贷款情况
数据来源：银监会 2009 年年报

2）外资金融机构的竞争冲击风险加大。为适应金融全球化的发展趋势，中国对外开放的步伐明显加快，正在逐步放宽对外资金融机构进入中国的限制条件。外资金融机构大批进入中国，在对推动国内金融体制改革起到积极作用的同时，也带来一些风险，主要包括：

首先，中资金融机构面临的竞争形势异常严峻。中国金融机构无论从资金实力到经营管理经验，都处于弱势地位。外资银行将同中资银行争夺优质客户和核心业务，如果优质客户和核心业务被外资银行垄断，将不利于中资银行的长远发展。

其次，外资机构的大量涌入使中国在资本市场的话语权丧失，典型的例如此次美国金融危机中发挥重要作用的信用评级市场。21 世纪初，国家要求国有银行和区域性银行在深化金融体制改革时，应引入国外战略投资者，这在客观上强化了对信用评级报告的需求，然而诞生于 20 世纪 80 年代末的中国本土的评级机构正在成长之中，一时间形成了信用评级需求与供给的缺口。与此同时，经过十来年努力，穆迪、标准普尔、惠誉等国外知名评级机构利用中国在信用评级管理方面的薄弱，对中国本土评级机构采取并购、收购、合作等方式，控制了中国评级市场的三分之二以上，这使中国在很大程度上丧失了对国家自身信用评级和资本市场信用评级的话语权。

最后，外资金融机构通过对中资金融机构的持股，掌握国内金融业的基本情况。同时，通过新设机构，外资机构迅速扩大在华市场份额，两者结合起来，将使它们控制中国金融市场的可能性大大提高。金融是现代经济的核心,是配置资源的最重要手段,如果金融被外资控制,国家经济安全就无法保障。

(3) 金融基础设施风险

中国金融基础设施的薄弱环节主要指一些重要的市场经济法律尚待补充和完善,包括:《证券法》《保险法》《会计法》还不能使金融市场主体的一些权利和义务完全明确;现行的破产制度的相关法律规定依然难以保证正常的财务纪律和财务约束;现行法规对企业利用虚假财务信息进行贷款诈骗的行为、金融机构挪用客户资金等行为的打击力度不够;针对衍生品市场的金融基础设施建设比较匮乏等。例如,最新修订的《证券法》仍然没有将监管部门的核准权利与疏忽过失须承担的义务统一起来,因而没能从源头上堵住欺诈上市的行为,也不利于保护投资者信心;最新《保险法》也未对保险资金投资不动产的方式、比例和规模做出详细规定,这无疑增加保险公司呆坏账发生的可能;在支付系统流动性管理机制中,支付业务优先级别设计较少,仅在发起业务时将支付业务分为紧急支付和普通支付,一笔业务发出之后其优先级别将无法改变。这种设计使业务排队机制的灵活性和可操作性受限,不利于提高流动性水平。

13.4.2 政策建议

相比那些经历了金融危机洗礼的经济转型国家和新兴市场经济体来说,中国能够从容应对危机的关键因素并非得益于中国金融安全体系的健全,而是在于:一方面,中国尚未完全开放,尤其是资本项目管制仍旧存在;另一方面,在改革开放过程中,GDP一直保持着平稳较快的增长;在经济货币化和物价放开的过程中,始终保持高储蓄率而避免了恶性通货膨胀;在各部门经济利益调整的过程中,较好地化解了社会矛盾与冲突。但是,在前文分析道,中国金融安全体系亟待解决的问题非常多。只有建立健全金融安全体系,才能使中国的经济增长、社会和谐和国家崛起得以持续。鉴于此,提出如下政策建议。

1. 确立金融在中国经济中的定位

中国在实现经济结构调整的过程中,明确金融在中国经济中的定位,对于进一步服务于实体经济、防范系统性风险、创新金融组织和服务、提升金融服务水平、发展绿色经济十分重要。将金融定位于具有先导性功能的服务性产业,将是科学的定位。所谓先导,即发挥金融在经济转型中的功能,对具有前瞻性和辐射性的产业进行优化配置,从而促进良性的经济转型。

2. 构建现代金融组织体系

构建金融安全体系首先应该构建完整的现代金融组织体系;①完善银行业组织体系。②促进证券业机构规范发展。

3. 建设以"三大支柱"为基础的金融安全体系

如前所述,审慎监管、最后贷款人职能和存款保险制度被称为国家金融安全体系的三大支柱，然而 2008 年美国次贷危机重创全球经济和金融市场的惨痛教训表明：仅在形式上完成对金融安全体系的构建，而不能继续完善安全支柱职能，是无法从根本上保证国家金融安全的。必须做到：①明确三大支柱的角色定位和职能分工。②尽快建立存款保险制。③完善"最后贷款人"制度。④突出央行核心监管地位，完善监管机构之间的协调机制、监控系统性风险。⑤实现三大支柱间的信息共享，加强信息披露。

4. 提高金融监管力度和水平

提高金融监管力度和水平：①转变监管思路，优化监管资源。中国金融监管体系应尽快从强调机构监管的模式向功能监管模式过渡。一方面，以统一监管为目标，积极推进现行分业监管部门之间的信息共享与协调合作；另一方面，在扩大监管范围的同时，按照功能化监管要求，积极创新和改进现有手段和技术。②建立完善的风险目标监管。尽快建立统一、科学的监控体系、法律体系和风险控制指标；建立规范化、程序化、标准化的会计报告制度等。③加强对金融衍生品市场的监管。④重视对金融消费者的保护。⑤广泛参与国际金融监管合作。

5. 深化金融市场和机构改革

深化金融市场和机构改革：①全面提升银行竞争力。首先，积极实施业务转型。其次，产品创新和服务改进。最后，提升管理水平和加强风险管理。②大力发展资本市场。③提高金融市场化水平。④完善金融基础设施建设。针对中国金融基础设施各方面的不足和存在的问题，必须从法律、会计和支付系统等方面对金融基础设施建设进行相应的改革与完善。

13.5 小　　结

近年来，中国金融业已成为经济转型的重要组成部分。然而，中国的金融市场存在起步较晚、风险较明显、安全问题较突出等问题。金融安全是保证金融体系建设工作稳步推进的保障和基础，健全的金融安全体系应包括审慎监管、最后贷款人和存款保险制度三大部分。本章以美英为例介绍金融危机前发达国家金融安全体系及其在危机后的改革措施，并为转型期中国金融安全体系建设提出了若干切实建议，如明确定位、优化布局、加强"三大支柱"建设等。展望未来，金融业蓬勃发展将是中国经济转型的一大引擎，而"绿色金融"将是一种重要表现形式。

第五篇 展 望 篇

中国模式实质上就是中国作为一个发展中国家在全球化背景下实现社会现代化的一种战略选择，成功的关键在于能否将自身优势与全球化趋势有机结合，"中国道路"对于"全球价值"的贡献，拓宽了民族国家走向现代化的途径，丰富了人类对社会发展规律和选择发展道路的认识，促进了全球化时代人类文明的多样性发展。

——俞可平　中央编译局副局长、北京大学教授

30年前，中国的政治领袖决定对国家经济秩序进行改革，而这一过程即是对长久以来束缚中国经济的规则和结构进行大规模的以市场经济为特点的改革和开放的过程。事实证明，这个过程意义深远，其间，这个国家得以在创新、商品生产和个人生活水平方面发生了惊人的进步。而自新千年以来，国家名义国民收入8%~11%的明显增长则成为这一发展的最好的证明。目前，人们对于中国的经济发展表示赞赏，但为了使这一成就得以可持续，中国必须尽快解决三个主要问题，这三个问题包括：环境保护问题、通货膨胀问题和地区发展水平不平衡问题。如果中国能够成功地解决上述三个问题，人们可以期望中国的经济腾飞将持续下去。

——古德曼（Gernot Gutmann）　时任德国科隆大学校长

站在新的历史起点上回顾改革开放，主要有四条基本经验：第一，解放思想，坚持走中国特色的社会主义之路。第二，着眼全局，坚持把农村改革发展放在重中之重。第三，积极融入世界经济，坚持走对外开放道路。第四，立足国情，坚持渐进式改革开放的路子。中国既是一个发展中大国，也是一个改革中的大国，中国在经济快速发展的同时，矛盾和问题也比较突出，中国改革依然任重道远，只有按照科学发展、社会和谐的要求全面推进改革。

——高尚全　中国经济体制改革研究会会长

第14章 转型展望

作为世界上最大的发展中国家，中国选择了与大多数发展中国家不同的经济改革道路，中国经济经历了从"禁锢向开放、计划到市场、一元往多元、落后追先进"的转型过程，其经济发展途径也日趋明晰，从"允许一部分人先富起来"、"摸着石头过河"的探索，到"走共同富裕道路"、"统筹兼顾协调发展"，"科学发展观"的理念已成为伟大实践；从鼓励东部地区以特区、开放城市等形式率先发展到西部大开发，从振兴东北老工业基地到促进中部崛起，东、中、西部相互促进、优势互补、共同发展的格局基本形成；从珠三角、长三角，到环渤海，区域协调发展战略正全面付诸行动。在中国经济转型过程中也形成了一系列制度、政策和管理方法，形成了经济发展中的"中国道路"。本章就从中国经济转型过程取得的成就、存在的问题着手分析，并进一步展望中国经济转型的未来。

14.1 主要成就

自20世纪70年代恢复家庭联产承包责任制以来，中国根据当时国情，按照"摸着石头过河"、"不管黑猫白猫，抓到老鼠就是好猫"的务实态度，在经济领域逐步开展了一系列的改革措施。在此期间，中国社会经济持续了30多年的快速发展，实现了"从贫穷到富裕"、"从农村到城市"、"从计划经济到市场经济"、"从公有制到公有制主导的混合所有制"、"从孤立到融入全球经济"等几个层面的重大转变。本节主要回顾中国经济主要成就的几个方面，以期为中国经济转型的展望提供历史层面的基础。

14.1.1 从贫穷到富裕

改革开放以来，中国成为世界上增长最快的经济体，创造了世界经济发展的奇迹：GDP人均增长率从改革前的4%增加到了1978~2005年的9.5%；劳动生产率由年均0.5%上升到改革后的3.8%，在GDP中的百分比，由1957~1978年的-13.4%、1952~1978年的11.4%上升到1978~2005年的40.1%；GDP 30年来保持了年均9.9%的增长速度，远远超过世界经济同期3%左右的增长速度，经济总量在2005年超过了英国，2009年超过德国跃升为世界第3位，2010年超过了日本成为世界第二位，2012年GDP达到519 322亿元（中国国家统计局，2013）。而与经济数据相对应，人均产量和产出率的快速增长使中国贫困人口剧减，其中，农村的贫困人口百分比从1980年的40.65%下降到1990年的10.55%和2001年的12.49%[①]。以上这些数据所显示的经济成绩是中国政府不断加

[①] 中国12.49%的绝对贫困人口比例在横向对比中仍然处在世界较差水平。

大改革开放力度，经济发展方式不断转型的必然结果。而这个由贫穷到富裕的过程，可从农业和工业的角度进行初步阐释。

1. 农业产品产量供应充足

中国是农业大国，但长期以来一直以小农经济模式进行生产。中国作为世界第一人口大国，以仅仅占世界7%的耕地，养活占世界22%的人口，在取得巨大农业生产成就的同时，也面临非常巨大的粮食生产压力。1952年，中国粮食产量只有16 392万吨，2008年达到52 871万吨，增长2.2倍。2008年，全国棉花总产量达到749万吨，比1949年的44万吨增长了16倍，产量连续多年居世界第一位；油料总产量2952.8万吨，糖料总产量13 419.6万吨，分别比1949年增长了10.5倍和46.3倍，食用油自给率达到40%以上，糖料产需实现了基本平衡。改革开放30年来，中国绝对贫困人口减少了2.35亿。世界银行公布的数据表明，过去25年全球脱贫事业成就的67%来自中国。中国能够取得这样的农业生产率提升，是农村改革开放的成果，是农村经济发展成功转型的必然。

2. 现代工业制造体系形成

中国工业与农业生产模式不同，现代化的步伐很快，并且依靠劳动密集型产业的比较优势，成为全球化分工中产品制造环节的主要承担国之一。

虽然新中国成立时经济基础差，底子薄，同时还走了大炼钢铁、大跃进、"文化大革命"等不少弯路，但改革开放以来中国彻底告别了经济短缺时代。目前，中国在钢铁、粮食、肉类、水产品、水果、棉花、布、煤炭、化纤、化肥、水泥等产品的产量上均排在世界第一位。1949年，全国钢产量只有15.8万吨，不到世界钢产量的千分之一，2012年粗钢产量增长3.1%，达7.1654亿吨，创下历史新高（中国国家统计局，2013）。1949年中国原油产量只有12万吨，天然气产量为0.07亿立方米，2012年中国的原油产量约为2.07亿吨，天然气产量约为1060亿立方米。1949年全国水泥产量仅为66万吨，平板玻璃产量仅为91.2万重量箱，2012年全国水泥产量达21.84亿吨，平板玻璃的产量达7.14亿重量箱。如此短的时间实现主要工农产品的产量飞跃在世界上也不多见。

中国工业规模和水平已从建国初期的一穷二白，发展成为具有相当规模和水平的现代化工业体系。中国制造已成为一种品牌，2010年工业产品产量居世界第一位的已有220种，其中，粗钢、煤、水泥产量已连续多年稳居世界第一。2009年，水泥产量已占世界总产量的60%、机床产值达到109亿美元稳居世界第一，2010年粗钢产量占世界钢产量的44.3%，煤炭产量占世界总产量的45%。中国还有大批工业品产量居世界前列，已真正从"短缺"时代步入到"工业制造大国"行列，其中洗衣机产量占世界的24%，电冰箱产量占世界的29%，空调产量占世界的30%，照相机产量占世界的50%以上，电话、显示器、数字程控交换机、自行车、玩具、金属打火机等方方面面的工业制造产品产量均居世界第一位。

14.1.2 从农村到城市

目前，中国的现代城市建设初具规模。中国工业现代化的高速发展与中国城市化进程的转型过程密不可分。中国在经济转型的同时大力发展基础设施建设，农业人口大量涌入城市，加入了中国工人行列，为中国经济保持稳定高速的发展做出了重大贡献。

现代交通运输的发展促进了城市群的发展。中国公路总里程1949年为8万公里，2012年年末达到423.75万公里，全国高速公路里程达9.62万公里，仅次于美国，居世界第二位。2006年7月1日青藏铁路开通结束了西藏没有铁路的历史，以铁路为主干，公路、水运、民用航空和管道组成的综合运输网基本形成，为经济创造与发展提供了有力的支撑。2010年2月6日，郑州至西安高速铁路正式投入运营，它是中国中西部地区第一条时速350公里的高速铁路。对于中国高铁，美国国会众议院议长佩洛西说："不坐在京津城际的动车组上，就感觉不到中国铁路的高速度，就感受不到中国经济的高速度。"英国交通大臣阿多尼斯勋爵说："在高速铁路建设领域，中国比英国先进。对英国来说，中国的经验很有借鉴意义。"在2009年，俄罗斯总理普京访华达成的众多协议中，赫然有铁道部和俄罗斯运输部关于在俄境内组织和发展快速和高速铁路的备忘录，其核心内容就是中国将帮助俄罗斯建设高铁。从2010年3月8日发布的全球国际航运中心竞争力指数看，中国有10个港口进入最终排名的前50强，分别是香港、上海、天津、大连、高雄、广州、深圳、宁波、青岛、厦门，充分体现了中国在国际航运业竞争中的综合优势，其沿海规模以上港口货物吞吐量达42.96亿吨，新建民用运输机场160个，航线1532条。

中国城市发展充分运用信息技术。覆盖全国、通达世界、技术先进、业务全面的国家信息通信基础网络初步建成，为信息化时代的发展铺平了网路。在信息技术基础设施日益完善的同时，中国数字化城市管理系统也在各个主要城市开始试点运行，并逐步推广。

14.1.3 从孤立到融入全球经济

中国经济不再孤立发展，而是融入世界的市场中。以下主要从外资（实际使用外商直接投资情况）、外贸（进出口贸易情况）、外汇（国家外汇储备）和国际影响力四个层面进行说明。

从外资角度看，"中国已成为全球外商直接投资市场的一个主要参与者"，其对世界投资市场的影响越发重大。中国经济自从2002年全球咨询公司科尔尼发表投资报告以来，认为中国在投资魅力国的排行上位居第一后，中国已连续九年位居第一。在2004~2006年，中国平均每年吸收700亿美元的外资，对海外的直接投资量也在快速上升。

从外贸角度看，改革开放以来，中国的对外贸易发展速度迅猛。1978年，中国的进出口总量只有206亿美元，位居世界第27位［一说29位（简新华等，2009）］。1990年，增加至1100多亿美元，位居世界第16位。2008年，更是猛增至25 616亿美元，排名跃居世界第三位。中国对外贸易总量在30年里增长了100多倍，排名前移24位，世所罕见。2012年，中国外贸进出口总值上升至38 667.6亿美元（海关总署数据，2013）。

从外汇角度看，中国的外汇储备也日益提高。1978年中国外汇储备仅有1.67亿美元，微乎其微。1989年，也只有55.5亿美元。1993年以后，中国外汇储备飞速上升，到1996年底首次突破千亿美元大关，居世界第二。截至2012年3月，中国持有美国国债数量为11 699万亿美元，位居世界第一位。截至2012年年底，国家外汇储备余额为3.31万亿美元。高额外汇储备对中国开展国际贸易，应对国际市场大幅波动，特别是能源、粮食、大宗期货产品市场的大幅波动，防范国际经济风险和金融危机都具有十分重要的作用。这一点在2008年全球金融危机的过程中得到了实践检验。由于外汇储备雄厚，中国不仅自身成功应对了全球金融、能源、粮食危机，提升了国际经济地位，同时，还有能力向周边国家，例如韩国和东盟国家提供外汇支持，帮助这些国家成功渡过难关，增强了中国在亚洲地区的国际影响力。但高额外汇储备也对中国宏观经济稳定运行带来了巨大的挑战。

从国际影响力来看，中国的国际地位提升显著。中国是发展中国家中唯一的联合国常任理事国，是世界最大的社会主义国家和发展中国家，2012年已成为世界第二大贸易经济体。尤其自2008年全球金融危机以来，世界将经济复苏的目光投向中国，中国也切实承担了引导全球经济复苏的重任。按照中国经济总量占世界经济7%估计，2009年中国经济增长8.7%，拉动世界经济增长大约0.6个百分点，直接减缓了世界经济衰退的幅度。换句话说，如果没有中国经济的快速增长，世界经济衰退的幅度会更大。由于中国经济的快速发展，在世界经济格局中，20国集团峰会的作用已逐渐超过了7国集团，在哥本哈根世界气候变化大会中，中国的立场也举足轻重。目前，世界越来越关注中国，中国在世界媒体的报道中已成为出现率最高的国家之一，所有这些都能使人直接地体会到中国与日俱增的国际影响力。

14.2 基 本 问 题

在经济发展取得成绩的同时，中国也要清醒理智地看到经济发展过程中存在的严重问题，这些将是下一步经济转型过程中需要特别注意的地方。

在经济转型过程中，管理机制存在的问题，包括政府对微观经济干预过多，社会管理和公共服务比较薄弱；一些工作人员依法行政意识不强；一些领导干部脱离群众、脱离实际，形式主义、官僚主义严重；一些领域腐败现象易发多发。忧患意识也是中国思想文化、民族心理、性格中一个基本要素。从先秦两汉到晚清民国，这种意识绵延不断。当然，提倡忧患意识并不是看不到或不承认时代的进步，成就是过去努力的结果，存在的不足和困难则要现在和将来克服。以下主要从中国经济转型体系中的经济体系和保障体系中存在的主要问题进行梳理，并针对转型思维问题进行分析。

14.2.1 经济转型中的经济系统问题

1. 贫富差距两极分化严重

改革开放以来东南沿海一带一方面有政策支持，经济发展自由度较高，另一方面也有沿海港口贸易优势，经济发展速度较快，与中西部地区比较造成了地区发展不平衡。2000年后，中国市场经济发展步伐加快，资本价格逐年提高，通货膨胀系数居高不下，房地产价格持续走高，这种资本价格的快速提升，在短期内极大地加剧了社会财富的两极分化，其中目前房地产市场价格超高现象尤为突出，能够买起房的相对富裕阶层在房产价格大涨的过程中财富迅速增加，原本买不起房的相对贫穷阶层在资本价格高速上涨之后，变得更加贫穷，农民被城市边缘化，规模巨大的"农民工"在国家统计上已被计算为城镇人口，但是他们大部分都居住在城市边缘的"城中城"、建筑工棚或地下室，在大都市中出现了相当程度的虚假城镇化和贫困镇现象。

普通劳动者收入过低是当前社会收入分配中最大、最突出的问题，社会贫富差异的扩大已经为中国带来很多的社会问题，中国最低年收入为6120元，不到世界平均值的15%，排在158位，倒数第26位，最低收入排名在中国之后的25个国家有14个在非洲，8个在亚洲，大洋洲、美洲和欧洲各有一个国家。

不过，在中国政府4万亿投资计划中民生投资占44%，在保障和改善民生方面效果明显，其中增加了四项补贴，提高了粮食的最低收购价，实施了汽车、家电下乡补贴政策，加大了水、电、路、气、房的建设，使农民的生产条件大为改善。特别是2010年"两会"期间，中国领导人呼吁把改善民生作为出发点，让人民生活得更幸福、更有尊严。同时将修改选举法进一步保障城乡居民享有平等的选举权，从制度上保证了中国广大农村地区九亿人口的话语权，这也是中国民主政治发展进程中的重要一步。此外，在政府工作报告中明确提出"保护合法收入、调节过高收入、取缔非法收入"的政策，中国总工会建议对刑法进行修订，增设"欠薪罪"。这充分表明，中国在经济转型过程中，已经重视分享改革成果，减少贫富差距。总之，合理的收入分配制度是社会公平正义的重要体现。在经济转型中，不仅要通过发展经济，把社会财富这个"蛋糕"做大，也要通过合理的收入分配制度把"蛋糕"分好。

2. 农业现代化任重而道远

虽然中国农业生产效率已基本满足需求，但中国农业现代化发展速度却远远落后于中国工业化进程。目前，中国广大农村地区的农业生产活动还是以传统型农业生产为主，小型农机工具还是主要的农业生产工具。虽然科技下乡等活动使农民对科技务农有了初步的认识，也提升了农业生产效率，但在根本体制上，依然是小农经济为主，农民主要靠自身经验进行农业生产，还没有将农业大规模机械化生产和根据季节、土地养护等角度提升土地利用效率，中国农业的整体优势还没有发挥出来。

土地、劳动和资本是农业的三大要素。要解决中国的"三农"问题，目前最大的问题还是制度问题。要实现农业现代化，需要进行大规模农业机械化生产，需要土地相对大面积的集中，这与中国目前土地使用制度和农民生产方式差异过大。要解决的问题不仅是发展方式转变的问题，还有思想转变的问题。虽然目前农民进城务工人数越来越多，农村人口开始向城市集中，但一方面农民在城市实现长期定居很难，另一方面每年的春运规模也从侧面反映了在农民心理层面依然对农村的认同。中国目前城市的生存压力，尤其是住房压力巨大，这与农村剩余劳动力向城市集中的城市化进程成为突出的集中矛盾。不能实现这种城市化进程的劳动力转移，也就缺乏大规模农业现代化的动力和环境。

另外，中国乡镇尤其是农村等基层领导干部的腐败问题，对农业向实现规模化土地使用方向转型也会造成严重影响，为了现代化而失去公平公正，也不是成功的农业转型。

3. 粗放式发展环境压力大

中国工业现代化进程的加速实现主要依靠劳动密集型产业的比较优势取得在全球化分工中的制造工厂地位而实现。但这种粗放式生产模式本身就存在着几大问题，集中体现在资源消耗、劳动力工资低、环境污染等方面。

由于劳动力比较优势，企业就会倾向于选择扩大规模来增加利润，而不是通过提升技术进步和资源利用效率。虽然企业会同时注重各方面因素，但利润是企业的原动力不会改变，那么纯粹的市场经济行为就会导致在劳动力成本低的环境下，单纯扩大规模成为提升利润的最方便快捷的途径。这种方式最终将导致大量的资源消耗，过剩的低水平重复建设，以及企业核心竞争力的缺乏。

而长期的劳动力工资低，将导致劳动力无法通过劳动获得包括自己和家庭在城市生活所需的基本生活资料，那么从农村出来的务工人员不得不在失去维系城市生活的能力后被迫回到农村，这不仅是劳动力无以为继的问题，从经济系统整体看，也是导致系统内部消费不足，贫富两极分化严重，最终导致系统崩溃的问题。而从社会角度看，创造社会财富的劳动力不能享受到相应的经济发展成果，这种公平性缺乏的积累，也将最终导致影响社会稳定的问题。

由于中国企业正处于原始积累的高速发展时期，多数企业关注利润，对于社会环境责任缺乏重视。重大环境污染和危害事件一方面反映了政府在环境监管方面的不足，另一方面也体现了中国企业在社会责任和环境责任方面的严重缺失。尽管污染减排方面取得了很大进展，污染物排放有明显的改善，2012年四项污染物（化学需氧量、二氧化硫排放量、氨氮排放量、氮氧化物排放量）排放总量比2011年减少2%以上，但是整体环境质量状况仍不容乐观。空气污染、土地污染、水污染现象依然严峻。以地表水为例，七大水系水质总体为中度污染，湖泊（水库）富营养化问题突出。近岸海域水质总体为轻度污染，部分城市污染仍较重。同时，农村环境问题日益突出，呈现出污染从城市向农村转移的态势。

随着农村经济的迅速发展，农村生活污水、垃圾、农业生产和畜禽养殖废弃物排放量逐年增大，部分农村"脏、乱、差"现象普遍，突出表现为生活污染加剧，面源污染加重，工矿污染凸显，饮水安全存在隐患，农村地区环境状况日益恶化，直接威胁着广大农民群众的生存环境与身体健康。近十年来中国重大环境问题频繁发生，由于重金属污染，湖南武冈市、陕西凤翔县、广东清远市等地先后发现有数十乃至数百名儿童血铅超标；由于给市区供水的水厂受到挥发酚类化合物污染，江苏盐城水污染事件责任人以"投毒罪"论处，这在国内尚属首次；成都市出现近五年首次重度污染；内蒙古赤峰市发生自来水污染事件，千余市民在饮用自来水后出现腹泻、呕吐、头晕、发热等症状；千岛湖、洞庭湖重金属含量严重超标，太湖富营养污染严重。种种环境问题已经成为制约中国经济发展的关键影响因素。

中国是化肥使用量最多的国家，因为过度使用化肥已经造成农田效率低下和严重的环境污染等。根据2010年1月中国人民大学和绿色和平组织联合发表的报告，中国农民使用的化肥量比作物需要量超出40%，这导致每年1000万吨化肥白白流失，而且污染了江河与湖泊。中国每年的粮食产量占全世界的24%，但化肥使用量却占35%，自20世纪60年代以来，中国的粮食产量增加了八倍多，但氮肥用量则增加了55%。根据《第一次全国污染源普查公报》，2007年中国的"化学需氧量"（COD）有43%应归咎于农业。中国在2010年首次污染源普查中，发现农业是最大的污染源，河流湖泊约一半污染物来自农田。

4. 体制缺失造成盲目性

中国目前还处在绿色经济政策实施的初级阶段。在取得了一系列的"绿色"成绩的同时，还应注意在倡导"绿色"期间产生的一系列"非绿色"的问题存在，其中最突出的就是政府和企业的经济决策非理性造成了大量社会生产要素的浪费、低效率利用等情况的发生。具体来说，许多地方政府和企业在绿色经济政策的激励下，还没有来的及对地方资源禀赋、产品比较优势，市场成熟程度等重要经济条件作出理性决策，就加紧上马一系列对资金、周期、科学技术等要素要求较大的绿色项目，例如风电项目、太阳能发电项目。以风电项目为例，《2008年中国风电装机容量统计报告》现实，截至2008年年底，中国风电装机容量突破了1200万千瓦，仅有800多万千瓦实现了正常发电，1/3处于闲置状态，大多数风电场入不敷出，很不利于新能源的发展（李晓西和胡必亮等，2011）。

更深一层次分析政府和企业盲目性的原因，可以发现，这种看似盲目的非理性其实是一种"当地政府与上级政府"、"当地企业与当地政府"、"当地企业与当地企业"进行博弈而导致异化的理性——政府和企业理性地选择了与其本身社会责任相悖的行为和目标模式——政府以"从上级政府获得绿色项目财政支持和提升政府绿色形象"为目的，企业以"与同类企业竞争当地政府绿色项目财政支持和占有建设保留地"为目的（而不是真正稳步促进地方可持续发展或生产低碳产品为目的）上马绿色项目。

制度经济学强调体制和规范在经济活动中的重要约束力和行为导向作用。因此，在新的绿色经济时代，政府体制转型的效果会影响绿色项目是否能达到绿色效果。转型的自然属性是在短时间内造成社会经济结构的变动而产生一些社会成本，政府的经济体制的转型应在减弱社会成本的同时产生更多绿色效益，而不是加剧这些成本带来社会"阵痛"却未能让社会得到应有的效益补偿。

14.2.2 经济转型中的保障系统问题

中国的经济转型应在全社会各领域的支持和协同下稳步开展，而相关社会部门中存在的缺陷或不足，则会在整个经济转型的过程中产生"短板效应"，从而削弱了转型能力和潜力。因此，对经济转型问题的认识，应包含对经济转型中保障系统各主要部门存在问题的认识。

1. 政治体制改革的问题

经济体制改革最忌讳的就是孤军前进，缺乏相应的配套。不能因为体制改革滞后严重影响了中国经济转型所取得的成就。当前中国政治体制存在的问题主要包括政府职能错位、行政垄断、行政审批效率低等。

政治体制改革的主要内容不是行政机制的改革，也不仅仅指的是于司法体制的改革，更重要的应该是三个方面：第一，党政权力的改革。第二，真正实现民主。第三，对人的尊重。

虽然中国近年来的反腐有一定成效，但腐败方式也在不断翻新，贪污腐败成为最大的社会问题之一。究其根源，是在经济转型过程中，从双轨制并行到逐步向市场经济转型，各行各业的股份化、民营化和私有化改制。例如矿产资源归属国有，却由私人承包开采，土地资源归属国有，又由房地产商开发等，由于相应的市场规制建设严重滞后，存在着易于滋生腐败的钱权交易的温床。

英格兰著名思想家休谟提出，制度设计要从"最坏"情形出发，不能对人的"觉悟"心存侥幸。应及时将好的制度上升为法律。只有把制度变为法律，上升为国家意志，才能强化制度的权威性和惩治性。2010年2月24日中央公布的《中国共产党党员领导干部廉洁从政若干准则》明文规定国内县级处级以上党员干部52个"不准"，将成为制止贪污腐败日益蔓延的重要举措。

由于中国法治化还不完善，政府官僚现象较为突出，行政透明度不够，缺乏公众监督，导致地方政府出现了进行政绩工程、形象工程等浪费财政资源的现象。例如安徽阜阳的政府办公楼过于奢华而被称为"白宫"，四川省阿坝州提出"工业强州"，不顾当地生态环境，为了突出行政业绩，延续粗放式的"高消耗、高污染、高排放"发展模式，就是其中最突出的案例。

在中共十七届二中全会提出了"发展社会主义民主政治的战略思想"，指出政治体制改革是社会主义政治制度的自我完善和发展，必须深化政治体制改革。2010年两会第八次政府工作报告中提到："改革是全面的改革，包括经济体制改革、政治体制改革以及其他各领域的改革。没有政治体制改革，经济体制改革和现代化建设就不可能成功。"因此，体制改革中的关键是政府转变管理职能，建设服务型政府和依法执政，应该直接针对企业改制、征地拆迁、环境保护、劳动争议、信访、安全生产、产品安全等问题依法办理，对一味追求政绩所造成生态环境恶化的管理者，无论是否在位，都应作为环境犯罪追究法律责任。公众对政府的工作具有知情权、监督权、批评权和建议权，逐步建立家庭财产申报制度、金融实名制度、遗产税和赠与税制度、公民信用保障号码制度、反腐败国际合作制度等，从根本上遏制腐败多发、高发态势，为经济转型提供强有力的政治制度和经济制度保障，只有法治化的市场经济才是经济文明的前提和保障。

2. 社会保障体系的问题

一个国家完善的社会保障制度，是保证国家经济顺利发展的基本条件。中国经济的发展经历了国企负担社会保障的阶段，也经历了下岗改制减负的阶段，社会保障制度曾从一个极端走向了另一个极端。目前，中国用于社会保障的投入只占国家财政的12%（而欧洲的高福利国家中，财政投入的45%用于社会保障；美国也有约1/3的投入用于社会保障），这对于建立完善的社会保障体系明显不足。尽管现行社会保障体系已形成基本框架，但还很不完善。基本养老保险、失业保险、城镇职工基本医疗保险、城市居民最低生活保障都程度不同地存在着保障水平偏低、覆盖范围有限、资金短缺等方面的问题。其居民住房、医药卫生事业等社会保障事业作为难题如何解决，也直接关系到民众的身体健康和家庭幸福。

综合来看，中国的经济发展自改革开放以来一直存在着思维层面的路径依赖，其表现为：短视性、孤立性、物质主义、适应性预期（Adaptive Expectations）。应当说，特定的经济发展时期需要特定的思维模式作为经济社会发展的指导思想；但是，社会生产力和生产关系的矛盾激化与互动，决定了社会演进要具体问题具体分析。即不同的社会发展时期，应动态地存在着不同特点的经济发展主导思维。

14.3 未来展望

中国经济虽然发展迅速，但公平与效率间矛盾统一的辩证关系似乎并没有找到合适的平衡点，仅仅从经济发展角度看待经济转型成效，而忽视了社会成本，则对转型整体认识会有所偏颇。亚当·斯密在论述了市场经济自由之手使个体逐利自发地导向整体利益的同时，也在其著作《道德情操论》中论述了人与人之间同情的作用。第三代心理学开创者亚伯拉罕·马斯洛（Abraham Maslow）的需求层次理论，对中国改革开放30年来随着社会富裕程度的提高使人民需求层次变化的影响也有一定的说明。针对中国经济转型中已经取得的成就和存在的问题，中国著名生态经济学家张象枢认为中国经济转型应该侧重于三个方面。

1. 从"逐利"经济向"幸福"经济的转型

"逐利"经济，是指经济系统中个体通过追逐个体的利润，即可实现经济系统整体的健康发展，这是市场经济"看不见的手"理论的基本假设。"幸福"经济，是指经济系统中的个体在进行经济活动时追逐的是"幸福"，不同于"逐利"经济仅是对利润的追求，而是经济活动中个体对"幸福"感受的追求。利润是幸福中的一部分，良好社会环境会使成就、尊重、荣誉与奉献等因素都容纳到幸福感之中。个体幸福所包括内容是受到社会整体环境影响的，社会整体的认同度直接影响个体的幸福感，在拜金的社会环境中，幸福感被"逐利"所支配，而在奉献和服务他人被崇尚、尊重并能得到物质奖励的社会环境中，奉献和服务就会被纳入到幸福感中。因此，幸福经济并不是拒绝个体追逐利润，而是用包裹了更广范围的目标体系来指导个人的经济行为。个体逐利本身也是因为逐利会带来个体幸福，但幸福并不仅仅指利润，当一个社会的幸福感完全来自于经济利润时，社会系统整体也将产生问题。因此，幸福经济应该是逐利经济的下一个发展阶段，当个体满足了一定程度的物质需求之后，逐利不应该还是幸福的唯一指标，良好的社会氛围会将尊重与奉献等更高层次的需求增加到幸福感中，这也是经济发展带来的社会变化。

中国改革开放以来的经济转型，按照邓小平"让一部分人、一部分地区先富起来，先富带动后富，最终实现共同富裕"的目标。确实已经实现了一部分人先富起来。自打破平均主义大锅饭起，整个中国社会经济发展中，不论从政府、企业到个人，都开始正视了对利益的追求，可以说改革开放是中国经济从平均主义向逐利经济的转型。平均主义不会带来效率，允许一部分人依靠自己的聪明才智先富起来，是解放了生产力。

随着中国经济的发展，先富起来的群体越来越富，还有部分群体依然在贫困边缘。究其根源，是因为这种以市场经济为导向，仅追求利益的"逐利"经济发展模式，会使具有财富者、先占据有利条件者，进一步增加其获得财富的速度，而从社会整体角度看，这是一种财富自下而上向部分人集中的流动方向，即符合了资本逐利的特性，也符合了需求层次发展的结果。先富起来的人如不能因为财富而得到安全感，不能因为财富获得的过程得到尊重，那么他们进一步的需求层次也会产生偏差，甚至导致道德方向问题。

实际上，回顾各个国家的发展历史，至今世界上还没有哪个国家真正实现了理想中的共同富裕程度，共同富裕是一种伟大的目标，但不是现阶段实现的理想。发达国家的经济周期，经济复苏的过程是财富从金字塔下端向顶端汇聚的过程，这种财富流动的过程本身创造的社会全体的消费额度，体现了社会当时整体的富裕水平，这是一种动态的过程。在这个过程中，并不要求共同的富裕，也不要求平均主义，只要参与在其中每一个社会公民能够得到安全感和尊重，便满足了最基本的三个需求层次。只有人民活得更有尊严，才有实现真正社会和谐的前提。

因此，中国经济转型的发展方向，第一是从现在的"逐利"经济向"幸福"经济转型。在经济创造的过程中，每一个个体不再是仅仅追求利益这一单一目标，而应追求在经济创造这个过程本身所能体现的幸福。不为追求利益不择手段，不为追求利益违反道德，使逐利行为本身符合社会公德和法律约束，不缺乏安全感；使获得利益是自身聪明才智的展现，而得到别人的尊重。由此，体验到追求经济发展过程本身的幸福，让每一个环节的每一个体体会到这种并不因权力和财富的多少而影响社会公平公正，影响包括衣食住行、教育、医疗等公民基本权利的行使，使社会经济的发展成果真正让民众感受到，这是从"逐利"经济向"幸福"经济的转型。

2. 从"排他"经济向"包容"经济的转型

"排他"经济是指社会上只有部分群体可以享受经济增长的成果，"包容"经济则是指社会全体都能共享发展成果的经济增长模式。

经济转型所包含的目标必然要包括社会、文化、道德等多方面的综合指标。中国经济转型其实一直是在平均与效率两个极点之间摇摆，并试图去寻求一个平均与效率可以相对平衡的区间来维持社会良性的发展。这里使用了平均而没有使用公平，是因为不同阶层的人根据自己所处位置的不同，对公平会有不同的认知。完全的平均分配不能体现出在经济系统中不同个体的贡献大小，一定是不公平的，但以智慧、天赋、能力与资源掌握为名，比其他个体占据更多经济成果，如果超出了一定限度，也一定不是公平的。这里无意于去定义到底什么是真正的公平，只是从历史的认知角度认为：完全地追求平均分配主义，更倾向于安定，就是所谓的"不患寡而患不均"；而完全地追求有能力者的充分发挥，更倾向于速度，就是良好的激励机制导致经济系统整体更有效率。同样基于历史认知角度，比如马太效应，这种对效率的追求也必将导致社会的分化。

中国的经济转型，是从平均这个极点开始，逐步向效率方向摆动的。但近十年来，"排他"式增长已逐渐成为中国经济发展的主导模式，社会已演变成"排他"性社会，即分化性社会。"排他"经济必然会导致社会两极分化的结果，因为享受经济增长的群体越来越富裕，而享受不到社会经济增长成果的群体则得不到应有的发展。当富裕群体越来越富裕，贫穷群体越来越贫穷时，社会将会高度分化，从而必将导致社会群体之间激烈的冲突，这是当今中国经济转型面临的实际情况。

中国改革开放的早期是典型的"包容"经济增长模式。当时随着政府将经济发展开放给社会全体，整个社会都伴随着经济增长得到了利益。而近十年，一方面既得利益群体越来越把持自身集团的利益；另一方面政府的社会收入再分配也没有保障公平和公正。在此背景下，中国经济转型的第二个方向，就是从"排他"经济向"包容"经济转型。必须通过政治体制的改革来进一步促进经济体制的转型，使政府在影响社会财富二次分配方面真正实现社会公正。

3. 从"棕色"经济向"绿色"经济的转型

棕色经济又称黑色经济，是指经济增长仅仅依靠化石能源，例如煤炭、石油和天然气等。在物质产品的生产过程中，大量二氧化碳和烟尘被排放到大气中，经济增长依赖于有限的资源，对环境污染较为严重。而在中国经济转型的过程中，以"绿色经济"的思维和实践替代"棕色经济"的思维和实践，可谓正当其时。

当前，中国的"棕色经济"表现出以"高开采、低利用、高排放"为特征的数量型线性经济模式，而"绿色经济"应当向以"低开采、高利用、低排放"为特征的质量型可持续发展式经济模式转变。特别地，全社会应在实现经济转型目标的过程中，逐渐摒弃短视性、孤立性、物质主义、适应性预期的"棕色经济"思维，稳健地形成以长期性、综合性、幸福主义、理性预期为特点的"绿色经济"思维：首先，对经济活动所产生的包括环境影响、代际公正等要素在内的长期社会经济影响应具有一个远期的评估，并以此为约束和基础，决策当下的行为，促进环境和人类生存的可持续。其次，经济转型是以社会其他部门系统为保障体系的经济体制和经济发展方式的转型，因此，应系统地思考经济部门内部经济要素和外部社会保障体系的作用机制，并特别注意体制改革是经济转型的根本保证，是经济部门和保障体系发挥作用的前提。再次，当今自然环境约束、人类对综合生活质量诉求的提高提醒人类，必须通过实施绿色经济的经济转型模式去同时追求经济效益、生态效益，让经济发展最终服务于提高人类的幸福指数，而不仅仅是停留在幸福生活的狭义层面，即满足物质需求上。最后，中国"摸着石头过河"的渐进主义（gradualism）改革和转型思维是以"危机-反馈"为特点的反应式增量改革，而其他转型国家的经验表明,"采取渐进主义有时并不能完全解决问题,事实上有时会使事情变得更糟","对过渡性问题的过渡性修补有可能会对所需要的长期制度性变化产生永久性障碍","中国经验表明,对复杂问题进行局部修补可能会产生新问题,新问题需要新的修补,而新的修补又会产生更新的问题。如此周而复始,循环不息。"因此,有必要在更好地预期和风险意识下,建立经济转型的社会机制系统,尽量减少可控危机出现的频率,解决因潜在转型危机而产生的社会维护成本,提高转型的社会效率。

如果说逐利经济向幸福经济转型是追求经济与社会的平衡,排他经济向包容经济转型是追求效率与公平的平衡,那么棕色经济向绿色经济转型则是追求人类与自然的和谐、经济社会与环境的和谐。

14.4 小　　结

本章从历史的角度简要回顾了中国经济改革开放的主要成就,简述了中国在新时期经济转型进程中面临的主要问题,并在前文基础上,展望了中国经济转型的未来发展方向。应该说,中国在转型初期凭借农业经济和政治经济体制环境上的优势,选择了"渐进式"改革转型之路,并延续了30年经济增长。然而,随着世界经济将进入低速增长,预示着出口导向必须转向内需扩大;要素成本不断上升,预示着低成本制造不再具有持续竞争优势;而中国人口红利趋于消失,投资驱动型经济增长能力减弱。因此,在新的历史时期,中国应放眼世界和未来,抓住转型历史契机,设计转型战略体系,构建转型保障体系,培养"绿色经济"思维,以形成经济转型的独特能力体系。总之,中国经济发展的绿色转型是现阶段和未来一段时期经济转型的方向,是中国从工业文明向生态文明转变的重要标志,是中国经济社会可持续发展的必然选择。与此同时,社会经济发展的路径选择思维和方法并不是一成不变的,对中国乃至世界经济转型之路的探讨,可能会成为学术界一直热衷的研究主题。

结 束 语

在过去 100 多年里，人类创造了前所未有的物质财富，但同时也付出了沉重的环境代价。为了消除当前资源环境危机，实现人类社会与环境的协调和可持续发展，经济发展方式的转型已成为全人类关注重点。本书分别从国家、区域、产业和企业四个层面研究中国经济转型。世界文明经历了原始文明、农业文明、工业文明和生态文明的演替，人类社会的经济发展史或经济形态可归纳为棕色经济（brown economy）、绿色经济（green economy）和金色经济（golden economy），分别体现出物质化（materialization）、减物质化（dematerialsation）和非物质化（immaterialisation）的经济特征，其中绿色经济包括了低碳经济（low carbon economy）、循环经济（circular econmy）和蓝色经济（blue economy）。

从"物质化"到"非物质化"的转变是世界经济发展的普遍规律。"非物质化"要求经济发展不再依赖自然物质资源，而是更加关注人类经济创造的质量和效率，以及经济、社会与自然的平衡和可持续发展。经济创造和转型推动了每一次文明的演进，并为下一轮文明演进提供了原始材料和基础。

1. 中国经济转型的巨大影响

1978 年的经济改革开启了中国追求民族富强繁荣的经济转型之路，实现了中国在政治、经济各项事业的巨大进步。改革开放 30 多年来，中国以大幅高于世界平均水平的发展速度创造了世界经济史上的奇迹，为世界经济发展做出了贡献。中国借鉴国外经济发展的成功经验，集全国人民的智慧，创造了具有中国特色的一系列经济政策措施。美国著名战略思想家托马斯（Thomas P. M. Barnett）在其畅销书《五角大楼的新地图》（The Pentagon's New Map）中，从中美关系的角度列举了中国的十大重要性，以此表达了中国重要的全球战略地位和中国经济的重要性。

诚然，在中国经济创造中，存在着经济发展、环境承载力与资源短缺的矛盾和很多亟待解决的问题，诸如经济增长内生动力不足，自主创新能力有待进一步提高，部分行业产能过剩，结构调整难度较大；就业压力总体上持续增加和结构性用工短缺的矛盾并存，农业能否稳定持续发展和控制农村面源污染，财政金融领域潜在风险预防等涉及医疗、教育、住房、收入分配、社会管理等方面的突出问题。只有在法治化的市场经济建设过程中，通过经济体制改革的深化和政治体制的改革妥善处理这些问题。目前，中国外部环境趋好、全面改革起航、新型城镇化推进、消费恢复性增长，中国经济将继续"稳中向好"，"稳"是指增长和就业保持稳定，"好"是指结构调整和深化改革取得新进展。预计今后一段时间，中国的 GDP 增长将在 7.5% 左右。

2. 中国经济转型的动力机制

中国制定新的发展战略，将使中国经济发展的模式、质量出现重大转变，从而对中国经济持续较快发展、顺利跨越"中等收入陷阱"奠定良好的制度基础。30多年的代价少、风险小又能及时带来收益的渐近式改革道路，实现了从计划经济到市场经济的转型。从国内外学者的观点中，将中国经济转型的四大动力机制概括为四点：①善于调和与折中且不屈不挠的儒家文化，使中国面对百年的屈辱仍能不懈探求进步。②完备而高效的教育体系，使中国迅速培养了大批以国家兴衰为己任的专业人才。③内省与科学方法兼备的研究传统，使中国通过引进与开发相结合，迅速掌握了国际先进科技。④不断完善金融体系和融资政策，使中国企业获得了提升自身实力并参与国际竞争的后备支持。其实，目前中国经济转型的动力机制在于改革红利、城镇化、科技进步和劳动者素质提高。应该对政策进行系统性调整，通过顶层设计和简政放权，加快改革，激发市场活力和发展内生动力，从而推动经济发展方式的转变。

3. 中国经济转型的发展趋势

总结经济成就，忧思国家未来，谋求人类幸福，分析发展趋势，对于中国经济转型的经验进行总结、推广与传承，是有重要的现实意义和深远的历史意义。

对于国家层面的经济转型趋势而言，中国经济转型正在创造一种可持续发展的机制，即扩大再教育和医疗方面的投资，减轻中国家庭再教育、医疗和养老方面的负担，进一步提高生活水平，刺激可持续消费和生产，降低中国经济对出口的依赖。只有注重投资人力资本，关注人民生活质量、文化素质和健康水平将有利于推动经济增长，也只有通过建立良性的经济秩序、法治化的市场经济才能推动中国真正走向文明和富强。

对于区域层面的经济转型趋势而言，30年的经济创造使中国初步解决了社会发展的动力问题，对致富的追求转化成全社会的行为。中国幅员辽阔，各区域经济、社会、文化水平差距很大，区域经济发展模式也各不相同，在发展过程中形成了长三角模式、珠三角模式等不同发展模式，珠三角、长三角、环渤海地区的城市集群带成为非常重要的推动力，中西部地区的经济增幅有望继续高于东部，区域创新环境将有很大改善。

对于产业层面的经济转型趋势而言，中国仍处在快速工业化过程中，工业仍有巨大的增长潜力，但是服务业、创意产业等将在各地经济发展中扮演更加重要的角色，国有经济将继续战略性改组，产业结构优化升级加快，低碳经济的高新技术产业前景广阔，绿色产业将成为产业增长的重要拉动力量。快速轨道交通、绿色建筑住宅、节能汽车三位一体的发展，将会有效地带动一些传统产业和新兴产业的高速增长。

对于企业层面的经济转型趋势而言，当今企业实施绿色经济战略，如同蓝海战略一样具有现实意义。2012年中国超过美国成为了世界第一大贸易国，企业"走出去"战略使国内市场和国际市场日益开放。中国企业将提高国际贸易中的高附加值，开创一系列具有影响力的国际品牌，超越"成本优势"的境界，将目光投向"价值优势"，从而摆脱传统的价格战、贸易战和市场战的陷阱，在竞争日益激烈的国内外市场中，逐渐向绿色、循环和低碳发展转型，走向经济社会双赢的增长道路。

4. 中国经济转型的文明演进

在中国经济发展过程中，国际上出现了中国发展"威胁论""崩溃论""风险论"和"傲慢论""强硬论"等观点，这也反映了迅速发展的中国对既有国际政治经济秩序产生的巨大影响。中国经济转型的事实告诉世界一个真实的中国，中国不会对国际社会构成"威胁"，中国也不会自行"崩溃"，在发展中会不断克服所谓的"风险""傲慢"不代表中国的传统特质。正如德意志联邦共和国驻华大使馆大使施明贤（Michael Friedrich Wilhelm Schaefer）对中国改革给予的积极评价："中国过去30多年以邓小平的远见卓识为理论基础，取得了前所未有的发展。在中国几代领导人的带领下，这一理论成果得到了继承和进一步的深化。30多年的发展给所有中国人民带来了巨大的进步，其中最显著的成果便是贫困人口的急剧减少和经济与社会人权的进步。同时中国的发展也为稳定东亚和世界其他地区做出了贡献，在气候变化和食品安全等富有挑战性的领域做出的贡献举足轻重。德国以及欧盟都非常欢迎中国更多地参与到这些事件中来，同时也欢迎中国参与到对抗世界危机的过程中来。诚然，中欧之间在意识形态和对一些国际法律、政策的解读方面可能会有一些分歧，但是经过中国改革开放30多年以及通过对话机制下的密切接触，互相之间的理解也越来越深刻，双方已结为战略伙伴关系共同协作，这着实是一项在30多年前人们无法想象的壮举"。中国作为人均自然资源严重不足的国家，以全球大约7%的土地养活了大约22%的人口，本身就是对人类文明的巨大贡献。

建设生态文明，需要全面认识自然生态系统价值的生态、经济和精神三重属性，实现从重经济价值向三种价值并重的全面转型，通过法制、政策和市场多种途径综合体现生态系统的价值属性，保障人们对生态安全而美好、物质丰裕而有文化品味、精神发展而丰富等多方面的需要，加速推进人与自然、人与人、人与社会的和谐发展。

首先，加强生态文化体系建设。生态文化体系建设的主要目标是使全社会增强生态意识、繁荣生态文化、树立生态道德、弘扬生态文明、倡导人与自然和谐的重要价值观。①实现从工业文明观向生态文明观的转变。②加强生态文明理论与实践的深化研究，逐步建立和完善系统的生态文明建设理论体系及其评价体系。③打造生态文化载体，包括生态科学技术和生态文明理论研究基地、示范项目、宣教基地、文化基础设施等。推出宣传生态文明观念的系列产品，包括文学作品、影视作品、书画作品等。④推进环境友好的生产、生活和消费模式，营造生态文明的社会制度与氛围。制定有利于推进节约资源能源、提高资源利用效率、倡导绿色生产和绿色消费、促进绿色科技发展、生态经济发展的一系列制度与机制，大力推进企业环保责任建设，营造以文明、健康、环保、科学生产、生活方式为主导的社会潮流和社会氛围，为生态文明建设奠定社会基础。

其次，强化自然生态系统保护与建设。自然生态系统保护与建设为生态文明建设提供物质基础。①建立自然生态系统评价与价值评估体系，为生态系统保护和管理提供科学的支持。②大力加强环境保护，将污染对生态系统的影响控制在最低程度。③推进生态保护与建设，保障生态安全。按照优化开发、重点开发、限制开发和禁止开发的要求，把经济发展控制在自然生态承载力之内。加强生态功能区和自然保护区建设，发挥自然修复作用，保护生物多样性和生态系统的整体功能。继续实施天然林保护、天然草原植被恢复、退耕还林、退牧还草和防沙治沙等生态治理工程。积极推进生态省、生态市、生态县、生态文明建设试点和环境优美乡镇等生态示范创建工作，为促进生态保护和推进生态文明建设积累经验。

再次，积极推进生态经济系统建设。生态经济系统为生态文明建设提供持续动力。打造生态产业是以经济发展和生态环境保护为目标，以技术创新为动力，实现农业产业化，产业生态化，高生产、低消耗、零污染。①发展生态农业。在保护、改善农业生态环境的前提下，遵循生态学、生态经济学规律，运用系统工程方法和现代科学技术，将农业生态系统同农业经济系统有机结合起来，取得最大的生态经济整体效益。②发展生态工业，将企业生产所产生的废品和废物成为其他企业的生产原料，实施区域清洁生产，同时通过实施ISO9000质量和ISO14000环境管理体系，形成资源利用率高、污染低、经济与环境效益高的生产体系。③发展生态旅游。依托自然保护区、森林公园、风景名胜等区域，游人在保护生态和欣赏大自然的过程中，学习自然知识，受到环境保护的教育，陶冶情操。开展生态旅游，可全面实现生态系统的生态价值、经济价值和精神价值。④发展生态服务业。大力发展以绿色商贸、绿色物流为重点的生态服务业，加快传统服务业向生态服务业转型。

最后，建立健全生态补偿机制。研究起草《生态安全法》、《生态补偿管理条例》等关乎生态保护的重大法律法规，使生态保护和实施生态补偿机制走上法制化轨道。在总结生态补偿试点经验的基础上，全面推进生态补偿机制在全国各区域、各领域的实施，促进生态文明建设和可持续发展。

综上所述，当今的中国经济转型之路实质上就是一个国家"做梦、圆梦和价值实现"的过程。同时，随着经济转型的不断加深，政治民主将成为中国新世纪的重要议程，"中国梦"从本质上看就是要实现国家富强、民族复兴与人民幸福。既要兼顾经济发展，又要强调政治民主与生态环境的治理。一方面提升国家实力，另一方面努力增长国民幸福指数。只有使人民有更好的教育、更稳定的工作、更满意的收入、更可靠的社会保障、更高水平的医疗卫生服务、更舒适的居住条件、更优美的环境，才能保证梦想成真。"天下兴亡，匹夫有责"，在当今社会，人类需要关注的"兴亡"不仅仅局限于经济领域，还包括政治、文化、科技、环境等诸多领域，"中国梦"必须符合人类文明的全面发展，另一方面，资源消耗型经济难以为继，应该加快产业结构调整、转变经济发展方式，中国必须积极主动地参与国际生态文明的建设，顺应绿色经济发展趋势，成为世界经济的重要稳定器。中国在2020年基本实现工业化；2030年真正实现工业化、城镇化等一系列目标，中国将成为全面小康社会。毫无疑问，当今的中国经济转型之路，将作为人类文明史上最伟大的社会实践而永载史册。

参 考 文 献

阿马蒂亚·森．2002．以自由看待发展．任颐等译．北京：中国人民大学出版社．
艾洛·帕罗海墨．2005．柳翰译．南京：东南大学出版社．
白永秀，王颂吉，吴振磊．2010．城乡经济社会一体化发展研究文献述评．经济纵横，(10)：118-121.
保罗·米德勒．2010-01-11．谨防"中国制造"沦为"耻辱标志"．英国：每日电讯报．
鲍健强等．2008．低碳发展：人类经济发展方式的新变革．中国工业经济，(4)：153-160.
鲍思顿，段成荣．2001．北京市流动人口数量变动历史趋势分析．西北人口，(1)：2-5.
蔡芳．2008．环境保护的金融手段研究——以绿色信贷为例．中国海洋大学博士学位论文（内部资料）．
曹凤岐．2009．改革和完善中国金融监管体系．北京大学学报（哲学社会科学版），(4)：58-66.
曹启娥，曹令军．2009．关于中国对外开放的回顾和思考．河南工业大学学报，(3)：32-35.
曹晓军．2010-09-16．都是金融法案"惹的祸"银行业面临分化调整．期货日报．
察志敏．2004．中国工业企业技术创新能力评价方法及实证研究．统计研究，(3)：12-16.
柴彦威．1996．以单位为基础的中国城市内部生活空间结构——兰州市的实证研究．地理研究，15（1）：30-38.
柴彦威，翁桂兰，沈洁．2008．基于居民购物消费行为的上海城市商业空间结构研究．地理研究，27（4）：897-906.
车晓翠，张平宇．2011．资源型城市经济转型绩效及其评价指标体系．学术交流，(1)：94-96.
陈彩虹．1998．经济道德与经济制度．学习与探索，(5)：23-30.
陈丹丹，任保平．2009．中国经济转型绩效分析：1992~2006．财经科学，(5)：80-88.
陈丹丹，任保平．2010．中国两次重大经济转型的比较研究．中州学刊，(1)：53-57.
陈范红．2010．构建支持创新型国家建设的金融体系．金融与经济，(8)：40-42.
陈广汉．2008．香港回归后的经济转型和发展研究．北京：北京大学出版社：95-96.
陈海燕．2011．转变经济发展方式背景下土地集约利用机理研究．南京农业大学博士学位论文（内部资料）．
陈继东，陈家泽．2005．中国与印度经济发展模式及其转型之比较．南亚研究季刊，(2)：7-16.
陈晶晶．吕忠梅代表：应当重视研究公益诉讼司法实践．法制日报，2007-03-09.
陈静，曾珍香．2004．社会、经济、资源、环境协调发展评价模型研究．科学管理研究，(6)：11-12.
陈柳钦．2010．后危机时期美国金融监管改革框架解读．金融管理与研究，(2)：26-30.
陈卫峰．2010．中国经济发展方式的战略转型．西安：西北大学出版社．
陈昕晔，王宁．2010．中国式高铁的诞生与成长．http：//business.sohu.com/20100225/n270431699.shtml［2010-02-25］．
陈修颖．2002．转型时期发达地区的经济结构调整战略研究——对中国东部四省一市的比较分析．南华大学学报（社会科学版），(3)：26-29.
陈艳，雷育胜．2006．加强中国企业创新能力的对策．科技管理研究，(9)：119-121.
陈艳平．2010．社会主义市场经济条件下的经济道德教育．南昌：江西师范大学硕士学位论文(内部资料)．
陈志恒．2009．日本构建低碳社会行动及其主要进展．现代日本经济，(6)：1-5.
成金华，吴巧生．2005．中国环境政策的政治经济学分析．经济评论，(3)：11-16.
成思危，刘曼虹，黄海峰．2011．绿色经济及在中国的实施．新加坡：普罗图书公司出版．
迟福林．2010．中国未来30年的强国之路：第二次转型．北京：中国经济出版社．

迟晓英，宣国良．2000．价值链研究发展综述．外国经济与管理，（1）：25-30．
迟远英，李京文，张少杰．2008．循环经济视角下的能源可持续发展初探．经济纵横，（12）：19．
崔立涛．2008．浙江经济发展方式转变研究．浙江工商大学博士论文（内部资料）．
大卫·李嘉图．2005．政治经济学及赋税原理．周洁译．北京：华夏出版社．
戴志伟，宣国良．2005．基于价值链重定位的大型外贸企业战略转型研究．华东师范大学学报（哲学社会科学版），（7）：76-82．
戴子刚．2010．深度发展循环经济对江苏经济转型意义重大．唯实，（1）：129-132．
邓永成．2002．经济转型期中国居民的消费结构．河南：河南人民出版社．
邓永新，沈体雁．2007．试论循环经济的要素价格差假说．中国人口·资源与环境，17（6）：36．
狄承锋．2006．中印20世纪90年代以来经济发展道路比较．北京师范大学学报（社会科学版），（3）：66-72．
丁国华．2012．在经济转型中建立扩大消费需求长效机制．中国商贸，（14）：10-15．
董克用．2008．中国经济改革30年．社会保障卷．重庆：重庆大学出版社．
杜栋，庞庆华．2005．现代综合评价方法与案例精选．第一卷．北京：清华大学出版社．
樊纲．1994．两种改革成本与两种改革方式．上海：上海三联书店．
樊纲，胡永泰．2009．"平行推进"而不是"循序渐进"：关于体制转轨最优路径的理论与政策．开放时代，（7）：31-35．
饭田哲也．2011．能源系统的移动进行时．岩波新书，（5）：16-19．
范从来等．2005．转型中的结构变迁与经济增长．北京：经济科学出版社．
范恒山．2002．中国环境保护的经济政策取向．经济研究参考，（6）：2-4．
范巍等．2011．中国博士发展质量调查．学位与研究生教育，（1）：1-7．
范维，王新红．2009．科技创新理论综述．生产力研究，（4）：164-165．
费孝通．1986．城乡发展研究：城乡关系·小城镇边区开发．长沙：湖南人民出版社．
冯海龙．2006．基于组织学习的企业战略转型研究，科学学与科学技术管理，（3）：169-170．
冯健．2004．转型期中国城市内部空间重构．北京：科学出版社．
冯健，周一星，王晓光，陈扬．2004.1990年代北京郊区化的最新发展趋势及其对策．城市规划，28（3）：13-29．
冯之浚．2004．论循环经济．中国软科学，（2）：2．
冯之浚．2011．资源产出率：绿色转型的重要指标．中国经济周刊，（14）：20-21．
付允等．2008．低碳发展的发展模式研究．中国人口·资源与环境，（3）：14-18．
傅自应．2008．中国对外贸易三十年．北京：中国财政经济出版社．
甘自恒．2010．创造学原理和方法——广义创造学．第二版．北京：科学出版社．
冈特·鲍利（Gunter Pauli）．2012．蓝色经济．上海：复旦大学出版社．
格泽戈尔兹·W.科勒德克．2000．从休克到治疗：后社会主义转轨的政治经济．刘晓勇，应春子等译．上海：上海远东出版社．
葛察忠，龙凤．2011．中国对外投资中的环境管理研究．环境与可持续发展，（4）：23-26．
耿正萍．2008．核心期刊概念的演变与作用．煤炭高等教育，（26）：121-123．
龚松柏．2009．中印经济转型中的所有制改革比较．南亚研究季刊，（4）：71-79．
龚秀国．2008．中国式荷兰病与人民币汇率政策研究．四川大学学报（哲社版），（4）：88-92．
辜胜阻，李洪斌，马军伟．2011．分配制度改革是"十二五"经济转型的关键．统计与决策，（9）：44-46．

桂宇石，张扩振.2005.关于宪法经济制度的概念.武汉大学学报（哲学社会科学版），（6）：756-761.
郭丹青.1999.中国修订《刑法》评价//许佳玺.2004.中国社会转型时期的法律发展.北京：法律出版社.
郭建如.2009.我国高校博士教育扩散、博士质量分布与质量保障：制度主义视角.北京大学教育评论，（4）：21-46.
郭连成.2006.经济全球化与转轨国家经济双向互动论.世界经济，（11）：62-69.
郭兴华.2010.浅谈中民营企业核心竞争力的培育.中国特色社会主义研究，（2）：16-19.
国家发改委宏观经济研究院课题组.2004.中国加速转型期的若干发展问题研究（上）.经济研究参考，（16）：2-48.
国家发展和改革委员会学术委员会办公室.2009.转变经济发展方式的若干问题研究.北京：中国计划出版社.
韩宝华，李光.2010.低碳经济与循环经济的异同及整合.江南论坛，（10）：4-6.
韩晶.2004.转轨经验的总结未来前景的展望.俄罗斯中亚东欧市场，（8）：1-5.
何春阳等.2002.北京地区城市化过程与机制研究.地理学报，57（3）：363-371.
何建坤.2009.美国不应封锁技术.北京：2009年全球智库峰会《中国能源高峰论坛》.
何军香.2001.试论发展知识经济优化中国产业结构的对策.浙江师范大学学报（社会科学版），（2）：43-45.
何沁.2009.中华人民共和国史.北京：高等教育出版社.
贺灿飞.2006.产业联系与北京优势产业及其演变.城市发展研究，（4）：99-108.
洪盛.1994.中国的过渡经济学.上海：上海人民出版社.
洪银兴.2006.中国经济转型的层次性和现阶段转型的主要问题.西北大学学报（哲社版），(3)：5-12.
洪银兴.2008.经济转型和发展研究.北京：经济科学出版社.
侯剑华.2008.工商管理学科主干理论的演进.大连：大连理工大学硕士学位论文（内部资料）.
侯剑华，陈悦.2007.战略管理学前沿演进可视化研究.科学学研究，（25）：15-21.
侯元兆.2010.重译Costanza《全球生态系统服务与自然资本的价值》，1-14.
胡鞍钢.2010.中国如何转型.中国浦东干部学院学报，（5）：26.
胡润州.2008.地铁：优先发展城市公共交通战略的关键.综合运输，（3）：40-43.
胡四能.2008.21世纪博士教育的目的及其思考.高等工程教育研究，（4）：89-93.
胡尹燕，李宾，胡永春.2012.经济转型路径分化研究.特区经济，（4）：293-295.
胡宗义，刘亦文.2010.科技进步对中国经济影响的动态CGE研究.中国软科学，（9）：47-55.
华民.2006.中印经济发展模式的比较：相似的原理与不同的方法.复旦学报（社会科学版），（6）：36-50.
黄海峰.2002.从历史角度看中国当今的经济转型.香港：新大陆出版社.
黄海峰，刘京辉.2007.德国循环经济研究.北京：科学出版社.
黄海峰，马弘毅.2007.区域层面经济转型的研究.经济社会体制比较，（3）：33-38.
黄海峰，高农农.2009.中国绿色经济和"两型社会"建设路线图.环境保护，（7）：32-33.
黄海峰，曹燕辉，陈超.2005.中国建立循环经济体系的必要性及对策研究.中国经济时报，（5）：23.
黄海峰，陈立柱，王军.2013.废物管理与循环经济.北京：中国轻工业出版社.
黄海峰，李沛生，张阿玲.2009.第二产业与循环经济概论.北京：中国轻工业出版社.
黄海峰等.1989.困惑、误区和出路.中国发展与改革.（8）：18-20.
黄海峰等.2004.借鉴国外先进经验推进中国循环经济的发展.北京：中国环境科学出版社.
黄海峰等.2005.德国发展循环经济的经验及其对中国的启示.北京工业大学学报社会科学版，（2）：

38-42.

黄海峰等.2010.中国经济创造之路.北京：首都经济贸易大学出版社.

黄冀军.2006-01-04.五年内初步建成环境法规体系.中国环境报.

贾爱娟，李艳霞，曹明弟.2011.区域可持续发展模式研究新解——绿色、循环、低碳三大模式的比较研究.科技创新与生产力，(9)：19-25.

贾小燕.2011.可持续发展下的我国资源型城市转型成本探析.会计之友，(18)：84-85.

简新华等.2009.中国经济结构调整和发展方式转变.济南：山东人民出版社.

江国成.2010.中央出台支持循环经济发展的投融资政策措施.http：//www.gov.cn［2010-04-28］.

江玉林，姜克隽，李振宇.2009.中国城市交通节能政策研究.北京：人民交通出版社.

江玉林等.2009.公共交通引导城市发展（TOD理念及其在中国的发展）.北京：人民交通出版社.

江泽民.2006.江泽民文选.第2卷.北京：人民出版社.

姜洪，焦津强.1999.国家金融安全指标体系研究.世界经济，(7)：9-16.

金德尔伯格.1986.经济发展.上海：上海译文出版社.

靳涛.2005.经济转型理论研究的成就与困惑.厦门大学学报（哲学社会科学版），(1)：21-28.

景维民，孙景宇.2007.中国经济转型的制度基础、体制目标及其国际借鉴.改革，(7)：23-25.

景维民，孙景宇.2008.经济转型的阶段性演进和评估.北京：经济科学出版社，101-105.

景维民，王永兴.2008.转型经济的阶段性及其划分——一个初步的分析框架.河北经贸大学学报，29(5)：5-10.

柯武刚，史漫飞.2000.制度经济学——社会秩序与公共政策.韩朝华译.北京：商务印书馆.

科技部.2007-09-25.近五年来中国科技实力大幅提升.人民日报.

寇宗来.2008.中国科技体制改革三十年.世界经济文汇，(1)：77-92.

蓝庆新，王述英.2003.论中国产业国际竞争力的现状与提高对策，(1)：34-37.

劳伦·勃兰特，托马斯·罗斯基.2009.伟大的中国经济转型.方颖，赵扬等译.上海：格致出版社；上海人民出版社.

李翀.2008.宏观经济学.北京：北京师范大学出版社.

李范婷，陈怡.2008.发达国家经济增长方式转型过程中的政府干预模式及其启示——以日本和德国为例.价值工程，(10)：141-143.

李国平，薛领.2008.产业与空间：北京市产业用地分析、评价与集约利用研究.北京：中国经济出版社.

李华.2001.论中国开放型经济发展战略.云南财贸学院学报，(6)：35-37.

李惠杰，邹南昌.2000.城市停车问题的对策探讨.交通与运输，(5)：22-25.

李慧凤.2012.中国向低碳经济转型的制约因素及发展模式.中国流通经济，(5)：51-56.

李将军.2010.近代典型国家经济转型中国政府作用的比较研究.山东师范大学学报（人文社会科学版），55(3)：104-108.

李娟.2010.主体功能区背景下甘肃省人口城镇化研究.兰州大学学报，(4)：10.

李俊斌，胡中华.2010.论环境法治视阈下生态文明实现之路径.山西大学学报，(3)：97-100.

李连成.2006.交通节能的形势与对策.中国发展观察，(12)：39-40.

李萌.2011.低碳经济转型的资金需求计算.华中科技大学学报（社会科学版），(3)：98-103，110.

李培林.1997.中国改革中期的制度创新与面临的挑战.社会学研究，(1)：3.

李瑞红.2009.金融机构推行"绿色信贷"难在何处.环境经济，(11)：45-47.

李实.1999.阿玛蒂亚·森与他的主要经济学贡献.改革，(1)：101-109.

李抒望.2008-05-28.改革开放30年的辩证法.浙江日报.

李卫东. 2009. 绿色信贷：基于赤道原则显现的缺陷及矫正. 环境经济，（1）：41-46.
李卫东. 2010. 财税金融支持绿色经济发展的思考. 中国科技投资，（5）：42-44.
李文德. 1959. 新中国的劳动保险事业. 中国劳动，（19）：20-25.
李晓西，胡必亮，等. 2011. 中国经济新转型：中国经济与资源管理研究报告2011. 北京：中国大百科全书出版社.
李扬，胡滨. 2010. 金融危机背景下的全球金融监管改革. 北京：社会科学文献出版社.
李烨. 2005. 战略创新、业务转型与民营企业持续成长. 管理世界，（6）：126-135.
李雨潼. 2009. 我国资源型城市经济转型问题研究. 吉林：长春出版社，164-165.
李园春等. 2006. 企业技术引进过程中消化吸收能力研究. 新材料产业，（8）：70-72.
李赟宏，蒋海. 2009. 中国金融安全网建设：理论回顾、国际经验与制度设计，南方金融，（6）：41-44.
李云霞. 2005. 中印经济发展的优势比较. 当代经济研究，（9）：41-46.
李振宇. 2008. 日本环境可持续下的城市交通发展对中国的启示. 交通标准化，（12）：109-112.
厉以宁. 2010. 推进经济转型正当其时. 当代经济，（7）：12.
联合国环境规划署. 2010. 联合国环境规划署2009年年度报告.
梁从诫. 2006. 走向绿色文明. 天津：百花文艺出版社.
梁治平. 2008. 从市场经济到法治的市场经济. 读书，（1）：8.
廖红. 2002. 循环经济理论：对可持续发展的环境管理的新思考. 中国发展，（2）：24-30.
廖仁斌. 2007. 电信企业战略转型的模型构建研究. 武汉大学学报（哲学社会科学版），（3）：229-234.
廖媛红. 2010. 循环经济四层次模型研究. 资源与产业，（1）：9.
林建华. 2006. 西方转型经济理论的演化及对中国经济转型的启示. 新疆大学学报（哲学·人文社会科学版），（4）：17-19.
林毅夫. 2002. 自生能力、经济转型与新古典经济学的反思. 经济研究，（12）：15-24.
刘冰等. 2009. 经济转型、增长与体制比较创新. 北京：经济管理出版社.
刘长歧，甘国辉，李晓江. 2003. 北京市人口郊区化与居住用地空间扩展研究. 经济地理，23（5）：666-670.
刘长生等. 2003. 绿色产业：可持续发展的必然选择. 商业研究，（22）：82-84.
刘道玉. 2010. 被异化了的中国博士教育. 大家思考，（1）：18-19.
刘刚等. 2010. 中国经济的第二次转型：从制造经济到创新经济. 北京：中国财政经济出版社.
刘浩远. 2009-08-14. 日本推广新能源不遗余力. 中国证券报.
刘厉兵，汪洋. 2010. 信息产业对经济增长引擎作用的实证研究. 中国信息界，（1）：29-31.
刘民权，王曲. 2006. 阿玛蒂亚：当代"经济学的良心". http://www.yilin.com/bbs/archiver/showtopic-6607.aspx［2006-09-01］.
刘锐. 2011. 中国法治的问题与出路——访著名法学家江平教授. 国家行政学院学报，（2）：4-9.
刘瑞，谷峰. 2012. 邓小平的改革定型思想与中国经济定型. 当代世界与社会主义，（1）：28-31.
刘世锦. 2011. 从增长阶段看发展方式转变. 经济研究，（10）：14-16.
刘思峰，党耀国，方志耕. 2010. 灰色系统理论及其应用. 第5版. 北京：科学出版社.
刘天宇，姜彦福. 2010. 关于中国城乡经济社会一体化发展中若干问题的思考. 经济学动态，（1）：22-25.
刘炜，陈景新，张建军. 2006. 基于循环经济的城市垃圾资源再生开发利用的思考. 企业经济，（10）：124.
刘文海. 2006. 完善社会保障体系研究. 北京：地震出版社.
刘文华. 2009. 后金融危机时期中外贸企业战略转型研究. 经济和管理研究，（6）：115-122.

刘永清.2007.循环经济视角下的企业行为转变研究.湖南科技大学学报（社会科学版），10（4）：47.
刘志林，戴亦欣，董长贵，齐晔.低碳城市理念与国际经验.城市发展研究，（6）：1-7，12.
刘祖云.2005.社会转型解读.武汉：武汉大学出版社.
卢家辉，杨建荣，倪巍洲.2011.新时期我国财政审计：方向、目标、重点和对策.审计研究，（5）：28-34.
陆化普.2009.城市绿色交通的实现途径.城市交通，7（6）：23-27.
陆化普，王建伟，张鹏.2004.基于能源消耗的城市交通结构优化.清华大学学报（自然科学版），（44）：383-386.
陆蓉，李杰.2006.实现"绿色交通"之交通功能目标的几点策略.武汉工业学院学报，25（1）：85-87.
路甬祥.2005.关于统筹人与自然和谐发展.环境保护，（3）：18-22.
吕炜.2003.经济转轨过程中的转折点研究.经济学动态，（6）：19-21.
吕祖善.2005-12-14.创新发展模式：落实科学发展观的重要举措.人民日报.
罗继阳.2006.企业制造力.长沙：中南大学出版社.
罗斯丹.2009.金融安全问题研究.吉林大学硕士学位论文（内部资料）.
罗唯.2010.论建立基于法治的市场经济.中国证券期货，（6）：95-96.
罗文钦，朱学兵.2007.基于价值链再造的企业战略转型研究.理论界，（6）：57-58.
骆鹏.2008.中印两国经济增长特征比较及启示.经济理论与经济管理，（7）：71-74.
马斌，李中斌.2011.中国科技创新人才培养与发展的思考.经济与管理，（10）：85-88.
迈克·费瑟斯通.2000.消费文化与后现代主义.南京：译林出版社.
梅多斯等.2006.增长的极限——30周年更新版.李涛等译.北京：机械工业出版社.
梅娟，范钦华，赵由才.2009.交通运输领域温室气体减排与控制技术.北京：化学工业出版社.
穆西安.2009.次贷危机对国家金融安全体系建设的启示.中国金融，（3）：16-17.
倪建涛.1999.国外经济转型理论比较.河南师范大学学报（哲学社会科学版），（5）：31-35.
牛来云.2009.加快信息产业发展有效服务经济转型升级.辽源日报.
欧盟议会和欧盟理事会.2007.关于化学品注册、评估、许可和限制法案.
潘家华.2006.英国低碳发展的激励措施及其借鉴.中国经贸导刊，（18）：51-53.
庞德.1989.法律史解释.北京：华夏出版社.
裴卿，王灿，吕学都.2008.应对气候变化的国际技术协议评述.气候变化研究进展，（5）：261-265.
裴小革.2004.经济转型理论比较：中国经济转型战略的合理.中共长春市委党校学报，（3）：23-27.
彭刚.2003.经济发展理论与概念的历史发展变迁.中共济南市委党校济南市行政学院济南市社会主义学院学报，（3）：41-47.
齐晓东.2010.中国金融安全体系：内在逻辑与目标模式.西部金融，（6）：8-14.
齐艳玲.2000.面向知识经济的美国产业结构调整及启示.现代情报，（8）：46-47.
齐艳霞等.2008.信息可视化视野下的工程伦理前沿研究.伦理学研究，（5）：49-54.
齐中熙.2010.高铁：中国的一张国家名片.环球杂志，（5）：30-32.
秦国楼.2010.以金融稳定为本的美国金融监管改革.中国金融，（16）：37-38.
秦艳.2012."负成本"低碳转型及其政策链构建.生态经济，（5）：79-82.
邱询旻.2003.美国、德国、日本经济模式比较研究与择优借鉴.财经问题研究，（3）：84-89.
瞿商.2012.论中国经济转型的阶段性与目标转换.中国经济史研究，（1）：19-26.
让·鲍德里亚.2001.消费社会.南京：南京大学出版社.
热若尔·罗兰.2002.转型与经济学.张帆，潘佐红译.北京：北京大学出版社.

任琳. 2008. 企业转型的三大策略. 中国市场, (7): 74-75.
任平, 曾永明. 2010. 循环经济对新农村建设的作用机理和影响方式研究. 华东经济管理, 24 (3): 28.
沈惠璋, 王浣尘. 2001. 基于演化模型的宏观经济系统分析. 系统工程学报, (5): 389-393.
沈露莹, 葛寅等. 2010. 上海转变经济发展方式评价指标体系研究. 科学发展, (6): 11-12.
沈文钦, 赵世奎. 2010. 博士质量观及其差异性的实证分析——基于全国所有博士培养单位的调查. 教育学术月刊, (1): 21-24.
盛洪. 1994. 中国的过渡经济学. 上海: 上海人民出版社.
师家升, 王健康. 2008. 金融全球化条件下的中国金融安全. 消费导刊, (1): 31-32.
石仲泉. 1999. 中国共产党简明历史. 北京: 中共党史出版社.
世界银行. 2001. 增长的质量. 北京: 中国财政经济出版社.
宋德勇, 张纪录. 2011. 中国城市低碳发展的模式选择. 中国人口. 资源与环境, (22): 15-20.
宋刚. 2009. 钱学森开放复杂巨系统理论视角下的科技创新体系——以城市管理科技创新体系构建为例. 科学管理研究, (6): 2.
宋健. 1992. 科学与社会系统论. 济南: 山东科学技术出版社.
宋克勤. 2006. 国外科技创新人才环境研究. 经济与管理研究, (3): 52-55.
宋淞. 2010. 创意产业的统计核算方法研究. 北京交通大学硕士学位论文 (内部资料).
苏东水. 2001. 产业经济学. 北京: 高等教育出版社.
隋映辉. 2007. 科技产业转型——转型期科技产业结构调整及其战略管理研究. 北京: 人民出版社.
孙健, 吉晓莉, 孙兆明. 2005. 转型经济中劳动力再就业的国际比较. 山东社会科学, (2): 96-99.
孙文祥, 彭纪生, 仲为国. 2007. 从引进到创新: 中国技术政策演进、协同与绩效研究. 北京: 经济科学出版社.
孙佑海. 2009. 推动循环经济, 促进科学发展. 求是, (12): 53.
唐丁丁. 2011. 全面推进可持续消费促进"十二五"环保目标实现. 环境与可持续发展, 36 (4): 5-10.
唐健雄, 王国顺. 2008. 企业战略转型能力的自组织研究. 科学学与科学技术管理, (9): 171-185.
田春秀, 於俊杰, 胡涛. 2012. 环境保护与低碳发展协同政策初探. 环境与可持续发展, 37 (1): 20-24.
铁明太. 2009. 中国特色统筹城乡发展研究. 湖南: 湖南人民出版社.
瓦尔德. 1996. 共产主义的新传统主义——中国工业中的工作与权威. 牛津: 牛津大学出版社.
王芳, 陈雨露. 2006. 经济体制改革与中国金融安全: 问题、逻辑与对策. 经济理论与经济管理, (7): 5-12.
王逢宝. 2008. 城市交通节能减排策略研究. 城市车辆, (8): 30-33.
王国顺, 唐健雄. 2008. 企业战略转型能力的整合构架剖析. 预测, (3): 23-28.
王华等. 2012. 关于改善中国参与全球环境治理的战略思路. 环境与可持续发展, 37 (6): 9-13.
王菁. 2007. 推进电信企业战略转型和业务融合发展的新趋势. 经济导刊, (11): 54-55.
王礼刚, 庄贵阳. 2013. 基于VAR模型的甘肃省碳排放影响因素的实证研究. 生态经济, (1): 47-51, 118.
王宁. 2011. 社会管理十讲. 广州: 南方日报出版社.
王庆. 2008. 发挥比较优势推进生态文明城市建设. 当代贵州, (16): 61.
王世玲. 2008-02-26. 环保总局出绿色证券令 10 家企业上市因环保受阻. 21 世纪经济报道.
王守坤. 2011. 中国转型过程中财政分权的特征事实: 历程与评价. 中国经济史研究, (1): 94-101.
王书丽. 2009. 政府干预与1865-1935年的美国经济转型. 北京: 人民出版社.
王双正. 2007. 改革开放以来中国价格总水平运行与调控分析. 经济研究参考, (51): 9-30.
王伟中. 2000. 国际可持续发展战略比较研究. 北京: 商务印书馆.

王稳.2003.科技进步对经济效率增长的作用机制分析.中国软科学,(2):96-102.
王小锡.2008.经济德性论.湖南师范大学硕士学位论文(内部资料).
王毅,赵景柱.2011.探索新时期中国特色的可持续发展道路.环境与可持续发展,36(3):5-8.
王渝生.2002.奋斗与辉煌——中华科技百年图志(1901-2000).昆明:云南教育出版社.
王元龙.2003.中国金融安全论.北京:中国金融出版社.
王媛媛,陆化普.2005.新加坡的交通政策及启示.综合运输,(3):80-84.
王泽应.2004.生态经济道德何以可能.中国矿业大学学报(社会科学版),(1):40-46.
王泽宇,张金忠,韩增林.2009.海洋循环经济理论探讨.海洋开发与管理,26(3):104.
王自力.2008.道德风险与监管缺失:美国金融危机的深层原因.中国金融,(20):31-33.
魏杰.2010.转型中国难点与路径.北京:北京师范大学出版社.
魏作磊.2007.服务业将成为新一轮中国经济增长的发动机——印度的经验对中国的启示.华南理工大学学报(社会科学版),(2):31-36.
温家宝.2006-01-13.认真实施科技发展规划纲要开创中科技发展的新局面.人民日报.
吴光炳.2008.转型经济学.北京:北京大学出版社.
吴金明,邵昶.2006.产业链形成机制研究——"4+4+4"模型.中国工业经济,(4):36-43.
吴兢.2006-03-22.从风暴到制度依法行政走向"责任政府".人民日报.
吴敬琏.1999.当代中国经济改革:战略与实施.上海:上海远东出版社.
吴敬琏.2008.正确认识问题推进改革开放.理论前沿,(12):11-12.
吴敬琏.2009.经济转型,不要想得太理想.商周刊,(1):28-29.
吴礼民.2003.管理链理论的探讨.武汉工业学院学报,(12):83-85.
吴巧生,王华.2005.技术进步与中国能源—环境政策.中国地质大学学报(社会科学版),(1):35-37.
吴险峰,韩鹏.2006.我国海洋环境保护国际合作现状与展望.环境保护,(20):68-70.
吴晓青.2009-11-24.加快发展绿色经济的几点思考.中国财经报.
吴亦明.2000.中国社会保障制度.南京:南京师范大学出版社.
吴宗杰,王秀娟.2009.中印服务业国际竞争力差异比较分析.东岳论丛,(11):112-116.
伍世安.2012.转变经济发展方式的制度性障碍分析.企业经济,(31):5-13.
武芳梅.2007.中国经济转型的终极目标与路径选择.江苏经贸职业技术学院学报,(3):18-21.
项怀诚.2009.中国财政体制改革六十年.中国财政,(19):18-23.
项俊波.2009.结构经济学——从结构视角看中国经济.北京:人民大学出版社.
肖耿.2012.中国经济的现代化:制度变革与结构转型.南京:译林出版社.
肖金明.2009.中国环境法治的变革和转型.中国行政管理,(11):20.
解振华.2007.为什么要强调加快转变经济增长方式.http://www.ce.cn/new_hgjj/ziliao2/200412/14/t20041214_2629377.shtml [2007-11-25].
解振华,冯之浚.2012.绿色经济在中国.北京:人民邮电出版社.
谢彩霞,梁立明,王文辉.2005.中国纳米科技论文关键词共现分析.情报杂志,(3):69-73.
谢晓波.2004.经济转型中的地方政府竞争与区域经济协调发展.浙江社会科学,3(2):48-53.
新华社.2007.建设生态文明,基本形成节约能源资源和保护生态环境的产业结构、增长方式和消费模式.http://cpc.people.com.cn/GB/67481/94156/105719/105720/6572141.html [2007-11-25].
新华网.2012."里约+20"峰会的三大目标和两个主题.http://news.xinhuanet.com/environment/2012-06/27/c_123337034_2.htm [2012-6-27].
新望.2008.改革30年:经济学文选(上、下册).北京:生活·读书·新知 三联出版社.

信春鹰.2008-06-29.中国国情与社会主义法治建设.法制日报.

熊彼特.1990.经济发展理论.北京：商务印书馆.

徐彬,彭贤则.2012.以权利确认为主导的成果分享与成本分摊方式——转型后期成果分享及成本分摊的新思路.理论导刊,(1):4-7.

徐斌,李燕芳.2006.生产要素理论的主要学派与最新发展.北京交通大学学报（社会科学版）,(3):20-24.

徐芳.2009.商业银行践行绿色信贷政策运行机制研究.中国海洋大学硕士学位论文（内部资料）.

徐君,王育红.2009.资源型城市转型研究.北京：中国轻工业出版社.

徐敏.2006.技术创新与资源型县域经济产业结构优化调整.经济与社会发展,(11):61-65.

徐寿波.2006.生产要素六元理论.北京交通大学学报（社会科学版）,(3):15-19..

许爱玉.2010.企业家能力转型研究——以浙商为例.商业经济与管理,(7):23-26.

许国志.2000.系统科学.上海：上海科技教育出版社.

许鹏.2007.推进能效贷款 支持节能技改——兴业银行能效项目融资访谈.中国科技投资,(7):21-27.

雅诺什·科尔奈.2005.比较（第17辑）：大转型.北京：中信出版社.

亚当·斯密.2005.国富论.唐日松译.北京：华夏出版社.

亚尔·蒙德拉克.2004.农业与经济增长理论与度量.北京：经济科学出版社.

严湘桃.2009.对构建中"绿色保险"制度的探讨.保险研究,(10):51-55.

颜海波.2005.存款保险制度与中央银行最后贷款人.中国金融,(11):34.

杨林,张敏.2008.国外企业战略变革理论与经验研究综述.外国经济与管理,(5):56-65.

杨敏.2009.经济转型与政府调试.华中师范大学博士学位论文（内部资料）.

杨雪峰.2009.循环经济学.北京：首都经济贸易大学出版社.

杨云彦,陈浩.2011.人口、资源与环境经济学.武汉：湖北人民出版社.

叶莉,陈立文.2009.中国金融安全运行机制与预警管理研究.北京：经济科学出版社.

叶文虎.2008.可持续发展的新进展.北京：科学出版社.

易峥,闫小培,周春山.2003.中国城市社会空间结构研究的回顾与展望.城市规划汇刊,(1):21-24.

应雄.2002.城乡一体化趋势前瞻.浙江经济,(13):48-49.

尤壮.2012.经济转型条件下我国经济发展体系构造探讨.商业时代,(14):14-15.

于海波,吴必虎,卿前龙.2008.重大事件对旅游目的地影响研究——以奥运会对北京的影响为例.中国园林,(11):22-25.

余春祥.2003.对绿色经济发展的若干理论探讨.经济问题探索,12:92-95.

余虹.2002.文学的终结与文学性的蔓延——兼谈后现代文学研究的任务.文艺研究,(3):15-24.

余来文.2006.中兴通信企业战略转型成功之道.创新科技,(3):46-48.

俞晨曦,冯健.2009.北京市"吧式"休闲场所空间分布研究.城市发展研究,(1):77-82.

原庆丹等.2011.绿色贸易转型政策框架及"十二五"重点政策探讨.环境与可持续发展,36(3):13-19.

约瑟夫·斯蒂格利茨.1998.社会主义向何处去——经济体制转型的理论与证据.周立群,韩亮,余文波译.长春：吉林人民出版社.

张波.2010.中小企业转型升级的策略研究.科技管理研究,(6):147-149.

张聪群.2009.基于产业集群的浙江中小企业转型模式研究.经济纵横,(12):126-130.

张光华.2010.国际金融监管变革与中国金融监管路径选择.金融论坛,(6):3-7.

张晖明,丁娟.2008.技术进步与制度变迁关系的理论评述与比较分析.云南财经大学学报,(4):

17-23.
张建君.2008.论中国经济转型模式.北京：中共中央党校出版社，70-73.
张建君.2009.中国经济转型的模式特征探析.现代经济探讨，(6)：8-11.
张建平.2009.严防国际贸易保护、主动应对碳关税.中国科技投资，(10)：52-53.
张建平.2009-11-01.分类解决技术转让难点.中国社会科学报.
张建平.2009-11-20.曰应对低碳形势、持续提升贸易量.中国环境报.
张建平等.2009.国际经济结构调整变动趋势及对中国的影响研究.北京：中国计划出版社.
张建若.2008.论中国经济转型模式.北京：中共中央党校出版社.
张景秋，蔡晶.2006.北京城市办公业发展与城市变化阶段分析.城市发展研究，(3)：79-85.
张静，卢剑，孟峤.2007.循环经济效率运行的实证分析和实施框架——辽宁省循环经济发展的案例剖析.辽宁大学学报（哲学社会科学版），35（5）：45.
张军.1996.中国过渡经济导论.上海：立信会计出版社.
张凯.2004.经济转型期循环经济的探索与实践.环境保护，(3)：3-4.
张磊.2008.科技进步与经济增长的互动性.科技管理研究，(9)：68-70.
张良，戴扬.2006.经济转型理论研究综述.开放导报，(6)：93-96.
张璐阳.2010.低碳信贷——中国商业银行绿色信贷创新性研究.商业银行经营与管理，(4)：34-37.
张鹏.2010.中国区域经济转型路径比较研究.兰州大学硕士学位论文（内部资料）.
张神根，端木清华.2008.改革开放30年重大决策始末1978～2008.成都：四川人民出版社.
张卫国.2010."十二五"经济：转型经济刻不容缓.山东社会科学院经济研究所.
张伟，李培杰.2009.国内外环境金融研究的进展与前瞻.济南大学学报（社会科学版），(2)：5-8.
张文魁，袁东明.2008.中国经济改革30年（国有企业卷1978～2008）.重庆：重庆大学出版社.
张文忠，李业锦.2005.北京市商业布局的新特征和趋势.商业研究，(8)：170-172.
张晓山，李周.2009.新中国农村60年的发展与变迁.北京：人民出版社，528-532.
张盈华.2012-02-15.养老保险"多层次"才能"可持续".中国证券报.
张志铭.2009.转型中国的法律体系建构.中国法学，(2)：142-143.
张卓元.1998.政治经济学大辞典.北京：经济科学出版社.
章迪诚.2006.中国国有企业改革编年史（1978～2005）.北京：工人出版社.
章轲.2007-12-31.潘岳：告别环保风暴之后.第一财经日报.
赵旻.2003.论我国经济转轨发展的四个阶段.经济学动态，(3)：4-8.
赵群毅，周一星.2007.北京都市区生产者服务业的空间结构——兼与西方主流观点的比较.城市规划，(5)：24-31.
赵世奎，沈文钦.2010.博士就业的多元化与我国博士教育目标定位的现实选择.教育与职业，(27)：14-16.
赵显洲.2006.我国城市化与经济发展相互关系的动态分析.中国软科学，(9)：116-121.
赵新.2012.循环经济理论与科学发展观.科技视界.（14）：28-31.
郑秉文，于环，高庆波.2010.新中国60年社会保障制度回顾.当代中国史研究，2：48-59.
郑功成.2000.社会保障学.北京：商务印书馆.
郑功成.2005.社会保障学.北京：中国劳动社会保障出版社.
郑功成.2008-11-23.中国社保30年变迁：由单项突破变为综合改革.新京报.
郑功成.2010.中国社会保障改革与未来发展.中国人民大学学报.5：1-14.
郑功成.2011.中国社会福利改革与发展战略：从照顾弱者到普惠全民.中国人民大学学报，(2)：47-60.
郑京海，胡鞍钢.2005.中国改革时期省际生产率增长变化的实证分析（1979～2001年）.经济学，(4)：

263-296.

郑新立. 2007. 深化金融体制改革，促进金融产业安全. 中国国情国力，(5)：4-7.

郑子清. 2012. 实践思考：科学转型的"五个着力点". 人民论坛，(4)：66-67.

中共中央党史研究室. 2010. 中国共产党简史. 北京：中共党史出版社.

中共中央文献编辑委员会. 1994. 邓小平文选. 第2卷. 北京：人民出版社.

中共中央文献研究室. 1982. 三中全会以来重要文献选编（上）. 北京：人民出版社.

中共中央文献研究室. 1982. 三中全会以来重要文献选编（下）. 北京：人民出版社.

中共中央文献研究室. 1994. 邓小平文选. 第2卷. 北京：人民出版社.

中国城市科学研究会. 2009. 中国低碳生态城市发展战略. 北京：中国城市出版社.

中国大百科全书·法学. 1984. 北京：中国大百科全书出版社.

中国国家统计局. 2012. 中国统计年鉴. 北京：中国统计出版社.

中国环境与发展国际合作委员. 2010. 2009年年度政策报告《能源、环境与发展》. 北京：中国环境科学出版社.

中国科技发展战略研究小组. 2009. 中国科技发展研究报告2008——中国科技改革与开放30年. 北京：科学出版社.

中国科技发展战略研究小组. 2010. 中国区域创新能力报告2009. 北京：科学出版社.

中国科学技术馆. 2005. 中国古今科技图文集. 北京：中国科学技术出版社.

中国科学院. 2007. 2007科学发展报告. 北京：科学出版社.

中国科学院可持续发展研究组. 2006. 2006年中国可持续发展战略报告. 北京：科学出版社.

钟昌标，李富强，王林辉. 经济制度和我国经济增长效率的实证研究. 数量经济技术经济研究，(11)：13-21.

周宏春. 2011. 迫切解决危害群众健康的突出环境问题. 环境与可持续发展，(4)：36.

周惠军，高迎春. 2011. 绿色经济、循环经济、低碳经济三个概念辨析. 天津经济，(11)：5-7.

周寄中. 2002. 科学技术创新管理. 北京：科学出版社.

周建. 2010. 中低碳发展与碳金融研究综述. 财经科学，(5)：17-23.

周善乔. 2006. 论中国企业战略转型. 江海学刊，(5)：77-83.

周尚意，姜苗苗，吴莉萍. 2006. 北京城区文化产业空间分布特征分析. 北京师范大学学报（社会科学版），(6)：127-133.

周尚意，吴莉萍，张庆业. 2006. 北京城区广场分布、辐射及其文化生产空间差异浅析. 地域研究与开发，(6)：19-23.

周绍杰，胡鞍钢. 2012. 理解经济发展与社会进步——基于国民幸福的视角. 中国软科学，(1)：57-64.

周生贤. 2012. 中国特色生态文明建设的理论创新和实践. 环境与可持续发展，(6)：37.

周伟. 2007. 基于差异化的企业战略转型路径研究. 当代经济管理，(6)：25-29.

周新华. 2007. 亚洲发展中国家现代化发展的路径选择与比较——以中国、印度、沙特为考察对象. 改革与战略，(2)：16-20.

周一星. 1995. 城市地理学. 北京：商务印书馆.

周一星. 1996. 北京的郊区化及引发的思考. 地理科学，(3)：198-206.

朱有志. 2002. 经济道德层次论. 湖南师范大学硕士学位论文（内部资料）.

朱云平. 2011. 经济转型、具体制度变迁与具体经济制度创新. 泉州师范学院学报，(1)：91-95.

诸大建. 2012. 从"里约+20"看绿色经济新理念和新趋势. 中国人口·资源与环境，(22)：1-7.

诸大建. 2012. 绿色经济新理念及中国开展绿色经济研究的思考. 中国人口·资源与环境，(22)：40-47.

庄贵阳，潘家华，朱守先. 2011. 低碳经济的内涵及综合评价指标体系构建. 经济学动态，(1)：132-136.

庄惠明. 2010. 福建省经济发展方式综合指标体系构建与评价. 福建工程学院学报，（2）：128-129.

邹东涛. 2006. 改革和发展蓝皮书——中国改革开放30年. 北京：社会科学文献出版社.

邹至庄. 2006. 中国经济转型. 北京：中国人民大学出版社.

Abdallah S, Thompson S, Marks N, et al. 2006. The (un) happy planet index: an index of human well-being and environmental impact. London: New Economics Foundation.

Aidt T S, Dutta J. 2004. Transitional politics: emerging incentive-based instruments in environmental regulation. Journal of Environmental Economics and Management, (47): 458-479.

Armstrong J. 1994. Rethinking the Ph. D.. Issues in Science and Technology, 10 (4): 19-22.

Association of American Universities. 1998. Committee on graduate education: report and recommendations. Washington: Association of American Universities.

Azar C, Holmberg J, Karlsson S. 2002. Decoupling-past trends and prospects for the future. Chalmers University of Technology and Gotenburg University, Gotenburg, for the Swedish Environmental Advisory Council. Ministry of Environment, Stockholm Sweden.

Baldauf B, Wingrove P. 1998. Doctoral education and research training in Germany: towards a more structured and efficient approach. European Journal of Education, 33 (2): 161-182.

Benewick R. 1988. Reforming the revolution: China in transition. Chicago: Dorsey.

Beveridge W. 1942. Social insurance and allied services. London: HMSO.

Blaschke W, Majnoni G, Jones M T. 2001. Stress testing of financial systems: an overview of issues, methodologies, and FSAP experiences. IMF Working Paper, (1): 88.

Blinder A S. 1987. Hard heads, soft hearts. Reading: Addison-Wesley.

Borio C, Lowe P. 2002. Asset prices, financial and monetary stability: exploring the nexus. BIS Working Papers, 114.

Bucharin N I. 1992. Oeknomik der Transformationsperiode, Hamburg, 73.

Candlin F. 2000. Practice-based doctorates and questions of academic legitimacy. International Journal of Art and Design Education, 19 (1): 96-101.

Carayannis E G. 1999. Organizational transformation and strategic learning in high risk, high complexity environments. Technovation, (19): 87-103.

Chertow M R. 2000. The IPAT equation and its variants: changing views on technology and environmental impact. Journal of Industrial Ecology, (4): 13.

Christopher J B, Smith A. 2012. Opulence, freedom and a moral economy. ISHA newsletter, 2 (1): 7.

Cleveland C J, Ruth M. 1999. Indicators of dematerialization and the materials intensity of use. Journal of Industrial Ecology, 2 (3).

Crockett A. 1997. The theory and practice of financial stability. GEI Newsletter Issue Cambridge (UK), (6): 836-866.

Dalkmann H. 2009. Energy efficiency of urban transport: a European perspective. Transport research laboratory: 65-70.

Daly H. 1991. Elements of environmental macro-economics//Costanza R, et al. Ecological Economics: The Science And Management of Sustainability. Columbia University Press: New York.

De Bruyn S M. 1998. Dematerialization and rematerialization//Vellinga P, Berkhout F, Gupta J. Managing a Material World, Kluwer Academic Publishers, Dordrecht/London/Boston.

De Bruyn S M. 1999. Economic growth and the environment: an empirical analysis. Ph. D. Thesis, Free University of Amsterdam, Tinbergen Institute Research Series No. 216, Thela Thesis, Amsterdam, Netherlands.

De Melo M, Denizer C, Gelb A. 1996. Patterns of transition from plan to market. World Bank Economic Review, (10): 397-424.

De Melo M, Denizer C, Gelb A. 1997. Circumstance and choice: the role of initial conditions and policies in transition economies. World Bank, Working Papers: Transition economies, current and former socialist economies.

Demirgüç-Kunt A, Kane E. 2002. Deposit insurance around the world: where does it work. Journal of Economic Perspectives, (16): 175-195.

Deutsche Bundesbank. 2003. Report on the stability of the German financial system. Monthly Report, Frankfurt, December.

Douglass N C. 1988. Theoric des Institutionellen Wandels: Eine Neue Sicht der Wirtschaftsgeschichte. Tuebingen: J. C. B. Mohr.

Ehrenfeld J R. 2008. Sustainability by design: a subversive strategy for transforming our consumer culture. New Haven/London: Yale University Press.

Ehrlich P, Holdren J. 1971. Impact of population growth. Science, (171): 1212-1217.

Etzkowitz H. 1997. Universities and the global knowledge economy: a triple helix of university-industry-government relations. London. New York: Pinter.

European Environmental Bureau. 2009. Blueprint on European sustainable consumption and production, Brussels.

European Union. 2003. Towards a thematic strategy on the sustainable use of natural resources. Communication COM (2003) 572 Final.

Evans O, Leone A M, Gill M. 2000. Macroprudential indicators of financial system soundness. IMF Occasional Paper, 192.

Evans T D, Macauley P, Pearson M, et al. 2005. Why do a "Prof doc" when you can do a PhD. Professional doctorates 5: revised papers from the fifth professional doctorates conference "Working doctorates: the impact of professional doctorates in the workplace and professions" edited by Tom W. Maxwell, Chris Hickey and Terry Evans, Geelong: Research institute for professional and vocational education and training, Deakin University, 24-34.

Factor 10 Club. 1997. Statement to government and business leaders. Carnoules: Factor 10 Institute.

Fairbank J K. 1986. The great Chinese revolution: 1800-1985. New York: Happer & Row.

Fei H T. 1939. Peasant life in China: a field study of county life in the Yangtze valley. Foreword by Bronislaw Malinowski. London: Routledg.

Felbinger C L, Holzer M, White J D. 1999. The doctorate in public administration: some unresolved questions and recommendations, Public Administration Review, 59 (5): 459-464.

Ferguson R. 2002. Should financial stability be an explicit central bank objective. Federal Reserve Board of Governors, Washington DC.

Financial Stability Forum. 2003. Guidance for developing effective deposit insurance systems.

Fischer S, Sahay R, Vegh C A. 1996. Economies in transition: the beginnings of growth. American Economic Review, Paper and Proceedings, (b): 229-233.

Fischer S, Sahay R, Vegh C A. 1996. Stabilization and growth in transition economies: the early experience. Journal of Economic Perspectives, (a): 45-66.

Fischer S, Sahay R. 2000. The transition economies after ten years. NBER Working Paper.

Gibbons M, Limoges C, Nowotny H, et al. 1994. The new production of knowledge: the dynamics of science and research in contemporary societies. London: SAGE Publications, Minerva, 41: 179-194.

Gong G W. 1994. China's fourth revolution. The Washington Quarterly, 17 (1): 29-43.

Goodhart C A E. 2004. Some new directions for financial stability, The Per Jacobson Lecture, The BIS and Per Jacobson Foundation.

Goodman D, Beverley H. 1994. China's quiet revolution: new interactions between state and society. New York: St. Martin's Press.

Goodstein J, Boeker W. 1991. Turbulence at the top: a new perspective on governance structure changes and strategic change. Academy of Management Journal, (34): 306-330.

Grossman S J, Hart O D. 1984. The costs and benefits of ownership: a theory of vertical and lateral integration. Journal of Political Economy.

Halse C. 2007. Is the doctorate in crisis. Nagoya Journal of Higher Education, 4 (34): 321-371.

Harding H. 1987. China's second revolution: reform after Mao. USA Press.

Harman K. 2004. Producing "industry-ready" doctorates: Australian cooperative research centre approaches to doctoral education. Studies in Continuing Education, 26 (3): 387-404.

Hart S L, Milstein M B. 1999. Global sustainability and the creative destruction of industries. Sloan Management Review, 41 (1): 23-33.

Haveman H A. 1992. Between a rock and a hard place: organizational change and performance under conditions of fundamental environmental transformation. Administrative Science Quarterly, (37): 48-75.

Helm D, Hepburn C, Mash R. 2003. Credible carbon policy. Oxford Review of Economic Policy, (19): 10-15.

Hertwich E G, Voet E V D, et al. 2010. Environmental impacts of consumption and production: priority products and materials. International Panel on the Sustainable Use of Natural Resources, UNEP, Paris.

Hertwich E G. 2005. Lifecycle approaches to sustainable consumption: a critical review. Environmental Science & Technolghy, 39 (13): 4673-4684.

Hirtle B, Schuermann T, Stiroh K. 2009. Macroprudential supervision of financial institutions: lesson from the SCAP, Staff Report No. 409, the Federal Reserve Bank of New York.

HM Treasury. 2010. A new approach to financial regulation: judgement, focus and stability.

Hofstetter P, Ozawa T. 2004. Minimizing CO_2: emissions per unit of happiness. In: Proceedings of the 3rd international workshop on sustainable consumption, October 21 and 22, 2004, Organised and Published by SNTT and AIST, Tsukuba, Japan.

Holley K. 2006. The cultural construction of inter disciplinarity: doctoral student socialization in an interdisciplinary neuroscience program. Ph. D., University of Southern California.

Houben A, Kakes J, Schinasi G. 2004. Towards a framework for financial stability. IMF Working Paper, 4 (101).

Huang H F. 2000. Wirtschafstransformation Auf Regionaler Ebene in China. W&T.

Huppes G, De Koning A, Suh S, et al. 2006. Environmental impacts of consumption in the European Union using detailed input-output analysis. Journal of Industrial Ecology.

IEA. 2008. Worldwide trends in energy use and efficiency: key insights from IEA indicator analysis. IEA, Paris, France.

IEA. 2009. Energy technology transitions for industry. IEA, Paris, France.

International Panel on Climate Change (IPCC). 2007. The 4th assessment. Summary for policy makers. Geneva.

IUCN. 1991. World conservation strategy: living resources conservation for sustainable development. IUCN, Gland, Switerl and 1980. Caring for the earth: a strategy for sustainable. IUCN, Gland, Switzerland.

Jackson T, Jager W, Stagl W. 2004. Beyond insatiability-needs theory, consumption and sustainability, Chapter 5 in Reisch, L and I. Røpke (eds.) The Ecological Economics of Consumption, Edward Elgar, Cheltenham.

Jackson T. 2004. Chasing progress: beyond measuring economic growth. New Economics Foundation, London.

Jackson T. 2009. Prosperity without growth. Earthscan, London/Sterling.

Jespersen J. 2004. Macroeconomic stability: sustainable development and full employment. In: Reisch L, Røpke I. The ecological economics of sustainable consumption. Cheltenham, UK: Edward Elgar, 233-250.

Kendall G. 2002. The crisis in doctoral education: a sociological diagnosis. Higher Education Research & Development, 21 (2): 131-141.

Kloten M. 1991. Die Trandformation von Wortschaftsordnungen, System Transformation: Oekonomische Erklaerungansaetze, ordnungspolitische Folerungen, Anpassung durch Wandel- Evolution und Transformation von Wirtschaftsssystemen. Berlin: Duncker and Humblot.

Kochan T A, Katz H C, Mckersie R B. 2008. The transformation of American industrial relations. Basic Books.

Kornai J. 1993. Transformational recession: a general phenomenon examined through the example of Hungary's Development. Cambridge, Mass: Harvard University Press.

Kraatz M S, Zajac E J. 2001. How organizational resources affect strategic change and performance in turbulent environments: theory and evidence. Organization Science, (5): 632-657.

League of European Research Universities. 2007. Doctoral studies in Europe: ercellence in researcher training.

Leipold H. 1991. Institutionaler Wandel and Systemtransformation: Oekonomische Erklaerungsansaetze und Ordnungspolitische Folgerungen. Anpassung durch Wandel-Evolution und Transformation von Wirtschaftssystemen. Berlin: Duncker & Humboldt.

Lovins A B, Lovins L H, Hawken P. 1999. A road map for natural capitalism. Harvard Business Review, (5): 146-158.

Lovitts B E, Nelson C. 2000. The hidden crisis in graduate education: attrition from Ph. D. programs. Academe, (6): 44-50.

Lucas R E. 1988. On the mechanics of economic development. Journal of Monetary Economics, 22 (1): 3-42.

Ludwig E. 1957. Wohlstand für Alle. Düsseldorf, Vienna: Econ-Verlag.

Lutz W, Sanderson W C, Scherbov S. 2004. The end of world population growth in the 21st century: new challenges for human capital formation and sustainable development. London: Earthscan.

Marangos J. 2003. Was shock therapy really a shock. Journal of Economic Issues, (37): 943-966.

McAlpine L, Paré A, Starke-Meyerring D. 2009. Disciplinary voices: a shifting landscape for English doctoral education in the 21st century. In D. Boud, A. Lee (Eds.). Changing Practices in Doctoral Education. London, UK: Routledge.

McWilliam E L, Lawson A, Evans T, et al. 2005. Silly, soft and otherwise suspect: doctoral education as risky business. Australian Journal of Education, 49 (2): 214-227.

Meadows D H, Randers J, Meadows D L, et al. 1972. The limits to growth. New York: Universe Books.

Meijkamp R. 2000. Changing consumer behaviour through eco-efficient services: an empirical study on car sharing in the Netherlands. Thesis. TU Delft, Delft, Netherlands.

Milieuen Naturplanbureau (MNP). 2005. Milieubalans. Environmental balance. MNP/RIVM, Bilthoven.

Mishkin F S. 1999. Global financial instability: framework, events, issues. Journal of Economic Perspectives, 13

(4): 3-20.

Mont O. 2004. Product-service systems: panacea or myth. Ph. D. Thesis, IIIEE, Lund University.

Munasinghe M, Dasgupta P, Southerton D, et al. 2009. Consumers, business and climate change. Manchester, UK: Sustainable Consumption Institute.

Murdie A. 1993. Environmental law and citizen action. London: Earthscan Publications Ltd.

Myers N, Kent J. 2004. The new consumers: the influence of affluence on the environment. Washington, Covelo, London: Island Press.

National Research Council. 1995. Reshaping the graduate education of scientists and engineers. National Academy Press.

Nijdam D S, Wilting H C, Goedkoop M J, et al. 2005. Environmental load from Dutch private consumption: how much damage takes place abroad. Journal of Industrial Ecology, (1-2): 147-168.

Nijdam D S, Wilting H C. 2003. Milieudruk consumptie in Beeld: a view on environmental pressure on consumption, RIVM Report 771404004, RIVM, Bilthoven, the Netherlands, in Dutch.

Ntziachristos L, Samaras Z, Geivanidis S, et al. 2002. National and central estimates for air emissions from road transport. EEA, Copenhagen, Denmark.

Nyquist J, Woodford B J. 2000. Re-envisioning the PhD: what concerns do we have. Seattle, WA: Center for Instructional Development and Research, University of Washington.

Oosterloo S, De Haan J. 2007. An institutional framework for financial stability. Journal of Financial Stability, (2): 337-355.

Pauli G. 2010. The blue economy, 10 years, 100 innovations, 100 million jobs. Paradigm Publications, Taso, NM.

Pearce D, Markandya A, Barbier E B. 1989. Blueprint for a green economy. London: Earthscan Publications L&d.

Pine II B J, Gilmore J H. 1999. The experience economy. Boston: Harvard Busines School Press.

Porter M E, Van der Linde C. 1995. Toward a new conception of the environment-competitiveness relationship. Journal of Economic Perspectives, 9 (4): 97-118.

Reinhardt F, Vietor R. 2000. Business management and the natural environment. Dongbei University of Finance & Economics Press.

Repullo R. 2000. Who should act as a lender of last resort. An incomplete contracts model. Journal of Money Credit and Banking, 32 (3): 580-605.

Rmno. 1999. Kennis Voor Een Duurzame Economie (RMNO-nummer 141). RMNO, Rijswijk, Netherlands.

Rockström J, Steffen W, Noone K, et al. 2009. A safe operating space for humanity. Nature, (461): 472-475.

Roland Berger Strategy Consultants. 2011. Green growth, green profit: how green transformation boosts business. UK: Palgrave Macmillan.

Roland G. 1994. The role of political constraints in transition strategies. Economics of Transition, 2 (1): 27-41.

Roland G. 2000. Transition and economics: politics, markets, and firms. MIT Press.

Romer P M. 1986. Increasing returns and long run growth. Journal of Political Economy, 94 (5): 1002-1037.

Sachs J D, Woo W T, Yang X K. 2000. Economic reforms and constitutional transtion. CID Working Paper No. 42.

Sachs J D, Woo W T. 1996. Understanding China's economic performance. NBER Working paper. No. 5935. Cambridge, Mass: the National Bureau of Economic Research.

Sachs J D. 1996. The transition at mid decade. American Economic Review: Paper and Proceedings, (86): 128-133.

Sadlak J. 2004. Doctoral studies and qualifications in Europe and the United States: status and prospects. Bucarest (UNESCO-CEPES Studies on Higher Education), 31.

Sandschneider E. 1999. Einleitung Systemwechsel 4: Die Rolle von Verbaenden im Transformationsprozess. Opladen: Leske und Budrich.

Schich S. 2008. Financial crisis: deposit insurance and related financial safety net aspects. OECD Financial Market Trends, (2): 35-39.

Schich S. 2008. Financial turbulence: some lessons regarding deposit insurance. OECD Financial Market Trends, (1): 55-79.

Schumacher E F. 1973. Small is beautiful. New York: Harper and Row Simons, L. Ph.

Segal J M. 1999. Graceful simplicity: towards a philosophy and politics of simple living. New York: H. Holt Co.

Selowsky M, Martin R. 1997. Policy performance and output growth in the transition economies. American Economic Review: Paper and Proceedings, 87 (2): 349-353.

Skinner G W. 1964–1965. Marketing and social structure in rural China. The Journal of Asian Studies, 1-3.

Skinner G W. 1985. The structure of Chinese history. New York: Sharpe.

Slob A, Holswilder H, Simons L, et al. 2001. The fourth generation. New strategies call for new eco-indicators. Environmental Quality Management, 51.

Small H. 2003. Paradigms, citations and maps of science: a personal history. Journal of the American Society for Information Science and Technology, 5.

Social Security Act. 1935. Reports, bills, debates, act and supreme court decisions. U. S. Dept. of Health, Education, and Welfare, Social Security Administration.

Solow R M. 1956. A contribution to the theory of economic growth. Quarterly Journal of Economics, (70): 65-94.

Speth J G. 2008. The bridge at the edge of the world. London: Yale University Press.

Stern N. 2006. The economics of climate change: the stern review. UK: Cambridge University Press.

Sverker S. 2006. A public good: PhD education in Denmark, report from an international evaluation panel. Ministry of Science, Technology and Innovation.

Szelenyi K. 2012. Doctoral student socialization in science and engineering: the role of commercialization, entrepreneurialism, and the research laboratory. University of California, Los Angeles, Unpublished Ed. D. Dissertation.

The Danish Research Council. 2000. A good start: evaluation of research training in Denmark.

The Quality Assurance Agency for Higher Education. 2007. Report on the review of research degree programmes. England and Northern Ireland.

Thornton J, Beckwith S. 2004. Environmental law, second edition. London: Sweet & Maxwell.

Tukker A, et al. 2006. Environmental impacts of products: literature review and input-output analyses on 500 product groupings for the EU's integrated product policy. ESTO/IPTS, Sevilla.

Tukker A, Jansen B. 2006. Environmental impacts of products: a detailed review of studies. Journal of Industrial Ecology, 10 (3): 159-182.

Tukker A, Tischner U. 2006. New business for old Europe. Greenleaf Publishing, Sheffield, UK.

Tukker A, Verheijden M, Wolf D, et al. 2009. Environmental impacts of diet changes in the EU. European Commission, DG JRC, Institute for Prospective Technological Studies, Technical Report EUR 23783 EN.

Tukker A. 2005. Leapfrogging into the future: developing for sustainability. Innovation and Sustainable Development. No. 1.

Tukker A. 2006. Special issue on priorities for environmental product policy. Journal of Industrial Ecology, 10 (3): 17-19.

UN Human Development Report. 2010. China and a sustainable future: towards a low carbon economy and society, 70-106.

UNEP. 2011. Towards a green economy: pathways to sustainable development and poverty eradication.

Veenhoven R. 2005. World database of happiness.

Victor P. 2008. Managing without growth: slower by design not disaster. Cheltenham: Edward Elgar.

Vitousek P M, Ehrlich P R, Ehrlich A H, et al. 1986. Human appropriation of the products of photosynthesis. Bio Science, 36 (6).

Von Weizsacker E, Lovins A B, Lovins L H, et al. 1997. Factor four: doubling wealth, halving resource use. London: Earthscan.

VROM Raad. 2002. Milieu en Economie: Ontkoppeling Door Innovatie (Environment and Economy - decoupling via innovation). Ministry of Environment Advisory Council, the Hague, the Netherlands.

Water Resources Group. 2009. Charting our water future: economic frameworks to inform decision-making. McKinsey & Company.

WCED (World Commission on Environment and Development). 1987. Our common future. New York: Oxford University Press.

Weaver P, Jansen L, Vergragt P, et al. 2001. Sustainable technology development. Greenleaf Publishers, Sheffield.

Weidema B P, Christiansen K, Norris G, et al. 2005. Prioritisation within the integrated product policy. LCA Consultants for Danish EPA, Copenhagen, Denmark.

Weidema B P, Suh S, Notten P. 2006. Setting priorities within product-oriented environmental policy: the Danish perspectives. Journal of Industrial Ecology, (3): 73-87.

Woo W T. 1999. The real reasons for China's growth. The China Journal, (41): 115-137.

World Watch Institute. 2008. State of the world. Washington DC.

Yang X, Borland J. 1991. A microeconomic mechanism for economic growth. Journal of Political Economy, 99 (3): 460-482.

Zajac E J, Kraatz M S, Bresser R K F. 2000. Modeling the dynamics of strategic fit: a normative approach to strategic change. Strategic Management Journal, 21 (4): 429-453.

核心词汇

北京共识（Beijing consensus）

2004年美国《时代》周刊高级编辑、美国著名投资银行高盛公司资深顾问乔舒亚·库珀·雷默（Joshua Cooper Ramo）在英国伦敦外交政策中心发表了一篇调查论文，指出中国通过艰苦努力、主动创新和大胆实践，摸索出一个适合本国国情的发展模式。他把这一模式称之为"北京共识"。自"北京共识"以来，对中国发展经验的研究就开始被冠以"中国模式"的论题，认为可供其他发展中国家参考。

标准化经济（standardized economy）

标准化经济是指以先进技术指标作为全面衡量产品、贸易、服务、管理的统一质量认证系统的现代产业经济。它是现代科技与发达市场经济融合的产物，体现了高度社会化和国际化的要求，可以视为知识经济时代的一个特殊经济范畴，它对整个经济增长和经济结构提升起着越来越大的制导和推动作用。具体表现为：促进科技突飞猛进，带动经济高质量提升；对产品质量起着导向和保证作用；推动生态经济和环保产业的发展，保证人体健康和生产生活安全；从国际市场的竞争来看，标准化经济又成为进行技术垄断之矛和设置技术壁垒之盾，对国际贸易产生重大影响。

次贷危机（subprime crisis）

次贷危机，又称次级房贷危机，也译为次债危机。它是指一场发生在美国，因次级抵押贷款机构破产、投资基金被迫关闭、股市剧烈震荡引起的金融风暴。它致使全球主要金融市场出现流动性不足的危机。美国"次贷危机"是从2006年春季开始逐步显现的。2007年8月开始席卷美国、欧盟和日本等世界主要金融市场。次贷危机目前已经成为国际上的一个热点问题。

存款保险制度（deposit insurance system）

存款保险制度是一种金融保障制度，是指由符合条件的各类存款性金融机构集中起来建立一个保险机构，各存款机构作为投保人按一定存款比例向其缴纳保险费，建立存款保险准备金，当成员机构发生经营危机或面临破产倒闭时，存款保险机构向其提供财务救助或直接向存款人支付部分或全部存款，从而保护存款人的利益，维护银行的信用，稳定金融秩序。

产业链 (industry chain)

产业链是一个包含价值链、企业链、供需链和空间链四个维度的概念，指各个产业部门之间基于一定的技术经济关联，并依据特定的逻辑关系和时空布局关系客观形成的链条式关联关系形态。随着产业内分工不断地向纵深发展，传统的产业内部不同类型的价值创造活动逐步由一个企业为主导分离为多个企业的活动，这些企业相互构成上下游关系，共同创造价值。围绕服务于某种特定需求或进行特定产品生产（及提供服务）所涉及的一系列互为基础、相互依存的上下游链条关系就构成了产业链。

DSD 系统（DSD system）

1990 年 6 月，德国颁布《废物分类包装条例》，责成生产型公司务须对其产品的包装进行回收利用。在此情况下，德国双轨回收系统（Duales System Deutschland，简称 DSD）成立，又称绿点公司，它们以接受企业委托的形式，为企业产生的废弃物进行分类和回收，并在地方政府、废弃物管理部门和回收公司各方之间进行协调，以保证回收工作的顺利进行。

非物质化（immaterialisation）

非物质化又称去物质化和脱物质化。它指用非物质形式取代有形物质的产品和消耗的方式，在社会生产和社会生活领域，用非物质形式取代有形物质产品来满足人们的需要，从源头上减少资源、能源消耗，进而推动社会进步的方式，其宗旨是通过改变人们的消费行为来实现社会、经济的良性发展。非物质化经济发展不再依赖于自然物质资源，而是取决于人类的创造力，决定于人类创造"内容"的质量和效率，非物质化逐步成为推进经济转型的一种手段。

风险投资（venture capital）

从投资行为的角度来讲，风险投资是把资本投向蕴藏着失败风险的高新技术及其产品的研究开发领域，旨在促使高新技术成果尽快商品化、产业化，以取得高资本收益的一种投资过程。从运作方式来看，是指由专业化人才管理下的投资中介向特别具有潜能的高新技术企业投入风险资本的过程，也是协调风险投资家、技术专家、投资者的关系，利益共享，风险共担的一种投资方式。

管理链（management chain）

管理者和被管理者组成一个最简单的纵向管理链。它是由两个"环"和一个"节"组成的管理链。影响这条纵向管理链的因子有三个：管理者，被管理者，管理者与被管理者之间的联系。"联系"含义包括：管理者向被管理者提出的任务、目标和要求，被管理者工作情况的反馈信息，管理者对被管理者的指导、工作成绩的判断、监督和纠正措施的意见，管理者与被管理者之间的责、权、利的规定，以及两者之间的相互作用、情感影响等方面。这条管理链的有效性取决于管理者、被管理者和他们之间的联系三方面的状态。

华盛顿共识（Washington consensus）

1989年，陷于债务危机的拉美国家急需进行国内经济改革。美国国际经济研究所邀请国际货币基金组织、世界银行、美洲开发银行和美国财政部的研究人员，以及拉美国家代表在华盛顿召开了一个研讨会，以新自由主义学说为理论依据，由美国国际经济研究所的约翰·威廉姆森（John Williamson）对拉美国家的国内经济改革提出与上述各机构达成共识的十条政策措施，称作华盛顿共识。其核心是"主张政府的角色最小化、快速私有化和自由化"，在20世纪90年代广为传播。

监管套利（regulatory arbitrage）

是指金融机构利用不同监管机构制订的监管规则或标准，选择相对宽松的金融监管，以降低成本、规避管制，进而获取超额收益。由于各监管部门的监管目标和程序不同，各监管机构在金融机构新设标准、信息报送格式和程序、内部风险控制制度、资本充足率标准、金融机构兼并收购等方面存在不同的规定。金融机构利用这些不同规定，选择相对宽松的监管标准，进行"套利"。

经济生态化（eco-economy）

要求将生态的理念融入到经济工作中去，用生态的理念来发展经济。因为经济发展需要的各类自然资源，它是经济发展不可或缺的条件。就人类需要的无限性和多样性而言，有限的资源总是稀缺的。同时，用生态的理念来发展经济，能够营造有利环境，增强一个地区的环境竞争力。此外，把生态的理念、技术融合到产品中去，就可以创新产品，形成不同的品种和质量。

经济系统控制论（economic systems cybernetic）

以经济系统作为自己的研究对象，最主要地表现为经济信息论、狭义经济系统论、经济控制论三大方面。经济系统控制论用定性和定量相结合的方法来分析经济系统，用各种控制方法来实现经济资源的最优配置，因而能被很好地用于研究循环经济问题。

经济转型（economic transition）

是指一种经济运行状态转向另一种经济运行状态。就经济转型的概念而言，经济转型是指一个国家或地区的经济结构和经济制度在一定时期内发生的根本变化。根据斯蒂格利茨经济转型理论，经济转型理论把转型分为两个阶段：第一个阶段是原先各个计划经济国家已经进行的自由化、市场化改革；第二个阶段是以追求经济稳定和经济增长为内容的变革。总之，经济转型是以实现社会、经济和环境可持续发展为目标的经济体制、经济结构和经济发展方式的转变。其三大核心是从"逐利"经济向"幸福"经济、"排他"经济向"包容"经济、"棕色"经济向"绿色"经济的转型。

渐进主义（gradualism）

所谓的渐进主义主要是指那些在学术上坚持渐进改革取向或者是在实际的改革过程中坚持渐进改革取向。它既是一种学术理念，又是一种实践运动。而渐进主义似乎成为引导中国改革的主要价值。实际中渐进主义的最主要的特征在于手段和途径的策略性。它强调的是一种实现理想目标的方法论，这种方法论试图以一种最稳妥的方法实现这样的目标。美国政治科学学者查尔斯·林布隆（Charles E. Lindblom）在批判传统理性模型的基础上提出了渐进模型，作为有关决策制定的理论模型，认为决策制定的实际过程，例如分析问题、明确目标、提出方案、优化选择等，并不完全是一个理性过程，而是对以往的决策行为不断补充和修正的过程。因此，决策制定实际上是根据以往的经验，在现有的政策基础上实现渐进变迁。

金融监管（financial supervision）

金融监管是金融监督和金融管理的总称，属于金融安全的重要环节。从词义上讲，金融监督是指金融主管当局对金融机构实施的全面性、经常性的检查和督促，并以此促进金融机构依法稳健地经营和发展。金融管理是指金融主管当局依法对金融机构及其经营活动实施的领导、组织、协调和控制等一系列的活动。金融监管有狭义和广义之分。狭义的金融监管是指中央银行或其他金融监管当局依据国家法律规定对整个金融业（包括金融机构和金融业务）实施的监督管理。广义的金融监管在上述含义之外，还包括金融机构的内部控制和稽核、同业自律性组织的监管、社会中介组织的监管等内容。

技术创新（technological innovation）

熊彼特（J. A. Schumpeter）在1912年《经济发展理论》中指出，技术创新是指把一种从来没有过的关于生产要素的"新组合"引入生产体系。这种新的组合包括①引进新产品。②引用新技术，采用一种新的生产方法。③开辟新的市场（以前不曾进入）。④控制原材料，不管这种来源是否已经存在，还是第一次创造出来。⑤实现任何一种工业新的组织，例如生成一种垄断地位或打破一种垄断地位。

减物质化（dematerialization）

又称解物质化和低物质化，即减量化原则，为循环经济的首要原则，也是最重要的原则。该原则以不断提高资源生产率和能源利用效率为目标，在经济运行的输入端，最大限度地减少对不可再生资源的开采和利用，尽可能多地开发利用替代性的可再生资源，减少进入生产和消费过程的物质流和能源流。减物质化要求使用环保再生原料和先进设计工艺，提倡环保优先设计，收回优先设计，强调生产者责任，形成闭合循环回路一边重复使用元器件，从而降低生产过程中的资源消耗，避免或减少资源消耗和废弃物排放。

价值链（value chain）

企业的价值创造是通过一系列活动构成的，这些活动可分为基本活动和辅助活动两类，基本活动包括内部后勤、生产作业、外部后勤、市场和销售、服务等；辅助活动则包括采购、技术开发、人力资源管理和企业基础设施等。这些互不相同但又相互关联的生产经营活动，构成一个创造价值的动态过程，即价值链。在最初基于制造业的观点中，价值链被看成是一系列连续完成的活动，是原材料加工成最终产品的过程。新的价值链观点把价值链看成是一些群体共同工作的一系列工艺过程，以某一方式不断地创新，为顾客创造价值。

可再生能源（renewable energy）

是指可以再生的能源总称，包括生物质能源、太阳能、光能、沼气等。生物质能源主要是指雅津甜高粱等，泛指多种取之不竭的能源，严格来说，是人类历史时期内都不会耗尽的能源。可再生能源不包含现时有限的能源，如化石燃料和核能。

里昂惕夫之谜（Leontifiev paradox）

又称里昂惕夫反论。要素禀赋理论（Factor Endowments Theory）认为，一个国家出口的应是密集使用本国丰富的生产要素生产的商品，进口的应是密集使用本国稀缺的生产要素生产的商品。根据这一观点，一般认为，美国是资本相对丰富、劳动相对稀缺的国家，理所当然应出口资本密集型商品，进口劳动密集型商品。但是第二次世界大战后，美国经济学家里昂惕夫运用投入产出方法，对美国经济统计资料进行验证的结果却与 H-O 理论预测相悖。里昂惕夫之谜是西方国际贸易理论发展史上的一个重要转折点，它推动了战后国际贸易理论的迅速发展。关于对里昂惕夫之谜的解释，实际上是从不同侧面对要素禀赋理论假定前提的修正，并为以后一系列国际贸易新理论的产生奠定了基础。

联合国粮食及农业组织（Food and Agriculture Organization of the United Nations，UNFAO）

以中立的论坛运作，为发达国家和发展中国家服务。在该论坛，所有国家均平等相处，共同磋商协议，讨论政策。粮农组织也是知识和信息的来源。帮助发展中国家和转型国家实现农业、林业和渔业现代化，确保人人获得良好的营养。自 1945 年成立以来，粮农组织特别重视发展世界上 70% 的贫困者和饥饿者居住的乡村地区。

利率市场化（interest rate marketization）

利率市场化是指金融机构在货币市场经营融资的利率实现由市场供求决定的过程，包括利率决定、利率传导、利率结构和利率管理的市场化。实际上，它就是将利率的决策权交给金融机构，由金融机构自己根据资金状况和对金融市场动向的判断来自主调节利率水平，最终形成以中央银行基准利率为基础，以货币市场利率为中介，由市场供求决定金融结构存贷款利率的市场利率体系和利率形成机制。

绿色壁垒（green barriers）

属非关税壁垒的一种，是指在国际贸易领域，一些国家以保护环境和人类健康为目的，对国外产品制定相应的环保标准和法规。这种绿色壁垒对于生产技术落后的出口型国家来讲是一种打击，但同时也对这些国家的生态发展起到敦促作用。

绿色保险（green insurance）

对环境污染责任保险的形象称呼，是指以被保险人因污染环境而承担的损害赔偿和治理责任为保险标的的责任保险。绿色保险要求投保人按照保险合同的约定向保险公司缴纳保险费，一旦发生污染事故，由保险公司对污染受害人承担赔偿和治理责任。目前绿色保险已经被发达国家普遍采用，实践证明是环境高危企业发生污染事故后维护受害人权益的一种有效理赔制度。

绿色采购（green procurement）

在北京奥运会期间，由政府推动的采购形式，绿色采购是指优先购买对环境负面影响小且具有环境标志的产品，这种采购形式是政府对绿色产品和绿色产业的扶植，同时也表明政府在绿色经济起到的模范性作用。

绿色采购是指政府和企业经济主体一系列采购政策的制定、实施以及考虑到原料获取过程对环境的影响而建立的各种关系，其中与原料获取过程相关的行为包括供应商的选择评价。

绿色经济（green economy）

是以市场为导向、以传统产业经济为基础、以经济与环境的和谐为目的而发展起来的一种新的经济形式，是产业经济为适应人类环保与健康需要而产生并表现出来的一种发展状态。

绿色金融（green finance）

金融业在经营活动中要体现环境保护意识，注重对生态环境的保护和对环境污染的治理，通过其对社会资源的引导作用，促进经济发展与生态相协调。"绿色金融"不仅要求金融业率先引入环境保护理念，形成有利于节约资源、减少环境污染的金融发展模式，它更强调金融业关注工农业生产过程和人类生活中的污染问题，并且为环保产业发展提供金融便利，在国家的环境政策引导下充分发挥经济杠杆和资金导向的作用。中国的"绿色金融"实践，是在国内坚持可持续发展，面临经济转型的背景以及国际社会"绿色金融"实践不断兴起并且快速传播的环境下产生和发展的。

绿色交通（green transportation）

广义上是指采用低污染，适合都市环境的运输工具，来完成社会经济活动的一种交通概念。狭义指为节省建设维护费用而建立起来的低污染，有利于城市环境多元化的协和交通运输系统。在城市范围内，指适应人居环境发展趋势的城市交通系统。绿色交通是一个理念，也是一个实践目标，强调的是城市交通的"绿色性"，即减轻交通拥堵、合理利用资源、减少环境污染,其目标是实现这三个方面的完整统一结合,即实现通达、有序、安全、舒适、低能耗、低污染。绿色交通的本质是建立维持城市可持续发展的交通体系,以满足人们的交通需求,以最少的社会成本实现最大的交通效率。"绿色交通"理念的核心是资源、环境和系统的可扩展性,是从发展战略的高度去认识交通系统的发展与资源、环境的关系。

绿色会计(green accounting)

又称环境会计,是全球经济可持续发展的必然产物,将自然资源和环境状况纳入会计核算,以会计的特有核算方法,全面反映监督微观企业生产经营和环境之间的相互影响,正确核算企业资源损耗、环境污染、生态补偿和社会效益,并向利益相关人士提供企业资源环境全方位的信息的新会计学科。绿色会计是在经济可持续发展理论指导下,环境经济学与会计学相互交叉渗透而形成的一门全新的生态会计监督科学。

绿色审计(green audit)

又称环境审计,是在当今全球自然资源短缺、生态环境严重污染的情况下,针对传统会计核算失真,未将资源环境纳入核算范畴而出现的会计核算虚假等问题,而进行的具有公允性、真实性、合法性的认证审计监督,也是为了确保环境责任的有效履行,依据环境审计准则对被审计单位履行环境责任的公允性、合法性和效益性进行的鉴证。绿色审计是社会可持续发展的必然产物,是现代环境经济科学与审计实务交叉渗透而形成的一门审计监督实际应用学科。

绿色信贷(green credit)

常被称为可持续融资(sustainable-finance)或环境融资(environmental finance),指将信贷申请者对环境的影响作为决策依据的信贷经营制度,即优先向绿色环保的企业或项目予以贷款,推迟或取消无法达到环保标准要求的企业和项目信贷资金的发放,甚至收回这些企业和项目已有的信贷资金。"绿色信贷"源于国际上公认的赤道原则(Equator Principles)。赤道原则原名为"格林尼治原则",是指2002年10月荷兰银行、巴克莱银行、西德意志银行、花旗银行和国际金融公司在伦敦召开的国际知名商业银行会议上制定的《环境与社会风险的项目融资指南》。该原则要求金融机构在向一个项目投资时,要对该项目可能对环境和社会的影响进行综合评估,并且利用金融杠杆促进该项目在环境保护和周围社会和谐发展方面发挥积极作用。

绿色证券(green securities)

上市公司在上市融资和再融资过程中,要经由环境保护部门进行环保审核。它是继绿色信贷、绿色保险之后的第三项环境经济政策。在对绿色证券市场进行研究与试点的基础上,制定了一套针对高污染、高能耗企业的证券市场环保准入审核标准和环境绩效评估方法,从整体上构建了一个包括以绿色市场准入制度、绿色增发和配股制度以及环境绩效披露制度为主要内容的绿色证券市场，从资金源头上遏制住这些企业的无序扩张。

交钥匙项目（turn-key project）

作为一种非股权投资方式，适用于不够开放的发展中国家。投资方为东道国建造工厂或其他工程项目，一旦设计与建造工程完成，包括设备安装、试车和初步操作顺利运转后，即将该工厂或项目所有权和管理权的"钥匙"依合同完整地"交"给对方，由对方开始经营。因而，交钥匙工程也可以看成是一种特殊形式的管理合同。

金色经济（golden economy）

金色经济又称为阳光经济（solar economy）。黄海峰教授在分析经济发展方式的三种形态时，首次提出经济发展方式将逐渐从棕色经济、绿色经济向金色经济转型。它指在经济生产过程中选择风能、太阳能、水能、生物质能、地热能、海洋能等非化石能源作为能源供应的基础，实现经济的可持续发展。它将鼓励太阳灶、太阳能热水器、太阳能取暖和太阳能光伏发电等一批产品和技术在日常生活中的广泛运用，改善现有的能源结构。

蓝色经济（blue economy）

是开发、利用、保护海洋以及与之相关联的各类社会生产活动的总和，是以海洋经济为主体，以海陆统筹发展为基础，以科技创新为引领的新型经济形态，具有开放的、生态的、文明的、可持续的基本特征。此外，国外学者冈特·鲍利（Gunter Pauli）提出的"蓝色经济"概念范围更为广泛，他强调不但要节约资源和环境友好，而且在保护、调适、增值自然系统的同时创造经济价值。目前，他已获得比利时、瑞典、加拿大、美国和日本等政府或企业的大力资助，在全球推广"蓝色经济"的商业模式。

理性预期（rational expectations）

理性预期是指经济当事人为避免系统性损失和谋取最大利益，会设法利用一切可以取得的信息，对所关心的经济变量在未来的变动状况作出尽可能准确的估计。这种预期之所以称为"理性的"，因为它是经济主体效用最大化的自然结果，是最准确的预期，同时经济当事人的主观概率分布等于经济系统的客观概率分布。理性预期并不保证每个人都有同样的预期，也不要求每个人的预期都正确无误，但理性预期的误差平均为零。正因为如此，这种预期能与有关的经济理论的预期相一致。

门槛假说（threshold hypothesis）

由生态经济学家马尔·尼夫发表《经济增长和生活质量》的论文提出的。认为"经济增长只是在一定的范围内导致生活质量的改进，超过这个范围如果有更多的经济增长，生活质量也许开始退化"。后来有许多人做出了支持这个假说的研究。

能源效率（energy efficiency）

衡量单位能源所带来的经济效益多少的指标，世界能源委员会对能源效率的定义为

"减少提供同等能源服务源投入"。中国学者也对能源效率进行了定义,从物理学角度来看,"能源效率,是指能源利用中发挥作用的与实际消耗的能源量之比。"从经济学角度来看,"能源效率是指为提供的服务于所消耗的能源总量之比"。

全球绿色新政(global green new deal)

"绿色新政"(green new deal)是由联合国秘书长潘基文在2008年12月11日的联合国气候变化大会上提出的一个新概念,是对环境友好型政策的统称,主要涉及环境保护、污染防治、节能减排、气候变化等与人和自然的可持续发展相关的重大问题。

人类发展指标(human development index,HDI)

又称人类发展指数。它是联合国开发计划署(UNDP)从1990年开始发布用以衡量各国社会经济发展程度的标准,并依此区分已开发(高度开发)、开发中(中度开发)、低度开发国家。统计数字根据平均预期寿命、教育水平和人均GDP(人均国内生产毛额)等作为指标。

市场残缺(incomplete market)

又称"不完全市场",有别于通常所指的像公共产品、外部性、垄断、分配不公、宏观经济总量失衡等所谓的"市场失灵"现象,而是指经济后起国家的市场经济运行由于缺乏相应的制度体系作为支撑,导致市场机制无法持续稳定运行。

世界银行(World Bank)

世行不是一个常规意义上的银行,而是一个以减少贫困和支持发展为使命的独特的合作伙伴机构。世行由188个成员国共同管理的两个机构组成:国际复兴开发银行(IBRD)和国际开发协会(IDA)。IBRD致力于在中等收入国家和信誉良好的较贫困国家减少贫困,而IDA则侧重于援助世界上最贫困的国家。

索洛剩余(Solow residual)

诺贝尔经济学奖得主、麻省理工学院的罗伯特·索洛(Robert Solow)的早期著名研究,使用的是1909~1949年间美国的情况。索洛剩余指除劳动和资本投资贡献外,由综合要素生产率带来的产出的增长。综合要素生产率是指在同样数量规模的劳动和资本投入下,因人力资本投资和技术进步而导致的产出额外增加。由于这种生产率难以在劳动和资本之间分开,故称之为综合要素生产率。索洛衡量和计算技术进步所做贡献的方法,被叫做"剩余法"或"索洛剩余",对于分析经济增长问题是一个重要的贡献。不过,这种方法显然存在着不足,即它有可能将资本,劳动,技术进步之外的因素都当作技术进步来处理。

三生共赢准则(code of sansei win-win)

三生共赢准则,指在一个区域的一切发展行为都必须能同时使自然生态得到改善,人民生活得到提高，经济生产得到发展。其中"发展行为"包括政府的政策行为、组织的生产行为和投资行为，以及公众的一切涉及社会发展的行为。准则的要点不但是生态、生活、生产分别得到改善、提高和发展，更重要的是三者在时间和空间上共赢。"三生共赢"，经济转型道路是坚持走生产发展、生态良好、生活富裕的光明大道，即生产、生态和生活"三生共赢"之路。兼顾"生产、生活、生态"的"三生"共赢的发展模式是人类可持续发展的核心。

审慎监管（prudential supervision）

监管部门以防范和化解银行业风险为目的，通过制定一系列金融机构必须遵守的周密而谨慎的经营规则，客观评价金融机构的风险状况，并及时进行风险监测、预警和控制。

生态工业园区（eco-industrial park）

以 20 世纪 70 年代的丹麦工业区为蓝本，基于 3R 原则，依据生态发展理念而建立的工业园区，在工业园中的各个厂家以资源的交互利用方式保证资源的循环利用，如一家企业的产出废料直接被工业园区的另一家企业处理并作为原材料使用。

生态门槛（ecological threshold）

1996 年加拿大生态经济学家威克纳格和他的同事提出生态足迹的概念，来强调经济增长出现了生态门槛。生态足迹是为经济增长提供资源（粮食、饲料、树木、鱼类和城市建设用地）和吸收污染物（二氧化碳、生活垃圾等）所需要的地球土地面积。生态门槛的理由在于：当前经济增长的限制性因素已经从人造资本转移到了自然资本，因此必须投资和发展自然资本。这里的自然资本，包括它们提供的各种生态系统服务。

生态文明（ecological civilization）

生态文明是人类在适应自然、认识自然、利用自然、改造自然、保护自然的过程中所取得的全部成果的总和，它不仅是对造成生态环境危机的工业文明的超越，而且是人类文明形态和文明发展理念、道路、模式的重大进步，同时也是对片面追求经济增长速度的发展观的纠正。生态文明的关键是通过经济社会模式变革，从根本上消除资源环境问题的发生。

适应性预期（adaptive expectations）

适应性预期是经济学中一种关于预期形成的观点，认为预期仅由过去经验所形成，预期将随时间推移缓慢发生变化。例如，如果过去的通货膨胀是高的，那么人们就会预期它在将来仍然会高。适应性预期运用某经济变量的过去记录去预测未来，反复检验和修订，采取错了再试的方式，使预期逐渐符合客观。

文化休克（culture shock）

"文化休克"是指当人们到国外工作、留学或定居时，到了一种不熟悉的文化环境中生活，常常会体验到不同程度的心理反应。

WTO 规则（WTO rules）

WTO 基本原则共九种，是 WTO 基准总则，为世界经济与贸易的推动保驾护航。这九大基本原则也可归纳为"非歧视性原则"、"公平贸易原则"和"透明度原则"三原则，简单明了，与市场经济的"三公"原则联系起来，有利于对 WTO 性质、中国"入世"战略意义和市场经济体制改革目标推进进行深化分析。

循环经济（circular economy）

又称物质闭环流动型经济，是指一种建立在 3R 原则基础上的经济模式，在可持续发展的思想指导下，按照清洁生产的方式，对能源及其废弃物实行综合利用的生产活动过程。它要求把经济活动组成一个"资源—产品—再生资源"的反馈式流程；其特征是低开采，高利用，低排放。与传统的资源消耗型经济发展不同的是，这种经济发展模式是运用技术手段将废弃物进行回收利用，它将保持一种资源循环型经济发展，是一种可持续发展的经济模式。

循环经济系统（system of circular economy）

由人口、资源、环境三大经济元组成，把经济系统看作是广义生态系统的一个子系统。这就要求人们在考虑生产和消费时不再置身于这一大系统之外，而是将自己作为其一部分来研究符合客观规律的经济原则，将"资源节约"、"废物利用"、"环境保护"、"生态平衡"等作为维持广义生态系统可持续发展的基础性工作。

休克疗法（shock therapy）

原本为医学术语，20 世纪 80 年代中期，被美国经济学家杰弗里·萨克斯引入经济领域。休克疗法的最早提出，是萨克斯被聘担任玻利维亚政府经济顾问期间所为。玻利维亚是南美一个经济落后的小国，长期政治局势动荡不安，政府经济政策不断失误，由此引发的经济问题大量积累而又得不到解决，终于导致了一场严重的经济危机。休克疗法是针对严重失衡的社会总供求状况，从控制社会总需求出发，采取严厉的行政和经济手段，在短时间内强制性地大幅度压缩消费需求和投资需求，使社会总供求达到人为的平衡，以此遏制恶性通货膨胀，恢复经济秩序。这种政策调控带有明显的应急性质。

系统经济学（system economics）

是指利用现代系统科学的思想和方法，用于研究"资源→生产→分配→交换→消费→环境→资源"整个经济过程中的人与人、人与自然之间关系的科学。"经济系统"作为系统科学思想在经济学中的反映，是系统经济学的主要研究对象。它可被定义为由"经济元"和它们之间的经济关系共同构成的整体，并可把经济元的集合称为其"硬部"，把经济元之间的关系称为其"软部"。

要素组合反应（reaction mix of elements）

要求在西部各类经济实体和各类地区中，选择经济基础好、地理位置优势强，人口和产业、城镇较密集，交通、通信、供水等条件优越的地区，建设适应各类地区发展需要的各级各类和多种多样的经济增长极，促进重要经济要素高度集聚并进行以创新为核心的"要素组合反应"，在要素组合反应中产生新的生产力和更高的经济社会效益，形成经济的高增长、强关联核心地带；以这种地带的强劲发展为主导力量，辐射和带动周围越来越大的地区实现资源的高水平开发和高质量发展，较快实现新型工业化和高度信息化、知识化的目标。

资本充足率（capital adequacy ratio）

资本充足率是指资本总额与加权风险资产总额的比例。资本充足率反映商业银行在存款人和债权人的资产遭到损失之前，该银行能以自有资本承担损失的程度。规定该项指标的目的在于抑制风险资产的过度膨胀，保护存款人和其他债权人的利益，保证银行等金融机构正常运营和发展。资本充足率有不同的口径，主要比率有资本对存款的比率、资本对负债的比率、资本对总资产的比率、资本对风险资产的比率等。

资产质量（asset quality）

资产质量，是指特定资产在企业管理的系统中发挥作用的质量，具体表现为变现质量、被利用质量、与其他资产组合增值的质量和为企业发展目标做出贡献的质量等方面。

中国式荷兰病（Chinese-style Dutch disease）

近年来，随着产业发展的内外环境变化，中国工业化发展有了新的趋势。有学者在研究传统"荷兰病"的理论模型基础上，提出了"中国式荷兰病"的理论并从实证角度验证了其存在性（龚秀国，2008）。与传统"荷兰病"源于大规模开发利用自然资源不同，"中国式荷兰病"源于中国入世后大规模开发利用最为丰富的劳动力资源，加上适度的财政政策、货币政策、汇率政策，入世后中国外向型劳动力密集型产业的确经历了前所未有的繁荣。但学者通过研究发现，即便在入世后产业大发展时期，在激烈国际竞争和"资源转移效应"的双重挤压下，中国农业出现了逐步萎缩以及创新能力和发展动力日益弱化的典型的"去工业化"现象。

综合评价（comprehensive evaluation）

又称为多变量综合评价方法，或简称综合评价方法，指运用多个指标对多个参评单位进行评价的方法，其基本思想是将多个指标转化为一个能够反映综合情况的指标来进行评价。常用的综合评价方法包括层次分析法（AHP）、模糊综合评价法（fuzzy comprehensive evaluation）、数据包络分析法（DEA）、人工神经网络法（ANNs）、灰色系统法（grey system）、支持向量机方法（SVM）、熵权法等。

最后贷款人（lender of last resort）

又称最终贷款人，即在出现危机或流动资金短缺的情况时，负责应付资金需求的机构（通常是中央银行）。该机构一般在公开市场向银行体系购买质素理想的资产，或透过贴现窗口向有偿债能力但暂时周转不灵的银行提供贷款。该机构通常会向有关银行收取高于市场水平的利息，并会要求银行提供良好的抵押品。在现代银行制度下，当同业救助等方式不足以向商业银行提供防范流动性冲击的保障时，为防止单个银行的流动性危机向系统性银行危机甚至整个市场转化，作为最终贷款人的中央银行将向其提供流动性支持和救助。最终贷款人的功能是中央银行最基本的制度特征，而货币政策功能和金融监管功能则是最终贷款人功能的进一步引申。

整合同化理论（integration assimilation theory）

是将企业多元的价值观转变为一个大多数员工认同的共同价值观念，即企业核心价值观，并使全体员工接受。它是实现管理多元化的有效方法和理论，该理论具有中国特色，用系统论观点分析，体现最佳文化协和和动态性。整合（integration）指跨文化企业主动组合内外部资源产求同存异的基础上将多元化价值观转化为企业新的共同价值观，它既来源于多元的价值观，又高于多元的价值观；同化（assimilation）是组织对共同价值观进行确认，并使其成为绝大多数员工认同的观念。

自然资本论（natural capitalism）

传统工业革命的经济增长模式严重依赖于人造资本（表现为机器、厂房、设施等运用自然资本制造而来的人造物品）的增长，并以严重损害自然资本为结果。而新的自然资本论则认为，经过将近200年的工业革命，人类社会的资源稀缺图形发生了重大变化，因此人类在走向21世纪的进程中，必须停止经济增长对自然资本持续不断的"战争"，建立起以自然资本稀缺为出发点的新的生态文明，实现保护地球环境和改进增长质量的双赢发展。

知识生产（production of knowledge）

知识生产指人们在物质生产的过程中发明、发现、创造各种为物质运动的转化提供条件与能量来源的思想、观点、方法、技巧等的过程，是在一定的社会关系中进行的生产活动，都要借助于一定的物质条件和资料，遵循生产过程的自然规律和社会规律。知识生产是更高层次的生产力，具有信息性、探索性、创造性、非重复性、低可比性和继承性，知识产品具有扩散性、延续性和累积性。

3R原则（3R rules）

2002年10月8日在能源环境可持续发展研讨会上提出循环经济的3R原则，即减量化（reduce）、再利用（reuse）和再循环（recycle）。减量化是指利用合理的技术手段减少生产中的投入以及生产过后的废弃物和污染排放；再利用是指对物品尽可能的多次或多种方式使用，以减缓物品转化为垃圾的过程；再循环是指将废弃物品进行处理，使之再次进入到生产环节中。

棕色经济（brown economy）

又称黑色经济（black economy），意指经济增长仅仅依靠化石能源，例如煤炭、石油和天然气等，大量二氧化碳和烟尘被排放到大气中，经济的发展依赖有限的资源，对环境污染较大。

后 记

作为《中国经济创造之路》（该专著已于 2010 年由首都经济贸易大学出版社出版发行）的姊妹篇，《中国经济转型之路》希望通过对经济转型的研究进一步丰富中国的经济理论。作为该专著总负责人，我与环保部中国—东盟环境保护研究中心副主任周国梅研究员一道担任本专著的主笔。我作为主编，在书稿撰写的中后期阶段，先后邀请了杨海珍、高农农、李奇亮、王昕宇、吴笛担任部分章节的副主编，葛林、杨坚、刘蜜作为学术助理。在大家的协助下，完成了全书的编写。本专著从选题、研究、调研、撰写、编辑、讨论、统稿、修正到出版的过程，经历了艰辛、磨炼和收获，是集体智慧的结晶。

本书从学术课题立项到撰写完成，共历时近九年时间。回顾撰写过程，大致分为以下五个阶段：

第一阶段，学术课题立项阶段（2005.10～2006.10）。我承担了北京市哲学社会科学规划项目"北京市现代制造业从'中国制造'向'中国创造'的转型研究"。在课题研究过程中，经过中国社科院资深历史学家杜文棠研究员介绍，时任"三联"书店《读书》杂志的贾宝兰主编邀请我出席了"以政府行政管理体制为改革重点全面推进体制创新"为主题的中国改革高层论坛，中国经济体制改革研究会会长高尚全关于"政府转型是构建和谐社会的关键"、波兰前副总理兼财政部长科勒德克（Grzegorz W. Kolodko）关于"新兴市场应从波兰大变革中汲取的经验教训"引起了我的兴趣，于是我萌发了继续围绕"经济转型"开展研究的想法。关于经济转型的研究，还要追溯到 1992 年，我开始在德国柏林洪堡大学撰写的博士论文"论中国区域层面经济转型研究"，当时鉴于经济体制改革的局限，只是从区域层面进行了尝试性的研究，我认为有必要进一步完善国家层面的"经济转型"理论体系。后经北京工业大学统战部时任部长骆云霞介绍，在北京大学著名政治学家赵宝煦教授、中国经济体制改革研究会名誉会长高尚全教授推荐下，我向中共中央统一战线工作部华夏英才基金递交了《中国经济转型研究》专著的立项申请，经来自中国科学院、中国社会科学院、清华大学、北京大学等专家的严格评审获得立项批准。随后，我联合了国家环境保护部、国土资源部、发改委、中国社会科学院、中国科学院、中国人民大学、北京大学、北京工业大学等研究机构和高校的专家，针对"经济创造"和"经济转型"两个主题，成立了联合研究课题组，开始着手撰写《中国经济创造之路》和《中国经济转型研究》两部经济学专著。

第二阶段，学术会议交流阶段（2006.10～2007.10）。为了征集国内外对"转型"课题的学术建议和意见，我分别以"中国经济转型研究中心"、"德国柏林洪堡大学中国校友会"和"国际生态发展联盟"为平台，联合国内外学术机构举办了一系列国际会议，针对相关议题进行了较为广泛的学术交流，极大地丰富了"中国经济转型"的内涵。

第三阶段，专家意见征集阶段（2007.10～2008.01）。我发表了数十篇有关经济转型方面的论文，为了保证学术的创新性和开放性，针对专著所涉及的问题，向活跃在相关领域并颇有建树的国内外专家学者广泛地征集了意见，期间得到环保部周国梅研究员、中国人民大学张象枢教授和中国社会科学院杜文棠研究员的大力支持。

第四阶段，实证考察阶段（2008.01～2010.01）。围绕"中国经济转型"主题开展了一系列实证研究。我先后参加了由全国人大常委会副委员长、中国民主建国会中央主席陈昌智率领的江苏省、湖南省、山东省"节能减排"调研工作和中国工程院左铁镛院士主办的"循环经济研究"系列丛书的撰写；参与了国家环境保护部组织的"能源效率"国际论坛、欧洲环境政策研究所所长魏伯乐（Ernst Ulrich von Weizsaecker）组织的"中国能源消耗脱钩研究项目"、哈佛大学肯尼迪学院举行的"中国走向国际化"国际会议；拜访了中欧社会论坛创始人、欧洲梅耶人类进步基金会主席皮埃尔·卡蓝默（Pierre Calame）、奥地利奥中友协负责人卡明斯基（Gerd Kaminski）、德国特瑞尔大学物质流管理研究院（Ifas）院长海克（Peter Heck）、法兰西学院人文及政治学院巴斯蒂（Marianne Bastid Bruguiere）院士、加拿大麦克文商学院副院长麦克（Mike Henry）、美国科学院院士许靖华、欧盟地区委员会秘书长格哈德·斯塔尔（Gerhard Stahl）、荷兰TNO机构建筑环境和地质研究所所长阿诺德·图克（Arnold Tukker）等专家；承担了联合国环境规划署"绿色经济报告"、环境保护部与经济政策研究中心"中国环境退化与经济增长脱钩的路径与实践"、国家发展和改革委员会能源研究所"中国2050年低碳发展之路"、教育部人文社会科学研究项目"城市生活固体废弃物资源化管理研究规划基金项目（编号10YJA630068）"、北京石景山区科委"北京石景山经济转型与经济创造研究"、北京新世纪人才科研项目"北京经济的绿色转型研究"、中国环境科学学会"云南抚仙湖地区经济转型研究"、民建北京市委"首都绿色经济转型研究"和"确立绿色发展模式，加速'绿色北京'建设"、北京市科委"科技支撑北京低碳发展发展思路和对策，"北京市教委"服务北京创新人才、团队建设项目——绿色北京创新团队建设"和"加快节能减排和建设绿色北京的政策机制研究"、德国罗莎·卢森堡基金会（Rosa Luxemburg Stiftung）"四川省通江县生态发展"等课题，这些大量的实证研究极大地丰富了中国经济转型的研究素材。

第五阶段，完成书稿阶段（2010.01～2014.08）。通过组织绿色经济金山峰会、中欧社会论坛、世界绿色论坛（香港）、北京生态文明建设研讨会、亚洲教育论坛生态教育与可持续发展分论坛、北京大学企业社会责任与商业可持续发展论坛和中国生态文明论坛等大型学术研讨会，收集了国内外中外专家的学术观点。此外，我出席了以"经济发展方式的绿色转型"为主题的中国环境与发展国际合作委员会会议、以"文明的和谐与共同繁荣——传统与现代、变革与转型"为主题的北京论坛，其围绕社会变迁、经济转型的真知灼见极大丰富了专著的学术思想。为了确保书稿的整体性、逻辑性、国际性、学术性和实践性，我多次与周国梅一道，邀请国家发展与改革委员会、环保部、中国科学院、中国社会科学院、中国人民大学等国家部委和学术机构的专家共同讨论，确定在本专著中，将"经济转型"研究范畴主要集中在转变经济发展方式的绿色发展领域。

提供学术研究成果的学者主要有：

成思危：	改革的核心是制度创新（代序）
吴敬琏：	反思60年 迎接新挑战（代序）
赵宝煦：	中国经济转型的评价（序）
李京文：	以科技进步实现工业转型升级（序）
	改革分配制度，提升内需，推动经济发展方式转变（序）
格哈德·斯塔尔：	中国经济转型的路径选择（序）
皮埃尔·卡蓝默：	写给一本中国经济学专著的序言（序）
马丁：	共享成果，拥抱未来
柯林·卢卡斯：	协调传统与现代之间的关系——大学的作用
张象枢：	基于城乡野一体化的"三生"共赢问题研究
史清琪：	绿色经济与转变发展方式
阿诺德·图克：	绿色经济之路——中国长三角的经验
周国梅、李霞、周军：	中国经济转型中的绿色经济体系建设
周国梅、周军、李霞：	中国经济转型中的循环经济体系建设
王玉玫：	中国经济转型中的社会保障体系建设
杨海珍、赵艳平、熊园：	中国经济转型中的金融安全体系建设
王国华：	转型经济时期文化产业发展的路径选择
谢光亚、李晓光、陈亮：	对外经济贸易转型中利用外资转型
王江、李欣、郗鹤：	后危机时代中国对外贸易转型及对策研究
魏小军：	论德东地区与中国经济转型的比较
冯兴元：	农业发展与农民增收问题与展望
党国英：	在高度城镇化基础上实现城乡经济社会一体化
刘俊婉：	经济转型研究的知识图谱分析
蒋建军：	中国科技创新体系研究
陆南泉：	对俄罗斯经济转轨若干重要问题的看法
刘曼红、于丽娜：	绿色金融转型
孙义、艾小青、王虹：	经济转型的指标体系与方法
常纪文：	三十年中国环境法治的理论与实践
柴彦威、塔娜：	北京城市空间发展与转型
李振宇、江玉林等：	中国城市绿色交通发展的关键政策选择
贾文涛：	实行节约集约利用土地资源的方式，大力促进经济发展方式转变
时杰：	财政体制由建设财政转向公共财政
诸大建：	中国发展3.0：生态文明下的绿色发展

马力：	中国人口城镇化战略选择
李晓春：	中国企业的战略转型——基于 1978～2010 年间的企业实例分析
辛兵：	科技进步对经济转型影响研究
陈洪捷、沈文钦：	知识生产模式的转变与博士质量的危机
张建平：	中国绿色贸易发展
董静平：	中国技术标准的生存现状与发展对策
唐军：	转型期中国社会管理体制改革与创新的作用、背景与步骤
钟瑛：	中国新型农村合作经济组织的发展现状、特征及趋势
何泾沙：	以信息技术引领经济转型　实现绿色经济的发展目标
郭晓鸣：	成都"试验区"建设中的农村土地产权流转制度创新
孙兴华、郝法勤、方宇：	中国经济转型与绿色核算监督研究初探
白远：	中国外贸体制与政策演变及其经济发展战略
王安国：	发展生态效益林业　促进临安山绿人富
孙立峰：	回顾与展望经济转型中的法治实践
陈新平：	全球气候融资谈判：道远且艰——哥本哈根气候融资协议遗留问题分析 低碳发展发展模式下的财税政策——发达国家经验及启示
马重芳、吴玉庭：	节能技术及其发展现状
罗红波等：	瑞典向低碳发展转型之路；欧盟：迈向 2050 的低碳发展路线图
王雯等：	法国可持续发展政策

每章节中主要贡献者有：

(1) 第一章：黄海峰、张象枢、诸大建、李奇亮、贾文涛、高农农、史清琪

(2) 第二章：黄海峰、陆南泉、张象枢、周国梅、韩文科、刘俊婉、唐军、李奇亮、吴笛、王昕宇、葛林、孙义、王虹、艾小青、王崇梅、杨坚、刘宗赫

(3) 第三章：黄海峰、时杰、孙兴华

(4) 第四章：黄海峰、党国英、马力、郭晓鸣、陈效述、王安国、冯兴元、柴彦威、钟瑛、李奇亮、高农农、李铭、李剑玲

(5) 第五章：黄海峰、王国华、李振宇、江玉林、魏中华、刘曼红、于丽娜、李奇亮、张建平、王江、谢光亚、白远

(6) 第六章：黄海峰、李晓春、张宪霖

(7) 第七章：周国梅、李霞、周军、Arnold Tukker、黄海峰

(8) 第八章：黄海峰、韩文科、白泉、高农农、罗红波、李彦波、陈新平、吴玉庭

(9) 第九章：周国梅、李霞、周军、黄海峰

(10) 第十章：黄海峰、孙立峰、常纪文、杨文峰

| 后　　记 |

（11）第十一章：黄海峰、王玉玫、李奇亮
（12）第十二章：黄海峰、蒋建军、辛兵、陈洪捷、何泾沙
（13）第十三章，杨海珍、赵艳平、黄海峰
（14）第十四章，黄海峰、张象枢、高农农、吴笛

首先，衷心感谢著名经济学家成思危教授、吴敬琏教授同意将有关经济转型的文章作为该书的代序，其真知灼见对于统领全书具有重要的指导意义。诚挚感谢著名政治学家、北京大学教授赵宝煦，著名经济学家、中国工程院李京文院士，欧盟地区委员会秘书长格哈德·斯塔尔教授，中欧社会论坛创始人皮埃尔·卡蓝默博士亲自为本书作序。

其次，特别感谢中国人民大学资深教授张象枢，他不仅从理论上给予指导，让我们分享其科研成果，其中《生态经济战略学习笔记（第一辑）》和《新版人口资源环境经济学大纲（讨论稿）》使我们从中获益匪浅。值得一提的是，张教授还亲自参与通江县和屏山县的生态教育项目，不顾年事已高，为乡村生态文明建设指点迷津。此外，感谢中国经济体制改革研究会名誉会长高尚全、中国民主促进会名誉主席楚庄、中国国际问题研究所原所长杨成绪、中国全国工商联合会原副主席王以铭、中国教育部前副部长章新胜和留学基金委刘京辉、中国民主建国会中央副主席辜胜阻、中国科学技术协会原副主席左铁镛、环境保护部副部长吴晓青、中央编译局副局长俞可平、中国国际公共关系协会常务副会长郑砚农、国务院参事室叶汝求参事、石定寰参事和马力参事、南开大学环境与社会发展研究中心主任朱坦、联合国政府间气候变化专门委员会副主席默罕·穆那辛何（Mohan Munasinghe）、罗马俱乐部时任秘书长马丁（Martin Lees）、牛津大学副校长柯林·卢卡斯爵士（Colin Lucas）、中欧社会论坛执行主席陈彦博士和德国柏林自由大学孔子学院院长Mechthild Leutner（德）等为本书提供了丰富的研究成果、学术评论以及交流机会。

再次，十分感谢长期支持我学术事业的师长、学长、合作伙伴以及其学术团队：国家环境保护部张坤民、王玉庆、夏光、任勇；国家发展和改革委员会史清琪、张燕生、韩文科、白泉、张建平；交通运输部科学研究院江玉林、李振宇、杨睿、陈徐梅；国土资源部李建勤、贾文涛；中国能源研究会副理事长茅于轼；中国社会科学院罗洪波、陆南泉、党国英、钟瑛、常纪文、时杰；四川省社会科学院刘茂才、郭晓鸣、戴旭宏；中央财经大学王玉玫；北京大学海闻、叶文虎、白志强、栾胜基、耿旭、孔英、陈洪捷、李志义、陈效逑、岑维、兰赛、涂志勇、王春阳；中国人民大学刘曼红、于丽娜、谭雪；同济大学诸大建；北京工业大学骆云霞、林美珍、黄鲁成、蒋国瑞、李俊英、刘立萍、赵小霞、张荆、马重芳、何泾沙、唐军、王国华、王江、王红、艾小青、李晓春、蒋建军、吴玉庭、谢光亚、刘俊婉；国际生态发展联盟李沛生、崔源声、贾宝兰、David Ness（澳）、陈东、杨曦帆、皮志伟、王军、王雅洁、刘秀华、赵君才、黄赢、谭雪、黄建萍、田森、孙兴华、王安国、张宪霖、周俊、王军、黄雪寅、任学良、李佳真、陈东、魏福德、邓国平、赵鹏、刘萍、李宇军、丁伯康、罗明珠、谭震明、魏小军、周凯、徐杰、曹锐、赵文勇、刘刚、张磊、薛冰、周旷昕、Walter von Mensenkamff（德）、Toni Huber（新西兰）、Mona Schrempf（德）、Christoph Kaderas（德）、Wini Kohlen（德）。其中，张象枢、王国华、杨

杨、A. J. Baltes（美）、熊园、马洪立参与了部分内容的审核工作，也特别感谢来自于家庭中的舅舅刘剑钊夫妇、小姨刘正光、姐姐黄海燕、姐夫马洪立和来自于朋友中的许海娟、刘丽莎、Roland Angerstein（德）、Frank Paproth（德）、Rico Heinzig（德）、Eric Nocker（德）、Ariana Wichman（德）、Ajing Aki（美）、Elvira & Lukas Deinert（德）、吴巍夫妇、薛忠夫妇、胡梦洁夫妇所给予的无私支持。

又次，非常感谢科学出版社交叉科学分社李敏社长的信任与支持，也要感谢张震、刘鹏、林剑三位编辑的工作，后来因家父病危、工作繁忙等诸多原因推迟递交书稿，给出版社增添了麻烦，在此表示歉意。同样，由衷感谢我所指导的青年学生，在这跨学科、跨地区、跨部门的合作中，感谢北京工业大学的学生：刘小囡、马姣玥、孔繁奇、李鲜、白瑞华、宋彦博、李浩珊、陈逸啸、王渊博、董承华、孙义、杨文峰、李剑玲、李铭、王振宇、邱茂宏、冯海燕、孔繁奇；感谢北京大学汇丰商学院的学生：史菁钰、王璐、张力、沈冰洁、李振、战智超、段毅宁、刘宗赫、豆晓芬、赵蓬、郝玉婷、Michael Hage（美）、Evan Goodwin（加），北京大学汇丰商学院绿色经济研究中心的宋健、周龙生、郑舒心、陈建树、贾潇、赵真睿、黄杰、马晨露，还要感谢德国柏林洪堡大学、德国自由大学、法国多菲纳-巴黎第九大学的端木胜、傅大庆、屈思啸、聂卓群、焦阳等留学生。正是这些青年学生的参与，使得转型的研究更加充满青春活力。

最后，我怀着无限的崇敬之情，谨将此书献给陈翰笙先生、费孝通先生、赵宝煦先生、费路先生（Roland Felber）和史清琪教授。在人生中有幸结识这样的大师，他们渊博的专业知识、开阔的国际视野、严谨的治学态度和深切的人文关怀，成为我毕生学习的榜样，一直激励我发愤图强。同时，也要感谢费路教授夫人（Christina Felber）、古德曼教授（Gernot Gutmann）和夫人（Ursula Gutmann）、魏伯乐教授（Ernst Ulrich von Weizsaecker）、Doroth Berg 德国母亲和 Shirley Savio 美国母亲在我海外学习期间所给予的真诚帮助，感谢人生导师范家骧、张象枢、谢世杰、张更生、刘茂才、胡秀坤、陈立柱，以及姜继斌夫妇、陈云夫妇、邹运仙夫妇、周仲华夫妇、杜文棠夫妇、李明真夫妇、李京文夫妇、杨成绪夫妇、布尔格夫妇（Brigette Burg and Martin Burg）和仲维捷夫妇所给予像父母一样的关爱、启蒙与教导。出版此书，期望也能告慰因病去世的父亲黄贵瑜和母亲夏光，正是从小受到良好的家庭教育与无微不至的关爱，才使我总是怀着一种孜孜不倦的积极心态，为贡献社会而追逐人生的梦想，为人生不同阶段的转型而体验圆梦的幸福，他们不仅赋予我拥有充满活力的生命，而且还培育具有热爱人类、追求正义、回馈社会的良心。

回顾人生，我个人经历了成长、求学、留学和回国的不同转型时期，我时刻感受到人生的美好。感激父母赐予我生命、学会挖掘出生命中非凡的价值；感激老师教会我学问、学会开启生活中无穷的智慧；感激朋友给予我信任、学会珍惜生长中无私的友爱。为了开阔眼界，在我十二岁时，父母就送我到北京进行独立生活锻炼，这奠定了日后在大连交通大学、北京大学、德国柏林洪堡大学、美国夏威夷大学学习期间的独立学习生活的基础。学习期间，自然科学和社会科学的跨学科知识都极大拓宽了我的知识领域。特别是从 20 世纪 90 年代以来，中国科学院生态环境研究中心、南京大学-约翰斯·霍普金斯大学中美

| 后　　记 |

文化研究中心、柏林洪堡大学、夏威夷大学中国研究中心、加州大学圣塔芭芭拉分校环境科学与管理学院（The Donald Bren School of Environmental Science and Management at the University of California, Santa Barbara）的学习，使我提高了学术水平，吸取了知识精华，为后来参与跨国公司、政府机构、教育机构和国际组织的工作打下了坚实基础。在撰写本专著期间，我又获得北京大学汇丰商学院聘任，担任院长助理、管理学教授、绿色经济研究中心主任，期间还曾负责过 EMBA/MBA 项目管理，不仅实现了梦寐以求为母校工作的愿望，而且扩大了国际学术视野。为此，对北京大学经济学院的范家骧教授、国际关系学院的赵宝煦教授、汇丰商学院的海闻教授的提携与指点不胜感激。

　　缘起90年代初留德学习的经历，我20多年的学术生涯始终与"经济转型"研究相伴。当时，德国柏林洪堡大学历史学家费路教授和科隆大学时任校长古德曼教授作为我的博士生导师，对我产生了深刻的影响。他们虽然各自身处东西德不同的政治和地域背景，但是在历史学和经济学方面的渊博知识、日耳曼传统的教育理念和精细分析方法，使我在两位大师之间各取所长、相得益彰。由于时常来往于柏林–科隆之间，经常留宿古德曼教授和费路教授的家中，两位导师的言传身教，激发了我对经济转型研究的浓厚兴趣。此外，在后来参与全球经济发展方式的研究课题中，又得到北京工业大学老校长左铁镛院士、中国工程院李京文院士、中国人民大学环境经济学家张象枢教授、联合国科学技术促进发展中心主任魏伯乐教授、欧盟地区委员会秘书长斯塔尔教授的指导，使我近十年又将经济转型的研究集中在可持续发展和绿色发展。通过开展国内外学术课题合作，牵头联系了杜文棠、刘曼红、周国梅、David Ness、陈立柱、罗红波、崔源声、Wolfgang Klenner、Arnold Tukker、Mike Henry、Thomas Schneider 等国内外著名学者，创建了国际生态发展联盟、世界绿色论坛和北京益地友爱国际环境技术研究院，逐步建立了国际化、专业化、学术化的交流平台，成为政府、企业和公众的学术研究智库、中外沟通桥梁和城乡公益培训的交流平台，围绕"经济转型"和"经济创造"研究领域，组建了一支思想活跃、了解国际发展动向的国际学术团队，先后承担了联合国环境规划署、环境保护部、科学技术部、商务部、教育部和北京市有关绿色经济、环境创新、循环经济、节能减排、战略管理等方面的研究课题。

　　这些年对于学术的探索也成了我人生不断转型的动力。我的相关学术成果在社会产生了积极的影响，在北京大学和上海交通大学、北京工业大学授课过程中，关于"绿色经济以及经济转型的战略管理"课程获得刘敏、薛静贤、陈建中、陈海珍、张誉珊、刘星辉、洪汉忠、郑高强、余廷勇、盛春红等同学的积极响应，他们相继在北京、深圳、上海柏林成立了北京益地友爱国际环境技术研究院、深圳市绿色经济发展研究会、上海市工商联环保产业商会以及相关联络机构。此外，也获得了一些具有社会责任感的企业家支持，例如王迎、陈爱青、周南、洪汉忠、齐东明、李文胜、乔德卫、王二军、李学功、张龙飞、施小军、余延勇、李万顺、张耕耘、朱传兵和沈朝旭等积极支持并参与绿色经济论坛。总之，撰写该专著，不仅结识了一生的良师益友，而且也培养了一大批具有环保公益之心的年轻学者，其转型经济的学术思想也发挥着日益显著的积极作用。但是，令人遗憾的是，在我回国以来，曾支持过我学术成长、值得尊敬的师长和人生的导师陈翰笙先生、费孝通先生、费路先生、赵宝煦先生、史清琪教授和潘琪老师都先后因病辞世，他们的离世是中国学术界的巨大损失。尤其是一直关注该专著出版的赵宝煦先生，他不仅为本书作序，推荐我申请基金会资助，而且对书稿提出了重要修改意见，在病床上还关心着书稿的进展。赵老作为当代中国政治学主要奠基人之一，不顾年事已高，仍兴致勃勃作为顾问参与国际生态发展联盟、德国柏林洪堡大学中国校友会和中国经济转型研究中心的学术活动，其动人情景历历在目。

此外，在编著本专著过程中，以及各位在校正工作上提供了诸多支持：参考文献由刘蜜、吴笛、王昕宇、李奇亮、高农农、刘晓囡协助完成；图表由李奇亮、高农农、李铭、刘晓囡协助完成；核心词汇由葛林、史菁钰、豆晓芬协助完成；英文目录由 Gerhard Stahl（德国）、Julian Barg（德国）、A. J. Baltes（美国）、Priscilla Young（美国）、王雅洁、吴笛、李奇亮、王璐、Martin Leutner（德国）、Evan Goodwin（加拿大）协助完成。

总之，《中国经济转型之路——21 世纪的绿色变革》专著汇集了国内外众多专家学者的智慧和汗水，是老中青三代学人的集体成果。"经济转型"的研究任重道远，学界对"经济转型"的路径选择问题还远未达成共识。按照出版社对篇幅、内容和体例等规定，一些文章不能完全收录，在综述各家观点时，难免挂一漏万，未有注明作者的遗漏之处，恳请谅解。由于个人学术水平有限，书中的观点和内容有待进一步完善，不当之处，敬请广大读者批评、指正。

黄海峰
于德国爱斯贝尔康姆布（Espelkamp）完稿
2014 年 8 月 28 日